四川省志

Sichuan Shengzhi

大事纪述

1986—2005

【第二卷】

四川省地方志编纂委员会 编

方志出版社
Publishing House of Local Records

图书在版编目（CIP）数据

四川省志．大事纪述：1986—2005／四川省地方志编纂委员会编．—北京：方志出版社，2019.7
ISBN 978-7-5144-3803-1

Ⅰ．①四… Ⅱ．①四… Ⅲ．①四川—地方志②四川—大事记—1986-2005 Ⅳ．①K297.1

中国版本图书馆CIP数据核字(2019)第168010号

四川省志·大事纪述（1986—2005）

编　　者：四川省地方志编纂委员会
责任编辑：丛　珺
出 版 者：方志出版社
地址　北京市朝阳区潘家园东里 9 号（国家方志馆4层）
邮编　100021
网址　http://www.zgfzcb.cn
发　　行：方志出版社图书经销中心
电话（010）67110500
经　　销：各地新华书店
印　　刷：成都蜀通印务有限责任公司
设计制作：成都龙腾天下文化传播有限公司
开　　本：889×1194　1/16
正文印张：34.25
字　　数：868千字
版　　次：2019年7月第1版　2019年7月第1次印刷
印　　数：0001～2000 册
ISBN 978-7-5144-3803-1　定价：476.00 元

四川省地方志编纂委员会成员

《四川省志（1986—2005）》
审核委员会成员

主　　任	王　宁			
副 主 任	蔡　竞			
委　　员	马小彬	冯宝运	何晓平	胡品生
	王孝平	谭继和	陈世松	陈廷湘

《四川省志（1986—2005）》
总编、副总编

总　　编	陈建春
副 总 编	赵　行　　邓　瑜　　陶利辉　　熊　倩
	张兆法　　高伟明　　朱艳林　　牛　淼

《四川省志·大事纪述（1986—2005）》
责任总编、责任编辑

责任总编	罗亚夫
责任编辑	陶利辉

《四川省志·大事纪述（1986—2005）》
编纂委员会成员

《四川省志·大事纪述（1986—2005）》初评审核小组成员

组　　长　马小彬

成　　员　罗亚夫　王孝平　雷喻义　陈一农

程金华　赵志立　陶利辉　邓　瑜

《四川省志·大事纪述（1986—2005）》
编　辑　室

主　　编　张光明

副 主 编　刘志文　李　果

编　　辑　陆建章　张乃文　张　岚

　　　　　　牟晓露　许童春

《四川省志（1986—2005）》
凡　例

一、本书编纂工作以马克思列宁主义、毛泽东思想、邓小平理论、“三个代表”重要思想、科学发展观、习近平新时代中国特色社会主义思想为指导，坚持辩证唯物主义和历史唯物主义的立场、观点和方法，全面客观地记述四川省行政区域内自然、政治、经济、文化和社会的历史与现状。

二、本书系中华人民共和国成立后首部《四川省志》续编，总名《四川省志（1986—2005）》，由总类、大事纪述、专志、人物、市（州）概况、附录共93卷构成。各分卷名称为《四川省志·××志（1986—2005）》或《四川省志·××志》（后者为特色志志名），设中英文目录。

三、本书上限一般起自1986年，下限一般截至2005年。对前志未设之分卷或篇章从事物发端写起；对前志漏载、误载的某些事项进行补载、更正；对前志记载后变化不大的某些事项进行简要复载；升格详载具有地方特色的某些事项。

四、本书记述的地域范围以1986—2005年四川省行政区划为准。

五、本书采用述、记、志、传、图、表、录等体裁，以志为主。

六、本书总类卷设序言、凡例、总述、卷目等，为各卷之首，全书之纲。关于自然环境、建置沿革、经济与社会历史发展状况等基本省情在总述中作简要复载或反映。各专志（分卷）根据社会分工和学科分类的实际，按“以类相从”或“突出地方特色”的原则设立，以篇、章、节横分类别，. 节、目以下纵述史实，立足反映四川省行政区域某一事物（事业、行业）断限期内历史与现状的全貌。人物志卷采用传、录、表诸种表述形式，坚持“生不立传”原则，在世人物的突出事迹以事系人载入相关分卷。人物传统一收入人物志。本书大事记以编年体为主，辅以纪事本末体。为完整记述一些重要事物，保存有价值史料，有些分卷设置了专记。

七、本书使用规范的现代语体文记述，行文严谨、朴实、简洁、流畅。使用规范汉字，用词概念准确，符合现代汉语语法规范。使用的标点符号、数字、计量单位等均按国家规定的统一标准书写。

八、本书使用公元纪年，各卷正文（除引文外）采用第三人称表述；行文涉及机构、会议、文件、职衔、地名等，均按当时称谓；除涉及人名、地名、纪年和简称等项采用括注外，其余采用页下脚注。

九、本书资料来源于文献、档案、报刊、书摘、口碑及实地调查等，所用资料均经各修志部门考证、核实。各分卷数据一般采用省统计局公布的数据，省统计局缺乏的，采用有关部门正式提供的数据。

十、各分卷图片分为前置图片和随文插图，随文插图和表格均以篇为单位依次排序编号；所用地图均以省测绘局审定的为准。

十一、各分卷需要特别说明的事项，均在各分卷的《编辑说明》中注明。

《四川省志·大事纪述（1986—2005）》
编辑说明

一、本卷收录大事上限起自1986年，下限断至2005年，一般上不追溯，下不延伸。个别大事跨越本时间断限的，为确保叙述的完整性和准确性，可作适当上下延伸，但延伸时段不超过两年。

二、本卷收录大事所涉及的地域范围以时间断限内四川省行政区划为准，1997年6月底前含今重庆市辖区；所涉及的人物范围以其籍贯所在区域为准，1997年6月底前含籍贯为今重庆市辖区的人物。

三、本卷收录大事严格遵循“大”“要”“特”“新”标准，收录人物严格遵守“以事系人”原则，坚持历史和现实相结合，客观还原历史真实，尊重事物发展规律，记述范围涵盖自然、政治、经济、文化、社会生活等各领域。

四、本卷记述大事采用编年体和纪事本末体相结合的编纂体例，以编年叙事为经，以事件类别为纬，横不缺项，纵不断线。对时间断限内跨年度的大事，一般设置在起始年度内进行专题记述。

五、本卷记述大事采用条目为基本表现形式，按事件发生的时间先后连缀成篇。

六、本卷慎用简称和缩略语，简称和缩略语首次出现时，采用括注或脚注的方式进行说明。

七、本卷大事收录资料以时间断限内出版的《四川年鉴》为基础，并与《20世纪四川全纪录》《四川改革开放三十年》《四川改革开放40周年大事记》《敢为天下先》等著作互见互证；此外，兼及参考使用了部分相关单位提供的内部资料。

八、本卷编纂中，在规范字、标点符号、数字、计量单位的使用标准等方面严格遵循国家颁布的最新规定，并严格遵循地方志书的相关编纂规范。

九、本卷收录的省委、省人大、省政府、省政协四大班子重要会议，以出台或形成重大决定、有重大人事任免为收录标准。

目　录

1988 年

1989 年

1990年

1991 年

1992 年

1993 年

1994年

1995 年

2001 年

2003 年

2004 年

2005年

Contents

前　　言

1986—2005年，是国家“七五”至“十五”计划的建设时期。在实事求是思想路线指引下，党和国家的工作重心由以阶级斗争为纲向以经济建设为中心转移，改革开放向纵深推进，各项社会主义事业进入了较好的历史发展阶段。在党和国家的大政方针指引下，在中共四川省委、四川省人民政府的坚强领导下，全省各族人民团结奋斗，以智慧和汗水书写了“七五”至“十五”时期改革开放和现代化建设的壮丽诗篇。

进入“七五”时期，全省主要是推动以农村综合改革和城市经济体制改革为重点的经济体制改革，四川农村改革走在了全国前列。四川此时农业生产不再是单一的包产到户，已发展到“稳定家庭联产承包责任制，实施统分结合的双层经营体制”阶段，开始了产供销结合、农工商一体化的改革试点。1990年8月，省委、省委农工委出台《关于发展农工商联合体的意见》，提出到年末建成国家商品粮基地县（市）13个。随后至“十五”期末，四川农业确定了“决不放松粮食生产，积极发展多种经营，大力发展乡镇企业”的方针和“稳粮调结构，增收奔小康”的思路，优化农业产业、产品、区域结构，加大农田水利建设和科技投入力度，发展高产、优质、高效农业，取得显著成效，实现了粮增产、钱增收和农村社会的稳定。同时，注重农村地区的扶贫开发和建设工作，在“七五”至“十五”这20年时间里，先后十余次召开扶贫开发工作会议，确定扶贫开发的思路、方式、举措、任务和目标。至“七五”期末，46个贫困县中38个解决温饱，约1000万贫困农民越过温饱线；至“九五”期末，54个贫困县的407万贫困人口温饱问题得以解决。在“十五”中后期，推进农业产业化经营、实施城乡统筹成为四川农村改革和发展的重点。2001年，省委强调农业产业化是实现农业现代化的重要途径。2003年，省委农村工作会议提出以农业产业化经营为突破口，推进农村经济战略性调整；以提高城镇化水平为着力点，统筹城乡经济社会发展。2005年，省委农村工作会议提出实施统筹城乡发展方略，抓好农业产业化龙头企业和农村专业合作经济组织，坚持工业反哺农业、城市带动乡村。截至2003年底，四川省发展农村专业合作经济组织10053个、成员118万人（户）；至2004年底，全省培育省级农业产业化龙头企业150家。

在农村率先改革的推动下，20世纪80年代中期，四川乃至全国以搞活企业为中心的城市经济体制改革全面展开。国有大中型企业，主要是以增强活力为中心，围绕企业体制改革和经营机制转换进行，利用好计划和市场两种手段，通过实行承包经营责任制、厂长经理负责制和科学民主管理，提高企业生产经营的效率和质量，逐步建立起社会主义市场经济体制。从“七五”到“十五”时期，四川相继出台了一系列政策措施，推进国有企业、县属企业和城镇集体经济改革。1986年4月，省政府发出《关于搞活100个大中型重点企业的通知》，提出选择100个经济效益好、技术改造任务重、内部潜力大的企业作为全省重点扶持的骨干企业，在计划安排、贷款、税收、技术改造、物资供应等方面实行宽松政策。1987年5月，省政府发出《关于地方国营大中型企业推行和完善承包经营责任制的通知》，提出承包的总原则是：包死基数，确保上缴，超收多留，歉收自补。1988年

9月，省委发出《关于深化全民所有制企业内部经营机制改革的意见》，指出“完善承包经营责任制，进一步确立厂长（经理）的中心地位”。1991年8月，省委、省政府决定将50种重工产品、16种轻工产品的省管出厂定价权下放给企业。1991年11月，省委、省政府发出《关于以搞活企业为中心适当调整省级经济管理权限的通知》，要求适当缩减指令性计划管理范围和比重，适当调整建设项目的审批权限和审批程序，适当放宽价格管理权限。1992年2月，省政府发出《关于加快国营大中型企业经营机制转换问题的通知》，要求明确国家与企业的分配关系，全面落实企业自主权；推进劳动人事、工资分配、社会保险制度改革；强化企业管理和自我约束机制建设。1998年6月，省委、省政府发出《关于进一步深化国有企业改革的意见》。《意见》提出，一是实施资产大重组，实现产权多元化；二是推进结构大调整，推进工业所有制结构、企业组织结构等调整；三是促进经营机制大转换，按《中华人民共和国公司法》要求进行公司制改组，建立经营者的激励和约束机制、劳动力市场化机制等，实现经营方式多样化；四是建立统一的社会保障机制。实行股份制是企业转换经营机制的一种重要形式，主要特点是集股自愿组合、所有权与经营权分离、利益共享和风险共担。

1986年，四川省股份制改革进入了有组织的试点阶段；1988年2月，省政府印发《关于扩大全民所有制大中型企业股份制试点和实行企业集团股份制试点的意见》，对股份的划分和管理、试点企业与国家的关系等作出原则规定；1991年12月，四川金融证券交易中心挂牌营业；1991年后，四川股份制试点范围扩大、企业增多，先后有四川长虹、成都商场、峨眉盐化等股份制企业上市交易；1993年3月，四川股份制试点工作明确了主要内容是按规范化意见总结经验，完善相关制度和工作程序，四川企业股份制改革进入正式推开阶段；到1999年《中华人民共和国证券法》颁布实施，四川股份制企业中上市公司达55家。贯彻落实中共十四大和十四届三中全会精神，四川加快了建设社会主义市场经济体制的步伐。1993年2月，四川省体改工作会议提出了建设社会主义市场经济体制的主要措施：一是在坚持公有制为主体的前提下发展多种经济成分，二是从理顺产权关系入手转换企业经营机制，三是加快各类市场的培育，四是建立新型宏观调控机制和社会保障体系。1993年4月，省第六次党代会提出建立社会主义市场经济体制应做的主要工作：一是探索国有经济的多种组织和经营形式，发展非国有经济成分；二是培育和发展统一开放、竞争有序的市场体系，深化流通体制改革；三是改革分配体制，建立健全社会保障制度；四是转换政府职能，改革宏观经济管理体制。现代企业制度以市场经济为基础，是产权清晰、权责明确、政企分开、管理科学的新型企业制度。1993年12月，四川省经济工作会议提出“以建立现代企业制度为目标推进企业改革”。1994年11月，四川4家企业被列入国务院1000家现代企业制度试点大中型企业行列。到1995年5月，全省探索建立现代企业制度试验的22户企业取得突破性进展，实行了多种财产组织形式，采取了多种经营方式。1995年9月，川化（集团）公司等7家企业作为省现代企业制度改革试点单位，改革方案获通过。1996年2月，四川省确定80家现代企业制度试点企业中，成都、重庆两市抓好优化资本结构试点，德阳、自贡两市抓好所有权与经营权分离试点。2000年3月，《中共四川省委办公厅 四川省人民政府办公厅关于加快建立和完善现代企业制度的实施意见》发布，《意见》确定，在2000年底，长虹、五粮液等40家企业初步建立现代企业制度。

“七五”至“十五”计划时期，四川在政治、文化、社会建设等领域的改革也不乏亮点。

1998年12月，遂宁市步云乡以乡民直接投票的方式选举乡长，这在中华人民共和国成立以来是第一次。同年，全省农村普遍实行村级党组织负责人公推直选。2000 年 4 月，省政府机关机构改革启动，确定建立办事高效、运转协调、行为规范的行政管理体系。

1992 年 8 月，成都市青白江区大弯中学正式实行国家所有、校长负责、自主办学、学生自费、国家补贴的办学模式和运行机制，全校教职工在全国率先丢掉铁饭碗；1993 年 2 月，国内第一所股份制联合大学——三峡联合职业大学在重庆挂牌成立，由四川一市四地联合创办，采用股份制形式，不要国家一分钱；1996 年 1 月，全面启动“四川省贫困地区义务教育工程”，总投资 7. 8 亿元，覆盖全省 58 个国家级贫困县和省级贫困县；2000 年 3 月，省委、省政府发出《关于深化教育改革，全面推进素质教育的实施意见》；2000 年 12 月，省教育厅和省民委联合发布《四川省民族地区教育发展十年行动计划》；至 2000 年底，全省 134 个县（市、区）通过普及九年义务教育的验收，累计人口覆盖率达到 93. 9%；2001 年 2 月，省委、省政府召开电视电话会议，对贯彻实施《十年行动计划》、加快民族地区教育事业发展作出部署。

截至 1990 年底，全省 82. 7%的科研机构实行所长负责制或任期目标责任制，85. 6%的科研机构实行了经营承包责任制；1992 年 1 月，省委、省政府作出《关于大力推动科技进步振兴四川经济的决定》，提出实施科教兴川的战略方针；1994 年 3 月，省政府颁布《四川省加快科技体制改革方案要点》；1995 年，省科委出台《贯彻“稳住一头，放开一片”方针深化科研体制改革方案》，以省属科研机构改革为重点突破口，推进科研机构进行企业化转制；1995 年 2 月，科技兴川“千亿工程”全面启动，工程以推进科技成果转化为主要手段，以加速科技经济一体化和增加科技为经济直接贡献为目标；1997 年 12 月，四川省八届人大常委会第三十次会议通过《四川省科学技术进步条例》，以法律形式确立了科学技术在四川经济建设和社会发展中的战略地位，规定了四川省推进科技进步的方针、基本制度和保障措施；2000 年 1 月，省委、省政府发出《关于加强技术创新、发展高科技、实现产业化的实施意见》。

1992 年 9 月，中共四川省委、四川省人民政府发出《关于振兴川剧 繁荣文艺的意见》，要求深入贯彻“抢救、继承、改革、发展”方针，达到“出人、出戏、出效益，赢得观众”的目的；1993 年10 月，四川首家采用股份制企业形式进行管理的商业电视台——成都经济电视台正式开播；1995 年 1 月 1 日，四川日报社主办的全国第一张面向城市、面向普通市民的市民生活报——《华西都市报》创刊，采用了全新的用人机制、发行机制、经营机制。1997 年 1 月 1 日，“天府热线”开播，这是四川第一家综合性商业网站；2001 年 1 月，“四川在线”诞生，这是四川第一家大型新闻网站；2004 年 4 月，省委提出推进文化体制改革，加速文化产业发展，建设西部文化强省；2005 年 8 月，四川新华发行集团与四川日报报业集团、四川出版集团、辽宁出版集团等一道成立四川新华文轩连锁股份有限公司，进行跨地域、跨行业的资本联合，形成了遍布全国的连锁经营网络体系。

全省农村三级医疗卫生网络、社区卫生服务体系日趋健全，疾病预防控制体系、卫生监督体系和妇幼保健体系不断完善。“七五”到“十五”时期，四川省医疗卫生投入逐年增加，医疗服务质量和卫生事业发展水平显著提高，有效保障了城乡居民身体健康；2003 年 6 月，全省新型农村合作医疗制度试点工作全面启动；卫生法制建设步伐加快，从 1990 年到 2004 年，省人大常委会相继审查通过了《四川省工业企业劳动卫生管理条例》《四川省禁毒条例》《四川省预防控制性病艾滋病条例》《四川省〈中华人民共和国食品卫生法〉实施办法》《四川省公民献血条例》等地方法规。

1992 年 1 月，四川省人民政府发布《四川省全民所有制企业职工退休费用省级统筹实施方案》，全民所有制企业职工退休费用实行省级统筹，费用筹集由国家、企业和职工三方合理负担；到1998年底，四川省全面建立起社会统筹与个人账户相结合的新型企业职工基本养老保险制度；1993年四川省职业技能鉴定指导中心成立，2000年，29所职业培训学院和9所高级技工学校被确定为四川省高技能人才培训基地；1998年5月，省委、省政府发出《关于减轻农民负担的通知》，强调完善落实农民负担三项监督管理制度，对农民负担的突出问题进行专项治理；至1999年8月下旬，全省180个县（市、区）全部建立起最低生活保障制度；2003年6月，四川在全国率先取消农业特产税和公益事业金；2005年，筹集资金11.2亿元对158.5万名城市“低保”对象实现了应保尽保，在134个县实行农村居民最低生活保障；从2005年起，四川全面停征农牧业税和附加，提前一年实现了中央提出的最终取消农业税的目标。

同时，四川加大基础设施建设力度，交通、能源、通信、水利等基础设施有了很大发展，改善了工农业生产和人民生活条件，经济发展的瓶颈制约有所缓解。四川先后建成了成渝、成绵、成乐、成雅、成南、绵广等高速公路，“十五”期末全省高速公路通车里程达1759公里；三州通县油路建设竣工，成都—北海西南公路出海通道全线建成，到“十五”期末全省基本实现乡乡通公路、90.5%的村通公路。从2001年开始，各地采用上级补助、本级自筹、业主投工投劳的办法，在全省范围内开展乡镇客渡小码头建设；2003年，泸州港年吞吐能力为5万标箱的国际集装箱码头一期工程开港试运行。1987年10月，民航成都管理局撤销，正式成立民航西南管理局、中国西南航空公司、成都双流机场；绵阳南郊机场、九寨黄龙机场通航；成都双流国际机场（1995年11月，由成都双流机场更名）新候机大楼投入使用。1997年12月，全长347公里的达成铁路建成通车；2005年12月，成都地铁一号线一期工程破土动工。1996年6月，西南地区最大的火力发电厂——广安发电厂动工建设；1999年12月，装机330万千瓦的二滩水电站全部机组投产发电；2005年12月，位于金沙江下游、四川雷波县与云南永善县交界的中国第二大水电站溪洛渡水电站开工建设；至“十五”期末，全省农村电网建设与改造工程一期完成后启动了二期建设。四川省数字通信网工程分三期建设，引进程控交换设备，实现了固话通信技术向数字化转变；1994年9月，四川省900兆移动电话A网开通；1995年9月，四川全球信息高速公路骨干网（因特网）在省科技情报所开通，四川从此进入互联网时代；1997年8月，随着四川普格县程控电话开通，全国县以上城市电话交换全部实现程控化。20世纪90年代，中共四川省委、四川省人民政府作出“治水兴蜀”的重大决策，发动群众大搞农田水利基本建设；1997年12月，历时5年、总投资27亿元的成都府南河综合整治工程全面竣工，1998年获联合国人居中心颁发的“世界人居奖”；升钟水库枢纽工程经过十年建设竣工，武都引水一期工程全线竣工产生效益。

“九五”期末，四川吹响了西部大开发号角。“十五”计划开始，四川实施“追赶型、跨越式发展”战略，提出了坚持走新型工业化道路、奋力推进工业跨越发展的目标、思路、措施，推进四川国民经济持续快速、协调健康发展和社会全面进步。

1986 年

1 月

邓小平再度成为《时代》周刊封面人物

1986 年 1 月 6 日，邓小平登上美国《时代》周刊 1986 年第一期封面，继 1978 年后再次成为《时代》“年度风云人物（1985 年度）”。该刊指出，由于邓小平在中国推行新的经济政策，在更大程度上改变了中国人民的日常生活，世界局势将因此更加稳定；中国新的经济政策的转变将给世界上其他社会主义国家和第三世界国家带来深远影响。

四川省评选出 1985 年“十佳”运动员

1986 年 1 月 6 日，四川省 1985 年“十佳”运动员评选揭晓。当选的运动员是梁艳（排球）、陈龙灿（乒乓球）、刘玲（射击）、金浦（游泳）、李仁凤（射箭）、郑厚强（棒球）、罗欣（田径）、郭平（网球）、严红（游泳）、巫丹（排球）。

省委、省政府出台制止向农民乱派款乱收费实施意见

1986 年 1 月 20 日，中共四川省委、四川省人民政府发布《关于贯彻落实〈中共中央、国务院关于制止向农民乱派款乱收费的通知〉的意见》，指出农民负担过重，已严重影响到党群关系、工农关系及农民的积极性。要求各地尽快进行认真清理，坚决执行“定项限额”，严格控制提留的范围和标准，除农业税外，提留严格控制在农民上年纯收入的 3%—5%以内。

2 月

“东方红二号”卫星发射成功

1986 年 2 月 1 日，西昌卫星发射中心用“长征三号”运载火箭将中国 1 颗实用通信广播卫星“东方红二号”准确送入预定轨道。20 日，卫星定点成功。标志着中国已全面掌握运载火箭技术，卫星通信由试验阶段进入实用阶段。

省委下发关于端正党风的通知

1986 年 2 月 4 日，中共四川省委发出《认真学习贯彻中央最近关于端正党风的几个文件的通

知》，要求各级党委高度重视，坚决贯彻执行，决不允许“上有政策，下有对策”。要坚决纠正党政干部经商办企业，违反政策乱涨物价，乱发钱物，挥霍公款，请客送礼等。要坚决刹住“有令不行，有禁不止”的歪风。通知要求各级党委深入学习端正党风的文件，并对过去发生的一些不正之风按照中央政策进行纠正。

自贡恐龙博物馆开馆

1986 年 2 月 9 日，自贡恐龙博物馆开馆试展。该馆占地 2.5 万平方米，主馆建筑面积 6000 平方米，陈列分为远古生命的信息、大山铺恐龙动物群、恐龙公墓 3 个部分。1987 年 1 月 15 日，自贡恐龙博物馆正式开馆。

自贡恐龙博物馆是国家一级博物馆、全国青少年科学教育基地和亚洲最大、陈列恐龙最多的恐龙博物馆，是集科学研究、科学普及、观光游览和休闲度假于一体的旅游胜地。

四川省教育自学考试指导委员会成立

1986 年 2 月 19 日，四川省人民政府批准成立四川省高等、中等教育自学考试指导委员会，副省长康振黄任主任委员。委员会主要负责拟定自学考试专业计划、指定主考学校，组织全省开考专业自学考试工作，负责自考考籍委员会管理。

3 月

东方电站设备成套集团公司组建

1986 年 3 月 4 日，经省政府和机械工业部批准，东方锅炉厂、东方电机厂、东方汽轮机厂和东风电机厂联合组建东方电站设备成套集团公司，组成四川机械系统第一个集团公司。该公司是中国发电设备制造三大集团公司之一，其火力发电设备和水力发电设备产量，约占中国火电和水电设备制造业产量的 1/3 和 1/2。集团公司占地 300 万平方米，有职工 2.5 万余人，其中工程技术人员 3000 人。

全省旅游工作会议在成都召开

1986 年 3 月 6—10 日，全省旅游工作会议在成都召开。会议指出，从 1978 年以来，旅游人数平均每年递增 34%，外汇收入平均每年递增 27%，四川旅游业已奠定改革基础。会议决定，把发展旅游业作为振兴四川经济的重要措施之一，列入国民经济计划。

《四川经济年鉴》创刊

1986 年 3 月 12 日，四川省人民政府决定，从 1986 年起，每年编辑出版一卷《四川经济年鉴》。9 月 5 日，国务委员兼国防部长张爱萍为《四川经济年鉴》题写书名，中央政治局委员、中央书记处书记田纪云等为《四川经济年鉴》题词。1987 年 7 月，第一卷《四川经济年鉴》出版发行。1989 年2 月，《四川经济年鉴》更名为《四川年鉴》，作为记载和反映四川省情的年度资料性文献，是全国首批创办的省级地方综合年鉴之一，也是四川省唯一的省级综合年鉴。

攀枝花资源综合利用科技工作会议召开

1986 年 3 月 20 日，国家科委、冶金部、中国有色金属工业总公司等和四川省人民政府联合在渡口市（今攀枝花市）召开 1986 年攀枝花资源综合利用科技工作会议，时任国务委员前国家科委主任方毅出席会议。

安岳县成为柠檬生产基地县

1986 年 3 月 24 日，安岳县被国家计委、农牧渔业部确定为柠檬生产基地县。1984 年，安岳柠檬产量占全国总产量的 3/5。2001 年 2 月 21 日，安岳县被农业部授予“中国柠檬之乡”称号；当年，安岳种植柠檬 7.53 万亩、产量 1.23 万吨，种植面积及产量均占全国的 70%。

成都十二桥发现殷商古木构建筑遗址

1986 年 3 月，四川省考古部门在发掘成都十二桥遗址第十三层时，首次发现殷商时期的木构建筑遗存。木构建筑所用材料主要系圆木、主木、木板、竹篾和茅草等，系“干栏”式房屋建筑。遗址面积达 1 万平方米以上，时期之早，面积之大，全国罕见。该遗址与 2000 年发现的金沙遗址属同一类型，考古学上定名为“十二桥文化”，是蜀人在三星堆文化古蜀王都遗址废弃后，由广汉迁入成都平原腹心而建立的又一个古蜀王都。1987 年 1 月，成都十二桥遗址入选省级文物保护单位名单；2001 年，入选全国重点文物保护单位名单。

4 月

“七五星火计划”方案出台

1986 年 4 月 10 日，四川省人民政府发布《四川省“七五星火计划”要点的通知》，强调实施“七五星火计划”总目标是为中小型企业特别是乡镇企业的发展和农村建设的需要提供技术指导和支持。通知要求，“七五”期间，全省开发推广 10 类适用于乡镇企业的成套技术装备并组织大批量生产和推广；建立 160 个“星火计划”示范点，包括 40 个农、牧、渔业技术示范性生产基地和 120 个技术示范性乡镇企业、中小企业；建立 55 个技术培训基地，培训 20 万名能掌握一两项本地适用先进技术的农村知识青年和基层干部；开发瘦肉型猪、名优酒等 12 个方面的系列技术，尤以大巴山、攀西地区的技术开发为重点，共安排 200 个项目，扶持农业发展。

眉山县人民武装部改归地方建制

1986 年 4 月 11 日，眉山县人民武装部正式改归地方建制，成为四川第一个改归地方建制的县武装部。6 月 18 日，乐山市沙湾区人民武装部改归地方建制并挂牌。至此，全省 214 个县（区）人民武装部全部改归地方建制。12 月 1 日，省委、省政府、省军区发出《关于县（市、区）人武部改归地方建制后若干问题的暂行规定》，规定县（市、区）人武部改归地方建制后，其性质不变，接受地方党委、政府和上级军事机关的双重领导；实行党委集体领导下的首长分工负责制；党的建设由地方党委和军分区党委共同负责，以地方为主。

省政府出台“十五条”措施推进横向经济联合

1986年4月18日，四川省人民政府颁布《关于进一步推动横向经济联合的补充规定》（简称“十五条”）。主要内容为积极支持和扶持生产、流通、科技领域的多层次、多形式的横向联合；在省控固定资产投资规模内，预留一定额度，用于经济联合项目；各银行要按择优扶持的原则，向经济联合组织发放贷款；规定经济联合组织的审批权限，地方的由地方主管部门审批，成都、重庆由市主管部门审批，跨地区跨部门的由省主管部门审批，跨省的由省经济技术协作部门审批。

省政府发布《关于搞活100个大中型重点企业的通知》

1986年4月18日，四川省人民政府发出《关于搞活100个大中型重点企业的通知》，决定选择成都无缝钢管厂等100个经济效益好、技术改造任务重、内部潜力较大的企业作为全省重点扶持的骨干企业，在计划安排、贷款、税收、折旧费、价格、留利、技术引进、技术改造、产品开发、出口创汇以及物资供应等方面进一步实行宽松政策，为搞活这些企业创造良好的外部环境。

长江科学考察漂流基本完成预期任务

1986年4月21日，长江科学考察漂流探险指挥部正式成立，中国科学院成都分院党组书记侯惠仁任总指挥，唐兴邦、朱剑章任领队；6月3日，长江科学考察漂流探险队离开成都；16日，从沱沱河正式开始漂流和科学考察。54人组成长江科学考察漂流探险队由四川省地理学会于1985年10月发起和组建。科考队闯过250余个险滩，采集到各类水文、地质标本1000余件，拍摄了3000余张照片，基本完成了长江河源区干流沿岸综合科学考察研究和长江上游生态环境及其保护利用等16个项目的考察研究任务。11月25日，漂至长江入海口附近的横沙岛，完成了长江科考任务。在漂流过程中，孔志敏、王建军、王振、杨前明和记者万明5人牺牲。6—11月，中国长江科学考察漂流探险队、中国洛阳长江漂流探险队、中美联合长江上游漂流探险队也先后漂流长江，人类首次全程漂完6300千米的长江。

5月

《四川省义务教育实施条例》颁布

1986年5月8日，四川省六届人大四次会议通过并颁布《四川省义务教育实施条例》，自1986年7月1日起施行。条例共27条，明确四川1990年普及初等教育，2000年普及初级中等教育的目标；规定四川实施义务教育的步骤，地方国家机关、社会、学校和家庭及少年儿童在实施义务教育过程中的责任和权利，对入学年龄、经费的筹集和使用、使用普通话、保证和改善义务教育办学条件、教师的培养提高和地位的提高、免收学费以及对违反条例的惩罚等作出明确的规定。

渔子溪二级水电站一号机组并网发电

1986年5月13日，渔子溪二级水电站一号机组并网发电。渔子溪水电站是四川省能源建设重点项目之一，于1982年10月开工，总装机16万千瓦，一号机组装机4万千瓦。

胡耀邦在四川视察

1986年5月22日，中共中央总书记胡耀邦到四川视察，在成都金牛宾馆会见四川党政军领导和老干部，并就老干部、新干部、军工形势、四川的工作等5个方面发表讲话。在川期间，胡耀邦视察了泸州天然气化工厂。

自贡市成为全国首批机构改革试点城市

1986年5月，国务院批准自贡市为全国首批机构改革试点城市之一，为全国机构改革探路。改革的重点集中在加强综合经济管理部门和经济调节监督机构；精简撤并专业管理部门和职能重复的机构；调整城区政府的管理权限；结合机构调整进行人事制度改革，探索党政合理分工的路子。8月28日，省委、省政府批转自贡市委、市政府《关于自贡市机构改革试点方案的请示》，要求其机构改革试点与经济体制和其他管理体制改革相结合，与发挥中心城市多功能的作用结合，大力促进商品经济的发展。为支持自贡市搞好试点，省委、省政府决定赋予自贡市在国家规定的机构范围内，根据实际设置机构的权利，摸索党政分工、政府机构职能转变、机关人员安排等方面的经验。1987年2月14日，自贡市召开市级机关科级以上干部和大中型企业厂长、经理参加的干部大会，试点工作正式启动。自贡市的机构改革主要围绕政府机构改革、党的工作机构改革和扩大城市管理权限三个方面展开。在政府机构改革方面，坚决实行政企、政事职责分开；在党的机构改革方面，根据党政分开，加强和改善党的领导的精神，使党的工作部门从大量的经济和行政事务中解脱出来，集中精力贯彻党的路线、方针和政策。经改革，自贡市政府机构由原来的66个减为36个，精减45%；党的工作机构由原来的13个减为7个，精减46%；市级党政机构的人员减少15%以上。

荒诞川剧《潘金莲》公演

1986年5月，荒诞川剧《潘金莲》在南京、上海、北京等地演出，引发一场关于人生观、历史观、道德观和戏剧观的全国性大讨论，全国300多家报刊发表评论文章5000多篇。该剧由四川剧作家魏明伦于1985年创作，上演后被评为中国戏曲十大新闻之一。

6月

小麦新品种“绵阳11号”获国家发明一等奖

1986年6月29日，绵阳地区农科所冯仕达、刘碧贵等培育的小麦新品种“绵阳11号”获国家发明一等奖。这种小麦新品种适应四川气候条件，蛋白质含量达到国际优良品种水平，从1980至1984年在全省推广种植后，获经济效益8亿多元。

四川省行为科学学会成立

1986年6月29日，四川省行为科学学会成立暨第一次学术讨论会在成都举行。来自全省各地的理论工作者、教学工作者和实际部门工作者以及陕西、湖南省的代表110人出席会议。学会选举顾金池任名誉会长，林凌为会长。行为科学是用社会学、心理学、人类学等社会科学和自然科学的成果，综合研究人的行为规律的一门新兴的、边缘性的应用科学，在生产管理、思想政治工作、教育、政治、消费、体育等方面都有广泛的应用天地。

7月

重庆八一隧道通车

1986年7月1日，重庆军民举行八一隧道通车典礼。该隧道由驻渝解放军某部援建，全长568米，宽11米，高6.8米，是西南地区当时最大的现代化城市公路隧道，是连接长江、嘉陵江、重庆火车站的咽喉要道。

西南地区第一条光纤电缆建成

1986年7月3日，西南地区第一条光纤通信电缆在重庆上清寺至大坪之间建成，全长7公里。光纤通信电缆的建成缓解了市内通信紧张局面，提高通话质量，对西南地区实行现代化通信有很高的科研价值。

邓稼先逝世

1986年7月29日，著名核物理学家、中国科学院院士邓稼先逝世。邓稼先生于1924年6月25日，安徽怀宁人，1956年加入中国共产党，参加、组织和领导了国家核武器的研究和设计工作，是中国核武器理论研究工作的奠基者之一。邓稼先被称为“中国原子弹之父” “两弹元勋”。1999年，党中央、国务院、中央军委追授邓稼先“两弹一星”功勋奖章。

三星堆遗址发掘取得重大成果

1986年7—9月，广汉西北的鸭子河南岸三星堆一、二号两座大型祭祀坑，发掘出土文物1000余件，把古蜀国的文明史向前推进了1500年，距今5000—3000年。其中，出土的青铜器最具特色，有高2.62米的青铜大立人，宽1.38米的青铜面具，高3.95米的青铜神树等；同时，出土了以金杖为代表的金器，以边璋为代表的玉石器等大批珍贵文物，均具有重要的历史、科学、文化、艺术价值。这是自1929年三星堆遗址开始发掘以来最大的一次发现。三星堆文化证明古巴蜀文化是长江上游古文明起源和发展的中心，是中华民族文化的摇篮之一。1988年1月，三星堆遗址被国家公布为全国重点文物保护单位。

8 月

上西坝仓库遭雷击引发火灾

1986 年 8 月 14 日 18 时许，广元市区五交化采购供应站上西坝仓库因雷击发生特大火灾。此次火灾，烧毁库房 1500 平方米，破拆库房 520 平方米，烧毁各类电视机 3476 台、收录机 2756 台、电风扇 4144 台、洗衣机 760 台，以及大量电热褥、取暖器、纯碱、明矾、硝酸钾等货物，损失折款总计 416.9 万元。

高敏获第五届世界游泳锦标赛跳水冠军

1986 年 8 月 16 日，年仅 16 岁的自贡籍运动员高敏夺得第五届世界游泳锦标赛女子三米跳板跳水冠军和女子团体冠军，成为中国历史上第一位夺得该项世界冠军的运动员。1987 年在第五届世界杯跳水赛中高敏再次夺跳板跳水金牌；1988 年在第 24 届奥运会上成为中国第一位奥运会跳板跳水金牌获得者；1989 年在第六届世界杯跳水赛上获女子一米跳板和三米跳板两项冠军；1990 年在北京亚运会上夺得一米跳板和三米跳板两枚金牌；1992 年在第 25 届奥运会上蝉联女子跳板跳水冠军。1988 年、1989 年、1990 年，高敏连续三年被评为全国最佳运动员，1989 年被评为中华人民共和国成立 40 年来杰出运动员之一。

金浦获第十届亚运会蛙泳冠军

1986 年 8 月 21 日，四川籍运动员金浦在第十届汉城亚运会上以 1′04″02 的成绩获男子 100 米蛙泳金牌。这是四川游泳史上取得的第一枚 100 米蛙泳亚洲金牌。1982 年，金浦进入国家游泳队，同年获第九届亚运会 200 米蛙泳银牌，1983 年获第五届全运会 100 米蛙泳金牌。

任白戈逝世

1986 年 8 月 23 日，著名革命理论家任白戈逝世，享年 80 岁。任白戈生于 1906 年，四川南充人，1926 年加入中国共产党，1927 年任中共四川临时省委特委书记，1933 年在上海任中国左翼作家联盟秘书长。中华人民共和国成立后，历任中共重庆市委宣传部部长、西南军政委员会文教部副部长、西南文联主任、四川省人民政府副省长、中共重庆市委第一书记、西南局书记处书记、四川省政协主席、中顾委委员、全国政协常委等职。著有文艺评论《关于国防文学的几个问题》《现阶段的文学问题》等。

班禅视察四川藏区

1986 年 8 月 23 日，全国人大常委会副委员长班禅额尔德尼·确吉坚赞到甘孜藏族自治州视察。视察期间，班禅接见了从尼泊尔、印度、瑞士、德国回国探亲和定居的藏族同胞。班禅在讲话中强调维护祖国的统一和民族团结，希望国内外藏族同胞团结一致，为藏民族的共同利益、为祖国的繁荣富强做出贡献。

中国最大的彩电生产线在长虹厂建成投产

1986年8月30日，长虹与日本松下电器株式会社联合建成的单班年产36万台彩电生产线正式投产；这是当时中国最大的彩电生产线，具有20世纪80年代国际先进水平，长虹厂也因此成为中国五大电视机生产基地之一。8月31日，由40个厂商联合组成的四川长虹电视机集团成立，总部设在长虹机器厂。1987年10月4日，四川长虹电视机集团更名为四川长虹电子集团公司。1988年，绵阳市政府批准四川长虹电子集团控股设立股份制企业——四川长虹电器股份有限公司。1992年，该厂总产值达26亿元，创利税3.2亿元。1993年7月19日，长虹机器厂作为全国电视机生产厂家唯一代表，入选1993年中国500家最佳经济效益工业企业金榜。1994年3月11日，“四川长虹”在上海证交所上市；每股净资产6.25元，每股税后利润2.16元，创当时全国上市股票最高纪录。

9月

四川省计划生育管理干部学院成立

1986年9月3日，四川省计划生育管理干部学院成立暨首届专修科开学典礼在成都举行。该学院是全国计划生育系统唯一一所培养计划生育、医疗卫生技术和管理实用型人才的成人高等学院，是联合国人口基金会的培训中心、人口与发展西南合作伙伴组织培训合作基地。

四川省航空公司成立

1986年9月19日，四川省航空公司成立。1988年7月14日，公司发出首个成都—万县航班，正式开航营运，四川地方航空实现零的突破。1993年11月19日更名为四川航空公司。2002年8月28日，以川航为主，成立四川航空集团公司暨四川航空股份有限公司，这是全国首家跨地区、跨行业、跨所有制、投资主体多元化的股份制航空公司。

蒙山茶史博物馆兴建

1986年9月25日，中国第一家茶史博物馆在雅安名山县蒙顶山兴建，1987年建成对外开放。蒙山茶史博物馆兴建时位于蒙顶山天盖寺，由张爱萍题写馆名，1999年整体迁至蒙顶山禹王宫。馆内陈列着有关蒙顶茶的文献诗词、标本，记载蒙顶茶的碑碣，各类名茶实物与历代形态各异的茶具。

眉山岷江大桥建成通车

1986年9月26日，四川省民办公助集资修建并征收过路费的空腹式预制板大桥——眉山岷江大桥剪彩通车。大桥全长723米、宽12米，总投资740万元，其中由单位和个人集资300多万元。

四川“三线”建设及调整改造

1986年9月，“四川省三线建设调整改造规划办公室”成立，负责抓好四川“三线”调整改造，研究发挥“三线”企业作用及具体的政策措施。“三线”建设调整改造正式展开。

四川是国家“三线”建设的重点省区之一。从1964年到1978年，建成“三线”企事业单位

350 个，其中大中型企业 248 个，占全省大中型企业的 42.2%；形成固定资产 208.7 亿元，占全省全民所有制工业固定资产原值的 60.2%；职工84 万人，其中各类专业技术人员 10 余万人。“三线”建设在四川建成以机械、电子、军工为主体的大中型企业和冶金、有色、建材、化工、能源等骨干企业，对于四川经济和社会发展起着极为重要的作用。

四川的“三线”调整稳定职工队伍，增强企业的凝聚力，促进企业产品结构和组织结构的调整，加快军转民步伐和外向型经济的发展。在重庆和涪陵的 8 个兵器企业，迁入重庆经济开发区，通过优化组合，组建总厂和配套分厂，利用群体优势与日本合作开发生产轿车、微型车。迁入成都地区的 10 多个兵器企业，围绕四川在摩托车、微型汽车上的优势，并入嘉陵、建设、长安三大集团，经济效益大幅度提高。四川“七五”时期“三线”调整企业 1989 年销售收入 2.92 亿元，1993 年达到 7.89 亿元，是 1989 年的 2.7 倍，实现利税增长 12.5%。“八五”时期“三线”调整企业 1990 年销售收入 6.76 亿元，实现利税 4759 万元，到 1994 年分别增长近 3 倍和 3.8 倍。

在“三线”企业调整的带动下，四川逐步形成一批以“三线”调整企业为主体的新的经济增长点和辐射源。在成都高新技术开发区、经济技术开发区，彭州市工业开发区，绵阳科学城和高新科技开发区等国家级和省级各类经济开发区中，“三线”调整企业发挥着越来越重要的作用。

10 月

刘伯承逝世

1986 年 10 月 7 日，刘伯承元帅在北京逝世，享年 94 岁。刘伯承生于 1892 年 12 月 4 日，四川开县人（今重庆市开州区）。1926 年加入中国共产党。1955 年被授予元帅军衔。

成都汇通城市合作银行成立

1986 年 10 月 14 日，成都汇通城市合作银行成立。这是四川试办的全国第一家民间股份制金融企业，由成都汇通金融公司改造而成，归人民银行成都市分行领导，人民银行四川省分行监督管理。成都汇通城市合作银行以支持地方经济和个体经济的发展、支持科技成果向商品转化为服务宗旨。主要办理城乡集体工商业、个体工商业、承包企业及其他集体经济联合体的存款、贷款、结算、票据贴现、个人储蓄等业务。2000 年 1 月 31 日，成都汇通城市合作银行撤销，其资产和合法负债由成都市商业银行接收。

四川基本消灭丝虫病

1986 年 10 月 25 日，省政府召开全省基本消灭丝虫病总结表彰大会，对丝虫病防治先进单位进行表彰。经卫生部考核组验收，确认四川省已基本消灭了丝虫病。1952 年，酉阳首次查见微丝蚴，1965 年，乐山、青神、雅安等 13 个地县流行马来丝虫病；秀山、酉阳等 6 个县流行班丝虫病。四川省从 1970 年起在全省组织丝虫病防治科研大协作，全面开展丝虫病的防治，至 1985 年底，四川丝虫病流行区基本消灭丝虫病。

省委、省政府出台振兴四川经济的政策

1986年10月26日，中共四川省委、四川省人民政府印发《关于振兴四川经济的几个问题的意见》，分析了省情和面临的形势，提出了振兴四川经济的基本思路，确立了振兴四川经济的基本途径和步骤。第一步全面完成“七五”计划规定的各项主要任务，并为20世纪90年代的发展准备后劲；第二步通过“八五”“九五”时期的努力，实现20世纪末振兴四川的目标。

四川中药材品种和蕴藏量全国第一

1986年10月，四川省中药资源普查工作通过全国中药资源普查验收小组验收，认定四川省中药材品种和蕴藏量全国第一。全省中药材品种5000余种，植物、矿物药产（藏）量在200万吨以上；川芎、川贝、川附子、川麦冬等38种道地中药材在国内外享有盛名。

《汉语大字典》第一卷出版

1986年10月，《汉语大字典》第一卷出版。该字典由四川大学教授徐中舒主编，四川辞书出版社和湖北辞书出版社联合出版，1990年10月全部出齐。全书分8卷，约2000万字，共收楷书单字56000余个，是当时世界上规模最大、收集汉字单字最多、释义最全的一部汉语字典。1995年，该字典获全国高校首届人文社会科学研究成果语言学一等奖，并获首届国家图书奖、中国辞书奖。

11月

重庆农药器械厂推行租赁制

1986年11月25日，重庆农药器械厂被租赁给个人。该厂亏损多年，是四川省第一家实行租赁经营的全民所有制工业企业。

重庆歌乐山烈士纪念群雕落成

1986年11月27日，重庆歌乐山烈士大型纪念性群雕落成。这是为纪念1949年在“中美合作所”集中营就义的革命烈士而创作。在首届全国城市雕塑评比中，该群雕获最佳作品奖。

攀西资源开发拉开序幕

1986年11月29日，省委、省政府向中共中央和国务院提交《关于加快攀西地区综合开发亟待解决的几个问题的报告》，拉开攀西资源开发序幕。1989年4月17日，四川省攀西—川南地区资源开发领导小组成立，由省长张皓若兼任组长，其主要职责是充分利用和加速开发攀西和川南地区自然资源，加快四川经济发展。1992年10月15日，省委、省政府在成都召开攀枝花经济发展战略和攀西地区农业综合开发国际论证会，决定建立攀西资源综合开发区。开发区范围包括攀枝花全市和凉山州的西昌市、冕宁县、德昌县、宁南县、会理县、会东县、普格县及盐源县的右所区、盐井镇，面积共2.96万平方千米，人口280余万。建立开发区的指导思想是立足资源开发，扩大对外开放，延续深度加工，采取滚动发展方式，把攀西建成全国最大最重要的原材料基地。1993年4月1日，

省政府进一步确定把攀西地区建设成为中国内陆以资源开发为主体的经济特区。攀西经济特区将凉山州全部包括进去，面积扩大到6.75万平方千米，人口增加到450余万。1996年，省政府决定将攀西—川南地区资源开发领导小组调整为攀西资源开发领导小组，并对攀西资源进行全面的调研，制定开发利用综合规划。

12 月

成都市劳务市场开业

1986年12月12日，成都市劳务市场在成都市柿子巷正式开业。此后，四川省人民政府在全省推广了成都市开办劳务市场的经验，逐步在各地推广建立劳务市场。至1990年底，全省各种形式、各个层次的劳务市场发展到196个，在劳务市场求职登记的人员累计达87万人次，约60万人从中找到就业机会。1996年5月1日，《四川省职业介绍管理条例》出台。

省委、省政府出台鼓励科技、管理人员向农村流动的政策

1986年12月16日，中共四川省委、省人民政府发出《关于鼓励科技人员、管理人员向农村流动的若干政策意见》，支持鼓励一部分在职科技人员和管理人员以个体或自愿组成集体形式，承包、承租企业；一般可采取辞职流动、留职流动、兼职流动等方式，到农村领办、创办企业。初始可向银行贷款，可招聘工人带股入厂，可向社会招股，可集资；到农村的科技人员，可以用自己的技术和发明入股企业。

表彰长江漂流第一人——尧茂书

1986年12月21日，为表彰尧茂书长江第一漂的壮举，中共四川省委追认尧茂书为共产党员，民政部批准尧茂书为“科学考察漂流探险活动中英勇献身的革命烈士”。1985年6月20日，尧茂书和哥哥尧茂江在长江源头那钦下水，驾着“龙的传人”号橡皮船首漂长江，历经37天，漂完和工江上游，行程1300余公里。7月24日，尧茂书在金沙江通迦峡段不幸翻船遇难。1987年5月，中共乐山市委命名尧茂书为“当代乐山青年四杰”之一；1989年，乐山市人民政府、共青团乐山市委、乐山市青联学联建成尧茂书雕像勇士碑，以缅怀长江漂流第一人。

成都工程机械企业集团成立

1986年12月22日，由成都工程机械总厂、四川省公路机械厂、四川省公路机械修配厂、成都叉车厂、成都建工机械厂和成都上游机械厂组成的成都工程机械企业集团在成都成立。

省政府发布《四川省鼓励外商投资的若干规定》

1986年12月23日，四川省人民政府发布《四川省鼓励外商投资的若干规定》，对外商投资企业各方面的优惠政策作出具体规定，以推动四川利用外资快速起步。1988年5月24日，省政府颁布《四川省鼓励外商投资的规定》，进一步明确吸引外资的措施和办法。2000年5月27日，省政府再次

印发《四川省鼓励外商投资的若干规定》，重申以前的优惠政策，并适当修订补充。

重庆渝中信托投资股份有限公司成立

1986年12月27日，全国第一家股份制金融机构——重庆渝中信托投资股份有限公司成立，首次向社会公众公开发行股票1000万元。

四川天然气化工厂建成投产

1986年12月，全国规模最大的第二个4吨级有机硅系列产品工程——四川天然气化工厂建成投产。有机硅广泛应用于电子、轻工、纺织、造纸、建筑、医药、军工等领域。

成华区圣灯乡成为四川省首个亿元乡

1986年12月，成都市成华区圣灯乡成为四川省第一个亿元乡。该乡先后获得四川省政府、成都市政府“率先致富”“蜀都之冠”和国家统计局“中国亿元乡镇”牌匾。

中国第一家“农家乐”诞生

1986年，中国第一家“农家乐”在成都市郫县（今成都市郫都区）友爱乡农科村农家院落诞生，并成功探索出农家旅游新模式，成为全国乡村旅游典范。

成都市一环路扩建工程竣工

1986年，成都市一环路扩建工程竣工。扩建后的一环路全长19.38千米，双向4车道，无中央隔离带，实现了人、车分离，快、慢车分道。2003年，一环路再次进行了全面改建，扩建成双向6车道，并设置中央绿化隔离带。

1987 年

1 月

工商银行在省内开展五项新业务

1987 年 1 月 1 日，工商银行四川省分行在重庆、成都、渡口、广元、德阳、绵阳、自贡、内江、泸州、达县、遂宁、乐山、南充、涪陵、万县、雅安、宜宾 17 个市地行的部分营业机构之间，运用电传设备开办个人汇款、定额汇票、直达电汇、储蓄旅行支票、活期储蓄异地通存通取等 5 项新业务。通过采用现代电子设备，将银行分理处或储蓄所连接起来，解决不同地区之间现金汇寄、提取难的问题。

全省农村综合改革试点县会议召开

1987 年 1 月 6—8 日，中共四川省委在成都召开全省农村综合改革试点县会议，要求 1987 年试点改革工作要以搞活企业为中心，抓好所有权和经营权的分离、资金融通、商品流通、人才流动、农村基层组织建设五个方面的工作。

省委部署反对资产阶级自由化

1987 年 1 月 7 日，中共四川省委向全体党员干部群众传达《邓小平同志关于当前学生闹事问题的讲话要点》。1 月 15 日，中共四川省委将邓小平在中共十二届六中全会上关于反对资产阶级自由化的讲话传达到全体党员和干部。2 月 5 日，中共四川省委作出传达学习《中共中央关于当前反对资产阶级自由化若干问题的通知》的部署。2 月 14 日，省委办公厅转发省委宣传部《关于在反对资产阶级自由化斗争中开展正面教育的初步安排意见》。《意见》指出，反对资产阶级自由化斗争的唯一宗旨是全面地、正确地贯彻执行中共十一届六中全会以来的路线，建设有中国特色社会主义，对资产阶级自由化要严格执行党的政策，要在规定的范围内进行，坚决避免过去那种“以人划线，上挂下联，层层检查，人人过关”等“左”的错误做法。

五通桥盐厂成为全国首家精制盐企业

1987 年 1 月 14 日，五通桥盐厂通过轻工业部盐务总局验收，达到生产精制盐生产许可证的标准，成为全国第一家国家认可的生产精制盐的企业。

首届自贡国际恐龙灯会经贸交易会举行

1987 年 1 月 20 日至 3 月 10 日，首届自贡国际恐龙灯会经贸交易会举行。自贡灯会原名春节灯会，始办于1964年2月13日。1994年2月1日，经国家文物局批准建立的国内唯一的彩灯文化专门机构——中国彩灯博物馆在自贡开馆，成为自贡灯之城和灯文化的缩影。2002年，自贡灯会被国家旅游局确定为全国两大民俗活动之一；2004年，中国彩灯文化发展园区被文化部命名为“国家文化产业示范基地”。

渡口市更名为攀枝花市

1987年1月23日，经国务院批准，渡口市更名为攀枝花市。3月4日，正式启用新的印章、吊牌，原行政区划和所属机构不变。1965年2月5日，中共中央、国务院正式批复同意成立攀枝花特区，3月20日，成立攀枝花特区人民委员会；4月22日，攀枝花特区改名为渡口市。1978年，原属西昌地区的米易县、盐边县划归渡口市，形成三区（东区、西区、仁和区）两县（米易、盐边）格局，总面积7440平方公里。攀枝花市成为全国第一个以花命名的城市。

中国第一座脉冲反应堆开工建设

1987年1月，中国第一座脉冲反应堆在西南反应堆工程设计研究院开工建设。1990年10月16日，工程建成并达到临界，中国成为继美国之后世界上第二个掌握这种新堆型设计与制造技术的国家。

2月

四川省评选出1986年“十佳运动员”

1987年2月6日，四川省1986年十佳运动员授奖大会在成都举行。高敏（跳水）、梁艳（排球）、陈龙灿（乒乓球）、金浦（游泳）、李涛（田径）、李亚光（篮球）、刘适兰（国际象棋）、桂渝（技巧）、杨富萍（技巧）和颜文珍（技巧）被评为“十佳运动员”。

四川省经济工作会议在成都召开

1987年2月6—11日，四川省经济工作会议在成都召开。省委、省政府确定当年经济工作的主要任务是全面提高经济效益；继续把改革放在首位，坚持对外开放、对内搞活；努力开展增产节约运动；确保国民经济和社会事业长期稳定地向前发展；要在发展生产，提高经济效益、调整投资结构，增加财政收入和节约开支这三个方面，取得新的成绩。

首次从荷兰引进的肉鸡宰杀生产线试生产成功

1987年2月10日，中国首次从荷兰引进的肉鸡宰杀生产线在成都肉鸡联合加工厂试生产成功，提高了四川家禽加工业的自动化水平。

3 月

四川金融信托投资公司开业

1987 年 3 月 10 日，经中国人民银行、四川省人民政府批准，四川省财政厅、建设银行四川省分行联合开办的四川金融信托投资公司正式开业。该公司为全民所有制非银行金融企业，主要经营人民币信托投资业务。

春季全国糖酒交流会在成都举行

1987 年 3 月 10—14 日，1987 年春季全国糖酒三类商品交流会在成都举行。这是糖酒会分春秋两季举办以来，四川省首次举办春季全国糖酒会；四川省当届酒类销售额居全国第一。此后，春季糖酒会基本定点在成都举办。

四川广华涤纶总厂建成投产

1987 年 3 月 25 日，西南最大的涤纶长丝厂——四川广华涤纶总厂在广汉县建成投产。该厂成套引进瑞士、联邦德国、英国等先进技术，设计年产涤纶长丝 1 万吨，年产值 1 亿元。

自贡、攀枝花、德阳、乐山市为全国和全省综合改革试点城市

1987 年 3 月，国家体改委同意自贡、攀枝花、德阳、乐山市为全国和全省综合改革试点城市，享有省级行政单位的税收减免权和扩大部分工业品物价审批权，允许进行各种工资分配形式的改革试点和金融体制改革及建立生产资料市场的试点。

4 月

德阳市科技开发集团成立

1987 年 4 月 1 日，德阳市科技开发集团正式成立。该集团由第二重型机器厂、东方汽轮机厂、东方电机厂和四川大学、成都科技大学、中科院成都分院等 32 个成员单位组成，是在技术市场形成和发展的基础上产生的四川省第一家科技开发集团。

四川电网改三级管理体制为两级管理

1987 年 4 月 1 日，四川电网改三级管理体制为两级管理。撤销川东、川西、川南、攀枝花 4 个电业局，其所属发供电企业改由西南电管局直接领导。同时将西南电管局总调度所更名为调度局，原川东、川南、川西、攀枝花电业局中心调度所，分别更名为川东、川南、川西、攀枝花调度分局。1994 年 12 月，省电力系统推行管理体制改革，在“自愿、平等、互利、互惠”的条件下，遵循“统一规划、统一调度、统一经营、统一管理”和“资产所有权不变，企业性质不变，财税解交渠道

不变，以电养电政策不变”的原则，省电力公司下属9个电业局对16个县（市）电力公司实行联营或委托管理。

电子工业部三线调整重大工程开工

1987年4月1日，电子工业部三线调整重大工程之一——国营旭光电子管厂、国营新光电工厂、国营成都庆光电器总厂迁建工程在新都正式开工。1989年12月25日，国务院重大技术装备领导小组通报表彰国营旭光电子管厂在完成北京正负电子对撞机部分工程项目中所做出的贡献，并向工厂颁发“国家重大技术装备研制重大贡献奖”。1990年，原在广元的国营旭光电子管厂完成全迁，并于当年全面恢复生产。1993年，成都市体改委批准其以定向募集方式改组为成都旭光电子股份有限公司。2002年11月20日，“旭光股份”A股在上交所正式挂牌交易。

刘定国等6人被评为“农村特级技师”

1987年4月20日，四川省人民政府批准授予四川省农村劳动致富能手——“养猪大王”刘定国、“柑橘大王”吴祥金、“番茄大王”张文康、“冬瓜大王”吴璞修、“奶牛大王”刘伯荣、“养鱼大王”邱国彬6人“农村特级技师”称号。

李鹏到重庆视察

1987年4月20—23日，国务院副总理李鹏在重庆检查指导工作，对重庆的能源、交通、冶金、教育等问题提出要求。

四川省锦城艺术宫竣工

1987年4月，四川省锦城艺术宫竣工。锦城艺术宫是当时四川省建设规模最大的多功能省级艺术演出、展览场所，是中华人民共和国成立以来四川省投资最大、按国家一流剧场设计的艺术活动场所。锦城艺术宫由四川省文化厅于1980年7月主持修建，占地18850平方米，建筑面积7929.28平方米，主要接待海内外到川演出的大型艺术团和省各种大型文艺调演、会演、展览演出活动，是西南第一家多功能大型剧场。因城市规划建设需要，2019年7月，锦城艺术宫被拆除。

5月

四川省首次在国外承包经营企业

1987年5月18日，四川省首次在国外承包经营的企业——伊拉克莫萨那水泥厂自动生产线试生产一次点火运转成功。这座年产96万吨的水泥厂是当时具有世界一流水平的水泥厂。

四川省水上运动场竣工

1987年5月，位于新津县的四川省水上运动场竣工。这是国内最先进的水上运动场之一，被誉为世界三个最理想国际标准赛场之一。

潘虹获国际最佳女演员奖

1987 年 5 月，峨眉电影制片厂演员潘虹凭借主演电影《井》中的成功表演，获意大利第十九届陶尔米纳国际电影节最佳女演员奖。潘虹，1954 年 11 月 4 日出生于上海，毕业于上海戏剧学院。代表作品有《杜十娘》《人到中年》《井》《末代皇后》《股疯》《梧桐雨》《新上门女婿》等。潘虹曾获四届“金鸡奖”、三届“金凤凰奖”、三届“小百花奖”等荣誉。

世界首创生物细胞工程技术在川实现

1987 年 5 月，中国科学院成都生物研究所吴伯骥等创立了一项新的细胞工程技术：在世界上首次实现不同科植物细胞间染色质和细胞质的人工穿壁转移，获得了再生的烟草和菠菜等科间杂交植株。

6 月

四川省与法国南方—比利牛斯大区结为友好省、区关系

1987 年 6 月 9 日，四川省与法国南方—比利牛斯大区结为友好省、区关系。这是四川省与欧洲国家建立的第一对省级友城关系。

中国西部电子机械装备集团成立

1987 年 6 月 20 日，经四川省人民政府批准，中国西部电子装备集团在成都成立。这家集团由南光机械厂等省内外 29 家从事电子机械装备、仪器仪表、工模具和集电子技术研究、设计、制造、施工的大中型企事业单位组成，拥有固定资产 7 亿元，职工 4 万多人。

川茶“五朵金花”获国际金质奖

1987 年 6 月 22 日，在四川名茶展评会上，峨眉牌重庆沱茶、早白尖功夫红茶、竹叶青、峨眉毛峰和大叶红碎茶 5 种获国际金质奖的名茶被誉为川茶“五朵金花”。

7 月

成都经济律师事务所成立

1987 年 7 月 1 日，成都经济律师事务所成立。成都经济律师事务所是成都第一家专业律师事务所。成都的律师产生于民国时期，中华人民共和国成立后旧的律师制度被废除。根据 1954 年宪法关于“被告人有权获得辩护”的规定，1956 年，成都开始开展律师工作，1959 年中断。1980 年，《中华人民共和国律师暂行条例》颁布后，成都的律师事业得到发展和壮大。

《四川省计划生育条例》发布实施

1987 年 7 月 2 日，四川省第六届人民代表大会常务委员会第二十六次会议通过《四川省计划生

育条例》并发布实施。1993 年 12 月 15 日，四川省第八届人民代表大会常务委员会第六次会议对其进行修正。主要内容有：夫妻有实行计划生育的义务，实行计划生育的合法权益受法律保护；生育必须按计划进行，提倡和鼓励一对夫妻只生育一个孩子；凡取得独生子女证者享有奖励和优待；提倡和鼓励晚婚晚育，做到优生优育；夫妻符合再生一个孩子条件的可以申请再生，由县级计划生育主管部门批准；条例适用于四川省行政区域内居住的和户籍在四川省、居住在省外的公民；在四川省定居的港、澳、台同胞和归国华侨，以及夫妻一方为港、澳、台同胞、归国华侨、外国公民的生育按国家有关规定执行。

开县、巴塘县暴发痢疾

1987 年 7 月 7—9 日，开县流行痢疾，共发病 23254 人，死亡 17 人。其原因是遭受持续旱灾，水源枯竭，造成全县 77 万余人饮水极度困难，吃不上清洁卫生的水所致。7 月 9 日，巴塘县雅哇区 4 个乡暴发“志贺氏Ⅰ型”痢疾，波及 112 个自然村，累计发病 3426 人，发病率为 48.29%，死亡 47 人，病死率为 1.37%。7 月 15 日，省卫生厅得知疫情，立即组织医疗队赶赴疫区救治和扑灭疫情。

四川两家酒厂首批获国家级产品质量认证合格证书

1987 年 7 月 20 日，宜宾五粮液酒厂、泸州曲酒厂在全国酒类行业中首批获国家技术监督局颁发的国家级产品质量认证合格证书，获准使用国家级产品质量合格认证方圆标志。此后，剑南春集团、水井坊酒业、郎酒集团、文君酒厂等也先后获得这一认证。2003 年 11 月 25 日，四川宜宾五粮液股份有限公司获得“全国质量管理奖”，成为中国酒类行业唯一两度获得国家级质量管理奖的企业。

阿坝藏族自治州更名

1987 年 7 月 24 日，经国务院批准，阿坝藏族自治州更名为阿坝藏族羌族自治州，茂汶羌族自治县更名为茂县。阿坝藏族羌族自治州位于四川省西北部，面积 8.42 万平方公里，辖马尔康、金川、小金、阿坝、若尔盖、红原、壤塘、汶川、理县、茂县、松潘、南坪、黑水 13 个县，藏族人口占 52.3%、羌族人口占 17.7%、回族人口占 3.2%、汉族人口占 26.6%，其他民族人口占 0.2%。阿坝藏族羌族自治州是四川省第二大藏区和全国唯一的羌族聚居地区。

武都大型引水一期工程重新恢复建设

1987 年 7 月 29 日，国家计委批准武都大型引水一期工程重新恢复建设。武都引水工程被邓小平誉为“第二个都江堰”，是川西北地区工农业生产和城市经济发展的重要水源工程，是四川省“再造一个都江堰”战略目标的重点工程。一期工程主要建设武都水库处的取水枢纽、38 千米的总干渠、装机容量 1.76 万千瓦的石龙嘴电站、库容为 0.98 亿立方米的沉抗水库和全长 67 千米的涪梓干渠及其灌区渠系工程，控灌绵阳的江油、梓潼、游仙、三台、盐亭和遂宁市的射洪 6 县，灌面 127 万亩。1991 年 1 月 11 日，总干渠首段 8.75 千米工程和石龙嘴电站通水发电。2000 年 5 月，一期工程全面建成，总投资 21 亿元，其项目效益经评估确认，受益区干旱缺水状况得到了根本改变，1991—1999 年受益地区累计增加各类农产品共 537 万吨，新增产值 25.4 亿元。

“川江号子”唱响海外

1987 年 7 月，在法国阿维尼翁艺术节组织“世界大河相会在塞纳河”的民间艺术交流活动上，来自四川的陈邦贵、蔡德元和陈昌福应邀演唱了川江号子。法国电视台、法国第一大报《世界报》等媒体评价“川江号子”是艺术节上“江河音乐专栏内最为出众的部分”。川江号子主要流传于金沙江、长江及其支流岷江、沱江、嘉陵江、乌江和大宁河等流域，是一种由号工领唱，众船工帮腔、合唱的“一领众和”的民间歌唱形式，被列为首批国家非物质文化遗产。

8 月

四川省教育委员会成立

1987 年 8 月 11 日，四川省教育委员会成立。经国务院批准，省委、省政府决定，撤销教育厅、省高等教育局、省职工教育办公室，将其组建为四川省教育委员会。2000 年 9 月，更名为四川省教育厅。

陈毅故居文物陈列馆和陈毅铜像落成

1987 年 8 月 26 日，陈毅诞辰 86 周年纪念大会暨陈毅故居文物陈列馆落成开馆典礼在乐至县举行。陈列馆坐落在乐至县劳动乡正沟湾，馆藏文物 850 件。1996 年 8 月 26 日，陈毅元帅铜像在乐至县陈毅纪念园内落成。

首次举行中小学教师“专业合格证书”考试

1987 年 8 月，四川省 7 万多名中小学教师首次参加“专业合格证书”考试，其中，高中教师 4810 名、初中教师 31640 名、小学教师 37144 名。考试的目的是使学历不合格的中小学教师通过自学、进修培训、电视教育等途径，有效提高专业素质和教学水平。

四川省新闻出版局成立

1987 年 8 月，四川省新闻出版局成立，原四川省出版总社撤销，标志四川的出版管理由事业管理性质转变为政府管理性质。该局是全省新闻出版事业的职能机构，同时又以四川省版权局名义行使省政府的版权管理职能。

9 月

巫溪县城南发生大岩崩

1987 年 9 月 1 日凌晨 3 时 30 分，巫溪县县城南门湾龙头山 7000 多立方米岩石发生大岩崩，岩石、泥沙将附近几栋房屋摧毁，120 余人被埋。经抢险人员连续 13 个昼夜抢救，挖出被岩石压埋的 119 人，其中 95 人死亡，24 人经抢救脱险。

刘寿斌获第41届世锦赛抓举冠军

1987年9月6日，四川籍运动员刘寿斌在捷克斯洛伐克举行的第41届世界举重锦标赛上，以130公斤的成绩获56公斤级抓举冠军，成为四川第十二个获得世界冠军的运动员。

成都开通万门程控电话

1987年9月15日，成都万门程控电话交换设备开通使用，市话交换设备全部实现自动化。这是四川当时最大的一项市内电话通信工程。成都市电信局从上海比贝尔公司引进新技术，安装万门程控电话，使市话通信能力扩大50%，缓解市内电话装机难、通话难的状况。

陈宏获全国跳伞定点冠军

1987年9月16日，四川运动员陈宏在河南安阳举行的全国跳伞个人特技、定点、全能冠军赛上，夺得定点冠军。

首届东坡文化节开幕

1987年9月16日，眉山县纪念苏东坡诞辰950周年文化经济交流暨首届东坡文化节开幕。19个省（市、区）的3000余名代表参加，其中苏学专家、作家、诗人、书画家、苏氏后裔、国内东坡遗迹文物保护单位代表及中央、省市党政领导190多人。文化节当天，重新开放了三苏陈列馆，正式成立了眉山东坡画院，举办了由28组以东坡的诗文、轶事、传说等题材组成的大型灯会，观众达21万余人次。

成（都）灌（县）高等级公路建成通车

1987年9月23日，四川省第一条高等级公路——成（都）—灌（县）公路建成通车。公路东接成都市区的西干线，西接灌县县城，全长48.5公里，路面为4厘米厚的沥青混凝土，分4条快车道和两条慢车道。老成灌公路始建于1913年，是四川省公路史上修建的第一条公路。经过此次改造，车辆通行能力大为提高。

四川省消费者协会成立

1987年9月26日，四川省消费者协会成立，其宗旨是对商品和服务进行社会监督，保护消费者的合法权益；指导广大群众消费，促进社会主义商品经济和服务事业的发展。

华西工程设计建设总公司（集团）在成都成立

1987年9月30日，经国家计委批准，华西工程设计建设总公司（集团）在成都成立。该公司由四川、重庆等22家中央、省、市属设计院联合组成，是首批勘察设计行业体制改革试点单位。1988年4月4日，取得工商注册；2004年7月1日，整体改制为以9大甲级勘察设计院为主体，公司经营管理层和技术骨干持股的混合型所有制公司。

10月

四川选手获第六届世界技巧赛全能冠军

1987年10月10日，四川选手陈刚、陈小伟、张世洪和马索夫在第六届世界技巧赛上获男子全能冠军，并在两套动作单项决赛中夺得两枚金牌。

四川省展团获第36届尤里卡世界发明博览会金奖

1987年10月13日，参加比利时第36届布鲁塞尔尤里卡世界发明博览会的四川省展团载誉归来。全省送展参评的13个项目全部获奖，其中金奖6项、银奖5项、铜奖2项。四川展团的获奖数居全国之首。成都无缝钢管厂张宁发明的“PYZ多功能液压训练器械”以及“PZX气垫式减震包装箱”获博览会金奖，张宁获个人最高荣誉奖——“比利时王国一级骑士勋章”。

民航西南管理局成立

1987年10月15日，民航成都管理局撤销，正式成立民航西南管理局、中国西南航空公司和成都双流机场。民航西南管理局为地区民用航空管理机构，对西南地区民航事业实施行政管理和行业管理，领导西南地区民用航空机场和军民合用机场的民用部分。中国西南航空公司是国家骨干航空企业，是相对独立的经济实体，主要经营西南地区地方航线、国内航线以及邻近国家国际航线的运输业务，兼营通用航空业务。成都双流机场是全民所有制企业，管理、使用机场土地和各种设施、设备，为所有航空运输企业、通用航空企业以及其他部门的飞行活动提供服务。

南充都尉坝机场扩建工程竣工

1987年10月22日，南充都尉坝机场扩建工程竣工通航。机场位于南充市西4.5公里，1941年10月建成，但一直未投入使用。1958年修复用于石油大会战，1983年底停航。1985年，经省民航局与南充地市会商，由民航投资370万元、南充地区投资330万元共同扩建南充都尉坝机场。1986年9月29日，扩建工程开工。工程分两步进行，第一步工程完成后可以起降安24和国产运7型飞机；第二步工程完成后，可以起降波音737-300型飞机。

11月

中国嘉陵工业股份有限公司成立

1987年11月16日，中国嘉陵工业股份有限公司（集团）正式成立，并实行企业集团试点和股份制试点，这是中国第一个股份制企业集团，在股份制、军民结合、领导体制、分配制度、职工入股及职工民主管理等方面都具有一系列的改革特点，被称为“嘉陵模式”。四川省企业股份制改造从嘉陵集团公司试点后范围不断扩大，试点方案日益完善。至1988年底，全省已批准试点企业 43 户，发行职工股票额 7284 万元。1993 年，中国嘉陵工业股份有限公司（集团）实施股份制改组。1995 年10 月 13 日，“中国嘉陵”股票在上交所挂牌上市，成为中国最具影响力的摩托车企业之一。

四川省监察厅成立

1987 年 11 月，国务院批准四川省恢复建立监察厅。主要职能是主管全省行政监察工作，负责调查处理省级党政群机关等执行国家政策和法律法规、国民经济和社会发展计划及国务院、省政府颁发的决议和命令执行情况，保证政令畅通。

12 月

省委办公厅发文部署打击经济犯罪

1987 年 12 月 1 日，中共四川省委办公厅转发省检察院党组《关于当前我省检察机关开展打击经济犯罪斗争的情况和今后工作意见的报告》。《报告》指出，当前四川省经济犯罪活动仍很严重，贪污受贿突出，犯罪所获金额越来越大；偷税漏税的违法犯罪活动相当普遍，检察机关要继续把打击经济犯罪作为主要任务，抓重点，办好大案要案，继续贯彻“一要坚决，二要搞准”的方针，正确执行政策和法律，努力提高办案质量。

四川省体育成绩晋升全国六强

1987 年 12 月 5 日，四川省代表团在第六届全运会上夺得金牌 17 枚、银牌 19 枚、铜牌 14 枚，总分从上届的第十一位晋升到第六位，金牌数居第五位，金银铜牌总数居第五位，精神文明奖获第五名，体育事业突出贡献奖居第三位。

四川扩大股份制试点

1987 年 12 月 22 日，四川省城市经济体制改革会议在自贡市召开。会议提出，扩大股份制，探索兼并制；进一步发展企业间的横向联合，选择一些有条件的企业进行完全自负盈亏的超前试点。大型国有企业之间进行“强强兼并”实践，使国有企业做大做强，优势互补。

“云鹤”牌宣纸获部优产品称号

1987 年 12 月 30 日，夹江县国画纸厂生产的云鹤牌国画宣纸，获 1987 年部优产品称号。这是继安徽宣纸获得国家级奖后的全国第二个部优产品。夹江国画纸又名川宣、夹宣、仿宣纸，具有600 余年生产历史，因纸质优良，明清两代被列为贡纸和“文闱卷纸”。

成都华茂典当服务商行开业

1987 年 12 月 30 日，成都市华茂典当服务商行开张营业，这是中华人民共和国成立后全国第一家具有现代意义的典当行。《经济参考报》和中新社率先对此进行报道，国外媒体称之为“新中国的红色当铺”。

秦山核电站燃料组件设计制造完成

1987 年，宜宾核燃料元件厂设计和制造完成秦山 30 万千瓦核电站燃料组件和相关组件，填补了国内核电站燃料组件制造的空白。1998 年 2 月 11 日，“秦山 30 万千瓦核电设计与建造”项目工程获国家科技进步奖特等奖。

1988 年

1 月

成都地下商业街落成

1988 年 1 月 1 日，全国地下第一长街——成都御河地下商场落成。该商场由 1984 年 11 月开业的青年地下商场扩建而成，利用已有的御河人防工事，将商业街长度由 540 米延长到 2100 米，出口由 5 个增加到 24 个，营业面积由 5400 平方米增加到 21000 平方米。有 1000 多家国营、集体、个体工商户入场经营，形成了吃、穿、用、玩种类齐备的地下商业中心。《人民日报》称“这是我国目前最长的地下商业街”。地下商业街开业后，吸引了大量顾客，鼎盛时每天接待顾客 10 万人次，营业额 20 余万元。

中国四联仪器仪表集团公司成立

1988 年 1 月 7 日，中国四联仪器仪表集团公司在重庆成立。该集团以重庆川仪为核心组建，由生产企业、设计、科研、院校及营销单位共 63 个成员单位组成，其中四川省有 54 家。集团为全民所有制的有限责任公司，是集科研、生产制造、销售、进出口贸易、投资为一体的国家计划单列的大型企业集团，也是 55 家国家试点集团之一，为当时国内规模最大、产品门类最全、系统集成能力最强的综合性自动化仪表制造企业。

杨义安安装成都首部私人电话

1988 年 1 月 12 日，成都市民杨义安安装了中华人民共和国成立后成都市第一部私人电话。此后，成都市电话以年均 113% 的增长速度进入普通老百姓家庭。1999 年 8 月，全市固定电话用户数 97 万户，移动电话用户数 61 万户。

周企何去世

1988 年 1 月 14 日，著名川剧表演艺术家周企何因病在成都逝世，终年 78 岁。周企何于 1911 年 12 月 27 日生于成都，5 岁入太洪班拜花脸何玉山学戏，1926 年加入戏曲改良的著名团体三庆会。周企何主演过《梅花簪》《做文章》《迎贤店》等川剧，被誉为“川剧幽默大师”，曾担任成都市川剧院副院长、四川省川剧院副院长等职务。

重庆发生特大空难

1988 年 1 月 18 日，中国西南航空公司由北京飞往重庆的 222 号伊尔 18 型客机由于机械故障在巴县白市驿机场附近5公里处发生特大空难事故，98名乘客（其中3名来自日本、1名来自英国）和10名机组人员全部遇难。

省政协六届全体会议召开

1988年1月18—30日，四川省政协六届全体会议在成都召开。会议要求各级政协组织学习中共十三大文件，认清国情，把思想和行动统一到十三大精神上来；充分发挥政协综合人才库的优势，进一步开展专门调查、科学论证、咨询服务、智力支边等活动，为搞好经济体制改革献计献策。2月1日，政协六届一次会议选举廖伯康为省政协主席，王于、王叔云、王黎之、刘纯夫、冯达仕、辛文、李培根、杨代蒂、杨岭多吉、吴汉家、陈祖湘、柯召、姜泽亭、降央伯姆为政协副主席。

省七届人大一次会议召开

1988年1月31日，四川省七届人大一次会议召开。大会审议通过《政府工作报告》《关于1988年国民经济和社会发展计划》等报告和省人大六届常委会工作、省法院、省检察院工作报告等。大会选举何郝炬为省人大常委会主任，王敖、王彦立、韦思琪、扎西泽仁（藏）、邓自立、白尚武、刘西林、刘海泉、宋大凡、康振黄当选为副主任。选举张皓若为省长，谢世杰、罗通达（藏）、马麟、韩邦彦（回）、刘昌杰、金洪生为副省长。

2月

四川评选出1987年“十佳”运动员

1988年2月2日，四川省1987年“十佳”运动员颁奖大会在成都举行。高敏（跳水），陈龙灿（乒乓球），刘寿斌（举重），陈刚、陈小伟、张洪、马索夫（技巧），王萍（武术），杨晓燕（射击）和李涛（田径）获“十佳”运动员称号。

企业“包租买”政策出台

1988年2月4日，四川省人民政府转发省体改办《关于企业包企业、企业租企业、企业买企业的试行意见》，对企业包、租、买企业的基本原则、纳税、所有制、分配、债权债务等问题作出具体规定，并从政策上鼓励企业的包、租、买行为，以促进企业优化组合与产业结构的合理调整。

华西冶金工程（集团）公司成立

1988年2月6日，以重庆钢铁公司为主体，提供总体设计、制造和配套、工程施工、安装设备等一体化成套服务的华西冶金工程（集团）公司在重庆成立。

乔石在四川视察

1988年2月8—14日，中共中央政治局常委、中纪委书记、国务院副总理乔石在四川视察。乔石视察了凉山、攀枝花、乐山、自贡、内江等地，强调要进一步解放思想，解放生产力，坚持两个文明一起抓，从严治党，保证各项工作顺利开展。

废除国有企业干部终身制

1988年2月12日，经省委同意，省委组织部作出在国营企业的人事管理中引入竞争机制，废除领导干部身份终身制的具体规定。企业将通过公开招标、投标方式选聘经营领导者；实行招标承包和租赁经营的企业，原来的单位级别和干部行政职能随之自行消失，企业干部不再按国家行政干部进行管理，企业经营者一经聘用后，即可按照规定采取招聘、选聘和考聘的方式，逐级聘用企业内部各级管理人员，企业经营者在聘用行政副职和中层管理人员时实行回避制度。

金牛区成为四川省第一个乡镇企业总产值超10亿元的县（区）

1988年2月13日，省政府公布，成都市金牛区成为四川省第一个乡镇企业总产值超10亿元的县（区）。此后，金牛区持续保持着较高发展速度，是国家可持续发展先进示范区，也是当时成都市市区中人口最多、商贸最繁荣、经济最活跃的中心城区。

歼7M型飞机获国家质量金奖

1988年2月，成都飞机公司研制、生产的歼7M型飞机荣获1987年国家质量奖金质奖。这是国家大型复杂武器得到的第一个金奖。歼7系列飞机是中国当时在国际军机市场上唯一具有竞争力的飞机。

3月

成都市实行公民义务献血制度

1988年3月1日，成都市实行公民义务献血制度。1996年1月1日，成都市颁布了《成都市公民义务献血条例实施细则》。1996年10月14日，省八届人大常委会第二十三次会议通过《四川省公民献血条例》；该条例于1998年8月30日经省九届人大常委会第四次会议修正，对献血与采血、用血与供血、奖励与处罚等作出具体规定。

四川省第四次贫困地区工作会议召开

1988年3月3—4日，四川省第四次贫困地区工作会议在万县召开。会议提出扶贫工作的新措施，实行干部目标管理责任制；进一步改革扶贫资金的管理办法；大力推行依靠工、农、商经济实体和服务组织，对贫困户实行资金、技术、管理经验的综合输入；把竞争机制引入贫困地区的经济开发；对全省贫困县的领导干部分期分批培训，帮助贫困县逐步建立起经济技术培训中心；向46个贫困县下派科技副县长，并由派员单位组织相应科技人员实行定点科技扶贫。

灌县撤县设市

1988年3月3日，国务院批复，撤销灌县，设立县级都江堰市，以原灌县的行政区域为都江堰市的行政区域。2 月 24 日，国务院批复，撤销江油县、广汉县，设立县级江油市、广汉市。

四川省女企业家协会成立

1988 年 3 月 5 日，以女厂长、女经理为主组成的四川省女企业家协会在成都成立。该协会成立后，为振兴四川经济，构建和谐社会，特别是在关注妇女儿童事业发展、参与社会公益事业、推进国内外交流等方面取得了成绩。

乐山电力股份有限公司成立

1988 年 3 月 8 日，乐山电力股份有限公司成立。公司由乐山市财政局、峨眉铁合金股份有限公司、四川金顶股份有限公司等 9 家单位共同发起，是中国第一家电力股份制企业，负责乐山市地方电力的资金筹集、开发和生产经营管理。1993 年 4 月 26 日，乐山电力股份有限公司发行的“乐山电力”股票，在上海证交所挂牌交易，成为全国电力行业的首家上市公司。

赖宁扑救山火牺牲

1988 年 3 月 13 日，石棉县中学生赖宁在扑救山火时不幸牺牲，年仅 14 岁。6 月 1 日，团中央、国家教委授予赖宁“英雄少年”称号。7 月 3 日，省委宣传部、省教委、团省委、省少工委在锦城艺术宫联合组织开展赖宁事迹宣讲活动，掀起向赖宁学习的高潮。

金融体制改革

1988 年 3 月 15 日，四川省人民政府发出《关于印发 1988 年四川省金融体制改革实施要点的通知》，要求以加强和改善控制信贷规模和货币供应量为重点，抓好存款、融资、挖潜和调整信贷结构 4 个环节；以金融改革统揽金融工作全局，实现省委“紧中求活，少中求好，压中有保，稳中有增”的要求，支持经济稳定发展。

杨汝岱会见朝鲜代表团

1988 年 3 月 25 日，中共四川省委书记杨汝岱在成都会见以朝鲜劳动党中央政治局委员、平安南道委员会责任书记徐允锡为团长的朝鲜平安南道友好代表团。

西南交通大学总校迁址成都

1988 年 3 月，西南交通大学总校从峨眉正式迁址成都，峨眉校区改为以大学专科为主的峨眉分校。新校址位于成都市西北九里堤，占地 1000 余亩。西南交通大学创建于 1896 年，时称山海关北洋铁路官学堂；1905 年迁河北唐山，曾先后改名为唐山交通大学、中国交通大学唐山工学院，是中国近代建校最早的高等学府之一。1952 年全国院系调整后，成为一所侧重于铁路基础科学与应用科学教学和研究的工科大学，改名为唐山铁道学院。1964 年 9 月，学校内迁四川峨眉，1972 年，更名为西南交通大学。建校以来，学校以教育兴国为己任，为国家培养了 20 多万名毕业生，其中有 40 多位两院院士。

重庆创国内异地贷款先例

1988年3月，重庆钢铁公司先后向北京工商银行贷得流动资金和特种贷款1.5亿元，首开国内异地贷款先例。这一新的跨地区的融资形式的出现，打破了过去全国各地资金画地为牢的封闭局面，是对传统金融体制的一次重大改革。重钢运用贷款资金进行技术改造，形成年产生铁140万吨、焦炭112万吨、钢140万吨的综合能力，实现钢铁产量全面翻番。

4月

四川国际旅游企业集团成立

1988年4月4日，为适应旅游业迅速发展的需要，四川国际旅游企业集团在成都成立。

省委发出《关于撤销省级政府部门党组的通知》

1988年4月8日，省委发出《关于撤销省级政府部门党组的通知》，规定凡厅局委（室）领导班子健全，直属单位的领导体制已经实行行政首长负责制的部门，党组即可尽快撤销；凡领导班子尚不健全，直属单位的领导体制还未实行行政首长负责制的部门，应创造条件逐步撤销党组。公安厅、司法厅的党组暂时保留，待中央有明确规定后再作决定。党组撤销后，由厅（局）长、委（室）主任全面领导部门工作，实行行政首长负责制。党组撤销时，纪检组也应撤销。行政部门的政治部原则上不再保留。

会东县发生5.4级地震

1988年4月13日18时58分，四川省会东县与云南省东川市交界地带发生5.4级地震，震中区部分房屋开裂，但未发现房屋倒塌和人员伤亡情况。

四川队获全国国际象棋赛女子甲级队冠军

1988年4月20日，在全国国际象棋团体赛上，四川女子代表队获全国女子甲级队冠军。

省委四届十次全委会议召开

1988年4月21—23日，中共四川省委四届十次全委会议在成都召开。会议传达中共十三届二中全会精神，讨论修改四届省委向省五次党代会的工作报告。省委书记杨汝岱主持会议并讲话。

省体改办更名为省经济体制改革委员会

1988年4月24日，省委、省政府决定：省经济体制改革办公室改为省经济体制改革委员会，与省经济研究中心实行一套机构、两块牌子。

中共四川省第五次代表大会召开

1988年4月25—29日，中国共产党四川省第五次代表大会在成都召开。参加大会的代表803人，杨汝岱代表第四届省委作题为《进一步解放思想 加快改革开放 为建设富裕、民主、文明的四川奋勇前进》的报告。大会在总结工作的基础上，根据党的十三大阐明的社会主义初级阶段理论和经济发展战略，提出了实现四川省 2000 年的战略目标和此后五年经济发展战略思想，要求进一步解放思想，以改革统揽全局，加快全面改革步伐；加强社会主义精神文明建设，改进和加强思想政治工作；加强党的建设，把深化改革、制度建设和从严治党结合起来，走出一条新路子。大会通过了《关于中共四川省第四届委员会报告的决议》《关于中共四川省顾问委员会工作报告的决议》《关于中共四川省纪律检查委员会工作报告的决议》，选举产生了中共四川省第五届委员会，其中委员 55 人、候补委员 12 人；选举产生了第二届省顾问委员会，委员 26 人；选举产生了新一届省纪律检查委员会，委员 37 人。

省委五届一次全体会议召开

1988 年 4 月 30 日，中共四川省委五届一次全体会议在成都召开。会议选举出冯元蔚、许川、杨汝岱、吴希海、宋宝瑞、张皓若、顾金池、高树春、黄启璪、曹庆泽、谢世杰 11 名常委，杨汝岱当选省委书记，张皓若、顾金池、冯元蔚当选副书记。省顾委二届一次全会召开，许梦侠当选为省顾委主任。省纪委一次全会召开，曹庆泽当选为省纪委书记。

四川省轻工业厅成立

1988 年 4 月 30 日，四川省轻工业厅成立，作为省政府主管全省轻工业行业的职能部门，同时撤销省第一轻工业厅和第二轻工业厅。

5 月

中国天府可乐集团公司成立

1988 年 5 月 3 日，中国轻工业第一个企业集团——中国天府可乐集团公司正式成立。集团公司以重庆天府可乐饮料工业公司为主体，具有年产 30 万吨天府可乐的生产能力，下属 108 个灌装厂，年创产值 3 亿多元，创利税 6000 余万元。1990 年，集团公司在莫斯科建立了第一个灌装厂，开启在国外办饮料厂先河。

西南国际租赁有限公司成立

1988 年 5 月 6 日，中国西南地区第一家中外合资经营的租赁公司——西南国际租赁有限公司正式成立。公司是在中国国际信托投资公司、四川省长江企业公司、中国人民保险公司四川省分公司、中国人民建设银行四川省分行共同经营的原西南租赁有限公司的基础上，与意大利国民劳动银行、路卡菲特机械设备租赁有限公司合作建立的合资企业，注册资金为 800 万美元。

蔡树全获全国第二届烹饪大赛“特技表演奖”

1988 年 5 月 10 日，在北京举行的全国第二届烹饪大赛上，四川的蔡树全以糖画“糖龙”获

“特技表演奖”。蔡树全是中国民间文艺家协会授予的“中国民间工艺大师”、联合国教科文组织授予的“一级民间工艺美术家”，本届参赛制作的“糖龙”由 35 公斤糖浇铸而成，高 1.7 米，有鳞片 4000 余张。

白鹤梁被列为全国重点文物保护单位

1988 年 5 月 11 日，白鹤梁被国务院列为全国重点文物保护单位。白鹤梁位于涪陵城北的长江水中，是一块长约 1600 米、宽约 15 米的天然巨型石梁，每年 12 月到次年 3 月长江水枯时露出水面。白鹤梁题刻始于唐广德元年（763）前，现存题刻 165 段、3 万余字，石鱼 18 尾，观音 2 尊，白鹤 1 只，其中涉及水文的题刻 108 段，被誉为“世界第一古代水文站”。1996 年 2 月 2 日，中国历史博物馆水下考古队在白鹤梁题刻密集区距水面约 4 米深的地方，发现一块清晰可见的石刻，长 2 米多，宽约 1 米，上刻有：“南宋绍兴十五年正月二十八日晁公朔游涪陵白鹤梁观石鱼”的记载，碑文共有 20 行，每行 12 字。专家们已对这一新发现进行了水下摄像并作出文字记录。在碑刻附近，还发现有其他几块较小的题刻和石鱼。这一新的发现，对丰富白鹤梁价值的研究提供了史料，同时也为研究长江水文情况提供了新的原始依据。

白沙工农区发生山体滑坡

1988 年 5 月 13 日 11 时 30 分，达县地区白沙工农区沙镇三村七组和八组交界处发生山体滑坡。滑坡导致 100 万立方米泥石淹没公路 2 公里，堵塞公路旁的白沙河，1 家私营酒厂和 1 座私营煤矿被淹埋。

企业推行厂长（经理）负责制

1988 年 5 月 13 日，中共四川省委、四川省人民政府印发《关于深化企业领导体制改革的实施方案》，要求全面推行厂长（经理）负责制。方案确定搞好企业领导体制改革的基本要求，确立厂长的中心地位；分清党政工职能，健全各项制度；企业党组织主要精力用于管党，改善和加强党的建设；改进和加强精神文明建设、思想政治工作；健全职工民主管理制度，以促进生产经营的发展和经济效益的提高。

黔江地区成立

1988 年 5 月 18 日，经国务院批准，石柱土家族自治县，秀山、黔江、酉阳土家族苗族自治县和彭水苗族土家族自治县从涪陵地区划出，单独设立黔江地区。地区行政公署驻黔江土家族苗族自治县联合镇。11 月 11 日，黔江地区举行成立挂牌仪式。

莫桑比克总统访问四川

1988 年 5 月 18 日，莫桑比克人民共和国总统若阿金·阿尔贝托·希萨诺及夫人一行到成都参观访问。希萨诺一行参观了双流县白家乡顺风村和农业部成都沼气研究中心。

南充发生球迷群体事件

1988 年 5 月 23 日，在南充市举行的全国青年足球联赛南充赛区最后一场比赛结束后，发生千余名球迷闹事事件，少数人趁机烧毁汽车、捣毁门窗、冲击公安机关、抢劫商店，国家财产受到严重损失。在这一事件中，共有 80 余名公安人员、武警和群众受伤。

红光电子企业集团成立

1988 年 5 月 24 日，中国西南地区最大的电子企业集团——红光电子企业集团在成都成立。12 月 20 日，红光电子管厂兼并了拥有 5000 万元固定资产、1600 余名职工的大型企业—国营新光电工厂。国营大型企业的“强强兼并”，在全国电子系统以及四川大型企业之间尚属首例。

省直机关工委成立

1988 年 5 月 24 日，中共四川省委决定，将中共四川省级机关委员会改为中共四川省直属机关工作委员会，作为省委的派出机构，领导省级机关党的工作。

成都进出口公司成立

1988 年 5 月 30 日，成都市获准成立四川省成都进出口公司，公司取得外贸经营自主权。

首届优秀青年厂长（经理）评选活动总结表彰会在成都举行

1988 年 5 月 30—31 日，省首届优秀青年厂长（经理）评选活动总结表彰会在成都举行。同时，省青年企业管理者协会首届年会在成都举行，并将协会更名为“四川青年企业家协会”，是具有独立法人资格的非营利性省级社会团体。

电子科技大学挂牌

1988 年 5 月，经教育部批准，成都电讯工程学院更名为电子科技大学。学校成立于 1955 年6 月，由上海交通大学、南京工学院、华南工学院 3 所院校的电子信息类学科合并组建而成，系教育部直属全国重点大学，国家最早的 7 所重点国防院校之一。1997 年，学校被确定为国家首批“211 工程”建设的重点大学；2000 年，由原信息产业部主管划转为教育部主管；2001 年进入国家“985 工程”重点建设大学行列。

6 月

四川峨眉山盐化（集团）股份有限公司成立

1988 年 6 月 1 日，四川省首批进行企业集团股份制试点单位之一的四川峨眉山盐化（集团）股份有限公司在乐山市五通桥区成立。集团公司以五通桥盐厂为龙头，由中国盐业总公司、轻工业部供销公司、北京华轻实业开发公司、四川省盐业公司共同发起组织；五通桥盐厂 1987 年 1 月达到精制盐生产许可证的标准，是全国第一家国家认可的生产精制盐的企业，具有年产盐 40 万吨的能力，居全国井矿盐企业之首。1993 年 3 月 12 日，公司股票在深圳证交所上市，简称“川盐化”，成为西南地区第一家在深圳上市的公司。

全民所有制大中型企业“超前改革”试点

1988年6月1日，省委、省政府决定在全民所有制大中型企业进行“超前改革”试点。“超前改革”试点的基本要求和优惠政策是明确企业的资产关系，理顺国家与企业的分配关系；试点企业的所得税按35%缴纳，税后利润可实行国家资产和企业资产按股分红或企业对国家资产付费的办法，试行企业工资总额同企业劳动生产率和适当的经济效益指标挂钩的办法，可以“上不封顶，下不保底”；扩大企业的融资权和外贸权，改变指令性计划的实现形式；凡是有条件的试点企业，一律取消指令性计划，产品实行国家指导价和市场调节价；企业与其主管部门的行政隶属关系，参加试点后即自行脱钩，但需接受行业管理。首批试点企业为：川棉纺一厂、成都量具刃具总厂、红光电子管厂、东新电碳公司、自贡市铸钢厂、乐山造纸厂、川康毛纺织（集团）厂、宜宾天原化工厂、长江起重机厂、内江棉纺厂10家企业。“超前改革”的试点是四川的首创，改革的重点是国有大中型企业，既涉及企业的分配制度，也涉及人事制度，还涉及企业与国家、企业与职工的关系。至年底，四川全民所有制工业企业拥有固定资产原值405.8亿元，居全国第二位。

道孚县发生5.2级地震

1988年6月2日14时39分，道孚县龙灯乡发生4.7级地震；15时12分，再次发生5.2级地震。震中区房屋普遍震裂，无人员伤亡。

刘芸获中国戏剧第五届“梅花奖”

1988年6月7日，国家一级演员、成都市川剧院演员刘芸获中国戏剧第五届“梅花奖”。

省委办公厅发出《关于四川省委政治体制改革工作机构问题的通知》

1988年6月17日，省委办公厅发出《关于四川省委政治体制改革工作机构问题的通知》，指出政治体制改革在省委的统一领导下进行，成立省委政治体制改革调研小组，负责全省政治体制改革的综合研究和协调工作，办事机构设在省委研究室。政治体制改革的近期目标是“建立有利于提高效率、增强活力和调动各方面积极性的领导体制”；主要目标是县以上党政分开的运行机制初步形成；企业中以厂长为中心的党、政、工关系基本理顺；干部、劳动、人事制度的改革继续推进；政企分开，精简机构取得较大进展；廉政工作取得明显成效；民主政治建设特别是基层民主建设迈开扎实步伐。7月20日，全省政治体制改革试点县座谈会在成都召开，31个试点县到会通报情况和介绍经验。10月15日，省委发出《关于四川省近期政治体制改革的安排意见》，提出按照中央的统一部署，继续以转变观念为先导，以党政分开为关键，以建设民主政治为主题，有领导、有秩序地进行四川省的政治体制改革。

四川省对外经济合作新闻发布会在北京举行

1988年6月22日，四川省对外经济合作新闻发布会在北京人民大会堂举行，300余名中外记者、驻华大使、使馆的商务官员和外国商社代表参加。发布会以“天府之国向世界敞开大门”为题，向与会者介绍了四川的基本情况、投资环境、优惠待遇，并鼓励外商积极投资。

宜宾遭受特大洪、风、雹灾害

1988 年 6 月 26 日，宜宾地区遭受百年罕见的特大洪、风、雹灾害。全地区 1104 个村、100 余万人受灾，损毁房屋 14 万多间，死亡 40 多人，受灾农作物近 2.58 万公顷，公路桥涵、水电设施损失严重。

7 月

四川省对外经济工作领导小组成立

1988 年 7 月 4 日，省政府发出《关于成立四川省对外经济工作领导小组的通知》，决定成立四川省对外经济工作领导小组，金洪生为组长，包叙定、张应文为成员，姜泽亭、辛文为顾问。

成都市企业产权交易市场开业

1988 年 7 月 5 日，西南地区以企业产权为商品的特色市场——成都市企业产权交易市场开业，为企业承包、租赁、拍卖、兼并、参股市场化提供服务。

成都首次发行社会福利彩票

1988 年 7 月 9 日，成都市社会福利有奖募捐委员会在人民南路广场举行中国社会福利有奖募捐券首发式。社会福利彩票的发行在四川历史上开创了多渠道筹集福利资金，发展和改善福利、公益事业的新局面。

四川首家生产精锡的冶炼厂建成投产

1988 年 7 月 13 日，凉山锡冶炼厂在西昌建成投产。该厂是四川省第一家生产精锡的企业，填补了四川省有色金属冶炼技术上的空白。

省委五届二次全体会议召开

1988 年 7 月 16—18 日，中共四川省委五届二次全体会议在成都召开。全会学习了《中共中央关于党政机关必须保持廉洁的通知》和中央领导人的讲话，讨论了《中共四川省委关于全省党政机关必须保持廉洁的决定》。决定规定，县以上党政机关和干部不得经商办企业为单位及个人谋取私利；各级党政机关不得利用职权索要或接受下级、企业和群众的财物，不准巧立名目乱收费等。会议讨论通过了《中共四川省委关于建立农业发展基金和合作基金若干问题的决定》，认为建立县级农业发展基金和乡级农村合作基金，是改革现行农业投资机制的重大突破，是缓解农村资金矛盾的一条有效途径，对推动四川农村资源开发，增强农业发展后劲有重大意义。省委要求各地按照“渠道不乱，用途不变，统筹安排，突出重点”的原则，按照有偿与无偿结合、有偿使用为主，周转运用、滚动发展的方针，积极兴办，认真搞好。

四川省对外经济贸易厅更名

1988 年 7 月 16 日，四川省对外经济贸易厅更名为四川省对外经济贸易委员会，仍行使原省经贸厅的职权。

《四川省放开名烟价格和适当提高部分高中档卷烟价格的方案》公布

1988年7月18日，四川省物价局、四川省烟草专卖局联合公布《四川省放开名烟价格和适当提高部分高中档卷烟价格的方案》，彻底放开全国13种名烟及系列规格52种卷烟的价格，实行企业定价，同时调整部分高中档卷烟价格。

成都市住房制度改革拉开序幕

1988年7月18日，成都市人民政府发布《成都市住房制度改革试行方案》，成都房改正式拉开序幕。10月27日，成都市级机关开始将机关职工现有住宅出售给私人。首批出售公有住宅41套，约6000平方米。单位自管公有旧住宅向职工折价出售逐步纳入本单位住房制度改革之中。随后，房改工作先后在四川各地逐步推开。

何宏宇获国际数学奥赛金牌

1988年7月20日，年仅15岁的彭州中学学生何宏宇以满分成绩获在澳大利亚举行的第29届国际数学奥林匹克竞赛金牌。

泥石流袭击成昆铁路

1988年7月20日凌晨2时18分，成昆铁路共和车站遭泥石流袭击，造成成昆铁路中断运行10多个小时。

川运24号客轮、云航24号客驳沉没

1988年7月21日15时10分，从宜宾开往乐山的川运24号客轮在犍为县鲢鱼港触礁翻沉，179人遇难。7月25日10时25分，云阳县长江航运公司一艘小型客驳“云航24号”在万县下游巴阳峡雪石子处翻沉，死亡、失踪77人（载客99人，含船员4人）。

四川省最大的办学集团成立

1988年7月，四川青年自修大学与四川大学、西南财经大学、四川师范大学实行联合办学，形成全省最大的办学集团。全年招生13000人。

8月

四川通力公共关系事务所成立

1988年8月11日，四川通力公共关系事务所在成都成立。这是四川省首家经营公共关系的经济实体。

四川省稀土开发应用领导小组成立

1988年8月15日，省计经委决定成立四川省稀土开发应用领导小组。领导小组挂靠在省有色金属工业公司，由省计经委直接领导，主要负责抓全省稀土发展规划，推广应用及科研工作，制定实施规划的措施等。1989年10月27日，省政府成立四川省稀土开发应用领导小组，办公室设在省有色金属公司。1993年5月，省稀土开发应用领导小组撤销，全省稀土管理职能由冶金厅管理。2001年12月28日，省政府批复同意组建四川稀土集团公司，在省地矿局正式挂牌。2002年5月，省发展计划委员会根据省编委的批复，在省计委产业发展处增挂稀土办公室牌子。

严红获200米自由泳全国冠军

1988年8月16日，川籍运动员严红在天津举行的全国游泳锦标赛上，以2′08″获女子200米自由泳冠军。

四川省公证处成立

1988年8月18日，经司法部、省政府批准，四川省公证处成立。省公证处属国家公证机关，主要承办省属机关单位、各经济部门、中央驻川单位及本省与其他省、市之间的公证事项，同时办理省内地、市之间在成都发生的法律行为的公证事项，以及涉外公证事项，为人们经济生活、政治生活和社会生活中产生的大量法律行为、法律事实和法律文书提供法律服务。

东方电气集团财务公司成立

1988年8月24日，东方电站成套设备公司在深化企业改革中探索产业资本与金融资本相结合的新路，与中国人民银行总行等4家银行合资成立了东方电气集团财务公司。这是省内第一家大型企业集团财务公司。

四川省人寿保险公司成立

1988年8月31日，四川省人寿保险公司成立，是全国首家地方性专业寿险公司。中国人保四川省分公司人身险部随之撤销，人员并入省寿险公司，所属分支机构承办的人身保险业务及相关债权、债务全部划归省寿险公司。

四川城乡出现抢购风潮

1988年8月，由于商品大幅度提价和新闻舆论炒作，从8月中旬开始，首先在重庆市刮起一股抢购商品风潮，并迅速波及全省大部分地区。其中重庆、成都、涪陵、万县、乐山、绵阳等地情况较为严重。抢购高峰期（19—23日），重庆、成都等地的主要百货商场日均销量为正常日销量的3—5倍，个别品种销量达10倍以上。这次抢购风地域广、品种面宽、数量大，为省内几十年来罕见。全省各级物价部门立即投入市场物价检查。8月27日，省级金融机构召开联席会议，研究采取6条措施下发各地，以稳定金融，缓和抢购风。25日后，抢购风逐步趋于平息。1989年1月7日，省政府下达《关于加强物价管理 确保1989年物价上涨幅度明显低于1988年的通知》，要求各级政府务必做到全年物价指数上升幅度比1988年实际上升幅度至少下降5个百分点，并把实现这个目标作为考核政绩的主要指标。

中国首部《甲骨文字典》出版

1988年8月，中国著名历史学家和古文字学家、四川大学历史系主任徐中舒主编的《甲骨文字典》由四川辞书出版社正式出版。该字典广泛吸收了最新研究成果，囊括了全部甲骨文字形，注解其字形结构，审明其本义、派生义及实用例，是集甲骨文研究之大成的工具书，可以使读者了解各个不同时期甲骨文字发展演变的脉络和各个时期的不同字形、书体风格等，便于全面深入掌握甲骨文字形。全书1618页，被认为是中国学术界的重大成果之一。

9月

珞璜电厂一期工程正式开工

1988年9月1日，西南地区最大的火力发电厂——珞璜电厂一期工程正式开工。该电厂是全国首家采用烟气脱硫装置系统的火力发电厂，总装机容量1440兆瓦，年发电量可达80亿千瓦时，是国家“七五”重点能源项目，也是国家批准的华能第二批项目之一，由华能国际电力开发公司利用外资与重庆市合资兴建。1991年9月，一期工程建成投产。1996年12月，二期工程开工；1998年12月投产。2004年，开工扩建2台600兆瓦机组，装机总容量为2640兆瓦，是当时川渝地区装机容量最大、投资最多、技术最先进的火力发电厂，也是中国西部地区第二大绿色环保型火力发电厂。

西昌卫星发射中心向游客开放

1988年9月1日，经国防科工委和国家有关部门批准，西昌卫星发射中心正式向国内外游客开放。

广元恢复“女儿节”

1988年9月1日，广元恢复传统“女儿节”。广元市人民政府决定将节期定在每年的公历9月1日。“女儿节”历史悠久，是为纪念中国历史上唯一一位女皇帝武则天的文治武功而自发形成的民间节日。

四川公路首次大件运输作业

1988年9月4日，德阳第二重型机器厂生产的12500吨热模锻压机，由省大件运输公司解体安全运至成都，这是四川公路运输史上首次大件运输作业。1989年9月16日，由省大件运输公司承运的两件重276吨的330轧机架，安全运抵乐山岷江码头，顺利装船，是四川省当时最大的水路出川大件运输。

《建立四川省猪肉期货市场的实施方案》出台

1988年9月5日，《建立四川省猪肉期货市场的实施方案》出台。1991年10月10日，省经济体制改革委员会印发《关于试办成都肉类产品中央批发市场的实施意见》。10月25日，成都肉类产品批发市场正式开业，这是全国首家高起点、规范化的肉类产品批发市场，也是新型的大宗产品交易场所。

海灯法师武馆开馆

1988 年 9 月 16 日，海灯法师武馆在江油市正式开馆，海灯法师任馆长。

海灯法师武馆建在江油市昌明河畔，与李白纪念馆隔江相望。武馆分三部分：第一部分是综述部分，概述中华武术及海灯武术的全貌；第二部分为陈列部分，展示海灯法师的生平和武功武迹；第三部分是社会评价部分，即社会上以各种形式对海灯法师的报道。海灯法师武馆为当时全国最大的武馆。

李光耀参观访问成都

1988 年 9 月 17—19 日，新加坡总理李光耀和夫人一行到成都参观访问。李光耀一行先后到成都、都江堰，参观了武侯祠、望江公园、杜甫草堂、成都蜀绣厂、成都蜀锦厂和都江堰水利枢纽工程。其间，李光耀与四川省就开展经济技术交流合作交换了意见。

省级部委厅局领导干部会议召开

1988 年 9 月 19 日，四川省召开省级部委厅局领导干部会议，强调当前工作要为中央改革方案的顺利实施做好准备，围绕“稳定市场，稳定人心”8 个字，抓好 7 件事：狠抓工农业生产，充实市场货源，保证供给；深入开展价格和工资改革的宣传教育，正确引导社会舆论；深化市场管理和物价监督，治理整顿流通环节；认真清理官商不分、政企不分的企业和公司，坚决打击“官倒”；采取有力措施，综合治理通货膨胀；金融、财政、税收密切配合；抓好社会治安，维护安定团结的局面。

《四川省消费者权益保护条例》颁布实施

1988 年 9 月 26 日，《四川省消费者权益保护条例》由省七届人大常委会第五次会议通过并颁布实施。1992 年 9 月 26 日，省七届人大常委会第三十一次会议通过《四川省保护消费者合法权益条例（修正案）》。

川籍运动员陈龙灿获首枚奥运乒乓球男双金牌

1988 年 9 月 30 日，在汉城第二十四届奥运会上，乒乓球比赛第一次进入奥运会，四川籍运动员陈龙灿与队友韦晴光联手获得中国乒乓球队的第一枚奥运会男双金牌。

10 月

省委五届三次全体会议召开

1988 年 10 月 9—13 日，中共四川省委五届三次全体会议在成都召开。会议传达了中共十三届三中全会和中央工作会议精神，提出以三中全会精神统一全省党员的思想认识。会议认为，当前总的经济形势是好的，治理整顿环境和秩序，是后两年工作的重点；正确认识和处理好治理整顿与深化改革的关系，治理整顿的目的是为更好地深化改革发展经济创造条件，也是深化改革发展经济的重要内容；加强党的领导，发挥党的政治优势，是贯彻三中全会精神的根本保证。

乐山市农业银行沙湾区办事处发生“10·11”特大案件

1988年10月11日晚，乐山市农业银行沙湾区办事处发生一起杀死金库守库员，抢走库内现金31.71万元和守库用“五四”手枪2支、子弹150多发的特别重大案件。11月3日，公安部门破获全案，主犯许刚被击毙，主犯李华被抓获，“五四”式手枪、子弹和被抢现金全部追回。

罗永祥被授予“模范武装干部”称号

1988年10月30日，四川省人民政府、四川省军区授予罗永祥“模范武装干部”荣誉称号，号召全省广大军民向他学习。10月25日，宜宾市茶坝乡人民武装部副部长、共产党员罗永祥，在与3名持枪杀人凶犯的搏斗中壮烈牺牲。

四川省法医技术鉴定委员会成立

1988年10月31日，四川省法医学技术鉴定委员会成立。委员会是四川省最高的法医学技术鉴定机构，具有专业技术上的权威性和法律上的合法性。法医学鉴定机构，单独地作为政府部门的一个实体单位，是对中国医学技术鉴定体制改革的初步尝试。

四川省在美国纽约举办出口商品展销会

1988年10月，四川省在美国纽约举办了历时8天的四川省出口商品（包括纺织品）展销会。由于参展专业公司按照美国市场的需求组织了大批适销纺织品展销，引起美国贸易人士的瞩目，并赢得了客户好评。此次出口成交的主要纺织品有涤棉布、针织T衫、绸缎、厂丝等。

11月

四川十件大事（1978—1988年）评选揭晓

1988年11月6日，全省评选1978—1988年间四川十件大事揭晓。十件大事分别是：取消人民公社、包产到户、长漂壮举、工业企业扩权、机构改革、通过计划生育条例、特大洪灾、粮食总产突破400亿公斤、发射卫星、受害干部平反昭雪。

四川省农村工作会议召开

1988年11月18—25日，四川省农村工作会议在成都召开。会议传达贯彻全国农村工作会议精神，并根据确保1989年农业稳定增长的需要，制定了10条政策措施：逐年调整粮食价格；适当调减粮食合同定购任务；改善粮食合同定购制度；完善和调整棉、油、蔗政策；完善和调整养猪政策；对化肥、农药、农膜实行专营；多渠道增加农业资金投入；增加农业生产资料投入；增加农业科技投入；大搞农田基本建设和农产品基地建设。

峨眉撤县设市

1988 年 11 月 20 日，经国务院批准，撤销峨眉县设立县级峨眉山市，所辖范围与原峨眉县相同，由省直辖。何郝炬、韩邦彦、李培根、徐世群等省领导出席成立大会。

击毙湖北襄樊“11·8”杀人抢劫逃犯

1988 年 11 月 27 日，四川军警将湖北襄樊“11·8”杀人抢劫案案犯邵江彬、耿学杰围困于乐山市井研县高凤乡白岩沟石洞中，经过三天两夜战斗，于 11 月 29 日 17 时将案犯击毙。12 月4 日，中共四川省委、省人民政府在乐山召开表彰大会，对 26 个参战单位、33 名记功人员进行表彰。

四川省第二次大熊猫资源调查结束

1988 年 11 月，四川省第二次大熊猫资源调查结束。据统计，全国有野生大熊猫 1114 只，栖息地面积 139.22 万公顷；其中四川有野生大熊猫 909 只，栖息地面积 116.55 万公顷，分别占全国总数的 81.6%和 83.7%。1999 年 6 月至 2003 年 9 月，进行了第三次大熊猫资源调查，结果表明，全国有野生大熊猫 1596 只，栖息地面积 230.49 万公顷；其中四川有野生大熊猫 1206 只，栖息地面积 177.44 万公顷，分别占全国总数的 75.56%和 76.98%，是全国大熊猫分布中心。

12 月

周开达获国家发明一等奖

1988 年 12 月 7 日，四川农业大学教授周开达等培育的籼亚种内品种间杂交培育雄性不育系及冈·D型杂交稻，荣获 1988 年国家发明一等奖。周开达在杂交稻育种理论和方法及应用方面做出重大贡献，培育了 20 多个杂交稻新组合，在四川建立卓有成效的良种繁育体系，曾获四川省科技进步特等奖、一等奖等多项成果奖励。1999 年当选为中国工程院院士。2013 年 7 月，周开达在成都去世，享年 81 岁。

四川省经济工作会议召开

1988 年 12 月 16—21 日，四川省经济工作会议在成都召开，传达贯彻全国计划会议和经济体制改革工作会议精神，讨论和安排 1989 年四川省国民经济和社会发展计划、工交生产、商贸市场和经济体制改革工作。会议提出，要紧密结合四川实际，坚定不移地贯彻中共十三届三中全会精神；要治理通货膨胀，确保物价上涨幅度明显低于 1988 年；调整经济结构，治理通货膨胀，防止经济滞胀，保证经济长期稳定发展；要加强计划，严肃纪律，保证治理整顿的顺利进行。会议要求，要做好调整产业结构、合理配置资源、重视科学技术、继续扩大经济技术交流合作、加强消费引导改革、调动各方面积极性等10个方面的工作。

成都有机硅应用研究中心建立

1988年12月20日，中国唯一的有机硅研究中心——化工部成都有机硅应用研究中心在成都建立。

重庆嘉陵江石门大桥建成通车

1988年12月25日，国内最大跨径独塔单索面预应力混凝土斜拉桥——重庆嘉陵江石门大桥建成通车。大桥桥长806，引桥长316.5米，为连续弯坡桥，桥面宽25.5米，双向4车道15米；桥下通航净高12—16米，通航净跨120—130米；主梁采用劲性钢骨架长节段悬浇，属国内首创。

省委推行厅局领导干部民主评议

1988年12月，中共四川省委召开省级机关开展民主评议领导干部动员会；决定对省委、省政府各部、委、厅、局在职的正副部长、厅（局）长、主任，开展一次年度工作民主评议与考核。会议指出，开展评议与考核，旨在激励监督干部忠于职守、廉政务实、团结协作、开拓创新，为逐步向干部考核工作规范化、制度化过渡积累经验。

省政府发出《关于推进我省企业产权转让工作的有关问题的通知》

1988年12月，四川省人民政府发出《关于推进我省企业产权转让工作的有关问题的通知》，对产权转让的原则、程序、范围、形式、政策以及组织领导作出明确的安排。1991年1月16日，省国资局、财政厅在《关于加强企业产权转让中国有资产产权管理的通知》中，要求国有企业产权转让必须报国有资产管理部门会同财政等有关部门审查批准，并提出“各市（地、州）国有资产管理部门可逐步组织建立产权交易市场，加强管理，规范产权转让行为”。2005年6月26日，省政府办公厅印发《四川省企业国有产权转让管理暂行办法》，要求规范转让行为，加强监督管理，建立和完善市场化定价机制，防止企业国有资产流失。

1989 年

1 月

海灯法师圆寂

1989 年 1 月 10 日，全国政协委员、四川省佛教协会常务理事、海灯武术馆馆长海灯法师，因病医治无效在成都圆寂，终年 87 岁。海灯法师，1902 年生，俗名范靖鹤，四川江油人，曾任梓潼七曲山大庙住持、江油观雾山极乐寺住持、河南嵩山少林寺国术教授，曾以“二指禅”“梅花桩精拳”“童子功”三大绝技享誉全国。

击毙成都“1·10”特大盗枪案案犯

1989 年 1 月 12 日，公安干警将成都“1·10”特大盗枪案案犯冯万利、张福全击毙，所盗 6 支手枪被缴获。在战斗中，井研县公安局刑警队指导员左明海和县政法领导小组干部张安廷光荣牺牲。

人民渠扩建工程建成通水

1989 年 1 月 14 日，都江堰灌溉系统之一的人民渠总干渠第五期扩建工程建成通水。该工程为 8.7 万公顷农田提供了良好的水源条件。人民渠先后经 4 期兴建、3 期续建，灌溉成都、德阳、绵阳、遂宁等 4 市 13 县（区）26.13 万公顷耕地。本期工程于 1985 年 9 月由省委、省人民政府决定立项，1987 年 11 月 15 日正式动工修建。

成都至德阳大件公路通车

1989 年 1 月 17 日，成都至德阳大件公路建成通车。该路最大荷载 720 吨，投资 1.46 亿元，始于成都天回镇，止于德阳市，全长 51.67 公里，是当时中国部颁标准荷载最大、全省标准最高的高等级大件公路。

省七届人大二次会议召开

1989 年 1 月 21—28 日，四川省七届人大二次会议在成都召开。会议听取和审议了省长张皓若所作的政府工作报告，听取和审议了省人大常委会工作报告，听取和审议了省法院工作报告和省检察院工作报告，听取和审议了省计划经济委员会工作报告和省财政预决算报告，并通过了上述报告的决议。会议围绕治理整顿和深化改革开展了讨论，总结了 1988 年工作的经验，查找了工作中的差距和问题，明确了1989年的经济发展和社会事业的各项工作任务，决定加快改革开放的步伐，加速发展经济。会议增选刘元瑄、饶用虞为省七届人大常委会副主任。

成都名小吃“赖汤圆”获金鼎奖

1989年1月25日，成都名小吃“赖汤圆”获1988年全国饮食行业优质产品金鼎奖。赖汤圆于1894年由赖源鑫创建，是成都久负盛名的小吃之一。赖汤圆主要产品为汤圆心子、汤圆粉子，随着经营规模的扩大，实现了工业化、规模化生产，常年有几十种产品畅销全国。1990年12月，赖汤圆再次被成都市政府命名为“成都名小吃”。1998年，赖汤圆心子获商业部颁发的“金鼎奖”，并获天府食品博览会金奖。“赖”字牌商标被省政府评为“著名商标”，企业被成都市政府命名为市级先进企业。

古小琴、沈铁梅获“梅花奖”

1989年1月25日，第六届中国戏剧“梅花奖”获奖名单公布，四川省青年川剧演员古小琴、沈铁梅获奖，成为四川省第四批“梅花奖”获奖者。

汉渝微波电路开工

1989年1月，国家重点建设项目，出川电路容量最大的通信工程——汉渝微波电路开工。该工程是邮电部“七五”期间干线通信建设项目，也是国家重点项目——宁汉光缆干线的重要组成部分。汉渝微波电路横跨川鄂，起自重庆大坪微波楼，经涪陵、万县进入湖北直抵武汉；全长1053.5千米，设28个微波站，总投资9975.5万元，四川境内全长315.3千米，东西面均与有关光缆或微波联网，可开通1800条话路和1条双向彩色电视业务及4路伴音。工程按邮电部1986年批准的建设方案，利用法国贷款建设，省邮电管理局承担了四川段的建设任务。1991年6月12日，汉渝微波电路全面建成投用。汉渝微波工程的建成投产，完善了国家的长途干线通信网，打通了四川以至西南地区的电路出口，缓和了涪陵、万县、重庆等地长话通信的紧张状况。

2月

中国制造铁路货车整机首次批量商业出口

1989年2月3日，眉山车辆厂签订向缅甸出口65辆米轨木材车、甘蔗车等产品的商贸合同。1990年3月，工厂完成全部生产制造任务。这是中国制造铁路货车整机首次批量商业出口。

成都市实行国家计划单列

1989年2月11日，国务院决定对南京市、成都市、长春市在国家计划中实行单列，并赋予相当于省一级的经济管理权限。国务院同时要求江苏、四川、吉林省人民政府继续加强对三市的领导，妥善处理省、市之间关系；三市也不要因之搞机构升格、增加编制。至此，中国的计划单列市达到14个。

日本旅游团客车坠岩

1989 年 2 月 16 日 18 时 40 分，日本三国之路旅游团乘坐的小客车在剑阁县剑门关南 5 公里处坠岩，死亡 1 人，受伤 14 人。事故发生后，四川省人民政府派专人前往现场慰问和抢救伤员，成都空军出动 1 架直升机，将重伤员空运到西安进行抢救、治疗。

西南首座现代化煤矿井在川建成

1989 年 2 月 22 日，重庆松藻矿务局“打通一矿”经中国统配煤矿总公司验收合格，成为西南地区煤矿中的第一座现代化矿井。“打通一矿”地处川黔交界处，1970 年建成投产，1982 年达到年产原煤 90 万吨的设计能力，1983 年被煤炭部确定为全国第一批建设的现代化标准矿井进行建设和管理。1988 年，全矿煤产量突破百万吨，采煤机械化率达到 100%，掘进机械化率 78. 19%，企业盈利 360 余万元，所属 16 项经济技术指标均创历史最高水平。

3 月

《四川省老年人合法权益保护条例》公布实施

1989 年 3 月 10 日，四川省七届人大常委会第八次会议通过《四川省老年人合法权益保护条例》，并于 3 月 13 日起施行。该条例共 28 条，主要内容是保护老年人的合法权益、合法财产、人身权利、婚姻自由等，规定了社会救济、政府责任。

四川提出“绿化全川”奋斗目标

1989 年 3 月 16—18 日，省绿化委员会第九次全体（扩大）会议召开，提出“绿化全川”的奋斗目标。随后，四川先后实施长江中上游防护林建设、天然林资源保护、退耕还林、退牧还草、水土保持、城乡绿化等工程，明确提出建设长江上游生态屏障目标。

黎正中发明曲柄圆滑块往复活塞式内燃机

1989 年 3 月 18 日，四川环球技术开发公司黎正中发明的曲柄圆滑块往复活塞式内燃机，震动了国内外汽车行业，被认为是内燃机结构上的重大变革。

长江防护林体系建设工程启动工作会议召开

1989 年 3 月 20—21 日，林业厅在重庆召开长江防护林体系建设工程启动工作会议。会议决定，四川作为长江防护林工程试点省区，率先在全国开展工作；全省纳入长江上游防护林体系建设第一期工程规划的 69 个县中，首批乐至等 20 个县开始启动，预安排工程造林 3. 6 万公顷。至 2000 年，69 个县共造林 187. 7 万公顷，投入资金 9 亿余元。长江流域防护林体系建设工程是中国最早实施的林业重点工程之一，其首要目的是恢复植被、涵养水源、保持水土，维护长江流域生态安全，四川在工程实施中起到了示范带动作用。

地奥心血康畅销市场

1989年3月，成都地奥制药公司研制生产的治疗心血管疾病的新型中药——地奥心血康上市。地奥心血康面世后，逐渐畅销市场。9年以后，地奥制药集团原始投资增值了1500多倍，1995—1997年连续3年综合经济效益居四川同行业首位。

4月

全面推行中小学校长负责制

1989年4月7日，四川省全面推行中小学校长负责制。该项制度确立校长在学校中的领导地位，校长成为学校的法定代表人，在上级机关领导下，拥有学校工作的决策指挥权、机构设置权、人事管理权、财产和经费管理支配权、教育教学管理权，并对所辖工作承担全部责任。

侯光炯教授创立覆盖和等高垄作新技术

1989年4月14日，中国科学院院士、宜宾自然免耕研究所教授侯光炯，在创造水田免耕法之后，又创立了覆盖和等高垄作新技术。该技术实施后可实现旱地免灌，增产粮食20%以上。

侯光炯，土壤学家，1905年5月生于江苏金县（今属上海市），历任西南农业大学教授、博士生导师、名誉校长，为发展中国土壤科学作出开拓性贡献。

专家在四川进行以水电为主的综合经济考察

1989年4月18日，应省政府邀请，中国水力发电工程学会、中国能源研究会、中国水利经济研究会、中国国土经济学研究会组织水利、水电、农业、林业、煤炭、化工、地质、航运、经济、新闻等方面专家，会同四川省有关部门的专家和领导共50余人，开始对金沙江、雅砻江、大渡河以及岷江、嘉陵江部分河段共35个电源点，进行以水电为主的综合经济考察。这次考察，以在建和规划中的大中型电站为主，考察了几条支流水能资源情况及其开发前景；对化工、冶金等原材料工业项目，森林资源，水土保持，生态环境等进行了调查；着重讨论了四川能源发展的战略方针，水能开发在四川经济发展中的战略地位，以及如何加速开发四川水能资源。5月24日，考察活动结束。

特大风雹袭击泸州、自贡等地

1989年4月19—20日，泸州、自贡、隆昌、永川、井研等20个市、县遭受特大风雹袭击，造成重大损失。省委、省政府立即全力组织抢险救灾。4月27日，世界粮食计划署决定援助四川特大风雹灾区1万吨粮食。5月26日，英国政府捐赠10万英镑援助四川灾区。

省委、省政府部署反对动乱社论学习

1989年4月27日，中共四川省委办公厅、四川省政府办公厅发出通知，要求各级党委和政府组织广大党员和群众，学习4月26日《人民日报》刊发的《必须旗帜鲜明地反对动乱》的社论。

省政府成立台湾事务办公室

1989 年 4 月 27 日，四川省人民政府决定成立台湾事务办公室，与省委对台工作办公室实行“两块牌子、一个机构”，列入省政府序列。与此同时，省编委制定了省委对台办和省政府对台办的工作职能，配备了人员编制。省政府要求，各市（地、州）也要按照规定，设置台湾事务办公室，积极开展对台工作。

四川省进行畜牧食品管理体制改革试点

1989 年 4 月，省委农工委与省畜牧局联合开展畜牧食品体制改革的软科学项目调研，并在简阳、郫县进行畜牧食品管理体制改革试点。两县率先在全省建立县级畜牧食品局，其形成的试点经验随之在全省推广。1992 年 8 月，省政府召开深化畜牧食品改革座谈会，指出全面深化畜牧食品改革的核心是实现生产、加工、流通一体化。

5 月

四川省国有资产管理局成立

1989 年 5 月 5 日，省政府批复川财办请示，同意成立省国有资产管理局，由财政厅归口管理，实施对全省国有资产的管理职能。9 月 10 日，省国有资产管理局正式挂牌成立。2001 年 1 月 30 日，省政府决定成立四川省国有资产管理委员会；其办事机构设于财政厅。省政府国有企业监事会工作办公室同时作为其管理监事会事宜的机构，设在省委企业工委。2003 年 12 月，按照省政府机构改革方案，组建了省政府国有资产监督管理委员会，为省政府直属正厅级特设机构，省政府授权其代表国家履行出资人职责，监管范围是省属经营性国有资产，指导和管理省属国有企业；根据省委决定，成立了国资委党委，履行省委规定的职责。2004 年 2 月 13 日，省委、省政府任命了省政府国有资产监督管理委员会领导班子；8 月 18 日，省政府国有资产监督管理委员会正式挂牌成立。

四川引进灯泡钨丝现代化生产线

1989 年 5 月 7 日，全国年产量最大的灯泡钨丝引进生产线合同验收剪彩仪式在成都虹波电子管厂举行。该现代化生产线由虹波电子管厂从英国灯泡金属公司引进，其产品质量和产量居国内同行业首位，年产钨丝 100 吨。

省政府召开粮食财务体制改革会议

1989 年 5 月 8 日，四川省政府召开粮食财务体制改革会议，各市（地、州）市长、专员、州长及财政局、粮食局局长参会。中共中央政治局委员、省委书记杨汝岱，省委副书记、省长张皓若到会讲话。会议决定从当年 1 月 1 日起，将原由省粮食局统一核算的平价粮食商业亏损下放到市（地、州）管理，实行“亏损包干、节亏全留，超亏部分省、地‘二八’分担”办法，即按经核实后的超亏数，市（地、州）财政负担 80%，省财政负担 20%；各市（地、州）对县可以根据当地情况，实行不同的包干办法。

省委决定改革干部管理体制

1989年5月8日，四川省委决定改革干部管理体制，将原由省委管理的104个单位的行政领导干部移交省政府管理。这104个单位包括省政府参事室、17个省政府所属二级局、11个省政府驻外办事处和联络处、24个省直属事业企业单位、12个大型厂矿、22个原由省委协助国务院有关部委管理的单位等。

“农民皮影”登上世界艺术殿堂

1989年5月，阆中农民皮影艺术家王文坤应邀赴维也纳参加“世界艺术节”演出。王文坤带着4人组成的家庭皮影班在世界艺术节上演自创的“王灯影”，节目有《阴阳扇》《梭罗镜》《破桃山》《收金龙》《罗成招亲》等，精湛的艺术、精彩的表演受到国际友人高度赞扬，获奥地利国家领导人赠送的金质奖章1枚。

四川省体育馆落成

1989年5月，西南地区最先进的体育馆——四川省体育馆竣工。该馆位于成都市人民南路4段，1984年始建，占地4万平方米，建筑面积为主馆2.4万平方米，附馆1832平方米，投资4856.5万元。主体采用新颖的蝶形造型，安装有电子彩色图像和黑白计时计分显示屏、闭路电视、火灾自动报警和自动消防系统。馆内设有9969个固定观众座椅，可进行体育比赛和大型文艺演出。

四川从国外分批引进一批粮油饲料先进设备

1989年5—11月，四川从国外分批引进设备，一批引进先进设备和技术的粮油加工企业、饲料企业相继投产。5月，蓬溪县蓬莱油厂从日本引进的日产50吨全连续精炼油设备和日产10吨连续油渣分解脂肪酸设备安装投产；乐山饲料厂投资648万元，从德国引进时产15吨全套设备生产线建成投产。9月，全省第一家中外合资饲料生产企业成都凤凰正大合营有限公司饲料厂投产，时产能力12吨，总投资800万元。10月，自贡市饲料公司从意大利引进的时处理1吨矿物盐和时处理600千克微量元素的生产线在自贡市饲料添加剂厂投产。11月，成都市东风面粉厂引进瑞士布勒公司日处理小麦200吨全套制粉设备投产。

6月

省政府成立省劳动厅和省人事厅

1989年6月3日，经国务院批准，省人民政府决定成立四川省劳动厅和四川省人事厅，均为省政府工作部门。

乌江大桥建成通车

1989年6月20日，亚洲第一大跨径的无平衡重转体施工拱桥——乌江大桥建成通车，连接了渝巴路和涪陵城区乌江东西两岸，结束了乌江两岸靠摆渡过江的历史。

四川华瑞电位器有限公司成立

1989 年 6 月 23 日，四川华瑞电位器有限公司成立。公司是四川省第一家与瑞士合资的企业，由原四川永星电子有限公司与瑞士方合资建立，全套引进瑞士生产技术与设备，专业生产各种线绕电位器，玻璃釉电位器以及导电塑料电位器等。

省委五届五次全委（扩大）会议召开

1989 年 6 月 27—30 日，中共四川省委五届五次全委（扩大）会议在成都召开。会议传达学习中央十三届四中全会精神，传达学习邓小平最近的几次重要讲话，讨论通过《关于坚决拥护、认真贯彻党的十三届四中全会各项决定的决定》。会议要求全省党员干部，认真学习四中全会精神，进一步统一思想，更加紧密团结在党中央周围，坚持四项基本原则，坚持改革开放，把四川的改革开放和社会主义现代化建设继续推向前进。

7 月

四川省首次经济形势分析座谈会召开

1989 年 7 月 13—15 日，四川省首次经济形势分析座谈会召开。会议由省计经委主持，决定建立四川省经济形势分析座谈会制度，每季度召开一次会议，由省委财经领导小组办公室、省计经委、省统计局、省经济信息中心联合组织召开，主要分析研究全省上季度经济发展的情况及存在问题，预测下一时期经济发展的趋势，提出对策意见，供省委、省政府决策参考。

省政府发布《四川省退伍义务兵安置实施细则》

1989 年 7 月 15 日，四川省人民政府发布《四川省退伍义务兵安置实施细则》。11 月 24 日，民政厅下发《关于〈四川省退伍义务兵安置实施细则〉若干规定的说明》，对安置实施细则执行中反映出的问题作出具体说明。1990 年 5 月 14 日，民政厅印发关于贯彻执行《四川省退伍义务兵安置实施细则》若干问题的解释，对退伍义务兵安置工作的具体问题作出了详细说明。

成都交电商场正式开业

1989 年 7 月 20 日，成都交电商场正式开业，并在全省首家实行“全部商品售后信誉保险”。这一措施对市场震动大，其他行业纷纷跟进，促进了商品保险业的兴起。

成都飞机工业公司成立

1989 年 7 月 24 日，航空航天工业部成都飞机工业公司在成都成立，标志着成都已成为中国具有自行设计、研制和生产歼击机能力的主要基地。公司始建于 1958 年，代号 132 厂，又名峨眉机械厂，由原航空航天工业部成都飞机公司和 611 研究所合并组建而成，占地 500 多万平方米，拥有固定资产 5 亿多元，职工 2 万余人，其中工程技术人员 5000 名。公司成立后，实现科研与生产有效结合，以科研为先导、生产为后盾，逐步建立一个军民结合、具有竞争实力的外向型企业。

8 月

新型客轮“巫山号”在宜宾下水

1989 年 8 月 17 日，新型客轮“巫山号”在宜宾下水。“巫山号”客轮由长江船舶设计院设计，宜宾造船厂建造，是中国第一艘全尾机型客轮。投入使用后，“巫山号”主要航行于万县至宜昌的长江中上游区间航线。

四川省首次科技人员流动经验交流会召开

1989 年 8 月 24—27 日，省委组织部、省人事局、省科委、劳动人事厅、省体改办在乐山联合召开全省首次科技人员流动经验交流会。会议决定建立四川科技人才流动机制，加速人才交流，推进四川改革开放；要求各地打破封闭意识和传统工作方法，大胆为科技人才流动服务。

中西友谊诊疗有限公司成立

1989 年 8 月 29 日，四川省和西班牙合资在马德里市开办的中西友谊诊疗有限公司成立，这是四川在西班牙开办的首家医疗机构。

“慧园”落成

1989 年 8 月 31 日，根据巴金小说《家》对高家庭院的描写而设计的园林“慧园”，在巴金故乡成都市百花潭公园建成。

9 月

276 吨的轧机架大件顺利装运

1989 年 9 月 16 日，由省大件运输公司承运的两件重 276 吨的 330 轧机架，安全运抵乐山岷江码头，顺利装船。这是四川省当时最大的出川件运输。

《四川省禁止赌博条例》实施

1989 年 9 月 20 日，四川省七届人大常委会第十一次会议通过并公布实施《四川省禁止赌博条例》，条例规定，任何形式的赌博都是违法行为，必须严厉禁止，坚决取缔；凡参与赌博、提供赌博场所或为赌博提供其他帮助的，根据不同情况依法处理；赌具、赌资一律没收，赌博所得财物予以追缴。

小金县发生 6.6 级地震

1989 年 9 月 22 日 10 时 25 分，小金县发生 6.6 级强烈地震。这次地震受灾面小而集中，垮塌房屋 1300 余间，另有 2800 多间房屋和 1 个乡电站、8 所学校遭受严重损坏，无人员死亡。

攀钢 4 号高炉投产

1989 年 9 月 22 日，攀钢 4 号高炉正式出铁投产。该高炉是国家“七五”重点建设项目，容积为 1350 立方米、设计能力为年产铁 83 万吨，是当时全国最大的高炉之一。

《四川省人民政府制定规章和起草地方性法规草案程序规定》出台

1989 年 9 月 23 日，省政府第三十六次常务会议通过《四川省人民政府制定规章和起草地方性法规草案程序规定》，并于 9 月 29 日发布施行。规定共 5 章 28 条，主要内容为制定地方性法规或行政规章的范围、制定原则、立法计划的编制程序、立法草案的审定、行政规章的发布与公布及解释和生效。

10 月

12 个少数民族县列为省扶持贫困县

1989 年 10 月 9 日，省委、省政府决定将马边、雷波、喜德、普格、盐边、得荣、九龙、稻城、德格、小金、壤塘、茂县共 12 个少数民族县列为省扶持贫困县。具体措施包括从不发达地区发展基金中抽出 1000 万元进行扶持，并由省财政贴息；省农业银行每年安排 1000 万元民族地区扶贫贴息贷款；每年安排扶贫钢材 800 吨、柴油 400 吨，加快民族地区解决温饱步伐。

H3/36B 塔式起重机通过验收

1989 年 10 月 10 日，H3/36B 塔式起重机在四川建筑机械厂制造成功，实现了整机国产化，并通过国家有关部门和法国波坦公司双方鉴定验收。该起重机是当时中国最大、最先进的 H3/36B 塔式起重机，其 H3/36B 型塔机是引进的自升式塔机，采用电子控制，起升高度 305 米，固定作业覆盖面 120 米，行走最快速度每分钟 25 米，能满足所有高层大型建筑施工需要。

四川运动员获世界杯跳伞冠军赛中国队全部金牌

1989 年 10 月 13 日，第五届世界杯跳伞冠军赛在成都市太平寺机场四川航空运动学校举行。13 个国家的飞机跳伞全国冠军或全国青年冠军参加比赛，比赛项目设特技、定点、全能 3 个项目，这是四川省承办的高等级世界体育比赛。中国队获得奖牌 13 枚，其中金牌 4 枚，由四川选手夺得。赖晓莉获女子成年定点和全能 2 枚金牌，杨翼获男子青年特技和全能 2 枚金牌。

省委召开四川省藏区工作会议

1989 年 10 月 16 日，中共四川省委在成都召开四川省藏区工作会议，贯彻落实中共十三届四中全会精神和邓小平讲话，研究解决藏区的一些特殊问题。会议指出，中共十一届三中全会后，民族工作进入一个新的历史阶段。但是，藏区经济结构还很不完善，科学技术落后，工业不发达，农牧业还基本上处于自给半自给状态，发展面临的困难还很多。会议提出，要进一步加强党的领导，增强民族团结，维护祖国统一，巩固和发展四川藏区安定团结的政治局面。

四川省拉开党政机关定点扶贫序幕

1989 年 10 月 21 日，省政府办公厅转发省开发领导小组《关于组织省直单位和成、渝两市定点帮助贫困山区贫困县的报告》，落实 43 个省级单位和成、渝两市，帮扶 46 个盆周山区贫困县。自此，全省拉开党政机关定点扶贫的序幕。至年底，省、地、县党政机关、企事业单位、科研部门、大专院校、人民解放军、武警部队等共 991 个单位，派出 3948 人次，帮助 46 个县、1104 个贫困乡、13 个企业和 4 个区医院。

省法院召开《行政诉讼法》实施试点工作会议

1989 年 10 月 27—31 日，省法院召开《行政诉讼法》实施试点工作会议，讨论修改省法院《公开审理行政案件的实施细则》《试点工作中在程序上应注意的几个问题》。各试点中院和基层法院的主管院长和庭长、省级有关单位的负责人参加会议。1990 年 10 月 27 日，省法院在成都召开《行政诉讼法》试点工作会议，传达最高人民法院对试点工作的指导意见，明确试点的目的、意义，研究试点工作方案，审定试点中级法院的受案范围，讲解《行政诉讼法》的基本原则，为全面实施做好准备。

四川省深化粮食改革启动

1989 年 10 月 31 日，省粮食局决定深化粮食改革，国营粮食企业承包原实行一年一包的，改为一包 3 年。至年底，已实行各种承包经营制的国营粮食企业有 2037 户，占企业总数的 83.5%。

国家档案馆为“陪都档案”定名

1989 年 10 月，国家档案局将重庆市档案馆收集保管的抗日战争时期形成的 40 余万卷档案定名为“陪都档案”；该档案被列为国家重点保护档案。

11 月

纪念文翁石室创办 2130 周年

1989 年 11 月 11 日，成都市石室中学举行纪念会，隆重纪念文翁石室创办 2130 周年。文翁石室是汉景帝时成都太守文翁设立的学堂，是中国地方郡学之始。该地址一直是成都文庙和府学的所在地，其文脉和地标传承至今。

省委五届六次全体（扩大）会议召开

1989 年 11 月 16—20 日，中共四川省委五届六次全体（扩大）会议在成都召开。会议传达中央十三届五中全会和中央工作会议精神，讨论通过了《关于认真贯彻执行党的十三届五中全会精神的决议》，讨论修改了省委《关于贯彻执行〈中共中央关于进一步治理整顿和深化改革的决定〉的意见》。

川东盐厂建设工程被纳入基本建设预备大中型项目计划

1989 年 11 月 20 日，川东盐厂建设工程被国家计委纳入基本建设预备大中型项目计划。川东盐厂位于万县地区，设计建造 30 万吨的真空制盐装置，是全国第一座现代化井矿盐建设工程，也是中华人民共和国成立以来，四川省盐业战线最大的、建设目标最高的项目。1992 年 9 月，项目建成并投入试生产。

重庆市江北县发生 5.4 级地震

1989 年 11 月 20 日 11 时 18 分和 11 时 21 分，重庆市江北县统景镇境内连续发生 5.2 级和 5.4 级地震，死亡 4 人，重伤 26 人，轻伤 150 多人，倒塌房屋 5056 间，危房 53615 间。地震造成 5 万多人无家可归，直接经济损失 1.5 亿元以上。

省委、省政府出台科技扶贫政策

1989 年 11 月 27 日，中共四川省委办公厅、四川省人民政府办公厅发布《关于加强科技扶贫工作的意见》，指出省内部分贫困地区已解决了大多数农民的温饱问题，开始转向发展区域经济、脱贫致富的新阶段，依靠科技致富显得更为迫切需要。意见要求实行综合投入，配套实施，提高经济效益，加强科技扶贫开发，分别从政策、人才方面为贫困地区解决科技致富问题。

12 月

四川农业改革向纵深推进

1989 年 12 月 4 日，长江中上游地区水果开发项目正式签字生效。项目在江安县、长宁县、南溪县、宜宾县、宜宾市、泸州市中区、泸县、合江县、涪陵市、垫江县、丰都县、奉节县、开县、万县市、万县、云阳县 16 个县（区）建设新果园 87000 亩，改造原有果园 7500 亩。这标志着四川农业改革向纵深推进。

中国环流器一号安全运行 5 周年

1989 年 12 月 5 日，中国最大的受控核聚变实验装置——中国环流器一号安全运行实验 5 周年，取得实验成果 349 项，其中获奖成果 52 项。

30 万千瓦核电站燃料组件验收

1989 年 12 月 7 日，中国自行设计和制造的秦山 30 万千瓦核电站燃料组件和相关组件，在宜宾核燃料元件厂通过国家级验收。这是中国依靠自己力量建设核电站的主要标志之一。

121-C 换热器制造成功

1989 年 12 月 12 日，自贡东方锅炉厂成功制造出国内第一台重型容器、大化肥关键设备——121-C 换热器，把国家压力容器制造水平推上一个新台阶。

成都引进 VHS 盒式录像机制造技术和设备

1989 年 12 月 30 日，成都锦江电器制造有限公司与日本日立公司在北京签订合同，引进 VHS 盒式录像机制造技术和设备。1991 年 6 月 15 日，中国第一个成套引进的规模最大、技术最全面的录像机生产基地在成都建成投产。

四川省粮食部门利用外资发展企业

1989 年 12 月，经农行省分行同意，省粮食局将世界银行贷款用于广元、涪陵、忠县、梁平、眉山的 5 户饲料厂及秀山、南川、黔江的 3 户植物油厂的技术改造项目，总投资 3071. 90 万元，其中世行贷款 1961. 10 万元，占 63. 84%。1990 年，又有巴中县面粉厂等 7 个项目继续使用世行贷款进行技改。这是全省粮食部门利用外资发展的第一批企业。

1990 年

1 月

长虹机器厂成为四川首家国家一级企业

1990 年 1 月 12 日，长虹机器厂被授予国家一级企业称号，成为四川首家国家一级企业。1991 年 1 月 12 日，国务院企业管理指导委员会和国务院生产委员会公布第二批国家一级企业名单，全国共有 87 家入选；四川省有东方锅炉厂、嘉陵机器厂、重庆机床厂、国营红光电子管厂、自贡硬质合金厂获国家一级企业称号。至此，全省有国家一级企业 6 家。

晏阳初逝世

1990 年 1 月 17 日，有“世界平民教育之父”之称的晏阳初在纽约逝世，享年 100 岁。1890 年 10 月 26 日，晏阳初出生于四川省巴中县的一个书香之家，早年留学美、法。1920 年，回国后致力于发展平民教育，主持编著了《平民千字课》。1923 年，主持成立了中华平民教育促进总会。1940 年，在重庆创建中国乡村建设育才院。1943 年，被评选为“全球十位具有革命性贡献的伟人”之一。1950 年，受聘为国际平民教育委员会主席，长期居住在国外。1987 年 10 月，美国总统里根亲自向他颁赠了“扫除饥饿终生成就奖”。

四川省实行环境监察员制度

1990 年 1 月 18 日，省政府批准在全省实行环境监察员制度。环境监察员可以列席政府研究环保的相关会议，具有发言权和建议权。4 月 3 日，省环保局颁发《在全省推行环境监察员制度的实施办法》，明确了环境保护工作的基本原则，规定了环境监察员的选拔标准、工作职责、执法规范。

重庆江北机场通航

1990 年 1 月 22 日，重庆江北机场正式通航。机场占地 300 万平方米，跑道长 2800 米，可起降波音 757、波音 737、空中客车 A320、图 154 等大型客机，结束了重庆不能起降大型客机的历史。

1991 年 7 月 23 日，重庆江北机场航站楼（候机楼）通过国家级验收。候机楼建筑面积 16582 平方米，总造价 2355 万元。候机楼的验收，标志着重庆江北机场建设第一期工程全面竣工。

省政府召开全省森林资源新闻发布会

1990 年 1 月 23 日，四川省人民政府召开全省森林资源新闻发布会，会议宣布：经全省第 3 次森林资源清查，四川省森林资源面积 1087.2 万公顷，活立木蓄积 14.09 亿立方米，森林覆盖率 19.21%。1973—1984 年，四川省先后开展 3 次全省森林资源清查。

2 月

成都蜀都大厦股份有限公司开业

1990 年 2 月 18 日，成都蜀都大厦股份有限公司开业。公司建设的蜀都大厦，为地面 34 层，高 116 米，占地近 13 亩，建筑面积 69032 平方米。主要进行商贸经营和客房、写字间的招租业务，同时投资开办了中外合作经营餐饮公司及康乐王宫、六本木夜总会等餐饮娱乐企业。该大厦是成都市的标志性建筑，被称为当时“西部第一高楼”。

1990 年中国丝绸交易会在成都举行

1990 年 2 月 25 日，1990 年中国丝绸交易会在成都举行。这是中华人民共和国成立以来，中国丝绸进出口总公司首次在四川举办的规模较大的一次专业性出口商品交易会，西欧、北美、东南亚及中东等地区的 20 多个国家及中国港澳地区近 300 位客商参加了交易活动。成交总额约为 1.5 亿美元，其中丝类成交 6150 万美元，绸缎成交 8973 万美元，成品类成交约 630 万美元。在 26 个省（市）分公司中，四川成交额 3777 万美元，居第一位。

四川省对外经济贸易洽谈会在成都举行

1990 年 2 月 26 日，四川省对外经济贸易洽谈会在成都举行，香港地区中华总商会会长霍英东致贺电。会议期间，到四川考察工作的中共中央政治局常委宋平参观了省对外经济贸易洽谈会展览大厅。宋平对四川的对外经济贸易工作给予肯定，要求四川继续发挥省情优势，不断开拓资源优势，大力发展特色商品，积极探索对外开放的新路子，尽快推进全省经济上新台阶。

首届中国四川国际友好电视周在成都举办

1990 年 2 月 26 日，首届中国四川国际友好电视周在成都举办。国际电视周经省政府、国家广播电影电视部批准，省政府外事办、四川电视台联合举办。电视周以“和平、友好、合作”为宗旨，设置“金熊猫”奖国际电视纪录片评选活动，由组委会设立的评选办公室负责评选组织工作。节目奖项分人文及社会、自然及环境 2 大类，下设最佳长纪录片奖、最佳短纪录片奖、评委特别奖、最佳创意奖、最佳导演奖、最佳摄影奖、最佳音效奖等 14 个奖项。4 月，国家广播电影电视部决定在全国设上海电视节和四川电视节，各隔年一次举办，力争把两个电视节办成广播电视系统对外开放的品牌。1991 年 9 月，首届四川国际电视节在成都举办。

3 月

中国成都电子模具中心一期工程竣工投产

1990 年 3 月 1 日，具有世界先进水平的中国成都电子模具中心一期工程在成都无线电一厂竣工投产。成都电子模具中心是德国政府援助，中德政府双边合作的高技术项目，拥有用于型腔、模具设计、制造、计算机工作站和计算机辅助软件，从德国进口的数控加工设备和精密检测设备。该中心运用现代化技术、设备，生产出了高精度、高质量的型腔模具，部分塑模还出口日本。

眉山车辆工厂、成都电缆厂获金马奖

1990 年 3 月 3 日，铁道部眉山车辆工厂、邮电部成都电缆厂获全国企业管理最高奖——金马奖，成为全国十佳企业之一。眉山车辆工厂是中国铁路货车和转向架、制动机关键部件产品研发、制造主导企业及出口基地，产品长期保持质量优势。邮电部成都电缆厂是全国最大的通信电缆专业工厂，是 20 世纪 80 年代初即具有了国际先进技术水平的现代化大型企业。

年产 20 万吨合成氨卧式合成塔外壳通过鉴定

1990 年 3 月 9 日，德阳第二重型机器厂研制成功的年产 20 万吨合成氨卧式合成塔外壳通过国家级技术鉴定。该设备是为四川化工总厂年产 20 万吨合成氨工程研制的关键设备，被列为国家重大技术装备项目，是国内生产的第一台采用锻焊结构、内径达 2.4 米的合成氨卧式生产容器，具有 20 世纪 80 年代国际先进水平。

高敏、刘寿斌被评为全国“十佳运动员”

1990 年 3 月 11 日，川籍跳水运动员高敏和举重运动员刘寿斌被评为 1989 年全国“十佳运动员”。

张洪获“川藏线上的英雄汽车兵”称号

1990 年 3 月 17 日，成都军区后勤部某汽车团二连班长张洪在执行运送进藏物资任务中，不幸因公牺牲，时年 27 岁。中央军事委员会授予张洪“川藏线上的英雄汽车兵”荣誉称号。

广汉市化纤纺织厂填补省纺织行业一项空白

1990 年 3 月 21 日，广汉市化纤纺织厂生产的涤纶空气变形纱和涤纶网络丝填补了四川省纺织行业的一项空白。

4 月

《四川省〈中华人民共和国渔业法〉实施办法》施行

1990 年 4 月 1 日，《四川省〈中华人民共和国渔业法〉实施办法》开始施行。该办法明确，全

省天然水域的禁渔期为每年的2月1日至4月30日；阿坝州、甘孜州、凉山州和雅安地区行政公署渔业行政主管部门，可以根据本地气候、水温等情况确定禁渔期。四川成为长江流域率先采取春季禁渔措施保护渔业资源的省份。

公判处决倒卖大熊猫皮罪犯

1990年4月2日，平武县召开万人公判大会，绵阳市中级人民法院受最高人民法院委托，宣判倒卖大熊猫皮的罪犯梁永政、何光海死刑，剥夺政治权利终身。

西昌卫星发射基地发射美国卫星

1990年4月7日21时30分，中国首次在西昌卫星发射基地用“长征三号”运载火箭发射美国休斯公司制造的“亚洲一号”通信卫星获得成功。卫星入轨精度完全符合要求，标志着中国火箭、卫星技术进入成熟和实用阶段，打破美欧的垄断，正式进入国际商业发射市场。

103厂建成亚洲第一个公英两制发动机试车台

1990年4月10日，亚洲第一个公英两制涡轮发动机试车台在成都民航103厂建成。

米易立体农业在全国推广

1990年4月18日，全国立体农业现场会在攀枝花市召开。会议代表参观了米易立体农业实验点，研究了立体农业全国战略，通过了《米易县立体农业综合实验基地研究报告》，提出了《关于发展我国立体农业的五条建议》。省委、省政府总结米易立体农业经验，并加以推广。

赵世炎烈士雕像在酉阳县落成

1990年4月19日，中国革命先驱赵世炎烈士的半身汉白玉雕像在酉阳县龙潭镇赵家庄赵世炎故居落成，邓小平为雕像题字。

省七届人大常委会通过《关于进一步推动我省工业企业科技进步的决议》

1990年4月28日，四川省七届人大常委会第十六次会议通过《关于进一步推动我省工业企业科技进步的决议》。该决议提出，要牢固树立科技是第一生产力的观念，增强依靠科技进步提高工业企业技术水平和经营管理水平的紧迫感；要把推动工业企业科技进步同调整结构和提高经济效益结合起来，鼓励依靠科技进步内涵扩大再生产的道路；要把推动工业企业科技进步的工作落到实处，制定年度科技进步计划和五年规划；要尽快建立健全大中型企业的技术开发机构和技术管理体系，解决好小型企业和乡镇企业的科技依托和推广应用现有科技成果的问题。

首届四川省专利技术和产品展览会举行

1990年4月，省专利管理局主办首届四川省专利技术和产品展览会。展览会期间，省专利管理局开办了专利法律知识讲座。一大批专利在展览会亮相，尊重知识、尊重科学的观念得到大力宣传。

犍为岷江大桥建成通车

1990 年 4 月，犍为岷江大桥建成通车。该桥是当时中国最大跨径预应力混凝土斜拉桥，全长 886 米。2001 年，完成主桥斜拉索换索工程。

5 月

成都拍卖市场开槌

1990 年 5 月 5 日，西南地区首家拍卖市场——成都拍卖市场开槌，举办中华人民共和国成立以来四川首次公开拍卖活动。当日拍卖的是当代川籍著名画家陈子庄的 1 幅扇面画和 1 枚珍贵的藕红色宝石戒指，分别以 2100 元和 7500 元价格拍出。

张自忠将军纪念馆揭幕

1990 年 5 月 16 日，重庆纪念张自忠将军殉国 50 周年、100 周年诞辰大会在北碚梅花山张自忠墓地举行，全国政协副主席洪学智、重庆市委书记肖秧为张自忠将军纪念馆揭幕。

成都开通“大哥大”移动电话系统

1990 年 5 月 17 日，成都市电信局建设的 900 兆赫移动电话系统正式开通。当年，成都对外公开发售出第一个手机号码 9001021，四川省移动电话（俗称“大哥大”）的使用自此起步，并成为当时奢侈和时尚的代名词，其时用户为 287 户。1993 年 8 月 8 日，绵阳市邮电局引进美国摩托罗拉（A 网）设备，在全省市（地、州）局中率先开通了 900 兆手提移动电话。1997 年 10 月 28 日，甘孜州康定 A 网模拟移动电话系统开通并投入试运行，至此，四川移动电话网已覆盖全省所有市（地、州）所在地城市；年内，移动电话网覆盖了全省 128 个县（市）区，其中数字网覆盖面扩大到 18 个城市及省主要交通干线和部分经济发达的乡镇，并与全国 2005 个省、地、县城市和 22 个国家及地区实现了自动漫游。此后，四川移动通信系统实现了从模拟机到智能手机的更新换代。至 2000 年，全省移动电话用户达到 263 万户。

峨眉山客运索道投入营运

1990 年 5 月 26 日，峨眉山客运索道正式投入营运。该索道每小时可运送游客 960 人，是当时国内单跨最长、海拔最高、坡度最大的客运索道。1993 年 4 月，峨眉山动工兴建新的万年索道，并于 1994 年 10 月 28 日正式投入运营。该索道全套设备从奥地利引进，为单线循环吊厢脱挂式客运索道，全长 1480 米，每小时单程运量 1660 人，具有 20 世纪 90 年代世界先进技术水平。

四川省反贪局成立

1990 年 5 月，四川省人民检察院反贪污贿赂工作局成立。该局是省检察院查处贪污贿赂等经济犯罪案的专门侦查机构，在检察长领导下具体指挥全省检察机关查办贪污贿赂等经济犯罪案件侦查工作，协调跨地区的办案工作，直接侦办全省有影响的大案、要案。

2018 年，因国家监察体制改革，四川省人民检察院反贪污贿赂工作局撤销。

6 月

四川省第一所希望小学挂牌

1990 年 6 月 1 日，四川省第一所希望小学在宣汉县花池乡中心小学挂牌。该校由团中央、团省委、省青少年发展基金会及台湾地区同胞叶国一援建，也是全国第二所希望小学。1992 年 9 月，校舍落成。2000 年 12 月，获“全国模范希望小学”称号；2003 年 9 月，成为教育部现代远程教育扶贫示范工程、李嘉诚基金会西部中小学现代远程教育项目教学示范点。

苏葆祯逝世

1990 年 6 月 1 日，以绘彩墨葡萄而蜚声中外的国画家、西南师范大学教授苏葆祯在成都病逝。苏葆祯生于 1926 年，受教于徐悲鸿、任伯年，擅长中国画写意花鸟。

《歌乐山烈士群雕》知识产权裁定

1990 年 6 月 14 日，四川省内出现最早、影响最大的知识产权纠纷案由重庆市中级人民法院判决，重庆市《歌乐山烈士群雕》的著作权和纪念铜牌，归叶毓山享有。

成都市首家资产评估机构挂牌

1990 年 6 月，成都市资产评估事务所挂牌。这是成都市第一家获国家国有资产管理局、中国证监会颁证的资产评估机构。该事务所承办涉及股票上市公司、股份制、出售资产、资产经营管理及集体所有制企业的股份制等评估，对各类资产进行界定，以及产权咨询、资产评估培训等。该机构开展业务后即承接了成渝高速公路、前锋、蜀都大厦等大的评估项目。

7 月

扑灭梨子园隧道大火

1990 年 7 月 3 日，满载着轻油油罐的 0201 次列车经襄渝铁路在达县万源梨子园隧道发生强烈爆炸。火情发生后，驻达县部队、武警、民兵等近千名官兵和公安干警火速赶到现场扑救；铁道部部长李森茂和四川省领导赶到现场指挥，经 70 余小时扑救，大火被扑灭。

四川省环保局首次发布《四川省环境状况公报（1989 年）》

1990 年 7 月 10 日，四川省环保局首次发布《四川省环境状况公报（1989 年）》，对于全省各地的空气质量、水源质量、污染指数、环境保护状况等分别予以阐述。此后，四川省环境状况公报逐年发布。

大推力运载火箭首次发射成功

1990 年 7 月 16 日 9 点 40 分，中国新型大推力运载火箭“长征 2 号 E”捆绑式火箭在西昌卫星发射中心新建的大型发射场首次发射成功。火箭准确地将模拟卫星送入预定轨道，还为巴基斯坦搭载了 1 颗小型科学实验卫星。这标志中国运载火箭发射技术又上了一个新台阶。

四川省工业制成品出口洽谈会在香港地区举办

1990 年 7 月 18 日，四川省工业制成品出口洽谈会在香港地区举办，共签约成交 5200 余万美元。这次洽谈会受到香港地区工业界的支持，参观展销活动的市民多，购买热情高。此后，历年川港两地均不定期开展洽谈和展销活动。

“成都市生产资料一条街”挂牌

1990 年 7 月 26 日，“成都市生产资料一条街”正式命名挂牌。这条街以成都市生产资料综合贸易商场为依托，街面长约 1000 米，挂牌经营单位超过 500 家，经营生产资料 329 个类、数万个品种，这是当时国内规模最大、经营额最高、品种最齐全的生产资料综合市场。

8 月

周克芹逝世

1990 年 8 月 5 日，第七届全国政协委员、中国作家协会理事、川籍作家周克芹因病医治无效逝世，终年 54 岁。周克芹的长篇小说《许茂和他的女儿们》荣获全国首届茅盾文学奖。

刘兴元逝世

1990 年 8 月 14 日，刘兴元因病医治无效在北京逝世，终年 82 岁。刘兴元，1908 年 10 月出生于山东省莒南县朱芦乡刘家东山村，1931 年 5 月在江西参加中国工农红军，同年 9 月加入中国共产主义青年团，12 月转为中国共产党党员。曾任中共四川省委第一书记、成都军区第一政委、成都军区司令员。1955 年被授予中将军衔，是中国共产党第九、第十、第十一届中央委员会委员。

世界首例人工辅助哺育大熊猫双胞胎成功

1990 年 8 月 24 日，成都动物园的大熊猫“庆庆”产下一对双胞胎“娅娅”“祥祥”，在人工辅助下成活。这是世界上第一例人工辅助哺育成活的大熊猫双胞胎，成为突破大熊猫育幼成活难的标志性成果。

红军长征纪念碑落成

1990 年 8 月 25 日，红军长征纪念碑在松潘县海拔 3104 米的元宝山顶落成。中共中央政治局常委、中央军委副主席刘华清，中共中央政治局委员、四川省委书记杨汝岱，成都军区司令员张太恒等出席落成典礼。邓小平题“红军长征纪念碑碑园”，江泽民题“红军业绩万代流芳，红军精神代代发扬”，杨尚昆题“长征精神永放光芒”，李鹏题“学习红军长征革命精神，建设社会主义精神文明”，李先念、邓颖超、徐向前、聂荣臻、王震、刘华清、萧克等分别为碑园题词。

南充举办首届丝绸节

1990年8月25—29日，首届南充丝绸节在南充市举行。美国、日本、奥地利等国家和中国香港、中国台湾地区的客商，全国27个省（区、市）及省内代表共5000余人参加丝绸节活动。成交14.6亿元，其中销售额11.9亿元，购进额2.7亿元。其间，举办了千人以上丝绸时装队上街表演、丝绸时装模特大赛和一系列文艺表演活动，引起极大轰动。至1995年，南充丝绸节共举办5届。

四川举办首届名特、风味小吃评审鉴定活动

1990年8月28日，商业厅、省烹饪协会、省消费者协会联合举办四川省首届名特、风味小吃评审鉴定活动。全省20个代表队112个品种参加评审，评出四川省名特小吃品种22个、风味小吃品种62个。1994年3—4月，3家单位还联合省报纸副刊研究会组织了首届四川省名优火锅评比，评出名优火锅33个、优质火锅41个、风味火锅18个。

省地矿局提交《冕宁稀土矿地质报告》

1990年8月，四川省地矿局提交《冕宁稀土矿地质报告》，勘查出冕宁稀土的规模、范围和储量，奠定了四川作为稀土矿产资源大省的基础。1993年，四川稀土材料厂建成投产，填补了西南地区稀土分离工业的空白。2001年12月28日，省政府批准，由省地矿局牵头，组建四川稀土集团，整合现有稀土产业的采、选、冶企事业资源，推动产、学、研结合，把稀缺的资源优势更大更好地转化为经济优势。凉山州是中国三大轻稀土原矿供应地之一，轻稀土储量居全国第二位，已探明稀土保有储量6579.26万吨，稀土氧化物（REO）为278万吨。

9月

省七届人大常委会通过《四川省未成年人保护条例》

1990年9月5日，四川省七届人大常委会第十八次会议通过《四川省未成年人保护条例》。

峨眉山金顶普贤菩萨铜像开光

1990年9月11日，峨眉山华藏寺为新铸普贤菩萨铜像举行“开光”仪式。华藏寺位于峨眉山金顶，1972年4月8日毁于大火，后政府决定重建，1988年冬，华藏寺建成。普贤菩萨铜像“开光”后，华藏寺正式对外开放。

川籍运动员夺得22枚北京亚运会金牌

1990年9月22日至10月7日，第十一届亚洲运动会在北京举行。有37名四川运动员入选中国代表团，参加20个项目的比赛，获金牌22枚、银牌8枚、铜牌2枚。其中，获得金牌的运动员分别是高敏（跳水）、张山（射击）、倪世伟（水球）、李舸（体操）、熊其英（跳远）、王萍（武术）等。

成渝高速公路建设动工

1990 年 9 月 25 日，成渝高速公路正式开工，全长 340.2 公里，比原成渝公路缩短 98 公里，穿越 3 条大隧道、20 座立交桥，途经 14 个县（市、区），设计为全封闭、全立交、中央分隔、双向四车道公路，设计行车时速 100 公里。

1988 年 1 月 5 日国务院批准修建成都至重庆的高等级汽车专用公路，1991 年 4 月 10 日，西南地区等级最高、里程最长的汽车专用公路——成渝高速公路全线动工。成渝高速公路仅次于有“神州第一路”之称的沈大高速公路，是中国至此正在建设的、“八五”期间要完成的公路项目中建设规模最大、工程技术条件最复杂的工程。工程建设历时 5 年，总投资 40 亿元，1995 年 7 月 1 日初通，1995 年 9 月 25 日全线通车。成渝高速公路是成都市与重庆市之间的公路交通大动脉，是四川省第一条高速公路。

成（都）渝（重庆）高速公路开工建设

1990 年 9 月 25 日，成（都）渝（重庆）高速公路开工建设。成渝高速利用世界银行贷款修建，是四川第一条高速公路，也是全国最早通车的高速公路之一。1995 年 7 月 1 日，成渝高速初通；9 月15 日，全线通车。

成都市开通“110”报警电话

1990 年 9 月 27 日，成都市公安局“110”报警电话正式开通，向市民提供全天 24 小时服务。对重大刑事犯罪、重大治安案件和重大灾害事故，任何单位和个人都有义务和权利拨打“110”电话报警。当时条件简陋，仅有 12 名接警员、5 部电话，每天接到报警电话 100 余个，其中 90%为求助类信息。

10 月

中国第一座脉冲反应堆建成

1990 年 10 月 6 日，中国第一座脉冲反应堆在西南反应堆工程研究设计院建成，并达到临界。中国成为继美国之后世界上第二个掌握这种新堆型设计与制造技术的国家。

32 万千瓦水轮发电机组获奖

1990 年 10 月 20 日，德阳东方电机厂设计制造的国内单机容量最大的 32 万千瓦水轮发电机组，获国家优质产品金奖。

江油电厂二号机组并网发电

1990 年 10 月 31 日，江油电厂扩建工程二号机组正式并网发电。江油电厂扩建工程是国家“七五”重点项目之一，总投资 11.9 亿元，从法国引进两台 33 万千瓦机组成套设备，建成后年发电量40亿千瓦时。

11月

向阳镇等乡镇获“中国乡镇之星”称号

1990年11月6日，民政部在北京举行100个“乡镇之星”和10个“最佳乡镇”授奖大会。广汉市向阳镇、双流县东升乡、重庆市沙坪坝区覃家岗乡、绵阳市中区城郊乡、成都市金牛区永丰乡、万县市龙宝镇、达县市斌郎乡和彭山县青龙乡获“中国乡镇之星”称号。

省第七届人大常委会通过《四川省〈中华人民共和国草原法〉实施细则》

1990年11月7日，四川省第七届人大常委会第十九次会议通过《四川省〈中华人民共和国草原法〉实施细则》。该实施细则计6章42条，于11月19日公布施行。此后，甘孜州、阿坝州、凉山州、木里县均根据各自实际情况，分别制定了《四川省〈中华人民共和国草原法〉实施细则》的补充规定。

四川省首届少数民族艺术节举行

1990年11月20—28日，四川省首届少数民族艺术节在凉山州西昌市举行，甘孜、阿坝、凉山、攀枝花、乐山、黔江、泸州、雅安、绵阳、宜宾等市（地、州）组队参加了此次艺术节。艺术节活动分为舞台演出和群众文化活动两部分，舞台演出共8台15场，全省15个民族的1000余名专业和业余文艺工作者演出了108个民族歌舞节目。艺术节期间，举办了少数民族书法摄影展览，834件作品参展。四川省少数民族艺术节每4年举办一届，以团结、进步、文明、繁荣为主旨，弘扬民族文化，振奋民族精神，促进民族团结，促进了各民族文化事业的繁荣发展。

永荣矿务局发生瓦斯爆炸事故

1990年11月29日17时，永荣矿务局曾家山煤矿一井发生特大瓦斯爆炸事故，16人遇难，30多人受伤。

甘孜州遭特大暴风雪袭击

1990年11月30日至12月3日，甘孜藏族自治州的理塘县、巴塘县、雅江县遭受了持续4天的特大暴风雪袭击，气温急剧下降延续20多天，牧草被积雪覆盖，牲畜无法觅食。3个县1900余户群众受灾，冻伤400余人，牲畜死亡2万多头（只）。

12月

李一氓逝世

1990年12月4日，中共中央顾问委员会常委李一氓在北京逝世，终年87岁。李一氓，四川彭县人。1925年加入中国共产党。中华人民共和国成立后，先后任中国驻缅甸大使、国务院外事办公室副主任、中联部副部长、中纪委副书记、中顾委常委、国务院古籍整理出版规划小组组长、中国国际交流协会会长等职。

四川省评选出1990年“十佳”运动员

1990年12月6日，四川省1990年“十佳”运动员评选揭晓。当选的运动员是高敏（跳水）、刘寿斌（举重）、张山（射击）、李舸（体操）、熊其英（跳远）、黎艺嘉（技巧）、吴向东（技巧）、王萍（武术）、崔敏（游泳）、巫丹（排球）。

成都高新技术产业开发区成立

1990年，成都高新技术产业开发区成立。成都高新区筹建于1988年。1991年3月，成都高新区获批全国首批国家级高新技术产业开发区。

四川多个项目获1989年度国家科技奖

1990年，中共中央、国务院批准授予1989年度国家科技奖励项目。四川主持和参与的成果获1989年度国家科技奖励39项。其中，获国家技术发明奖三等奖3项、四等奖1项；“《中国植物志》第三十六、三十七、三十八卷（蔷薇科、牛栓藤科）”获国家自然科学奖二等奖，“青藏高原气象科学实验”获国家自然科学奖三等奖；“金川资源综合利用”获国家科技进步奖特等奖，“DG1000/170-1型亚临界压力自然循环燃煤锅炉”“用硅光电二极管自校准技术实现400—900nm光谱辐射绝对测量”“中国石油天然气资源评价研究”等3项获国家科技进步奖一等奖；“农家用沼气池设计图集、操作规程、质量检验国家标准成套技术”等9项获国家科技进步奖二等奖，获国家科技进步奖三等奖20项。

1989年度四川省科技进步奖获奖项目公布

1990年，省委、省政府批准授予1989年度四川省科技进步奖项目284项，其中“龙羊峡320MW水轮发电机组”获特等奖，“利福喷丁试制研究”“三聚氰胺三相穿流板汽提塔改进”“WY322-CW型液压挖掘机”等7项获一等奖；另授二等奖56项，三等奖220项。

四川经济出现“滑坡”现象

从1989年下半年开始，四川城乡市场疲软，经济发展速度急速下滑，经济效益大幅度下降，工业生产资金短缺，“三角债”严重，部分企业开工不足甚至停工停产。由于前一段时间紧缩银根、压缩固定资产投资规模、抑制消费膨胀等方面的力度过大，加之受历史上形成的四川经济结构“重工业过重，轻工业过轻”的影响，1989年和1990年，全省社会商品零售总额（扣除物价上涨因素后）分别比上年下降6.38%和0.5%；工业增长速度分别为5.5%和6%，均低于全国平均水平。这两年中，工业生产出现15个月持续负增长和低速增长，1990年5月处于低谷，增长速度为-2.1%。地方国营工业企业亏损面一度达到45%以上。1990年底，全省停产、半停产企业有1700户，停工、待工企业职工达24.6万人。

1991 年

1 月

省政府批准乐山等 14 个城市为历史文化名城

1991 年 1 月 3 日，四川省人民政府批准乐山、都江堰、巴中、通江、泸州、剑阁、资中、邛崃、崇庆、新都、松潘、江油、眉山和叙永为省级历史文化名城。加上 1982 年、1986 年国家批准的成都、重庆、自贡、宜宾、阆中 5 个国家级历史文化名城，全省省级以上历史文化名城达 19 个。

四川在全国首次尝试国企破产拍卖

1991 年 1 月 9 日，因经营不善、资不抵债、停产两年多的重庆市国营明月皮革厂被公开拍卖，重庆铅笔厂以 715 万元买下该厂的绝大部分资产。这是四川省产业结构调整中的一个试点，也是四川省第一次以关闭、拍卖方式处理具有一定规模的国营工业企业，在全国尚属首例。

徐中舒逝世

1991 年 1 月 9 日，中国著名历史学家徐中舒逝世，享年 93 岁。

徐中舒，1898 年生于安徽怀宁，生前为中国科学院哲学社会科学学部委员、一级教授、四川大学历史系名誉主任。他从事教学、研究活动 70 多年，主要研究方向为古文字学、先秦史、明清史料和巴蜀文化，一生撰著论文百余篇。1925 年始发表论文《古诗十九首考》，1930 年著《耒耜考》，为其成名作，享誉国内外学术界，至今仍有深远的影响。代表性著作为《徐中舒历史论文选辑》，主编有《汉语大字典》《甲骨文字典》。

省委五届八次全委扩大会议召开

1991 年 1 月 10—15 日，中共四川省委五届八次全委扩大会议在成都召开。会议结合四川实际，学习中共十三届七中全会精神。会议认为，十三届七中全会全面总结了十一届三中全会以来的巨大成就和丰富经验，科学地确立了未来十年的奋斗目标、指导方针、政策原则和基本要求，全会文件始终贯穿和体现了党的“一个中心、两个基本点”的基本路线。会议讨论了《四川省国民经济和社会发展十年规划和“八五”计划的基本思路（征求意见稿）》，审议通过了《中共四川省委 1991 年工作要点》。会议号召，全省各级党组织、全体党员和全省人民，要专心致志地投入 20 世纪最后十年经济建设和改革开放的伟大实践中去，进一步解放思想，大胆开拓，勇于实践，艰苦奋斗，扎实工作，为建设繁荣昌盛的社会主义新“天府”而努力奋斗。

武都引水一期工程总干渠首段通水发电

1991 年 1 月 11 日，被邓小平称为“第二个都江堰”的武都引水一期大型项目总干渠首段 8.75 公里工程和石龙嘴电站通水发电。

武都引水工程以农业灌溉为主，兼具防洪、发电、航运、城乡供水、水产养殖、旅游以及国土资源综合开发利用等功能，是四川省“西水东调”总体规划中的一项“引、蓄、提”结合的大型骨干水利工程。该工程位于四川省北部的江油市，从江油市武都镇涪江干流上游取水，灌溉绵阳、遂宁、南充、广元四市所辖 8 个县（市、区）的 228 万亩农田。工程主要由武都水库、取水枢纽、总干渠及相关配套的各渠系、电站、提灌站和囤蓄水库组成，全灌区规划六级渠道 119 条 2019 公里。

“武引”一期工程至 2001 年底全线竣工，总投资达 17.98 亿元（其中世行贷款 6767 万美元），共建成取水枢纽和总干渠 37 公里、涪梓干渠 63 公里及蓄水 9800 多万立方米的水库，建成配套分干渠、支渠、分支渠、斗渠等 1000 多公里。一期工程从江油市武都镇以北 3 公里涪江上游干流拦河引水，控灌绵阳、遂宁两市 6 个县（市、区）8.47 万平方公里的耕地，建有电站 1 座（装机 1.76 万千瓦）、大型囤蓄水库 1 座（沉抗水库，总库容 1 亿立方米）。“武引”一期工程曾于 1958 年、1978 年两次动工修建，因故下马。1987 年，国家计委和水电部批准一期工程恢复建设，1988 年正式开工。

该项目一期工程效益经四川省世界银行贷款农业综合开发项目办公室调查后评估，受益区干旱缺水状况得到了根本改变。1991—1999 年，受益地区累计增加各类农产品共 537 万吨，新增产值 25.4 亿元。

东方锅炉厂等 5 个企业获“国家一级企业”称号

1991 年 1 月 12 日，国务院企业管理指导委员会和国务院生产委员会公布第二批国家一级企业名单，四川省的东方锅炉厂、嘉陵机器厂、重庆机床厂、国营红光电子管厂、自贡硬质合金厂获“国家一级企业”称号。连同 1990 年已获得此称号的长虹机器厂，全省至此有 6 个国家一级企业。

四川大学在国际上首创“汽相定点生长法”

1991 年 1 月 12 日，四川大学材料科学系在国际上首创汽相定点法和相应的单晶生长装置，在国内成功生长出碘化汞大型单晶体，并通过了国家教委主持的科研成果鉴定。

碘化汞晶体是进入 20 世纪 80 年代才在国际上发展起来的一种新型的、性能优异的室温辐射探测器材料，可广泛应用于国防、核医学、探矿、电子显微术、无损监测、天文学和高能物理等领域。1984 年，川大材料科学系以陈观雄教授为首的课题组，在国家“863”计划的资助下开展了这项研究。经过 5 年多的努力，该课题组成功研制出了碘化汞单晶体汽相定点生长法和相应的单晶生长装置，两项成果均属国内首创。

阆中撤县设市

1991 年 1 月 12 日，经国务院批准，撤销阆中县设立县级阆中市，以原阆中县的行政区划为阆中市的行政区域。经过数月筹备，5 月 1 日阆中撤县建市挂牌和庆祝大会举行。阆中市辖区面积 1877.8 平方公里，辖 10 个区、8 个镇、66 个乡、772 个村、6325 个社，总人口 85 万余人。

高敏获得第六届世界游泳锦标赛跳水冠军

1991 年 1 月 12 日，川籍选手高敏在第六届世界游泳锦标赛中，以 478.26 分夺得 1 米跳板跳水金牌，以 539.01 分夺得 3 米跳板跳水金牌。

成都市体育场建成使用

1991 年 1 月 16 日，成都市体育场建成交付使用，面积 32000 平方米，规模为 40000 座席。通过外露的“V”型框架支柱与开敞式休息平台敞廊相结合方式作主题构思，采用四灯塔及双灯带组合照明。设有电视转播室、IE 信息室、先进的 LED 大屏幕全彩色显示系统。1991 年 12 月，成都市体育场正式通过验收。

成都市体育场占地 130 亩，地处成都市繁华商贸中心，可以承接大型足球和田径赛事，还可以举办大型文艺演出和各种展会等，是一座设备先进、设施完善的多功能综合体育休闲场地。

第一期 1000 万亩速生丰产林基地建设任务完成

1991 年 1 月 17—21 日，省政府在珙县召开四川省速生丰产林基地建设总结表彰暨林业工作会议，22 个县（区）和单位、387 名先进个人受到表彰、奖励。经过 10 年努力，四川省第一期 1000 万亩速生丰产林基地建设任务顺利完成。

省委、省政府决定，从 1981—1990 年用 10 年时间在盆周山区营造速生丰产用材林 1000 万亩（简称速丰林一期工程），每年 100 万亩，投资 1500 万元。到 1990 年底，累计在以盆周山区为主的 72 个基地县营造速丰林 1020 万亩，年均完成 102 万亩。

2 月

中苏合办饮料公司

1991 年 2 月 1 日，中苏合资天府可乐——弗拉基米尔饮料有限公司在渝成立，这是重庆市与苏联兴办的第一家合资企业。该公司由苏联弗拉基米尔州啤酒生产联合体、苏联自然过滤器外贸公司同中国天府可乐集团公司以及重庆对外贸易进出口公司、重庆粮油进出口公司共同投资兴办，总投资为 59.9 万美元，合作期 10 年。第一步投产玻璃瓶装天府可乐，年产 2000 吨；第二步追加投资，生产易拉罐天府可乐，年产 5000 吨。

省委、省政府表彰先进村级组织

1991 年 2 月 4 日，四川省先进村级组织表彰大会在成都举行，省委、省政府表彰了 10 个红旗村级组织和 496 个先进村级组织。省委书记杨汝岱讲话强调：提高认识，振奋精神，解决农村实际问题，继续治理“三乱”，减轻农民负担；大力发展多种经营、乡镇企业，巩固壮大集体经济，建设社会主义新农村。

川西磷化工集团公司成立

1991 年 2 月 5 日，为了使分散的地方优势形成规模效益，川西磷化工集团公司在什邡县正式成立。该公司由川西化工厂、什邡磷化工厂、什邡农药厂等骨干企业组成核心层，实行人、财、物和产、供、销统一，资产经营一体化。县内外 14 家磷化工企业和科研单位分别以资金入股、经济联合、科技服务等形式，组成公司的紧密层、半紧密层和松散层。

文物内销禁令被打破

1991 年 2 月 7 日，西南地区唯一的文物内销单位——四川省文物商店将一只价值 1200 元的明仿元龙泉盘售给私人，此举标志着自中华人民共和国成立以来不准私人购买文物的禁令在四川被打破。

经省文化厅批准，作为官方开办的省文物商店增设的文物、古钱币内销专柜开张，打破了中华人民共和国成立以来文物只收购和有限外销、从不内销的局面，满足了私人购买文物用以收藏、欣赏的需要。

省政府重奖农业科技人员

1991 年 2 月 11 日，四川省召开科技表彰大会，重奖因研究推广“小麦高产、抗锈的优良种质资源‘繁六’及姊妹系”科研成果而获 1990 年国家发明一等奖的有功人员，省政府奖给张显志等 7 位农业专家 10 万元。

电影《焦裕禄》举行首映式

1991 年 2 月 16 日，中宣部、中组部、广电部、文化部、全国总工会联合在北京人民大会堂举行影片《焦裕禄》首映式。影片《焦裕禄》由峨眉电影制片厂拍摄，王冀邢执导，把一名曾经在 20 世纪 60 年代以其光辉形象走进千家万户的优秀共产党员先进事迹和崇高精神搬上银幕。该片被誉为 1990 年中国电影领衔之作，曾先后获得“十佳影片”奖和中国电影“金鸡奖”、《大众电影》“百花奖”最佳故事片奖。

四川开展农村社会主义思想教育

1991 年 2 月 25 日，中共四川省委办公厅布置在农村宣传贯彻中共十三届七中全会精神工作，开展以农村党员、干部为主要对象，以宣传党的基本路线、爱国主义、集体主义、社会主义为内容的社会主义思想教育试点。省委办公厅要求各级党政机关和有关部门抽调一大批干部，组成工作队（组）下到基层协助工作。

1991 年 6 月 25—27 日，中共四川省委召开农村社会主义思想教育座谈会，各地市和部分州以及试点县领导出席。省委两个试点工作组、乐山市和蓬溪县分别作出在农村开展社会主义思想教育的经验介绍。主要经验是：把社会主义、爱国主义、集体主义和法制教育作为主线贯穿，始终着眼于提高认识，坚定信念，用社会主义思想占领农村阵地；同时，教育要推动生产，要围绕农村当前生产及村级经济发展、基层组织建设和精神文明建设、社会治安三件事，切实解决当前农村存在的突出问题。会议宣布试点工作基本结束，全省农村社会主义教育工作在夏季全面铺开。至 1992 年8 月，全省农村社会主义思想教育工作基本结束。

治理整顿“三乱”初见成效

截至1991年2月，四川省自1990年下半年开展的治理乱收费、乱摊派、乱罚款（简称“三乱”）工作以来，共整改了198个收费项目，社会各方面特别是农民的不合理负担在一定程度上得到减轻。

四川自1987年开始对乱收费进行整顿，虽取得一定成效，但一些地区和部门仍存在乱收费、乱摊派、乱罚款现象。1990年6月起，各地、各部门对自身的“三乱”情况进行了自查整改，随即组织了复查、重点抽查和划线定性、统一审定。在清理整顿的基础上，把收费、罚款纳入有关职能部门的经常性监督管理范围，实行验证、亮证收费和依法、凭据罚款。同年10月，中共中央、国务院作出关于坚决制止乱收费、乱罚款和各种摊派的10项决定。中共四川省委立即作出决议，把解决“三乱”问题作为1990年要办好的一件实事来抓。省政府根据省委决定和省人大要求，立即在全省范围内部署开展了这项工作。

省委、省政府成立了四川省清理不合理负担工作领导小组，各市、地、县都相应组织了工作班子，对解决“三乱”问题实行统一管理。治理整顿中，将那些违背国家法律法规，违背中央和省明文规定的各种收费、摊派、罚款，或虽有规定但超过标准和扩大范围的，以及超越管理权限、未经批准自行设置的项目，均列入清理范围。

3月

开展“质量、品种、效益年”活动

1991年3月4日，四川省人民政府发出《关于开展质量品种效益年活动的通知》，决定在全省各行业广泛开展“质量、品种、效益年”活动，着力调整结构，提高质量，开发新产品，促进地方产品销售，提高工业经济效益。为此，成立了以副省长蒲海清为组长的四川省质量品种效益年活动领导小组。3月7日省政府又发出《关于加强质量工作的通知》，3月8—12日召开全省企业管理和质量工作会议。该项活动要求：各地各部门把开展此活动作为使经济工作走出困境、巩固和发展治理整顿成果、促进经济良性循环的重要措施；要使“质量是四川的生命”的观念在全省人民心中，尤其是企业及各级领导心中牢牢扎根。

四川省经济体制改革工作会议召开

1991年3月6—8日，四川省经济体制改革工作会议在成都召开。会议在总结全省12年经济体制改革经验的基础上，讨论修订《四川省1991年城市经济体制改革工作要点》《四川省“八五”时期经济体制改革规划方案》。

省委书记杨汝岱讲话要求：坚持改革的社会主义方向，正确处理好改革、发展和稳定的关系；努力创造条件，造就一种有利于改革的环境和气候。省长张皓若强调，要处理好计划与市场、国家与企业、城市与农村这三大关系。

民族地区开展社会主义思想教育试点

1991年3月7日，中共四川省委办公厅发出《关于在民族地区开展社会主义思想教育试点工作的通知》，决定在甘孜州的甘孜县、阿坝州的若尔盖县开展民族地区社会主义思想教育试点工作。主要内容是：以中共十三届七中全会精神为指针，深入开展爱国主义、社会主义思想教育，同时以基层干部为重点进行马克思主义民族观和宗教观的教育，提高认识，统一思想，增强信心，振奋精神，激发广大基层干部和农牧民群众建设社会主义的积极性，增强爱国热忱和反分裂、反渗透的自觉性。

久大盐业（集团）公司成立

1991 年 3 月 8 日，全国最大的井矿盐企业集团——久大盐业（集团）公司在自贡成立。

集团前身为民族资本家范旭东在天津塘沽成立的“久大精盐公司”，1938 年内迁自贡，1951 年自贡五家制盐企业公私合营成立“久大公司”，其后几经更替。集团成立后，生产经营得到长足发展。后来，公司井盐生产囊括了自贡盐行业，并进军湖北应城和四川遂宁，总制盐生产能力近400 万吨/年，占中国井矿盐总产量的 1/3 以上。公司所在地自贡素有“千年盐都”美称，井盐生产起源于东汉章帝年间。

商业企业推行“四放开”改革

1991 年 3 月 9 日，重庆市市中区两路口百货公司、山城副食品商场、解放碑百货公司、群林国货精品商场、群益百货公司和小洞天饭店等 6 户企业，开始实行经营、价格、分配、用工“四放开”试点，拉开了重庆市国营企业和供销社零售企业“四放开”的序幕。

1991 年 10 月 18 日，中共四川省委、四川省人民政府在总结重庆商业“四放开”改革试点经验后，在全省 20%的商业零售企业和 10 个大中型批发企业推广“四放开”改革。为使“四放开”改革正常、健康发展，省商业厅、省劳动厅、省财政厅联合下发了《关于实行“四放开”的国营商业企业工资分配和劳动用工放开的实施意见》，省商业厅下发了《关于加强商业企业物价管理的意见》。

李瑞环到重庆视察

1991 年 3 月 13—17 日，中共中央政治局常委、书记处书记李瑞环在重庆视察，强调领导干部一定要深入群众、体察民情，体察民情是领导干部的必修课；不是仅仅在屋子里统一思想，而是要深入到工厂、农村调查研究，为基层服务，这样才能实现领导和群众想法的统一。

《四川省技术市场管理条例》出台

1991 年 3 月 15 日，四川省第七届人大常委会第二十二次会议通过《四川省技术市场管理条例》。《条例》共 7 章 39 条，把技术市场的管理纳入法制轨道，对管理机构、交易范围、合同管理、技术交易费与税收、奖励和处罚等作出规定。

四川省宗教工作会议召开

1991 年 3 月 17—19 日，四川省宗教工作会议在成都召开。会议指出：正确处理和对待宗教问题，是建设有中国特色社会主义的一个重要组成部分；在党内和各级干部中开展学习马克思主义哲学和宗教理论、宗教政策的再教育，处理好宗教工作和其他工作的关系；继续全面正确贯彻宗教信仰自由的政策；揭露和打击利用宗教进行非法活动，抵制国外宗教势力的渗透；切实加强党和政府对宗教工作的领导。

升钟水库枢纽竣工验收

1991 年 3 月 30 日，国家重点建设工程升钟水库枢纽竣工验收。该水库位于阆中、南部、剑阁三县交界处，水面最宽处 3000 多米，水面 56 平方公里，总库容 13.39 亿立方米，是四川省以灌溉为主，兼有防洪、发电、供水、养殖等综合效益的最大的水库。工程涉及并控灌南充、广安、广元三市 10 个县（市、区）的 208 万亩耕地，控制流域 1756 平方公里，水域面积 8.4 万亩，是中华人民共和国成立以来四川第一个特大型水利工程。1976 年 3 月国家计委批准立项建设，1977 年 12 月破土动工，总投资 10 多亿元。

升钟水库碧波荡漾，小岛星罗其中，两岸山峦叠翠，峡谷纵横，为天然旅游避暑胜地和重要景区。

重庆高新技术产业开发区建立

1991 年 3 月，重庆高新技术产业开发区建立。重庆高新区是国家科委和国家体改委确定的综合改革试点开发区，被国务院确定为全国首批国家级高新技术开发区。开发区位于重庆市黄金口岸之一的石桥铺地区，总面积 25 平方公里。区内水、电、气、道路、通信及商业等配套服务设施完善，工商、税务、财政、金融、保险、公证、人才交流等管理服务体系健全，实行类似于沿海经济特区的优惠政策。到 1995 年，开发区内初步形成以微电子技术和汽车、摩托车配套产品制造为支柱产业，包括电子信息、机电一体化、生物和生化工程、新材料、节能与环保技术等在内的多学科、多门类、多层次、多种经济成分的高新技术开发群体。

成都高新区升格为国家级高新技术产业开发区

成都高新区筹建于 1988 年，1991 年 3 月被国务院批准为全国首批国家级高新技术开发区，2000 年被批准为中国亚太经济合作组织（APEC）科技工业园区。

成都高新区位于武侯区内，总体规划面积 21.5 平方公里，起步区 2.5 平方公里。成都市人民政府为开发区制定了一系列优惠政策，明确规定凡经济特区和沿海开放城市的政策、管理方式、经营模式等在开发区内都适用。开发区规划为高科技工业园区、金融商贸区、配套生活区等 4 个功能区，其中 1.3 平方公里的工业园区的开发领域为现代通信、生物工程、光电一体化、新材料、新技术应用等。2001 年 3 月，成都高新西区建设启动，坚持高标准规划、高起点建设、高质量招商、高效率服务。高新西区位于成灌高速路两侧，重点建设成为以电子信息、生物医药和精密机械制造产业为主体，功能配套完善的综合产业园区。成都高新区南部和西部园区分别建有一个国家出口加工区。

成都高新区实行省市共建、以市为主的领导体制，省市成立了共建成都高新区领导小组，管委会对开发区行使统一领导、统一指挥和统一管理权。成立以来，经过努力建设，成都高新区在产业发展、成果孵化、体制创新、招商引资、对外开放等方面取得了显著成绩。电子信息、生物医药和精密机械制造是成都高新区的三大主导产业。电子信息产业已形成软件服务外包产业集群、集成电路产业集群、通信产业集群，生物医药产业已形成现代中药、化学药、生物制剂等领域特色，精密机械制造产业以航空维修、零部件制造、精密模具为代表形成配套与支撑。

4 月

国内首部国防教育电视系列片《魂系中华》在川首映

1991 年 4 月 5 日，国内第一部 10 集国防教育电视系列片《魂系中华》在成都举行首映式。由四川省军区和省电教馆联合编制的这部电视系列片，采撷大量珍贵的历史资料和新闻镜头，融思想性、知识性、趣味性于一体，对强化国防意识，启发爱国主义思想起到重大作用。

省领导听取攀西经济社会发展考察汇报

1991 年 4 月 11 日，省委书记杨汝岱，省委常委、副省长谢世杰等省领导听取中国农业学会会长卢良恕率领的考察组的汇报。卢良恕率领 28 位专家教授在攀西地区考察了半个月，结论是："应尽快将攀西地区农业综合开发列入国家'八五'重点开发计划，解决开发'金三角'工农业严重失调的问题。"专家们认为，攀西地区农业综合开发是工业基地建设的保证，是"金三角"经济开发的必由之路。现在刻不容缓的是重点搞好已初具基础的粮食、蚕桑、烤烟、甘蔗、水果、蔬菜等基地建设。省领导赞同考察组的结论和建议。杨汝岱指出，攀西地区的工业、农业开发建设，是四川整个经济的后劲所在。

四川发现首例艾滋病感染者

1991 年 4 月 12 日，四川省艾滋病监测中心实验室认定一位中年男子为艾滋病感染者。四川省发现首例艾滋病感染者，成为中国内地第十二个发现艾滋病人的省（市）。省卫生厅根据艾滋病病毒传染的特点和人道主义原则，依照国际惯例，对该感染者的姓名、住址、工作单位实行保密，同时限制其活动范围，加强监测，使其不向外扩散。

江泽民到重庆、攀枝花等地视察

1991 年 4 月 15—23 日，中共中央总书记江泽民视察四川重庆、攀枝花、成都、德阳、乐山 5 市和凉山彝族自治州，听取了四川省委的汇报。江泽民强调：全党同志特别是各级领导干部，要深刻理解"科学技术是第一生产力"这一马克思主义观点，充分认识科学技术对推进社会主义现代化建设的巨大作用，实现"八五"计划、十年规划的关键和保证是大力发展科学技术；农业要解决地少人多的矛盾，农业要上两个台阶还得依靠科技兴农；发展工业要有一定的速度和规模，更要依靠科技振兴，要下决心加快企业技术改造；各级党委和政府要真正把发展科技放在经济和社会发展的关键地位，稳定和完善促进科技进步的政策，在全党和全社会进一步形成尊重知识、尊重人才的良好风尚。江泽民在接见德阳市党政军领导和二重、东电、东汽三厂负责人时指出：文化建设，不仅仅是个文化问题，还关系到爱国主义教育；总结过去若干年的教训，搞建设，我们要量力而行、尽力而为；必须安定团结，只有安定团结才能把经济搞上去，而只有把经济搞上去，才能更好地安定团结。

西南地区最大的服装专业商场开业

1991 年 4 月 18 日，成都服装大楼正式开业。这家商场以经营成都地产服装为主，荟萃全国各地服装产品，经营品种 5000 多个，营业面积近 2000 平方米，是西南地区最大的服装专业商场。

省政府下发《关于推进工业企业技术进步和促进产品结构调整的通知》

1991 年 4 月 23 日，四川省人民政府发出《关于推进工业企业技术进步和促进产品结构调整的通知》。该《通知》规定了企业有关工作的具体内容：所有企业特别是大中型企业都要在行业主管部门的指导下编制中长期规划及分年度实施计划；建立企业技术进步考核制度；建立和完善技术进步的领导体制；建立健全企业技术开发机构；企业要严格按照国家有关规定提取和使用专用基金，建立省技术进步基金；继续对企业技术进步实行扶持和鼓励政策；企业要加强质量管理和监督；积极采用新技术，特别是采用电子技术改造现有的装备并用于企业管理和生产过程控制；充分调动工程技术人员的积极性；建立全省经济技术信息情报网络和新技术推广体系；尽快组建一批有实力的企业集团等。

《四川省〈扫除文盲工作条例〉实施办法》发布

1991 年 4 月 26 日，根据国务院《扫除文盲工作条例》精神，四川省人民政府发布《四川省〈扫除文盲工作条例〉实施办法》，对扫盲对象、标准、规划、目标、领导、管理和措施等作出具体规定。

建立省级领导干部联系知识分子制度

1991 年 4 月 29 日，省委办公厅发出《关于省级领导干部直接联系一批知识分子的通知》，决定从 1991 年起，省委、省人大、省政府、省政协、省顾委的领导干部直接联系一批在各方面有代表性的知识分子，并形成制度，长期坚持下去。县以上各级党委、政府领导干部，也要直接联系一批知识分子；加强同广大知识分子的联系，进一步改进工作，加快四川省改革开放和两个文明建设的步伐。

1991 年 6 月 8 日，中共四川省委决定：省级领导干部直接联系知识分子要形成制度。37 位省委、省顾委、省人大、省政府、省政协的领导，分别同 74 位知识分子直接联系。

四川建成 13 个国家商品粮基地县（市）

国家商品粮基地县建设工程在川始于 1982 年，至 1991 年 4 月，四川省共建成南充、达县、彭县、荣县、江油、巴县、綦江、宣汉、大竹、合川、开县、梁平和垫江 13 个国家商品粮基地县（市）。

普（济）乐（坝）铁路开工建设

1991 年 4 月，四川省重点建设项目普乐铁路全面动工。这条铁路起于广元市旺苍县普济区，止于达县地区南江县乐坝乡，全长 23 公里，总投资 6500 多万元。它的修建，不仅保证了成都、江油两个热电厂的煤炭运输，而且对开发川北矿产资源和振兴革命老区通江、平昌、巴中、南江 4 县经济将起促进作用。1994 年 1 月 25 日，普（济）乐（坝）地方铁路全线贯通。

四川 14 个县（市、区）财政收入超亿元

1991 年 4 月，统计结果显示，四川省 1990 年财政收入超亿元县（市、区）达 14 个，分别是：

什邡县、巴县、綦江县、长寿县，重庆市市中区、沙坪坝区，成都市东城区、西城区、金牛区、青白江区，江油市、资阳县、黔江县和宜宾市。其中什邡县 1990 年财政收入 2.45 亿元，14 个亿元县收入总计 19.65 亿元，为同期全省财政收入的 16.4%。

粮食购销体制和价格体制改革试点

1991 年 4 月，省委、省政府决定在广汉市进行粮食购销体制和价格体制改革试点，取消粮油购销价格“双轨制”，在全国率先实施“一步到位、全面放开”的粮油商品流通体制改革。

5 月

调整粮油统销价格

按照国务院决定，四川省从 1991 年 5 月 1 日起开始提高粮油统销价格。国家定量供应城镇居民的大米、面粉、玉米三种粮食的统销价格每 500 克平均提价 0.10 元，六种食用油统销价格每 500 克平均提价 1.35 元。调整后全省的销售价格为：每公斤大米 0.50 元、面粉 0.54 元、玉米 0.32 元、菜油 4.46 元。省管粮食品种价格参照以上调价幅度相应提高。

“希望工程”推出救助新模式

1991 年 5 月 20 日，四川省“希望工程”推出救助新模式。来自全省 21 个国家级贫困县代表，在成都接受了一项造福后代的救济——与 21 个国营大型企业、21 所高校、21 个省级厅局的代表签订了 21 份协议书，21 个贫困县至少又有 4000 名失学少年能因此重返校园。

首届国际酒文化学术讨论会召开

1991 年 5 月 20 日，由四川省酒类专卖事业管理局、绵竹剑南春酒厂和中华酒文化研究所共同主办的首届国际酒文化学术讨论会在成都锦江宾馆举行。来自海内外的专家、学者、领导、贵宾等 200 多人会聚一堂，对世界各民族、各地区的酿饮文明进行了深入探讨。

会议认为，中国是世界三大酒系发源地之一，中国的曲酒酿造技术和中华酒文化的历史发展，曾对人类文明产生过重大影响，被称为“四大发明”之外的“第五大发明”，始终并驾于埃及、巴比伦、古希腊、古罗马以及现代欧美各国的酿饮文明。首届国际酒文化讨论会的召开，开创了东西方酒文化对话的新时代。此后，国际酒文化论坛每 3 年举办一次。

成都昭觉寺大雄宝殿暨佛像开光

1991 年 5 月 21 日，宋代以来素有“第一禅林”之称的成都昭觉寺举行大雄宝殿暨佛像开光典礼。

昭觉寺位于成都市北郊金牛区青龙乡，始建于唐太宗贞观年间，名建元寺。唐宣宗时，休梦禅师奉旨住持，宣宗敕赐昭觉，寓意“以其昭昭使人昭昭，以先觉觉后觉”。王建节制两川时赐休梦“了觉禅师”。北宋曾改名六祖寺，圆悟、克勤两度住持时复名昭觉，当时香火极盛，有七殿二楼，占地300多亩。南宋绍兴初年敕名禅林。明末毁于兵燹。清康熙二年至二十六年住持丈雪及其弟子佛龛、竹峰先后重修，复称昭觉。“文化大革命”中濒于毁灭。1979年以来，随着党的宗教政策逐步落实，昭觉寺开始了修复工作。1983年，国务院将其列为全国重点寺院。1985年，清定法师住持昭觉寺，筹资千万元，按原貌全面修复。至1991年5月，已修成大雄宝殿、念佛堂、钟鼓楼，新建了圆通殿。

省委、省政府召开城市经济座谈会

1991年5月22—27日，中共四川省委、四川省人民政府在重庆召开全省城市经济座谈会。主题是发挥城市综合功能，推动经济全局发展。这是四川省第一次以城市经济为主题的专门性会议，也是一次高层次的研讨会。省委、省人大、省政府、省政协领导，省直有关部门负责人和专家学者出席会议。这次会议历时半年准备，经过专题调查研究后形成了《关于进一步搞活国营大中型企业的意见》《关于进一步加快四川对外开放的意见》《关于筹集我省“八五”和“九五”期间建设资金的基本思路和政策建议》《关于继续积极稳妥地开展城市住房制度改革的意见》4个文件讨论稿。此次会议的目的，是根据中共十三届七中全会精神和全国人大七届四次会议通过的《纲要》要求，针对四川省城市经济中的突出困难和矛盾，提出解决办法，讨论修改省上提出的上述4个文件。省委书记杨汝岱讲话指出，城乡经济在更广泛的领域和更深层次上的融合，是城市经济和农村经济共同发展的基本要求和必然趋势。省长张皓若讲话强调，发展城市经济，发挥城市综合功能，推动四川经济全面发展；增强城乡经济发展的融合度，树立大市场、大流通的观念，进一步搞活流通，要按照合理分工和协调互补的原则，发展城乡工业，一手抓国营大中型企业，一手抓乡镇企业、城镇集体企业和国营小企业，以大带小，以小促大。会上，省委、省政府领导明确提出了“科技兴川”的战略指导思想，提出要把依靠科技作为制定、实施全省十年规划和“八五”计划的指导思想及主攻方向。

四川省首届服装节举行

1991年5月29日至6月4日，四川首届服装节在成都举行，省内23个代表团的600多个企业参加。以服装为中心，集生产经营、文化艺术和旅游活动为一体，销售各类服装428万件（套），总成交额达3.89亿元。服装节评出了12个名牌服装、70个设计创新奖和“天府十二佳”模特儿，从而结束了四川没有名牌服装、名设计师和名模的历史。

《当代中国的四川》暨《当代四川》丛书正式出版

1991年5月31日，《当代中国的四川》暨《当代四川》丛书正式出版，并在成都举行首发式。

《当代中国的四川》是中共中央书记处决定和部署编写出版的大型当代史丛书《当代中国》的一卷，是第一部全面记述四川省社会主义革命和建设历程的科学著作。该书在中共四川省委领导和主编杨超、何郝炬主持下，由省直各部门、各市地州有关人员分工撰写，1984年10月起草提纲，1988年6月完稿。其间，除分篇审稿外，先后三次对全书稿进行通撰、修改，最后经省委审定定稿。全书分上、下册，共100万字。

《当代四川》是一套反映全省政治、经济、文化各条战线和各主要部门、各城市和地区建设历史的大型当代地方史丛书，分部门（行业）卷、地区卷和专题卷，从 1989 年出版第一卷《文化旅游名城乐山》开始，至 2003 年已出版 34 卷。

省作协第四次代表大会召开

1991 年 5 月 31 日至 6 月 2 日，四川省作家协会第四次代表大会在成都召开。著名文学家巴金、沙汀、艾芜发来贺信，中国作协和 20 多家省级分会发来贺电、贺信。大会通过了修改后的章程，选举马识途为主席、丁隆炎等 16 人为副主席，并选举产生了第四届理事会。

四川设立巴蜀文艺奖

1991 年 5 月，四川省文艺专业最高奖——巴蜀文艺奖正式设立，在四川省文学艺术界联合会第三次代表大会上颁布实施。

巴蜀文艺奖由省财政拨款 100 万元作为奖励基金，四川省文学艺术界联合会负责组织开展评奖活动，范围包括戏剧、电影、电视、音乐、舞蹈、美术、摄影、书法、曲艺、杂技等 11 个艺术门类，每 3 周年评奖一次。

《古代文史名著选译丛书》在川出版

1991 年 5 月，《古代文史名著选译丛书》由巴蜀书社出版，首批 50 种面世后，受到读者普遍欢迎。江泽民、李鹏、李瑞环等中央领导题词，对该书给予了很高评价。5 月 8 日，国家教委、全国总工会、共青团中央、全国妇联、文化部、新闻出版署等联合发出通知，向全国推荐这套丛书，认为该丛书是进行爱国主义教育和普及中国文化的好教材。

四川部分地区遭受暴风雨和大风、冰雹等自然灾害袭击

1991 年 5 月下旬至 7 月 20 日，四川部分地区先后 6 次遭受强暴风雨和大风、冰雹袭击。全省受灾县（市、区）有 134 个，殃及人口 2250 多万，因灾死亡 323 人、伤 3 万多人；冲毁房屋 92 万多间，倒塌房屋 16 万多间，近 5 万人曾一度无家可归；成昆、襄渝铁路曾一度中断行车 30 多个小时；500 多所小学一度被迫停课；粮食作物受灾达 2000 多万亩，经济作物受灾 240 多万亩，冲毁农田 70 多万亩，大批水利设施被冲毁，死亡大牲畜 15 万多头。灾害造成直接经济损失 20 多亿元，影响粮食产量 10 亿公斤以上。

7 月 26 日，民政部、中国国际减灾十年委员会将国内各界人士救灾捐款拨给四川省 1280 万元，四川省视灾情分拨给 11 个地市州重灾区。

6 月

省委、省政府发布《关于进一步搞活国营大中型企业的决定》

1991 年 6 月 1 日，中共四川省委、四川省人民政府发布《关于进一步搞活国营大中型企业的决定》。《决定》指出：进一步落实企业自主权；减少指令性计划任务，扩大产品自销权；放宽企业自

定价格的权限，进一步落实企业自行设置机构的权力，扩大对外经济活动自主权；继续完善和发展企业承包经营责任制，大力扶持技术改造，加速产品更新换代；逐步缓解企业流动资金紧张状况，切实减轻企业负担；大力促进组织结构调整；深化企业内部改革，完善企业内部管理机制，努力为国营大中型企业创造宽松的外部环境。

四川省社会治安综合治理委员会成立

1991 年 6 月 6 日，四川省社会治安综合治理委员会成立，省委副书记李伯勇为主任，常务副省长谢世杰，省人大常委会副主任、省委政法委书记白尚武为副主任，省委办公厅、省人大常委会办公厅、省政府办公厅、省公安厅、省法院、省检察院、省司法厅、省委政法委等 29 个成员单位为委员。省综治委是协助省委、省政府领导全省社会治安综合治理工作的常设机构，根据国民经济和社会发展的总体规划及社会治安形势，指导和协调全省社会治安治理工作，下设办公室。

《四川省〈城市规划法〉实施办法》发布实施

1991 年 6 月 9 日，《四川省〈城市规划法〉实施办法》发布实施。《办法》共 5 章 44 条，对全省城市规划的编制和审批、实施与管理等作出具体规定。颁布该《实施办法》，是为保证《中华人民共和国城市规划法》在全省范围内贯彻实施，搞好全省城市规划编制，加强城市规划管理。

四川发电设备制造项目“七五”建设工程通过验收

1991 年 6 月 9 日，四川发电设备制造项目“七五”建设工程通过国家正式验收，在德阳东方电机厂举行验收大会和剪彩典礼。省委书记杨汝岱到会讲话指出：东方企业集团这样的大型骨干企业，完全有能力走向国际市场，向国际市场要任务、要效益。要在“八五”期间瞄准国际、国内两个市场，按市场需要进行改造，提高设计、工艺制造水平，提高产品性能和质量。

汉渝微波电路建成投入使用

1991 年 6 月 12 日，出川电路容量最大的通信工程——汉渝微波电路通过邮电部组织的验收，正式投入使用。汉渝微波电路横跨川鄂，全长 1053. 5 公里，设 28 个微波站，总投资 9975. 5 万元。该工程起自重庆大坪微波楼，经涪陵、万县进入湖北直抵武汉，四川境内工程全长 315. 3 公里，东西面均与有关光缆或微波联网，可开通 1800 条话路和 1 条双向彩色电视业务及 4 路伴音。

该工程是邮电部“七五”期间干线通信建设的重要项目，也是国家重点项目——宁汉光缆干线的重要组成部分。1989 年初动工兴建，按照邮电部 1986 年批准的建设方案，利用法国贷款，引进阿尔卡特公司生产的 1800 路电话/彩色电视模拟微波设备和相应的监控设备，四川省邮电管理局承担四川段的建设任务。汉渝微波工程的建成投产，对完善国家的长途干线通信网，打通四川以至西南地区的电路出口，缓解省内涪陵、万县、重庆等地的长话通信紧张状况，具有十分重要的作用。

国内首个自建卫星地球站在川落成

1991 年 6 月 12 日，中国第一个国产化卫星地球站——成都卫星通信地球站，通过邮电部组织的验收投入使用。成都卫星地球站坐落在都江堰市郊，是四川省第一个卫星地球站，也是中国第一个用国内研制的设备建成的地球站。该站通过卫星，直接与北京、广州、拉萨、乌鲁木齐、上海地球站相连，具有 120 条话路的通过能力。该地球站被列为西南大区中心枢纽，提供了以省会成都为中心，连接全省城乡、全国各地和世界各地的空中通信大动脉。

中国首个录像机生产基地在川投产

1991 年 6 月 15 日，中国第一个成套引进的规模最大、技术最全面的录像机生产基地在成都建成投产。此国家定点生产基地以实力雄厚的国营锦江电机厂为龙头，耗资近亿元人民币从日本日立公司全套引进先进的录像机生产技术和设备，其整机生产线为自动插件自动检测，用先进的程序控制。为确保录像机质量的一致性和互换性，工厂还引进了录像机厂标准信号测试系统及录像机前加工精密设备。投产后，生产线将逐步达到年产 25 万台录像机的能力。

四川省科技领导小组恢复

1991 年 6 月 15 日，中共四川省委、四川省人民政府决定恢复四川省科技领导小组，以加强对科技工作的领导和协调。省委副书记、省长张皓若任组长，省委副书记宋宝瑞、省人大常委会副主任康振黄、副省长韩邦彦任副组长，有关部门负责人为成员。

省政府印发加强贫困地区经济开发工作的通知

1991 年 6 月 25 日，四川省人民政府发出《关于“八五”期间继续加强贫困地区经济开发工作的通知》。该《通知》规定了“八五”期间扶贫开发的任务和目标，强调扶持贫困地区经济开发的各项优惠政策不变，要求：注重连片贫困地区的开发，逐步建立起区域性支柱产业；继续搞好科技扶贫和培训工作，强化西部民族地区的扶贫工作；加强领导，动员全社会力量搞好扶贫工作。

四川省科技进步会议召开

1991 年 6 月 25—28 日，四川省科技进步会议在成都召开。省委书记杨汝岱、省长张皓若在会上讲话，要求“科技兴川”成为全省干部和群众的共同认识和共同行动。会议强调：我们一切工作的中心是为了解放生产力、发展生产力，而科学技术是第一生产力；要把科技进步的成效作为评价我们工作状态和干部政绩的一项重要标准；要下定决心走依靠科技进步振兴国民经济的道路，在全省形成“科技兴川”的共识和合力，推动四川经济的发展。

四川省五项成果获国际金奖

1991 年 6 月，经省科委和共青团省委筛选推荐，四川有 21 项成果参加了 6 月 7 日至 7 月 7 日的第二届世界青年发明家成果展，其中 5 项成果获金牌，占全国所获金牌总数的 1/6，名列各省之首。5 项成果分别是：雅安气功个体研究所所长朱晓义发明的气功治疗机，四川生物医学工程开发中心工程师赵子江发明的 DFM 肺功能测试仪，成都电子科大微波中心讲师唐宗熙发明的集成电路非损伤测试方法和系统，四川芙蓉矿务局工程师陈世超发明的锚杆快速锚固剂，中科院光电技术研究所助研王祖文发明的袖珍浓度计，其中气功治疗机被授予本届展览会最高奖——“世界知识产权总干事奖”。

省委建立三项干部培训制度

1991年6月，中共四川省委建立三项干部培训制度：一是在职领导干部离职进党校培训制度；二是新进领导班子成员培训制度，凡是提升为县（处）级以上领导职务的干部，必须先经相应的党校培训；三是党校学习证书和考核制度。

高分子材料工程国家重点实验室在川开建

1991年6月，高分子材料工程国家重点实验室在成都科技大学开始建设。1995年4月通过国家验收，1996年2月正式向国内外开放。

7月

四川114个县（市、区）对外国人开放

1991年7月3日，经四川省人民政府批准，彭县、米易、井研、纳溪、射洪五县被列为对外国人开放的地区。至此，全省有114个县（市、区）对外国人开放。

省委推行干部下派挂职锻炼制度

1991年7月4日，中共四川省委召开省直机关厅局长会议，部署下派干部到基层锻炼的工作。省委决定本年从省直机关下派200名年轻干部到甘孜、阿坝、凉山、涪陵、达县、万县、黔江等老少边穷地区的贫困县挂职锻炼，下派的对象是40岁左右的现职正副处级和部分30岁左右的科级干部。他们将在1991年8月底以前派到上述地区担任县、区、乡一级的党政领导职务，有的也可到上述地区对口的地市州属工矿企业事业单位担任党政领导职务。挂职锻炼时间为两年以上。

四川省第三次土地管理工作会议召开

1991年7月5日，四川省第三次土地管理工作会议在成都召开。“七五”期末，乱占滥用土地的歪风基本刹住，土地管理实现由多头分散管理向集中统一管理，由单一行政管理向法律、行政、经济相结合的综合管理的历史性转变。“七五”期间，全省城乡建设占用耕地面积比“六五”期间下降44%，1988—1990年连续3年做到新增耕地与建设占地持平有余。会议强调，要贯彻落实“十分珍惜和合理利用每一寸土地，切实保护耕地”的基本国策，强化土地管理。

朱德纪念园建成

1991年7月6日，朱德纪念园奠基，11月竣工落成，11月22日举行朱德元帅铜像揭幕典礼。纪念园位于仪陇县城中心，占地7000平方米，总建筑面积4800平方米。

朱德纪念园园名由中共中央总书记江泽民题写，1996年被中宣部等六部委命名为全国爱国主义教育示范基地。

空模运动员首次夺得世界冠军

1991年7月6日，由四川省航空模型运动员王伟和吉林省运动员王显、张春楠组成的中国队，

在南斯拉夫兹雷尼亚宁以3960分的满分成绩，夺得第26届世界自由飞锦标赛FIC自由飞模型飞机团体冠军。这是四川省空模运动员在世界大赛上第一次夺得冠军。

川藏公路整治工程

1991年7月12日，经国务院批准，国家计委决定投资10亿元，将川藏公路改建和整治成三级以上标准的公路。该项整治工程的重点是川藏公路南线，东起成都市武侯祠，西至拉萨市拉萨大桥，全长2165公里。川藏公路沿线地形复杂，气候恶劣。新中国建立初期，由于历史的原因和技术条件的限制，沿线大部分区段采用低位布线，后遗症较多，抗灾能力差。由于泥石流、滑坡、崩塌、沉陷、水毁、雪崩、冰滑等山地自然灾害频频发生，川藏公路阻车断路时间逐年增长。整治工程线路途经四川10个县和西藏8个县，工程施工分两期拟在10年内完成。

乌干达总理阿迪耶波抵川访问

1991年7月24日，乌干达总理阿迪耶波抵川访问，副省长马麟、省政府秘书长刘志鹏前往机场迎接，省委书记杨汝岱和副省长马麟会见并宴请了客人。

省委、省政府下发《关于进一步加快四川对外开放的意见》

1991年7月26日，中共四川省委、四川省人民政府发出《关于进一步加快四川对外开放的意见》。《意见》要求：树立正确的对外开放的指导思想，增强全民开放意识，进一步发展对外贸易，增强对外开放实力；积极引进外资，大力发展三资企业；进一步扩大对外承包工程、劳务输出和国际旅游，充分利用沿海、沿边的有利条件，开辟和发展四川省对外开放的新渠道；加强政府对外开放工作的统一领导和协调。

中国第一个以竹为专题的博物馆建成开放

1991年7月29日，中国第一个以竹为专题的博物馆——竹海博物馆在长宁县建成并正式对外开放。博物馆位于蜀南竹海风景名胜区内，占地10亩，主馆建筑面积3800平方米。主体建筑在墨溪河的水面上，川南民居风格，园林式布局，楼、台、亭、廊相应相通。博物馆集竹文物收藏保护、展览、学术研究和社会教育于一体，以“追溯千古民族文化，展示万载竹类精华”为宗旨。

《四川省酒类管理条例》颁布施行

1991年7月29日，《四川省酒类管理条例》在省人大常委会七届第二十四次会议上通过，自通过之日起施行。《条例》共23条，对管理体制、控制规模、白酒保护、许可证制度等作出规定。《条例》的颁布实施，对提高川酒信誉、增强川酒市场竞争力、将酒类管理纳入法制轨道将起到重要作用。

《四川省农民负担管理条例》颁布施行

1991年7月29日，四川省七届人大常委会第二十四次会议审议通过《四川省农民负担管理条例》。该《条例》共5章39条，对农民负担项目与调整对象、集体提留和统筹费的负担水平与限额、集体提留和统筹费的计算依据、集体提留和统筹费的管理与核算、增加农民负担的审定权等作出明确规定。

该《条例》自1991年10月1日起施行，至2002年11月30日四川省九届人大常委会三十二次会议废止。

《四川省环境保护条例》出台

1991年7月29日，根据《中华人民共和国环境保护法》，结合四川实际制定的《四川省环境保护条例》，在省七届人大常委会第二十四次会议上获得通过。该《条例》共7章55条，对环境监督管理、保护和改善环境、建设项目环境管理、防治环境污染和其他公害等问题作出法律规定。该《条例》自公布之日起施行，2004年9月24日省十届人大常委会第十一次会议修正公布。

德阳石刻艺术墙竣工

1991年7月，经两年多的雕刻，德阳石刻艺术墙主体工程竣工。艺术墙位于德阳市泰山路，全部采用乳白色和土红色石头筑成。镂空壁雕《智慧之光》及其奔腾的骏马，取材于当地出土的广汉三星堆青铜艺术，结合汉代画像砖特色，以写意夸张的手法，再现中华灿烂文化的精深瑰丽。大型浮雕《生命之光》，以“四季”“飞马跃瀑”“人与自然”3部分组成。艺术墙上部12根粗大的整石柱上端镂空雕刻着十二生肖头像，中部穿插各种形象的雕刻，是一组表现炎黄子孙生息、繁衍、奋进求索、欢乐与梦想的东方颂曲。

8月

四川开展“二五”普法

1991年8月2日，四川省人民政府印发《关于在全省公民中实施法制宣传教育的第二个五年规划》，“二五”普法在全省展开。

“二五”普法，是1991—1995年在全体公民中开展的第二次普及法律常识的宣传教育工程。根据七届全国人大常委会通过的《关于深入开展法制宣传教育的决议》精神，5月28日，四川省七届人大常委会第二十三次会议通过《关于在全省公民中实施法制宣传教育的第二个五年规划的决议》。省政府随即落实。

“二五”普法由省法制建设领导小组组织实施，以专业法为重点，强调学、用结合。到1995年，全省有60%的乡镇开展了依法治乡，140个县（市、区）开展了依法治县（市、区）工作，有13个市（地、州）实施依法治市（地、州），25%的大中型国有企业开始实施依法治厂。

四川省救灾防病领导小组成立

1991年8月3日，四川省救灾防病领导小组成立，副省长韩邦彦任组长，省卫生厅厅长殷大奎任副组长。1991年，全省各级卫生防疫、医疗机构出动了2万余人参加抗灾防病工作。

四川部分地区暴雨成灾

1991 年 8 月 8—10 日，乐山、泸州、宜宾、内江、重庆、南充等部分地区相继暴雨成灾，长江干流和岷江、青衣江、金沙江、大渡河水位陡涨，洪水泛滥。成渝铁路中段险情迭起，长江洪峰 4 次袭击重庆。据统计，这次暴雨洪涝灾害殃及 46 个县（市、区）、600 多万人、500 多万亩大春作物，垮塌房屋 1.4 万多间，公路、铁路等多处塌方，邮电通信、广播电视线路多处中断。因灾死亡 81 人，死亡大牲畜 1.6 万头（匹），损失粮食 3 亿多公斤，直接经济损失达 10 亿元以上。8 月12 日，省政府召开抗灾救灾紧急会议，研究布置防汛救灾工作，决定：派工作组直赴灾区，慰问群众，调查灾情，帮助解决困难；调拨一批救灾资金、物资，支援灾区生产自救。同日，中共四川省委、四川省人民政府发出《关于进一步做好抗灾救灾工作的紧急通知》。

四川石油管理局组成灭火队赴科威特灭油田大火

1991 年 8 月 15 日，由四川石油管理局派员组成的中国灭火队赴科威特，开展油井灭火工作。在伊拉克侵占科威特时，世界第二大油田科威特布尔干油田大批油井遭受破坏起火。中国灭火队员凭着丰富的经验和顽强的斗志，克服难以想象的困难，制服了火魔，尤其是 9 月 28 日扑灭了日喷油 2.5 万吨被各国灭火队公认为难度最大的布尔干 42 号井大火。

从 9 月 5 日至 10 月 27 日，中国灭火队在科威特奋战了 53 天，共扑灭 10 口高难度的万吨以上油井的大火，以实力证明了中国油田灭火技术走在世界前列。

四川电视台节目实现卫星传播

1991 年 8 月 19 日，四川电视台通过中国发射的“东方红 2 号”通信卫星开播第三套电视节目，这套节目可覆盖中国全境及朝鲜半岛和东南亚大部分地区。该套节目的内容将从四川电视台时有两套节目中进行精选，办成由新闻、电视剧、专题和文艺组成的版块综合节目，初办时播出时间为每天 17：00—20：00。第三套卫星节目的开播，满足了省内甘孜、阿坝、凉山及边远地区观众收看四川电视台节目的愿望。

松潘举行首届红军节

1991 年 8 月 25 日，松潘县在红军长征纪念碑落成一周年之际，举行首届红军长征过草地纪念节。

1935 年 8 月下旬，红军长征在松潘草地经历了最为艰难曲折的历程。长征途中，中共中央、中央红军在松潘停留时间最长。长征中五次重要的政治局会议有两次在松潘沙窝和毛尔盖召开。红军曾三次过松潘，走遍了大部分藏寨羌村。为缅怀先烈，激励后人，松潘县确定每年的 8 月 25 日为红军节。

四川召开深化县属企业改革现场会

1991 年 8 月 28—30 日，四川省深化县属企业改革现场会在什邡召开。会议重点研究县属企业的发展与改革等县级经济发展问题。会议贯彻省委、省政府的基本方针：一方面是要搞活大中型企业，发挥大中型企业的骨干作用；另一方面要抓好城乡集体所有制企业，抓好县级经济的发展。同时强调要抓好县属企业，特别是集体所有制企业的发展，带动县级经济的发展。县属企业的发展主要依靠三个方面，一是科技的进步，二是投入的增加，三是改革的深化。主导方向和基本思路：要使企业适应市场，从深化改革中寻求县属企业发展的出路，以县属企业的发展带动县级经济的增长，以县级经济的增长缓解全局经济的矛盾。

四川第一条山区地方铁路投入运营

1991 年 8 月 29 日，四川省第一条山区地方铁路——万南铁路通过验收并投入营运。该铁路北起重庆南桐矿区的万盛，南至南川县，全长 34.643 公里，年输送能力达 435 万吨，总投资 9827 万元，历时 5 年建成。万南铁路是四川省“七五”规划重点建设项目，主要用于开发南川地区的煤炭资源。

四川推行特约检察员聘请制度

1991 年 8 月 30 日，四川省人民检察院聘请潘凌宇、李克林、李家骥、魏荣禄、高庆（女）、张一中、陈文华、曾平江 8 位民主党派成员和无党派人士为四川省人民检察院特约检察员。随后，重庆、攀枝花、广元等市检察院也聘请了特约检察员。

省委、省政府实行产品定价权下放政策

1991 年 8 月，中共四川省委、四川省人民政府决定将 50 种重工产品、16 种轻工产品的省管出厂价定价权下放给企业，利用价格杠杆搞活大中型企业。至此，四川省生产资料和生活资料实行国家指导价及市场调节价相结合的部分达 70%以上。

《近代重庆城市史》出版

1991 年 8 月，哲学社会科学“七五”期间国家重点研究课题《近代重庆城市史》一书出版。这是中华人民共和国成立以来第一批研究中国近代城市史的学术专著之一，为中国当代的城市规划、建设、管理以及选择正确的城市化道路提供了借鉴。近代重庆城市史的研究工作由四川大学和重庆地方史研究会合作进行。史学家隗瀛涛教授为课题主要负责人和本书主编。

《近代重庆城市史》也是国家社会科学基金项目，1986 年立项。全书共 67.6 万字，从重庆城市的地域结构、城市经济、城市社会、城市政治、城市文化等 5 方面进行了深入探讨。

9 月

攀钢获得国家“七五”科技攻关大奖

1991 年 9 月 2 日，攀钢“全长淬火轨”和“钒钛磁铁矿冶炼流程”分别获得国家“七五”科技攻关一等奖和二等奖。

西南地区最大的饲料生产线投产

1991 年 9 月 3 日，年生产能力 12 万吨、西南地区最大的饲料生产线在中外合资的成都正大有限公司正式投产。该生产线由电脑控制全过程，可生产饲喂鸡、鸭、鱼、牛、羊等所需的多种饲料。

西南五省区七方第八次经济协调会召开

1991 年 9 月初，西南 5 省区 7 方第八次经济协调会在重庆召开，9 日闭幕。各方代表研究了交通、能源、原材料、物资、商贸、资金融通和企业联合等方面的协作项目及互惠互利办法，围绕联合开发资源、深化行业协作、建立技术市场网络、联合开拓区域市场 4 个专题，共商加快西南经济区发展大计。会议达成联合协作项目 340 项，拆借资金 6000 多万元。

电影《焦裕禄》获最佳故事片奖

1991 年 9 月 9 日，峨眉电影制片厂摄制的电影《焦裕禄》和焦裕禄的饰演者李雪健分别荣膺第十一届“金鸡奖”及第十四届《大众电影》“百花奖”的最佳故事片奖和最佳男主角奖。

该故事片摄制于 1990 年，1991 年 2 月 16 日，中宣部、中组部、广电部、文化部、全国总工会联合在北京举行影片《焦裕禄》首映式。1991 年 6 月，中共四川省委、四川省人民政府对影片《焦裕禄》进行了表彰。该片全国城乡观众达 2 亿人次以上，焦裕禄这个在 20 世纪 60 年代走进千家万户的共产党员先进代表形象，在 90 年代再次震撼和感染了亿万人的心灵。

通江举办银耳节

1991 年 9 月 9 日，通江县第一个地方性节日——通江银耳节产生，从此成为该县每年一度的节日。

通江银耳最早产于清道光十四年（1834 年），距今有 150 多年历史，其朵大、肉厚、洁白、胶质重、营养丰富，自问世不久，即成为清廷御膳席上的珍馐。日本食用菌专家富永保仁博士曾先后两次到通江专题考察，达成了联合开发银耳生产的合作项目。至 20 世纪 90 年代初，全县 11 个区普遍种植银耳，年产量由中华人民共和国成立初期的 2500 公斤增加到 25 万多公斤。1995 年 6 月 9 日，通江县因银耳被评为“中国特产之乡”。

四川省首次民族地区体育工作会召开

1991 年 9 月 10 日，四川省首次民族地区体育工作会在成都召开，甘孜、阿坝、凉山、黔江、乐山、攀枝花、绵阳、雅安等市（地、州）及西南民族学院、成都体育学院的代表参加了会议。会议研究了发挥少数民族地区体育潜力的措施，制定了对民族地区体育工作适度倾斜的政策，成立了全省少数民族体育协会。

全国城市改革试点工作座谈会在成都举行

1991 年 9 月 10—15 日，国家体改委在成都召开城市改革试点工作座谈会，提出此后几年城市改革试点总要求：重点围绕增强企业特别是全民所有制大中型企业的活力这个中心环节，实现计划经济和市场调节有机结合，以促进经济结构的调整和经济效益的提高。总要求包括：转变企业经营机制是城市改革试点的“重头戏”；加快市场体系建设和流通体制改革的步伐，进一步发展消费品市场、生产资料市场和生产要素市场；深化国营商业、物资企业自身的改革；转变政府城市的经济管理职能，强化间接调控。会议指出：搞活国营大中型企业是推进城市经济体制改革的中心环节，增强企业活力是一个重要的政治问题，关系到社会主义公有制的发展壮大，关系到城市经济的发展和产业队伍的稳定，关系到综合国力的强弱。

清理“三角债”

1991 年 9 月 11—13 日，四川省清理“三角债”工作会议在成都召开，会议传达全国清理“三角债”工作会议精神，结合全省实际部署清理“三角债”工作。要求市地州各级党政机关要把清理“三角债”作为搞好国营大中型企业、提高经济效益的突破口，切实加强领导，充实和完善办事机构，做好协调、检查、落实工作。

会议认为，1991 年以来，四川省清欠工作有所进展，遏制了一个时期以来“三角债”逐月增长的势头。但是，全省技改项目投资缺口大、拖欠多，企业亏损严重。为此，对那些生产长线产品的项目，该停的要坚决停下来，以便集中财力、物力来搞好经济效益好的项目。会后，省有关部门派出工作组分赴各地，检查督促清欠工作，全省开始大规模清理“三角债”。到 9 月 20 日止，清欠资金到位率 85%，且有相当部分企业开始连环清欠。至 10 月，全省累计清欠 106.9 亿元。

巴金国际学术研讨会在成都举行

1991 年 9 月 12 日，巴金国际学术研讨会在成都召开，来自世界各地 7 个国家、地区和全国各地的 100 多位专家、学者到会。中心议题是：巴金对中西方优秀文化传统的继承与借鉴，巴金与 20 世纪的中国文学和世界文学等。会议认为，巴金是中国当代著名作家，是中国新文学奠基者之一，也是一位蜚声世界的文化名人。他在近 70 年的创作生涯中，写下了 600 万字的著作，其中长篇小说《家》《春》《秋》《寒夜》等成为中国现代文学史上不朽名著。

二滩水电站开工建设

1991 年 9 月 14 日，二滩水电站主体工程开工建设。电站位于四川省境内金沙江最大的支流雅砻江上，系国家重点建设项目，装机容量 330 万千瓦，工程总投资 284.7 亿元。1991 年 7 月 1 日世界银行恢复对二滩工程贷款，首批贷款 3.8 亿美元，工程实行国际招标，由中、意、法企业组成的“二滩联营体”建设。大坝为混凝土双曲拱坝，坝高 240 米，是中国第一高坝，在世界上的同类型坝中居第三。其地下厂房内安装 6 台单机容量 55 万千瓦的水轮发电机组，建成后年发电量达 170 亿千瓦时。1993 年 11 月 26 日实现雅砻江截流，1994 年 12 月 20 日电站大坝第一罐混凝土开始浇筑。1998 年 10 月第一台机组投入运行，1999 年 12 月全部机组共 330 万千瓦投产发电，至 2000 年 6 月工程全部竣工。

张大千纪念馆开馆

1991 年 9 月 19 日，修建历时 4 个月的国画大师张大千纪念馆在内江市开馆，馆内荟萃的 60 余幅大千先生的真迹对外展出。张大千，原名正权，法号大千，1899 年出生于内江，1983 年病逝于台湾。大千先生绘画造诣高深，作品神韵秀丽，风格别具，有“当代第一画家”之美誉。大千纪念馆建在风景秀丽的内江城北、沱江东岸的圆顶山上，俯沱江碧水，临西林古寺。馆址占地面积约32 亩，建筑面积 1060 平方米。

攀钢焦炉煤气柜建成投产

1991 年 9 月 19 日，攀钢 12 万立方米焦炉煤气柜建成投产。这是西南地区容量最大的、国内首次设计并全部依靠自己力量建成的焦炉煤气柜。焦炉煤气柜是一种压力基本稳定、容积可在一定范围内变化的净煤气低压储存设备。

首届四川“十大杰出青年”评选揭晓

1991 年 9 月 23 日，中共四川省委宣传部、共青团四川省委等单位联合举办的四川省首届“十大杰出青年”评选活动揭晓。获评的“十大杰出青年”是：冉立（重庆大学电气工程系副研究员）、郎三清（万县沙河丝厂女工）、龙成祥（省军区独立营三连战士）、江泽祥（省陆上运动学校高级教练）、贺晓华（南充广安织布厂副厂长）、意西泽仁（作协四川省分会副主席）、管定贵（泸州南江化工厂厂长）、余森（成都七中教育处副主任）、陈华平（达县侨联生物菌厂厂长）、曹前明（成都铁路局行管科职工）。

首届四川国际电视节在成都举行

1991 年 9 月 24—29 日，四川国际电视节在成都市举行，来自世界五大洲 32 个国家、地区和国内各地的代表 5000 多人出席开幕式。美、英、法、德等国的 25 个国家级电视台、影视制作机构代表及部分国外著名影视公司和广播电视设备制造厂的负责人参加电视节。此节为中国内地举办的首届国际性电视节。电视节设立“金熊猫奖”，奖项设最佳故事片（电视剧）、最佳纪录片、最佳男主角、最佳女主角 4 项大奖及 24 个提名奖。此后，四川国际电视节逢单年举办一次。

29 日，四川首届国际电视节国际电视节目交易会、国际广播电视设备展览、国际电视学术讨论会在成都闭幕。在本届电视节上，中国引进海外电视剧 132 部 1727 集和卡通片、纪录片约 200 部（集），国外购买中国电视节目 213 部（集），四川省 30 个电子企业电视设备成交额人民币 5113 万元、美元 307 万元。

10 月

ACCV-ROLL 型轧管机组试制成功

1991 年 10 月 2 日，代表世界最新技术水平的 ACCV-ROLL 型轧管机组在德阳中国第二重型机器厂制造、总装、试车成功，这是当时世界上唯一的一套。

省委、省政府下发《关于进一步大力发展乡镇企业的决定》

1991 年 10 月 3 日，中共四川省委、四川省人民政府发出《关于进一步大力发展乡镇企业的决定》。《决定》要求：坚定不移贯彻执行大力发展乡镇企业的方针，切实加强对乡镇企业工作的领导；抓好乡镇企业职能部门建设；认真搞好发展规划，坚持实行分类指导，加强企业管理，挖掘内部潜力，强化政策保障功能，扶持引导企业发展；千方百计增加收入，增强发展后劲；搞好科技进步和智力开发；以市场为导向，大力搞活流通；充分发挥城乡优势，大力推动横向经济联合。

《四川省流动人口计划生育管理办法》出台

1991年10月4日，四川省人民政府发布《四川省流动人口计划生育管理办法》。该《办法》对流动人口计划生育管理工作的领导，管理的对象、方式、方法，有关部门职责分工，流出地和流入地如何管理以及流动人口节育手术费的开支等问题，都作出具体规定。

成都钢铁厂318立方米高炉出铁

1991年10月8日，成都钢铁厂318立方米高炉出铁，被列为省、市“七五”重点技术改造项目的318高炉正式投产。

成钢318高炉总投资1.2亿元，年产铁25万吨，其目的是为了改变成钢厂缺铁少钢、钢品种单一的不合理生产结构。该工程投产后，成钢厂具备了年产铁35万吨、钢40万吨、材35万吨的能力，成为四川省地方钢铁企业中规模最大的一家企业。

省政府出台完善股份制试点意见

1991年10月9日，根据国家关于股份制试点要规范化的指示和文件精神，四川省人民政府下发《关于进一步完善股份制试点的决定》，对企业实行股份制试点的基本准则、股份制试点企业的设立、股份制试点企业的股份、股份制试点企业的组织结构、股份制试点企业的财务与税收等提出一系列规范和完善措施，特别是明确了股份的设置不实行“本企业股”，各股的分配一律同股同利。

邛崃县机构改革方案获省委批准

1991年10月11日，中共四川省委办公厅、四川省人民政府办公厅转发中共邛崃县委、县政府《关于邛崃县机构改革方案的请示》并提出要求：县级机构改革要遵循党中央、国务院确定的机构改革的原则和方向，坚持政企、政事职责分开，坚持党政职能分开，坚持“精简、统一、效能”的原则；同意县委工作部门按6个设置，县政府工作部门按26个设置，在此限额内，县委、县政府可以对个别机构进行调整。同时强调：省级和成都市级各部门要全力支持、积极配合县级机构改革试点工作；机构改革要在县委、县政府统一领导和组织下进行。

四川省农村工作会议在广汉召开

1991年10月11—15日，四川省农村工作会议在广汉召开。会议分析当前农村形势，总结交流工作经验，针对新情况、新问题研究新的政策和措施，部署1992年的工作，确保1992年农业持续稳定地增长。会议强调：农业是经济和社会发展不可动摇的基础产业，任何时候都不能放松农业，要坚决贯彻“决不放松粮食生产，积极发展多种经营，大力发展乡镇企业”的方针；切实加强农业社会化服务体系建设；搞活农产品流通，增加农民收入；大搞农田水利基本建设，进一步搞好科教兴农，提高农业综合生产能力；加快民族地区经济发展，继续搞好扶贫开发；认真搞好农村社会主义思想教育。

民族地区经济开发工作领导小组成立

1991 年 10 月 13 日，中共四川省委办公厅、四川省人民政府办公厅发出《关于成立民族地区经济开发工作领导小组及有关事项的通知》。《通知》指出：省委决定成立省委、省政府民族地区经济开发工作领导小组，对中央增拨的 1.5 亿元资金，应主要用于民族地区的能源、交通、农牧业和教育卫生文化体育等事业的基础设施建设；省里对中央扶持民族地区的资金做到不挤、不减、不占，全部用于民族地区；继续执行国家和省制定的扶持资金配套的优惠政策；中央新增 1.5 亿元资金的管理办法，可在原有两项资金管理办法的基础上补充、完善。

首家综合回收稀有金属的采选厂建成投产

1991 年 10 月 15 日，四川省第一家综合回收锂、钽、锡、铌等稀有金属的机械化有色金属采选厂——马尔康矿业联合公司锂辉矿采选厂建成投产，该厂总投资 2300 万元。投产后不到 3 个月即生产锂精矿（6%）1511.61 吨，完成销售 1194.11 吨，实现工业总产值 147.8 万元、产品销售收入 96.3 万元。

省政府发布《关于搞活商品流通 培育市场体系的决定》

1991 年 10 月 16 日，四川省人民政府发布《关于搞活商品流通 培育市场体系的决定》。《决定》要求：充分认识流通在国民经济中的重要地位和作用，培育通畅、高效、开放、可调控的社会主义市场体系；进一步发展和搞活国营企业、供销社、物资企业；调整政策，改善流通企业的外部环境；加快各类商品批发市场、生产资料市场和集贸市场的建设。

彭山举办“寿星节”

1991 年 10 月 16 日，彭山县举办首届“寿星节”。“寿星节”以弘扬敬老传统、光大民族文化、推动经济发展为宗旨。彭山县素称“长寿之乡”，传说中的寿星彭祖就葬于此。据第四次人口普查结果显示，彭山县有百岁以上老人 16 人，百岁以上老人在总人口中的比例是全国平均比例的 20 倍。

都江堰灌区第一期扩（改）建工程通过验收

1991 年 10 月 17 日，都江堰灌区第一期扩（改）建工程正式通过省政府组织的验收。该工程不仅彻底改变了灌区尾水地带 87 万亩农田用水得不到保障的局面，而且灌区面积从 288 万亩扩大到 877 万亩。本期扩（改）建工程是为了提高工程标准、增加干渠过水能力、改善引输水条件，而对灌区中老化、卡脖子的严重影响效益的工程进行改造和扩建的。

省政府发布《关于进一步深化国营小型企业改革的决定》

1991 年 10 月 21 日，四川省人民政府发布《关于进一步深化国营小型企业改革的决定》。《决定》要求：国营小型企业的经营形式要灵活多样，进一步完善企业承包经营责任制；深化企业内部改革，加强企业内部管理；切实保障职工的主人翁地位，充分发挥职工代表大会的作用；充分调动经营者的积极性，努力提高经营者的素质；促进企业的优化组合；对符合国家产业政策的技术改造项目，要适当放宽审批；在企业兼并中，对发展前景好、被兼并方过去贷款较多的企业，银行应采取对老贷款挂账、停息等措施给予支持，积极促成兼并；坚决彻底清理“三乱”；减少和规范各类检查评比活动；鼓励企业对外开放；切实转换政府管理经济的方式。

宜宾港建设工程破土动工

1991 年 10 月 22 日，长江上游铁路、公路、水路联运的重要交通枢纽港——宜宾港安阜码头建设破土动工，至此宜宾港建设完成小区规划。四川宜宾港位于长江、岷江、金沙江三江汇合处，分为翠柏港区、南溪港区、江安港区、新市港区 4 个港区，涵盖志城、罗龙、白沙、新发等 11 个作业区，规划港口可利用岸线 75.7 公里及其陆域。宜宾港是高速公路、铁路、航空等国家交通干线与长江经济轴线的重要交汇点，拟建成以内外贸集装箱和能源、原材料、工业产品运输服务为主，多式联运、现代物流、临港工业协调发展的西部现代化综合港口。

全国首家肉类批发市场在成都开业

1991 年 10 月 25 日，商业部和四川省人民政府联合开办的中国第一个面向全国的肉类产品专业批发市场——成都肉类产品批发市场正式开业。

四川省是全国生猪主产区和主要调出地之一，平均生猪出栏量约占全国的 1/5，年均调出省外猪肉及其制成品量占全国省间调拨量的 30%。国家在川兴办这个肉类产品批发市场，对于稳定和发展农业经济，解决四川肉类产品“卖出难”将发挥重大作用，对全国肉类市场的稳定和繁荣也有重要意义。

批发市场交易品种包括：鲜冻猪、牛、羊、禽肉，蛋品及制成品，肉类副产品，脏器，生化制药原料等计划内外的产品。市场实行交易会员制，公开交易、平等竞争、自由议价，交易方式是现货和远期合同。市场正式开业后 3—5 年内实行减免税优惠政策，凡进入市场成交的肉类制品、副产品免征企业的增值税和成交合同印花税。在市场成交的肉类产品及制成品、副产品的出川车皮运输计划，实行与市场成交量挂钩的办法，由市场统筹安排与铁路部门衔接。

刘寿斌获举重世界冠军

1991 年 10 月 31 日，川籍运动员刘寿斌在德国第六十四届世界男子举重锦标赛上获 56 公斤级抓举冠军，并打破该项世界纪录、亚洲纪录及全国纪录。

《中国书法全集·苏轼卷》出版

1991 年 10 月，《中国书法全集·苏轼卷》由荣宝斋出版，主编刘正成。《苏轼卷》共两卷，为《中国书法全集》总第三十三、三十四卷，汇集苏轼书法作品墨迹 45 件、刻石 116 件，还收入其父苏洵、弟苏辙、子苏迈和苏过、侄苏迟书法作品 21 件。许多作品为首次发表，刻石作品均用初拓片影印。编者对所收无年款作品逐件进行写作时间考订，按写作时间先后编排图版，并将考释文字附后，为读者和研究者了解苏轼书法发展过程提供方便。

此外，《苏轼卷》还有《苏轼书法评传》《苏轼年表》等内容。

11 月

雅安制浆造纸工程开工建设

1991 年 11 月 1 日，四川省轻工行业投资最大和引进外资最多的重点项目——雅安制浆造纸工程正式开工奠基。这项工程是国务院批准的 1991 年大中型项目之一，总投资 6.18 亿元，其中加拿大政府混合贷款 3550 万美元。工程于 1997 年 7 月 7 日建成投产，按照设计规模，年产 5.5 万吨高级商品浆和出口纸，年税利可超亿元。

雅安制浆造纸工程占地 800 余亩，生产主体设备由加拿大、美国、德国引进，利用雅安丰富的竹材为原料采用硫酸盐法制浆和氧脱木素，二氧化氯短三段漂白，年生产能力为 5.5 万吨漂白商品浆；公司尚拥有一条 2640 纸机生产线，每年可为市场提供 2.5 万吨高级印刷及办公用纸。

省委、省政府下发调整省级经济管理权限的通知

1991 年 11 月 1 日，中共四川省委、四川省人民政府发出《关于以搞活企业为中心适当调整省级经济管理权限的通知》，要求：适当缩减指令性计划管理范围和比重，适当调整建设项目的审批权限和审批程序，适当放宽价格管理权限，继续执行金融工作权力下放的有关规定，扩大企业对外经济活动的自主权。

黄桷庄电厂动工兴建

1991 年 11 月 6 日，国家“八五”重点建设工程之一的黄桷庄电厂首期主体工程正式兴建。黄桷庄电厂位于宜宾市西南 9 公里，规划建设总装机容量为 120 万千瓦，一期建设规模为两台 20 万千瓦机组，前期两台 20 万千瓦机组于 1994 年建成投产发电，工程总投资 13 亿元。1995 年 3 月，由四川省电力公司、四川巴蜀电力开发有限责任公司、国电四川电力股份有限公司共同出资组建的四川华电黄桷庄发电有限责任公司成立。

2004 年 2 月 18 日，总投资 53 亿元、240 万千瓦火力发电项目——宜宾黄桷庄二期工程落户宜宾珙县，成为中国西南当时最大的火力发电项目。

四川省住房制度改革工作会议召开

1991 年 11 月 15 日，四川省住房制度改革工作会议召开，提出了住房制度改革规划目标、基本原则和政策。

据统计，1990 年全省城镇人均居住面积 7.3 平方米，但城镇仍有无房户和住房困难户达 40 万户，其中人均居住面积在 2 平方米以下的特困户有 7 万户；此外，每年还有约 15 万名以上的新婚青年需要住房。长期以来，四川省实行的低租金、高补贴、近乎无偿供给的住房制度存在着严重弊端。

此次会议提出了分阶段实施的房改目标：1. “八五”计划目标，以改变无偿分配为基本点，公房租金标准力争达到实现简单再生产的 3 项因素（维修费、管理费、折旧费）计租水平，同时

给予职工住房补贴，人均居住面积达到7.5平方米以上，住房成套率达50%左右；2. 10年目标，到2000年，公有住房租金水平要力争达到维护费、管理费、折旧费、投资利息和房产税计租的成本租金水平，同时力争住房补贴适时纳入工资，房租调整与工资调整同步，人均居住面积达8.2平方米，使住房成套率达到60%—70%；3. 长期目标，2000年以后，全省公有住房租金标准将向商品房租金水平迈进，形成完善的房地产市场和住房融资体系，完成住房商品机制的转换，实现住房商品化。

重庆“铁马”越野车征服世界最大沙漠

1991年11月16日，重庆西南车辆制造厂生产的“铁马”牌越野重型汽车，仅用了7天时间，行程1700公里，横跨苏丹境内的撒哈拉沙漠，提前53天完成苏丹政府制定的试车计划。其间，“铁马”还与德国“奔驰”进行了对抗赛，同时到达目的地。苏丹总统对中国汽车的性能深表满意。这是中国汽车第一次征服世界上最大的沙漠。

农村综合体制改革试点县会议在成都举行

1991年11月17—19日，四川省农村综合体制改革试点县会议在成都举行。会议指出：农村改革的总目标是：逐步建立和完善适应社会主义有计划商品经济发展的经济体制和运行机制，加快改革试点步伐，为指导和推动全省农村改革创造新经验。会议强调，农村改革要有新的进展，首先是要进一步解放思想；其次要认真总结20世纪80年代以来四川农村改革的成功经验；第三是坚持稳定、完善和不断深化改革的有机结合，各试点县1992年要重点突破流通领域的改革。会议指出，当前农村改革的三个主要方面：一是探索现代化商品农业生产体系的路子；二是扩大粮油购销体制改革试点；三是推广完善双层经营体制，建立健全农业投入机制，推进城乡一体化和促进乡镇企业健康发展等。

成都蓉新股份有限公司成立

1991年11月18日，成都蓉新公司与企联工贸股份有限公司合并，成立成都蓉新股份有限公司。

原成都蓉新公司始建于1990年，由成都市新津县蓉新泡菜厂、饮料厂等企业组成，公司主营业务为生产、加工、销售蔬菜制品。为适应新的市场变化，蓉新公司与企联工贸公司组建后凭借“蓉新”泡菜这一知名品牌迅速扩张，发展成为占地百余亩、拥有员工1000多人、有3条现代化生产线、总资产达22603万元、年加工新鲜蔬菜能力近40万吨、产值达6亿元的四川省农业产业化龙头企业。该公司的发展直接促进了新津县和周边地区蔬菜产业的繁荣，还带动了附近10个配套乡镇企业的发展。

全省农村改水工作会在重庆举行

1991年11月，全省农村改水工作会在重庆召开。会议指出，四川省“七五”农村改水工作超额完成任务；全省共筹集改水资金68701.3万元，建自来水厂（站）21918座，新建手压机井222.8万台；改水受益人口2061.8万人，占农村总人口的23.7%。

中国重型汽车制造技术获重大突破

1991 年 11 月，四川汽车制造厂引进奥地利斯太尔公司重型汽车制造技术生产的“斯达—斯太尔”S29 重型汽车，通过中奥双方代表考核验收，整车性能质量达到 20 世纪 80 年代世界先进水平。这种重型汽车马力大、油耗低、污染小，运行可靠，性能良好，工艺水平达到国际标准，结束了中国重型汽车大量依靠进口的历史。

12 月

部分国营大中型企业进行转换经营机制试点

1991 年 12 月 3 日，四川省搞活企业领导小组工作会结束。会议指出，省委、省政府决定在绵阳、德阳、自贡、攀枝花等市选择部分国营大中型企业，开展以转换企业经营机制、增强企业活力为目标的改革试点工作。连同成渝两市，全省共有 100 余户国营大中型企业开展这项改革试点工作。

四川 190 名专家获国家特殊津贴

1991 年 12 月 7 日，经国务院批准，四川省 190 名作出了突出贡献的专家、学者荣获国家给予的特殊津贴。这 190 名专家、学者中，从事自然科学的工作者 176 名，从事社会科学的工作者 14 名。这些专家、学者共获省级以上科技成果奖 408 项，其中国家级奖 114 项，取得经济效益 102.9 亿元，创汇 4304 万美元。

1991 年，党中央和国务院决定给 1 万名做出突出贡献的专家、学者、技术人员发放政府特殊津贴，每人每月 100 元，免征工资调节税，离退休后继续享受，数额不减。

中共四川省委五届九次全会举行

1991 年 12 月 8—11 日，中共四川省委五届九次全会在成都举行。会议传达中共十三届八中全会精神，学习八中全会通过的《中共中央关于进一步加强农业和农村工作的决定》《关于召开党的十四次全国代表大会的决议》和中共中央总书记江泽民在全会上的重要讲话。会议审议了《关于大力推动科技进步，振兴四川经济的决定（草案）》《四川省社会主义精神文明建设十年规划和“八五”计划纲要（草案）》。会议要求：认真贯彻八中全会精神，加强农业和农村工作；继续落实中央工作会议精神，搞好国营大中型企业；实施科教兴川战略，大力推进科技进步；加强精神文明建设和民主法制建设，搞好农村社会主义思想教育；在县以上领导班子中广泛开展“四好”活动，提高各级党组织的战斗力。

范长江新闻奖设立

1991 年 12 月 10 日，首届范长江新闻奖颁奖仪式在北京举行，同时举办的还有首届中国新闻奖颁奖仪式。

范长江新闻奖是中国中青年新闻工作者的优秀成果奖，以川籍杰出记者范长江的名字命名。艾丰、江志顺、刘效礼、杨登榜、南振中、俞新宝、郭梅尼、曹仁义、樊云芳 9 人荣获首届范长江新闻奖，其中杨登榜是四川人。另有30名编辑记者获提名荣誉，其中有《四川日报》副总编席文举。

柴油发动机整机装配线试车成功

1991年12月12日，成都发动机公司承担的国家“七五”重点项目——五十铃轻型汽车4JBL（1）柴油发动机引进生产整机装配线试车成功，14日日方代表在认可书上签字。这个项目，国家计划投资1.62亿元，1993年形成年产7.2万台生产能力，1995年达到年产7.2万台的目标。

《邓小平对毛泽东思想的新发展》出版发行

1991年12月13日，四川省邓小平思想研究小组编著的《邓小平对毛泽东思想的新发展》由成都出版社首次出版发行。该书是四川省社会科学工作者多年来对邓小平思想深入研究的重要成果，较全面地论述了邓小平对毛泽东思想的继承和发展，把毛泽东思想推进到一个新的阶段。

首架麦道机头交付使用

1991年12月13日，美国麦道亚太公司副总裁威廉姆斯郑重地把《麦道机头装配交付认可证书》交给成都飞机工业公司总经理侯建武，首架MD-80飞机机头正式交付使用。

1988年7月5日，中国航空技术进出口总公司与美国麦克唐纳·道格拉斯公司在美国签订了由成都飞机工业公司制造100个MD-80/90系列飞机机头的转包生产合同。这是迄今为止中国承接的国外航空产品的最大部件。该机头长度4.9米，最大宽度3.3米，高度3.5米，净重1.1吨。整个机头共有3500项零件和1800项标准件、元器件，生产机头所使用的工艺装备有4000多项。成都飞机工业公司从1988年开始，对22个厂房的21条生产线进行了技术改造，建立了严格、标准的质量保证体系。

此次转包生产，是中美两家航空工业公司的首次合作。首架MD-80飞机机头的交付，标志着成都飞机工业公司具备了承接国际20世纪80年代先进水平大型民航客机部件的生产能力。

1996年6月23日，成飞公司又交付了为美国麦道公司生产的MD90-30型飞机机头。

大型汽轮发电机达到国际先进水平

1991年12月14日，经过国家和四川省有关部门组织的专家严格审查，德阳东方电机厂生产的30万千瓦汽轮发电机通过国家鉴定。这标志着中国大型汽轮发电机达到国际先进水平。

四川大学分析测试中心通过国家计量认证

1991年12月16日，四川大学分析测试中心通过国家计量认证。该中心始建于1980年，是教育部直属高校中首批建成的近代分析测试中心之一。作为教育部和国家技术监督局试点单位，在教育部直属高校中第一个通过国家计量认证，成为获得国家级计量认证合格证书的分析测试检测机构。中心为全校科研教学提供服务外，还直接培养硕士、博士研究生，并承担了国家“十五”科技攻关纳米科技重大专项项目、国家“863”“973”和自然科学基金项目，以及其他国家级、省部级和横向研究课题。后来，新四川大学分析测试中心由原四川大学分析测试中心、成都科技大学分析测试中心和华西医科大学分析测试中心组建而成。

成都八一家具城开业

1991 年 12 月 18 日，西南地区规模最大的家具联营企业——八一家具城在成都开业。成都八一家具城地处川藏路与三环路交汇处的黄金地段，是成都八一家具股份有限公司旗下的一个著名品牌。八一家具城坚持走规范化、规模化、品牌化、专业化的发展道路，经过十余年的发展，经营规模迅速扩大，商场由初建时的一个综合家具商场发展成以家居为主线的八一家具、八一沙发、八一办公、八一精品、八一金属家具、八一灯饰、八一家具辅料、八一装饰材料、八一电动车九大专业商场，总规模由初建时的 1.4 万平方米发展为 32 万平方米、经销厂商 1800 余家、产品 1 万多种，是西部最大的家具专业商场。2003 年底被成都市确定为成都市首批"购物放心示范市场"。2008 年，成都八一家具城更名为成都八益家具城。

省政府大力推动对外承包工程和劳务合作

1991 年 12 月 19 日，四川省人民政府发出《关于进一步推动国际承包工程和劳务技术合作发展的通知》。《通知》要求，加强和改善全省对外承包劳务输出点领导，加强和改善对外经公司的管理，深化对外承包劳务企业的改革，推进对外纯劳务输出的发展，鼓励对外民间劳务的发展，促进对外承包工程向总承包方向发展，对外派劳务人员逐步实行社会招聘，加强与沿海、沿边省市对外劳务输出的横向联合，建立对外承包劳务人员的培训体系，加强对外承包劳务输出的研究和宣传工作等。

四川金融市场证券交易中心挂牌营业

1991 年 12 月 26 日，位于成都市红庙子街的四川金融市场证券交易中心正式挂牌营业。上午 10 时，中心业务交易开始。四川省建设信托投资公司做成一笔 1987 年国库券 500 手共 72 万元的交易，每百元价格为 144 元，这是当天成交的第一笔业务；10 时 50 分，省建设信托投资公司以 1000 手、共 104.5 万元与工商银行四川信托投资公司完成了攀钢企业债券交易。这是当天成交的第一笔企业债券。11 时 30 分，各会员单位经过协商确定的一个半小时交易时间结束。据统计，当天成交总手数为 17611 手，成交总额 1927 万多元，其中企业债券成交 256 万多元。

集体企业进行转制试点

1991 年 12 月 26 日，四川省城镇集体经济工作会议召开。会议决定，1992 年在 100 户具有产品、技术、市场和出口创汇四种优势的城镇集体企业进行转换机制、放开经营的试点，并在引入外资、组建企业集团等方面进行探索。会议要求，集体经济走横向联合的道路，发展规模经济，让小产品占领大市场，根据市场变化，适时开发一批具有先进水平的名、优、特、新产品。

改革开放以来，四川城镇集体经济迅速发展。至 1991 年底，全省城镇集体经济已拥有 227.39 万人、近 30 万个独立核算单位，实现利润 19 亿元，上缴税金 18.5 亿元，新增固定资产 7.44 亿元。这些企业广泛分布在工业、交通、邮电、商业、文化教育等领域。

川黔铁路全线实现电气化

1991 年 12 月 28 日，川黔铁路电气化工程全线竣工。川黔铁路是西南铁路网的重要组成部分，起自重庆枢纽珞璜，止于贵阳，全长 415 公里。由于该线坡度大、曲线多、半径小，输送能力越来越不适应工农业发展和经济建设的需要。1982 年，国务院批准川黔铁路按单线进行电气化技术改造并列为国家重点建设项目。1986 年，工程正式开工，由世界银行贷款 1 亿美元投入工程建设。

盆周 48 个贫困县全部越过温饱线

1991 年 12 月上旬，酉阳、奉节、云阳、巫溪、巫山等 5 个贫困县经过中共四川省委、四川省人民政府工作组的检查验收，已全部达到解决温饱的标准。至此，全省盆周山区 48 个贫困县全部越过温饱线，1113 万建卡贫困农民有 1057 万人（占 95%）基本解决了温饱问题。

经济治理整顿基本完成

1991 年 12 月，四川省基本完成了经济治理整顿的任务，通货膨胀得到控制，物价指数保持平稳，财政收入增加。

1989 年初，四川社会零售物价涨幅曾高达 30%左右，3 月份起逐步回落，到四季度降至 10%以下，全年平均上涨幅度为 18. 3%，比 1988 年下降 1. 7 个百分点。1990 年，全省零售物价上涨幅度为 3. 1%，1991 年进一步降到 2. 3%，为几年来上涨幅度最低。与此同时，财政收入继续增长。1989 年完成财政收入 114 亿元，比 1988 年增长 25. 6%，1990 年和 1991 年又分别比上年增长 4. 5%和 6%。

经过治理整顿，全省国民经济发展速度趋于正常，产业结构和产品结构得到调整，工农业生产走上注重质量品种、讲求经济效益的以内涵为主的发展路子，1989—1991 年粮食生产连续三年获得丰收，地方预算内国营工业企业经济效益在年底走出低谷。

1992 年

1 月

第一批磁卡电话在川面世

1992 年 1 月 1 日，第一批磁卡电话共 200 部开始在成都市电信局各大营业厅和成都市内部分大宾馆及主要街道投入使用。此次投入使用的磁卡电话，是成都市电信局从香港亚斯康公司引进的。

国企职工退休费用实施省级统筹

1992 年 1 月 1 日，四川省实行全民所有制企业职工退休费用省级统筹。1 月 9 日，四川省人民政府发布《四川省全民所有制企业职工退休费用省级统筹实施方案》。《方案》规定：省级统筹基金按照“以支定收，略有结余，留有部分积累”的原则，从 1992 年 4 月 1 日开始筹集。参加统筹的对象是：凡四川省的地方全民所有制企业、企业化管理和自收自支的全民所有制事业单位、中央在川企业（不含铁道、邮电和中建总公司直属企业）的固定职工、劳动合同制职工、混岗大集体职工、离退休职工等。统筹退休费用主要有离退休费、地方生活补贴、粮和肉价补贴等 10 个项目。

实施“科技兴川”战略

1992 年 1 月 7 日，四川省在全国率先提出“科技兴川”的战略决策。

1992 年 1 月，中共四川省委、四川省人民政府发布《关于大力推动科技进步振兴四川经济的决定》（即“科技兴川 50 条”），并制定颁布了 13 个政策性配套文件和“知识分子工作 23 条”。“科技兴川”战略明确规定科技人员可以合理流动，鼓励他们进行技术承包、技术服务或去领办、创办、租赁企业，以促进科技人员进入经济建设的主战场，将众多科技成果转化为实际生产力。《决定》共 50 条，分 10 个方面：1. 坚定不移地实施科教兴川的战略方针；2. 加强科研机构为经济建设服务的能力与活力；3. 充分调动科技人员的积极性；4. 进一步搞好农村科技工作；5. 大力推进企业技术进步；6. 有重点有步骤地发展高新技术和高新技术产业；7. 加强科技成果的商品化和产业化；8. 坚持对外开放，推进对外科技合作与交流；9. 增加全社会对科技的投入；10. 切实加强对科技工作的领导和协调。

1995 年 2 月，科技兴川的“千亿工程”在四川全面启动。“千亿工程”是四川围绕社会经济发展的主要任务，以推进科技成果转化为主要手段，以加速科技经济一体化和科技为经济直接贡献为目标而采取的一项重大举措。其主要目标是：通过大力兴办科技产业和推广应用科技成果，到 2000 年使全省工农业产值新增 1200 亿元，其中，科技产业实现产值 400 亿元，推广应用科技成果实现产值800亿元；将科技进步对经济的贡献率提高到50%。

四川省在实施“科技兴川”战略中，努力创造让科技人才脱颖而出的政策环境。1991年12月，四川首次对190名作出突出贡献的专家、学者给予政府特殊津贴。1995年3月，中共四川省委、四川省人民政府设立“四川优秀人才奖”，作为四川各类优秀人才的最高奖励，每两年评选表彰一次。1998年4月，中共四川省委、四川省人民政府又设立“四川省科技杰出贡献奖”。1999年8月，首届四川省科技杰出贡献奖在成都颁奖，四川农业大学的周开达、成都地奥集团的李伯刚、西南化工研究设计院的冯孝庭3人以其科研上的突出贡献和对四川社会、经济创造的巨大效益而获重奖。

“科技兴川”战略实行10余年来，四川在科技进步上取得令人瞩目的成就。表现在：初步建立了区域创新体制，自主创新能力和科技综合实力明显增强，科技在国民经济生产总值的贡献率明显提高，科技进步与创新日益成为四川经济社会发展的首要推动力量。

新都建成西南最大的粮食批发市场并投入使用

1992年1月14日，西南地区最大、被誉为全国三大粮食市场之一的新都粮食批发市场建成并投入使用。该市场坐落在桂湖镇通站路左侧，占地2万平方米，仓储营业用房7000平方米，可一次性储粮14000吨。市场内设施配套、功能齐全。

1991年四川十佳演员评选揭晓

1992年1月18日，四川省报纸副刊研究会主办的1991年四川十佳演员评选在成都揭晓，他们是：吴珊珊（女，成都市话剧院演员）、陈巧茹（女，成都市川剧三团演员）、吕晓琴（女，成都市音乐舞剧院歌唱演员）、宋庆吉（重庆市歌舞剧院舞蹈演员）、李晓兰（女，彝族，重庆艺术学校学生，京剧青衣行当）、卢奇（四川省人民艺术剧院演员）、程尊堂（攀枝花市川剧团老生演员）、王玉兰（女，四川省歌舞剧院舞蹈演员）、王成惠（女，四川省歌舞剧院舞蹈演员）、孙淳（峨眉电影制片厂演员）。

17个市县的房改方案出台

1992年1月25日，经四川省人民政府批准，房改试点城市之一的广元市住房制度改革方案及其配套政策措施正式实施。至此，四川17个房改城市制定的房改方案及其相关政策措施全部出台。

1991年，省政府发出《关于继续积极稳妥地进行城市住房制度改革工作的通知》后，成都、重庆、自贡、攀枝花、绵阳、泸州、乐山、内江、德阳、广元、遂宁共11个省辖市，以及广汉、峨眉山、什邡、简阳、荣县和富顺6个试点县（市），相继提出了本地的方案、统一政策和具体工作部署。

1992年元旦前后，17个房改城市制定的小步提租、新房新制度、超标准加租三项住房制度改革全部启动。

刘宝珺等6位科学家新当选学部委员

1992年1月，四川6位科学家新当选为中国科学院学部委员。他们是：中国空气动力学研究与发展中心的张涵信，中国工程物理研究院的经福谦、胡仁宇，成都科技大学的徐僖，地矿部成都地质研究所的刘宝珺，西南交通大学的沈志云。加上原有的 6 人，至此四川有中国科学院学部委员 12 人。

2 月

高速水力学国家重点实验室在成都建成

1992 年 2 月 10 日，高速水力学国家重点实验室在成都建成。实验室是在原成都科技大学水利水电科学研究所基础上筹建的，1992 年 1 月 12 日通过由国家计划委员会和国家教育委员会主持的验收。实验室以高速水力学为主干，以多相流运动理论为结合点，主要从事高速水力学、河流动力学、环境水力学及其相应的量测技术的研究。高速水力学是水科学的一个重要分支，主要研究因兴建高坝大库而出现的水力学及河流动力学课题。

绵阳市被列为全国“军转民”科技兴市试点城市

经国家科委、国防科工委和国务院三线办共同研究决定，1992 年 2 月 19 日，将绵阳市作为全国“军转民科技兴市”试点城市。旨在通过试点，总结出对全国具有普遍指导意义的“军转民科技兴市”经验和模式，为其他同类城市提供示范，以点带面推动全国“科技兴市”的深入发展。绵阳市是中国西部科学城和重要国防科研生产基地，军工技术和军工企业是该市颇具特色的重大科技优势和潜在的巨大经济资源，也是该市经济腾飞的最活跃因素和最重要的推进力量。

省政府下发加快企业经营机制转换通知

1992 年 2 月 21 日，四川省人民政府发出《关于加快国营大中型企业经营机制转换问题的通知》。《通知》要求：全面落实企业自主权，明确国家与企业的分配关系，推进劳动人事、工资分配、社会保险制度改革，支持企业技术改造，加快企业技术进步，放开企业的生产经营，强化企业自我约束机制，强化企业管理，加强企业领导班子建设，为搞好大中型企业创造良好的外部环境。

东光村成为“四川省发展经济先进村”

1992 年 2 月 21 日，中共四川省委、四川省人民政府授予成都市锦江区琉璃乡东光村“四川省发展经济先进村”荣誉称号。该村 1991 年实现工农业总产值 1.4 亿元、总收入 7881 万元，成为四川省第一个产值突破亿元村。1991 年村人均收入 1300 元，是全省人均收入的两倍多。

秀山县境内发现稀世文物“虎钮錞于”

1992 年 2 月 22 日，稀世珍贵文物“虎钮錞于”在秀山土家族苗族自治县境内发现。

据专家、学者考证，这种文物系春秋战国时期巴人军事、祭祀所用器具，距今有 2000 多年的历史。该文物呈扁圆形，铜质，高 51 厘米，重 11.5 公斤，雕刻有巴人军事和围猎的图案、符号和虎钮，系扁圆肩阔唇边“虎钮錞于”。

“虎钮錞于”为研究中国西部巴蜀文化和土家族历史提供了极其重要的研究价值和实物资料，被定为“国家一级文物”。

重庆市邮电管理体制调整

1992 年 2 月 28 日，根据邮电部《关于调整重庆市邮电管理体制的决定》，为进一步理顺关系，撤销原重庆市邮电局，成立重庆市邮政局和重庆市电信局。

制止中小学“三乱”

1992 年 2 月，四川省教委发出坚决制止中小学“三乱”（乱收费、乱办班、乱补课）的紧急通知。该《通知》强调，各级教育部门“要把治理‘三乱’作为纠正普教战线行业不正之风的一项重要工作来抓，绝不能以教育经费紧缺为借口搞‘三乱’”。

《通知》要求，全省各地必须严格执行省教委、省物价局、省财政厅联合规定的收费项目、标准、范围，不得自立收费项目；坚决制止乱编、乱印、乱发各种复习资料，不得强行推销或变相搭配各种练习册、报刊等；学校收费项目、标准要公布于众，所收费用必须使用财政部门制定的专用收据，逐项开列给学生家长；中、小学不准招收“计划外学生”“议价生”“委培生”，按规定确需借读者，经县教育部门批准的，其收费标准必须按省的统一规定执行；要向社会公布学校收费项目、标准，公布举报电话，确定专人接待来访等。

“民工潮”给铁路运输平添压力

1992 年 2 月，滞留在成都火车站待运的民工有 3 万人之多，给铁路客运带来空前压力。

2 月中旬以来，铁路春运客流进入高峰，一直居高不下。宝成、成渝、成昆三条线均吃紧告急，有的列车超员率高达 200%，成铁局日发送旅客流量最高达 35 万人次，客流高峰期持续到 3 月下旬。

20 世纪 80 年代末 90 年代初，随着改革开放潮汹涌和国家经济社会发展，四川省外出打工的农民日益增多，1992 年全省出川务工、经商、从事家政服务的民工达 500 万人。民工“回家过年”使春节前后的铁路运输面临巨大压力。出川大军日益壮大，开始让繁忙紧张的铁路运输拥挤不堪，伴随汹涌澎湃民工潮的是祖国经济建设取得显著成就和城乡面貌的巨大变化。“民工潮”的出现是中国由传统农业社会向工业社会转变的必然现象，但每年春运期间民工的流动大军却使铁路运输不堪重负。1993 年、1994 年，乃至以后每年的春运，民工出川增量居高不下。这是改革开放极大地解放了农业生产力的结果，四川近 2000 万农村剩余劳动力需要转移输出。这也是农民商品观念和开放意识增强的结果，随着国家经济总量的不断增长和社会主义市场经济的建立，加上农民自身发展的要求，这一切为农村剩余劳动力转移提供了客观需要和现实可能。

3 月

成都荷花池市场跻身全国十大集贸市场

1992 年 3 月 2 日，《四川日报》报道，成都荷花池市场成为全国十大集贸市场之一。根据 1991 年的成交额，国家工商行政管理局排出全国十大集贸市场，成都荷花池市场名列第八。

成都荷花池市场坐落在成都市北大门，1986年3月16日开业，是一个多种经营形式、多种经营方式、多种经营品类、多种管理服务功能和多地区客商并存的大型综合批发市场，其规模、效益均居西部集贸市场之首，已形成的专业市场有鞋类、皮具、服装、百货、小家电、工艺品等，商品种类达2万余种。

工业经济评价考核标准改革

1992年3月3日，副省长马麟在全省工业经济评价考核工作会议上宣布：四川省工业经济评价考核标准将作出重大改革，省政府组织省计委、省经委、省体改委、省财政厅、省统计局联合制定了新的工业经济评价考核体系。新体系要求，从4月报一季度资料起，建立工业增加值、工业销售产值指标和有关财务指标按月上报制度，以此作为考核工业生产规模、速度和效益的主要依据；以工业产品销售率、工业资金利税率、工业成本利税率、工业净产值率、工业全员劳动生产率、流动资金周转次数为依据计算工业经济综合指数，据此对不同地区、行业进行横向和纵向对比分析，作为综合评价。

四川省学位委员会成立

1992年3月6日，经国务院学位委员会同意、四川省人民政府批准，四川省学位委员会在成都成立。委员会由26位委员组成，任期4年，副省长韩邦彦任主任委员。四川省学位委员会成为继江苏省后第二个经国家批准正式成立的地方学位机构，它是一个对本地区的学位质量进行检查、评估以及学位布点建设实行统筹的机构。省学位委员会接受省政府的领导，委员由省政府聘任，业务上接受国务院学位委员会的指导。

四川省第一支武警女子特警队成立

1992年3月10日，四川省第一支武警女子特种警察擒敌队宣告成立。该队是为适应国际国内对敌斗争的需要，严惩各类严重刑事犯罪分子，从全省武警散打和擒敌高手中挑选出的28名女精英组成。

方圆西南认证工作站成立

1992年3月10日，中国方圆标志认证委员会西南认证工作站在成都成立，由四川、云南、贵州、西藏等省（区）技术监督局设立。四川省技术监督局局长林桂山任站长，秘书处挂靠省技术监督局。在10日西南认证工作站成立大会上，通过了《中国方圆标志认证委员会西南认证工作站认证实施办法》和西南地区拟开展的方圆标志认证产品推荐目录，推荐了24名国家注册检查员、评审员、认证咨询员。

省政府发出《关于搞活农副产品流通的通知》

1992年3月11日，四川省人民政府发出《关于搞活农副产品流通的通知》。《通知》要求：完善农副产品购销政策，积极稳妥推进粮食购销体制改革；打破封锁，撤销关卡，发挥国合商业主渠道作用；发展农副产品流通的多渠道，建设和发展农副产品多级市场体系；发展农副产品加工业；

进一步做好农副产品流通的金融保险服务工作以及建立完善各级农副产品市场调控基金。

川西高原地区遭受严重雪灾

1992年初以来，川西高原地区20余县先后遭受雪灾。截至3月12日，甘孜州有12个县、17万人遭到雪灾袭击，因灾死亡牛、马、羊等牲畜9.9万头（匹、只），2200多人遭冻伤，7000多人患雪盲；阿坝州的红原、若尔盖等县死亡牲畜3万多头（匹、只）；雅安地区6个县、61个乡镇和50万亩农作物受冻害，死亡牛、羊300余头（只）；垮塌房屋1400多间。雪灾发生后，中共四川省委、四川省人民政府组织有关部门抗灾救灾，对甘孜、阿坝、雅安等地拨出救灾资金190多万元、粮食150万公斤安排灾区群众生活。

中共四川省委五届十次全会召开

1992年3月12—14日，中共四川省委五届十次全会在成都召开。会议就贯彻3月9—10日召开的中共中央政治局全体会议精神和邓小平视察南方谈话的精神进行了学习和部署。会议强调：坚定不移地贯彻执行党的基本路线，抓住有利时机加快改革开放的步伐。省委书记杨汝岱讲话要求，广大干部和群众思想更解放一点，改革开放的胆子更大一点，发展的步子更快一点，工作更扎实一点，两手都要更硬一点。

省委、省政府作出“发展县经济，先抓‘一条线’”重大决策

1992年3月19日，中共四川省委、四川省人民政府作出“发展县经济，先抓‘一条线’”的重大决策。“一条线”是指北起江油、南到峨眉山，由铁路和高等级公路贯穿，以成都为中心，绵阳、德阳、成都、乐山4个市和10个县（市）为重点，包括30个县的带型区域。3月23日，省委办公厅、省政府办公厅发出的《关于印发〈“发展县经济，先抓一条线”座谈会纪要〉的通知》指出：四川省在发展县经济上先抓“一条线”，使之在经济发展和改革开放上加快步伐、先行一步。4月7日，省委、省政府提出要求，“一条线”上的县（市、区），改革开放和发展速度都要走在全省前列。4月23日，省委办公厅、省政府办公厅又发出《关于“发展县经济，先抓一条线”的几个问题的通知》。“先抓一条线”是基于四川人口众多和区间发展不平衡的现状提出来的，目的是通过发展“一条线”来带动沿线各县（市、区）的经济，以进一步促进全省经济的发展。“一条线”地方先发展的有利条件是：改革开放起步较早，具有科技力量雄厚、交通方便、信息灵通的优势；大中型企业比较集中，乡镇企业有较大规模、较高水平；经济和社会发展的工作基础、增长势头都比较好。实施此项重大决策，旨在集中精力抓重点，使有条件的县尽可能发展得更快些，率先走出农村工业化、城乡一体化的路子，以带动全省县级经济起飞。

1993年3月2—4日，省委、省政府在“一条线”工作会议上提出，1993年“一条线”工作要扎扎实实抓八件事情，取得新突破：一是抓好项目，打牢基础；二是千方百计筹措资金增加投入；三是精心组织实施，抓好开发区和工业小区建设；四是调动全社会力量，加强基础设施建设；五是积极扩大对外开放，多渠道、多形式、多层次招商引资；六是切实处理好农业和二、三产业的关系，确保农业稳定增长和农民增收；七是加速转换企业经营机制，进一步深化经济体制改革；八是继续抓好放权和服务，在“落实”上狠下功夫。

1994 年 5 月 6 日，省农村工作委员会、省统计局在“一条线”上的 22 个县（市、区）中评出十强：什邡县、广汉市、双流县、德阳市市中区、新都县、江油市、巴县、绵竹县、都江堰市、江津市。

1995 年 6 月 14—16 日，中共四川省委、四川省人民政府在全省“一条线”工作会议上，总结前三年“一条线”建设第一期工程取得的成绩和经验，部署后三年第二期工程的战略任务，努力实现“一条线”经济由“量变”到“质变”的飞跃。会议提出的主要任务是：加快基础设施建设，改善投资环境；深化企业改革，促进新经济体制的成长；增强对外开放实效，加快外向型经济发展；加快开发区建设步伐，培植新的经济增长点；坚持将农业放在经济工作的首位，加快农业和农村经济的发展。

1996 年 2 月 17 日，中共四川省委、四川省人民政府在内江市召开现场办公会议，要求尽快启动成渝“一条线”建设。4 月 12 日，省委、省政府在重庆巴南区召开“一条线”现场办公会，要求全面启动成渝一条线经济发展，加快成渝经济走廊建设。7 月 9 日，省委、省政府决定新增 14 个县（区）为“一条线”重点县。

1997 年后，四川“一条线”战略发展思路逐渐为实施“一点、一圈、两片、三区”非均衡协调发展战略和区域经济发展格局的战略思路所取代。

西昌基地卫星发射出现故障

1992 年 3 月 22 日晚 6 时 40 分，澳大利亚通信卫星在西昌卫星发射中心发射时，因运载火箭点火后，一级发动机推力不正常，实施紧急关机。卫星尚未升空，卫星、运载火箭和发射设施均处于安全状态。澳大利亚奥普图斯通讯公司和美国休斯航天通讯集团 25 日表示，尽管中国 22 日晚为澳大利亚发射通讯卫星未获成功，但他们让中国发射澳星的计划并未改变。

省政府作出冻结亏损 100 万元以上企业领导干部的升迁调动决定

1992 年 3 月 31 日，四川省人民政府作出决定，全省经营性亏损企业，特别是亏损 100 万元以上的企业，其领导干部在亏损期间全部冻结，不允许易地调动、易地任职。

4 月

四川开展首届科技宣传月活动

1992 年 4 月 4 日，四川省首届科技宣传月活动正式启动，副省长韩邦彦在新闻发布会上要求，必须把经济建设转移到依靠科技进步和提高劳动者素质的轨道上来。

《四川省志·冶金工业志》出版发行

1992 年 4 月 8 日，《四川省志》首部分志——《冶金工业志》出版发行。该书是自 1816 年《四川通志》刻本问世 175 年后的第一部省志分志。《冶金工业志》的发行，标志着中断了 175 年的四川修志的优良文化传统开始恢复和发扬光大，标志着四川省出版了第一部社会主义时代的省志分志。

四川省科技大会召开

1992年4月22—25日，四川省科技大会召开。会议研究落实省委、省政府《关于大力推动科技进步，振兴四川经济的决定》的具体措施及深化科技体制改革的意见，进行科技兴市、兴县等方面工作经验的交流，部署1992年度全省科技工作。中共四川省委书记杨汝岱在会上发表讲话，要求各地认真执行“科技兴川50条”的战略决策，组织科技力量进入国民经济建设主战场。会议提出：进一步解放思想，加快改革开放步伐，紧紧围绕经济建设这个中心，把经济建设转移到依靠科技进步和提高劳动者素质的轨道上来。会上，表彰了为四川经济发展做出重大贡献的10名科技工作者，他们是：西南农业大学教授侯光炯，四川农业大学教授周开达、研究员黎汉云，中科院生物研究所副研究员李伯刚，成都科技大学研究员钟本和，银山磷肥厂高级工程师魏文彦，新都县钢窗厂高级技师詹庆富，长江挖掘机厂高级工程师张玉川，成都无缝钢管厂高级工程师殷国茂，长虹机器厂工程师莫烨。这10名科技工作者被授予“四川省有重大贡献科技工作者”称号，同时享受省劳动模范待遇，共获得80万元的奖金。

首套国产大型化肥装置通过验收

1992年4月27日，国家重点建设项目——中国第一套年产20万吨合成氨国产化肥装置在四川化工总厂正式通过国家级验收，结束了中国大型合成氨装置依赖进口的历史。

四川化工总厂老系统技术改造年产20万吨合成氨装置，是国家重大技术装备国产化重点建设项目，也是化工部节能型合成氨引进软件、自行设计制造和建设的一个样板。1991年获国家第二届重大技术装备科技攻关特等奖和国家计委、国家科委、财政部联合颁发的“七五”科技攻关重大成果奖。该工程于1988年3月破土动工，1990年11月竣工，1990年12月一次投料试车成功，产出合格产品。经过一年多调试、运行，于1992年4月19日完成考核，达到日产合成氨608.4吨、吨氨能耗7.215百万大卡。其设计能力和吨氨能耗达到20世纪80年代末90年代初世界先进水平。

该装置总投资2.5亿元，比进口同类装置节省投资约40%；正常年新增产值6000万元、税利4500万元；年节电约2亿千瓦时，吨氨能耗从原来的1350万大卡降至700万大卡，从根本上消除了大气污染。

会理高原体育训练基地建成

1992年4月，四川省唯一的高原体育训练基地——会理高原训练基地建成。该基地占地2.67万平方米，建筑面积2400平方米，设有田径场、足球场、斜坡跑道、游泳池和相应水道。

中国物品编码四川分中心成立

1992年4月，中国物品编码中心四川分中心成立，开始在食品、饮料、烟、酒、日用化工、医药保健品、小型家电和日用杂品等八类商品上使用条形码。用一组黑白相间条形组成的图案表示生产产品的国家、制造厂家和具体产品等信息的商品条形码技术，是商品进入世界各国超级市场和国内自动扫描商场的必备条件，也是鉴别假冒伪劣产品、维护企业合法权益的重要手段。

至1992年5月，全省有两家银行启用条形码自动查询系统，有两家图书馆采用了条形码借阅系统，还有两个单位获得条形码印刷质量评价认证，该中心发展中国物品编码成员39个。

5 月

风雹袭击四川 14 地市

1992 年 5 月 1—2 日，成都、绵阳、德阳、广元、遂宁、内江、自贡、宜宾、泸州、重庆、南充、达县、万县等 14 个地、市相继出现大风、冰雹天气过程，并伴有大到暴雨，风速 6—7 级，雨量 30—70 毫米。这次风雹过程以成都、德阳、绵阳为中心，波及 70 多个县（市、区）、30 多万户、110 多万人。全省受灾农作物 124 万亩，损坏房屋 15.1 万多间；公路多处塌方，交通中断；通信设施遭到不同程度破坏；因灾死亡 5 人、伤 549 人，死亡大牲畜 910 多头（匹），造成直接经济损失近 3 亿元。

职称评聘工作新办法出台

1992 年 5 月 5 日，四川省职称改革工作领导小组印发《关于专业技术职务评聘工作中若干问题的通知》，对实行评聘分开、专业技术职务岗位数额的管理、评委会的组建、新建事业单位开展评聘工作等作出了明确规定。随后，相继出台了《关于当前评聘专业技术职务外语考试有关问题的处理意见》《四川省五系列破格评审专业技术资格推荐条件（试行）》等政策意见和规定。

四川推出物价改革措施

1992 年 5 月 5 日，四川省物价局推出价格改革的措施，主要内容是：下放部分价格管理权限，调整不合理的农产品价格，对 100 户进行转换企业经营机制试点的企业及省以下管理的价格放给企业自行定价，在全省国营商业零售企业推行“四放开”的改革，放宽放活外贸价格改革，对省确定的“一条线”的县（市）进行价格体制运行试点，保持市场物价的基本稳定，根据经济发展需要建立调节基金。

省政府下发严禁使用促胆素及购销引流胆汁生猪通知

1992 年 5 月 6 日，四川省人民政府发出紧急通知，严禁使用促胆素及购销引流胆汁生猪。在进入 1992 年的一段时间以来，四川个别地区使用药物催胆素引流生猪胆汁提取胆红素，社会上盛传吃了这种猪肉会致癌，遂出现群众怕吃猪肉的情况。猪肉一度无人敢买，生猪养殖受到严重影响。

省政府紧急通知指出：用药物引流活猪胆汁情况比较突出的地方主要是在泸州、自贡、内江、遂宁、合川、潼南、安岳、温江、双流、资中等市、县，范围较小，引流胆汁的生猪仅占存栏数的万分之三左右；政府已采取措施，坚决禁止生产、配制、销售和使用促胆汁药物，在全省范围内暂停收购胆红素；加强生猪饲养环节和经营环节的检疫工作；希望群众消除恐惧心理，放心食用猪肉。通知发出后，各有关部门及各地政府采取有力措施杜绝引流胆汁的各种渠道及做法，情况迅速好转。

悬赏寻找世界最早纸币“交子”

1992 年 5 月 8 日，四川省钱币学会向社会提出悬赏，寻求世界上第一种纸币——“交子”的实物。

北宋时期起源于四川的一种货币“交子”，是国际金融界和钱币收藏研究家们公认的世界上最早的纸币。专家认为，“交子”的使用和发明，是中华民族对世界的贡献。“交子”流通、使用距今已有1000年左右的历史，至今只发现过一张四川以外地区的“交子”（或“会子”），尚未发现起源于四川的“交子”实物。四川省钱币学会组织专家对“交子”为何先在四川产生、产生后对社会经济发展的影响和作用等课题进行了研究。

《关于经济技术主管部门兴办经济实体的意见》出台

1992年5月9日，中共四川省委、四川省人民政府出台《关于经济技术主管部门兴办经济实体的意见》，对一些地方和部门试办经济实体的工作提出意见。支持和鼓励经济技术主管部门办经济实体，并明确了兴办经济实体的指导思想、原则及若干政策问题。

聂荣臻逝世

1992年5月14日，聂荣臻赫元帅逝世，享年93岁。

中华人民共和国成立后，聂荣臻历任中国人民解放军代总参谋长，中央人民政府人民革命军事委员会副主席，国务院副总理兼国家科学技术委员会主任、国防部国防科学技术委员会主任，中共中央军委副主席，全国人大常委会副委员长等职。1955年被授予中华人民共和国元帅军衔。在主管尖端武器科研工作期间，领导科技攻关，组织全国大协作，中国仅用5年时间就成功研制了导弹、原子弹，不久后又研制成功氢弹。

《焦裕禄》等3部作品获全国“五个一工程”奖

1992年5月16日，成都市话剧团演出的话剧《死水微澜》、峨眉电影制片厂摄制的《焦裕禄》、四川电视台拍摄的电视剧《南行记·边寨人家的历史》（两集）分别获中宣部精神文明建设“五个一工程”优秀戏剧奖、优秀故事片奖和优秀电视剧奖。

此外，《死水微澜》获文化部第二届文华大奖，《南行记》获第十二届全国电视剧飞天奖中篇连续剧一等奖，《南行记》导演潘小扬获“中国十大杰出青年”称号。

永川撤县建市

1992年5月20日，永川撤县建市。永川县建于公元776年，距今有1200多年的历史。1992年3月9日，国务院批复四川省人民政府，同意撤销永川县，建立县级永川市。1992年5月20日，永川市召开成立大会。至1991年底，永川县土地面积1575平方公里，总人口100.27万人。

四川美术展览馆落成

1992年5月23日，国家投资600万元修建的四川美术展览馆在成都落成。该馆总面积1237平方米、展线418米，设有画廊、讲演厅、会议厅及3个展厅，采用现代照明、中央空调、恒温及电脑监控等设备。该馆的建成，结束了四川美术界长期以来没有固定展览场地的局面。

第五次青少年教育工作会议召开

1992年5月28—30日，四川省第五次青少年教育工作会议在成都召开。会议研究青少年教育中的新情况、新问题和青少年教育如何适应改革开放新形势。会议要求，围绕经济建设中心，切实做好青少年思想政治工作，使青少年牢固树立坚持党的基本路线百年不变的思想，引导青少年为“四化”勤奋学习，用现代科学文化知识武装头脑。

会议表彰了四川省青少年教育工作先进集体59个、先进个人147名。

6月

1992年中国西南对外经济贸易洽谈会在重庆举行

1992年6月1—6日，1992年中国西南对外经济贸易洽谈会在重庆举行，国内各省市区及25个国家和地区的客商出席大会。洽谈会进出口成交额2.94亿美元，其中出口成交2.57亿美元。四川省交易团出口交易额为16967万元，其中：成都市交易团出口交易额为1217万元，重庆市交易团出口交易额为6645万元。

广安等6县（市）对外国人开放

1992年6月2日，经国务院批准，四川的石柱土家族自治县、宜宾县、南溪县、南充县、广安县、阆中市对外国人开放。

四川首次向港商出让国有土地使用权

1992年6月3日，重庆市与香港中渝实业有限公司在重庆人民宾馆举行国有土地有偿出让使用权合同签字仪式。合同规定：有偿出让给港商江北区一块面积近2000亩的土地使用权，使用期限为50年。中渝实业有限公司将在5年内把这里建成集商业、金融、科研和生活设施为一体的综合开发区。这种公开向港商出让国有土地使用权的做法在四川尚属首次。

四川首家科技型股份制企业成立

1992年6月8日，四川省首家科技型股份制企业——成都东方电子有限公司在成都高新技术开发区成立。这是继上海之后，全国第二家以股份制为产权关系和运行机制的高技术企业。

该公司由成都东方电子技术研究所和成都创新科技产品经营公司共同发起组建，其科技人员占全体职工的60%以上。公司以形成经济批量的DF电脑字幕机为龙头，并正在开发色键、机电一体化等产品。该公司没有主管单位，掌握着公司法人股和个人股共1.2万股股份的股东及其董事会，是决定公司兴衰存亡的真正老板。

中国西部阳光城奠基

1992年6月8日，位于成都龙泉驿区的中国西部阳光城举行奠基仪式。阳光城是成都阳光投资集团公司联合国内外10多家大型企业和金融财团共同开发建设的，集果品生产、加工、科研、技术传播及观光旅游、休闲度假、居家为一体，具有多功能、独具特色、现代化的综合性开发试验基地，总设计面积20.99平方公里，总投资近20亿元。从1992年6月起到1998年底，分三阶段开发建设。

1991年度100家最大规模和最佳效益工业企业评选揭晓

1992年6月13日，四川省企业评价中心评出1991年度四川100家最大规模和100家最佳效益工业企业。其中，经营规模最大的前十名企业是四川省电力管理局、攀枝花钢铁公司、重庆钢铁公司、四川石油管理局、国营长虹机器厂、长城特殊钢公司、成都无缝钢管厂、国营建设机床厂、国营嘉陵机器厂和国营长安机器制造厂，经济效益最佳的前十名企业是成都卷烟厂、黔江卷烟厂、西昌卷烟厂、重庆牙膏厂、重庆汽车制造厂、重庆卷烟厂、什邡卷烟厂、宜宾五粮液酒厂、泸州老窖酒厂和磨房沟发电厂。

中共四川省委召开代表会议

1992年6月15—17日，中共四川省代表会议在成都召开。会议选举出席中共十四大代表，研究进一步贯彻落实邓小平视察南方重要谈话和中共中央政治局会议精神的措施，通过《中国共产党四川省代表会议关于进一步加快改革开放步伐 推动四川经济上台阶的决议》。《决议》提出：党的建设必须围绕党的政治路线和中心任务来进行，要坚持“两手抓，两手都要硬”的方针，搞好改革开放的软环境建设。省委书记杨汝岱在会上作《解放思想，真抓实干，努力使四川经济跨上新台阶》的报告，着重谈今后工作中要着力突破的几个事关全局的重点：一是农村商品经济发展要在优质高产高效、加工增值上有大的突破；二是工业要在形成优势产业和名牌产品上有大的突破；三是基础设施建设尤其是交通通信事业发展要有大的突破；四是在筹集、用好、用活资金上要有大的突破；五是在加快发展第三产业上要有大的突破；六是在促进科技成果商品化、产业化上要有大的突破。

四川省畜牧食品办公室成立

1992年6月18日，四川省人民政府成立畜牧食品办公室，负责管理省畜牧局、省食品公司、省饲料工业办公室的工作，其主要职能是：加强对全省畜牧、食品、饲料工业的宏观管理，拟定和组织实施发展规划、布局及结构调整，贯彻执行有关畜牧、食品、饲料工业的政策、法规、规章等。

省委、省政府下发《关于加强小集镇建设的试行意见》

1992年6月25日，中共四川省委办公厅、四川省人民政府办公厅印发《关于加强小集镇建设的试行意见》。《意见》提出：切实做好集镇规划，不断提高集镇建设、管理总体水平，抓好试点进行分类指导；集镇建设因各地经济发展水平、地理条件、自然资源、风俗习惯等差异，在建设规模、标准、方式、速度上不能搞“一刀切”，必须通过试点，实行典型引路、分类指导；组织领导形式为省建立联席会议制度，由省级有关部门参加，各市地县要有一位负责人专管或兼管此工作。

达成铁路建设开工

1992年6月29日，国家“八五”重点建设项目，铁道部和四川省合资修建的首条铁路——达（县）成（都）铁路开工典礼在南充举行。

达成铁路是国家规划中的东西铁路大动脉的组成部分，是四川北面进出川的重要通道，由四川省与铁道部合资修建。该工程初步设计概算 15.4 亿元，1997 年 11 月全线建成通车。

1986 年，达成铁路建设提上日程；至 1991 年，铁道部第二勘测设计院的工程技术人员历经 5 年时间，高质量地完成了达成铁路的勘测设计工作。国务院及国家有关部门对修建达成铁路十分重视，仅一年多时间就完成了从批准立项到开工建设的各项准备工作。

达成铁路东起渠县三汇镇，西至成都市石板滩，全长 374 公里。达成铁路复线于 2004 年 11 月 27 日开工建设，2009 年 7 月 7 日投入运营。达成铁路为国家一级干线，它的建成，不仅为襄渝线、宝成线、成渝线缓解了运输压力，而且使四川铁路布局更加合理。

7 月

四川优秀人才馆和四川科技成果馆开馆

1992 年 7 月 1 日，四川优秀人才馆和四川科技成果馆在四川省展览馆三楼开馆。省委、省政府决定设立此两馆的目的是：通过两馆的展示，弘扬科学精神，促进人才交流，促进科技和经济紧密结合，促进科技成果迅速转化为生产力，激励更多的人才在经济建设的主战场建功立业。四川优秀人才馆首批展示了 138 位优秀人才的业绩，其中专业技术干部 104 人、工人 14 人、农民 20 人，中青年占 44.2%。四川科技成果馆分科技成果展示馆和科技成果交易馆，首批展示项目 588 项，其中工业科技 90 项、农业科技 60 项、社会发展科技 30 项、专利发明和实用技术近 100 项、青少年发明创造 78 项、社会科学 10 个学科共 122 项。中共四川省委书记杨汝岱为“两馆”分别题词：“发展生产力，人才是关键”；“办好常设技术市场，促进科技成果转化”。

四川省佛学院成立

1992 年 7 月 3 日，由四川省佛教协会开办的四川省佛学院在宝光寺成立，设佛学专业、寺院管理专业和函授部，首批招生 55 人。

四川开展撤区并乡建（扩）镇工作

1992 年 7 月 4 日，中共四川省委、四川省人民政府发出《关于调整区、乡（镇）建制的通知》，决定在试点的基础上开展撤区并乡建镇工作。1992 年 11 月 5 日，中共四川省委办公厅、四川省人民政府办公厅发出《关于撤区并乡建（扩）镇几个问题的通知》。《通知》要求：对已经撤并的地方，要派得力干部深入基层、深入实际、深入群众，做好新建制的巩固和完善工作，妥善处理好建制调整中的善后问题和遗留问题；安排适当时间进行撤区并乡建（扩）镇的试点工作；撤区后，原按区建立设置的部门和机构仍按原管辖范围或区域继续行使职能、发挥作用。

1992 年全省进行的区、乡（镇）建制调整工作，是省委、省政府部署的对县乡管理体制的改革，是为了理顺条块关系，加强乡镇统筹协调能力和乡镇政权建设。到年底，除重庆、自贡、攀枝花、德阳、黔江、达县等 6 个市地外，15 个地市州均完成了区、乡（镇）建制调整工作。这 15 个地市州的 734 个区绝大部分已撤掉，乡镇总数由 5439 个减少为 3103 个，其中乡由 4820 个减少为

1706个，镇由619个增加到1397个。到1993年底，全省219个县（市、区）中，有165个县（市、区）开展了区、乡（镇）建制调整工作。

四川在北海建设国际经济招商中心

1992年7月6日，广西北海市至此投资最大的国际商业城——四川国际经济招商中心举行奠基仪式。中心总投资28亿元，占地2000亩。1992年7月18日，四川省在沿海地区最大的外向型窗口企业——北海四川国际经济开发招商股份有限公司在成都成立。1992年10月12日，四川省在北海的首家大型合资企业——“中外合资北海西南电气工程有限公司”成立，该公司是由第五冶金建设公司机电工程公司与北海四川国际招商公司、马来西亚三达公司及海南成都企业集团公司联合组建的北海市唯一的机电安装专业化公司。

县属企业改革“宜宾模式”

1992年7月7日，宜宾县出台《宜宾县股份制企业试行办法》，提出了“国家转让产权、企业转换机制、政府转变职能、职工持股经营”的企业改制模式，为破解县域经济改革难题找到了一条好路子。宜宾的县属企业产权制度改革在全国起步最早、大面积推广最早、推进的力度最大，被称为“宜宾模式”。

四川省高级人民法院经济纠纷调解中心成立

1992年7月9日，全国第一家省级法院经济纠纷调解中心——四川省高级人民法院经济纠纷调解中心成立。经济纠纷调解中心的成立，是四川省法院工作的一项重要改革措施，提高了办案质量和办案效率。

省政府印发进一步发展对外经济贸易的通知

1992年7月12日，四川省人民政府发出《关于进一步发展对外经济贸易的通知》。《通知》要求：进一步加快对外开放步伐，适应振兴四川经济的迫切需要；加速形成全省新的对外开放格局和外向型经济体系；实施“大外贸”战略，全面发展对外贸易；采取新的办法，开辟新的途径，拓宽引进外资领域；加快外经企业组织结构调整和运行机制改革。

西南首个台商工业区落户温江

1992年7月14日，成都台商工业区联合开发签字仪式在成都举行，这是西南地区第一个由台商大规模成片开发的工业区。台商工业区地处温江县，占地6平方公里。全区规划为31个初级地块，可供各方厂商选购，按需要设计建厂，预计总投资超过10亿美元。进入工业区的厂商由成都市人民政府专门成立的台商工业区领导小组负责提供项目审批及协调服务，同时享有市政府制定的各项优惠政策。

第二届亚洲青年赛艇锦标赛在川举行

1992年7月18—19日，第二届亚洲青年赛艇锦标赛在四川水上运动中心举行，亚洲8个国家和地区的 77 名运动员参加了比赛。中国选手夺得全部 8 个项目的第一名，其中四川省选手获 5 项第一。

中国第一套 150 吨聚苯硫醚生产装置在川投入试生产

1992 年 7 月 22 日，中国第一套 150 吨聚苯硫醚生产装置在自贡市化学试剂厂建成并投入试生产，各种主要技术指标接近国际先进水平。该套生产装置由四川大学、化工部第八设计院和自贡市化学试剂厂协作攻关完成，1992 年 10 月通过国家验收，后续产品加工开发被列入“产、学、研”工程开发项目。

张山获奥运会双向飞碟射击比赛冠军

1992 年 7 月 28 日，在巴塞罗那奥运会男女混合双向飞碟射击决赛中，川籍女运动员张山以 200 发200 中的成绩平了该项男子世界纪录，又以 223 中成绩夺得本届比赛世界冠军，改写了奥运会飞碟射击项目男子垄断金牌的历史。

自 1900 年第二届奥运会男女同场角逐飞碟射击以来，从未有女子进入过前六名，而从下届奥运会开始，飞碟射击项目男女将分别比赛。张山成了该项目空前绝后的女子冠军，创下了奥运史上的一个奇迹。

张山，1968 年出生于南充一个教师家庭，1984 年被江泽祥教练看中，入选四川射击队，仅以几个月的时间便夺得全国青运会金牌。她 1987 年入选国家队，先后夺得全国、亚洲及世界大赛的金牌。

四川部分地区遭受暴雨和特大洪水袭击

1992 年 7 月，四川盆地内有 63 个县（市）遭到暴雨和大暴雨袭击。由于长江、嘉陵江上游连降暴雨，重庆水位猛涨，从 7 月 15 日 8 时起，连续 3 天超过 180 米警戒水位。20—26 日，北川县、平武县、江油市遭受特大洪水、泥石流袭击。工农业生产、基础设施、人民生命财产损失严重，16 人死亡，4 人下落不明，部分交通通信中断。

三峡工程四川库区百万移民

1992 年 7 月，四川省三峡工程移民办公室挂牌，三峡工程百万移民试点工作在四川启动。1992 年4 月 3 日，全国人大七届五次会议通过兴建长江三峡枢纽工程议案。按设计，三峡工程坝址在湖北宜昌三斗坪，正常蓄水位 175 米，库区淹没涉及川鄂 20 个县（市）。四川为工程水库的主要淹没区，淹没涉及万县、涪陵、黔江、重庆 4 个市、地的 16 个县（市），受淹耕地 31. 5 万亩、工厂 555 个，全省共需搬迁安置移民 95. 5 万人，约占移民总任务的 85%。

1993 年 5 月 6 日，中共四川省委、四川省人民政府发布加快三峡工程四川库区经济发展与移民安置的政策措施：库区市、地今后将享受较大的经济管理权限和较多的减税让利照顾；凡资金和外部条件不需要省平衡的基础设施、社会服务设施、三资企业项目，省一级的权限全部下放给地、市；信贷、征地、物价管理作相应改进；万县市、涪陵地区税务局享有省级税务机关减免税审批权，移民搬迁开发项目实行比例税率，新办移民企业免征所得税二年、减征三年；库区收取的能源基金、国家预算调节基金、移民安置征地的耕地占用税、外汇收入交省部分全部留地、市、县；决定给三峡库区安排一批项目，同步发展科、教、文、卫、旅游、商业等事业。

1994 年 4 月 7 日，国务院转发国务院三峡工程建设委员会移民开发局《关于深入开展对口支援三峡工程库区移民工作的意见》，对库区移民工作作出安排。与四川库区县对口支援的重点省市分别是：巫山—广东，巫溪—吉林，奉节—辽宁，云阳—江苏，开县—四川，万县市龙宝区—天津、南京、厦门，万县市天城区—福建，万县市五桥区—上海、宁波，忠县—山东、沈阳，石柱—云南，丰都—河北，涪陵—浙江，武隆—江西、云南，长寿—广西，江北—安徽，巴县—河南。

1994 年国家在三峡库区投入 15 亿元，其中开发经费 5 亿元、倾斜技改资金 5 亿元、新增乡镇企业贷款 2 亿元、扶贫资金 1 亿元，支持三峡库区加快移民开发、促进经济发展。1994 年 12 月 28 日，三峡库区首个大型开发性移民项目、总投资 20.58 亿元的川东天然气氯碱工程在万县市开工。

1995 年 8 月 2 日，四川三峡库区一期水位移民工作全面启动。长江三峡枢纽工程建设于 1997 年 11 月实现大江截流，四川的巫山、奉节、云阳属第一期水位淹没县，有 31 个集镇、165 个企业需要搬迁，3 个县城部分淹没，需安置城镇和农村移民 22432 人。四川省人民政府为此在搬迁安置规划、资金调配、组织领导等方面进行了专题研究和部署，安排 3 县移民工程项目总投资 38965 万元，占全省移民工程总投资的 35.5%。

四川物资企业集团成立

1992 年 7 月，经物资部、国家体改委、国务院发展研究中心和四川省人民政府批准，四川物资企业集团正式成立。该集团是四川第一家以流通企业为主要核心层，将流通、科研、资源开发及内外贸易、金融集为一体的大型综合性经营实体，注册资金 1.05 亿元，实行董事会领导下的总经理负责制。

8 月

四川省地方铁路局成立

1992 年 8 月 1 日，经中共四川省委同意，四川省地方铁路局领导班子正式产生，四川省地方铁路局成立，由此全省地方铁路的建设和管理各项工作步入正轨。1984 年 2 月，四川省人民政府办公厅批准将彭白铁路局改建为“四川省地方铁路管理局”和“成都市地方铁路管理局”，实行一套机构、两块牌子的管理体制。1990 年，省政府下发《关于设立四川省地方铁路局的批复》，明确四川省地方铁路局负责领导全省地方铁路企业并对国地铁联营体实行行业管理，统一组织全省地方铁路的建设及营运。1992 年 1 月，四川省地方铁路局筹备工作小组开始工作。

四川科技成果在深圳市场交易

1992 年 8 月 8 日，深圳科技成果拍卖市场开幕。首次拍卖的 310 项科技成果，全部是从四川提供的 1500 多项成果中优选出来的，其中 110 项是高科技成果，200 项是先进性实用成果。

重庆市出现罕见高温天气

1992 年 8 月 8 日，重庆市出现中华人民共和国成立以来罕见的高温天气，最高温度达 41 摄氏度，局部地区高达 42 摄氏度。

此前，重庆 35 摄氏度以上高温天气持续了 20 多天。高温出现后，中共重庆市委、重庆市人民政府采取多种形式慰问生产一线的工人。电力、自来水、天然气等部门领导跟班作业，保证市民需要。

全国首家租赁给港商独资经营的国营中型企业更名开业

1992 年 8 月 8 日，全国首家租赁给港商独资经营的国营中型企业——四川省客车厂，更名为“四川泰邦行客车制造有限公司”并挂牌开业。该公司是香港泰邦行实业有限公司与四川省交通厅签订租赁四川省客车厂协议而成立的。租赁期间，四川泰邦行客车有限公司拥有租赁资产的经营使用权，其所有权仍属国家，公司平均每年向四川缴纳租金 416.5 万元人民币，聘用省客车厂不低于 85%的职工，投资 1000 万美元引进国际先进技术，租赁期 15 年。

1993 年 7 月 31 日，省交通厅根据港方提出的终止合同的要求，终止该项租赁合同并恢复四川省客车厂作为独立法人的经营活动。

四川省公布 1991 年乡镇企业“五强”

1992 年 8 月 10 日，四川省公布乡镇企业产值最高的“五强”名单：“五强”县是双流县（21.67 亿元），广汉市（20.10 亿元），德阳市市中区（20.03 亿元），巴县（18.89 亿元），新都县（18.07 亿元）；“五强”乡是双流县东升乡（5 亿元），德阳市市中区城区乡（3.2 亿元），广汉市南兴镇（2.8 亿元），成都市锦江区琉璃乡（2.73 亿元），重庆市沙坪坝区石桥乡（2.57 亿元）；“五强”村是成都市锦江区琉璃乡东光村（1.44 亿元），新津县顺江乡古家村（0.84 亿元），双流县东升乡涧槽村（0.64 亿元），什邡县两路口镇静安村（0.53 亿元），重庆市沙坪坝区覃家岗乡新桥村（0.52 亿元）。

“长征二号 E”运载火箭升空

1992 年 8 月 14 日，凌晨 7 时，“长征二号 E”捆绑式运载火箭在西昌卫星发射中心顺利升空，成功地将美国休斯公司为澳大利亚卫星公司研制的大吨位、高容量通信卫星“澳赛特 B1”通信卫星送入预定轨道。这是中国大推力捆绑式火箭的首次实用发射。这次发射是中国航天技术走向世界的一次跨越。

省委、省政府下发推进全省乡镇企业发展通知

1992 年 8 月 20 日，中共四川省委、四川省人民政府发出《关于抓住机遇、加快发展，使全省乡镇企业上新台阶的通知》。《通知》指出，1992 年以来在邓小平视察南方重要谈话精神的推动下，全省乡镇企业出现了蓬勃发展的好形势。《通知》对于加快发展乡镇企业的必要性、紧迫性和总的要求等进行阐释，要求：动员全社会力量，打好发展乡镇企业总体战；消除中间梗阻，保证政策落实到位；增加投入，缓解资金紧缺的矛盾；依靠科技进步搞好横向联合，从实际出发坚持分类指导；转变职能，强化服务，加强各级主管部门建设。

青白江区大弯中学在国内率先打破“铁饭碗”

1992年8月22日，成都市青白江区大弯中学正式实行国家所有、校长负责、自主办学、学生自费、国家补贴的办学模式和运行机制。由此，这所学校的教职员工在全国率先丢掉了“铁饭碗”。

大弯中学是一所有30多年历史的省属重点中学，在校生1280人。改革办学体制后，学校的办学经费由过去国家统包转变为学生自费、国家补贴、校办企业上缴利润、社会集资捐资等渠道筹措。从本学年起，入校新生将每期缴纳200—300元的日常教育维持经费（含教职工工资）。原由国家拨给的办学经费将逐年递减，三年减完。教职工的工资从本学年起，开始变为“档案工资”（国家不再发给，只记录在档案上）。该校这次改革的主要内容还有，在全国范围内招聘校长和教师，在成都全市放开招生；实行校长负责制，赋予校长实实在在的办学自主权；确立保证监督机制；校长与教师实行双向选择。

国务院批准川东6万吨烧碱工程建设项目

1992年8月22日，省化工厅公布，国务院批准建设川东6万吨烧碱工程。这项国家“八五”重点建设项目总投资近16亿元，相当于前40年国家对万县地区工业投资的总和。该工程以当地储量丰富的岩盐和天然气为原料，建成年产烧碱6万吨、聚氯乙烯6万吨、甲醇10万吨的产能。

省委、省政府举行第25届奥运会庆功会

1992年8月24日，中共四川省委、四川省人民政府在成都锦江宾馆举行招待会，欢迎载誉归来的四川奥运健儿，为他们庆功。四川共有13名运动员、2名教练员参加巴塞罗那第25届奥运会，取得2枚金牌、2枚银牌和5个名次的好成绩。高敏、张山分别获得跳水、飞碟射击金牌。

广汉三星堆博物馆建设

1992年8月28日，广汉三星堆博物馆在举世闻名的三星堆遗址东北角奠基。广汉三星堆是古蜀文明起源和发展的中心，三星堆博物馆集文物、园林于一体，是中国一座现代化的专题性遗址博物馆，占地100亩，总投资2400万元。

1997年10月26日，三星堆博物馆建成正式开馆。博物馆的陈列设计采用戏剧化、舞台化的全景式布局，共分五厅，以《古城古国古蜀文化陈列》为主体纵向贯通和横向展开，全面系统地介绍古蜀历史及三星堆文明在各个领域所取得的辉煌成就。

达县河市机场扩建工程建设

1992年8月29日，被国家、省、地列入“八五”期间重点建设项目的达县河市机场扩建工程开工，此系达县河市机场第二次扩建，总投资7000万元，按二级机场规划、三级机场扩建。经两年多建设，河市机场扩建工程于1994年底完工。河市机场位于达县河市镇，始建于1940年，原名中国民用航空达县站，因行政区划调整，1997年5月更名为达川河市坝机场，2000年4月更名为达州河市机场。2001年3月至2006年1月，河市机场再次进行停航扩建，扩建后机场等级达到4C级标准，跑道加长至2000米、加宽至45米。

重庆成为沿江开放城市

1992 年 8 月，国务院发出通知，决定进一步对外开放重庆、岳阳、武汉、九江、芜湖 5 个长江沿岸城市，实行沿海开放城市的政策。沿江和内陆省会城市实行沿海开放城市政策主要有 4 点：一是扩大开放城市对外经济合作的权限；二是支持开放城市引进国外先进技术和管理经验，改造老企业和开发现代农业；三是为鼓励吸收外资，对外商投资企业实行优惠政策；四是具备一定条件后，经国务院批准，可以兴办一个经济技术开发区。

9 月

华能东西关水电站开工建设

1992 年 9 月 1 日，华能东西关水电站正式开工修建，1992 年 12 月 19 日完成闸坝一期围堰施工，1992 年 12 月 21 日大坝实现“一枯”截流，装机容量 18 万千瓦，共有 4 台机组。第一台机组于 1995 年9 月提前 3 个月并网发电，到 1996 年 12 月 4 台机组全部投产并网发电。工程总投资 16. 29 亿元，获得四川省“天府杯”奖。

洪雅县槽渔滩水利枢纽工程动工

1992 年 9 月 1 日，四川省重点建设项目洪雅县槽渔滩水利枢纽工程动工。工程位于岷江支流青衣江中游的洪雅县境内，属于青衣江干流七个梯级开发中的第三级电站，规划为特大型水利灌溉工程长征渠渠首工程，是一个具有发电、灌溉、旅游、养殖、防洪综合利用的水利枢纽工程。该工程总投资 2. 4 亿元，设计装机容量 6. 75 万千瓦，水渠可控灌川西、川南 1400 万亩耕地。1992 年内，完成了主体工程基础部分工程量的 30% 及旅游、养殖综合开发。1994 年 10 月底第一台机组开始发电。

1992 年乐山全国新技术新产品展销会举行

1992 年 9 月 2— 6 日，历时 5 天的 1992 年乐山全国新技术新产品展销会在乐山举行。该会由国家科委、四川省人民政府联合举办，全国各省、市、自治区，计划单列市及国家有关部委的代表 1500 多人到会，参展的科技项目 3994 项、新产品 523 种。会上评出新技术金、银奖和优秀奖166 个，评出新产品金、银奖和优秀奖 293 个。展销会共签订成交合同 8125 项，成交总金额 13. 63 亿元。

四川省技术成果首次现场拍卖

1992 年 9 月 5 日，四川省技术成果首次现场拍卖。拍卖会由“1992 年乐山全国新技术新产品展销会”组委会主持举行。这次拍卖共成交两项技术成果，总金额 560 万元。第一个项目为“年产 1000 吨 30% 十二烷基三甲基氯化铵生产技术”，卖方为广汉市化工原料公司，起价 240 万元，经过 9 次竞价，西南石油地质局泥浆材料厂以 308 万元买定；第二个项目是成都科技大学精细化工研究所的“聚乙烯醇复合膜（袋）系列产品成套生产技术”，起价 240 万元，经过 17 轮竞价，安县印刷厂以 252 万元买定。

林业部批准四川再建8个森林公园

1992年9月9日，林业部批准在四川再建立8个森林公园，加上1991年批准的5个，总数达13个。这些公园是：南充地区金城山森林公园、綦江县古剑山森林公园、重庆铁山坪森林公园、重庆歌乐森林公园、江津县四面山森林公园、崇庆县鸡冠山森林公园、都江堰市森林公园、南川县楠竹川森林公园、万县地区大垭口森林公园、达县铁山森林公园、广元市天台森林公园、内江市长江森林公园、宜宾县石头山森林公园。

四川省廉政建设工作会议召开

1992年9月10日，四川省廉政建设工作会议在成都召开。会议提出：1. 坚持“两手抓、两手都要硬”的工作方针，把党风廉政建设列入各级党委、政府的重要议事日程；2. 广泛开展廉政教育，不断提高广大党员干部反腐倡廉的自觉性；3. 进一步坚持和推进制度建设，加强各项制度执行的监督检查工作；4. 围绕群众反映强烈的“热点”问题，开展专项治理以取信于民；5. 严肃查处大案要案，坚决惩治腐败；6. 实行党风廉政建设工作制度，狠抓落实。

四川省股份制试点工作会议在德阳举行

1992年9月11—13日，四川省股份制试点工作会议在德阳召开。会议指出，推行股份制既要积极又要慎重，不能一哄而起，要加强对试点工作的领导；在股票发行中必须严肃纪律，坚决制止企业向党政机关送售股票。会议强调，全省股份制试点工作必须坚决贯彻国家“坚决试，不求多，但求好，不能乱”的方针。

首届巴蜀食品节举行

1992年9月12—21日，首届巴蜀食品节在成都举行。食品节是以食品文化为媒介，以合作为纽带，以社会和经济效益为目标，集生产、商贸、文化、旅游为一体的盛大活动。食品节荟萃了全省1600多个企业的7000多个产品，6000余名客商、400多名港澳台商及外商参加，实现商品成交额23.3亿元。

首所由公民个人创办的住读学校开学

1992年9月18日，四川省第一所由公民个人创办的住读学校——光亚学校开学。学校位于都江堰市近郊，占地86658平方米，建筑面积8876.4平方米；图书馆藏书26500册；教职工130人，其中外籍教师16人；招收学前班和一至九年级共16个班，学生298人；实行小班制，为全日制封闭式住读小学。

该校从学前班开始教授英语，开设多种多样的选修课，成立各种兴趣小组，与国内外学校建立姊妹关系，开展互访、交流活动。该校参加总部设在日内瓦的国际文凭组织，为该组织成员之一。

学校创办者卿光亚，1956年生于重庆，做过小提琴手，担任过电视编剧、导演，1992年辞去公职开始创办私立学校。

省委、省政府印发《关于振兴川剧繁荣文艺的意见》

1992年9月23日，中共四川省委、四川省人民政府发出《关于振兴川剧繁荣文艺的意见》。

《意见》提出：继续深入贯彻“抢救、继承、改革、发展”的方针，坚持“出人、出戏、出效益、赢得观众”的宗旨，走改革创新之路等9条措施。

四川10个县（市、区）列入全国第三批农村能源综合建设重点县

1992年9月24日，简阳、射洪、绵竹、江安、眉山、阆中、德阳市市中区、潼南、江津、都江堰10个县（市、区）被列入“八五”全国第三批100个农村能源综合建设重点县。此前，铜梁县于1983年被列入全国第二批100个能源综合建设重点县。10个县1992年农村能源综合建设开展了小水电、薪炭林、电网节能、农机节能、砖瓦窑节能、推广饲料生喂养猪、沼气、省柴节煤灶等138个项目，投入资金3.85亿元，占计划投资的105%。

四川首次出国举办四川节

1992年9月25日，应土库曼斯坦文化部邀请，四川省人民政府主办的中国四川节在其首都阿什哈巴德开幕。

四川首次在国外举办文化与经贸相结合的四川节，是为了扩大其在独联体国家的影响，推动双方的交往与合作。四川节期间，举办了四川电影周、摄影艺术、儿童绘画等展览，资阳县杂技团演出了历年在全国比赛中获奖的节目，广汉烹饪团表演川菜及名小吃制作，轻工、工艺产品展销会推出丝绸、服装、食品和日用品的拳头产品。

《四川省查禁卖淫嫖娼活动的规定》出台

1992年9月26日，省七届人大常委会第三十一次会议审议通过《四川省查禁卖淫嫖娼活动的规定》，该规定自公布之日起施行。为查禁卖淫嫖娼活动，净化社会风气，维护社会治安秩序，根据全国人大关于严禁卖淫嫖娼的决定和治安管理处罚条例，结合四川实际制定本法规。全文共36条，包括：对卖淫嫖娼的收容教育和处罚，性病检查和治疗，特殊行业管理等。1997年10月17日四川省第八届人大常委会第二十九次会议通过了关于修改该规定的决定。

第二届四川青年“十杰”和“十佳”评选揭晓

1992年9月26日，中共四川省委宣传部牵头，组织评选出第二届四川省十大杰出青年及首届四川高校十佳青年教师、十佳青年学生。著名射击运动员张山名列“十大杰出青年”之首，西南农业大学鲁成等10名青年教师、四川大学肖龙等10名青年学生分别获得“四川高校十佳青年教师”和“四川高校十佳青年学生”称号。

四川出版集团成立

1992年9月28日，四川出版集团成立。这个由四川省人民政府批准成立的大型出版企业，由四川省新闻出版局直属的19家出版、印刷、外贸和物资供应企事业单位组成，实行独立核算、自主经营、自负盈亏。成立出版集团是改革出版体制的产物，旨在推行政企职责分开，发挥编、印、发、供的整体效益，促进新闻出版局机关转变职能。

10 月

中英洞穴探险队考察兴文溶洞

1992 年 10 月 1 日，中英联合洞穴探险队结束对兴文自然风景区溶洞的考察。

洞穴探险队是由国际洞穴研究会副秘书长安迪·伊文思为首的英国洞穴协会代表队与中国岩溶地质研究所洞穴探险队联合组织的。探险队在 16 个洞穴中，重点考察了天泉洞和猪槽井，测量总长度 25 公里。安迪·伊文思说：“兴文的溶洞和漏斗都是世界级的。”

四川承编的 9 年制义务教育教材通过审查

1992 年 10 月 4 日，四川教育出版社承编的 9 年制义务教育内地版教材，经过四年的编写和三年的试验，小学、初一的 12 门学科教材经国家教委中小学教材审查委员会审查通过，由国家教委向全国推荐使用。

四川火电成套设备工程在叙利亚中标

1992 年 10 月 4 日，四川省两套 19 万千瓦火电成套设备工程在叙利亚中标。这个工程是创汇2 亿多美元的大型项目，参加投标角逐的还有美国、日本、德国、意大利等国的十大著名公司。

省政府出台《关于大力发展第三产业的决定》

1992 年 10 月 5 日，四川省人民政府出台《关于大力发展第三产业的决定》。《决定》提出：大力发展商品流通，促进国合商业流通企业和物资企业经营机制的转变，建立健全多种经济成分、多渠道、布局合理的流通网络；深化对外经贸改革，促进对外贸易加速发展；大力发展旅游服务业；大力发展金融保险业；加强交通通信、信息网络建设；大力开拓房地产业；加强科技、教育、文化、卫生事业；大力开拓劳务市场。

铜街子水电站首台机组提前发电

1992 年 10 月 6 日，历时 7 年兴建的铜街子水电站开始发电。

铜街子水电站是国家“七五”“八五”计划重点工程，位于乐山市沙湾区境内，是大渡河梯级开发下游最后一级水电站，是以发电为主兼顾漂木、灌溉和改善航运条件的综合性大型水利枢纽。铜街子水电站总装机容量 60 万千瓦，年均发电量 32 亿千瓦时，1 号机组发电功率为 15 万千瓦。该电站主体工程于 1985 年 1 月正式开工，采用了“沉井群”进行抗滑处理，开创了中国水电建设史上大型沉井群施工的先例。经过建设者的 7 年奋战，1 号机组提前 3 个月发电，增创直接经济效益 1800 万元、社会效益 1.2 亿元。至 1994 年 12 月，铜街子水电站 4 台机组全部建成发电。

省政府发出《关于转变政府职能 促进经济发展的通知》

1992 年 10 月 6 日，四川省人民政府发出《关于转变政府职能 促进经济发展的通知》。《通知》指出：转变政府职能既是精简机构、裁减人员的前提，又是转换企业经营机制的迫切需要。按照社会主义市场经济的客观要求，政府职能将从微观经济活动的组织管理，转到制定政策、法规，宏观调控，提供服务，加强监督，管理社会上来。为实现这一转变，必须遵循“政企分开，宏观管住，微观放开”的原则，理顺政企关系、政事关系，并把政府职能转变同机构改革、裁减人员、简政放权结合起来，对计划、财政、金融、商业、外贸、人事、劳动等体制进行改革。

四川省农村工作会议在德阳举行

1992 年 10 月 6—8 日，四川省农村工作会议在德阳召开。会议提出，要进一步解放思想，转变观念，学会运用价值规律，按照市场需求指导农业和农村经济的发展。会议指出，发展高产优质高效农业是农村商品经济发展和市场需求的需要，高产是基础，优质是关键，高效是目标；发展高产优质高效农业的基本途径是着眼于整个国土资源的开发利用，农、林、牧、副、渔全面发展，实现种植养殖加工结合、农工商结合、内外贸结合、农科教结合。

四川省第七届运动会在绵阳举行

1992 年 10 月 10—18 日，四川省第七届运动会在绵阳市举行，全省 33 个代表团共 1971 名运动员参加了 12 个项目的比赛。此次运动会，共打破 3 项省纪录、57 项省运动会纪录，颁发团体和个人奖牌 1408 块。

四川首次承办全国书市

1992 年 10 月 11—22 日，四川省首次承办的第五届全国书市在成都体育中心举行。本次书市展厅面积 2 万多平方米，全国 630 余家出版单位的 6.6 万余种图书（其中音像制品 800 余种）参展，1000 家新华书店参加订货，入场购书读者 110 余万人次。书市期间，图书、音像制品零售总额 1980 万元，订货总额 1.43 亿元。

四川书市开业

1992 年 10 月 12 日，全国首家由省级新华书店开办的四川省图书音像批发市场（简称四川书市）在成都市东玉龙街四川省新华书店旧址创办。该书市经四川省人民政府批准建立，由四川省新闻出版局主管。书市实行“批零兼营”，每年提供 15 万余种图书、期刊、音像制品和电子出版物。1998 年，该书市搬至成华西街 8 号。2002 年，搬迁至梨花街 2 号盐市口广场 B 座。2012 年 2 月1 日，书市从梨花街整体搬迁至北大街 65 号，总面积约 16000 平方米。

省委、省政府决定建立攀西资源综合开发区

1992 年 10 月 15 日，中共四川省委、四川省人民政府决定建立攀西资源综合开发区，开发区范围包括攀枝花全市和凉山州的西昌市、冕宁县、德昌县、宁南县、会理县、会东县、普格县及盐源县的右所区、盐井镇，面积共 2.96 万平方公里，人口 280 余万人。建立这个开发区的指导思想是：立足资源开发，扩大对外开放，延续深度加工，采取滚动发展方式，把攀西建成全国最大最重要的原材料基地之一。

1993 年 4 月 1 日，省政府进一步确定把攀西地区建设成为中国内陆以资源开发为主体的经济特区。攀西地区进而将凉山彝族自治州全州包括进去，面积扩大到 6.75 万平方公里，人口增加到 450 多万人。

省委谋划“南下、北上、东进”开放新格局

1992 年 10 月 23 日，中共四川省委召开传达贯彻中共十四大精神大会。省委书记杨汝岱在会上强调：贯彻落实十四大精神，要真抓实干，在开放和发展上采取有效措施；发展四川经济要依托成渝两个中心城市，先抓“两线”（从江油到峨眉山市沿宝成线、成昆线的地带及由成渝铁路和成渝高等级公路连接位于两中心城市之间的各县）、“两翼”（攀西川南资源开发区、三峡库区），带动全省经济上新台阶；同时，要实行“借船出海，借边出境，借鸡生蛋，借台唱戏”的战略，开辟南下（与西南各省联合走向东南亚、南亚）、北上（到独联体各国）、东进（沿长江到上海、浦东，漂洋过海，走向世界）开放新格局。

11 月 27 日，四川省人民政府就开拓东南亚市场又制定相关政策，主要内容有：1. 全面延伸外贸、外经企业的商品进出口权和其他对外经营权；2. 加快在沿边各开放口岸组建有进出口权的外贸公司，鼓励兴办境外企业；3. 加速形成若干有国际竞争力的大型外向型企业集团；4. 多形式、多渠道开拓东南亚市场；5. 采取切实可行的办法筹措开拓市场的资金。

省级乐山旅游度假区建成

1992 年 10 月 23 日，多层次、高水平、全方位的融旅游、观光、娱乐、度假、经贸为一体的省级乐山旅游度假区建成。度假区分乐山大佛度假中心和峨眉山旅游试验区两大部分，总面积 20 平方公里。乐山大佛旅游中心位于岷江、大渡河、青衣江交汇处，41 个建设开发项目分布在东岩、凌云、乌尤、凤洲、杜家场半岛 5 个小区内。峨眉山旅游试验区位于峨眉山东南麓，内分康乐小区、休疗养小区、民族民俗博览小区等 8 个小区，设开发建设项目 30 多个。度假区建设采取外引内联、招商引资共同开发。

省政法部门发布严重刑事、经济犯罪分子限期投案自首公告

1992 年 10 月 31 日，四川省人民检察院、省高级人民法院、省公安厅、省司法厅联合发布《关于敦促严重刑事犯罪分子和贪污贿赂等经济犯罪分子投案自首的通告》，限令犯罪后逃跑的严重刑事犯罪分子必须立即停止犯罪，于 11 月 1 日至 12 月 31 日到政法部门投案自首。

为了给改革开放和经济建设创造良好环境，公检法司联合发出上述通告。该《通告》还规定，凡在限期内主动投案、坦白交代罪行、有立功表现的犯罪分子，公检法机关将依据法律规定予以从轻、减轻或免除处罚，立大功者还可受到奖励；如限期内拒不交代罪行、威胁报复举报人、继续进行犯罪活动的，将依法予以严惩。

省公安厅根据《通告》精神，发出了 1 号、2 号通缉令，公开通缉一批严重刑事犯罪分子和经济犯罪分子。

11 月

四川全面放开粮食价格

1992 年 11 月 1 日，经请示国务院同意，四川扩大粮食价格改革范围，全面取消粮食统购统销。除甘孜、阿坝两自治州各县外，全省各市县都实行粮价放开。

粮食销售价格和调拨价、粮食收购价先在成都、内江等 9 个市（地区）放开，实行市场调节。粮食销售价格放开后，城镇居民由所在工作单位给予适当补贴，国家不再用指令性计划，而是采取建立粮食储备制度、粮食风险基金和指导性计划的手段进行调控。

放开粮食购销价格是对计划经济下的粮食购销体制的根本改革，四川最先于 1990 年在广汉市进行试点，1991 年试点地区扩大到绵阳市各县。粮价放开后，实现了国家价与市场价“并轨”。

国营重庆针织总厂宣告破产

1992 年 11 月 3 日，重庆市中级人民法院依法宣告国营重庆针织总厂从即日起破产，这是中华人民共和国成立以来全国最大的一桩国营企业申请破产案。

重庆针织总厂是西南地区最大的一家集针织、染、整为一体的国营针织企业，始建于 1950 年。由于治厂不严、管理不善、经营失策、盲目引进等因素，造成投资过大、浪费严重、产品压库、长期亏损。截至 1992 年 10 月 4 日债权申报期限届满，该厂现有的资产和债权仅 4221 万元，对外债务却高达 8250 万元，不能清偿到期债务。虽经有关部门采取扶持等措施，但终未见成效，已无复苏可能。法院为保护债权人和债务人的合法经济权益，根据《中华人民共和国企业破产法（试行）》裁定破产。

李鹏到涪陵、万县等地视察

1992 年 11 月 12—14 日，中共中央政治局常委、国务院总理李鹏视察重庆、涪陵、万县等地市。在视察中，李鹏指出：三峡工程成败的关键在移民，三峡移民要走出一条开发和开放的新路子来；三峡工程对全国经济和社会发展具有重要战略意义，对库区乃至全川的经济和社会发展有着重大影响；四川按照党的十四大精神，结合当前实际，各方面工作都不错；四川省委提出的思路和采取的措施是符合十四大精神的，下一步就是要大胆地干，珍惜和维护大好形势，努力发展这个好势头。

重庆市地铁轻轨工程协议签字

1992 年 11 月 17 日，由香港深华发展有限公司和香港安好投资有限公司投资 28 亿元兴建和经营的重庆市朝天门至沙坪坝地铁轻轨工程协议签字。该地铁全长 16. 56 公里，设小什字、两路口、大坪、石桥铺等 13 个站台，单向每小时运送旅客 2 万人。该工程于 1992 年动工，1998 年建成营运，港商经营 45 年，是内地首个由港商独资兴建和经营的项目。

巴县发生特大车祸

1992 年 11 月 19 日凌晨，巴县双胜乡农经站一辆大客车从南川开往重庆，行至惠民乡叫花村时，从9米多高的桥面冲入2米多深的河中，车上17人遇难、20余人受伤。

张皓若辞去四川省省长职务

1992年11月28日，四川省第七届人大常委会第三十二次会议决定：任命肖秧为四川省人民政府副省长，接受张皓若因工作变动辞去省长职务。肖秧此前是中共重庆市委书记，在1993年1月召开的四川省人大八届一次会议上当选为省长。张皓若辞去四川省省长一职后，先后任轻工业部副部长、国内贸易部部长、国家体改委副主任等职。2004年3月，张皓若因病去世。

绵阳高新技术产业开发区获准建立

1992年11月，国务院批准绵阳市建立国家级高新技术产业开发区。

高新区位于绵阳市区西部，规划面积6.1平方公里，分为启动区和石桥铺国际招商区。启动区2.5平方公里，按功能又分为商贸区、高科技孵化区、工业区、园林娱乐和生活区，至11月已建成了水、电、气、路、邮电、排水排污、供热、计算机网络、有线电视等“九通一平”工程。加上绵阳市出台的一系列优惠政策，开发区吸引了气流粉碎、核辐照中心、油脂化工、光纤通信、摄录放一体化、程控交换机等145个高新技术项目进区建设，一批三资企业和相关服务项目正式投产开业。开发区依托绵阳雄厚的科研实力和高科技人才，以电子信息技术、光机电一体化技术、核应用技术、新材料技术、高效节能技术、生物工程技术和精细化工技术为主导产业。

1993年3月，绵阳高新技术产业开发区通过国家高新技术产业开发区审验组审定验收并授牌，这是继成都、重庆后四川省建立的第3个国家级高新技术产业开发区。

西昌卫星发射中心第二发射工位通过国家验收

1992年11月，西昌卫星发射中心第二发射工位通过国家验收。第二发射工位是国务院、中央军委1989年确定的国家重点工程建设项目，命名为867-2工程。该工程的建成，标志着西昌卫星发射中心已拥有发射大吨位、大容量、多用途应用卫星的能力，向现代化综合发射场迈进了一步。

中国环流器一号建成启动后研究成果丰硕

1992年11月，中国自己设计研制的最大受控核聚变装置——中国环流器一号在核工业西南物理研究院建成启动以来已安全运行8年，完成重大实验20多项，获研究成果400余项，获省部级以上重大实验成果奖30多项，中国在受控核聚变研究上又跨上了一个新台阶。1992年10月底结束的在中国环流器一号上成功进行的电子回旋共振加热实验表明，在中国环流器一号上电子回旋共振加热效果明显，等离子体电子温度增加了30%。这次实验的结果，结束了中国托卡马克型受控核聚变研究装置只有欧姆加热的历史。

1984年9月，中国自行设计制造的第一座受控核聚变实验装置中国环流器一号在位于四川省乐山市郊的核工业部西南物理研究所建成启动，此项研究是设法将氢弹爆炸这一瞬间完成的核聚变现象变成可以控制的过程。经过科研人员长期不懈努力，中国环流器新一号建设1994年10月竣工，1995年通过国家验收。环流器新一号具备在高参数条件下进行托卡马克国际前沿物理实验的条件。2004年9月，中国环流器二号A建设在由西南物理研究所扩建更名的核工业西南物理研究院拉开序幕。

12 月

《四川省鼓励外商投资条例》颁布施行

1992 年 12 月 1 日，《四川省鼓励外商投资条例》颁布施行。主要内容是：鼓励外国投资者在高新技术区、工业开发区、旅游开发区、少数民族地区和边远地区投资。外国投资者的投资方式有：举办合资经营企业、合作经营企业和外资企业，购买股票、参股经营或购买债券等有价证券，开展补偿贸易、来料加工装配，依法取得土地使用权开发经营或者成片开发，国家法律允许的其他投资方式。外商投资企业所得税按其性质经税务机关批准按 30%、24%、15%的税率计征；符合法定减免税条件的，依法予以减免。

彭县建成四川省最大蔬菜批发市场

1992 年 12 月 1 日，彭县投资 1700 万元建成占地 41800 平方米的四川省最大蔬菜批发市场。彭县是全国商品蔬菜生产基地县和全国南菜北运五大基地之一，有 17 万亩蔬菜生产田，年产菜 4 亿多公斤，外销量达 1.5 亿公斤以上。

刘伯承铜像揭幕和纪念馆落成

1992 年 12 月 4 日，中共四川省委、四川省人民政府召开大会，纪念刘伯承元帅诞辰 100 周年。同日，刘伯承铜像揭幕和纪念馆落成典礼在其故乡开县举行。邓小平亲笔题写“刘伯承同志纪念馆”馆名，江泽民为纪念馆题词：“学习刘伯承同志崇高的革命精神和思想品德”。中央军委委员、解放军总参课长迟浩田，中央政治局委员、四川省委书记杨汝岱，成都军区政委张工为刘伯承铜像揭幕并为纪念馆剪彩。参加纪念活动的有中央军委和省、地、县党政军负责人及各界人士 2000 余人。刘伯承元帅出生于四川开县，是中国伟大的无产阶级革命家、军事家。

整个纪念馆占地 5000 多平方米，陈列有各种价值较高的文献资料 480 多件、实物 100 多件。这些资料和实物，再现了刘伯承戎马一生为追求真理而奋斗的革命历程。

省委、省政府召开三峡经济区工作会议

1992 年 12 月 7—9 日，中共四川省委、四川省人民政府在重庆召开三峡经济区工作会议，提出三峡经济区的基本发展思路：首先加快基础设施建设，重点是改善区内交通、通信、能源、水利和市政公用设施等基础条件；其次是立足库区资源，围绕市场需要，发展优势产业和产品；充分发挥重庆中心城市的作用，带动整个经济区的发展。对三峡经济区的政策基点：一是调动各方面的积极性，对经济区实行资金供给倾斜，增加区内经济实力；二是改善投资环境，提高对经济区外投资者的吸引力；三是赋予经济区各级政府和企业从事经济发展必需的各种权利，逐步建立市场经济体系，全面提高经济区的经济活力。

四川注巨资解决“蜀道难”

1992年12月10日，中共四川省委、四川省人民政府决定，未来8年内将投资200多亿元解决蜀道难问题。

这一重大战略决策的主要目标是：依托长江主干流，以沿江重点港口为连接点，建成“人”字形快速通道；加快建设“大”字形格局的国道主干线，建好国防、边防公路，形成快速畅通的5个进出川口子；3年内建成九寨沟旅游环形公路，保证16个地、市、州都有二级以上公路与“人”字、“大”字形快速通道连接；重点加强三峡和攀西、川南两翼交通建设，加快民族地区交通发展，形成快速公路与进出川水运主通道相联系的水陆运输网络。

省政府公布全省市场体系建设目标

1992年12月11日，四川省人民政府印发《关于培育和发展全省市场体系的通知》，提出全省市场体系建设的目标。

新市场体系围绕“一线两翼”发展战略，在布局上按照“突出成渝、发展两线（成都至重庆、江油至峨眉经济技术密集区）、打通三边（川东、川南、川北门户）”的基本思路组织发展，形成以成、渝两大中心城市大区性专业批发市场为龙头，经济发达地市区域性批发市场为基础，三边集散市场为重要通道和口岸，横向配套、纵向协调的全省市场网络体系。

黄龙、九寨沟景区入选《世界自然遗产名录》

1992年12月14日，联合国教科文组织世界遗产委员会决定，将中国国家级风景名胜区黄龙、九寨沟作为世界自然遗产列入《世界自然遗产名录》。这是四川境内首次被列入该名录的景区。

国家级风景名胜区黄龙、九寨沟，是国家旅游局为1992年中国友好观光年推出的第一批国家专项旅游线之一，位于成都以北400多公里的高原森林中。两处景点仅一山之隔，各具丰姿，分别享有“人间瑶池”和“童话世界”的美誉，开发于20世纪80年代。

黄龙景区在松潘县东部，以巨型地表钙华表景观为主，钙华边石坝彩池、钙华滩、扇、湖、坑、泉、洞穴和盆泉一应俱全；尤其是黄龙沟，位于海拔5588米、终年积雪的岷山主峰雪宝顶下，有一条长3.6公里、宽30—70米的浅黄色地表钙华堆积体；这在中国无数的风景名胜中堪称一绝。九寨沟在南坪县以南，因当地有9个藏族村寨而得名，海拔2000多米；九寨沟长20多公里，纵横交错在山谷之间；沟内有群峰数十座，散布在湖泊四岸，云雾缭绕、云峰浮动；这里湖泊星罗棋布、雪山高耸入云、松叶五彩斑斓、瀑布飞奔四溅，迷人的景色让游客仿佛进入了梦幻般的童话世界。

四川首例“民告官”行政诉讼案结案

1992年12月23日，平武县凤凰乡25户农民状告乡政府违法要求农民履行义务的行政案件，平武县人民法院经过审理，作出判决：被告凤凰乡人民政府败诉，所摊派的不合理费用如数清退。此案是四川省农民群众状告乡政府的首例行政诉讼案。

隆（昌）叙（永）地方铁路第一期工程竣工

1992年12月23日，隆（昌）叙（永）地方铁路第一期工程——隆昌至泸州段竣工。该段工程主线 55 公里、站线 18 公里，1988 年 12 月动工，投资 1.3 亿元。

成都倍特发展股份有限公司成立

1992 年 12 月 26 日，全国 27 个国家级高新技术开发区的第一个股份制企业——成都倍特发展股份有限公司正式成立。

倍特公司是经国家科委和国家体改委批准，作为国家高新技术产业开发区开发总公司进行科技与经济相结合试点的首家股份制企业。倍特公司以现代通信（包括光纤光缆）、机电、生物工程、新材料和核技术应用五大产业为发展重点，同时兼营房地产开发和第三产业，拥有 1.8 亿元资金。主要股东包括川大、成都科大、电子科大 3 所大学和核工业部、化工部、机电工业部、邮电部等部属在蓉的科研所，以及实力雄厚的生产性企业。

四川人民警察首次授衔在成都举行

1992 年 12 月 28 日，四川省首次人民警察授衔仪式在成都举行。这次授衔是根据《中华人民共和国人民警察警衔条例》进行的。为此，全省各级公安机关、司法机关做了大量准备工作。各级公安部门将 300 多名不适合做公安工作的人员调离了公安机关，对 600 名不称职的人员进行了培训；核实了各级公安机关的编制，明确了干警职务职级。

首批获授三级警监和一、二、三级警督警衔的，共有 140 名公安和劳改劳教部门的警官。

万县地区撤地设市

1992 年 12 月 30 日，国务院批准，撤销万县地区和县级万县市、万县，设立地级万县市。新设立的万县市，辖原万县地区的开县、忠县、梁平、云阳、奉节、巫山、巫溪、城口 8 个县；新设立的龙宝区、天城区、五桥区 3 个区，辖原万县市和万县的行政区域。原万县地区行政区划面积 29485 平方公里，辖 9 县 1 市，至 1992 年末总人口 821.26 万人。

艾芜、沙汀逝世

1992 年 12 月，中国作家协会顾问、四川省文联和四川省作家协会名誉主席、“左联”老战士、著名作家艾芜于 5 日 8 时 50 分因病在成都逝世，终年 88 岁。中国作家协会副主席、四川省文联和四川省作家协会名誉主席、“左联”老战士、著名作家沙汀于 14 日凌晨 1 时 43 分因病在成都逝世，终年 88 岁。

艾芜，原名汤道耕，新都县人。沙汀，原名杨朝熙，安县安昌镇人（今属北川县）。两人都是中国现代文学史上成就卓著的川籍作家，被誉为“中国文坛的双子星座”。他们 1904 年同年出生，在四川省立第一师范学校同班，并于 1931 年联名写信向鲁迅先生求教，走上了进步文学的道路，并双双成为文坛巨匠。艾芜的小说《南行记》、沙汀的小说《在其香居茶馆里》，在现代文学史上都是脍炙人口的佳作。

1993 年

1 月

攀钢集团实行国家计划单列

1993 年 1 月 1 日，国家开始对攀钢集团部分具备单列条件的指标实行国家计划单列，从 1994 年起，在国家计划中全部实行单列。

攀钢集团是以原攀钢公司、攀矿公司和十九冶金建设公司为主，联合国内 55 家企事业单位组建的跨地区跨行业的大型企业集团，现有固定资产 90.8 亿元，职工总数 32 万人。

四川天一开放学院成立

1993 年 1 月 4 日，四川天一开放学院成立，举行开学典礼。该院由著名经济学家刘诗白任名誉院长、林凌任院长，是四川省第一所经省教委批准，以培养外向型经济管理多学科实用人才为宗旨的高层次成人教育大学。

省委召开省直机关下派干部座谈会

1993 年 1 月 6 日，中共四川省委召开省级机关下派到县（市、区）担任党政“一把手”的处级干部座谈会。会议要求：要吃透“两头”，敢于创造性地开展工作；要按照党的基本路线的要求，根据省委部署，围绕经济建设这个中心，集中主要精力，把经济建设搞上去；要真抓实干，少说空话，多办实事；抓好传统农业逐步向高产优质高效农业的转变，抓好乡镇企业的发展，抓好骨干企业，抓好流通和交通为重点的第三产业；要解放思想，转变观念，敢想、敢试、敢闯、敢干；要学会驾驭全局，善于团结党委和政府“一班人”，充分发挥大家的积极性和创造性。

省委农村工作领导小组会议召开

1993 年 1 月 6—7 日，中共四川省委农村工作领导小组会议在成都召开。会议认为，四川经济刚迈新步，不是过热；今后应保持“一条线”和乡镇企业发展的好势头；农民进城搞二、三产业值得提倡；当前要坚决兑现“白条”和“绿条”以及粮食定购挂钩物资，加强党对农业和农村工作的领导。

废止与《四川省农民负担管理条例》相违背条款

1993 年 1 月 7 日，中共四川省委、四川省人民政府发出《关于废止与〈四川省农民负担管理条例〉不相一致的四个文件有关条款的通知》。《通知》决定：凡与《四川省农民负担管理条例》相违背的有关条款分别予以废止和修改，要求继续做好有关农民负担管理的法规和文件的清理工作，按国务院指示取消农村一切达标活动，凡与《条例》相抵触的文件规定都应加以废止或修改。

中共四川省委五届十二次全会召开

1993 年 1 月 11—13 日，中共四川省委五届十二次全会在成都举行。全会回顾总结 1992 年的工作，分析当前形势，确定四川深入贯彻落实党的十四大精神的基本思路，安排部署 1993 年的工作。全会通过了《中共四川省委 1993 年工作要点》和《关于召开中共四川省第六次代表大会的决议》。《工作要点》主要内容是：抓住时机，加快经济发展；围绕建立社会主义市场经济体制，深化改革，扩大开放；坚持两手抓，把精神文明建设和民主法制建设提高到新水平；加强党的建设，提高执政和领导水平。

四川召开经济工作会议确定市场经济体制下经济发展重点

1993 年 1 月 13—16 日，四川省经济工作会议在成都召开。会议要求：全省上下全面落实中共十四大精神，按社会主义市场经济体制要求，加快改革开放，紧紧抓住转换企业经营机制这个中心环节，搞好国营大中型企业，大力培育市场，推进技术进步，更加大胆地扩大对外开放，加速发展集体经济和第三产业，把工作重点放在提高质量、优化结构、增进效益上，促进全省国民经济既好又快地持续协调向前发展。会议确定重点抓好以下几项工作：加快转换企业经营机制步伐，进一步增强国营大中型企业活力；以加快发展优势产业培育拳头产品为重点，促进结构调整，大力推进企业技术进步；大力开展招商引资工作，促进对外开放工作上新台阶；以经济效益为中心，努力提高经济运行的质量；抓好工交生产的调度指挥，加强日常经济运行的宏观调控工作；加强企业党的建设和政治思想工作，保证改革开放顺利进行。

省委召开市、地、州委书记会议

1993 年 1 月 14 日，省委召开市、地、州委书记会议。会议结合四川实际，进一步贯彻落实江泽民总书记和李鹏总理在农业和农村工作座谈会上的重要讲话和国务院电视电话会议精神。会议要求，各级领导要牢固树立以农业为基础的思想，把农业放在各项工作的首位，“一把手”亲自抓农村改革、发展和建设中的重大问题。要采取切实措施保护农民利益：一要千方百计筹措资金，在春节前兑现农民手中的“白条”；二要严格执法监督，切实减轻农民负担，坚决把农民合同内的负担控制在上年人均纯收入的 5%以内；三要尽快落实粮食定购“三挂钩”。

全国第一个陆上固体矿床资源合资勘探项目签署

1993 年 1 月 18 日，澳大利亚 BHP 矿产集团总裁埃利斯和冶金部西南地勘局局长冯明真分别在四川省与澳大利亚 BHP 公司合作勘探铅锌矿合同上签字。该项目为中国陆上固体矿床资源合资勘探开发的首例，对中国矿业界利用国际惯例引进国外资金、技术和管理经验是一项有益的尝试。

四川省政协七届一次会议召开

1993 年 1 月 30 日至 2 月 9 日，四川省政协七届一次会议在成都举行。大会选举聂荣贵为七届省政协主席，杨岭多吉、韩邦彦、王于、刘元瑄、辛文、刘昌杰、陈祖湘、李克光、杨代蒂、孔萨益多、刘诗白、张廷翰、曾平江为副主席，通过了《中国人民政治协商会议第七届四川省委员会第一次会议决议》和《中国人民政治协商会议第七届四川省委员会提案委员会关于七届一次会议提案审查情况的报告》。会议决议提出本届政协的首要任务是：按照省委、省政府提出的经济发展战略，充分发挥政协人才荟萃的优势，着重就本省发展农业和农业经济、加强交通通信和能源等基础设施建设、转换国有企业经营机制、转换政府经济管理职能、扩大对外贸易和招商引资等方面的重大问题，深入进行细致的调查研究，认真负责地向党委和政府提出意见和建议。

四川省八届人大一次会议召开

1993 年 1 月 31 日至 2 月 11 日，四川省八届人大一次会议在成都举行。代省长肖秧作《政府工作报告》，提出今后五年政府要集中精力抓好 12 件大事：大力加强农业基础，发展高产优质高效农业；加强基础设施建设；深化企业改革，抓好结构调整，提高经济效益；放手发展第三产业；大力发展科技和教育，繁荣各项社会事业；搞好三峡库区经济开发，确保三峡工程顺利建设；加速民族地区经济发展，继续抓好扶贫工作；深化财税物价体制改革，完善金融市场；坚持对外开放，加快对外贸易经济发展；加强社会主义民主法制建设，巩固发展稳定的社会环境；不断改善人民生活；推进政府机构改革，切实转变政府职能。大会审议通过省政府工作报告和计划、财政议案以及省人大常委会、省法院、省检察院工作报告。

大会选举杨析综为四川省八届人大常委会主任，选举肖秧为省长。宋大凡、康振黄、罗通达、饶用虞、任凌云、韦思琪、王叔云、孙自强、孟俊修、徐尚志当选为省人大常委会副主任，蒲海清、马麟、刁金祥、徐世群、张中伟、李蒙、欧泽高、甘宇平当选为副省长。

四川省技术市场初具规模

1985 年以来四川省技术市场蓬勃发展，至 1993 年 1 月，各种所有制类型的技术经营机构发展到 3500 个左右，固定从业人员达 7 万多人；7 年间技术合同成交额累计达 33.7 亿元，促成 17440 项（次）技术向农村转移，促成 38915 项（次）技术在企业得到应用。

泸州经济技术开发区获准建立

1993 年 1 月，省级开发区四川省泸州经济技术开发区获准建立。开发区位于城区北部，由鱼塘工业园区、安宁片区和城北新区组成，规划面积 15 平方公里。泸州开发区是泸州市改革开放的试验区、经济发展的示范区和经济增长的带动区。鱼塘片区是以高新技术产业为主的工业区，是西部的重要化工园区之一；安宁片区是以加工业仓储运输为主的产业区；城北片区是以商贸、金融、文化、体育、商住为主的城市新区。区内交通畅达，水、电、气、邮、通信等基础设施配套良好。中外合资兆峰陶瓷公司、泸州老窖股份有限公司、国营火炬化工厂、青岛（泸州）啤酒厂、维城磁能公司、宝光药业集团、泸州卷烟厂、鼎业碱业公司、泸州永华液压器材有限公司、四川升和药业、多法药业等中外客商纷纷落户开发区，形成了酿酒、烟草、建材、医药、机械等骨干产业，成为泸州市重要的产业发展区域和投资热土。

2 月

四川省常设人才市场开放

1993 年 2 月 3 日，四川省常设人才市场在四川省展览馆（2006 年 11 月改建为四川科技馆并正式开馆）开放，600 多平方米的交流大厅当日爆满，前往交流、咨询、参观者逾万人。

首批进入人才市场设点招聘人才的有省属和成都、乐山、绵阳等 10 余个市（地）以及峨眉、广汉、简阳等 50 多个县（市、区）的 440 家企事业单位。省人才交流中心提供了 80 多个专业的300 多名人才信息供用人单位选择。

由四川省人事厅直接领导的四川省常设人才市场除国家法定节假日外，常年开放；每月 18 日为集市型人才交流活动日，并可举办专场人才招聘洽谈会或信息发布会。

中国首家“股份制报纸”诞生

1993 年 2 月 5 日，四川体育报社和成都国泰琴行签订协议，双方以投资参股方式合作经营《四川体育报》。该报由此成为中华人民共和国成立后的第一家以股份制合营的报纸。《四川体育报》由四川省体委主办。成都国泰琴行是一家经营高级电声乐器和音响的企业，国泰公司将为报社注入资金，用先进的企业管理方法管理报纸。

100 万门数字程控电话机生产项目协议签订

1993 年 2 月 5 日，由四川省人民政府、成都市人民政府、省邮电管理局与美国电报电话公司合资建立 100 万门 SESS 数字程控电话交换机生产厂及配套企业的协议，在成都锦江宾馆签署。

三峡联合职业大学挂牌

1993 年 2 月 8 日，中国第一所股份制联合职业大学——“三峡联合职业大学”在重庆挂牌，该校由重庆、南充、达县、涪陵、黔江一市四地联合创办。2 月 26 日，该校校务委员会成立，决定 1993 年秋季招收首批学生。新任省长肖秧出任名誉校长。这所跨地区的职业大学具有三大特点：实行股份制，不要国家一分钱；联合办学即优势互补、互惠互利；高等职业教育突出职业技能培训，培养高层次职业性、应用型、技术型人才，毕业即可顶岗。该校实行董事会领导下的校长负责制，董事会由四地一市的 22 名党政负责人组成，重庆市教委副主任青晓旸为第一任校长。“三峡联合职业大学”由四地一市的 15 所大学组成，占地面积共 565 亩，建筑总面积近 20 万平方米，有专职教师近 800 人、各种实验室 80 多个，图书馆藏书 80 多万册，总校设在重庆轻工职大。

四川粮票退出流通领域

1993 年 2 月 15 日，全省开始实行粮油商品敞开供应，粮票退出流通领域。4 月 9 日，省粮食局发出通知，规定全省粮票（含购粮券）全部销毁，市、县粮票的销毁由当地政府决定，全国粮票按商业部的统一规定办理。至此，伴随着全省城镇居民 40 年历程的粮票、油票等各种票证完成了历史使命。

省委、省政府出台《关于加快发展乡镇企业若干问题的规定》

1993 年 2 月 17 日，中共四川省委、四川省人民政府颁发《关于加快发展乡镇企业若干问题的规定》。《规定》要求：继续把加快乡镇企业发展作为全省经济建设的战略要点，促进不同所有制和不同组织形式的乡镇企业共同发展，因地制宜执行国家产业政策；多渠道筹集资金，千方百计增加投入；继续实行放水养鱼、培植税源的税收政策；走合理布局、适当集中发展的新路子；大力培养和吸引人才；大力推动横向经济联合和城乡联合；各有关部门通力合作，打好加快发展乡镇企业的总体战，切实加强乡镇企业管理部门的建设。

第八届四川省人民政府召开第一次全体会议

1993 年 2 月 17 日，第八届四川省人民政府召开第一次全体会议，布置 1993 年工作，落实省政府各部门的目标管理责任。省长肖秧提出新一届政府：首先抓决策前的调查研究，保证决策的正确性，及时纠正已经被实践证明是错误的东西；在任何时候都要牢牢抓住经济建设这个中心；提高政府工作办事效率，逐步建立起科学的办事程序；农业基础不能动摇，能源、交通、原材料、环境保护这些基础设施要狠抓。

《四川省全民所有制工业企业转换经营机制实施办法》出台

1993 年 2 月 18 日，省长肖秧签署四川省人民政府令第 35 号，发布《四川省全民所有制工业企业转换经营机制实施办法》。该办法共 30 条，主要内容是：为适应社会主义市场经济的要求，增强全民所有制工业企业（以下简称企业）活力，提高企业经济效益，四川省全民所有制工业企业决定采用承包经营责任制、租赁经营责任制、股份制、合营、中外合资、中外合作或者类似外商投资企业、城乡集体企业等经营形式。四川省行政区域内的中央和地方全民所有制交通运输、邮电、地质勘探、建筑安装、商业、外贸、物资、农林、水利、科技以及国防军工企业也可参照执行。

四川省农业综合开发工作会议在绵阳举行

1993 年 2 月 19—22 日，四川省农业综合开发工作会议在绵阳召开。会议强调：综合开发应以市场为导向，以发展高产优质高效农副产品为目的，以改造中低产田为重点，因地制宜，实行综合投入，采取综合措施，取得以经济效益为主的综合效益。会议还对综合开发成效突出的工程项目县和先进单位进行了表彰。

四川评出十大流通企业

1993 年 2 月 24 日，由四川省财贸办公室、省统计局、省统计信息产业中心主持的全省十大流通企业评价结果揭晓。十大进出口企业按地区划分为成都 5 家、重庆 4 家、攀枝花 1 家，四川省丝绸公司名列第一；十大宾馆中成都 8 家、重庆 2 家，四川锦江宾馆名列第一；十大商场中成都 6 家、重庆 3 家、乐山 1 家，重庆百货大楼名列第一；十大商业批发机构中成都 5 家、重庆 4 家、德阳 1 家，中国农资公司成都分公司名列第一。

四川省经济体制改革工作会议召开

1993 年 2 月 24—26 日，四川省经济体制改革工作会议在成都举行。会议传达全国体改工作会议精神，讨论全省建立社会主义市场经济体制的总体规划，研究部署 1993 年体改工作任务。会议提出：不能“小打小闹”“小改小革”，要有高起点，大胆突破，勇于创新，通过借鉴国际上市场经济的基本经验与惯例，按照社会主义市场经济运行的总体要求，全面设计新体制框架；从四川的条件、起点和基础出发，解决四川的问题，四川的改革开放应在重点地区、重点区域、重点环节上实现新的突破。会议也提出了主要措施：一是在坚持公有制为主体的前提下，大力发展多种经济成分，积极稳妥地调整所有制结构；二是搞好国有企业的改制工作，从理顺产权关系入手转换企业经营机制，从根本上提高国有企业的经济效益，发挥其主导作用；三是加快各类市场的发育，建立和健全市场体系；四是转换政府职能，建立新型宏观调控机制和社会保障体系。

“金马杯”1992 年四川省十佳演员评选揭晓

1993 年 2 月 27 日，四川省报纸副刊研究会主办的“金马杯”1992 年四川省十佳演员揭晓。重庆市川剧院刘德益、成都军区战旗杂技团万静（女）、绵阳市川剧团喻海燕（女）、峨眉电影制片厂雷汉、成都军区战旗歌舞团吴企善、四川省川剧学校田蔓莎、四川省歌舞剧院高宾、自贡市川剧团蔡少波、泸州市歌舞团冯军、四川省人民艺术剧院潘虹（女）获评为十佳演员。

3 月

府南河综合整治工程启动

1993 年 3 月 1 日，成都市人民政府启动 5 个城区 188 条街道、10 多万人的拆迁工作，拉开府南河综合整治工程序幕。

府南河包括府河、南河，历史上合称锦江，是岷江水系都江堰渠首工程的延伸，是成都城市千百年来人们生产生活的母亲河。抗日战争结束后，两河航运大大萎缩，河道逐段水浅，以后随着陆上交通兴起，航运进一步衰落。到 20 世纪 80 年代，府河水位骤降，基本断航。两河河道由于被破坏，急降大雨或上游洪水泄入时，两河往往无力容纳，酿成灾害。同时，随着城市建设发展，两河污染日益严重，水质急剧恶化，整治母亲河已刻不容缓。

1987 年，成都市建委组织专门力量，对府南河的状况进行全面调查，制定出治理、改造的规划方案。1992 年在总体规划的基础上，制定了详细规划，逐步明确府南河必须进行“综合治理”的思路，提出短期提高城市防洪能力、中长期为治污治水，“还两河清流”的目标规划。成都市成立以市长黄寅逵为首的工程指挥部。1993 年 1 月 27 日，成都市人民政府以“成府发〔1993〕12 号文”正式批准项目全面实施。1993 年 12 月，新任成都市市长王荣轩提出：府南河工程是“本届政府的 1 号工程”，将集中全市人力、物力、财力，予以优先保证，并特事特办给予政策上的大力支持；从 1993 年底起，四年内“还河于民”。随后，市长亲任工程领导小组组长，一抓到底，并抽调市长助理张继海等，成立专门机构，具体负责工程的指挥、组织落实工作。1994 年 6 月 3 日，成都府南河综合整治工程正式实施，成都市人民政府分别与工程段的武侯、青羊、锦江、金牛、成华 5 区政府签订专项目标责任书。1995 年，成都市进入了“市政拆迁年”，3 万户 10 万人的拆迁相继得到落实。1996 年，市政道路和园林建设全面展开。1997 年 12 月 29 日，这项集防洪、治污、绿化、安居、文化与道路管网改造于一体，总投资 27 亿元，造福百姓、树立省城形象的府南河综合整治工程城区段全面竣工。在府南河上新建桥梁 18 座、拦河坝 5 道、码头 12 个，疏通河道 16 公里，新建住房面积 450 万平方米，10 万棚户区居民迁入新居。

1998 年 10 月，府南河综合整治工程因全力推进城市可持续发展，改善市民的生活质量和解决贫困市民的安居问题，获得联合国人居中心颁发的“世界人居奖”。

省政府批准设立都江堰省级旅游度假区

1993 年 3 月 1 日，经四川省人民政府批准，成都市第一个省级旅游度假区——都江堰旅游度假区正式设立。四川省人民政府授权都江堰市人民政府对该旅游项目进行规划、审批和管理，执行国家级旅游度假区优惠政策。度假区分为“都江堰核心区”和“青城小区”，总面积 20 平方公里。

第二批省级历史文化名城公布

1993 年 3 月 6 日，四川第二批省级历史文化名城公布。至此，四川有全国历史文化名城 5 座（成都、重庆、自贡、宜宾、阆中）、省级历史文化名城 25 座（乐山、都江堰、泸州、江油、邛崃、巴中、眉山、资中、松潘、通江、叙永、新都、剑阁、崇庆、广元、西昌、南充、绵阳、广汉、三台、会理、奉节、丰都、芦山、旺苍）、省级历史文化名镇 18 座（雅安市上里场、石棉县安顺场、双流县黄龙溪乡、新都县新繁镇、成都青白江区城厢镇、宜宾市李庄镇、屏山县龙华镇、广元市昭化镇、旺苍县木门镇、犍为县罗城镇、巴中县恩阳镇、巫山县大昌镇、资中县铁佛镇和罗泉镇、石柱县西沱镇、三台县郪江场、富顺县仙市场、达县石桥镇）。

省政府确定四川省发展个体、私营经济试验区

1993 年 3 月 10 日，成都市成华区、新津县被省政府确定为四川省发展个体、私营经济试验区。这是全国首次确定省级个体、私营经济试验区。在试验区内成立了管委会，作出了发展规划，制定了“四个不限制”（不限制发展比例、发展规模、经营范围、开业条件）、“九放开”（放开登记条件、经营范围、经营方式、生产经营用地限制、贷款和现金管理限制、税收征管办法、价格管理、外商投资范围和放开放活大胆试验）的规定，解决了征地和资金等难以解决的问题。至 1993 年末，两区县个体工商户均增加 1000 户以上，私营企业分别达到 427 户、144 户，分别增长 4.8 倍和 61%。

四川省最大私营鞋业实体公司成立

1993 年 3 月 10 日，四川省最大的私营鞋业实体——成都市金冠鞋类实业总公司成立。这家企业由成都市武侯区 6 家私营鞋业企业合资组建，注册资金 480 万元，已建成开业省内最大的私营鞋业批发商场。

中国首家牙种植专科医院及教学基地建立

1993 年 3 月 10 日，国家卫生部口腔种植科技中心创办的中国首家牙种植专科医院及教学基地在华西医科大学正式建立。

纪检、监察机构合署办公

1993 年 3 月 11 日，根据党中央、国务院决定，省纪委、省监察厅正式合署办公。合署后实行“一套工作机构，两块牌子，两种职能；一个领导班子，交叉任职”的运行体制，符合“有利于在各级党委的统一领导下，进一步强化纪检、监察两种职能；有利于各级政府加强对行政监察工作的领导；有利于减少纪检、监察工作中的重复交叉和精简机构、人员”的原则。

四川首家上市公司在深交所挂牌上市

1993 年 3 月 12 日，四川首家上市公司峨眉山盐化工业（集团）股份有限公司的股票在深圳证券交易所挂牌上市。

1980 年 7 月，蜀都大厦开新中国之先河，发行了全国第一只股票。继后，汇通城市合作银行公开面向市民和单位发行个人股和法人股，但都未能实现异地上市。

在深交所挂牌的四川峨眉山盐化工业集团有限公司，于 1988 年 6 月以原五通桥盐厂为骨干，联合中国盐业总公司、中国轻工物资供销总公司、中国华轻实业等公司发起成立。“川盐化”股票上市后，乐电、金路、渝开发、蓉动力等 13 家股票也相继上市。四川成为除上海、广东（深圳）外股票上市最多的省份。

政府特殊津贴专家颁证和首批“四川省有突出贡献优秀专家”命名

1993 年 3 月 12 日，四川省为 1992 年度享受国家政府特殊津贴专家颁证、首批“四川省有突出贡献优秀专家”命名大会在成都举行。1992 年度，四川省经国务院批准享受国家政府特殊津贴的专家、学者、技术人员有 998 名，经省政府批准的首批“四川省有突出贡献的优秀专家”有 200 名。

省委、省政府印发《关于加强对我省股份制试点工作领导的通知》

1993 年 3 月 21 日，中共四川省委办公厅、四川省人民政府办公厅发出《关于加强对我省股份制试点工作领导的通知》。《通知》明确，当前股份制试点工作主要是：按国家有关部门规范化意见总结经验，完善有关制度和工作程序；各级党政机关干部和企事业单位职工必须严格遵守上下班纪律，不得擅离工作岗位，各机关、单位要严格考勤制度，加强管理；各新闻单位有关股份制的宣传报道，要严格按照省委宣传部《关于我省股份制企业试点及证券市场宣传报道问题的通知》执行，不得自行其是；各级党委、政府和省级部门要高度重视股份制试点中出现的新情况、新问题。

四川出台 6 条股票发行规定

1993 年 3 月 25 日，为进一步贯彻“坚决试、不求多、务求好、不能乱”的方针，保证四川股份制改革顺利进行，省纪委、省监察厅根据省委、省政府意见，联合制定关于股票发行的六条规定：1. 未经股份制试点联合审定小组批准，任何企业和单位都不准擅自对内对外发行股票和股权证。2. 任何党政机关、企事业单位不准以任何理由、方式用贷款和公款炒股。3. 凡个人动用公款买股票、股权证和债券者，一律按贪污论处。4. 所有股票、股权证发行单位，不得向各级党政机关和党政干部送售；所有党政机关干部不得利用职权和职务之便，向发行单位购买股票、股权证。5. 党政机关及工作人员一律不准参与股票、股权证自发交易活动。6. 证券管理、经营及发行从业人员等有关人员，一律不准买卖股票、股权证，不准利用所掌握的交易情报搞里外通。凡违反上述任何一条的，即构成违纪行为。

成都经济技术开发区获准建立

1993 年 3 月，四川省批准建立省级成都经济技术开发区。开发区于 1990 年 7 月创办，位于成都龙泉驿区境内，总体规划面积 26 平方公里。开发区执行国家和地方制定的各种优惠政策，采取“一个窗口”对外、“一站式”服务的工作方法，是国务院批准的成都市城市总体规划中的向东发展重点区域。开发区着重培育汽车、冶金、建材、精细化工等产业，着力打造成西部现代制造业基地，对外开放、科技进步、结构调整、体制创新的窗口，开放型、科技型、生态型新城区。

4 月

国内最大的直流电弧炉在成都建成投产

1993 年 4 月 2 日，全国最大的 30 吨直流电弧炉在成都无缝钢管厂建成投产，研制的直流电弧炉底电极获国家认可的专利权，直流电弧炉炼钢装备与工艺获国家青工科技成果大赛暨第三届中国青年科技成果博览会金奖。

重庆经济技术开发区建立

1993 年 4 月 4 日，国务院批准设立重庆经济技术开发区。该开发区为国家级经济技术开发区，位于重庆市南坪地区，规划面积 9.6 平方公里，首期开发 3 平方公里；设有工商、税务、海关、商检以及法律咨询、金融保险等投资管理服务机构，还设有公共保税仓库；实行沿海开放城市技术开发区的各项优惠政策；投资重点是生产型、高新技术型、出口创汇型项目。

该经济开发区与长江公路大桥及北岸的重庆市中心城区相通，川黔高等级公路也纵贯其中，区内有日供水 10 万吨的黄桷渡水厂、容量 40 万千伏安的 3 座变电站、日供气 4 万立方米的天然气储配站。

谢世杰任中共四川省委书记

1993 年 4 月 6 日，中共四川省委常委扩大会议在成都举行。会议宣布中共中央决定：谢世杰任中共四川省委书记；杨汝岱不再担任四川省委书记、常委、委员职务，新当选为全国政协副主席。

省政府在香港地区、泰国举办招商洽谈会

1993 年 4 月 15 日，四川省人民政府在香港地区举办首届招商洽谈会。开幕式当天，美国浩丰贸易有限公司与希望集团签订了首个合资 400 万元兴建食品有限公司的合同。20 日，四川 16 户国有中小企业在港出售，受到关注，200 余名外商对此进行咨询、了解。

4 月 18 日，省长肖秧率四川省人民政府代表团 3 人飞抵泰国曼谷，参加此间举行的四川省招商投资洽谈会开幕式。洽谈会取得圆满成功，于 26 日结束。

两个洽谈会共签订各类项目 412 个，总投资 80.2 亿美元，其中协议引进外资 48.1 亿美元。总项目中，正式合同 115 个，总投资 15 亿美元，协议引进外资 9.2 亿美元。

西部首家期货交易所开业

1993 年 4 月 18 日，重庆生产资料交易所开业，成为中国西部第一家期货交易所。

交易所运用世界最新科技成果 Sybase 商用数据库语言编制电脑程序组织交易，还通过国际国内卫星信息接收系统汇集国际国内各种相关信息，每天的成交信息通过报刊、电视、电台等新闻媒介向国内外公开发布。该交易所有国内 50 余家大中型企业加盟。交易所按国际惯例制定出交易、交割、结算、代理、信息发布、违约处罚、交易员守则、会员管理等一整套制度。

四川天然气化工厂大化肥工程开工

1993 年 4 月 18 日，国家重点建设工程四川天然气化工厂大化肥工程在合江县举行开工典礼。该工程总投资 15 亿多元，其中利用外资 61640 万元，建成后将年产 30 万吨合成氨、52 万吨尿素。

《四川省惩治拐卖、绑架妇女、儿童违法犯罪的规定》出台

1993 年 4 月 18 日，为严厉打击拐卖和绑架妇女、儿童的违法犯罪活动，切实保护妇女、儿童的人身权利，根据《中华人民共和国妇女权益保障法》《中华人民共和国未成年人保护法》等法律法规，四川省八届人大常委会第二次会议通过《四川省惩治拐卖、绑架妇女、儿童违法犯罪的规定》。该《规定》共 30 条，对违法犯罪的处罚、防范措施等作出明确规定。

省委、省政府发出《关于发展高产优质高效农业的通知》

1993 年 4 月 19 日，中共四川省委办公厅、四川省人民政府办公厅发出《关于发展高产优质高效农业的通知》。《通知》提出，要切实转变观念，以适应发展农村社会主义市场经济的新形势，因地制宜，搞好发展规划，注意三个问题：一是以市场为导向，按照市场需求确定发展方向、目标和重点；二是发挥区域优势，合理布局，开发名特优新产品；三是尊重农民的自主权。《通知》强调，以市场为导向，合理调整农村产业结构；搞活流通，培育市场，大力推广农业新技术新品种，加速农业向高产优质高效转变；努力增加对高产优质高效农业的投入，建立以高新技术为主的高产优质高效农业开发试验示范区。

第三批省级风景名胜区公布

1993 年 4 月 19 日，四川省人民政府公布第三批省级风景名胜区：小金县四姑娘山、盐源县泸沽湖、雷波县马湖、南江县光雾山、彭山县仙女山、崇庆县九龙沟、青川县白龙湖、安县罗浮山—白水湖、资中县重龙白云山、黑水县卡龙沟、华蓥市华蓥山、宣汉县百里峡、三台县云台山，共13 处。至此，全省风景名胜区达 32 处，居全国第一。

川东川南遭受冰雹大风袭击

1993年4月24日19—24时，重庆、泸州、自贡、宜宾、雅安、乐山、成都、黔江、涪陵、内江、万县等11个地市遭受冰雹大风袭击。37个县、787个乡的110多万户、400多万人程度不同受灾，倒塌房屋3万多间，受灾农田300多万亩，粮食减产1亿多公斤，受伤人员379人，死亡31人，直接经济损失5亿多元。省政府派出救灾工作组赴灾区组织群众生产自救、重建家园。

中共四川省委第六次代表大会召开

1993年4月25—29日，中共四川省委第六次代表大会在成都召开，省委书记谢世杰代表第五届省委作《解放思想，把握机遇，真抓实干，为提前实现四川第二步战略目标而奋斗》的工作报告。《报告》认为，过去的五年，国民经济持续发展，经济实力增强，人民生活水平进一步提高，改革深化，开放扩大，民主法制建设有新的进展，安定团结的局面进一步巩固，党的建设加强，党的领导大为改善。为加快四川社会主义现代化建设步伐，今后的工作要切实把握：坚持解放思想，实事求是，善于把中央精神同四川实际结合起来；坚持以经济建设为中心不动摇，一心一意抓发展；坚持深化改革，扩大开放，以改革开放促发展；坚持“两手抓、两手都要硬”的方针，推动社会全面进步，保持社会政治稳定；坚持科学决策，狠抓落实。在加快建立社会主义市场经济体制方面要重点做好几个方面的工作：一是积极探索国有经济的多种组织和经营形式，抓紧转换国有企业经营机制；二是继续调整所有制结构，积极发展非国有经济成分；三是加快培育和发展市场体系，深化流通体制改革；四是继续改革分配体制，建立健全社会保障制度；五是加快宏观经济管理体制的改革，转换政府职能。《报告》在加强社会主义精神文明建设和民主法制建设方面强调，要高度重视社会主义思想道德建设，加强文化建设，推进民主法制建设，积极稳妥地进行党政机构改革。《报告》特别提出，要在新的形势下加强党的建设，改善党的领导。大会确定四川今后一个时期的战略任务、奋斗目标和大政方针。大会通过关于第五届四川省委和省纪委、省顾委工作报告的决议，选举产生中共四川省第六届委员会委员63名、候补委员12名，选举省纪律检查委员会委员49名。大会根据中央决定，同意不再设省顾问委员会。大会号召，全体共产党员和全省人民要进一步解放思想，把握机遇，真抓实干，加快改革开放和现代化建设步伐，提前实现四川省经济和社会发展第二步战略目标，把四川建设成为富裕、民主、文明的“新天府”。

中共四川省委六届一次全会举行

1993年4月30日，中共四川省委六届一次全会在成都举行。会议选举刁金祥、牛平、史志义（彝族）、孙同川、任应来、杨崇汇、肖秧、宋宝瑞、张中伟、罗良仰、郭金龙、席义方、秦玉琴（女）、黄寅逵、谢世杰、蒲海清为常委；选举谢世杰为书记，肖秧、宋宝瑞、秦玉琴（女）、郭金龙为副书记。

万县市经济技术移民开发区被批准为省级开发区

1992年7月，三峡库区万县市经济技术移民开发区（简称万县市移民开发区）经由万县市人民政府批准建立；1993年4月，经四川省人民政府批准为省级开发区。

开发区位于万县市南郊长江两岸，包括观音岩、百安坝、周家坝青草背3个小区；规划面积

15.75 平方公里；首期开发面积 3 平方公里。区内的长江货运码头，供水、排水、供电、通信、道路等基础设施配套建成。开发区既是万县市新的经济增长点和未来城区的主体，也是四川省“一体两翼”对外开放的重要窗口。

5 月

六届省委出台勤政务实廉洁自律规定

1993 年 5 月 3 日，《中共四川省委第六届常务委员会关于勤政务实廉洁自律的规定》获讨论通过。《规定》提出：坚持以经济建设为中心，一心一意搞好社会主义物质文明建设和精神文明建设；一切从实际出发，真抓实干求实效；密切联系群众，关心群众疾苦；强化公仆意识，保持清正廉洁；实行民主决策，坚持团结奋进。

都江堰国家级森林公园——龙池公园开放

1993 年 5 月 4 日，四川省第一座国家级森林公园——集自然景观、人文景观和科研功能于一体的都江堰国家森林公园龙池公园正式对外开放。

龙池公园占地面积 44 万余亩，是一块亚高山马蹄型盆地，盆周海拔 3500 米以上，盆中龙池水面 4 公顷。园内各类植物 3000 余种、动物 1000 种以上，前来考察的国内外科学家称龙池为“自然博物馆、野生动植物基因库、天然动植物乐园”。园内有被称为世界“活化石”的珙桐，有濒危植物连香树、银鹊、圆叶玉兰和珍稀植物古银杏；有珍稀动物大熊猫、金丝猴、扭角羚、獐、天鹅等 10 多种。

成都地质学院更名

1993 年 5 月 6 日，成都地质学院更名为成都理工学院。成都地质学院始建于 1956 年，曾是原地质矿产部和国土资源部的重点高校，是一所以能源、资源环境、基础工程、电子信息等学科为优势特色，以理工为主、多学科协调发展的教学研究型多科性大学。2000 年，学校管理体制转变为中央与地方共建、以四川省人民政府管理为主。2001 年 5 月，教育部批准成都理工学院、四川商业高等专科学校、成都有色地质职工大学组建成都理工大学。2001 年 9 月，成都理工大学正式挂牌成立。成都理工大学为四川省重点大学，校园面积 2888 亩，校舍建筑面积 80 余万平方米，是国家重要的地球科学高层次人才培养与科学研究基地之一，有 2 个国家重点实验室（其中 1 个与西南石油大学共建）和 9 个省部级重点实验室。

成都城市标志雕塑作品问世

1993 年 5 月 7 日，在中国成都 1993 年国际熊猫节组委会召开的熊猫城市标志雕塑作品评审会上，经专家评审，四川美术学院院长叶毓山的作品被选定为成都熊猫城市标志性雕塑。

选中的这尊作品坚持写意与写实的结合，抽象的大熊猫身体由象征生物圈环构成，环里采用写实手法，塑造了一只既活泼顽皮又憨态可掬的熊猫幼仔。

瓦屋山国家级森林公园建立

1993年5月8日，坐落于洪雅县境内的瓦屋山国家森林公园获准正式建立。

瓦屋山公园总面积104万亩，最高海拔3522米，原始林覆盖率达95%以上，以天然氧吧著称，是中国最大的国家级森林公园。山上原始森林莽莽苍苍，81个泉眼涌流不竭，72条瀑布飞流直下，云海、日出、佛光、神灯、“三个太阳”等自然景观引人入胜。瓦屋山在历史上还是道教的重要发祥地之一，具有深厚底蕴的道教文化成了其人文景观的又一大特色。宋代时，瓦屋山与峨眉山齐名为“蜀中二绝”。瓦屋山集雄、奇、险、秀、幽、珍于一体。

中国最大牌坊在峨眉山建成

1993年5月8日，中国最大的牌坊——天下名山牌坊在著名的旅游胜地和佛教圣地峨眉山建成，取代1959年用砖石建造的旧牌坊。

这座被称为峨眉山门户的牌坊，屹立在佛教名刹报国寺前1.5公里处。郭沫若早年手书的“天下名山”和赵朴初新书写的“佛教圣地”八个烫金大字，高悬于牌坊两面中央的黑色横额之上。牌坊总高19.25米，总宽26米，中间汽车通道12米，两边设有人行道。整个牌坊飞檐翘角、工艺考究，体现了川西明清时代的建筑风格。这座牌坊作为峨眉山的标志和象征，成为峨眉山中又一处新的人文景观。

清理整顿中小学校乱收费

1993年5月14日，中共四川省委、四川省人民政府召开电话会议，部署全省清理整顿中小学校收费工作。省委、省政府决定，对全省各类中小学（包括职业中学）自1992年秋季开学以来的收费情况进行清理，清理重点是：违反国家和省有关部门明文规定的收费项目、擅自提高收费标准和重复收费的问题、在收费中发生的违法违纪行为和此次清理中顶风违纪的问题。省委决定，此次清理工作由省委领导牵头，省纪委、省委宣传部、省监察厅、省财政厅、省物价局按分工各司其职。

乔石到绵阳、遂宁等地视察

1993年5月27日，中共中央政治局常委、全国人大常委会委员长乔石到四川绵阳、遂宁、南充、德阳、成都、重庆等地视察。

重庆钢铁集团公司形成年产150万吨钢的生产能力

1993年5月29日，重庆钢铁集团公司耗资5.7亿元兴建的50吨X_2转炉系统全部主机设备热负荷试车获得成功，已炼钢91炉，生产合格低碳钢锭、铸坯7260吨。这标志着重钢已形成年产150万吨钢的生产能力，跨入中国特大型钢铁联合企业行列。

成都红庙子街形成自发证券交易市场

1993年5月，从1992年底开始发起的成都红庙子街自发证券交易市场形成。

四川证券交易起步较早，发展较快。1988年就有36家国营大中型企业和15家企业集团进行股份制试点，其中部分企业开始发行股票。1991年股份制试点迅速扩大，发行股票、股权证企业增多。

1993 年初全省股票、股权证发行量达 10 多亿元。

红庙子街市场每天有数万人参加证券交易，约有 100 家企业的股票、股权证、债券、基金券流通买卖。买卖双方的交易如同在菜市买菜，手持票、证，按“货”侃价，成交金额小到数千元、大到几万十几万，均采用现金交易。红庙子由此闻名海内外，被外媒称为中国股市的“红庙子”现象。

由于“红庙子”的兴旺对当地交通及社会秩序造成影响，后来省、市政府决定把红庙子证券交易市场迁到城北体育场，又称“白庙子”市场。随着证券市场走上规范化发展的道路，“白庙子”交易市场于 1994 年 1 月也被取缔。

“罗中立油画奖学金”设立

1993 年 5 月 23 日，为促进两岸艺术交流，共同发展油画创作，台湾艺术文教基金会提供资金设立“罗中立油画奖学金”，奖励中央美院、四川美院、浙江美院等 9 所美术学院有志于油画创作的在校本专科学生和研究生。

罗中立，著名川籍画家，其代表作油画《父亲》震撼了中国画坛，曾获全国青年美展评选一等奖。

100 户国有商业企业进行转换经营机制试点

1993 年 5 月初，四川省 100 户国有商业企业转换经营机制试点动员会在自贡市召开。会议对转换机制试点工作进行了部署，并确定成都耀华食品厂、南充地区百货公司、凉山州五金公司、省食品公司等 10 户企业作为省商业厅直接联系抓的重点，实行厅长负责制。

根据试点意见，试点企业可自主选择承包经营责任和试点企业分流、股份制等多种资产经营形式，可以不受行业、区域限制，自主决定经营范围、调整经营结构、选择市场和经营方式；可自主决定在省内外实行联营、合作或合资经营，经批准可以实行中外合资、合营或在国外、境外开设分支机构；有条件的企业经批准可享受进出口业务权；可根据生产经营需要，自主决定招用职工的时间、条件、方式和数量，国家不再下达用人计划；可实行“自主分配、国家征税”的办法，并根据企业实际情况选择工资总额调控办法。1993 年，试点企业生产经营和劳动用工、分配、干部人事制度改革都取得了进展，到年末全省商业系统转换经营机制试点企业达 487 户。

川酒形成“六朵金花”领衔格局

1993 年 5 月，五粮液、泸州老窖特曲、郎酒、剑南春、全兴大曲、沱牌曲酒荣获国家名酒称号，被称为川酒“六朵金花”。

1984 年，川酒五粮液、泸州老窖特曲、郎酒、剑南春、全兴大曲同时荣获该年度国家金质奖和第四届国家名酒称号，是四川获国家名酒金奖最多的一次，这五种酒被称为“五朵金花”。1993 年，沱牌曲酒的获奖，四川名酒有了“六朵金花”。

与此同时，叙府大曲、仙潭大曲、三苏特曲、二峨大曲、三溪大曲、太白陈曲、都江堰牌中华猕猴桃酒、双鱼牌中国橙酒、长江牌优质红橘酒等 11 种川酒先后被评为“中国优质酒”。文君酒、旭水大曲、五粮液、泸州老窖特曲、全兴大曲、沱牌曲酒也先后获得国际金奖。

6 月

东电集团实施国有资产授权经营

1993 年 6 月 1 日，国家国有资产管理局在成都召开中国东方电气集团国有资产授权经营工作会议，正式授权东方电气集团公司统一经营该集团紧密层企业的 30.9 亿元国有资产（净资产 9.45 亿元）。由此，东方电气集团开始实施国有资产授权经营试点。国有资产授权经营是中国探索资产经营和产权管理而推出的深化改革的又一重大举措，全国确定的第一批实施这一试点的企业集团有 7 家。

国家确定的东电集团改革试点方案是：由该公司统一经营该集团紧密层企业的国有资产，以东电集团为母公司，东方电机厂、东方汽轮机厂、东方锅炉厂、东风电机厂、中州汽轮机厂为全资子公司；集团公司对子公司持股比例为 100%，集团公司董事会是企业集团内的所有者（国家）利益代表主体和战略经营决策主体，对全集团范围内国有资产的保值、增值负责。

四川省商检局成都口岸挂牌开检

1993 年 6 月 1 日，四川省商检局成都口岸挂牌开检。从 6 月起，对进口商品到货实施口岸查验，将到货的进口商品登记并加贴“查讫”标志后通知收用货单位；对出口商品依法实施检验，做到随到随查、随放行，严格把关出口商品质量，对涉及安全、卫生要求的出口商品检验措施更为严密。

四川省环境保护实业总公司成立

1993 年 6 月 5 日，四川省首家环境保护企业集团——四川省环境保护实业总公司在成都成立。

四川省环境保护实业总公司系四川省环境保护局直属的，承担环境工程的论证、设计、施工、运行调试和竣工验收，以开发、生产与经营环境保护设备、仪器、产品，提供环境咨询服务为主，集科、工、贸为一体的企业集团。公司的宗旨是发展环境保护产业，保护生态环境，促进环境与经济协调发展。

阳翰笙逝世

1993 年 6 月 10 日，中国新文化运动先驱者之一、文化界卓越领导人阳翰笙在北京病逝，终年 91 岁。

阳翰笙，1902 年生于四川高县，原名欧阳本义，字继修，“左联”创始人之一，曾任“左联”党团书记，参加了中共在国统区对电影戏剧工作的领导。

抗日战争爆发后，他在周恩来直接领导下，阳翰笙从事国统区文化斗争和统一战线的工作，并创作出《天国春秋》《草莽英雄》等 7 部话剧，改编了《三毛流浪记》等优秀影片。中华人民共和国成立后，阳翰笙继续从事文教工作。

四川承办中国首次世界杯足球赛事

1993 年 6 月 12—20 日，第十五届世界杯足球预选赛亚洲 A 组第二阶段比赛在成都体育中心足球场举行。这是成都市首次直接承办的国际大赛，也是中国首次承办的世界杯足球赛事。

在第一轮比赛中，虽然中国队已折戟西亚，出线无望，但蜀中球迷还是倾注全力为中国队摇旗呐喊。

重庆特殊钢集团公司成立

1993年6月15日，重庆特殊钢集团公司成立，四川又一个跨地区、跨行业、跨所有制和集科、工、贸、金融等为一体的大型企业集团诞生。公司位于重庆市沙坪坝区，主营优特钢、结构钢、碳结钢、碳工钢、工具钢、模具钢、轴承钢等。

省委、省政府出台《关于大力发展个体、私营经济的决定》

1993年6月16日，中共四川省委、四川省人民政府出台《关于大力发展个体、私营经济的决定》。《决定》要求，进一步解放思想，把发展个体、私营经济作为建立社会主义市场经济体制、加快经济发展的战略措施来抓；进一步放宽政策，为加快个体、私营经济的发展创造良好的条件；进一步改善对个体工商户和私营企业的管理，做好服务、引导和监督工作；严格依法办事，切实保护个体工商户和私营企业的合法权益。

四川省老区建设促进会成立

1993年6月20日，四川省老区建设促进会成立。促进会由老将军、老干部、老专家及社会各界人士组成，其宗旨是以科学技术为先导，依靠人民群众，动员社会力量，大力发展老区科技文教医疗卫生事业，帮助老区发展经济，促进老区人民脱贫致富。

《四川省个体工商户条例》出台

1993年6月21日，为鼓励个体经济的发展，维护个体工商户的合法权益，依法对个体工商户的生产经营活动实施监督管理，根据宪法和有关法律法规的规定，结合四川实际，四川省八届人大常委会第三次会议通过《四川省个体工商户条例》。该《条例》共7章45条，对个体工商户的登记注册、权利和义务、监督和管理、个体劳动者协会、法律责任等，作出明确规定。

《四川省预防控制狂犬病条例（修正案）》获通过

1993年6月21日，《四川省预防控制狂犬病条例（修正案）》经四川省八届人大常委会第三次会议审议通过。随着社会发展和人民群众生活的变化，原《四川省预防控制狂犬病条例》中的部分内容与当前出现的新情况不相适应，需要修改和完善。修正案在犬只管理、疫情处理、奖励与处罚等方面作出必要修改和补充。修改后的条例更符合实际情况，对预防、控制和逐步消灭狂犬病，保障公民人身安全，将产生更大的作用。

四川藏区工作座谈会召开

1993年6月28日，中共四川省委在成都召开四川藏区工作座谈会。会上，省委书记谢世杰强调，要千方百计增加四川藏区财源，抓好藏区工业、农业、牧业的发展；有关部门要给予积极的扶持和政策倾斜。

四川省青年科技基金设立

1993年6月，四川省科委设立四川省青年科技基金，省人大常委会副主任康振黄任基金会理事长，电子科技大学校长刘盛纲任专家委员会主任。至2005年，四川省共有11批、264人入选该基金杰出青年学科带头人培养计划。

7月

《毛泽东思想史》问世

1993年7月1日，中共四川省委原书记杨超等人主编和撰写的《毛泽东思想史》（4卷本）作为中国共产党建党70周年的献礼正式发行。

杨超撰写有关毛泽东思想研究学术论文，始于延安时期参加毛泽东亲自领导的“六人哲学小组”。1989年，在他的倡议和支持下，全国第一次有影响的“毛泽东哲学思想研讨会”在四川举办。此后，又创立了由四川省社会科学院主管的全国第一家《毛泽东思想研究》杂志，还招收了全国第一批“毛泽东思想专业方向”硕士研究生，成立了全国第一个“毛泽东思想学会”，极大地推动了四川乃至全国的毛泽东思想研究。

这部130万字的多卷本大型理论学习著作问世后，先后获得由胡锦涛在人民大会堂亲自颁发的国家社科基金项目优秀成果二等奖以及吴玉章马克思主义学科优秀著作奖、四川省哲学社会科学优秀科研成果一等奖等大奖。

四川设立地级南充市和广安地区

1993年7月2日，国务院批准设立广安地区。广安地区辖原南充地区的华蓥市、广安县、岳池县、武胜县和原达县地区的邻水县；同时，撤销南充地区、南充市（县级）和南充县，设立省辖南充市（地级），辖原南充地区的南部县、营山县、蓬安县、仪陇县、西充县和新成立的顺庆区、高坪区、嘉陵区。阆中市由省直管，省人民政府委托南充市人民政府代管。

四川500家最大企业评价揭晓

1993年7月3日，四川省500家最大企业评价揭晓：最大规模企业前三位是四川省电力局、四川石油管理局、攀枝花钢铁公司，最大市场占有份额企业前三位是四川省电力局、攀枝花钢铁公司、重庆钢铁公司，最佳经济效益企业前三位是四川省电力局、攀枝花钢铁公司、重庆汽车制造厂。

四川设立巴中地区和达川地区

1993年7月5日，国务院批准设立巴中地区。巴中地区辖原达县地区的巴中县、通江县、南江县和平昌县，面积12325平方公里、人口320万人；达县地区、达县市（县级）分别更名为达川地区、达川市（县级），达川地区辖达川市、达县、宣汉县、开江县、万源县、大竹县、渠县和白沙工农区。

四川省加快第三产业发展工作会议召开

1993 年 7 月 5 日，四川省加快第三产业发展工作会议在温江县举行，副省长马麟参加会议并在会上提出加快第三产业发展的政策措施：1. 放手兴办，放开经营；2. 广开资金来源，多渠道增加投入；3. 运用价格、金融、税收手段扶持第三产业发展；4. 提高第三产业开放程度；5. 建立第三产业的自我发展机制；6. 加强和改进宏观管理，更多地运用市场机制，实现资源的合理配置。

省政府出台加强经济宏观调控措施

1993 年 7 月 6 日，四川省人民政府召开各部、委、厅、局负责人会议，结合四川实际提出贯彻中央精神，加强宏观调控，保证四川经济持续、稳定、协调发展的重要措施：深化金融改革，稳定金融秩序；加强资金调度，保证重点需求；深化企业改革，提高经济效益；限期完成国库券发行任务；严格控制固定资产投资规模，确保重点项目；严肃财税法规，抓好增收节支；积极稳妥改革物价，抑制物价总水平上涨；加强房地产市场宏观管理，促进房地产业健康发展；加强和完善有价证券发行和规范市场管理；加强组织纪律性，保证中央宏观调控措施顺利贯彻执行。

四川省工会第九次代表大会召开

1993 年 7 月 8—12 日，四川省工会第九次代表大会在成都举行。省委副书记秦玉琴代表省委、省政府到会发表《全心全意依靠工人阶级，加速改革开放，振兴四川经济》的讲话。大会选出了省总工会第九届委员会和出席全国工会第十二次代表大会的代表，表彰了先进集体和先进个人。大会号召全省职工投身改革，开拓进取，艰苦奋斗，为加快四川改革开放和现代化建设，促进四川经济跃上新台阶做出新贡献。佟柏芬当选为该届省总工会主席。

刘磊夺得全运会皮划艇金牌

1993 年 7 月 11 日，21 岁的选手刘磊在新津县进行的七届全运会男子 500 米单人皮划艇决赛中，以 1 分 44 秒 92 的成绩夺得金牌。

四川省宣传思想工作座谈会在成都举行

1993 年 7 月 12—15 日，四川省宣传思想工作座谈会在双流县召开。会议围绕“新形势下加强和改进宣传思想工作，更好地为改革开放、经济建设和建立社会主义市场经济体制服务”的主题进行了充分讨论。会议强调：党的宣传思想工作必须围绕经济建设这个中心来进行，坚持“团结、稳定、鼓劲”的方针；要加强爱国主义和创业精神的教育，当前特别要突出艰苦奋斗的教育；越是改革开放、发展社会主义市场经济，越要加强和改进宣传思想工作，越要加强社会主义精神文明建设；加强宣传思想工作队伍建设，大兴调查研究之风。

红原县麦洼寺举行大雄宝殿落成开光典礼

1993 年 7 月 27 日，红原县麦洼寺大雄宝殿落成开光典礼举行。中央和省、州、县领导以及全国各地的藏传佛教人士前往祝贺。

麦洼寺坐落于川西北海拔 3500 米的红原大草原上，是藏传佛教宁玛派的大寺院，始建于公元 1646 年。

长虹机器厂荣登 1993 年度中国 500 家最佳经济效益工业企业金榜

1993 年 7 月，长虹机器厂作为全国电视机生产厂家唯一代表，荣登 1993 年度中国 500 家最佳经济效益工业企业金榜。1992 年该厂总产值达 26 亿元，人均 50 万元；创利税 3. 2 亿元，人均 6. 19 万元。中共四川省委、四川省人民政府在全省推广长虹经验。1994 年 3 月 11 日，“四川长虹”股票在上海证券交易所上市，每股净资产 6. 25 元，每股税后利润 2. 16 元，创当时全国上市股票最高纪录。

1995 年 12 月 7 日，长虹公司推出中国首批具有当时国际先进水平的超大屏幕 34 英寸“红太阳”彩电。2005 年 6 月 2 日，国内首条最大尺寸 55 英寸液晶和 65 英寸等离子电视机在长虹公司投产。2005 年 10 月 26 日，国家质检总局为长虹背投彩电和 CRT 彩电发出中国第一张背投彩电出口免检证书。

8 月

绵阳市率先开通 900 兆赫手提移动电话

1993 年 8 月 8 日，绵阳市邮电局引进美国摩托罗拉（A 网）设备，在四川地市州局中率先开通 900 兆赫手提移动电话。

四川协办第七届全运会

1993 年 8 月 15—24 日，中华人民共和国第七届运动会（四川赛区）在成都举行。本届全运会由北京市承办、四川省协办。

1991 年 6 月，四川省成立七届全运会四川赛区筹备委员会，省委常委、常务副省长谢世杰任主任，着手开展场馆建设、资金筹集、赛事组织安排、新闻宣传等各项筹备工作。1991 年 7 月，召开全省体育工作会，对协办第七届全国运动会作动员部署。1992 年 1 月，省政府下发《关于开展“七运为蜀添光彩，我为七运作贡献”捐赠活动的通知》。1992 年 4 月，在全省范围内具体地部署了协办七运会工作。1992 年 11 月，成立了以省委副书记谢世杰任组长的四川省协办七届全运会领导小组，省委、省政府发出《关于做好协办七届全运会工作的通知》。1993 年 6 月，四川赛区组织委员会成立。四川赛区的比赛在 20 个场馆展开，为完成竞赛任务，需新建、维修、配套场馆 17 个。从 1991 年底至 1993 年 7 月，先后有十余个建筑公司（队）的 2000 余名建筑工人日夜施工，保证了各场馆建设如期竣工并交付使用。从 1993 年 7 月 1 日开始至 8 月 14 日，七运会四川赛区标志旗传递活动在全省进行。

8 月 15—24 日，15 个项目的比赛集中进行，举行了女排、羽毛球、棒球、跳水、花样游泳、蹼泳、水球、射击、射箭、技巧、武术、航空模型的决赛，共有 40 个省、市、区、行业体协代表团队的 3029 名运动员、1148 名裁判员参加。1993 年 4 月起，先期举行了男排、滑水、赛艇、皮划艇决赛。四川赛区共决出 94 枚金牌、93 枚银牌、93 枚铜牌，其中四川代表团在四川赛区获金牌 13 枚、银牌 9.5 枚、铜牌 11 枚，总分 315.5 分，排名第三。四川代表团还参加了七运会秦皇岛赛区、北京赛区的决赛，共获得奖牌 56 枚、金牌 18 枚、总分 590.5 分的好成绩，团体总分在全国省、自治区、直辖市的排位由上届第六位升为第五位，超过世界纪录 1 项、亚洲纪录 3 项。

协办七运会是四川有史以来举办的规模最大、水平最高的综合性体育竞赛，台湾地区以“中华台北航空模型运动协会派出的台湾队”的名义参加了航空模型项目的比赛，是中华人民共和国成立后台湾地区第一次正式派队参加全国运动会。

徐洪刚见义勇为

1993 年 8 月 17 日，济南军区某团通信连班长徐洪刚在从宜宾老家归队途中，当乘坐的长途公共汽车上四名歹徒向一女乘客勒索钱物、肆意侮辱时，他见危相助，挺身而出，同歹徒展开了英勇搏斗。他的胸部、腹部、臂部被歹徒连捅 14 刀，后经当地群众和医院全力抢救，转危为安。徐洪刚见义勇为的英雄行为，在军内外引起强烈反响。1994 年 1 月 10 日，济南军区授予他“见义勇为的英雄战士”称号；2 月 1 日，团中央命名他为“见义勇为青年英雄”，并授予“全国新长征突击手”称号；2 月 17 日，中共四川省委宣传部、四川省军区政治部、共青团四川省委联合发出通知，号召学习徐洪刚英雄事迹；解放军总政治部、团中央联合发出通告，号召全军指战员和全国广大青少年向徐洪刚学习；3 月 6 日，中共中央总书记、国家主席、中央军委主席江泽民，国务院总理李鹏分别为徐洪刚题词。

遂宁经济技术开发区挂牌成立

1993 年 8 月 18 日，经四川省人民政府批准，由遂宁市人民政府组织开发的省级“遂宁经济技术开发区”挂牌成立，以加快川中丘陵地区经济的发展。

遂宁经开区东濒涪江，南起明月河，西至屈家沟，北到石溪壕，规划面积 6.8 平方公里。

中国第二重型机械集团成立

1993 年 8 月 18 日，中国第二重型机械集团在德阳市成立。二重集团是以中国机械行业特大型骨干企业第二重型机器厂为核心，包括太原重型机器厂、四川矿山机器厂、大连起重机器厂等 41 家企业和科研院校的大型企业集团。

第二重型机器厂建于 1958 年，1971 年建成投产。二重是中国最大的重型机械制造企业、国家首批 21 家重大技术装备国产化基地、大型板坯连铸机生产基地之一。1999 年，二重被国家列为“关系国家安全及国民经济命脉”的 39 家重要骨干企业之一，2000 年 1 月 1 日起资产财务关系上划财政部，2003 年 3 月由国务院国有资产监督管理委员会管理。集团公司科研力量雄厚，技术中心下属重型机械设计院、大型铸锻件研究院、工艺研究院、焊接技术研究所等多个专业研究院所。

侯光炯建立生态农业科普博物馆

1993 年 8 月 22 日，中国科学院学部委员、中国著名土壤学家侯光炯教授，用自己所获的 10 万元奖金在宜宾地区长宁县建立的生态农业科普博物馆揭幕。侯光炯研究成功的水田自然免耕技术，从1986年到1993年8月，已在南方17省推广5000余万亩，增产幅度15%—30%，直接经济效益达10多亿元。四川省人民政府因此给予侯光炯10万元奖励。

成都—攀枝花光缆工程竣工投产

1993年8月24日，成都—攀枝花光缆工程竣工投产，被评为优良工程。新架光缆813公里，新建杆路117公里，安装光电端机站、中继站25个，安装各种设备共96台（组），新建中继站5个、综合机房2个，可开通电路1920路。

泰国公主捐款修缮乐山大佛

1993年8月28日，泰王国公主坤银·庞蒂普·那隆德专程到乐山，为保护维修乐山大佛工程捐款500万泰铢（折合人民币220万元）。

坤银是泰国王室御封华裔公主、泰国暹罗机器集团总裁，1993年5月到乐山观光时，对具有1000多年悠久历史的世界最大石刻弥勒坐佛赞叹不已。当得知大佛因饱经岁月沧桑急待修缮，而中国有关部门和地方政府正筹备全面整治时，她称赞这是功德无量之举，并表示捐助之意。

四川华西集团成立

1993年8月28日，为加快转换经营机制、参与国际市场竞争，四川首家以建筑业为主体的大型企业集团——四川华西集团成立。

四川华西集团有限公司是国有大型建筑集团企业，始建于1950年5月。涉外名称为中国华西企业公司，享有外经、外贸经营权。集团所属企业投资设立的分公司逾200家，华西集团暨四川华西集团有限公司具备科研、勘察、设计、施工和投资、建设一体化的生产经营实力，管理科学，业绩卓著，专业配套，装备优良。2001年列全球225家最大国际承包商第179位，居中国企业500强第204位。

“中国四川节”在莫斯科举行

1993年8月30日至9月5日，“中国四川节”在莫斯科举行。其间，四川省人民政府代表团与莫斯科州签订了友好合作协议书。根据协议，双方将在工业、农业、科技、文化、教育、旅游、劳务、环境保护等方面开展广泛合作。为保证协议落实，双方议定成立一个由10人组成的混合委员会。

四川节商品展销活跃，项目洽谈热烈，文化交流丰富多彩。100多种展销商品在不到3天时间即销售一空。轻工、电子、商业、农垦、房地产等贸易团都在莫斯科找到了贸易伙伴，签订了多项意向性合作协议。

省委、省政府确定全省交通建设总目标

1993年8月，中共四川省委、四川省人民政府确定了全省交通建设总目标：以长江为依托，以重要港口为连接点，进而建成以成都、重庆两市为中心向外辐射的高等级公路主骨架，用二级以上公路连通市、地、州。同时，加强三峡、攀西—川南的交通建设，加快少数民族地区交通发展，形成快速公路与出川水运相连的水陆联运网络。四川将在五年内投资 113 亿元，实施新建和改建公路主骨架、干线公路 2800 公里等一批项目，以构成依托长江的水陆联运网，开辟新的出川通道。

9 月

凉山州大桥水库动工建设

1993 年 9 月 8 日，凉山州大桥水库动工建设。这是一座以灌溉、工业及城镇生活供水为主，结合发电，兼顾防洪、环保用水、水产养殖、旅游的综合水利工程。

大桥水库位于四川省冕宁县内，系四川省重点水利建设项目。该工程于 1995 年 11 月 16 日截流成功，1999 年 6 月 19 日下闸蓄水，2000 年全面完工。工程动态投资 10.5 亿元，静态投资 11.3 亿元。水库设计为钢筋混凝土石板堆石，最大坝高 93 米，正常蓄水位高程 2020 米，总库容量 6.58 亿立方米，调节库容 5.93 亿立方米；水库电站 4 台 2.25 万千瓦机组，总装机容量 9 万千瓦，年发电量 3.5 亿千瓦时。大桥水库灌区工程 2001 年 4 月 17 日开工，每年可为农业提供用水 3.74 亿立方米，可新增灌溉面积 53 万亩，改善灌溉面积 34 万亩；为工业和城镇生活提供水量 1.17 亿立方米。

四川基本普及初等教育

1993 年 9 月 10 日，四川省庆祝 1993 年教师节大会在成都举行，417 名“省优秀教师”、59 名“省优秀教育工作者”和 20 个“省尊师重教先进集体”在会上受到表彰。截至 1992 年底，全省 197 个县（市、区）普及了初等教育，约占全省人口的 96%；适龄儿童入学率达 97.37%、巩固率达 99%，小学毕业生有 76.25%能升入初中学习；有 9 个县（市、区）通过普及九年义务制教育的验收，约占全省总人口的 12%；职业技术教育在校学生人数超过普通高中；普通高校在校本专科学生 15 万人，研究生 6000 多人，初步形成了门类齐全、结构合理、专业配套的学科体系。

四川乡镇 200 强评选揭晓

1993 年 9 月 13 日，省委农工委、省统计局和四川日报社联合组织的四川省乡镇 200 强评选揭晓。列为前 10 名的乡镇是：成都市金牛区营门口乡、双流县东升镇、重庆市九龙坡区九龙镇、重庆市沙坪坝区覃家岗镇、成都市成华区三圣乡、重庆市沙坪坝区石桥镇、江津市白沙镇、德阳市市中区八角井镇、重庆市南岸区南坪镇、绵竹县天池乡。

省委、省政府发文鼓励大中型企业探索建立新体制

1993 年 9 月 15 日，中共四川省委、四川省人民政府发出《关于在二十户国有大中型企业探索建立企业新体制试验的通知》，决定选择二十户国有大中型企业进行加快经营机制转换、探索适应社会主义市场要求的企业新体制试验。同时省委、省政府出台了《关于在二十户国有大中型企业探索建立企业新体制试验的实施意见》。《意见》提出：改革企业体制和组织形式，在坚持公有制为主体的前提下，实行多元财产组织形式和多种经营形式；理顺产权关系，强化企业法人财产主体地位，增强企业财力和资金吸纳能力；落实和维护企业经营自主权；认真减轻试验企业负担；强化企业的激

励机制和约束机制；加快试验企业的技术改造等。

首届国际熊猫节举行

1993年9月24—28日，中国唯一以保护大熊猫和生物多样性为主题的大型综合性节庆活动——中国四川成都国际熊猫节举行。

这次熊猫节以“人—动物—大自然”为主题，向海内外宣传保护大熊猫的重要性和紧迫性，介绍四川在这方面已作出的努力和取得的成就；同时，通过传播“人—动物—大自然”相互依存的生命链意识，促进人类生态环境保护事业的发展。

熊猫节期间，开展了国际大熊猫保护学术研讨会、启动鞍子河大熊猫保护区、征集保护大熊猫世界名人签名、万名少年儿童书画大笔会等24项活动。2000多名中外嘉宾、20000多名境外旅游者参加了熊猫节。

四川有线电视台试播

1993年9月29日，四川四大省级新闻单位之一——四川有线电视台试播。

试播期间，有线台陆续向观众推出新闻综合、影视文艺、图文信息和大众生活等6个频道的节目，并实行全天18个小时滚动播出，累计播出时间共70小时。

四川有线电视台在成都地区独家转播中央电视台第五、六、七、八套节目，传输采用MMDS微波和光纤网络两种形式，并利用四川的广播电视微波网将有线电视节目信号传至省内主要城市。

川航客机被劫

1993年9月30日，四川航空公司一架图－154客机（飞机号：B－2625）在执行济南—广州3U592航班任务时被劫往台湾。该机13时34分在济南起飞，14时43分被劫，15时35分飞机在台湾桃园机场降落，人机均安全。21时37分该机安全返回广州，机上人员除劫机犯杨明德、韩凤英、杨洋3人被台湾警方扣留外，其余54名旅客和11名机组成员均随机返回。

《四川通史》出版发行

1993年9月，《四川通史》出版发行。七卷本《四川通史》由四川省社科院历史所编写，四川大学出版社出版发行。该书共200多万字，记述远古至1949年的四川历史。

涪陵榨菜获国际金奖

1993年9月，四川省涪陵榨菜集团公司“乌江牌”榨菜在首届国际（新加坡）名优产品博览会上获得金奖。

涪陵榨菜集团是由30多家直属企业组成的中国最大榨菜生产经营一体化企业集团，其产品有100多年历史，素以美味、鲜味、糖醋、麻辣、爽口、五香、蒜味、姜汁、清香俱全而著称，被誉为世界三大名腌菜之一，曾3次获得国际金奖，10次获得部优金、银奖。

该公司在深圳、珠海、西安、北京、广州、上海等城市设有办事处、经营部、加工厂，在全国20多个大城市设立了销售网络，其产品出口美国、日本、加拿大、意大利、新加坡、马来西亚等国家和中国香港、澳门等地区。

10 月

四川省第九届少数民族运动会举行

1993 年 10 月 10—17 日，四川省第九届少数民族运动会在凉山州西昌市举行。本届运动会由省体委、省民委共同举办，设 7 个竞赛项目、20 个表演项目，甘孜、阿坝、凉山、黔江、乐山、攀枝花、绵阳、雅安、西南民族学院 9 个代表团 15 个民族的运动员、裁判员、工作人员共 1275 人参加。运动会共产生了 52 枚金牌，夺得金牌总数前三名的代表团是凉山、阿坝、甘孜。

中共四川省委召开政协工作会议

1993 年 10 月 18—21 日，中共四川省委召开政协工作会议。会议总结了十一届三中全会以来全省政协工作经验，研究新形势下如何加强和改进党对政协工作的领导，如何进一步坚持和完善政治协商、民主监督制度，如何充分发挥人民政协在物资文明与精神文明建设中的重要作用，讨论了《中共四川省委关于进一步加强人民政协工作的决定（草案）》。

《四川省开发区管理暂行办法》出台

1993 年 10 月 19 日，四川省人民政府印发《四川省开发区管理暂行办法》。《办法》规定：国家级开发区由省人民政府报国务院审批，省级开发区由省人民政府审批，一般开发区由省人民政府授权省计委负责组织审批。

四川省第八次妇女代表大会召开

1993 年 10 月 21—24 日，四川省第八次妇女代表大会在成都召开。会议要求：大力宣传、全面实施《中华人民共和国妇女权益保障法》，积极促进《九十年代中国儿童发展规划纲要》及《四川省“八五”期间儿童事业发展规划》的落实；重视妇女工作，为妇女在社会主义市场经济条件下更好地发挥作用创造条件。

省政府下发加强和改善教育经费管理的两个《通知》

1993 年 10 月 22 日，四川省人民政府发出《关于进一步改善农村教育附加费征收和管理办法的通知》和《关于加强老少边穷地区教育经费管理的通知》，规定：全省农村教育附加费由乡征县管，老少边穷地区教育人头费由县统管。

四川省首批青少年教育基地命名

1993 年 10 月 22 日，四川省首批青少年教育基地命名大会在大邑县举行。经中共四川省委批准，大邑县地主庄园陈列馆、重庆歌乐山烈士陵园、重庆红岩革命纪念馆、小金懋功会议会址、泸定桥红军文物纪念馆被命名为四川省青少年教育基地。

四川省粮油批发市场挂牌开业

1993年10月24日，四川省粮油批发市场在成都挂牌开业，标志着四川省粮食流通从高度集中的计划经济体制向市场经济体制过渡，迈出了具有转折意义的一步。批发市场开业时，会员企业发展到500多家，交易活跃。

《四川省禁毒条例》施行

1993年10月28日，《四川省禁毒条例》经省八届人大常委会第五次会议审议通过。为严惩走私、贩卖、运输、制造毒品和非法种植毒品原植物等犯罪活动，严禁吸食、注射毒品，保护公民身心健康，维护社会治安秩序，特制定本《条例》。该《条例》共6章40条，对违法的处罚、戒毒措施、防范和管理等作出明确规定。《条例》自通过之日起实施。

成都经济电视台开播

1993年10月28日，中国首家采用股份制企业管理形式进行管理的商业型电视台——成都经济电视台正式开播。

成都经济电视台采用M22、F700、AQ-11前期摄录设备20套，后期制作节目量近1750小时，使用33频道，额定发射功率30千瓦，覆盖成都市7区12县（市）及相邻地、市、县部分地区约13000多平方公里，收视人口1500多万。每天播出午间和晚间节目两个时段共11小时。先后开办“每日报道”“每日财经”“电视商场”“经济信息”等十多个自办栏目。

该台实行“企业化管理，独立核算，自负盈亏，自求发展”的政策；内部管理引进竞争机制，工作人员面向社会公开招聘，择优选拔。

国内首台可供实用的r射线ICT样机研制成功

1993年10月29日，西南ICT研究开发中心承担的国家级火炬计划预备项目XN-1300型r射线ICT样机通过由省科委组织的技术鉴定和由国家科委火炬计划办公室组织的项目验收。这是国内首台可供实用的r射线ICT样机。

攀钢生产出第一块连铸板坯

1993年10月，攀钢“八五”重点项目、年产百万吨的板坯连铸机建成并生产出第一块连铸板坯。它的建成投产，标志着中国冶金行业和机械行业联合制造、建设国产化大型设备已具实力。这套设备生产线始建于1991年1月，是中国人靠自己力量制造的第一套大型连铸机械。到1995年11月，该生产线共生产连铸板坯86万多吨。

11月

全兴足球俱乐部成立

1993年11月3日，四川全兴足球俱乐部挂牌成立，为中国首批职业足球俱乐部之一。

1983 年，四川足球队在第五届全国运动会上获得第五名，但以后成绩一直在甲、乙级队之间徘徊。为推动足球运动发展，在国内足球俱乐部纷纷诞生之际，成都全兴酒厂与四川省运动技术学院合办了四川全兴足球俱乐部。新组建的全兴队在 1994 年的全国甲 A 赛中排到第六位。全兴酒厂在 8 年合同期内，每年向俱乐部注入 100 万元资金。

省委、省政府召开全省工交经济工作座谈会

1993 年 11 月 5—6 日，中共四川省委、四川省人民政府在成都召开全省工交经济工作座谈会，研究解决经济生活中的突出问题。会议认为，当前要抓的主要工作是：坚持深化改革，加强现代企业制度建设，努力搞好国有大中型企业；千方百计缓解资金矛盾，把有限资金用好用活，确保重点企业生产和重点技术改革项目实施，积极解决产品销路好的企业流动资金；搞活市场，集中力量抓好限产、压库、促销工作；下定决心，加大对国有大中型企业技术改造的投入；下大力气抓好企业扭亏增盈工作。

四川第一次开发区工作会议在新都举行

1993 年 11 月 5—7 日，四川省首次开发区工作会议在新都召开。自 1991 年以来，全省经国务院和省政府批准，已建立经济技术开发区、高新技术产业开发区、旅游开发区、贸易开发区 52 个，其中国家级 4 个、省级 14 个。至此全部开发区建设投入资金 100 亿元左右，新上项目 1086 个，其中三资项目 146 个，总投资 67. 1 亿元。

四川省农村工作会议召开

1993 年 11 月 6—9 日，四川省农村工作会议在成都举行。中共四川省委、四川省人民政府确定，四川省农村经济发展的基本思路是“稳粮增收奔小康”：稳定粮食是基础，增加收入是关键，奔小康是目标。发展农业一靠政策，二靠科技，三靠投入。要结合四川实际深入贯彻中央农村工作会议精神，按照李鹏总理提出的“引导、支持、保护、调控”八个字的要求，改进对农村工作的领导。各级政府要以社会主义市场经济的观点看待、分析农村出现的新问题，依靠深化改革来解决深层次的矛盾，按照市场经济规律全面推进农村经济的发展。

重庆市被列为全国综合配套改革城市

1993 年 11 月 11 日，国家体改委批准重庆市为全国综合配套改革，率先建立社会主义市场经济体制试点城市。

省委、省政府发文加强农村合作基金会规范化管理

1993 年 11 月 15 日，中共四川省委办公厅、四川省人民政府办公厅转发《关于加强农村合作基金会规范化管理的意见》。《意见》指出：在办好农村合作基金会方面，要坚持股份合作性质，完善组建审批程序；严格执行集资政策，规范融资行为；建立备付金制度和风险信用保障机制，增强抗御风险的能力；健全审计监督和财务报表制度，纠正违章违纪行为；进一步理顺管理体制，完善民主管理制度；加强领导，各方大力支持。

中美合作长城协和钢铁有限公司成立

1993 年 11 月 16 日，四川省大型招商引资项目、最大中外合作企业——中美合作长城协和钢铁有限公司成立签字仪式在成都举行。该公司概算总投资 3 亿元人民币，注册资本 1 亿元人民币，其中协和集团占 51%、长城特殊钢公司占 49%。

省委召开传达中共十四届三中全会精神会议

1993 年 11 月 17 日，中共四川省委召开省级领导干部会议，传达中共十四届三中全会精神。

省委书记谢世杰在会上强调：要深刻认识十四届三中全会的重大意义和这次会议通过的《中共中央关于建立社会主义市场经济体制若干问题的决定》的重要性，《决定》适应了我国深化改革的客观要求，在思想理论上有新的突破和发展。

谢世杰说：从总体上看，四川的个体、私营经济还比较薄弱；放手发展个体、私营经济，对于形成以公有制为主体、多种经济成分共同发展的合理的所有制结构，实属必要。

省委、省政府发文要求党政机关与所办经济实体脱钩

1993 年 11 月 22 日，中共四川省委办公厅、四川省人民政府办公厅发出《贯彻党政机关与所办经济实体脱钩的规定的通知》。《通知》要求，各地区、各部门必须按照中央规定，抓好党政机关与所办经济实体脱钩的工作，制定贯彻落实具体措施和办法，落实专门机构负责该项工作。

中国新闻社四川分社和重庆支社成立

1993 年 11 月 22 日，中国新闻社四川分社和重庆支社成立。中国新闻社于 1952 年 9 月 14 日在北京成立，是中国专向港澳地区和海外华文报纸发稿，为海外华侨华人、港澳同胞、台湾同胞以及和这四种人有密切联系的外国朋友服务的非官方通讯社，与新华通讯社并称国内两大通讯社。为加强四川的对外宣传工作，中新社于 1986 年在四川建立记者站，次年在重庆建立记者站。

襄渝铁路渝达段电气化改造工程动工

1993 年 11 月 22 日，襄渝铁路渝达段电气化改造工程正式铺开。该工程投资近 10 亿元，计划 3 年内完工，届时该区段铁路年运输能力将由 900 万吨提高到 1750 万吨。

省政府出台企业扭亏增盈七点意见

1993 年 11 月 22—24 日，四川省人民政府在重庆召开全省扭亏增盈座谈会，分析企业严重亏损的原因，研究制定解决企业严重亏损的政策措施。座谈会就扭亏增盈工作提出了七点意见：加快产权制度改革和企业组织结构的调整，建立新型企业制度；进行产品结构调整，推进企业技术进步；减轻企业负担；多形式、多渠道培植和建立企业富余人员消化机制；深化企业内部改革，加强企业内部管理；多渠道筹集资金，增加扭亏有望企业的投入；加强组织领导，实行严格的责任制，提高扭亏增盈的紧迫感和责任感。

22 户“探索建立企业新体制试验企业”授牌

1993 年 11 月 23 日，中共四川省委、四川省人民政府给 22 户“探索建立企业新体制试验企业”

授牌。1993 年，为适应向社会主义市场经济过渡的需要，贯彻实施《全民所有制工业企业转换经营机制条例》，四川省重点抓了 22 户国有大中型企业建立新体制试点。6 月，省委邀请部分专家、教授和有关部门领导，深入德阳、绵阳、成都 3 市的一些企业，听取意见，研究措施，结合省内企业实践并加以理论论证，制定了 33 条建立企业新体制的政策措施。各试点企业制订了实施方案，在年内取得了初步进展。此项改革，目标是以建立法人财产制度为主的现代企业制度。

成都市被列为国家综合配套改革试点城市

1993 年 11 月 26 日，为探索西部地区深化改革途径，建立社会主义市场经济体制，经国家体改委同意，成都市被列为国家综合配套改革试点城市，进行新一轮城市综合配套改革试点。

12 月

魏明伦被评为中国剧坛“怪杰”

1993 年 12 月 1 日，在武汉举行的现代戏曲年会上，戏剧界著名人物魏明伦、余笑予、裴艳玲、周本义 4 人被评为新时期全国剧坛“四大怪杰”。

评选“四大怪杰”，是为了表彰在新时期戏曲改革中做出过突出贡献，具有全国影响，并在创作道路上独辟蹊径、自成一家的编剧、导演、演员、舞美设计等艺术人才。魏明伦是川籍艺术家。

重庆嘉陵江黄花园大桥暨石黄隧道工程建设签订协议

1993 年 12 月 8 日，重庆嘉陵江黄花园大桥暨石黄隧道工程协议正式签字。协议规定：新加坡 IPCO 公司和义信集团共投资人民币 10 亿元，独资建设黄花园大桥和石黄隧道。黄花园嘉陵江大桥全长 1150 米，其配套工程石黄隧道连接长江大桥和黄花园大桥，洞长 990 米。作为投资的补偿，新加坡 IPCO 公司和义信集团同时取得 60 公顷土地开发权和 35 年的过桥收费经营权。

黄花园大桥，连接重庆渝中区和江北区，打通了江北、渝中、南岸三地，由大桥主桥、石黄隧道以及石板坡、黄花园、五里店 3 座立交桥和一条北引道组成。1996 年 12 月 26 日开工，1999 年 12 月26 日竣工通车。总投资 14. 8 亿元人民币，全长 4. 4 公里。

全省宗教工作会议在成都举行

1993 年 12 月 8—11 日，全省宗教工作会议召开。会议指出，全省宗教工作出现了以下的新情况、新问题：在社会主义市场经济体制建立的进程中，宗教方面的矛盾增多，协调宗教同社会各方面关系，成为宗教工作的重要内容；宗教教职人员后继乏人的问题突出，培养年轻的一代爱国宗教教职人员成为宗教工作的当务之急；对宗教问题处理不当引发的社会矛盾，成为影响全省政治、社会稳定的热点之一；抵制境外敌对势力和分裂主义分子利用宗教进行的渗透破坏活动，成为本省宗教战线对敌斗争的一个重要方面；个别地方和单位在经济建设和旅游开发中出现了一些涉及宗教的现象，值得研究和严肃对待。会议强调：要全面正确贯彻执行党的宗教政策，依法加强对宗教事务的管理；要引导宗教与社会主义相适应；要正确分析和妥善处理宗教方面的矛盾；要进一步加强党和政府对宗教工作的领导。

李瑞环到成都视察

1993年12月9日，中共中央政治局常委、全国政协主席李瑞环结束对南亚三国的正式友好访问后，飞抵成都。李瑞环视察了都江堰水利工程，参观了杜甫草堂和武侯祠，于12日上午返京。

四川省八届人大常委会六次会议举行

1993年12月9—15日，四川省八届人大常委会六次会议在成都举行。会议通过了《关于召开四川省第八届人民代表大会第二次会议的决定》《四川省村镇规划建设管理条例》《四川省人民代表大会常务委员会关于制定地方性法规程序的规定》《四川省〈中华人民共和国水土保持法〉实施办法》和《关于修改〈四川省计划生育条例〉的决定》。会议还通过了关于批准《重庆经济技术开发区管理条例》《重庆市制定地方性法规条例》《凉山彝族自治州施行〈四川省土地管理实施办法〉的变通规定》《峨边彝族自治县义务教育实施办法》的决议以及有关单位交付的代表议案审议结果的报告和人事任免事项。

成都市电话号码升为七位

1993年12月12日，成都市电话号码由六位升为七位，标志着正在建设中的国际大都会成都的通信已和世界接轨。1993年内成都市开通市内程控电话2万门、长途程控交换机5000路端，市话净放号3.2万多号线。

彭县撤县设市

1993年12月15日，县级彭州市挂牌成立。当年11月18日，民政部批复四川省人民政府：经国务院批准，同意撤销彭县设立彭州市，以原彭县的行政区域为彭州市的行政区域。原彭县辖区面积1420平方公里，1993年末总人口为75.17万人。

《四川省村镇规划建设管理条例》出台

1993年12月15日，省八届人大常委会第六次会议通过《四川省村镇规划建设管理条例》。为加强村镇规划、建设、管理，改善村镇生产、生活环境，促进农村经济和社会发展，根据《国务院村庄和集镇规划建设管理条例》的规定，制定该《条例》。《条例》共6章55条，对村镇规划的制定和实施、村镇建设的设计和施工管理、村镇房屋、公共设施、村容镇貌和环境卫生管理、奖励与处罚等，作出详细规定。

成都市青羊区被批准为四川省集体经济综合试验区

1993年12月18日，四川省人民政府批准成都市青羊区为四川省集体经济综合试验区。集体经济综合试验包括综合开发和综合改革两个方面，从机制到体制，从软环境到硬环境，大胆进行超前改革试验，加快集体经济与市场经济和国际惯例的接轨，为全省和全市集体经济的改革和发展发挥示范作用。

中共四川省委六届二次全会举行

1993 年 12 月 19—21 日，中共四川省委六届二次全会在成都举行。会议的主要内容是：贯彻落实中共十四届三中全会和全国经济工作会议的精神，在总结本年度工作的基础上研究部署下年度的工作。1993 年全省继续保持了快速发展的好势头，经济和社会各项事业都较好地实现了预定的工作目标：国民生产总值达到 1865.9 亿元，增长 12.8%；农业大灾之年，仍获得较好收成；乡镇企业总产值达到 1700 亿元，增长 72.76%；乡和乡以上工业总产值达到 1777 亿元，增长 18.5%；固定资产投资有较大增长，一批重点项目建设加快；市场活跃繁荣，城乡人民物质文化生活进一步改善。会议通过了《中共四川省委 1994 年工作要点》。该《要点》总的要求是：以邓小平建设有中国特色社会主义理论为指导，全面贯彻落实中共十四大和十四届三中全会精神，密切结合四川实际，解放思想，实事求是，坚持以经济建设为中心，坚持“两手抓、两手都要硬”，处理好改革、发展和稳定的关系，努力解决经济、社会发展中的新矛盾、新问题，充分调动各方面的积极性，加快社会主义市场经济体制改革的发展，实现全省国内生产总值增长 9.6%，社会各项事业取得全面进步。会议确定了“以大开放促大发展”作为四川经济发展的方针。

四川省三峡经济联合发展委员会成立

1993 年 12 月 21 日，四川省三峡经济联合发展委员会在重庆成立，省长肖秧任委员会主任。该会的主要任务是：以兴建三峡工程为契机，按照国家沿长江开发开放战略布局和国家及四川省关于加快发展三峡库区经济的要求，本着“联合开放开发、平等互利、优势互补、共谋发展”的原则，积极发展经济联合与协作。

省委发文加强国有企业党建工作

1993 年 12 月 23 日，中共四川省委办公厅发出《关于认真贯彻〈国有企业党的建设工作座谈会纪要〉和〈胡锦涛同志同全国国有企业党的建设工作座谈会代表座谈时的讲话〉的通知》。《通知》要求：认真贯彻中共十四届三中全会精神，加快全省企业深化改革的步伐，全面贯彻“三句话”方针，进一步完善发展企业内部领导体制；深入开展“四好”活动，下功夫抓好企业领导班子建设；从建立现代企业制度的要求出发，加强对不同企业党建工作的分类指导；加强调查研究，努力提高企业党建工作的水平；建立和落实抓企业党的建设工作的责任制。

四川省经济工作会议召开

1993 年 12 月 25—27 日，四川省经济工作会议召开，提出 1994 年要重点抓好六项工作：以建立现代企业制度为目标，积极推进企业改革，切实加强和改进企业管理；按不同投资领域实行不同的投资融资方式，加快投资融资体制改革；从根本上改变传统的计划方法和制度，加快计划体制改革；积极稳妥地推进价格改革，控制物价总水平的上涨幅度；加强省级宏观调控，维护大局稳定；坚持“两手抓、两手都要硬”的方针，加强法制建设和精神文明建设。

会议强调：1994 年的经济工作要加快建立社会主义市场经济体制的改革步伐，进一步扩大对外开放，加强和改善宏观调控，大力调整经济结构，提高经济效益，保持全省经济持续、快速、健康的发展势头。

四川省建立党政领导干部党风廉政档案

1993 年 12 月，中共四川省委办公厅、四川省人民政府办公厅转发省纪委、省委组织部、省监察厅、省人事厅《关于建立党政领导干部党风廉政档案的试行意见》。从 1994 年起，全省党政领导干部由各级纪检监察机关根据干部管理权限，分别建立党风廉政档案。

西安—成都光缆工程竣工投产

1993 年 12 月，西安—成都光缆干线工程竣工投产，结束了四川没有出省数字电路的历史。新敷设光缆 620.5 公里，安装光电端机站 10 个、中继站 5 个，新建中继站 5 个，安装各种国内配套设备 43 台（组），可开通电路 7680 路。1993 年 4 月动工，11 月底完工，12 月通过了初验。西成光缆工程全长 1090 公里，总投资 2.46 亿元，是中国数字传输网由中部延伸向大西南的骨干工程。

台湾太平洋百货落户四川

1993 年 12 月，台湾太平洋百货集团成都春熙路百货商店正式营业，成为该集团开拓内地市场的第一家商场。这标志着台资企业抢滩四川百货业的开始。

太平洋百货是台湾一家国际化、专业化百货集团，在台已建立了涵盖全岛的包括 7 家国际型百货公司在内的完整百货体系。进入成都后，商店定位为大都会流行百货，商品以中高档为主。在经营中，不断引进国际新颖百货理念，坚持“品牌导向”，以流行服饰为主，循势引入众多国际性品牌，发挥“不断转换消费习性，引导时尚流行”的角色作用，并把美食餐饮、电子游艺、婚纱摄影带进了商场。1996 年 1 月该集团又在成都骡马市开办了全兴分店。

“太平洋”开业以后，成都百货业进入了一个繁荣与激烈竞争的时代。

凉山彝族自治州 68 万贫困人口越过温饱线

至 1993 年 12 月，凉山彝族自治州有 68 万贫困人口越过温饱线。

凉山彝族自治州是四川省西部少数民族地区农牧民贫困面最宽、贫困人口最多的地区，也是西部扶贫工作的主要区域。1989 年扶贫建卡摸底时，所辖 17 个县、市中，先后有 11 个被列为国家和省定贫困县，贫困人口达 86 万人，占全省贫困人口的 71.7%。

自 20 世纪 80 年代以来，11 个县在国家有关部委、省和省定点扶贫单位的扶持下，逐县逐乡摸底建卡，确定扶贫对象，落实“包产越温”责任制。各县乡按照“扶智、造血、开发”总方针，发挥当地优势，大力发展种植业、养殖业、加工业和采矿业。该州为贫困县制定了一系列优惠政策，把以工代赈项目重点放在了贫困县。

至 1993 年底，凉山州 9 个贫困县的 68 万贫困农牧民年人均口粮达到 300 公斤，年人均纯收入超过 200 元，跨越了温饱线。

1994 年

1 月

成都市禁止燃放烟花爆竹

1994 年 1 月 1 日，《成都市禁止燃放烟花爆竹的规定》正式生效。在成都市锦江区、青羊区、金牛区、武侯区、成华区行政区域内（不含农村），禁止一切单位和个人燃放烟花爆竹。该《规定》1993 年 8 月 21 日由成都市第十一届人民代表大会常委会第三十四次会议通过，1993 年 10 月 28 日经四川省第八届人民代表大会常委会第五次会议批准。

四川省首条国际航线开通

1994 年 1 月 1 日，中国西南航空公司正式开通成都—新加坡国际航班。这是四川省第一条国际航线。

《成都商报》创刊

1994 年 1 月 1 日，成都市人民政府商业贸易委员会主办的《成都商报》创刊。这是一张贴近百姓，面向机关、单位、家庭广大读者群的经济类综合报纸，以“创新、务实、理性、开朗”为宗旨，以大容量、高密度的新闻和信息服务读者。

该报引入市场经济运行机制，实行全员招聘、多劳多得、按劳分配的制度，走出了一条全新的办报路子。报社经营至第五个年头，便发展为对开 16 版，日发行量 40 万份，年广告收入逾亿元的规模。此后，成都商报社以报业为依托，向相关产业扩张，成功地组建了发行投递公司、房产开发公司、博瑞广告公司，并通过控股博瑞投资公司参加资本营运等。

蓝风公司与外资、港资组建“成都宝洁”

1994 年 1 月 1 日，中国西部最大的合成洗涤剂生产企业——成都蓝风集团股份有限公司与美国 P&G 公司、香港和记黄埔公司合资 3000 万美元成立的成都宝洁有限公司正式运行。

“蓝风”的前身是成都合成洗涤剂厂，始建于 1969 年。1993 年独家发起组建股份有限公司。公司业务涉及合成洗涤剂、制药、化妆品、包装制品、化工原料、餐饮、商贸、住宿、物资流通领域，新组建的成都宝洁有限公司主要生产和销售“双猫”“兰香”“美美佳”“红芙蓉”“碧浪”“汰渍”等品牌洗衣粉。

都江堰等获批第三批国家重点风景名胜区和国家历史文化名城

1994年1月4日，西岭雪山、四面山和四姑娘山，以及都江堰、乐山、泸州被国家批准为第三批国家重点风景名胜区和国家历史文化名城。至此，四川有国家重点风景名胜区13个（其余为峨眉山、长江三峡、黄龙、九寨沟、重庆缙云山、青城山—都江堰、剑门蜀道、贡嘎山、蜀南竹海），数量居全国之冠；国家历史文化名城8座（其余为成都、重庆、自贡、宜宾、阆中）。

共青团四川省委召开九届二次全委会

1994年1月5—7日，共青团四川省委九届二次全委（扩大）会召开。会议要求，各级共青团组织和团员青年切实实施好团中央十三届二中全会通过的《在建立社会主义市场经济体制过程中我国青年战略发展规划》，并结合实际，发挥自己的优势，突出各自的特色，在各级党委领导下，创造性地开展工作。

彭晓东等人被授予“技术能手”和“新长征突击手”称号

1994年1月6日，彭晓东、程晓曦等23名优秀选手在四川省首届青年奥林匹克技能竞赛和全国青年奥林匹克技能竞赛中被授予“四川省技术能手”称号，其中6人获“四川省新长征突击手”称号。

1993年四川十佳运动员评选揭晓

1994年1月7日，1993年四川十佳运动员评选揭晓，分别是：刘稀蓉（女，赛艇）、刘晓梅（女，田径）、曹炅（射箭）、李涛（田径）、吴逢波（射箭）、肖忠杰（拳击）、张山（女，射击）、杨卫东（射箭）、谭敏（女，花样游泳）、殷谢飞（自行车）。

四川三峡经济联合发展委员会第一次会议在重庆举行

1994年1月14—15日，四川三峡经济联合发展委员会第一次会议在重庆召开，重庆、万县、南充、涪陵、广安、达川、巴中等地、市负责人参加会议。会议研究了加快建设三峡经济区步伐、联合川东地区共同发展的重大举措，形成了《四川三峡经济联合发展委员会关于四川三峡经济联合发展若干问题的意见》。省长、四川三峡经济联合发展委员会主任肖秧，副省长、四川三峡经济联合发展委员会副主任甘宇平，分别就实施联合开发开放、搞好百万移民安置、调整结构与发展经济相互促进的战略构想、实施步骤、工作重点以及三峡经济联合发展委员会职能任务、当前工作重点等问题作了讲话。

吉狄马加等获全国第四届少数民族文学奖

1994年1月18日，全国第四届少数民族文学奖川湘黔藏片区颁奖大会在成都举行。本届获奖的四川省少数民族作家、诗人有吉狄马加（彝族）、阿来（藏族）、倮伍拉且（彝族）、何小竹（苗族）、陈川（土家族）、章戈·尼玛（藏族）、贾瓦盘加（彝族）等7人。

四川省首例私营企业状告行政机关侵犯财产权案胜诉

1994年1月26日，四川省高级人民法院公开开庭，对蒲江县私营企业主刘本元状告县乡镇企业局一案作出二审判决，私营企业主刘本元胜诉。这是四川省首例行政机关侵犯私营企业财产权案。

刘本元诉蒲江县乡镇企业局侵犯财产权、经营自主权案，法院审理认为：原告开办的成都蒲江小蘖碱厂、成都朝阳印刷厂、成都鹤山矿泉饮料厂属私营企业，被告作出的任免决定和查封财产的行政行为超越了职权，依法撤销被告的决定，将属于原告的 3 个企业返还其管理并赔偿原告经济损失。

重庆大学成立校董事会

1994 年 1 月 27 日，经国家教委批准，重庆大学校董事会成立。四川省人民政府省长肖秧、重庆市委书记孙同川、著名学者钱伟长担任名誉董事，校党委书记、校长分别担任董事长和副董事长，攀钢、重钢、中国二重、东方电气、中国嘉陵等 14 家国有大型企业和研究院成为第一批董事单位。校董事会是对学校办学、教育、科技等重要事务进行咨询、评议、审议的机构，是董事单位与学校建立发展长期、稳定、全面、紧密合作关系的桥梁、纽带和协调机构，是筹措教育发展基金、支持学校发展的固定联系形式，是改革办学体制、主动适应社会需要、多方联合办学的重要组织保证。

中国第一辆液化天然气汽车在绵阳研制成功

1994 年 1 月，中国第一辆液化天然气汽车在绵阳市研制成功，该项技术跨入世界领先行列。12 月，由四川省交通厅起草的 DB51/220-1994《在用汽车改装压缩天然气及油气双燃料汽车技术条件》发布，这是中国第一个燃气车改装的标准。

省委、省政府决定开展小城镇建设试点

1994 年 1 月，中共四川省委、四川省人民政府决定，1994 年抓 100 个小城镇建设试点。这是加快农村经济发展，推动农村工业化、集镇城市化的一项重大措施，也是农村奔小康的一项战略措施。中共四川省委、四川省人民政府制发了《关于加快小城镇建设试点问题的通知》，成立了以省委书记谢世杰任组长，副省长张中伟、甘宇平任副组长，19 个省直部门负责人为成员的省小城镇建设领导小组及办事机构，制定了每个试点镇给 2000 个农转非指标、一次性批征 300 亩土地、财政资助、贷款扶持等一系列优惠政策和措施。1994 年 3 月 30—31 日，全省小城镇建设试点工作会议在温江县召开，研究小城镇建设有关政策方面的问题，要求加快建设步伐，实现农村工业化、城乡一体化。至 1998 年，发展到第四批共 301 个试点集镇。

重庆建筑工程学院更名为重庆建筑大学

1994 年 1 月，经国家教委批准，重庆建筑工程学院更名为重庆建筑大学。重庆建筑工程学院成立于 1954 年，前身是 1952 年由重庆大学、西南工业专科学校、川北大学、川南工业专科学校、成都艺术专科学校、西南交通专科学校 6 所院校的 9 个土木、建筑系（科）合并而成的重庆土木建筑工程学院，1953 年学院再并入云南大学、贵州大学的土木系，由此成为西南地区唯一一所建筑工程学院，也是当时中央建筑工程部唯一一所直属高等院校。截至 1966 年，全院共有 4 个系、15 个专业。1978 年被教育部确定为全国重点高等院校。经过恢复调整和改革，学校由一个单科性学院发展成为土建类学科专业齐全，以土木建筑、城乡建设和环境保护等主要专业为特色，以工为主、兼有理文管理法学等学科的建设部直属全国重点大学。

2月

中国彩灯博物馆在自贡开馆

1994年2月1日，经国家批准建立的国内唯一彩灯文化专门机构——中国彩灯博物馆在自贡开馆。自贡灯会沿袭唐宋年间新年赏灯习俗，已发展成为民族文化的一枝奇葩。近年来曾应邀出展北京、上海等十多个大城市和东南亚国家，有“天下第一灯”之称，为自贡赢得了“南国灯城”的美誉。

万县境内发生特大海损事故

1994年2月1日，万县境内发生一起特大海损事故，100多人下落不明。19时50分重庆市轮船总公司所属“川运21号”客班轮满载200多名乘客航行至距万县港客运中心上游约一公里的“三块石”处，与同向上行的重庆长江轮航公司“长江02023”拖轮船队相撞，货驳船队当即散架，客轮翻覆。

《四川省〈中华人民共和国道路交通管理条例〉实施办法》出台

1994年2月1日，《四川省〈中华人民共和国道路交通管理条例〉实施办法》开始施行。本《办法》1993年12月28日以四川省人民政府令第39号发布，共10章69条。《办法》为加强道路交通管理，维护交通秩序，保障交通安全、畅通，对在四川省行政区域内道路上通行的车辆、行人、乘车人、在道路上进行与交通有关活动的人员的行进活动和行为作出相关规定。

朱镕基到成都、重庆等地视察

1994年2月5—13日，中共中央政治局常委、国务院副总理朱镕基视察四川，对四川近年来各领域取得的成绩给予充分肯定。朱镕基指出，四川1993年不但经济高速发展，而且把改革、发展与稳定的关系处理得比较好。朱镕基希望四川抓住机遇，深化改革，扩大开放，促进发展，保持稳定。在川视察期间，朱镕基先后接见了中共四川省委、四川省人民政府领导和成都、重庆、乐山、峨眉山等市的党政领导，深入科研单位和企业考察。

“长征3号甲”在西昌升空

1994年2月8日下午4时34分，西昌卫星发射中心成功地用“长征3号甲”运载火箭，将“实践4号”空间探测卫星和一颗模拟卫星送入地球同步转移轨道。

“长征3号甲”运载火箭全长52.52米，是我国航天部门历时数年研制成功的发射大容量通信卫星的新型运载火箭。它在“长征3号”火箭的基础上采用了多项新技术，实现了对火箭的高姿态控制。此次是“长征3号甲”首次发射。

四川省决定实施省级机关机构改革

1994 年 2 月 22 日，根据党中央、国务院统一部署，中共四川省委、四川省人民政府决定实施省级机关机构改革。正式成立以省委副书记、省长肖秧为组长，省委副书记宋宝瑞，省委副书记、省政府常务副省长蒲海清为副组长的省级机构改革领导小组。选择省级 4 个部门进行改革试点，探索机关人员分流的渠道和政策。1994 年 7 月，《四川省党政机构改革方案》经省委、省政府审定后上报国务院审批。

四川推行社会治安综合治理保一方平安责任制

1994 年 2 月 22—24 日，四川省政法工作会议召开。会议总结了 1993 年政法工作的经验，部署了 1994 年全省政法战线的工作。中共四川省委、四川省人民政府与各市、地、州签订了 1994 年《社会治安综合治理保一方平安责任书》。会后，23 个市地州与 219 个县（市、区）分别层层签订了责任书，有的还签到村社、农户。为落实《责任书》，省综治委制定了《四川省 1994 年度〈社会治安综合治理保一方平安责任书〉考评办法》。

“成商”股票在沪上市

1994 年 2 月 24 日，成都人民商场股份有限公司股票在上海证券交易所挂牌上市。“成商”成为四川省首家公开发行上市的商业股份制企业。

成都人民商场股份有限公司原为成都市人民商场，始建于 1953 年，坐落在成都市中心繁华商业区——盐市口。1993 年 12 月，成都市人民商场改组成为股份有限公司，向社会公开发行股票。1997 年8 月，在原股份有限公司的基础上组建成立了成都人民商场（集团）股份有限公司，成为西南地区最大的商业企业集团。

四川对外国人开放地区再增 28 个县

1994 年 2 月 28 日，经四川省人民政府批准，四川又有 28 个县被列为对外国人开放的地区，它们是：垫江县、南川县、武隆县、黔江土家族苗族自治县、彭水苗族土家族自治县、高县、筠连县、屏山县、武胜县、大竹县、巴中县、泸定县、天全县、芦山县、宝兴县、小金县、若尔盖县、红原县、康定县、泸定县、会理县、万源市、渠县、平昌县、南江县、宁南县、普格县、布拖县。

四川省首批“青年科技基金”资助人选产生

为培养跨世纪高级科技人才和学科带头人，1993 年建立了四川省青年科技基金会。1994 年2 月，经“基金会”专家委员会评审，“基金会”理事会决定，确定了全省第一批资助对象 33 名。33 名受助对象平均年龄 31. 6 岁，对他们的资助采取以人选为主结合项目的形式给予安排，每人每年资助 2 万—3 万元，连续资助 3—5 年。

成都市被列为全国“优化资本结构，增强企业实力”试点城市

1994 年 2 月，经国务院批准，国家经贸委等九部委将成都列为全国“优化资本结构，增强企业

实力”试点城市。为此，1994 年成都市选择了部分国有大中型企业分别进行建立现代企业制度和“优化资本结构”试点，其中红光电子股份有限公司被列入国家试点，成都制药二厂、成都轴承集团公司被列入省上试点。

3 月

省政府出台加快科技体制改革方案

1994 年 3 月 1 日，经国家科委同意，四川省人民政府印发《四川省加快科技体制改革方案要点》。《要点》提出，加快科技体制改革步伐，促进科技经济一体化，建立科技与经济密切结合的新型体制，通过大力发展科技产业和加速科技成果的推广应用，到 2000 年实现年产值 1200 亿元、年利税 400 亿元的目标。该《要点》又称为“科技兴川千亿工程”。

磨溪气田二期工程投产试运行

1994 年 3 月 1 日，磨溪气田二期工程投产试运行，日输天然气 80 万立方米。这项“八五”重点工程总投资 7 亿元，日生产天然气 130 万立方米。

省委、省政府实施农业增产综合技术战略

1994 年 3 月 6 日，中共四川省委、四川省人民政府召开全省春耕生产动员大会，会上宣布 1994 年要实施“下一百，抓一千，带一万”的增产综合技术战略，即从省级农业系统下派 100 名高级农业技术人员，组织地市县 1000 名高、中级农技人员，带动 1 万个乡镇农技员，到 30 个商品粮基地县开展技术服务，指导 100 万户农民采用配套的增产技术，搞好 4000 万亩高产示范农田，促进全省增产任务的完成。

四川省科技大会召开

1994 年 3 月 6—8 日，四川省科技大会在成都召开。会上，中共四川省委、四川省人民政府重奖了为四川经济建设做出重大贡献的 7 名科技功臣，获奖者拥有“四川省有重大贡献的科技工作者”称号及每人 10 万元奖金，同时享受四川省劳动模范的待遇。获奖者是：南充地区农科所谭民化、四川农业大学杨凤、西南农业大学向仲怀、攀枝花钢铁公司籍可镔、卫生部成都生物制品研究所钱汶光、四川省化工研究设计院王天年（女）、成都科技大学张铭让。

大会号召，进一步动员和组织全省科技力量，抓住机遇，真抓实干，大力发展科技第一生产力，在全省范围内掀起依靠科技加速经济发展的新高潮。会议确定了 20 世纪 90 年代四川科技工作的主要任务：1. 科学技术为经济建设做出直接贡献，到 20 世纪末，实现新增产值 1200 亿元以上、利税 400 亿元以上，科技进步在国民经济增长中的贡献率由 30%提高到 50%以上；2. 科学技术为经济发展提供强有力的支撑，到 20 世纪末重大科研成果增长 1 倍以上，其中 50%达到国内或国际先进水平；3. 增强科技自身的发展实力和为经济建设服务的能力与活力，科技实力增长 15—25 倍，军工机构基本实现“以民养军”的目标，科技投入增长 3—5 倍。

抢救三峡文物

1994 年 3 月 11 日，四川大学与国内外有关单位组成联合勘探队，对处于三峡库区淹没线以下的云阳县“楚故陵”进行综合物探研究。这是三峡工程文物保护的一次重要活动。三峡淹没区地上、地下文物主要分布在四川，如涪陵白鹤梁、云阳张飞庙、忠县石宝寨、奉节白帝城、巫山大溪遗址、云阳楚故陵等。1997 年，三峡要实现大江截流、建成大坝。因而，对淹没区内文物的抢救性发掘和迁移工作此时进入实质性阶段。

首届四川十大英才评选揭晓

1994 年 3 月 11 日，中共四川省委组织部和省委宣传部、省人事厅、成都军区政治部、中华英才画报社联合主办的 1993 年四川十大英才评选揭晓，分别是：张山（省陆上运动中心运动员、运动健将、世界冠军），倪润峰（长虹电器股份有限公司董事长、高级工程师），胡仁宇（中国工程物理研究院研究员、中科院学部委员），王国春（宜宾五粮液酒厂厂长兼党委书记），林凌（省社科院研究员、学术顾问），侯光炯（西南农大一级教授），蔡伟素（中国通力发展总公司总经理），赵忠玉（攀枝花钢铁公司总经理、高级工程师），刘永好（成都希望集团总裁），周开达（四川农大水稻研究所所长、教授）。

中国四川国际合作股份有限公司创立

1994 年 3 月 23 日，中国四川国际合作股份有限公司创立暨首届股东代表大会召开，选举产生了股份公司第一届董事会、监事会。1994 年 4 月 4 日，公司股票以“中川国际”名称在上交所挂牌上市。

公司前身是 1980 年 12 月 3 日经国务院批准成立的全国首家省级外经企业，成立 10 多年来先后在 50 多个国家和地区开展业务，承担国际承包工程和劳务合作项目逾 300 个，合同额累计达 7.2 亿美元，营业额累计达 4.8 亿美元。公司完成股份制规范化改组工作后直接向社会公众募股，成为集承包工程、劳务合作、国内外贸易、房地产开发、实业投资、证券、服务于一体的大型综合性外经公司。

增产节能直流石墨化新技术通过鉴定

1994 年 3 月 24 日，成都化工碳素总厂研究开发的“增产节能直流石墨化新技术”通过鉴定。这项新技术在国内石墨化技术上是一个重大突破，达到了世界先进水平。

四川三峡学院成立

1994 年 3 月 26 日，经国家教委批准，万县师范专科学校和万县教育学院合并扩展成立四川三峡学院。1994 年 11 月 4 日，四川三峡学院在万县市成立。2000 年 2 月 15 日，经国家教育部批准，四川三峡学院更名为重庆三峡学院。学院学科专业以文、理为主，工、经、管、法、史、教、农等协调发展，是三峡库区腹地一所多科性普通本科院校，也是库区第一所新型综合性普通高等学校。

省委召开会议部署维稳工作

1994 年 3 月 29 日，中共四川省委召开常委会议，强调当前要特别重视保持社会稳定问题。农村方面，要保护农民和基层干部的生产积极性，一些政策措施出台一定要慎重，要充分考虑保持农村社会的稳定；工矿方面，要注意研究和解决亏损企业的问题；城市方面，要注意解决大专院校学生和城市居民生活困难问题；要加强社会治安工作，全省各地一旦出现可能影响社会稳定的苗头，要及时在小范围内将其消除。

四川风景名胜区数量居全国之冠

至 1994 年 3 月，四川国家重点风景名胜区和省级风景名胜区数量均居全国之冠。四川省除有世界自然遗产 2 个、世界自然与文化双遗产 1 个、国家重点风景名胜区 13 个、国家历史文化名城 8 个外，还有省级风景名胜区 30 个、省级历史文化名城 22 个、省级历史文化名镇 18 个。

《四川新书报》创刊

1994 年 3 月，西南地区唯一在全国公开发行的图书专业报纸《四川新书报》创刊。报纸为周报，对开 4 版，由四川省新华书店主办，四川出版集团主管，主要栏目有新书摘要、连载、图书评价、新书征订目录、出版社简介等。

4 月

《四川省〈中华人民共和国妇女权益保障法〉实施办法》发布施行

1994 年 4 月 2 日，四川省八届人大常委会第八次会议通过《四川省〈中华人民共和国妇女权益保障法〉实施办法》。《办法》共 8 章 46 条，对《中华人民共和国妇女权益保障法》的有关原则作了具体和细化的规定，进一步明确了妇女应享有的各项权利和对妇女不法侵害应当承担的法律责任。本《办法》自 1994 年 4 月 6 日起公布施行。

《四川省科学技术成果推广条例》发布实施

1994 年 4 月 2 日，四川省八届人大常委会第八次会议通过并发布实施《四川省科学技术成果推广条例》。《条例》共 6 章 34 条，对科技成果的推广体系、推广应用、保障措施、奖励与处罚等作出具体规定。本《条例》自 1994 年 4 月 6 日公布之日起施行。

省委、省政府总结推广产权制度改革“宜宾模式”

1994 年 4 月 5 日，中共四川省委、四川省人民政府在宜宾召开全省县级经济体制改革现场工作会，总结和推广产权制度改革取得突破的“宜宾模式”。

改革开放前，宜宾县 10 多家国有中小企业由于受旧体制和机制束缚，职工缺乏积极性，企业缺乏活力，大多数企业效益不好。1992 年 7 月 7 日，宜宾县出台《宜宾县股份制企业试行办法》，提出“国家转让产权，企业转换机制，政府转变职能，职工持股经营”的企业改制“宜宾模式”。此模式在全县推广实行，国有中小企业纷纷改制，短时间内企业生产经营有了很大起色。“宜宾模式”为破解县域经济改革的难题找到一条好的路子。

南川撤县设市

1994 年 4 月 5 日，经国务院批准，撤销南川县设立南川市（县级），以原南川县的行政区域为南川市的行政区域，结束了南川置县 1300 多年来的县治历史。南川幅员 2602 平方公里，到 1994 年末总人口为 64. 7 万人。

都江堰举行建堰 2250 周年纪念活动

1994 年 4 月 5 日，都江堰建堰 2250 周年之际，《都江堰志》首发式与李冰陵揭陵仪式同时举行。至此，都江堰水利工程灌溉面积突破 1000 万亩。

四川联合大学挂牌

1994 年 4 月 8 日，四川联合大学挂牌仪式举行。饶用虞任党委书记，陈君楷任校长。1993 年 12 月7 日，经国家教委批准、四川省人民政府同意，四川大学、成都科技大学合并为四川联合大学，开中国高等学校强强合并的先河。

自 20 世纪 50 年代院系调整以来，两所全国重点大学合并在全国还是第一次。合校后的四川联大有 14 个学院、1 个研究院、44 个系、89 个本科专业和 35 个专科专业、94 个硕士学位授权点、4 个博士后流动站、5 个国家重点学科、2 个国家重点实验室、3 个国家专业实验室和开放实验室、4 个基础学科人才培训基地、40 个研究所、40 个教学或研究中心。通过“理工结合、文理渗透、多学科交叉、综合裂变”，学校综合实力大大增强，成为一所文、理、工、经、法、管结合的多学科的新型重点综合大学。

1998 年 12 月，四川联合大学更名为四川大学。2000 年 9 月，经教育部和四川省人民政府报国务院批准，四川大学与华西医科大学合并，组成新的四川大学。

四川高校长虹助学基金设立

1994 年 4 月 8 日，长虹电器股份有限公司出资 1000 万元支持教育事业，设立“四川高校长虹助学基金”。

乔石到四川考察

1994 年 4 月 13—18 日，中共中央政治局常委、全国人大常委会委员长乔石在四川考察。在川考察期间，乔石强调：要坚定不移地贯彻党中央深化改革的各项措施，沉着冷静地对待和解决实际工作中遇到的具体问题；落实各项改革措施的过程中，要切实加强党的领导；各级领导和干部都要廉洁自律，反对腐败，勤政爱民，改进工作作风，扎扎实实开展工作；企业的改革必须面向市场，搞活机制，提高产品质量和经济效益，增强竞争能力；要继续加强对农业和农村工作的领导，实实在在地解决农业发展中遇到的问题；越是深化改革、扩大开放，越要加强社会主义民主与法制建设。

四川确定实施产业“8+5”工程

1994 年 4 月 14 日，中共四川省委、四川省人民政府召开会议，研究调整产业结构、发展支柱产业、抓好拳头产品工作。会议决定，实施“8+5”工程，即抓好 8 种拳头产品和 5 个支柱产业。8 种拳头产品：钢材（重轨、板、管、优质钢材）、彩色电视机、录像机、通讯传输设备、汽车（包括农用汽车）、工程机械及建筑机械、发电设备及输配电设备，涉及企业30余家。重点改造和发展5个传统支柱产业：丝绸、纺织、食品、医药、建材，涉及企业20余家。

四川省实施名牌战略

1994年4月15日，四川长虹电器股份有限公司等75家企业的80种产品被评为“四川名牌产品”，省政府向这些企业的有关产品颁发“四川名牌产品”证书和奖牌。为实施名牌战略，四川省人民政府发布《四川省名牌产品管理办法》，成立了以副省长马麟为组长的四川省名牌战略领导小组；省经委发出了《关于对四川名牌产品实行定期考核的通知》，制订了考核办法，对名牌产品实行动态管理。

四川第一家村级股份制企业成立

1994年4月18日，四川省第一家村级股份制企业——四川波华实业股份有限公司在夹江县成立。1994年，夹江县农村大力推行“绿色股份合作制”，共建立多种形式的绿色股份合作制企业（场、园）70多个，入股参股农户1.23万户，开发绿色商品农业基地30多个。夹江县发展“绿色股份合作制”的做法，副省长张中伟批示向全省推广。

简阳撤县设市

1994年4月26日，经四川省人民政府同意并报国务院批准，撤销简阳县，设立简阳市（县级），由省直辖，以原简阳县的行政区域为简阳市的行政区域，省政府委托内江市代管。简阳市面积2210.36平方公里，到1994年底总人口为141.4万人。

1998年2月，简阳市改由资阳市代管。2016年5月，经四川省人民政府报国务院批准，简阳市由成都市代管。

四川证券监督管理委员会成立

1994年4月26日，四川证券监督管理委员会成立，省长肖秧任主任，副省长蒲海清、刁金祥任副主任，省财办、省体改委、省委政研室等有关部门负责人任委员。

“四川省十大杰出劳动模范”和“四川省十大服务明星”命名

1994年4月30日，四川省庆祝“五一”暨表彰大会举行。大会宣读了省总工会、省委宣传部、省委工交财贸政治部《关于命名“四川省十大杰出劳模”和“四川省十大服务明星”的决定》，雷永、胡思得、周文瑞、吴泽英、杜绍陵、罗启后、赵仲全、刘志荣、周志宏、蒋辅臣被命名为“四川省十大杰出劳动模范”，李玉琴、刘志明、钟声、王蓓、张振坤、陈献平、张国林、谭明华、王远芳、王清海被命名为“四川省十大服务明星”。

百事可乐落户四川

1994年4月，总投资2800万美元的百事天府饮料有限公司中外合资合作协议在重庆签约。美国百事可乐占60%的股份，中国天府可乐占40%的股份。

新公司设在原天府可乐厂内。按协议，百事可乐公司将首先改良现有机器设备，逐步引进现代管理技术及加强现有的销售开发系统。

合资公司保证最初的两年继续生产天府可乐及各种软饮料，最后将陆续生产百事可乐、七喜等国际品牌饮料产品。

国内首条聚碳酸酯（PC）薄膜生产线在川建成投产

1994 年 4 月，国内首条聚碳酸酯（PC）薄膜生产线在乡镇企业绵阳新皂股份有限公司建成投产。“PC”薄膜是一种新型塑料薄膜，广泛应用于航天航空和电子工业，长期以来为西方少数国家垄断生产。从 1989 年起，绵阳新皂化工总厂（公司前身）组织科技人员攻关，研制出“PC”薄膜，并从德国引进设备建成了“PC”薄膜生产线。

5 月

聂荣臻陈列馆奠基

1994 年 5 月 2 日，聂荣臻元帅陈列馆奠基仪式在江津市区西郊举行。中央军委聂帅办公室周均伦少将、中共四川省委书记谢世杰、成都军区政委张志坚、四川省人民政府省长肖秧、四川省政协主席聂荣贵、中共重庆市委书记孙同川出席奠基仪式。

聂帅陈列馆由主馆和铜像广场组成，占地约 20 亩，是全国爱国主义教育示范基地、AAAA 级旅游景区（点）、重庆国防教育基地。

大千纸坊在夹江落成

1994 年 5 月 16 日，“大千纸坊”在夹江县马村乡石堰村落成。

早在抗日战争初期，著名画家张大千两次到夹江县马村石堰山，在当地“连丝纸”的基础上研制出拉力强、受润佳、耐潮湿的“蜀笺”。1983 年，夹江县人民政府把这种优良书画纸命名为“大千书画纸”。为继承和发展手工造纸这一珍贵遗产，加强对手工纸的研究和开发，夹江县人民政府在石堰山上恢复和重建了“大千纸坊”。

黔江地区与上海市达成畜产品供应合作协议

1994 年 5 月 18 日，上海牛羊肉公司和黔江地区国有商业总公司达成为期 10 年的协议，双方各出资 100 万元人民币组建黔江地区申川食品有限公司，由黔江地区从 1994 年起开始向上海供应牛肉、羊肉、禽蛋等畜产品，争取在 5 年内提供的牛羊肉超过万吨，约占上海牛羊肉市场一半以上。

黔江地区有 584 万亩草山草坡，畜牧业生产潜力较大，1993 年牛羊肉总产量达 8000 余吨，牛羊肉加工规模达 5000 多吨。

乐山国际旅游大佛节举行

1994 年 5 月 18—25 日，由国家旅游局、四川省人民政府主办，乐山市人民政府承办的乐山国际旅游大佛节举行。大佛节以“让世界了解乐山、让乐山走向世界”为主题，以外向型、经营型、效益型为宗旨，来自国内外的1.5万名商家带着10大类4000多个商品参展交易，实现社会总成交额21.8亿元，其中现货成交13.05亿元、期货成交7.35亿元。大佛节引进各类投资项目42个，总投资额9337万美元。大佛节期间，举行了盛大的文化、体育活动和一定范围的佛事活动。

其间，乐山佛文化奇观“东方佛都”建成开放。佛都占地300多亩，仿制雕刻了中外佛像3000多尊，其中一尊是利用自然山体雕琢的体长170米的巨型卧佛。

省委、省政府出台政策加快县级经济体制改革与发展

1994年5月20日，中共四川省委、四川省人民政府印发《关于加快县级经济体制改革与经济发展若干问题的决定》。《决定》主要内容是：深化县级经济体制改革，推广宜宾、射洪等县综合体制改革经验，对县属国有小型企业实行“改、转、租、并、卖”，推进集体经济试验区、个体私营经济试验区健康发展。

大熊猫亲子鉴定课题获得重大突破

1994年5月25日，四川师范大学分子生物研究所副所长方盛国在冯文和教授指导下，主持完成大熊猫亲子鉴定研究课题，由此中国在同类科研中处于世界领先水平。

被列为世界野生动物保护之首的大熊猫，虽经中国有关专家持续研究，但对其野生繁殖生物学了解甚少，而圈养的大熊猫经30多年饲养已是三世（或四世）同堂，急需在无取血的情况下，鉴定其父子“血缘”关系，弄清谱系，以阻止“近亲繁殖”在遗传上造成的危害。

省政府批复建立甘孜州泸定海螺沟旅游度假区

1994年5月25日，四川省人民政府批复同意建立甘孜州泸定海螺沟旅游度假区，并列为省级旅游度假区。度假区规划面积4平方公里，州、县共管，以州为主。1994年11月14日，副省长徐世群率省级14个有关部门的负责人赴海螺沟召开现场办公会，围绕景区公路、能源、通讯、宾馆等基础设施建设进行研究，提出了解决办法。

亚洲最大风洞建设

1994年5月26日，中国最大也是亚洲最大尺寸试验段跨声速风洞，在中国（绵阳）空气动力研究所与发展中心高速所奠基。经过三年多时间的攻关研究和艰辛建设，1997年12月20日，2.4米的跨声速风洞建成通气试车成功。该风洞除可完成现有水平式风洞中的大多数常规试验项目外，还能完成飞机尾旋性能评估、返回式卫星及载人飞船回收过程中空气动力稳定性测试等。1999年12月，通过了国家级评审验收；2003年2月，获国家科技进步一等奖。2005年9月17日，该中心设计建造的中国第一座大型立式风洞建成并通气试车成功，总体水平居国际领先地位。

该风洞在世界上只有少数国家能自主设计制造，它的建成填补了中国航空航天地面模拟试验设备中的空白，标志着中国空气动力试验研究进入一个新阶段。

《四川省乡镇集体矿山企业和个体采矿条例（修正案）》颁布实施

1994年5月28日，四川省八届人大常委会第九次会议通过《四川省乡镇集体矿山企业和个体采矿条例（修正案）》，并颁发实施。

该《条例》是省六届人大常委会 1986 年制定的。随着改革开放的进行，矿产资源的开采情况发生了很大变化，原《条例》中的有关规定已不适应，有部分规定与国务院 1994 年 3 月颁布的《〈中华人民共和国矿产资源法〉实施细则》不相吻合。据此，本《条例》（修正案）对法规调整的对象和范围、行政主管部门的职能、依法量化行政处罚和设置行政复议前置、私营矿山企业的法律地位等作出必要调整和增补性规定。

《四川省公路路政管理条例（修正案）》颁布实施

1994 年 5 月 28 日，四川省八届人大常委会第九次会议通过《四川省公路路政管理条例（修正案）》。该《条例》是省六届人大常委会于 1987 年通过的，在实施中发挥了积极作用。但与后来颁布的《中华人民共和国公路管理条例》中的规定有若干不一致的地方，同时，随着经济体制改革进程的加快，客观形势变化较大，原《条例》已不能适应需要。据此，对原《条例》作了必要修改和补充。

《四川省风景名胜区管理条例》公布施行

1994 年 5 月 28 日，四川省八届人大常委会第九次会议通过《四川省风景名胜区管理条例》，并颁布施行。《条例》共 8 章 54 条，对风景名胜区的设立、保护、规划、建设、管理等作出规定。

第 22 届世界跳伞锦标赛在成都举行

1994 年 5 月 29 日至 6 月 7 日，第 22 届世界跳伞锦标赛在成都举行，来自世界 39 个国家和地区的近 400 名男女运动员角逐 16 块金牌。本次比赛系四川省有史以来举办的规格最高、规模最大的国际比赛。

省政府发文整顿猪肉市场

1994 年 5 月 30 日，四川省人民政府办公厅印发《关于加强生猪屠宰和猪肉质量管理的紧急通知》，要求各级政府坚决推行“定点屠宰，集中检疫，统收税费，分散经营”的办法，坚决杜绝出售打水灌水猪肉和病死猪肉的现象。

8 月 5 日，四川省人民政府印发《关于切实整顿猪肉市场的紧急通知》，要求各级政府集中力量、集中时间、统一部署，采取切实有力的措施整顿猪肉市场，同时成立以副省长刁金祥为组长的全省整顿猪肉市场领导小组。8 月 30 日，省政府又发出《关于切实整顿猪肉市场的补充通知》，要求整顿猪肉市场的工作经常化并长期坚持，纳入法制化的轨道。

1993 年度优秀广播电视文艺获奖节目揭晓

1994 年 5 月 30 日，省广播电视厅、省广播电视艺术委员会主办的四川省 1993 年度优秀广播电视文艺节目评奖获奖节目在绵阳揭晓：特别奖 2 个（四川电视台《二十世纪华人音乐经典综合》、成都电视台《东方绿舟》）、一等奖 19 个（包括重庆电视台《大进攻序曲》、峨眉电影制片厂《中国出了个毛泽东》、四川电视台《在其香居茶馆里》、四川电视台等《康巴汉子》、四川电视台《世纪之光》、重庆电视台《川东吹打》、四川人民广播电台《归去》、重庆人民广播电台《毛泽东颂》等）、二等奖32个、三等奖64个。

重庆500私企摘“假集体”帽子

1994年5月，重庆市为500多家私营企业摘掉了假集体的“帽子”，让它们恢复了私营企业的本来面目。

重庆市过去有的私营企业怕政策变，把自己办起的企业挂靠在国有或集体单位名下，每年向这些“公”字号单位缴纳一笔管理费，为自己的私营企业戴上一顶“红帽子”。而今，重庆有关方面以明晰产权为突破口，以集体企业工商登记条件作为划分所有制关系的依据，理顺了“红帽子”企业的所有制关系。此举不仅为国家挽回了一大笔流失税收，而且为发展个体、私营经济创造了宽松的外部环境。

大风、冰雹袭击四川部分地区

1994年5月初，重庆、广元、巴中、达川等11个市、地的40多个县不同程度遭受大风、冰雹袭击。全省受灾农作物达300多万亩，其中绝收7万多亩，牲畜死亡300多头，损坏房屋30多万间，直接经济损失5亿多元。

四川金融租赁有限公司成立

1994年5月，中国西南地区唯一一家金融租赁公司——四川金融租赁股份有限公司成立。该公司1994年1月经中国人民银行批准成立，也是西部首家增资改制的金融租赁公司，改制后的公司注册资本金为50123万元。公司业务扎根西部，面向全国，主要拓展通信、金融、公用事业、医疗、烟草、教育产业的租赁业务，通过灵活便利方式为承租人提供全面的租赁解决方案。

6月

邛崃撤县设市

1994年6月6日，国家民政部批复四川省人民政府：经国务院批准，同意撤销邛崃县，设立邛崃市（县级），以原邛崃县的行政区域为邛崃市的行政区域。1994年9月6日，邛崃举行了撤县设市仪式。

四川建立基层党组织党建工作领导责任制

1994年6月9—10日，四川省基层党组织建设工作会暨联系点县会在成都召开。会议提出，要把基层党组织的建设作为党的建设的“重中之重”，用三年时间，把全省23万多个基层党组织建设成为团结带领党员和群众进行社会主义现代化建设的坚强战斗堡垒；地、县党委要层层完善和落实基层党建工作的领导责任制，把基层党组织建设工作纳入目标考核。

崇庆撤县设市

1994 年 6 月 10 日，国家民政部批复四川省人民政府：经国务院批准，同意撤销崇庆县设立崇州市（县级），以原崇庆县的行政区域为崇州市的行政区域。1994 年 9 月 23 日，崇州举行了撤县设市仪式。

1993 年四川十佳演员评选揭晓

1994 年 6 月 11 日，1993 年四川十佳演员颁奖仪式举行。十佳演员评选于 2 月 22 日揭晓，他们是：刘芸（成都市川剧联合团）、钟鹏（重庆杂技团）、朱玲（通俗歌曲演员）、傅丽莉（峨眉电影制片厂）、徐燕（成都军区战旗歌舞团）、陈智林（四川省川剧院）、方涛（成都市话剧团）、段晓羚（攀枝花市京剧团）、陈昌兰（四川省歌舞团）、张礼慧（重庆市歌舞剧院）。

四川省项目投资交易中心挂牌

1994 年 6 月 16 日，中国首家为项目投资权益转让提供中介服务的机构——四川省项目投资交易中心在成都挂牌。该中心主要经营市场投资、信息网络、项目招商，注册资金为 50 万元人民币。

泰国盘谷银行设立成都代表处

1994 年 6 月 28 日，泰国盘谷银行成都代表处设立。盘谷银行为东南亚最大的国际性商业银行，创立于 1945 年，总行设在泰国曼谷，除了在泰国境内的分行外，在世界各重要城市亦设有分行。盘谷银行与东南亚地区的华商建有密切联系，一直以来积极开展并促进在华业务。盘谷银行早在 1986 年设立了北京代表处，1992 年在汕头设立了第 2 家分行。

四川经济发展与国际合作研讨会召开

1994 年 6 月 28—30 日，由国家经济体制改革委员会、国务院发展研究中心、四川省人民政府和日本国际研修交流协会共同发起主办的四川经济发展与国际合作研讨会召开，120 多位外国来宾同国内知名专家、学者参加了研讨会。会议讨论了四川发展的整体战略，强调四川要进一步加强基础设施建设，特别是发展交通、通讯业的重要性；提出利用外资改造国有大企业和加快包括乡镇企业、集体企业在内的中小企业发展的建议；提出发挥四川区位优势，密切国际联系，打破地区封锁的建议；提出了进一步改善投资环境，特别是引进外国先进管理经验，加强人才培训和职工教育，以及加快四川农业发展、建立成渝区域中心、加强四川对外宣传等建议。

四川首次举办大型招商引资洽谈会

1994 年 6 月 28 日至 7 月 1 日，四川省人民政府首次在成都举办大型招商引资洽谈会——1994 年中国四川国际经济合作研讨会暨招商引资洽谈会。来自 24 个国家和地区的客商 670 人同四川 1000 余人洽谈队伍进行了洽谈。总共签约 277 项，总投资 56.2 亿美元，利用外资 24.55 亿美元。其中，签合同 121 个，总投资 8.82 亿美元，合同利用外资 5.11 亿美元；签协议项目 156 个，总投资 47.38 亿美元，协议利用外资 19.44 亿美元。

四川省第二批青少年教育基地命名

1994 年 6 月 30 日，中共四川省委命名第二批青少年教育基地：仪陇县朱德纪念馆，开县刘伯承故居纪念馆，乐至县陈毅故居陈列馆，江津市聂荣臻故居陈列馆，南充市顺庆区张澜故居纪念馆、罗瑞卿故居纪念馆，荣县吴玉章故居陈列馆，乐山市沙湾区郭沫若故居纪念馆，松潘县红军长征纪念碑碑园，巴中市川陕革命根据地博物馆，万源市万源保卫战战史陈列馆。

重庆加盟“长江大菜篮”

1994 年 6 月 30 日，重庆市加盟“长江大菜篮”。长江流域蔬菜高产协作区在上海、南京、杭州、武汉、长沙五城市的基础上发展到 13 个，长江流域大城市的春、秋淡季蔬菜供应困难得到缓解。

外资保险入川

1994 年 6 月，加拿大宏利人寿保险公司在成都设立代表处，成为进入西南地区的第一家外国保险公司。宏利人寿保险公司 1887 年在加拿大多伦多市创立，在世界各地有 200 多家分支机构。从 1992 年起，宏利相继在我国的北京、深圳、上海设立了正式代表处。

1994 年夏四川抗旱救灾

至 1994 年 6 月初，全省从 4 月下旬以来发生的严重夏旱进入抗旱救灾的关键阶段。截至 6 月上旬，全省 90 个县达到夏旱标准，已播栽的农作物有 1800 多万亩受旱，34%的稻田断水，其中干裂田 324 万亩，已播玉米有 45%的面积出现干旱带来的禾苗枯萎，棉花地萎蔫面积占 28.9%。1994 年是四川自 1949 年以来最严重的干旱年，特大夏旱接连特大伏旱，从 4 月下旬夏旱开始持续到 8 月下旬的伏旱。7 月中下旬以来全省伏旱灾情十分严重，到 8 月 90 多个县降雨量偏少 5 成以上。全省农作物因旱受灾 7900 多万亩、成灾 4300 多万亩、绝收 1100 多万亩，影响粮食产量 49.8 亿公斤，棉花、花生、甘蔗、水果、茶叶等经济作物也普遍减产，干旱造成直接经济损失 94 亿元。

5 月下旬起，中共四川省委、四川省人民政府开始部署“双抢”抗旱工作。5 月 26 日，省委、省政府召开全省“双抢”抗旱电话会议，要求各级党政领导和农村广大干部群众集中精力抓好抗旱，全力以赴投入“双抢”，千方百计实现 1994 年农业增产增收。5 月 31 日，省“双抢”救灾领导小组召开领导小组成员会议，分析干旱发生态势，通报检查全省抗旱救灾电话会议精神的落实情况，研究下一步抗旱救灾措施，要求各受旱地区进一步紧急动员起来，打一场抗灾救灾的攻坚战。6 月 2 日，省“双抢”抗旱领导小组召开紧急会议，进一步分析雨情、旱情、灾情，商讨抗旱救灾措施，要求各地特别是重灾地区，在保苗、抢栽、增种上狠下功夫，把抗灾救灾的第一个环节抓紧抓好。同日，省监察厅发出《关于开展对全省“双抢”抗旱电话会议执行情况进行检查的紧急通知》，要求各级监察机关加强督促检查，确保“双抢”抗旱各项措施落到实处。6 月 13 日，省委常委会召开，省委书记谢世杰专题听取救灾、农业、气象等部门关于抗灾救灾情况的汇报，要求各级党政把“双抢”当作当前农村压倒一切的中心任务。8 月 13 日，省委、省政府在绵阳召开各地、市、州和省直各领导部门负责人紧急会议，部署抗伏旱工作，号召干部紧急动员起来，战高温，抗伏旱，防大汛，确保人民生活和工农业生产的顺利进行。

经全省干部群众的艰苦奋战，在社会各界大力支持下，四川抗旱救灾工作取得了初步胜利：以水制旱、以旱制旱、以旱制旱、以多制旱、以科技制旱等抗旱救灾措施得以落实，最大限度地减轻了旱灾给农业生产和人民生活带来的损失。

7 月

四川省邓小平建设有中国特色社会主义理论研究中心成立

1994 年 7 月 1 日，四川省邓小平建设有中国特色社会主义理论研究中心成立。中共四川省委书记谢世杰，省委副书记肖秧、秦玉琴为顾问，省委原书记杨超为主任，省委常委、宣传部长席义方为常务副主任。

早在 20 世纪 80 年代，四川的一些社会科学专家学者，就从研究邓小平生平入手，开始了对他和由他创立的建设有中国特色社会主义理论的研究。为进一步推进家乡人民对邓小平及其理论的学习研究宣传，1989 年下半年，在省委原书记杨超的倡导和省委的支持下，成立了由杨超、陈文、陈文书、乔毅民、刘文耀、吴启权等人组成的“四川省邓小平同志的思想研究小组”（实际上是全国第一个“邓研中心”）。1991 年，由该小组编著、陈文主编的《邓小平对毛泽东思想的新发展》在成都首次发行。随后，由吴启权等人主编的专著《邓小平与四川》也开始编撰。四川“邓研中心”成立后，国内其他省市区和数百所高校也先后成立了“邓研中心”。

1994 年四川名优特新产品博览会在成都举行

1994 年 7 月 3 日，历时五天的 1994 年四川名优特新产品博览会结束。到会客商约 30 万人，总成交 103.8 亿元。其中，现货零售 1.5 亿元，合同成交 102.3 亿元。有 16 个地市州成交总额分别过亿元，绵阳、成都、遂宁 3 市均突破 10 亿元。

四川省农村社会治安综合治理工作会在大邑举行

1994 年 7 月 5—7 日，四川省农村社会治安综合治理工作会在大邑召开。会议的主题是，传达全国农村社会治安综合治理工作会的精神，学习和推广大邑县开展社会治安综合治理的经验，部署在全省开展整治农村治安的工作。

《四川省 7118 扶贫攻坚计划》出台

1994 年 7 月 8—10 日，四川省第十次扶贫开发工作会议在黔江地区举行。与会代表总结了 10 年来扶贫开发工作的成绩和经验，讨论了《四川省 7118 扶贫攻坚计划》。中共四川省委书记谢世杰在讲话中强调：奋战 7 年打好扶贫攻坚战，基本解决 1180 万贫困农牧民温饱。具体的目标是：稳定地解决群众温饱，稳定地增加收入来源；基础设施有较大改善；贫困地区支柱产业形成规模；贫困地区社会发展程度明显提高。省长肖秧强调当前扶贫要抓好：农业，基础设施建设（首先是公路建设），加工业（特别是农产品加工增值），劳务输出，异地开发（到发达地区办企业）。

四川球迷开包机观赛先河

1994 年 7 月 10 日，中国第一架球迷包机满载着百余名四川球迷，从成都双流机场起飞“东征”，远赴上海为甲A联赛中川足客场作战助威。四川球迷开创了中国球迷异地包机为主队助战之先河，媒体认为：四川球迷包机活动意义已超越足球，甚至超越了体育竞技本身。它反映出四川这个内陆大省在改革开放中的深刻变化，反映出四川人敢为天下先的胆识。

1995年2月13日，成都108名球迷又包机飞抵泰国曼谷，为四川全兴足球队出国比赛呐喊助威，成为中国足球史上又一空前壮举。

四川盆地高温破30年纪录

1994年7月11日，四川盆地内各地、市、州日气温值创下30年新高。

川东持续三四天都是全国最高的气温区，万县、重庆、涪陵等地市，4日最高气温达到40—42摄氏度。截至11日统计，全省达到伏旱标准的有77个县（市、区）。成都市本月中旬起最高气温保持在33—35摄氏度的时间长达20余天，打破了40年的气象纪录。盆地内气温较多年平均值偏高3—4摄氏度，已经破了四川30年来的气象纪录。

四川省高产优势高效农业示范区确定

1994年7月15日，省计委将达州、泸州和成都片区确定为四川省高产优势高效农业示范区，提出要充分发挥示范区资源和经济优势，优化农业生产和农村产业结构，通过建立生产、加工、销售一体化的经济实体，对优质农产品进行深度开发，引导和推动示范区高产优质高效农业的发展。

四川商品粮、棉基地建设

1994年7月中旬，农业部和国家计委联合下达“八五”第三批商品粮、棉基地县名单。其中，四川的射洪县被列入商品棉基地，双流、苍溪、剑阁、平昌、崇庆、江北6县被列入商品粮基地。国家决定从1994年起，连续5年安排65亿元专款扶持一批商品粮棉大县，其中，四川有南充市郊区、德阳市市中区、遂宁市市中区、荣县、江油、彭州、垫江、梁平、忠县、涪陵、宜宾、乐至、郫县、广汉、岳池、安岳、广安、双流、邛崃、富顺、崇庆、资阳、蓬安、新都、武胜、眉山、仪陇、剑阁、苍溪、蓬溪、中江、简阳、三台、南部、射洪、仁寿37个县（区）。

“亚太一号”通信卫星升空

1994年7月21日18时31分，“长征三号”运载火箭在西昌卫星发射中心成功地将香港亚洲太平洋通信卫星有限公司的“亚太一号”通信卫星准确送入空间预定轨道。这标志着中国商业卫星发射进入一个新阶段。

该卫星由美国休斯公司制造，重1.4吨，带有24个C波段转发器，其信号覆盖面积为北到蒙古、南到印度尼西亚、东起朝鲜半岛、西至俄罗斯亚洲部分的广大亚洲太平洋地区。

四川省首届乡村教师夏令营开营

1994年7月27日，四川省首届乡村教师夏令营开营。应省委、省政府邀请，80位常年工作在偏远山村的教师到成都参加省教委、省教育基金会专门为他们举办的夏令营活动。

8 月

首届中国凉山彝族国际火把节开幕

1994 年 8 月 2 日，首届中国凉山彝族国际火把节在西昌开幕。此后，火把节逐年举办，发展为一项大型国际性文化活动。

国际民间艺术节在成都举行

1994 年 8 月 2—22 日，四川省文学艺术界联合会主办的国际民间艺术节在成都举行。艺术节旨在增进各国人民的友谊，弘扬民族民间艺术，为各国艺术家提供进一步了解中国、了解四川的机会。来自奥地利、希腊、德国、俄罗斯、以色列、墨西哥、美国、印度尼西亚、尼泊尔、朝鲜、比利时等国和东道主中国的云南、贵州、四川共 15 个民间艺术团在历时 20 天的活动中共演出 54 场，观众达 12 万人次。

石棉县发现碲原生矿床

1994 年 8 月 3 日，四川省石棉县发现一处有一定规模和工业开采价值的碲原生矿床。碲是高科技领域的重要材料，运用于航空、航天、军事、医药、冶金、电子等领域。对它的研究应用水平，反映一个国家的科技水平和工业化水平。该矿床开发后年产精碲量约为世界总产量的 25%。此矿床的发现，改写了国际矿床学界一向认为碲矿不可能大量聚集的理论。中共中央政治局委员、国务院副总理邹家华对此高度重视，先后作出三次批示。中共四川省委书记谢世杰把找到这个碲矿的高级工程师杨百川称为“发现矿产新大陆”的人。

四川省第三届科技顾问团成立

1994 年 8 月 5 日，四川省第三届科技顾问团成立大会召开。第三届科技顾问团由 341 名顾问组成，副省长徐世群任主任，省科委主任袁景葵任常务副主任，顾问团内分设发展战略、综合经济、体改法制、科教人才、对外交流合作等 14 个顾问组。

四川省首次获得从海外直接贷款

1994 年 8 月 5 日，四川省首次直接从海外贷款获得成功。四川省国际信托投资公司同海外银团签订了一项 4000 多万美元的中长期贷款协议。

四川省国际信托公司 9 年来同 50 多家外国银行和金融机构建立了业务联系。1994 年，该公司与美国美林证券公司达成了合作协议，以美林证券资本服务公司为牵头银行，包括德国商业银行、奥地利吉诺信贷银行、韩国换银（亚细亚）财务有限公司、韩国国民银行组成的国外银团，向四川国际信托投资公司提供国际商业贷款。这笔贷款主要用于四川能源、通讯和技术改造的重点工程项目。

中英联合洞穴探险队考察小寨天坑和天井峡地缝

1994 年 8 月 14—24 日，第七次中英联合洞穴探险队一行 16 人对奉节县小寨天坑和天井峡地缝进行了探险，并对奉节县荆竹乡的世界最大漏斗“小寨天坑”进行了全面考察。

1986年，奉节“小寨天坑”被人们发现。此前美国的阿里西波漏斗岩坑口曾以直径330米、深70米号称天下第一；20世纪70年代四川兴文县一天坑又以坑深490米而后来居上。“小寨天坑”被发现后即以坑口直径622米、坑底直径522米、坑深622.2米，成为真正“天下第一坑”。

省委部署农业生产抗旱救灾

1994年8月22日，中共四川省委在绵竹召开常委扩大会议，研究分析农村形势，部署农业生产抗灾救灾措施。会议认为，1994年全省农业自然灾害连续不断，特别是盆中农业主产区遭受40年一遇的严重夏旱和正在继续扩展的伏旱。截至8月19日，伏旱已波及20个市、地的101个县（市），其中某些地区高温持续时间之长是历史上少见的。伏旱期间，7月到8月上半月，灾区雨量普遍少七成以上。全省受旱的4814万亩大春粮经作物中，成灾的2448万亩、绝收的369万亩。伏旱对人民生活造成极大困难，对晚秋作物和下年的农业生产造成不利影响。会议要求采取以下措施抗灾自救：1. 各级党委、政府要集中精力，继续同灾害做斗争，一保人、二保畜、三保农业生产；2. 加强大春农作物后期管理，大抓晚秋作物生产，努力多产粮食；3. 组织群众广开生产门路，增加经济收入；4. 大搞农田水利建设，抓好蓄水保水，为下年小春生产作好准备工作；5. 做好粮棉油的收购工作，确保市场供应；6. 及早抓好小春生产准备工作。

国务院批准设立长江三峡经济开放区

1994年8月25日，国务院批准设立长江三峡经济开放区，利用兴建长江三峡水利枢纽工程的良机，推动三峡库区经济快速发展。国务院批准将三峡库区17县列为长江三峡对外经济开放区，将万县市、涪陵市列为沿江开放城市，分别享受沿海经济开放区和沿海开放城市的政策。

长江三峡经济开放区包括四川省的巫山、巫溪、奉节、云阳、开县、忠县、石柱、丰都、武隆、长寿、江北、巴县、江津市及湖北省的宜昌、秭归、兴山、巴东共17个县级行政区域。

设立长江经济开放区，是为了配合三峡工程建设，加快这一地区的经济发展。由国家计委牵头，会同国务院有关部门编制的《三峡地区经济发展规划项目表》，是三峡经济开放区具体发展规划。《规划项目表》共规划建设项目326个，总投资440亿元，其中重点项目124个、推荐项目202个。

从1994年到2000年，国家每年给三峡库区安排一定技改专项拨款，对搬迁工厂进行改造，在乡镇企业贷款及以工代赈等方面给予支持。从1993年到1994年底，中央国家机关54个部委、直属单位和20个省市，已与库区结成377对对口支援关系，完成支援项目100个，广东、上海、山东、辽宁等省市建立了“对口支援三峡基金会”，三峡库区共引进外资5亿多美元。

成都大发电器市场开业

1994年8月28日，西南地区规模最大的集中式家电交易中心——成都大发电器市场在成都市东玉龙街冻青树市场开业。

该市场以经营家用电器为主，从百姓日常电器用品到专业电器用品，应有尽有。市场集中了国内外知名品牌上千个，从电视机、电冰箱、洗衣机、空调、厨房电器，到家庭影院、音响设备、视听设备、摄影摄像设备、通讯电器及音像制品等。

四川省第三届青少年运动会在乐山举行

1994 年 8 月 28 日至 9 月 3 日，四川省第三届青少年运动会在乐山市举行，来自全省各市、地、州的 4958 名运动员、993 名教练员、862 名裁判员参加。本届运动会由省体委、省教委联合举办，乐山市人民政府承办，设田径、游泳、跳水、乒乓球、羽毛球、网球、击剑、举重等 21 个项目。本届运动会打破 1 项世界纪录、11 项全国纪录、20 项全省纪录。

四川省成立劳动争议仲裁委员会

1994 年 8 月，为进一步加强劳动争议仲裁机构建设，四川省成立了劳动争议仲裁委员会，并在全省全面推行了仲裁员、仲裁庭制度。为进一步提高各级劳动争议仲裁机构办案的质量和效率，省政府颁发了《四川省劳动争议处理实施办法》。

四川省税务局国税、地税机构分设

截至 1994 年 8 月，四川省税务局完成国税、地税机关分设。由于国家实行分税制财政体制改革，将税种统一划分为中央税、地方税、中央与地方共享税，设中央与地方两套税务机构分别征管。按照全国统一部署，四川省税务系统本着“统筹兼顾、精心组织、积极稳妥、分步实施”的原则，有计划、分步骤地完成了前期筹备、方案拟定、人员分流和财产分割等工作。省地方税务局于 1994 年8 月 15 日挂牌，省国税局于 1994 年 4 月挂牌成立。

9 月

《四川省征兵工作实施办法》颁布实施

1994 年 9 月 2 日，四川省人民政府以省政府令 49 号颁布实施《四川省征兵工作实施办法》。《办法》分 7 章 39 条，对征兵机构的工作职责、征兵宣传动员、兵役登记、兵员征集、奖励与处罚等作出了相应规定。

加强全省市场物价管理

1994 年 9 月 8 日，四川省采取措施加强市场物价管理，主要内容包括：一是年内不再出台新的调价项目，不准越权提价、擅自提价；二是稳定大春粮食收购价格，各地大春粮食收购要严格执行国务院规定的价格；三是下力气对农资价格进行整顿，把过高的农资价格控制在合理范围内；四是重点抓好与人民生活密切相关的“米袋子”“油瓶子”“菜篮子”价格监控；加强市场物价检查，检查的重点是农资和粮、油、肉、菜等价格。

重庆新加坡国际工业城奠基

1994 年 9 月 10 日，重庆新加坡国际工业城奠基。该工业城地处南坪乡回龙村，占地 319 公顷，由新加坡美亚、金美等企业集团和重庆经济技术开发总公司联合建设，是一个以外商投资为主的高科技、现代化、国际化的工业区，总投资 18 亿美元。整个工业城分两期开发建设，全部建成后将由新加坡方面负责在东南亚、欧美等地区招商100家企业。

四川省委宣传部等部门命名“四川省十大优秀园丁”

1994年9月10日，《四川日报》公布省委宣传部、省教委、省教育工会命名的“四川省十大优秀园丁”。他们是：四川联大教授徐僖、西南师大教授吕进、盐亭县宗海乡中心小学校长任久惠、德阳市罗江中学教师李文、苍溪县唤马乡小学校长牟学良、洪雅县炳灵乡长河村民办小学校长李万元、仪陇县文星乡高隆村小学教师罗清泉、遂宁中学校长徐诚、云阳县凤鸣小学陈治民、西昌市第一小学党支部书记黄文才。

第四届“四川十大杰出青年”评选揭晓

1994年9月10日，第四届“四川十大杰出青年”评选揭晓。他们是：成都理工学院教授黄润秋、涪陵卷烟厂厂长兼党委书记吴应禄、重庆医药工业研究所总工程师夏永鹏、四川石油管理局川东钻探公司泥浆室副主任周华安、阿坝州委副书记泽巴足、成都军区政治部战旗杂技团团长李西宁、绵阳市花园房地产开发总公司总经理兼党支部书记袁志雄、四川安都集团董事长兼总裁刘嘉林、四川中新港华通汽车股份有限公司总经理李半黎、武警宜宾地区支队二大队副政治教导员徐子军。

四川19所中专入选国家级重点普通中专学校

1994年9月16日，国家教委公布249所国家级重点普通中专学校，四川入选19所，分别是：成都航空工业学校、成都水力发电学校、重庆煤炭工业学校、内江铁路机械学校、四川统计学校、重庆电力学校、四川银行学校、四川泸州化工学校、四川建筑工程学校、四川省邮电学校、四川省机械工业学校、四川省农业机械化学校、四川省轻工业学校、重庆机器制造学校、四川省财政学校、四川省重庆药剂学校、四川省林业学校、四川省南充农业学校、四川省川剧学校。

四川少年获国际钢琴赛冠军

1994年9月19—28日，在北京举办的“中国国际钢琴比赛”中，四川省两名选手分别获得少年组第一名和第三名。此次钢琴比赛系中国首次举办的国际性钢琴比赛，来自俄罗斯、美国、日本等十多个国家的选手参加了比赛。四川音乐学院附中学生陈萨（女）经过初赛、复赛和决赛获得少年组第一名，还获得中国作品演奏优秀奖；四川音乐学院附中学生吴驰（男）获得第三名。

国内首家私立孤儿院在川开办

1994年9月26日，中国第一家私人开办的孤儿院——达川市私立海达孤儿院挂牌。

海达孤儿院由个体户邹朝碧开办。邹朝碧原是达川市国营蔬菜公司的职工，1986年辞去公职，开起小食店。经过几年努力，她积累了80多万元的资本。1992年路遇一个流落街头的六七岁孤儿，引发她开办一所孤儿院的强烈愿望。孤儿院开业后，首批收养了12名孤儿。

《敬爱的小平同志》年画组画首发式举行

1994年9月27日，由四川省新华书店策划、组稿并总发行，四川美术出版社出版的《敬爱的小平同志》年画组画首发式在成都锦江宾馆举行。1994 年共发行《敬爱的小平同志》组画 270 万张。

四川省首届书市在成都举行

1994 年 9 月 27 日至 10 月 7 日，四川省首届书市在成都市体育中心举行。书市由四川省委宣传部、四川省新闻出版局主办，四川出版集团、四川省新华书店、四川省外文书店等承办。书市期间，海内外 500 多家出版社的 7 万多种图书及音像制品参展，图书、音像制品销售额为 859 万元，场外订货码洋达 1.62 亿元，累计入场购书 310 万人次。

中国首家崖墓博物馆在乐山建成开放

1994 年 9 月，中国第一家崖墓博物馆——乐山崖墓博物馆建成并对外开放。

崖墓博物馆位于乐山市城东 1.5 公里全国重点文物保护单位麻浩崖墓群内，占地 4000 平方米，由 5 座墓址、2 座陈列室、1 个棺亭组成。基本陈列为麻浩崖墓群 1 号墓貌陈列。陈列室和棺亭展出了乐山地区崖墓出土的汉代陶猪、陶鸡以及画像石棺和独木棺。馆藏文物约 6800 件，其中崖墓出土文物达 1000 余件，以数量多、品类丰富、价值高而著称。

10 月

《四川省农业承包合同管理条例》公布实施

1994 年 10 月 1 日，四川省八届人大常委会第十次会议通过的《四川省农业承包合同管理条例》开始实施。《条例》分 8 章 41 条，对全省农业生产中发包与承包、合同的订立、土地转包、合同的变更与终止、违反承包合同的责任等作出规定。该《条例》于 2002 年 11 月 30 日经四川省九届人大常委会第三十二次会议审议后决定废止。

重庆市禁止燃放烟花爆竹

1994 年 10 月 1 日，《重庆市禁止燃放烟花爆竹条例》正式生效，该《条例》1994 年 7 月 26 日四川省第八届人大常委会第十次会议通过。《条例》规定，在重庆市的渝中区、江北区、沙坪坝区、九龙坡区、南岸区、大渡口区、北碚区及渝北区、巴南区的部分地带，禁止任何单位和个人生产、销售、燃放及非法运输、储存烟花爆竹。

成彭公路全线通车

1994 年 10 月 3 日，四川省第一条中外合资的改扩建公路——成彭公路全线通车。成彭公路起点为成都市金牛区，途经大丰、龙桥、新繁、利济至彭州，全程 21 公里。

四川省首届三资企业成果展示交易会在成都举行

1994 年 10 月 7—10 日，为展示改革开放 15 年来四川直接利用外资的巨大成就，四川省外经贸委、省计委、省经委联合在成都国际展览贸易中心举行四川省首届三资企业成果展示交易会。270 家三资企业赴会展销产品，总成交额逾 8 亿元（其中外销占 50%），63 个产品获金奖，45 个产品获银奖。

中共四川省委六届三次全委（扩大）会议召开

1994 年 10 月 9—10 日，中共四川省委六届三次全委（扩大）会议召开。省委书记谢世杰就贯彻中共十四届四中全会精神，加强和改进四川党的建设作了讲话，省委副书记肖秧传达了四中全会精神。会议学习和讨论了中共中央十四届四中全会精神，审议并通过了《中共四川省委关于认真学习贯彻落实党的十四届四中全会〈决定〉的决议》。

四川省国家安全厅成立

1994 年 10 月 11 日，中共四川省委办公厅、四川省人民政府办公厅发出《关于组建市、地、州国家安全机构有关问题的通知》，四川省国家安全厅正式成立。国家安全机关是国家机器的重要组成部分，是人民民主专政的重要工具之一，是国家安全工作的主管机关。主要任务是在党委、政府和上级国家安全机关领导下，防范、打击境外间谍情报机关和其他各种敌对势力的破坏活动。

江泽民到成都、涪陵等地视察

1994 年 10 月 12—15 日，中共中央总书记、国家主席、中央军委主席江泽民视察四川。江泽民先后考察成都、重庆、涪陵、万县等地部分城镇、农村、企业、科研机构、大专院校，看望公安干警、武警和解放军驻川部队官兵，听取四川省委、省政府和所到市、地的工作汇报并作出重要指示，对四川近几年的工作给予充分肯定。江泽民指出：四川这几年工作进展是快的，特别是小平同志视察南方重要谈话以来，四川经济发展和社会面貌有很大的改观。视察期间，江泽民反复强调，中央大政方针都已确定，关键在于各地各部门要结合实际努力落实、落实、再落实。

省政府民政工作会议召开

1994 年 10 月 16—18 日，四川省人民政府召开民政工作会议，总结工作，分析形势，研究民政工作改革发展的指导思想、基本思路、发展目标和工作任务，表彰民政系统的先进集体和先进个人。会议指出，新时期民政工作改革和发展的基本思路是：以维护和保障人民的基本生活权益为基本任务，以建立和完善社会保障制度为重点，狠抓城乡基层组织建设，大力发展民政第三产业，不断壮大民政经济，加强法制建设和自身建设，推进民政事业社会化，初步建立与社会主义市场经济体制相适应的民政工作管理体制和运行机制，促进民政事业健康发展。

成都至绵阳高速公路开工建设

1994 年 10 月 18 日，四川省第一条川港合作的高速公路——成都至绵阳高速公路开工典礼在德阳市举行。成绵高速公路是国道主干线北京至昆明公路的一段，它由四川高速公路建设开发总公司与香港新中港高速公路有限公司合作修建，合作经营期为 30 年，双方共同投资 15.33 亿元人民币，川方出资 40%，港方出资 60%。

成绵高速公路 1998 年 12 月建成通车，全线长 91.7 公里，为双向四车道，设计行车速度 100 公里/小时。该路纵贯四川经济最发达区域，使中国西部电子高科技城绵阳、工业重镇德阳与省会成都连成一片。

省政府第二十九次常务会通过系列规章

1994 年 10 月 20—22 日，四川省人民政府第二十九次常务会议通过《四川省行政执法规定》《四川省人民政府关于修改〈四川省扫除文盲工作条例〉实施办法的决定》《四川省矿产资源补偿费征收办法》等规章。

省委组织 3 万名机关干部开展下村帮扶

1994 年 10 月 25 日，中共四川省委召开省直机关下派干部欢送大会。省委决定，从全省分批分期抽调 3 万名机关干部到农村定点包村、帮助工作。他们到基层挂职锻炼的主要任务：一是按照省委和当地党委的统一部署，认真抓好十四届四中全会精神的学习、宣传和贯彻；二是尽快熟悉农村工作，积极参与经济建设；三是认真抓好农村基层党组织建设；四是结合基层锻炼，不断提高自身的思想政治素质。

成都钢铁有限公司成立

1994 年 10 月 25 日，成都钢铁厂与在英属维尔京群岛注册、总部设在香港的大型跨国公司——同信国际控股公司签订合同，成立合资经营企业“成都钢铁有限公司”。成都钢铁有限公司总投资 11 亿元，中外双方出资比例分别为 40% 和 60%，中方以生产经营主体部分的机械设备、厂房、无形资产和部分流动资金投资，外方则全部投入现金。

成（都）—巴（中）—达（川）—渝（重庆）光缆通信工程开通

1994 年 10 月 29 日，作为重点建设项目的成巴达渝数字传输电路全线开通交付使用。光缆通信工程建成后，上述几地的通信设施得到改善，市内程控交换和长途通信能力大为增强。

全省民族工作会议在黔江举行

1994 年 10 月 31 日至 11 月 3 日，中共四川省委、四川省人民政府在黔江召开全省民族工作会议，贯彻落实中共十四届四中全会、全国民族工作会议及中央第三次西藏工作会议精神，总结 1992 年全省民族工作会议以来的成绩，交流经验，研究加快民族地区经济社会发展问题。会议提出：民族地区经济社会发展，一是要有开明的领导，二是要有开明的政策，三是要有开明的用人措施，做到以开明促开放，以开放促发展。

川鄂两省举办三峡经济洽谈活动

1994 年 10 月，川鄂两省政府合办三峡经济洽谈活动，四川三峡库区共推荐 132 个项目，洽谈会签订了关于在能源、基础设施、建设、旅游 4 个方面的 26 个项目合同。

成都恩威集团成为中国第一家通过 ISO 质量认证的乡镇制药企业

1994 年 10 月，中国质量管理协会质量保证中心颁发给成都恩威集团“ISO9001”国际质量体系认证证书，恩威集团成为中国第一家通过这一质量体系认证的乡镇制药企业。

恩威集团以中医理论和道家医学为指导，通过几年的反复筛选、组方、试验，终于以苦参、苍术、蛇床子等中草药为主要原料，在国内首创对妇科、皮肤病均有预防、治疗作用的复方制剂，取名“洁尔阴”。1989年3月，“洁尔阴”药品通过省级鉴定，3个月后获准生产。1991年，恩威公司引入了科学的生产工艺和现代化的生产线，建立了质量管理和质量保证体系，设立了四川恩威中医药研究所，并在全国30多个省、市、自治区建立了事务所以及庞大的产品信息反馈网络。1992年，恩威公司投资1.1亿元，建成了亚洲最大的内服药原料提取和外用药生产基地，日处理生药材可达30吨。1995年，恩威耗资650万元从美国引进大型标准数据库建立MIS系统。1995—1996年，恩威公司再次投资3亿元，从美、意、德引进设备，建立了建筑面积达6万多平方米的大型现代化科研生产基地。

成都市二环路建成通车

1994年10月，成都市二环路工程竣工并全线通车。这对进一步改善投资环境、加速成都经济发展具有重大意义。成都市二环路全长28.1公里，修建了府青路立交、双桥子立交、人南立交、成温立交、营门口立交等上跨、下穿、互通立交。

11月

四川首次在纽约进行招商活动

1994年11月1—2日，四川省国际投资洽谈会在纽约举行。出席洽谈会的有美国70多家公司的250余人。洽谈会推出交通、钢铁、建材、化工等11个工业门类的项目。在美招商期间签订协议19项，总投资32.3亿美元，其中协议利用外资11.8亿美元。

四川企业开展现代企业制度试点

1994年11月3日，国务院决定选择1000家大中型企业进行现代企业制度改革试点。四川省被列入试点的企业是四川物资集团公司、四川沱牌实业股份有限公司、成都红光实业股份有限公司、重庆钢铁（集团）公司，试点的主要内容是改革企业经营体制和组织形式。

成都统一企业食品有限公司成立

1994年11月4日，台湾统一企业集团在成都台商投资区内新建的独资食品企业——成都统一企业食品有限公司正式成立。公司占地208亩，注册资本3500万美元，总投资9500万美元。主要生产和经营方便面（统一100、来一桶、巧面馆等系列）、饮料（绿茶、鲜橙多、冰红茶、雅哈咖啡等系列）及肉制品。成都统一企业食品有限公司是统一企业集团在西南的区域总部。

涪陵长江大桥动工建设

1994年11月4日，涪陵长江大桥动工建设，1997年5月竣工。该桥位于乌江、长江汇合口下游 1.7 公里处，连接涪陵江北片区与江东片区，是国道 319 线跨越涪陵市长江江面的一座特大型桥梁。该桥是一座双塔双索面 PC 梁斜拉桥，倒 Y 形主塔高 163 米，跨径布置为 43 米+97 米+330 米+97 米+43 米，大桥全长 631 米，桥面宽 18 米，4 车道。

四川省与加拿大签署合作项目协议

1994 年 11 月 7 日，四川省和加拿大 D・B 公司在北京签订约 30 亿元人民币的基础设施及原材料工业建设合作项目协议，加方占有 70%的股份。项目包括：与成都市合作修建成都至都江堰高速公路；与成都市合作兴建发电能力为 20 万千瓦的李家山抽水蓄能电站，以及水利、发电工程及输配电工程；与重庆水泥厂合作兴建年产 70 万吨水泥工程项目；与四川金顶集团合作在乐山兴建年产70 万吨水泥厂。

飞行员培养模拟机训练中心建成投入使用

1994 年 11 月 8 日，中国第一个专为培养新飞行员的模拟机训练中心在位于四川广汉的中国民航飞行学院正式建成投入使用。

1994 年全国名牌大会暨驰名商标保护组织在成都召开第三届年会

1994 年 11 月 8—10 日，1994 年全国名牌大会暨驰名商标保护组织第三届年会在成都召开。来自国家 21 个部委、17 个省市政府以及 120 多家全国知名企业的代表出席，以“创造名牌成长的良好社会环境，推进名牌战略在各地实施”为主题进行探讨。四川省在会上介绍了实施名牌战略、宣传名牌、保护名牌、发展名牌的做法和体会。

四川省乡镇企业家受农业部表彰

1994 年 11 月 16 日，四川省赴京参加全国乡镇企业表彰会的乡镇企业家载誉回川，受到省市领导热烈欢迎。四川省共有 49 位乡镇企业家受到农业部表彰，其中尹大荣获得“中国乡镇企业功勋”最高荣誉称号，王周龙、周殿鳌、徐怀中、陈尔复、阳治国 5 人获“全国优秀乡镇企业家”称号。

逸夫科学馆落成

1994 年 11 月 17 日，由香港无线电视董事长邵逸夫先生捐助、国家教委共同投资修建的“逸夫科学馆”落成典礼在四川联合大学举行。该馆占地 9 亩，总投资 850 万元，建筑面积 5320 平方米，邵逸夫捐款 300 万港元。

宜宾机场升为二级机场

1994 年 11 月 18 日，投资 4500 多万元的宜宾机场二期扩建工程通过验收，由原来的三级机场升为二级机场，波音 737、雅克-42 等中型客机可 24 小时全天候在该机场起降。

省政府第三十次常务会议通过系列规章

1994 年 11 月 19 日，四川省人民政府第三十次常务会议通过《四川省拍卖市场管理规定》《四川省木材运输管理办法》《四川省劳动争议处理实施办法》等政府规章。

招商银行成都分行开业

1994年11月19日，经中国人民银行批准，招商银行成都分行正式成立，开始办理各项金融业务。

四川省划分六大贫困片区

1994年11月21日，中共四川省委、省人民政府讨论通过，将四川省贫困地区划分为六大片区，即武陵山区（黔江、涪陵所属贫困县）、大巴山区（万县、达川、巴中所属贫困县）、秦巴山区（广元、南充、绵阳、广安、重庆所属贫困县）、乌蒙山区（泸州、乐山、宜宾所属贫困县）、大小凉山片区（凉山、雅安、攀枝花市所属贫困县）、川西北高原片区（甘孜、阿坝所属贫困县）。1994年起在凉山州实行易地扶贫开发试点。

四川实现县级以上城市电话自动化

1994年11月26日，北川县城开通1000门程控电话。至此，县城程控化累计达121个、传输数字化的县达104个，全省191个县（市、区）以上的城市全部实现了电话自动化。

希望集团总裁刘永好获殊荣

1994年11月30日，希望集团总裁刘永好被中华全国工商联合会、中国民营科技实业家协会、中国乡镇企业协会和中国外商投资企业协会评为“’94中国十佳民营企业家”。刘永好还被中国企协、中国改革研究会、经济日报社、改革日报社等单位评选为“中国改革风云人物”。

四川开展秋季“扫黄”“打非”大行动

1994年11月，全国第三次“扫黄”工作会议后，四川省立即成立了由中共四川省委常委、宣传部长席义方，省委常委、省公安厅厅长牛平，副省长徐世群等省领导组成的1994年秋季“扫黄”“打非”集中行动领导小组。

这次行动，全省出动约21800多人次，出动机动车辆上百台，共查获各种非法书刊14600多册、非法录像带55800多盘，其中黄色淫秽书刊和录像带5200册（盒）；取缔非法录像放映点270个；查禁非法印刷点57个。11月22日，成都市召开了有近千人参加的“扫黄”“打非”大会，公捕公判了大批制黄贩黄的罪犯和有关人员，并焚毁了一批非法、淫秽音像制品及书刊。

12月

四川西南保税区建设有限责任公司成立

1994年12月2日，由成铁分局、双流国际机场、成都无缝钢管公司等9家企业为股东的四川西南保税区建设有限责任公司成立。公司位于成都市一环路西三段7号西月大厦，主要经营房地产、进出口、货运、百货、广告、建材、煤炭、木制品、工艺美术、电器、机械、医疗器械等，是一家从事生产销售代理的四川西南保税区建设企业。

《四川省医疗机构管理条例》发布实施

1994 年 12 月 3 日，四川省八届人大常委会第十二次会议通过了《四川省医疗机构管理条例》，即日公布实施。《条例》分 9 章 74 条，对医疗机构的设置规划、设置审批、执业登记、执业权利与义务、监督管理、法律责任等作出规定。

《四川省测绘管理条例》发布实施

1994 年 12 月 3 日，四川省八届人大常委会第十二次会议通过《四川省测绘管理条例》，即日发布实施。《条例》分 8 章 48 条，根据《中华人民共和国测绘法》制定，包括测绘规划与实施、地籍测绘与界线测绘、地图编制出版、测绘成果管理、测量标志管理和法律责任等内容。

《四川省公证条例》发布实施

1994 年 12 月 3 日，四川省八届人大常委会第十二次会议通过《四川省公证条例》。为适应建立社会主义市场经济体制的需要，引导当事人建立符合法律要求的权利义务关系，预防和减少民事、经济纠纷，保护国家利益和公民、法人及其他组织的合法权益而制定了本《条例》。《条例》分 7 章 45 条，对四川民事、经济活动中公证行为涉及的范围、对象和公证的程序、效力、管理监督、法律责任等作出相关具体规定，自 1995 年 1 月 1 日起施行。

《四川省产品质量监督管理条例》发布施行

1994 年 12 月 3 日，四川省八届人大常委会第十二次会议通过《四川省产品质量监督管理条例》。该《条例》是在原《四川省工业产品质量监督条例》基础上制定的，旨在加强对产品质量的监督管理，打击制售伪劣商品行为，保护用户和消费者的合法权益，维护社会经济秩序。该《条例》分 6 章42 条，对产品质量的监督管理、生产者和销售者的产品质量责任义务、产品质量纠纷处理等作出明确规定，自公布之日起实施。

李鹏到成都、德阳视察

1994 年 12 月 7—11 日，中共中央政治局常委、国务院总理李鹏到川检查贯彻落实中央经济工作会议精神的情况。李鹏考察了成都、德阳、宜宾、万县、重庆等地，深入到养猪场、蔬菜基地和国有企业、农民家庭考察访问，了解各地物价情况，并听取了省、市工作汇报。李鹏强调：要按中央确定的方针和政策，共同努力，保证明年国民经济持续、快速、健康发展；要真正把加强农业放在经济工作的首位；要平抑物价，抑制通货膨胀；德阳的经验再次说明，国有大中型企业是可以搞好的，我们应该有充分的信心。

惩治官员收受贿赂

1994 年 12 月 9 日，四川通亚实业开发公司副总经理、万县地区原行政公署副专员杨××，利用职务之便收受贿赂 1 万元，侵吞公款 6 万元，被判处有期徒刑 12 年。四川省民政厅副厅长石××，利用职务之便收受贿赂 3.15 万元，被判处有期徒刑 7 年。

铜街子水电站最后一台机组发电

1994 年 12 月 10 日，以铜街子水电站最后一台机组发电为标志，四川龚嘴水力发电总厂以总装机容量 130 万千瓦、年发电 66.3 亿千瓦时的规模，成为西南地区首家跨入特大型企业行列的发电企业。装机容量在全国水电厂排名中由第五位跃居第三位。

长江三峡工程开工建设

1994 年 12 月 14 日，长江三峡工程正式开工。早在 20 世纪初，中国革命先行者孙中山就提出了开发三峡的建议。新中国成立后，开发三峡被提上了议事日程。经过 40 多年的勘测设计和论证，三峡工程议案于 1992 年 4 月在全国人大七届五次会议上获得通过，该工程遂进入实施阶段。

三峡工程总工期 18 年，首期于 2003 年蓄水发电；2009 年全部建成后的水库总容量为 393 亿立方米，水库运行时预留的防洪库容量为 221.5 亿立方米，水库调洪可削减洪峰流量达每秒 2.7 万—3.3 万立方米，荆江河段防洪标准将由 10 年一遇提高到 100 年一遇，为保护荆江南北 1500 万人口和 2300 万亩良田、华中特大城市武汉以及京广大动脉发挥重要作用。三峡水电站是世界上最大的水电站，它将安装 32 台单机容量为 70 万千瓦的水轮发电机组，总装机容量为 2240 万千瓦，年平均发电量 846.8 亿千瓦时，相当于一座年产 5000 万吨原煤的煤矿，比已建成的世界上容量最大的巴西伊泰普水电站还高出 40%。

三峡工程全称为长江三峡水利枢纽工程，整个工程包括一座混凝重力式大坝、泄水闸、一座堤后式水电站、一座永久性通航船闸和一架升船机。举世瞩目的三峡工程，是迄今世界上最大的水利水电枢纽工程，具有防洪、发电、航运、供水等综合效益。1997 年 11 月 8 日，三峡工程上游左右围堰合龙实现大江截流。2006 年全面完成了大坝的施工建设。截至 2009 年 8 月底，三峡工程累计完成投资约 1514.68 亿元，三峡工程建设进入全面运行期和全面收尾阶段。后续增加的地下电站和升船机两个项目在“十二五”期间完成，届时三峡工程将全面竣工。

达川河市机场复航

1994 年 12 月 15 日，经过近两年的紧张施工，达川河市机场扩建工程竣工正式复航。该工程由国家民航局投资 100 万元、省投资公司贷款 180 万元、达川地区自筹 6997.7 万元。竣工复航当天，开通了达川至成都往返航线。

《四川省酒类管理条例实施细则》出台

1994 年 12 月 17 日，四川省人民政府常务会议批准《四川省酒类管理条例实施细则》，1995 年 1 月5 日由四川省酒类专卖事业管理局发布实施。本《细则》根据 1991 年 7 月 29 日颁布的《四川省酒类管理条例》而制定，对全省行政区域内酒类产品生产加工、运输、批发和零售等环节的产品质量、食品安全、卫生防疫、市场准入监督管理加以规定，共分 6 章 44 条。

绵（阳）江（油）高等级公路通车

1994 年 12 月 23 日，四川省“八五”重点建设项目，绵阳市按股份合作制建设的第一条高等级公路——绵（阳）江（油）公路建成通车。该条公路是省道南（坪）泸（州）干线公路的组成部分，全长 40 公里，路面宽度 23 米，水泥混凝土结构。建设工期历时一年，总投资约 1.7 亿元。

叙永县境内发生特大交通事故

1994 年 12 月 24 日，叙永县境内川云公路 166 公里处发生一起特大交通事故，一辆从广州载客回荣昌的客车因天黑路滑，翻于一座桥下，当场死亡 11 人，伤 54 人，出事客车报废。

全省经济工作会议在重庆举行

1994 年 12 月 25—28 日，全省经济工作会议在重庆举行。中共四川省委书记谢世杰在会上作了题为《统一思想，振奋精神，认真做好明年经济工作》的讲话。中共四川省委提出 1995 年全省经济要做好以下五项工作：1. 坚持把过高的通货膨胀率降下来；2. 进一步扩大对外开放，增强开放实效；3. 切实把农业放在经济工作的首位；4. 必须以国有企业为重点深化经济体制改革；5. 坚持“两手抓，两手都要硬”的方针，做好维护社会稳定的工作。

会议通过讨论，统一了对经济形势的看法，明确了 1995 年经济工作的指导思想、目标任务、工作重点、政策措施，并就贯彻会议精神强调六个“不动摇”：1. 坚持抓住机遇、加快经济发展不动摇；2. 坚持经济发展的战略目标、战略部署、战略措施不动摇；3. 坚持深化改革、扩大开放不动摇；4. 坚持加强和改善宏观调控，建立市场经济新秩序不动摇；5. 坚持深化和完善金融财税体制改革，始终如一地贯彻增收节支、紧中求活的建设方针不动摇；6. 坚持“两手抓，两手都要硬”，维护社会稳定不动摇。

西南地区首套邮政信函分拣系统投入使用

1994 年 12 月 27 日，成都市邮政局利用比利时政府贴息贷款，从比利时引进的两套 OVCS 信函自动分拣机开通运行。这是西南地区首套邮政信函自动分拣系统。

中共四川省委六届四次全会召开

1994 年 12 月 27—29 日，中共四川省委六届四次全会在重庆举行。全会讨论了全面加强党的建设问题，审议通过了《中共四川省委 1995 年工作要点》。《工作要点》提出 1995 年工作的指导思想是：坚持邓小平建设有中国特色社会主义理论和党的基本路线，全面贯彻中共十四大和十四届三中、四中全会精神，把握“抓住机遇，深化改革，扩大开放，促进发展，保持稳定”的全党全国工作大局；坚持“两手抓，两手都要硬”的方针，进一步处理好改革、发展、稳定的关系；认真落实省委六届二、三次全会确定的工作重点和各项措施，增强开放实效，强化农业基础，深化企业改革，调整产业结构，抑制通货膨胀，加强党的建设，实现经济持续、快速、健康发展和社会全面进步。《工作要点》提出的 10 项主要任务是：1. 继续扩大开放，增强开放实效；2. 继续把农业放在经济工作的首位，全面发展农业和农村经济；3. 以深化国有大中型企业改革为重点，配套推进各项改革；4. 加强工业结构调整和重点项目建设，抓紧制订“九五”计划；5. 坚持科教兴川，推进经、科、教结合；6. 抑制通货膨胀，控制物价总水平；7. 采取综合措施，切实做好维护社会稳定的工作；8. 加强精神文明建设和民主法制建设，推动社会全面进步；9. 按照四中全会的部署，切实加强党的建设；10. 改进工作作风和工作方法，确保各项任务圆满完成。

《巴蜀情——邓小平与四川》画册举行首发式和图片展览

1994 年 12 月 30 日，《巴蜀情——邓小平与四川》画册首发式和图片展览开幕式在四川省美术展览馆举行。画册共汇集了 140 多幅珍贵照片，真实地记录了邓小平不同历史时期在巴蜀大地的足迹。图片展览展出了从画册选取的 90 幅照片。该画册荣获本年度中宣部精神文明建设“五个一工程”奖。

成都区域气象中心成立

1994 年 12 月 30 日，经过十年建设，成都区域气象中心通过国家气象局验收，正式成立投入业务运行。它是我国七个区域气象中心之一，承担西南地区气象业务的技术指导和协调任务。该中心建立了一套完整的以计算机网络技术为基础的自动化程度较高的业务服务系统，与国家气象中心及云、贵、川、渝四省（市）和省内地级气象台的计算机系统联网，实现快速通信和气象信息、计算机资源共享，为西南地区及四川省的气象业务提供有力的技术支撑，极大地提高了对天气气候的监测预报能力。

沐川、马边两县交界地带发生 5.7 级地震

1994 年 12 月 30 日凌晨，乐山市沐川、马边两县交界地带发生多次地震，震级最高达 5.7 级，震源深度 13 千米，震中烈度为 7 度，个别点达 7 度强。两县共有 19 个乡镇受灾，部分房屋倒塌，部分水利设施和道路、桥梁受损，140 余人受伤，直接经济损失为 1.1 亿元。

重庆市私营企业收购国有、集体企业

1994 年 12 月，重庆有 37 家私营企业收购了 37 家国有、集体等企业，收购价最高的达 1500 万元，最少的出价 8 万元，收购资金共达 6000 万元；带入员工 610 人，只占原有职工总数的 41.7%。37 家买主 1994 年的入库税金 600 余万元。

四川形成全国最大摩托车生产基地

至 1994 年 12 月，四川摩托车行业整车厂达 13 家，主要零部件生产厂有 45 家，全行业从事摩托车生产者达 9.68 万人，全年全省摩托车产量 122.6 万辆，占全国的 35.6%，居全国首位。

改革开放以来，重庆嘉陵机器厂、重庆建设机床厂等军工企业积极开拓民品市场，分别与日本本田、雅马哈株式会社合作，开发生产摩托车，成为四川摩托车行业的骨干。

长安汽车有限责任公司组建

1994 年 12 月，由兵器行业“四大明星企业”中的长安机器制造厂和江陵机器厂联合组建的长安汽车有限责任公司，成为全国最大微型汽车生产基地之一。由此，重庆成为继长春、十堰之后的中国第三座汽车城。

长安机器制造厂（前身为松江洋炮局，1862 年始创）为国家二级企业，主要生产经营“长安牌”微型汽车等产品。江陵机器厂（前身为兵工署炮兵技术研究处，1936 年始创）为兵器行业大型骨干企业，是国家批准的微型汽车发动机定点生产厂之一。长安汽车有限责任公司组建以后，1997 年形成年产 15 万辆微型汽车、15 万辆奥拓轿车及 36 万台发动机生产能力的规模。

重大自然科学研究与技术开发成果累累

至 1994 年 12 月，全年四川省登记的重大自然科学研究与技术开发成果 826 项，申报省级科技奖励的 705 项。经省政府批准，授予奖励 309 项，其中获省科技进步奖的 300 项，获省星火奖的 9 项。

1995 年

1 月

《四川省私营企业条例》发布实施

1995 年 1 月 1 日，《四川省私营企业条例》开始实施。该《条例》1994 年 7 月 26 日经四川省八届人大常委会第十次会议通过，共有 8 章 59 条。《条例》对私营企业组织形式、注册登记、权利义务、监督管理、企业协会、法律责任等作出明确规定。

希望集团刘氏兄弟位列全球巨富龙虎榜

1995 年 1 月 1 日，全球最著名财经杂志——美国《福布斯》一年一度公布的全球巨富龙虎榜中，四川希望集团刘永言、刘永行、刘永美、刘永好四兄弟在中国民营企业家中排名第一。希望集团起步于 1982 年的养殖业，只用了 5 年时间，实现了集团发展的原始积累。此间，兄弟四人相继下海，成为中国改革开放的第一批专业户。同时，向多元化、多领域发展，涉足房地产、制药、金融、外贸、印刷、化工、广告等行业。1998 年 3 月，“新希望”A 股在深圳挂牌上市；1999 年 1 月，刘永好以 5 亿美元的资产再次登上《福布斯》富豪榜，位列中国大陆 50 位最富有的商人第二。

《华西都市报》创刊

1995 年 1 月 1 日，四川日报社主办的一张省级新兴城市报——《华西都市报》创刊。

《华西都市报》面向城市，强调市民的接受性和城市服务性，求新、求快、求益、求趣，以新思维、新机制办报显现出蓬勃生机，被业界称赞为“党性和人民性高度统一，社会效益和经济效益相互促进”的报纸。到 1996 年，仅创办一年多的《华西都市报》发行量达 24 万份，川内各地市州主要城市均有发行点，全国 24 个省有该报读者。《华西都市报》记录时代变迁、见证世界风云、关注人生冷暖、洞悉世间百态，获得了“中国报业创新奖”“全国晚报都市类报纸竞争力五强”“四川省最具核心竞争力的五大文化品牌之一”“中国最具影响力媒体广告经营 100 强”等殊荣。

四川 520 万职工告别“铁饭碗”

1995 年 1 月 8 日，《四川日报》报道：到 1995 年底前，四川共约有 520 万职工将与企业按照市场经济的规范签订劳动合同。

早在 1986 年，四川按照国务院改革劳动制度的 4 个暂行规定，开始了劳动合同制试点。1992 年，又选择了 105 户企业进行全员劳动合同制试点。到 1994 年底，全省实行全员劳动合同制的企业突破 2300 户。1995 年 1 月 1 日，《中华人民共和国劳动法》正式实施。至此，尚未签订劳动合同的职工人数还占全省城镇企业职工总数 740 余万人的 67%。

省外事、外资工作领导小组成立

1995 年 1 月 14 日，中共四川省委、四川省人民政府决定将原省外事工作领导小组改为省外事、外资工作领导小组，省长肖秧任组长，统一领导全省外事、外资工作审批和管理对外交往中的重大事项，审批出国团组和地厅级干部出访；统一领导全省利用外资工作，制定招商引资和经济工作中的重大政策。

四川加速劳动制度改革进程

1995 年 1 月 14—16 日，四川省劳动工作会议在成都召开。会议要求，加速推进为建立新型劳动制度的各项改革进程。具体措施是：要按照社会统筹和个人账户相结合的原则，继续深化养老保险制度改革，控制广泛性支出过快增长，逐步完善各项调控措施；全面推行劳动合同制，力争年内有突破性进展；认真研究在市场经济条件下如何开辟就业新门路，加强对农村劳动力有序流动的管理，积极开展劳动竞赛，保证《中华人民共和国劳动法》顺利实施。

大型核电站燃料组件起运

1995 年 1 月 20 日，首批具有国际先进水平的 90 万千瓦大型核电站燃料组件和相关组件在宜宾核燃料元件厂制造成功，正式起运大亚湾核电站。

四川联合大学和中国科学院成都分院全面合作

1995 年 1 月 21 日，四川联合大学和中国科学院成都分院签署全面合作协议。协议内容包括：在一些优势互补学科研究领域积极争取联合承担重大的国家项目、国际合作项目及四川省重大攻关项目；选择双方都感兴趣且具优势的领域联合建立科学研究基地，进一步加强学术交流；双方有计划地共同组织国际国内的学术活动，互向对方开放科学研究设施和试验设备，加强图书情报资料交流，实行资源共享；双方合作开展高层次人才的培养和交流，有计划地安排专家、学者到对方兼职、兼课，兼任硕士生、博士生导师，主持讲座，举办研讨班等，推荐优秀的高级专家学者到对方担任研究所和学院、系兼职的学术领导职务。

省政府决定深化粮食购销体制改革

1995 年 1 月 24 日，四川省人民政府决定进一步深化粮食购销体制改革，确定：国有粮食部门每年必保收购 50 亿公斤，一定几年不变，其中，定购任务 35.1 亿公斤，确保完成；在主产区计划收购 14.9 亿公斤，任务到县，保证完成；定购价格按国家规定执行，价格随行就市；油菜籽计划收购 5.5 亿公斤，任务到县，由国家粮食部门组织收购，价格由省政府决定。

长征二号火箭发生爆炸

1995 年 1 月 26 日晨 6 点 40 分，在西昌卫星发射中心用中国长征二号捆绑火箭发射美国休斯公司研制的 HS601 型亚太二号通信卫星，火箭点火后正常飞离发射场。在星箭飞行过程中，突然发生爆炸，星箭全部损失。

由于星箭爆炸后的残骸落在离发射场 7 公里处的山区，致当地居民死 6 人、伤 23 人。1995 年 10 月24 日，“1・26”卫星事故评审会提交了关于残骸落区环境监测的报告。评审会认为，“1・26”事故造成的环境污染是局部和短时间的。至 6 月上旬，在残骸下落区已监测不出推进剂及其降解产物，落区的空气、水和土壤已恢复正常。

2 月

全国规模最大的现代化垃圾填埋场在成都建成

1995 年 2 月 3 日，《四川日报》载：成都市投资 8000 多万元，占地 2100 亩，在龙泉山区建成全国规模最大的现代化垃圾填埋场。

新质源 K 型超高产水稻不育系育成

1995 年 2 月 3 日，《四川日报》载：省农科院水稻高粱研究所育成了可使繁殖制种产量提高 50%、一代种单产潜力提高 10%的新质源 K 型超高产水稻不育系。

四川省机床行业首家合资企业诞生

1995 年 2 月 10 日，长征机床股份有限公司同英国桥堡机床有限公司合资合同签字仪式举行。中英合资建立的成都长桥机床有限公司是四川机床行业的首家合资企业，生产具有 20 世纪 80 年代末 90 年代初国际先进水平的机电产品。

省委确定全省宣传工作“五个坚定不移”原则

1995 年 2 月 10—13 日，四川省宣传部长会议在成都市双流县举行。会议传达了全国宣传部长会议精神和江泽民总书记在会上的重要讲话，分析了全省宣传思想战线的形势，对 1995 年全省宣传思想工作作出部署。省委书记谢世杰强调，要做到“五个坚定不移”：坚定不移地坚持“两手抓，两手都要硬”的方针；坚定不移地服从服务于全党工作大局；坚定不移地抓好“一个指针、四项任务”的落实；坚定不移地建设一支“政治强、业务精、作风正”的宣传思想工作队伍；党委要坚定不移地把宣传思想工作抓紧抓好。

四川第一条 500 千伏输电线路贯通

1995 年 2 月 16 日，国家重点建设项目、四川第一条 500 千伏线路——自（贡）渝（重庆）线全线贯通，全长 151 公里。

乔石到攀枝花视察

1995 年 2 月 16—20 日，中共中央政治局常委、全国人大常委会委员长乔石视察二滩水电站和攀钢二期工程项目，参观攀枝花市政建设成就展览。

支持长虹电子集团公司加快发展

1995 年 2 月 27 日，中共四川省委办公厅、四川省人民政府办公厅印发《四川长虹电子集团公司现场办公会纪要》。《纪要》要求：有关市、地和部门要统一认识，大力支持长虹电子集团公司的发展；长虹电子集团公司要加速产品结构调整，加快改组、完善和发展工作，尽快形成集团化；对该公司发展所需资金、配股及国有法人股配股权转认、资本结构调整、进行现代企业制度试点等问题提出了解决意见。

四川省安全生产工作会议召开

1995 年 2 月 27—28 日，四川省安全生产工作会议在成都召开。会议要求：为了确保全年安全生产，首要任务是提高对该项工作重要性的认识，认清各级政府担负的重要职责，树立全民安全生产意识；继续推行安全生产目标管理，落实目标责任制；认真抓好重点治理，防止重特大事故的发生；道路交通重点抓好客运安全专项整治，水上交通重点抓好乡镇船舶安全治理；煤矿重点解决乡镇煤矿的安全生产条件问题；切实加强和完善高层建筑、地下工程、易燃易爆危险物品生产储存经营单位、商贸、文化娱乐等公共场所和重点消防单位的管理，落实完善消防管理制度和措施；铁路与公路交叉道口、建筑、化工、冶金等行业的安全管理都要继续加强；发生重特大事故，要严肃查处，严格追究直接肇事者、有关管理人员和领导者的责任。

科技兴川“千亿工程”全面启动

1995 年 2 月 28 日，科技兴川“千亿工程”全面启动。科技兴川“千亿工程”是四川围绕社会经济发展的主要任务，以推进科技成果转化为主要手段，以加速科技经济一体化和科技为经济直接贡献为目标而采取的一项重大举措。这一工程是 1994 年 3 月全省科技大会明确提出的，并列为四川省加快科技体制改革方案要点三大任务之一，其主要目标是：通过大力兴办科技产业和推广应用科技成果，到 2000 年使全省工农业产值新增 1200 亿元，其中科技产业实现产值 400 亿元、推广应用科技成果实现产值 800 亿元，将科技进步对经济增长的贡献率提高到 50%。在科技兴川“千亿工程”启动仪式上，副省长徐世群代表省政府与全省市地州负责人在目标任务责任书上签字。

渝北区和巴南区成立

1995 年 2 月 28 日，渝北区成立庆典在区政府驻地两路镇举行。原江北县撤销后的 11 个乡、镇划到渝北区，渝北区辖 21 个镇和 14 个乡，面积 1452 平方公里。此次行政区划调整是经省政府研究同意，报国务院批准的。

1995 年 2 月 28 日，经省政府同意并报国务院批准，撤销巴县后新设巴南区成立。巴南区辖29 个镇、12 个乡、2 个街道办事处，区政府驻鱼洞镇，面积 1827 平方公里。

川东农业综合开发项目通过国家验收

至 1995 年 2 月，四川省东部地区农业综合开发项目首期开发完成，正式通过国家农业综合开发办和农、林、水各部门组成的验收组进行的实地验收。

该项目主要由国家投资、群众投劳，在川东20个县（区）的几十个片区、404个乡镇立项开发。从1991年到1993年为项目实施的第一期。至1994年5月底，川东项目累计完成改造中低产田、土100.93万亩，造林28.5万亩。

3月

重庆市市中区更名

1995年3月1日，经国务院批准，重庆市市中区更名为重庆市渝中区。同时，将原属沙坪坝区范围的大坪街道办事处、化龙桥街道办事处、红岩村划入渝中区。

盐边新县城开工建设

1995年3月3日，二滩电站库区主淹没县盐边，在距攀枝花市32公里的安宁乡大坪地举行新县城奠基仪式。至1995年底，完成工程投资16009万元，房建开工6.4万平方米。深沟箐、磨石箐两条入城道路全线开通，临时供水供电工程、防洪工程、施工便道、水厂深井泵房等的拆迁及14户农户的搬迁安置完成。

四川实施“广厦工程”

1995年3月4日，解决教师住房困难问题的“四川省广厦工程”正式进入实施阶段，省政府、省教委与各地市州签订了责任书。

到1994年底，四川省教职工家庭人均居住面积只有6.7平方米，低于城镇居民人均占有住房7.3平方米的标准。中共四川省委、四川省人民政府遂于1994年提出了大规模修建教师住房的“广厦工程”的构想，并拟订了初步方案。

四川省广厦工程计划到2000年，全省中小学教职工家庭人均居住面积要达到8.5平方米，住房成套率达到75%；在1995—1997年3年内，重点解决特困户、无房户教职工住房问题，并使城市、县镇中小学教职工住房水平率先达此目标，3年内解决教师住房困难问题。

五粮液酒再获国际金奖

1995年3月12日，在1995年巴拿马国际贸易博览会上，五粮液酒获得本次博览会评出的酒类唯一金奖。至此，五粮液酒已在国际博览会上获得30枚国际金奖。1995年8月，在第50届世界统计大会上，五粮液厂被授予“中国酒业大王”称号。

西部首家经济学博士后流动站设立

1995年3月14日，经国家人事部全国博士后管委会批准，西南财经大学设立经济学博士后流动站。其所含专业（二级学科）为政治经济学、货币银行学、工业经济、农业经济、财政学、统计学、人口经济学，计划招收博士后研究人员1名。这是中国西部地区第一个经济学博士后流动站。

设立保护消费者权益法庭

1995 年 3 月 14 日，成都市中级人民法院及 5 城区法院正式设立保护消费者权益法庭，专门审理消费者的诉讼案件。

1994 年四川省十佳演员评选揭晓

1995 年 3 月 16 日，1994 年四川省十佳演员评选在重庆揭晓。十佳演员是：重庆市川剧院沈铁梅、重庆市话剧团黄庆伟、四川省曲艺团谭勇、四川省歌舞剧院王晓燕、成都市京剧团高颂、四川省人民艺术剧院何音、成都市曲艺团张庭玉、成都军区战旗话剧团王彦波、凉山歌舞团沙玛尔特、四川省川剧院何伶。

“四川优秀人才奖”设立

1995 年 3 月 21 日，中共四川省委、四川省人民政府决定设立“四川优秀人才奖”，从 1995 年 3 月开始实施。这是省内各类优秀人才的最高奖项。此奖是为了更好地贯彻落实党的尊重知识、尊重人才的政策，激励各类优秀人才脱颖而出，根据部分知名专家、学者的建议而设立的。该奖每两年评选表彰一次，由省委、省政府颁发证书和奖金。

省委、省政府同期发布了《四川省优秀人才奖励条例》，也从 1995 年 3 月起实施。

黄汲清逝世

1995 年 3 月 22 日，中国杰出的地质学家黄汲清在北京逝世。黄汲清，原名黄德淦，仁寿人，生于 1904 年。1924 年考入北京大学地质系，1928 年毕业后进入中国近代最早设立的地质调查和科研机构——农矿部地质调查所（北平）工作。从 1929 年 3 月至 1930 年 6 月期间，进行了行程万里的地质考察，并利用考察取得的地质资料，写下了《秦岭山及四川之地质研究》《中国南部二叠纪珊瑚化石》《中国南部二叠纪地层》等 6 部论著，为中国近代地质学打下初步基础。1932 年赴瑞士伯尔尼大学留学，次年回国。1938 年冬，黄汲清率队赴川中的荣昌、隆昌调查，找到了四川圣灯山天然气田，打破了德国石油专家萨尔菲尔提出的“四川无气论”。

中华人民共和国成立后，黄汲清任西南地质调查所所长。1958 年，他率队对松辽平原进行石油勘察，并于次年在松辽平原成功钻得原油，这就是中华人民共和国探出的第一个油田——大庆油田。1979 年，黄汲清任第三十二届中国地质学会理事长。其主要著作有：《中国大地构造图》《试论地槽褶皱带的多旋回发展》《多旋回地壳运动理论及其应用》等。

四川招商引资实施“125”工程

1995 年 3 月 23 日，四川省人民政府新闻办公室举行新闻发布会，宣布四川省 1995 年招商引资新思路：以产业政策为导向，以基础产业、优势产业（“8+5”项目）为重点，吸引国外大财团、大商社、大企业到川投资。着力推进“125”工程，即：由省里重点扶持、培养 10 个外商投资企业典型，对 20 个已批准、注册、正在筹建的大项目进行跟踪管理服务，省上准备上 50 个重点项目对外招商。

四川省人口达 1.1 亿人

1995 年 3 月 23 日，四川省 1994 年人口统计工作结束。截至 1994 年 12 月 31 日，全省共有 31548404 户、110843499 人。其中，男性 57633518 人，占总人口的 52%；女性 53209981 人，占总人口的 48%。1994 年全省共出生 1452742 人，出生率为 13.15‰，比 1993 年上升了 0.65 个千分点。1994 年全省共有农业人口 92620300 人，占总人口的 83.56%；非农业人口 18223199 人，占总人口的 16.44%，所占总人口的比例比 1993 年上升了 0.64 个百分点。

中国第五所 SOS 儿童村在成都奠基

1995 年 3 月 29 日，中国·成都 SOS 儿童村在成都金牛区营门口乡花照村奠基，这是在国际 SOS 儿童村组织无偿资助下，继天津、烟台、齐齐哈尔、南昌之后，在中国建设的第五所 SOS 儿童村。

4 月

四川省舞台剧获文华新剧目奖

1995 年 4 月 3 日，成都市京剧团创作的京剧《少帝福临》、成都军区政治部话剧团创作的话剧《结伴同行》、重庆市歌舞团创作的舞剧《三峡情祭》荣获文化部第五届文华新剧目奖。

小学生破全国背圆周率纪录

1995 年 4 月 10 日，成都市实验小学 6 年级学生、12 岁的张卓被蒙住双眼，在改变以往背诵习惯的情况下，仅用 25 分 30 秒现场背诵圆周率 4000 位，误差仅为 0.2%。

四川部署机构改革和推行国家公务员制度

1995 年 4 月 10—13 日，四川省机构改革暨推行国家公务员制度工作会议召开。省委副书记宋宝瑞、副省长蒲海清对全省机构改革工作提出具体要求。会议强调贯彻落实《国家公务员暂行条例》及其实施意见，安排部署了推行国家公务员制度的具体工作。省人事厅分别对省直各部门的内设机构、人员编制、领导职数的限额和内部控制数额的规定、原则，对定职能、定机构、定编制（简称“三定”）的工作与各部门交换了意见。到 1995 年底，75 个省直部门和省委、省政府直属事业单位的“三定”方案，11 个市、地、州党政机构改革方案通过了省机构改革领导小组、省机构编制委员会的审定。

徐展堂为聂荣臻陈列馆建设捐赠 100 万元

1995 年 4 月 12 日，全国政协常委、四川省人民政府顾问、香港新中港集团董事局主席徐展堂先生，向建设中的聂荣臻元帅陈列馆捐赠人民币 100 万元。

省政府发出《关于清查处理荒芜土地和越权批地的紧急通知》

1995 年 4 月 16 日，四川省人民政府发出紧急通知，要求对 1992 年以来征用、划拨、出让后的土地作为清查重点，使乱占、闲置、荒芜土地得以复耕。

振兴川剧民间机构成立

1995 年 4 月 22 日，四川省振兴川剧领导小组在省委宣传部召开会议，研究成立了由川剧领导小组和部分企业界人士组成的“四川省振兴川剧领导小组基金会”，由川剧界著名人士组成的“四川省振兴川剧领导小组艺委会”，由川剧理论界知名人士组成的“四川省振兴川剧领导小组理论研究会”。

推进县属企业改革

1995 年 4 月 25—26 日，中共四川省委、四川省人民政府在射洪县召开全省县属企业改革经验交流会。会议充分肯定四川省县属企业产权制度改革的成绩，强调要充分认识深化县属企业产权制度改革的紧迫性，进一步解放思想，大胆探索，加快全省县属企业产权改革的步伐，特别是注重在转换机制上下功夫，绝不能只在形式上做文章。

沐川、马边间发生 5.1 级地震

1995 年 4 月 26 日，四川地震台网测定，11 时 46 分在四川省沐川县、马边县间发生 5.1 级地震。震源深度为 10 公里，震中烈度为 6 度强，属多震型地震。到 20 时止，已发生 62 次余震，最大震级不超过 2.0 级。重伤 9 人。

《四川省实施〈中华人民共和国教师法〉条例》公布实施

1995 年 4 月 26 日，《四川省实施〈中华人民共和国教师法〉条例》公布实施。该《条例》在 26 日召开的四川省八届人大常委会第十四次会议获得通过，分 9 章 50 条，对教师的权利和义务、资格和任用、培养与培训、待遇、考核与奖励、申诉与监督、法律责任等作出明确规定。

《四川省长江防护林体系管理条例》发布实施

1995 年 4 月 26 日，四川省八届人大常委会第十四次会议通过《四川省长江防护林体系管理条例》，从即日起公布施行。《条例》共分 8 章 50 条，对长江防护林体系建设的规划管理、建设管理、资金管理、林权管理、保护管理、法律责任等作出详细规定。

《四川省实施〈中华人民共和国台湾同胞投资保护法〉办法》出台

1995 年 4 月 26 日，四川省八届人大常委会第十四次会议通过《四川省实施〈中华人民共和国台湾同胞投资保护法〉办法》，即日发布，自 1995 年 8 月 1 日起施行。《办法》分 30 条，对台湾同胞投资者和投资行为的确认、投资者的待遇和权利、投诉和投诉机构、法律责任等作出具体规定。

全国首家负债超亿元的破产企业实现重组

1995 年 4 月 28 日，西南农用机械有限责任公司以 2000 万元人民币购买破产企业——四川省内江印染厂全部固定资产的签字仪式在内江市举行。出售方法定代表人和购买方法定代表人分别在买卖协议书上签字。至此，全国首家负债超亿元的破产企业实现重组。

第一家由外商投资创立的股份制企业成立

1995 年 4 月，四川省第一家由外商投资创立的股份制企业——四川玻璃有限公司获准成立。四川玻璃股份有限公司的前身是四川玻璃厂，属国家建材大型一档企业，1995 年吸收外商投资组建成中外合资股份企业。主要股东包括新加坡时正有限公司、川玻（集团）有限责任公司。公司注册资本为人民币 43218 万元，拥有固定资产 40784 万元、流动资产 21156 万元。

成都中医药大学挂牌

1995 年 4 月，成都中医学院更名为成都中医药大学，并举行挂牌庆典。

建成于 1956 年的成都中医学院是全国最早建立的四所中医院校之一。38 年的耕耘，学校从建校初期仅有本科层次的中医、中药两个专业，发展成为一所以本科、硕士、博士为主，同时具有专科等高等教育层次，具有全日制教育、成人教育、民族教育、对外教育等多种教育类型的省属重点高等医药院校，是一所以中医药学科为主，兼有理、工、管、文、农、教等多学科专业交叉渗透、协调发展的中医药大学。

资中发掘出侏罗纪鳄鱼化石

1995 年 4 月，资中县发掘出一具完整的侏罗纪鳄鱼化石，头部的鳞甲、脊柱等清晰可见。

经考证，这具化石属于距今约 150 万年的侏罗纪地质年代，是国内迄今发现的年代最早、极具科学价值的鳄鱼化石。由此推知，四川盆地在侏罗纪时期属于水域地带。

5 月

创办国张中学

1995 年 5 月 1 日，芦山县农民、富源花岗石集团公司总经理竹国张出资 500 万元创办的四川省国张中学成立，成为农民个人出资最多、办学规模最大的办学典型。

现代企业制度试点企业管理工作会议召开

1995 年 5 月 5—6 日，中共四川省委、四川省人民政府在成都召开现代企业制度试点企业管理工作会议，各试点企业经理（厂长）和各市、地、州及省级有关部门负责人出席会议。会议认为，四川近两年的实践证明，这条路子是正确的，进一步明晰产权、优化和盘活国有资产、确保国有资产的保值和增值、分离企业非生产性机构和人员取得了一定进展，企业内部管理制度改革取得扎实成效。会议要求：加强领导，精心组织，统一认识，坚定信心，大胆探索国有企业改革，保证试点工作顺利进行。

四川联合大学建立文科基地

1995 年 5 月 6 日，国家文科基地和中华文化中心在四川联合大学文学院成立。

四川联合大学文学院的中国语言文学和历史学同时被国家教委批准为“国家文科基础学科人才

培养和科学研究基地”。文科基地提倡大多数学生进入研究生阶段学习，成为高层次、高水平的专门人才。国家教委和四川联合大学除了在办学经费上给予文科基地大力资助外，还在招生、培养、毕业生分配等方面给予优惠政策。

Ⅱ优 6078 等亚种间重穗型组合育成技术获重大突破

1995 年 5 月 7 日，《四川日报》载，经过四川农业大学水稻研究所近 10 年努力育成的Ⅱ优 6078 等亚种间重穗型组合，通过 5 年的试验示范表明：组合比现在的当家品种汕优 63 增产 15%以上。这是自 20 世纪 80 年代中期汕优 63、D 优 63 等杂交水稻高产组合投产以来的又一重大突破。

开展农村区域分权决策规划试点

1995 年 5 月 8 日，联合国粮农组织确定在宜宾地区珙县、高县、长宁、屏山等县开展农村区域分权决策规划试点。这是近年来世界上逐步流行的一种在市场经济体制下使用的先进规划方法，被联合国粮农组织在世界各国特别是第三世界推广应用，均取得了很好的效果。

中国环流器新一号通过国家级验收鉴定

1995 年 5 月 9 日，由中国核工业西南物理研究院承担研制的中国环流器新一号通过国家级验收鉴定。这标志着中国受控核聚变研究又向前跨了一大步。该装置具备在高参数条件下进行托卡马克国际前沿物理实验的条件，主要技术参数和指标均达到国际同类装置先进水平。

中国自行设计制造的第一座受控热核聚变实验装置“中国环流器一号”（HL-1），1984 年 9 月在四川省乐山市郊的核工业部西南物理研究所建成启动；该装置在此后 10 多年卓有成效的实验研究中，取得了 400 多项研究成果，其中许多成果达到世界先进水平。在环流器一号的基础上，经过重新改建，“中国环流器新一号”（HL-1M）于 1994 年 10 月竣工。

新加坡总理吴作栋到川访问

1995 年 5 月 14 日，省长肖秧在成都锦江宾馆会见新加坡总理吴作栋。会见结束后，肖秧、吴作栋等参加了在锦江宾馆举行的四川—新加坡合资项目签字仪式。吴作栋一行还前往成都大熊猫繁殖培育中心、武侯祠、西南日月城、成都—新加坡工业园区参观。5 月 16 日，四川省委书记谢世杰在成都锦江宾馆会见了新加坡总理吴作栋。

第三届四川省青年科技奖颁奖

1995 年 5 月 24 日，全省 30 名优秀青年科技工作者获第三届四川省青年科技奖。同期，省委组织部、省人事厅、省科协印发《关于设立“四川青年科技奖”的通知》，决定将省科协 1990 年设立的“青年科技奖”更名为“四川省青年科技奖”，由三家共同组织评审、颁奖等工作，每两年一次评选奖励在科技工作与活动中涌现出来的、年龄在 35 周岁以下的优秀青年科技工作者。

科技传播活动项目启动

1995 年 5 月 25 日，四川省科协、省教委组织的“科技传播活动”在成都市锦城艺术宫拉开序幕。

该活动是中国科协、国家教委倡导组织的全国性“科技传播活动”的组成部分。它通过组织动员广大科技人员到青少年中去传播科学知识、科学方法和科学思想，传播爱祖国、爱科学的思想，从而将科学知识传播到家庭、社会，在全社会掀起一个学科学、爱科学的热潮。

省委、省政府表彰并奖励士兵梁强

1995 年 5 月 25 日，中共四川省委、四川省人民政府举行梁强英雄事迹报告暨表彰会。省委、省政府授予梁强“舍己救人爱民英雄”证书、证章和 2 万元奖金。1995 年 3 月 21 日，解放军某部战士梁强乘汽车归队途经富顺县邓关镇地界时，汽车不慎起火。梁强不顾生命危险，抱着火源跳下车，挽救了 20 多名乘客，自己被严重烧伤。

1995 年 4 月 5 日，共青团四川省委授予梁强“舍己为民模范共青团员”和省“新长征突击手”光荣称号。1995 年 9 月 28 日，成都军区授予梁强“舍己为民的英雄战士”称号。

西南政法学院更名为西南政法大学

1995 年 5 月 26 日，西南政法学院更名为西南政法大学。西南政法大学是一所以法学为主，法学、经济学、管理学、文学、哲学等学科协调发展的多科性大学，是新中国最早建立的高等政法学府之一，被誉为我国法学界的“黄埔军校”和“西点军校”，是中国培养职业法官、检察官、律师等法学专门人才最多的学校。

西南政法大学前身是 1950 年成立的西南人民革命大学。1953 年，以西南人民革命大学为基础，合并重庆大学、四川大学、贵州大学、云南大学、重庆财经学院的法律院（系）等成立了西南政法学院。1958 年，中央公安学院重庆分院又并入该校。“文化大革命”期间西南政法学院曾一度被迫停办，1977 年经中央批准恢复招生。1978 年，西南政法学院经国务院批准为全国重点大学，是司法部部属政法院校中唯一的全国重点大学。

年产 1 万吨饲料级磷酸氢钙新工艺通过鉴定

1995 年 5 月 27 日，四川联合大学和四川汉源化工总厂共同承担的四川省“八五”星火计划项目——“年产 1 万吨饲料级磷酸氢钙新工艺”，在成都通过专家鉴定。它的开发成功，为占中国磷矿资源 80%的高镁中低品位磷矿的开发利用开拓了新的途径。

泸州市与宜宾地区遭受特大暴雨袭击

1995 年 5 月 30—31 日，泸州市与宜宾地区的 14 个县（市）遭受特大暴雨袭击，造成山洪暴发、河水猛涨、大片农田淹没、道路被毁。此次灾害中，死亡 53 人，伤数百人，农作物受灾 161.9 万亩，各种经济损失 2.29 亿多元。

花水湾建成全省最大温泉旅游区

1995 年 5 月，四川最大的温泉旅游区——大邑县温泉旅游区建成并开始接待游客。

大邑县温泉开发始于 1992 年，经历 3 年时间，“花水湾第一村”“花水湾温泉宾馆”“新豪斯宾馆”等作为最早进入的开发项目相继对外营业，游客每天达数千人。至 1999 年，花水湾温泉开发商增至 30 多家，游客每年数十万人，仅 1997 年该旅游区即向国家上缴税费 7000 多万元。花水湾温泉开发一度引发了川西地区乃至整个四川境内的温泉开发热。

6 月

四川省首次防震减灾工作会议召开

1995 年 6 月 1 日，四川省首次防震减灾工作会议在成都召开。会议贯彻全国首次防震减灾工作会议精神，结合全省实际提出了四川省防震减灾 10 年目标。即从 1995 年起，争取用 10 年时间，使省内成都、重庆、自贡、攀枝花、西昌、雅安、康定、马尔康等城市和广元—乐山、成都—重庆沿线人口稠密、经济发达地区具备抗御 6 级左右地震的能力。

四川省首届“亿利达青少年发明奖”颁奖

1995 年 6 月 3 日，四川省首届“亿利达青少年发明奖”在四川联合大学国际会议中心颁发，著名物理学家杨振宁到场颁奖，全省共有 76 人获此荣誉。亿利达青少年发明奖是杨振宁倡导，香港亿利达工业发展集团有限公司董事长刘永龄出资设立的。

大足石刻被盗割

1995 年 6 月 4 日，闻名中外的大足石刻发生特大文物盗割案，北山多宝塔内底层一尊编号为北塔 1 号的宋代释迦牟尼石雕佛像头部被盗割。

6 月 30 日，在有关部门的密切配合下，该案告破，主犯王洪君落网。被盗石刻释迦牟尼头像被追回。大足石刻始于唐代，盛于两宋，共有石刻造像 6 万多个。此次被盗割的佛像正被申报国家一级文物，佛像头部重约 25 公斤。这是大足近 50 年来发生的第一起石刻文物被盗割案。

四川省第二次藏区工作会议召开

1995 年 6 月 5—7 日，四川省第二次藏区工作会议在成都举行。国家机关近 30 个部门和广东、江苏、山东等省对口支援四川藏区的近 10 个沿海城市的负责人到会并对藏区进行考察。会议的主题是：以邓小平建设有中国特色的社会主义理论和党的基本路线为指导，围绕全省藏区发展和稳定两大主题，总结经验，分析形势，进一步明确发展思路和各项任务，鼓舞斗志，加强团结，加快改革、开放的步伐，动员全省力量，加大扶持力度，进一步巩固和发展安定团结的政治局面，促进藏区经济持续、快速、健康发展。会议确定，要认真贯彻“以开明促开放，以开放促开发，以开发促发展”方针，在 20 世纪末解决温饱，培植后劲，致富奔小康，谋求更大的发展。会议围绕学习贯彻中央对四川藏区工作的一系列指示，总结交流了藏区发展、促进藏区稳定的经验。

在此次藏区工作会议上，山东省烟台市、潍坊市，江苏省苏州市、无锡市、常州市、张家港市、南通市，广东省深圳市、中山市、珠海市、东莞市、顺德市加入到对口支援四川省藏区发展的行列。

四川省首条浮法玻璃生产线投产

1995 年 6 月 6 日，四川省首条、四川玻璃股份有限公司日熔量 330 吨级浮法玻璃生产线正式投产。该条生产线于 1995 年 4 月 7 日试生产，它的投产填补了中国西南地区浮法玻璃生产线的空白。

农业发展银行四川省分行成立

1995 年 6 月 16 日，四川首家政策性银行——中国农业发展银行四川省分行成立。农业发展银行四川省分行的主要任务是：按照国家的法律、法规和方针、政策，以国家信用为基础，筹集全省农业政策性信贷资金，承担国家规定的农业政策性和经批准开办的涉农商业性金融业务，代理全省财政性支农资金的拨付，为全省农业和农村经济发展服务。在业务上接受中国人民银行、中国银行业监督管理委员会的指导和监督。

省八届人大常委会第十五次会议通过系列地方法规修正案

1995 年 6 月 20 日，四川省八届人大常委会第十五次会议审议通过《四川省〈中华人民共和国土地管理法〉实施办法（修正）》《四川省文化市场管理条例（修正）》《四川省〈中华人民共和国城市规划法〉实施办法（修正）》《四川省〈中华人民共和国全国人民代表大会和地方各级人民代表大会选举法〉实施细则（修正）》。

《四川省〈中华人民共和国土地管理法〉实施办法（修正）》于 1995 年 6 月 20 日公布施行，在土地登记的管辖、土地闲置费的征收、国家建设征用土地审批程序、宅基地面积的计算、执法中的行政强制措施等方面对原办法作出修改、补充和完善。《四川省文化市场管理条例（修正）》是在 1991 年 5 月 28 日省七届人大常委会第二十三次会议通过的原条例基础上，对文化市场的归口管理、加强版权保护、加强文化行政执法队伍的廉政建设、完善文化经营活动的审批制度等方面进行了必要的修改、补充和完善。《四川省〈中华人民共和国城市规划法〉实施办法（修正）》在开发区的总体规划、详细规划等方面，对原实施办法作出必要的补充和完善。关于《人民代表大会选举法》实施细则（修正），对选举机构、选举日期、代表名额等作出明确规定。

全省对外开放县（市、区）达 170 个

1995 年 6 月 21 日，经四川省人民政府批准，四川省新增合江县、叙永县、南部县、西充县、沐川县、丹棱县 6 个县列入对外国人开放地区。至此，四川省有 170 个县（市、区）对外国人开放。

重庆钢铁厂改组

1995 年 6 月 28 日，经国家经贸委和重庆市政府批准，重庆钢铁厂改组为国有独资的重庆钢铁（集团）有限责任公司并举行成立挂牌仪式。重庆钢铁厂是特大型钢铁联合企业，其前身是 1890 年 9 月湖广总督张之洞创办的汉阳铁厂，抗战时汉阳铁厂和汉阳兵工厂、大冶铁矿内迁重庆建立国民党军政部兵工署第二十九兵工厂。中华人民共和国成立后，第二十九兵工厂曾先后更名为西南工业部一零一厂、西南钢铁公司、重庆钢铁公司等。改组为重庆钢铁（集团）有限责任公司后，进行了分离企业办社会和富余人员的工作，成立了 11 家子公司。

同安镇被定为“国家级小城镇综合改革试点镇”

1995 年 6 月，成都市龙泉驿区同安镇被确定为“国家级小城镇综合改革试点镇”，以探索农村城市化模式。

该镇被四川省人民政府列为省级五大旅游开发区之一的阳光城，规划面积 16.78 平方公里，人口 15 万—20 万人，是集工、贸、游为一体的现代旅游卫星城市；规划有旅游度假、商贸、文教办公商住、高科技工业园 4 个区域，按卫星城格局分阶段建设；计划 1998 年初具规模，2010 年达到预期目标。阳光城投入 2.4 亿元人民币进行基础设施配套建设。已有美国、日本、马来西亚等国家和中国的香港、台湾地区及国内其他地区 134 家企业在此投资建设。

7 月

四川省开始实施最低工资保障制度

1995 年 7 月 1 日，四川省开始实施最低工资保障制度。实施范围包括：行政区域内的各类企业、个体经济组织和与之形成劳动关系的劳动者，国家机关、事业组织、社会团体和与之建立劳动合作关系的劳动者。最低标准确定为四个档次，最低档 125 元，最高档 180 元。

公费医疗改革

1995 年 7 月 1 日，四川省根据国家《关于职工医疗制度改革的试点意见》进行公费医疗改革，实行个人合理负担一定医疗费用，医疗费标准调为每人每月 5 元。

从 1950 年起，各地国家机关、团体职工医药费标准为旧币每人每月 15000 元（折合新币1.5 元）左右，由各单位自行掌握。1962 年 2 月改为个人只负担门诊挂号费和 10%住院费，标准调为 1.15 元新币。1975 年四川省成立公费医疗管理委员会，配备专职人员管理全省公费医疗，标准调整为每人每月 2 元。

由于职工队伍年龄增大，体弱病残人员增加，诊断和治疗手段日益增多，药品更新换代加快，大量疗效好、价格高的新药用于临床，中西药品普遍提价，公费医疗经费标准偏低，公费医疗制度不切实际，部分医务人员掌握用药原则不严等，公费医疗出现逐年超支，1985 年每人年平 67.12 元。

老挝国家主席到川访问

1995 年 7 月 2 日，老挝国家主席诺哈·冯沙万一行抵成都对四川进行访问。四川省人民政府省长肖秧、成都市人民政府市长王荣轩及省市外办负责人到机场迎接，省长肖秧会见并宴请老挝客人。

福杭贵成光缆工程川黔段敷设完工

1995 年 7 月 3 日，福杭贵成光缆工程川黔段敷设完工。福杭贵成光缆工程川黔段全长 1140 公里。黔岭是世界上罕见的喀斯特地貌，加之长江、乌江等 240 多条河流拦截，施工艰难。成都军区 2 万名官兵用近两个月时间，在坚硬的喀斯特地貌上凿出了一条长近 1000 公里光缆沟，提前 20 天完成任务。

四川首届观众喜爱的电视节目主持人评选揭晓

1995年7月3日，四川省首届观众喜爱的电视节目主持人评选揭晓，摘取桂冠的10位电视节目主持人是：四川电视台的刘磊、李博、李蓉，省有线台的王蔷，成都电视台的高翔、李潘、周东，重庆电视台的程琳、真真、程晨。

中共四川省委六届五次全委扩大会召开

1995年7月3—6日，中共四川省委六届五次全委扩大会议在成都举行，省委委员、候补委员等出席会议。省委书记谢世杰、副书记肖秧在会上总结部署全省工作。会议的主要任务是：民主评议、民主测评四川省委、省政府领导班子及其成员，民主推荐省部级后备干部和近期可进省党政领导班子的人选，省委、省政府作届中总结并部署下半年工作。

四川省慈善总会成立

1995年7月7日，四川省慈善总会在成都市成立，副省长欧泽高被推举为会长。

四川是地处内陆的人口大省，鳏寡孤独、残疾人绝对数大，加之自然灾害频繁，更需要社会救助。省慈善总会将动员和组织社会力量接收国内外捐赠，募集慈善资金，广泛开展社会慈善活动。

成立大会上，香港依马打联华世界有限公司总裁孙中华的代表、成都假日实业集团公司总经理谢厚泉，成都汇通银行总经理张炜分别将100万元港币、50万元和18万元人民币投入捐赠箱，会场掀起了捐赠高潮，共收到捐款240多万元。

四川确定综合改革试点小城镇

1995年7月10日，四川省10个不同类型、不同功能、不同水平、不同区位条件的小城镇，分别由国家有关部委和省委、省政府确定进行综合改革试点。国家定点的有绵竹县汉旺镇、龙泉驿区同安镇、璧山县青杠镇，省定点的有温江县万春镇、彭州市丽春镇、新都县三河镇、双流县华阳镇、彭山县青龙镇、郫县红光镇、广汉市向阳镇。

首次在欧洲举行招商活动取得成功

1995年7月11日，四川省首次在欧洲举行的大型招商活动——中国四川赴德、法投资贸易洽谈会取得圆满成功。四川企业分别在德国杜塞尔多夫和法国巴黎举办了招商引资及贸易洽谈会，与近1000家企业和当地有关银行进行了接触和洽谈。本次招商贸易洽谈会共签订招商引资合同和协议33项，总投资额达21.27亿美元，其中合同外资占60%多，达13.2亿美元；贸易出口成交2785.6万美元。这些项目主要集中在交通、电力、冶金、食品、机械等行业。

四川新增16名两院院士

1995年7月12日，四川省新增16位中国科学院和中国工程院院士。此次当选的院士是：乐嘉陵、涂铭旌、饶芳权、屠基达、叶尚福、胡思得、俞大光、姜文汉、黄尚廉、周光耀、殷国茂、罗平亚、周邦新、向仲怀、王正国、黎鳌。

授予田定武“阿坝卫士”称号

1995 年 7 月 26 日，武警总部授予田定武烈士“阿坝卫士”荣誉称号命名大会在成都举行。田定武烈士生前是武警四川阿坝州支队红原县中队排长。1994 年 11 月 16 日，田定武在围捕持枪杀人犯时壮烈牺牲。武警部队司令员巴忠倓、中共四川省委书记谢世杰出席大会并讲话。

亚洲唯一高空模拟试车台落成

1995 年 7 月，亚洲唯一的高空模拟试车台在坐落于江油市境内的中国航天燃气涡轮研究所建造成功。11 月 25 日，正式通过国家验收。

高空模拟试车台是独立发展航空事业必不可少的关键性设备，在国际上，仅俄、美、英、法四国拥有这种试车台。我国航空科技工作者经过 30 年的研究和摸索，终于建设成这个拥有气源、空气处理系统、混合器、进气调压系统试验仓、排气进气系统的一个庞大的试验设备群。它可以承担高度 25 千米、2. 5 马赫、标准海平面 125 千克/秒空气流量的涡喷、涡扇发动机的高空模拟试验。

8 月

取消公安专用车辆号牌

1995 年 8 月 1 日，省公安厅发出通知，自即日起，全省取消公安专用车辆号牌，换发、启用川 0 专段民用号牌。同时对现有驾驶员培训学校进行清理整顿，不再审批新的驾校。到 1995 年底，全省办理了公安号牌、专段号牌、警车号牌近 30000 台次。

开展“学邯钢、降成本、抓管理、增效益”活动

1995 年 8 月 2 日，四川省人民政府发出通知，要求全省企业全面开展“学邯钢、降成本、抓管理、增效益”活动，各地区、各部门和企业对照邯钢找差距，制定规划。年内，各市地州和 20 多个行业厅局制定了学邯钢规划和降成本、增效益目标考核体系，层层下达执行。省委、省政府组织省级厅局的领导和 100 多户大中型企业的厂长（经理）200 多人，分三批赴邯钢考察学习，各地区还广泛进行了相关培训。

川东气田成为中国陆上最大天然气生产基地

1995 年 8 月 4 日，中石油川东开发公司运用先进技术，使川东气田天然气年产量以 6%的速度递增，成为中国最大的陆上天然气生产基地，产量占全川的 60%、全国的 25%。

川东气田地处重庆、涪陵、达川等 5 市 25 县，既有老含气区块，也有中期产气区，还有新产气区。中石油川东开发公司拥有 9 个科研所，形成了完整的地质分析、采气工艺、集输工程科研体系。相国寺、张家场等被中国石油天然气总公司列为天然气高效开采的样板。

汶川县境内发生特大交通事故

1995 年 8 月 7 日，汶川县境内发生一起特大旅行客车翻车事故，40 多位中外乘客中，20 多人当

场死亡，24 名伤者送往省人民医院救治。

设立对外经济开放特别实验区

1995 年 8 月 8 日，中共四川省委、四川省人民政府决定在郫县设立对外经济开放特别实验区，并成立实验区管委会，副省长马麟任管委会主任。实验区定址郫县安靖镇，规划面积 3 平方公里，首期开发面积 1000 亩。在企业、社会共同开发的模式下，实验区按照“统一规划、统一布局、分步实施、小区起步”和“开发一片、建成一片、收效一片、滚动开发”的原则进行开发、运行。

实施“再就业工程”

1995 年 8 月 10 日，四川省人民政府召开新闻发布会，全省将全面实施“再就业工程”，力争在 5 年时间里组织 50 万失业人员和富余职工通过这项工程的实施实现再就业，使全省逐步形成失业人员和富余职工重新就业的新机制。

省政府发出了《关于实施“再就业工程”的通知》，对全面实施“再就业工程”进行了具体部署并作出了相应的政策规定。

四川省第十一次扶贫工作会议在泸州举行

1995 年 8 月 10—12 日，四川省第十一次扶贫工作会议在泸州市召开。会议提出，必须把“7118 扶贫攻坚计划”纳入全省“九五”计划中去统筹安排；增加资金投入，加强扶贫基金项目管理，提高扶贫资金使用效益；制定解决温饱的年度计划，总结推广过去的扶贫开发经验，确保扶贫攻坚进度；切实加强贫困地区基层组织建设，选好扶贫攻坚的带头人；切实加强扶贫开发机构的建设。经过扎实工作，从 1992 年底到 1994 年底，全省贫困人口减少了 260 万人，贫困人口占农村总人口的比重由 13%下降为 10%。会议强调，要按期实现四川扶贫攻坚计划，解决 920 万人的温饱问题。

王辛作品被故宫博物院等收藏

1995 年 8 月 11 日，四川射洪人、国画家王辛的作品《松苍鹤寿图》经中国故宫博物院院务会鉴定，正式作为国家艺术珍品收入故宫博物院。

与此同时，王辛创作的几幅《松鹤图》分别被中南海、天安门、外交部钓鱼台国宾馆收藏，《春燕图》被北京人民大会堂收藏，《喜鹊闹梅图》《幽兰》被毛主席纪念堂收藏。

省政府表彰国际物理奥林匹克竞赛金奖获得者蒋志

1995 年 8 月 11 日，四川省人民政府召开“蒋志同学荣获第二十六届国际物理奥林匹克竞赛金奖表彰会”。

潼南中学学生蒋志，18 岁，7 月上旬代表中国参加在澳大利亚举行的第二十六届国际物理奥林匹克竞赛，获金牌。

广元市市中区发生特大翻船事故

1995 年 8 月 11 日，广元市市中区宝轮镇红星渡口发生特大翻船事故。船上 52 人中，27 人生还，

25 人下落不明。

省八届人大常委会第 16 次会议审议通过系列地方法规

1995 年 8 月 17 日，四川省八届人大常委会第 16 次会议审议通过《四川省〈中华人民共和国工会法〉实施办法》《四川省农业机械管理条例》《四川省预防控制性病艾滋病条例》。

《四川省〈中华人民共和国工会法〉实施办法》从 1995 年 8 月 17 日公布之日起施行，分 7 章 48 条，对工会的权利义务、经费和财产、基层工会组织、法律责任等作出明确规定。《四川省农业机械管理条例》从 1995 年 8 月 17 日公布之日起施行，分 8 章 49 条，对农业机械科研、推广和教育培训，社会化服务，经营与管理，质量监督，安全监理，法律责任等作出明确规定。《四川省预防控制性病艾滋病条例》从 1995 年 8 月 17 日公布之日起实施，分 6 章 44 条，对管理部门的职责，监测和疫情报告，预防、控制和管理，法律责任等作出具体规定。

全省乡镇人民代表大会换届选举工作会召开

1995 年 8 月 18 日，全省乡镇人民代表大会换届选举工作会议召开，部署换届选举工作。此次选举，是在宪法、地方组织法、选举法修改后，第一次单独进行的乡镇一级人民代表大会直接选举，涉及全省农村 6000 多个乡镇、约 7000 万选民，既要选出 30 万名乡镇人民代表，还要选举出几万名乡镇人大、政府领导人员。此次换届选举，在 1996 年 6 月底前完成。

县级经济综合评价结果揭晓

1995 年 8 月 18 日，1994 年四川省县级经济综合评价结果揭晓。进入“十强县”的是什邡县、新都县、双流县、德阳市市中区、绵竹县、江油县、广汉市、绵阳市涪城区、重庆市巴南区、都江堰市。彭州市、龙泉驿区、涪陵市、西昌市分别被评为平原、丘陵、山区及少数民族地区的类区先进县。

四川企业被推举为全国行业巨头

1995 年 8 月 22 日，在北京召开的第 50 届世界统计大会上，四川长虹电器股份有限公司获“中国最大彩电基地”和“中国彩电大王”称号，中国嘉陵工业股份有限公司被评为“中国摩托车之王”，泸州老窖股份有限公司被评为“中国明星企业”，宜宾五粮液酒厂获“中国酒业大王”称号，四川省电力工业局被评为“中国电力行业十强企业”，上述各企业的法人代表同时被评为“中国经营管理大师”。

在 1989 年夺得全国同行冠首以来，长虹彩电连续六年获产销第一头衔。宜宾五粮液酒厂获唯一的“中国酒业大王”称号，1992 年以来每年利税增加 1 亿元，1994 年该厂销售总额、利税总额居全国同行业第一。嘉陵公司“军转民”后经过十多年发展，已成为中国最大的摩托车生产基地。

中国第一条磁光盘生产线在成都投产

1995 年 8 月 25 日，中国第一条高度自动化可抹可录磁光盘生产线在位于成都的电子科大投产，中国因此成为世界上拥有此项技术的少数几个国家之一。

杨学琼被评为首届“中国女警十杰”

1995年8月25日，公安部、全国妇联和新华社等11家中央级单位联合组织的首届“中国女警十杰”评选活动揭晓，成都市大邑县公安局局长杨学琼获此殊荣。

亚洲男子健美锦标赛在重庆举行

1995年8月26日，第三十一届亚洲男子健美锦标赛暨第十届亚洲青年男子健美锦标赛在重庆市举行。中国、韩国、日本、伊朗、马来西亚、印尼、缅甸、叙利亚、菲律宾等18个国家和中国台北的100余名选手参赛。这是在西南首次举办的国际级健美大赛。

比赛设8个级别和2个青年级别。韩国、新加坡、日本分获团体总分前三名。中国选手秦承勇夺得75公斤级冠军，成为中国首个亚洲男子健美冠军。

9月

现代企业制度试点启动

1995年9月5日，四川省现代企业制度试点正式启动。列入首批试点的企业有：国家试点企业重钢（集团）公司、沱牌曲酒厂，省级试点企业川化（集团）公司、泸天化（集团）公司、四川公路机械厂、蜀都大厦股份有限公司、四川福斯特股份有限公司、四川锦华股份有限公司、自贡高压阀门股份有限公司。

9月2日，四川省企业改革试点领导小组举行会议，研究决定川化（集团）公司等7户企业作为省企业改革试点单位，并通过这7户企业的改革方案。省委书记谢世杰指出，川化等7户试点企业改革方案审批通过，标志着四川建立现代企业制度试点在过去22户试点的基础上迈入了向全省范围80户企业推开的新阶段。省委在国有企业的改革和发展上采取“抓大、放小、扶优、解困”的方针，就是要抓住关系全局的一批国有大中型企业，加快改革、改组和技改步伐，使其尽快发展壮大，成为盈利大户，带动全省经济的发展和提高。省委、省政府制发了《关于扩大现代企业制度试点的意见》，指出：试点企业要按照“产权明晰、责权明确、政企分开、管理科学”的要求，改革企业财产组织形式和经营体制，建立和完善企业组织领导管理制度，形成企业内部高效的决策、经营制度和科学的制衡机制，分离企业办社会职能，分流富余人员。

首届刘诗白奖励基金颁奖会举行

1995年9月5日，首届刘诗白奖励基金颁奖大会在西南财经大学举行，评出一等奖1项、二等奖9项、三等奖17项。评奖申报对象是西南财经大学在职教师、科研人员，西南财经大学在站博士后研究人员和已毕业博士研究生，每两年评奖一次。

第五届“四川十大杰出青年”评选活动揭晓

1995年9月8日，中共四川省委组织部、宣传部和共青团四川省委、四川日报社等联合举办的第五届“四川十大杰出青年”评选活动揭晓，梁强、白礼西、刘明光、曾学刚、张钧、陈德华、邹朝碧、赖明、马朝洪、喻宁跃获此殊荣。

四川省学位委员会首届学科评议组成立

1995 年 9 月 13 日，为了加速高层次人才培养，省学位委员会组织了 44 名专家组成首届 5 个学科评议组。年内，经过学校申报、学科专家组评审、省教委审核批准，共评出 51 个博士、硕士学位点为第二批省级重点学科。

西南影业有限责任公司组建

1995 年 9 月 18 日，四川省电影公司同中国电影公司共同发起，联合省内 20 个市、地、州、县电影公司和影院，组建了四川西南影业有限责任公司，利用经济联合实力参与市场竞争。这是我国电影发行放映行业首家以资本联结形式组成的影片发行有限责任公司。

资中县发生特大沉船事故

1995 年 9 月 21 日晨 7 时许，资中县境内龙江水库发生一起特大沉船事故，死亡 21 人。

1995 年中国四川国际电视节在成都举行

1995 年 9 月 21—26 日，1995 年中国四川国际电视节在成都举办，来自 24 个国家和地区的 199 部电视作品参加了本届“金熊猫”奖的角逐。最佳故事片奖和最佳导演奖被瑞士的《沉默的后面》及导演伊加尔·尼达姆夺得，最佳男女主角奖的桂冠分别被中国演员冯国庆（《吴福的故事》）、美国演员吉尔·艾肯伯里（《另一个女人》）捧走，中国的《人·鬼·人》获最佳人文社会类纪录片奖，英国的《植物的秘密——行走》和中国的《回家》获得最佳自然科技类纪录片奖，获最佳纪录片摄影奖的是英国的保罗·埃特金斯、彼得·斯库恩斯和道格·阿兰（《大白鲨》）。本届电视节特设的妇女儿童题材故事片奖和纪录片奖的荣誉授予了中国的《钟点女工》和《龙脊》。在交易会中，达成意向性协议送审的海外电视剧 1000 余部（集），动画片、卡通片 100 余部（集）。我国影视制作机构还向海外卖出优秀电视剧、电视片 500 余部（集），成交额达 50 多万美元；整个广播电视设备展览和音响影视展览会成交额达 1.3 亿元人民币，较上届增加 30%。

全球信息高速公路骨干网（因特网）开通

1995 年 9 月 25 日，第一条面向社会服务的世界信息通道——全球信息高速公路骨干网（因特网）在四川省科技情报所开通，四川从此进入了一个可享用全世界信息资源的时代。同日，国家科委在省科技情报所召开了“Internet 网络四川节点现场演示会”。

1995 年 3 月 26 日，四川省科技情报局与国际信息高速公路科教网（Internet）正式联网成为终端，运行情况良好。这是中国地方情报机构首次与国外网络接轨。通过该网，四川省有关外贸、科研、教学单位可在几秒钟之内接通网络，并向国际有关单位发出自己的信息和数据，其价格和速度远优于国际传真。

1995 年 5 月底，中共四川省委书记谢世杰在北京中国科学技术信息研究所计算机室的平台上观看了因特网与四川节点连接的演示后，批示拨款支持四川因特网的建设和英汉机器翻译系统的开发。

1996年5月，四川首次召开了信息化工作会议，第一次全面系统地研究部署了四川信息化工作。由此，四川信息产业的发展、四川的信息化工作，被全面提上了省委、省政府工作的重要议事日程。

无线公众自动寻呼系统（129）实现省内联网

1995年9月25日，省内公众无线寻呼网提前建成44个基站、23个地区中心、33个县中心，公众无线自动寻呼系统（129）实现了全省主要城市之间的大联网。

“八五”重点建设全省累计完成投资538.7亿元

1995年9月27日，《四川日报》载：“八五”期间，四川省先后安排重点建设项目91个，总投资规模854亿元，项目范围涉及农业、农用工业、交通、通信、能源和重要原材料等基础设施和基础产业以及国防军工、社会事业。截至1995年8月底，“八五”重点项目累计完成投资538.7亿元，占总投资的63%；全部建成投产的项目36个，部分建成投产的项目7个。

全国最大拐卖儿童妇女案审理终结

1995年9月27日，中华人民共和国成立以来全国最大的拐卖儿童妇女案在渝审理终结，重庆市中级人民法院召开了公开宣判大会。经省高院核准，陈定旗、何继高、刘兴珍、陈定海等4名罪犯被押赴刑场执行枪决。涉及此案的曹登龙、李昭玉等另外31名罪犯分别被依法判处死缓、无期徒刑及20年以下有期徒刑。陈定旗等35名罪犯系荣昌县和大足县农民。1986年2月至1992年11月期间，陈定旗一伙或单独或相互勾结作案，共拐卖男女婴幼儿童80人、妇女5人，所获赃款12万多元，被挥霍一空。

现代通信重点实验室通过验收

1995年9月27日，建于成都高新技术开发区内的国家重点实验室——现代通信重点实验室通过验收。

百万吨规模板坯连铸机投产

1995年9月28日，中国第一套高产大型连铸设备，攀钢“八五”重点建设的百万吨规模板坯连铸机投产。

10月

四川民族广播电台“金桥之声”开播

1995年10月1日，四川民族广播电台“金桥之声”正式开播，这是全国第一个民族广播电台。

金桥之声自1995年开播以来，已发展成为全天播音18小时零5分，拥有藏语、彝语和汉语普通话三种语言，集新闻、专题和综合性文艺节目为一体，信息含量多，报道及时，服务性强，民族特色和文化特色浓郁的专业民族广播频率。金桥之声中波954千赫，短波7225千赫、6060千赫，是四川省仅有的两套上卫星播出的广播节目之一。

乔石到阿坝视察

1995 年 10 月 6—12 日，中共中央政治局常委、全国人大常委会委员长乔石视察四川阿坝州。在川期间，乔石听取了省委书记谢世杰代表省委、省政府所作的全面汇报，就阿坝州的改革开放、发展经济、开发水能资源、保护森林资源、关心群众生活、维护民族团结、搞好教育事业和传统教育等作出了重要指示，肯定了四川的工作。

1995 年中国成都中药研究与应用国际学术会召开

1995 年 10 月 8—10 日，国家中医药管理局主办的 1995 年中国成都中药研究与应用国际学术会在成都中医药大学举行。国内中医药院校、医疗科研单位、企业及来自美国、加拿大、英国、日本、韩国、新加坡、以色列等国和我国港台地区的 200 余名专家学者出席了会议。与会者对中药学术研究成果进行了交流，并就拓展中药研究与应用的国际性合作、促进中医药走向世界进行了有益的探讨。

中国科协第二届青年学术年会四川卫星会议在成都举行

1995 年 10 月 10—12 日，中国科协第二届青年学术年会四川卫星会议在成都举行。会议的主题是“科技增强活力，青年开创未来”。会议共收到生命科学、材料科学等 8 个学科和研究领域的论文 1200 多篇。会议通过了《肩负起科学兴川的历史重任——致全省青年科技工作者的倡议书》。

四川省农村工作会议召开

1995 年 10 月 11—13 日，四川省农村工作会议在成都召开。会议指出，要坚持以中共十四届五中全会精神为指导，认真研究农业与农村经济再上新台阶的措施，大力加强农业，全面振兴农村经济。一是切实加强农业和农村工作；二是全省农业和农村工作要始终坚持“稳粮调结构，增收奔小康”的发展思路；三是稳定农村政策，保护和调动农民的生产积极性；四是坚持两手抓的方针，加强农村基层组织建设和精神文明建设。

第三届四川省“十佳少先队员”评选揭晓

1995 年 10 月 12 日，四川省“十佳少先队员”评选揭晓，“十佳少先队员”是：刘洋、古云丽、呷绒汪姆、周华、杨静、黄冠、曾弟勇、熊彬颖、曾羽、刘琳。

《被告山杠爷》等获评全国精神文明建设“五个一工程”作品

1995 年 10 月 15 日，1994 年度全国精神文明建设“五个一工程”作品评选揭晓，四川省委宣传部报送的电影故事片《被告山杠爷》、电视剧《我的妈妈在西藏》、话剧《沙洲坪》、图书《巴蜀情——邓小平与四川》、文章《德阳市属国有工业企业七年无亏损调查》全部入选，在电影、电视剧（片）、戏剧、图书、理论文章五项评选中赢得满堂红。

1995 年中国新技术、新产品交易博览会在成都举行

1995 年 10 月 16—20 日，1995 年中国新技术、新产品交易博览会在成都举办，共成交项目 2591 个，交易额 16.86 亿元，其中四川团成交额 13.37 亿元。此次交易博览会由国家科委、四川省人民政府共同举办，22 个省、市 70 个参展团组参加，到会参观洽谈人数超过 5 万人次，越南、韩国、日本、以色列、德国等国客商也到会参加交易洽谈。

第四届中国戏剧节暨第十二届梅花奖颁奖活动在成都举办

1995 年 10 月 16—29 日，第四届中国戏剧节暨第十二届梅花奖颁奖活动在成都举行。此次戏剧节盛事由四川省人民政府、中国剧协主办，省文化厅和四川省文化交流发展公司承办，来自全国 16 个省、市、自治区的 25 台剧目和 2000 多名演职员参加了演出，四川省有 7 台剧目参演。

省八届人大常委会第 17 次会议审议通过系列地方法规

1995 年 10 月 19 日，四川省八届人大常委会第十七次会议闭幕，会议审议通过《四川省社会治安综合治理条例》《四川省劳动安全条例》《四川省反不正当竞争条例》《四川省饮用水水源保护管理条例》《四川省义务教育条例》5 部新地方法规。

《四川省社会治安综合治理条例》分 7 章 46 条，自 1995 年 10 月 19 日起颁布实施，对社会治安综合治理的组织协调、司法机关的职责、社会责任、社会保障、奖励与处罚等作出详细规定。《四川省劳动安全条例》分 8 章 60 条，自 1996 年 1 月 1 日起施行，对劳动安全职责、劳动场所安全、生产设备安全、防火防爆和尘毒防治、安全防护、罚则等作出具体规定。《四川省反不正当竞争条例》分 5 章 60 条，自 1995 年 10 月 19 日起施行，对不正当竞争行为的界定、监督检查和应承担的法律责任等作出明确规定。《四川省饮用水水源保护管理条例》分 7 章 50 条，自 1995 年 10 月 19 日起施行，对饮用水水源保护区的划分和水质标准、水源保护、监督管理、法律责任等作出明确规定。《四川省义务教育条例》分 8 章 60 条，自 1995 年 10 月 19 日起施行，对就学、师资、教育教学、实施保障管理与监督、法律责任等作出具体规定。

电影《被告山杠爷》获多项大奖

1995 年 10 月 22 日，峨眉电影制片厂拍摄的故事片《被告山杠爷》获第十五届电影“金鸡”“百花”奖的最佳故事片奖，片中男主角饰演者李仁堂获“金鸡”“百花”奖最佳男主角奖。

四川省反腐败查办大案要案成果展览

1995 年 10 月 23 日，中共四川省纪委、省检察院、省委组织部、省委宣传部、省监察厅联合主办的“四川省反腐败查办大案要案成果展览”在成都开幕。这是改革开放以来四川规格最高、规模最大的一次反腐成果展。中纪委副书记、监察部部长曹庆泽，中共四川省委书记谢世杰，省人大常委会主任杨析综，省长肖秧，成都军区政委张志坚，中共四川省纪委书记沈国俊，省检察院检察长龚读纶等领导出席开幕式并观看展览。

自 1992 年至 1995 年 6 月，全省检察机关共立案查办贪污贿赂等经济犯罪案 16930 件，查办贪污贿赂万元以上大案 4610 件，查办县处级以上领导干部 361 人。3 年来共为国家挽回经济损失 5.78 亿元，占贪污贿赂等经济犯罪给国家造成 6.33 亿元损失的 91.3%。2879 名经济犯罪分子被全省各级法院判处有期徒刑，37 人被判处无期徒刑，55 人被判处死刑（含死刑缓期两年执行），有力地打击了贪污贿赂等各种腐败分子。

六大作物育种攻关取得成效

1995 年 10 月 24 日，《四川日报》载："八五"期间，四川省六大作物共育成新品种 101 个，是"六五"和"七五"时期的总和。良种的推广，已使全省增产粮食达 327 亿公斤。从 1981 年以来，总计投入经费 1790 万元，共育成通过审定的新品种 192 个，其中"六五"期间育成 33 个、"七五"期间育成 58 个、"八五"期间育成 101 个，累计推广面积 10.45 亿亩，共增产粮食 327 亿公斤、油菜籽 7 亿公斤、皮棉 2.5 亿公斤。育成、引进的新品种 1995 年在生产上的推广面积和占全省种植面积的比例为：水稻 4038 万亩，占 90%；小麦 3400 万亩，占 100%；玉米 2200 万亩，占 88%；红苕 1250 万亩，占 60%；油菜 915 万亩，占 90%；棉花 212 万亩，占 100%。

希望集团名列 1995 年全国民营科技企业 100 强榜首

1995 年 10 月 27 日，国家科委和国家统计局公布了 1995 年全国民营科技企业 100 强名单，四川省希望集团以年收入 16.6 亿元名列第一。

"高空王子"科克伦夔门走钢丝

1995 年 10 月 28 日，旅居美国的加拿大籍人杰伊·科克伦在长江三峡夔门不需任何保险措施，手持一根长 10 米、重 22.68 千克的平衡杆，用 53 分 9 秒顺利走过了架设在长江三峡夔门赤甲、白盐两山间距江面约 400 米高、长 628 米、直径不足 3 厘米的钢索，南岸高度为 375 米、北岸高度为 405 米。从而打破了以前他在美国创造的从地面行走 449 米、到达 109 米高的电视塔上的吉尼斯世界纪录。

科克伦有 38 年走钢索的历史，被誉为"世界高空行走大师""高空王子"。

1995 年四川工业产品博览会在成都举行

1995 年 10 月 29 日至 11 月 2 日，1995 年四川工业产品博览会在成都举行，总成交额达 75.8 亿元，其中零售额为 1.45 亿元。博览会期间，机械、电子、轻工、食品等 10 多个行业的专家和质量管理部门专家 20 多人，对参评的 1000 多个产品进行了质量评比。经过严格的资料审查、实物考察、专家评审、群众评议，共评出 665 个金奖、268 个银奖。

中共四川省委六届六次全委会召开

1995 年 10 月 30—31 日，中共四川省委六届六次全委会在成都举行。省长肖秧作《中共四川省委关于制定四川省国民经济和社会发展"九五"计划和 2010 年远景目标的建议》的说明。全会审议通过了《中共四川省委关于制定四川省国民经济和社会发展"九五"计划和 2010 年远景目标的建议》。全会号召：全省人民在以江泽民同志为核心的党中央领导下，高举建设有中国特色社会主义的旗帜，"负重自强，团结攀登，求实创新，富民兴川"，为胜利实现四川国民经济和社会发展

“九五”计划和2010年宏伟目标而努力奋斗。

广（安）邻（水）高速公路建设

广（安）邻（水）高速公路是四川省“九五”期重点公路建设项目之一，是沪（上海）蓉（成都）高速公路的重要组成部分，也是邓小平家乡——广安市的第一条高速公路。公路全长44.56公里，双向4车道，设计行车速度60—100公里/小时，分两期建设。第一期工程广（安）华（蓥）段24.01公里，1995年10月开工，2000年1月28日建成通车。第二期工程华（蓥）邻（水）段20.55公里，1997年4月动工，2000年12月26日建成通车。

11月

牵引动力国家重点实验室建成

1995年11月2日，在西南交通大学建成的中国交通行业唯一的牵引动力国家重点实验室通过国家级验收。该实验室建有滚动、振动相结合的整车模拟试验台，试验速度达400公里/小时，名列亚洲第一、世界第二。这标志着我国的机车车辆基础理论研究与大型实验技术跨入了国际先进行列。

该实验室于1988年获国家批准动工兴建，1994年工程竣工并投入使用。实验室占地1.33万平方米，有固定研究及技术人员30人，兼职及客座研究人员40人。该实验室主要研究方向包括：以轮轨相互作用的研究为基础，着重研究重载、高速用现代新型机车车辆，为自主开发中国高速列车和大型货运机车车辆提供试验研究基地。该实验室是亚太地区规模最大、功能最全的机车车辆整车动力学试验设备，庞大的激振与控制设备还可进行汽车、大型建筑、复杂结构的振动，以及地震、疲劳强度等试验研究。

盐（源）左（所）公路通车

1995年11月4日，通往著名旅游胜地泸沽湖的盐（源）左（所）公路在盐源县卡坝大桥举行通车典礼。

盐左公路改建工程于1993年10月破土动工，投资2930万元，全长69.92公里。公路提前半年竣工，结束了四川到泸沽湖要绕道攀枝花市和云南省的历史。

四川多项产品获全国农业博览会奖项

1995年11月4日，在第二届中国农业博览会上，四川省荣获136枚奖牌，其中金奖59个、银奖55个、铜奖22个，名列全国第四位。

万县市五桥区发生特大翻船事故

1995年11月4日，万县市五桥区陈宝荣经营的“五莱运7号”机驳船，于11时30分左右刚离开南河坝码头即与另一船只相撞，当即翻覆，导致27人死亡。

涪陵地区撤地设市

1995 年 11 月 5 日，经国务院批准，撤销涪陵地区、县级涪陵市，设立地级涪陵市，辖垫江、武隆、丰都 3 个县，新设枳城区和李渡区，代管省辖南川市。

四川新增 3 名中国科学院院士

1995 年 11 月 6 日，1995 年中国科学院院士增选工作结束，四川省刘应明、贺贤士、张景中名列 59 名新增院士之中。至此，全省已有 21 位中国科学院院士和 19 位中国工程院院士。

李鹏、邹家华到川考察

1995 年 11 月 9 日，国务院总理李鹏、副总理邹家华率领国务院有关部委负责人及长江水利委员会专家 80 余人，到云阳县考察，前往小江流域防护区现场踏勘，听取了万县市、云阳县负责人的情况汇报。李鹏详细地询问了小江防护、移民和防洪等问题。李鹏指出，小江防护问题要认真深入地研究，大小防洪方案都可以研究，要从长计议。

江津市发生重大沉船事故

1995 年 11 月 13 日 8 时 50 分，江津轮船一公司所属“江津 6 号”客轮与贵州省赤水轮船公司所属“遵义 308 号”船队，在长江上游罗湾子水道（宜昌以上 785.2 公里处）发生碰撞，“江津 6 号”当即倾覆翻沉，旅客和船员 80 余人除几人爬上“遵义 308 号”船队外，其余 78 人落水。经附近船只和当地居民组织抢救，生还 32 人，打捞确认死亡 22 人，下落不明 24 人，直接经济损失 68 万元。

四川建成核动力研究实验基地

1995 年 11 月 20 日，中国核动力研究设计院庆祝建院 30 周年，中共中央总书记、国家主席江泽民为其题词祝贺：“发扬优良传统，勇攀核动力科学技术高峰。”

核动力院从 1965 年在川建立以来，支持以研究开发舰船核动力和电站核动力为主，带动其他类型核反应堆的研究开发与应用，于 20 世纪 70 年代初建成了中国第一代核潜艇陆上模拟堆。20 世纪 80 年代初建成了高通量工程试验堆。20 世纪 90 年代初建成了以铀氢锆为燃料元件的脉冲反应堆。在中国核动力研究领域树起了三座里程碑。还设计建造了为发展核电站和研制新的核潜艇所必需的一批研究设施，形成了国内规模最大、在世界上很有影响力的核动力研究实验基地。

“雷剑造福工程”开启扶贫新模式

1995 年 11 月 23 日，《人民日报》报道：全国十大杰出青年企业家、中国雷剑集团董事长蔡伟素，创造出一条在市场经济条件下以共同利益为纽带的新型扶贫方式——“雷剑造福工程”。十年中，先后在大别山、太行山、井冈山、延安、内蒙古海拉尔、云南瑞丽和畹町、西藏拉萨和四川的甘孜、阿坝、凉山等老少边穷地区发展联营厂 29 个，建立连锁店 133 个，输出资金累计达 2000 余万元，为当地提供万余个就业机会。

亚洲唯一的航空发动机高空模拟试车台通过验收

1995 年 11 月 25 日，中国航空工业总公司第 624 研究所航空发动机高空模拟试车台，正式通过国家验收。这是我国乃至亚洲唯一的连续式气源连接式高空台，最大模拟高度25千米，2.5马赫。

壤塘县被认定为大骨节病重病区

1995年11月26日，《四川日报》载，卫生部、四川省卫生厅1995年对阿坝藏族羌族自治州壤塘县进行长达6个多月的地方病调查后得出结论：该县属于全国罕见的大骨节病重病区。调查结果表明，全县25000名农牧民中，有大骨节病患者8005人。全县60个行政村中，属大骨节病重病区的有29个村，发病率遍布全县90%的村寨。为此，国务院和四川省委、省政府分别委派卫生部、省卫生厅定点帮扶壤塘县。

蜀都股票挂牌交易

1995年11月28日，成都蜀都大厦股份有限公司流通股份2536万A股在深圳证券交易所挂牌上市。

蜀都大厦股份有限公司是中国组建最早，以物业经营为基础、经贸为主导、高科技为重点、科工贸相结合的大型综合性股份制企业。1980年筹建并在全国最先向社会公众发行股票。1992年在北京募集法人股成功。1995年被中共四川省委、四川省人民政府推选为全省80户探索建立现代企业制度试点单位之一。

1990年，蜀都建成地面34层、高116米、建筑面积69032平方米的大厦。蜀都股份公司总资产9.7亿元、净资产5.67亿元，总股本1.84亿元。到1995年，公司初步形成高起点、全方位，融商场、宾馆、写字间、餐饮、娱乐、保健、广告、金融、证券、期货、通信于一体的多种经营发展格局。

中国第一台IC卡公用付费电话机研制成功

1995年11月，国腾公司独立承担的邮电部9582号IC卡公用付费电话系统重点科研项目完成，研制出中国第一台IC卡公用付费电话机，填补了国内无IC卡公话机生产这一空白，达到国际先进水平。

成都国腾通讯（集团）有限公司是在成都国腾通讯有限公司的基础上发展起来的高科技集团公司，包括电子、通信、计算机等在内的8个子公司，分别涉足IC卡公话、公用信息查询系统、芯片开发、双星工程、毫米波通信、系统集成等领域，主要从事IC卡公话系统、电子元器件、集成电路、电子系统及计算机软硬件产品的开发、生产和销售。

1997年，该公司IC卡公话系统首批通过邮电部入网鉴定，在全国首家拥有室内型IC卡电话机。1998年和1999年，本项目累计实现销售收入7亿元，国内市场占有率达30%，成为IC卡公话领域的四强之一。

省委、省政府出台《关于加强培养跨世纪青年科技人才工作的意见》

1995年11月，中共四川省委、四川省人民政府制定《关于加强培养跨世纪青年科技人才工作的意见》。《意见》要求，各地、各部门提高对培养跨世纪青年科技人才工作的认识；正确把握工作的指导思想，明确目标任务；重视青年科技人员的思想政治教育；为青年科技人才的成长创造良好政策环境和社会环境；加强对培养跨世纪科技人才工作的领导，切实抓出成效。

12 月

“八五”期间全省累计完成技改投资 520 亿元

1995 年 12 月 1 日，《四川日报》报道：“八五”时期，全省累计完成技改投资 520 亿元，新增固定资产约 450 亿元，投资年增长速度 23.2%，投资总额超过“七五”两倍。“八五”期间，全省共实施技改项目约 9500 个，建成投产项目约 8700 个，按设计能力计算，全部建成投产后可新增产值 395 亿元、利税 83 亿元，创汇 8.2 亿美元。

“八五”期末全省个体经济发展壮大

1995 年 12 月 4 日，《四川日报》报道：到“八五”期末，全省个体工商户由 1989 年的 125.8 万户增加到 191.5 万户，从业人员从 158.9 万人增加到 245.6 万人，分别比“七五”末增长 41.7%、54.05%；注册资金从 16.6 亿元增加到 60.8 亿元，增长 266.3%；总产值和销售总额分别从 17.3 亿元和 73.9 亿元增加到 41.4 亿元和 271.9 亿元，分别增长 139.3% 和 267.9%；社会商品零售额达到 193.2 亿元，是全省社会商品零售总额的 26.9%。

德阳市发生重大楼房垮塌事故

1995 年 12 月 8 日中午 12 点 40 分，德阳市旌湖东岸一幢刚刚被评为“优质工程”的楼房突然垮塌。这幢七楼一底住宅楼是市棉麻公司即将交付使用的职工住宅楼，当时正在进行内部装修。事故发生后，共刨出 27 名民工，有 10 名民工经抢救脱离危险，13 名民工死亡。

省八届人大常委会第 18 次会议审议通过系列地方法规

1995 年 12 月 13—20 日，四川省八届人大常委会第 18 次会议审议通过《四川省统计管理条例》《四川省蚕种管理条例》《四川省基层法律服务条例》《四川省收容遣送条例》。

《四川省统计管理条例》分 7 章 47 条，1996 年 1 月 2 日发布施行，对统计机构和统计人员、统计调查、统计资料的提供和使用、统计监督检查、法律责任等作出具体规定。《四川省蚕种管理条例》分 7 章 47 条，自 1996 年 3 月 1 日起施行，对蚕种选育审定和推广、蚕种生产、蚕种供应、蚕种检验和检疫、法律责任等作出明确规定。《四川省基层法律服务条例》分 6 章 32 条，自 1995 年12 月 20 日起施行，对基层法律服务组织、基层法律服务工作者、管理和监督、法律责任等作出具体规定。《四川省收容遣送条例》分 8 章 37 条，自 1995 年 12 月 20 日起施行，对执法部门的职责、收容、管理、遣送、安置、法律责任等作出具体规定，本《条例》2003 年 7 月 24 日废止。

航天发射场大型实时应用软件系统通过专家鉴定

1995 年 12 月 17 日，由西昌卫星发射中心研制的航天发射场大型实时应用软件系统在西昌通过专家鉴定。该系统填补了我军实时应用软件系统的空白，不仅加快了中国航天与世界航天市场接轨，而且提高了服务和航天发射的测控能力，大大增强了卫星发射的安全性和可靠性。

“川长江”股票挂牌交易

1995 年 12 月 20 日，四川省长江企业（集团）股份有限公司股票在深圳证券交易所挂牌交易，股票简称“川长江”。

“川长江”总股本 6900 万元，其中国家股 2630 万元，占 38.12%；法人股 2470 万元，占 35.79%；流通股 1800 万元，占 26.09%。形成核心层总资产 8.05 亿元、净资产 2.55 亿元。业务范围包括进口贸易、国内贸易、边境贸易、利用外资、对外广告、租赁业务、旅游运输、物业和房地产开发等。

四川首次公开拍卖党政机关超标车

1995 年 12 月 20 日，四川省党政机关的“凌志”“公爵王”“奔驰”等 14 辆超标车首次拍卖，其中 10 辆在四川省商品拍卖中心拍出。

同年 11 月，中共四川省委、四川省人民政府派出 14 个检查组对 16 个市地州和 32 个省直部门进行反腐三项工作检查，全面检查了全省 504 辆超标车（其中省直机关 76 辆）的清查处理情况。为加快超标车处理步伐，省纪委、省监察厅组织 20 余辆超标车试行拍卖。

五粮液酒、长虹彩电获全国畅销商品“金桥奖”

1995 年 12 月 25 日，在国内贸易部、国家经贸委、国家技术监督局、中国消费者协会等单位联合举办的 1995 年全国畅销国产商品展销活动中，四川省五粮液酒厂生产的五粮液酒和长虹电器股份有限公司生产的长虹彩电，分获“金桥奖”酒类、彩电类第一名。

四川开展首届“创业之星”表彰活动

1995 年 12 月 26 日，四川省首届“创业之星”表彰大会在成都举行，173 名曾经外出务工经商再回到家乡创办或领办乡镇企业的带头人荣获“创业之星”称号。

改革开放以来，数百万“川军”走出家门闯荡天下，形成波澜壮阔的“民工潮”，他们中间涌现出一大批回乡创业并为家乡经济建设做出很大贡献的优秀企业家。

“八五”期间经济和社会发展取得十大突出成就

1995 年 12 月 31 日，四川省人民政府新闻办公室发布，“八五”计划提出的主要任务全部完成或超额完成，全省国民经济和社会发展取得十大突出成就：国民经济持续快速增长，经济实力显著增强；产业结构明显改善，基础设施的瓶颈制约有所缓解；经济体制改革不断深化，国民经济市场化、社会化程度明显提高；全方位多层次对外开放格局初步形成，对外贸易和国际经济技术合作迅速发展；“科教兴川”初见成效，科技进步对经济增长的促进作用逐步增强；财政、金融状况基本稳定，储蓄稳定增加；市场购销两旺，价格改革取得重大进展；城乡建设加快，城市化水平不断提高；计划生育取得突出成绩，社会事业全面发展；城乡居民收入不断增加，人民生活普遍改善。

四川省数据通信网工程竣工

1995 年 12 月，四川省最大的通信建设项目——第三期数据通信网工程竣工。工程竣工后，实现了县以上城市电话自动化、省到市地州通信干线传输数字化、市地州以上城市交换程控化，建成了省内格形数字传输网、省内分组交换网、省内移动通信网、公众无线寻呼网、少数民族地区卫星通信网。“八五”末新增市话程控交换机 175 万门、长途程控交换机 10.5 万路端。

四川省农业厅设立

1995 年 12 月，四川省人民政府批准，将“四川省农牧厅”更名为“四川省农业厅”，撤销四川省柑橘办，将其行政管理和行业管理职能及人员划归四川省农业厅，农业厅内设 14 个职能处室和直属机关党委。

1996 年

1 月

《四川省企业职工基本养老保险社会统筹与个人账户相结合办法》开始施行

1996 年 1 月 1 日开始施行。1995 年，《国务院关于深化企业职工养老保险制度改革的通知》对建立健全社会保障制度提出了明确具体的要求；当年 12 月 12 日，四川省人民政府发布《关于贯彻深化企业职工养老保险制度改革的通知》，并制定了《四川省企业职工基本养老保险社会统筹与个人账户相结合办法》，规定全省从 1996 年 1 月 1 日起施行。

养老保险实行社会统筹与个人账户相结合，是十四届三中全会确定的养老保险制度改革的基本原则，是深化企业职工养老保险制度的核心内容。自《四川省企业职工基本养老保险社会统筹与个人账户相结合办法》施行后，省内各市（州）按照全省统一的实施办法和工作部署，逐步出台了具体实施方案，报省批准后组织实施。

“空中客车”落户四川航空

1996 年 1 月 5 日，四川航空公司的 3 架“空客”A320 飞机正式投入运营，首航北京成功。这是国内首次引进并投入运营“空中客车”客机。1995 年，四川航空公司与欧洲空中客车工业公司签订协议，引进 3 架 A320 飞机；当年 12 月 27 日，飞机开始交付。

A320 是欧洲研制生产的单通道双发中短程 150 座级飞机。A320 飞机的引进推动了川航“股份化、集团化、国际化”的发展进程。

成都双流国际机场挂牌

1996 年 1 月 5 日，成都双流国际机场挂牌成立，标志双流机场进入“二次创业”阶段。当年 4 月12 日，双流机场飞行区扩建一期工程完工。1998 年 9 月 10 日，双流国际机场续建工程动工，总投资 12.9 亿元；1999 年 7 月 29 日，机场主跑道正式启用，结束了双流机场不能起降大型客机的历史；2001 年，机场扩建工程全部完工并投入使用。2003 年，投资 3.8 亿元的 3.9 万平方米的国际候机楼开始新建，2004 年 9 月 28 日投入使用。2004 年 10 月 28 日，成都双流国际机场股份有限公司正式挂牌，注册资本 7.57 亿元。成都双流国际机场作为西部地区规模最大、设施完善、功能齐备的现代化机场，跨入世界繁忙机场行列。

首届“远大杯”十佳导演、制片揭晓

1996 年 1 月 8 日，四川省首届“远大杯”十佳导演、制片颁奖活动暨大型迎春文艺晚会在成都举行。荣获十佳导演的是峨眉电影制片厂的范元、四川电视台的欧阳奋强、成都市话剧院的查丽芳、乐山川剧团的谢平安、重庆话剧团的戴克、战旗话剧团的雷羽、峨眉电影制片厂的米家山、战旗话剧团的舒崇福、重庆电视台的张乙、四川电视台的倪绍钟。荣获十佳制片的是四川电视台的黄邛波、朱钦孝、张玉伟，峨影厂的王小川、张川，重庆电视台的陈文诗、胡明国，成都电视台的谢淑萍，绵阳电视台的杨江源，成都经济电视台的李小虎。

刘永好担任民生银行副董事长

1996 年 1 月 12 日，中国民生银行在北京成立，这是中国首家主要由民营企业投资，以非公有制企业为主要服务对象的全国性股份制商业银行。四川著名企业家、希望集团总裁刘永好被推选为中国民生银行副董事长。

民生银行既是股份制商业银行，又是股份制金融企业，广为国内金融界、经济界所关注。2000 年12 月 19 日，该行在上海证交所上市，成为中国第一家上市的全国性股份制商业银行。

“中国第一米”培育成功

1996 年 1 月 12 日，优质赛拓稻在中国科学院成都生物研究所培育成功。该所采用世界首创的细胞工程技术培育出特优赛拓稻，经国内贸易部粮油食品质量监督检验测试中心检测，其所含蛋白质、脂肪、直链淀粉与支链淀粉之比以及胶稠度等指标均优于泰国香米。由赛拓稻加工而成的赛拓米具有天然麦香味，口感好、营养丰富，被誉为“中国第一米”。该稻经 4000 余亩栽植，表现出了质优、稳产、造就性强等特点，而且省水、省肥、耐旱能力强，亩产可达 400—500 公斤。

四川省科学技术大会举行

1996 年 1 月 16—18 日，省科学技术大会在成都金牛宾馆举行。会议贯彻《中共中央 国务院关于加速科学技术进步的决定》和全国科技大会精神，落实四川省委、省政府关于贯彻《中共中央 国务院关于加速科学技术进步的决定》的实施意见，总结“八五”时期科技工作，部署安排“九五”时期及 1996 年科技工作。会议要求全面落实科学技术是第一生产力的思想，坚持不懈地实施科教兴川战略；围绕实现“两个转变”（推进经济体制和经济增长方式根本性转变），大力推进科技与经济密切结合；进一步加强对科技工作的领导，加大实施科教兴川战略力度，特别要坚持用“发展才是硬道理”和“三个有利于”的标准，用好、用够推动科技进步的各项政策。

四川贫困地区义务教育工程全面启动实施

1996 年 1 月 23 日，四川省人民政府举行新闻通报会，宣布“四川贫困地区义务教育工程”全面启动，并就实施“四川贫困地区义务教育工程”的政策措施、步骤作出通报。四川规划在一定时期内，集中中央财政专款支持和地方的财力，有重点地扶持和帮助边远贫困地区、民族地区改善基础教育办学条件，提高教育水平；在 2000 年前，基本实现普及九年义务教育目标或完成普及六年义务教育。四川省有 49 个县被列入该工程，此外还有 25 个县已获得“世界银行贷款第二个贫困地区基础教育发展项目”，整个工程覆盖了四川老、少、边、穷地区绝大部分县；至20世纪末，实施该项目工程的49个县分别实现“普九”或“普六”的规划目标。

乐山海关成立

1996年1月24日，中华人民共和国乐山海关奠基。建成后的乐山海关是川南地市中唯一的内陆海关，受成都海关直接管辖，履行管辖范围内乐山、眉山的海关具体业务的执行职能和管辖地区各部门的综合协调职能。

西南交大磁悬浮技术通过国家验收

1996年1月29日，西南交通大学研制的中国首台4吨常导载人磁悬浮列车及实验线，在成都通过国家鉴定和验收。这使中国成为世界上少数几个拥有这项先进技术和应用水平的国家之一，标志着中国陆上交通运输技术进入了国际先进水平。

磁悬浮列车是一种无接触式运输系统，运行时靠电磁力支撑车体，被称为“21世纪陆上先进交通运输工具之一”。通过本次验收的磁悬浮列车于1994年在西南交大研制成功，配置了长达43米的钢结构试验线。为实现该项技术的产业运用，1997年4月21日，国家科委在西南交大召开“都江堰市青城山磁悬浮列车工程试验示范线可行性研究”评审会，并于当年12月28日在都江堰市动工修建中国第一条常导低速磁悬浮列车工程试验示范线。

石渠县特大雪灾救灾

1996年1月，甘孜州石渠县遭受百年不遇的寒潮和特大雪灾，本次特大雪灾从1995年12月中旬持续至本月上旬。灾害发生后，中央、四川省、成都军区高度重视，各级领导纷纷进入受灾一线，指导援救和帮助灾区抗灾自救，慰问受灾群众；四川省成立了省救援工作组，中国红十字总会拨款10万元购买药品支援灾区。2月5日，对石渠县雪灾重灾区空投物资任务圆满结束，灾区人民生活困难有效缓解。2月10—17日，省委书记谢世杰率团慰问石渠灾区及沿途受灾群众，指导救灾工作。2月11—16日，国家民政部副部长范宝俊受党中央、国务院委派，率工作组在甘孜灾区查看灾情、慰问灾民、指导救灾工作。2月12日，成都军区和四川省军区向遭受严重雪灾的石渠县抢运救援物资；同日，重庆市委、市政府也为石渠县捐助60万元救灾款。灾情得到有效控制，灾区生产生活秩序正常，人心稳定，抗寒救灾工作取得阶段性成效。

2月

乌干达总统访问四川

1996年2月1日，乌干达共和国总统约韦里·卡古塔·穆塞韦尼从北京乘专机抵达成都，对四川进行访问。

四川省第八届人大四次会议召开

1996年2月1—9日，四川省第八届人民代表大会第四次会议在成都举行。省人大常委会主任杨析综主持大会。会议审议通过了省长肖秧所作的《政府工作报告》，通过了1995年国民经济和社会发展计划执行情况和1996年国民经济和社会发展计划决议、1995年财政预算执行情况和1996年财政预算的决议以及省人大常委会、省高级人民法院、省检察院的工作报告，通过了《关于四川省国民经济和社会发展“九五”计划和2010年远景目标纲要的决议》。会议同意肖秧辞去四川省人民政府省长职务，马麟、刁金祥辞去四川省人民政府副省长职务；选举宋宝瑞为省长，补选邹广严等为副省长。会议指出，1996—2010年是全省改革开放和社会主义现代化建设的重要时期，必须全面贯彻中共十四届五中全会精神，走出一条效益好、速度快，人口、经济、社会、环境和资源相互协调的可持续发展道路。

四川省“九五”计划出台

1996年2月1—9日，四川省第八届人大第四次会议审议通过《四川省国民经济和社会发展“九五”计划和2010年远景目标纲要》，这是在发展社会主义市场经济条件下，四川省出台的第一个中长期计划。

该计划的功能、内容和方法与传统的计划经济根本不同，突出宏观性、战略性和政策性，体现市场在资源配置中的基础性作用；重点放在国民经济和社会发展的方向、任务和政策以及改革开放和经济建设的总体部署上，计划配置资源的作用主要体现在宏观经济调控、产业结构调整、生产力总体布局以及基础产业、公用事业和社会事业的重点建设等方面。根据省情的变化，四川省“九五”计划在实施中不断得到修订，为促进全省经济社会发展起到了宏观战略规划指导作用。

朝鲜经贸代表团访川

1996年2月6日，朝鲜文化贸易总会一行应四川省经贸委邀请访问四川。这是四川省首次与朝鲜国家贸易公司建立合作关系。

“长征三号乙”火箭发射失败

1996年2月15日3时01分，在西昌卫星发射中心，中国新研制的“长征三号乙”大推力运载火箭首飞发射国际708通信卫星，这是当时中国航天运载能力最大的火箭首次发射国际通信卫星。火箭起飞22秒后姿态失控，撞向距发射塔架1850米的山坡上，星箭俱毁，火箭发射失败。本次事故造成重大人员和财产损失。事后查明，一个电子元件失效是发射失败的重要原因。

重庆开通无人售票公交车

1996年2月19日，重庆市在第一公交公司112线路上，开通第一条无人售票公交车线路。线路起于江北区红旗河沟，止于渝中区小什字；运行时间为6时30分至20时，平均每两分钟发车一班，车上配有电脑自动报站装置。无人售票车采用32座新型客车，实行“前门上，后门下”的乘车方式。乘客需准备零钱主动投币，每票1元；同时，允许使用月票。

川南发生地震

1996年2月28日19时21分，宜宾与自贡之间发生一次里氏5.4级地震。宜宾、自贡、内江、泸州一带震感强烈。本次地震无人员伤亡。

全省劳改单位更名为监狱

1996年2月29日，根据《中华人民共和国监狱法》关于监狱性质的相关规定，四川省机构编制委员会决定，全省劳改单位名称统一更改为监狱。至此，劳改单位名称在经过监狱、劳改总队、劳改支队的变迁后正式更名为监狱。此前，1995年4月5日，《中共四川省委 四川省人民政府关于四川省党政机关机构改革实施意见》决定，将四川省劳改局更名为四川省监狱管理局，省政府在省监狱局举行了挂牌仪式。

四川省实施党政机构改革

1996年2月，四川省市地州党政机构改革方案通过审定并开始全面实施，改革重点是转变政府职能。四川省在全国率先开展省地两级机构改革。至1997年10月，全省机构改革工作取得阶段性成果，据统计，省和市、地、州及县级党政机构比改革前精减20%左右，机关人员精减15%以上。通过“定职能、定机构、定编制”的“三定”工作，基本达到了“转变职能、理顺关系、精兵简政、提高效率”的目的。一些专业经济部门如轻工、纺织、建材、物资等，率先转为行业总会经济实体，为进一步转变政府职能，适应社会主义市场经济体制的要求探索了新路子。2000年4月11日，省政府机关机构改革动员大会在成都举行，指出改革的目的是建立办事高效、运转协调、行为规范的行政管理体系，完善国家公务员制度，建设高素质的专业化行政管理队伍，逐步建立与社会主义市场经济体制相适应的地方行政管理体制，并明确了坚持和遵循的基本原则是政企、政事、政社分开，精简、统一、效能，权责一致、相同或相近的职能交由同一个部门承担，依法治省、依法行政，实事求是、从实际出发、积极稳妥地推进省政府机关机构改革。2000年9月12日，省委机关机构改革动员大会在成都举行，省委机关机构改革工作全面铺开。

华西集团跻身全国500强

1996年2月，以建筑业为主的华西集团跻身全国国有企业500强行列。华西集团有限公司是国有大型建筑集团企业，始建于1950年5月，“八五”期间，华西集团共完成总产值122亿元，比“七五”期间增长45%；上缴利税4.06亿元，比“七五”期间增长230%。四川华西集团暨四川华西集团有限公司具备科研、勘察、设计、施工和投资、建设一体化的生产经营实力，集团先后获得国家最高工程质量奖——中国建筑工程鲁班奖、国家优质工程银奖，部省级优质工程奖，国家和部省级科技进步奖等荣誉。2001年度，华西集团列全球225家最大国际承包商第179位，居中国企业500强第204位。

安丙墓发掘

1996年2月，广安地区华蓥市发现当时中国规模最大、艺术价值最高的宋代古墓——南宋安丙墓，该墓地的发掘被列为1996年全国十大考古新发现之一。安丙族墓是四川当时发掘的官职最高、雕刻工艺最精细的宋墓，具有很高的综合研究和旅游开发价值。

安丙墓距华蓥市区2公里，位于双河镇招勋村，该墓群有墓葬5座，占地3亩有余，墓主人是南宋资政大学士、少师丞相安丙。安丙墓长 6.5 米、宽 3.5 米、高 4.5 米，墓室用巨石仿木石结构建造而成，墓后龛中央为安丙座像。墓群出土了金币、银器、铜钱、石造像、玉质围棋子等文物 600 余件、墓志文 5000 字，与史书《宋史安丙传》互为印证。2001 年 7 月，安丙墓被列为全国第五批重点文物保护单位。

3 月

攀西地区加快推进资源综合开发

1996 年 3 月 1 日，省委召开省直有关部门负责人会议，研究加快攀西地区资源综合开发问题。会议认为，加快攀西地区资源综合开发，不仅关系到边远少数民族地区的经济发展和社会稳定，而且关系到全省国民经济发展的全局性。要加大力度，加快进度，突出重点，争取突破；要调整思路，先选择较小的区域启动，从产业和项目起步，以省和地区的力量为主，争取中央支持。会议调整、充实了攀西资源综合开发领导小组，省长宋宝瑞任组长、副省长邹广严等任副组长。4 月 13—15 日，省委、省政府在西昌市召开攀西地区资源开发领导小组扩大会议，要求坚持省委“大开发促大发展”的方针，齐心协力搞好攀西地区建设。会议讨论了《中共四川省委 四川省人民政府关于进一步加快攀西地区资源开发的意见》，省长宋宝瑞作题为《坚定不移，坚持不懈，切实搞好攀西开发》的报告。会议强调：要把加快攀西地区资源开发提高到全局性、战略性高度来认识，加强领导，转变观念，统筹规划，突出重点，狠抓落实。1997 年，四川省人民政府确定了近年攀西生物资源开发和农业产业化的若干重要工程，世界银行批准贷款 1 亿多美元帮助开发该地区的农业资源。1998 年以来，攀西经济商业圈开始形成，攀西地区资源综合开发取得显著成绩。

攀西资源综合开发区包括攀枝花市和凉山州，矿藏资源富集，是西南重要的钢铁基地和重要的水能基地，已探明钒钛储量居全国首位、铁矿储量居全国第二位。自 20 世纪 60 年代起，国家对攀西资源开始大规模开发；20 世纪 90 年代以来，四川省委、省政府将攀西资源开发提到决策议事日程，全面启动攀西资源综合开发的规划、协调工作。

四川全面开展勘界工作

1996 年 3 月 3 日，根据国务院的决定，四川省人民政府在成都召开全省勘界工作会议，决定从 1996 年起全面开展行政区域界线勘定工作，拟用 5 年时间完成省界、县界勘定任务。5 月 22 日，省政府发出《关于认真做好全省全面勘界工作的通知》；12 月 2 日，省政府又发出《关于开展勘定省县两级行政区域界线工作实施意见的通知》，勘界工作全面铺开。这是中华人民共和国成立以来第一次进行省级行政区域全面勘界。

全省公选副厅级领导干部工作结束

1996 年 3 月 5 日起，四川省公开选拔的省直机关部分副厅级领导陆续赴职。本次公开选拔副厅级领导干部工作从 1995 年 9 月开始，共选拔产生了省法院副院长等 10 名副厅级领导干部，试用期为 1 年。这是四川省首次公开选拔副厅级领导干部，也是全省干部人事制度改革的一次成功尝试。

四川仕百达拳击俱乐部成立

1996年3月23日，仕百达拳击俱乐部在成都成立。该俱乐部由成都士百达餐饮娱乐有限公司每年出资200万元，与四川拳击队共建，成为国内省级拳击运动队的第一家俱乐部。

成（都）乐（山）高速公路建设

1996年3月24日，成（都）乐（山）高速公路建设全面开工。该路北起彭山青龙场，南至乐山市中区，沿线经彭山、眉山、青神、夹江四个县，全长86.8公里，设计行车时速100公里，沥青混凝土路面。1999年11月工程完工，12月28日正式通车。成乐高速公路是乐山市第一条高速公路，也是四川省“人”字形高等级公路主骨架的重要组成部分，影响带动了沿线经济的快速发展和资源开发，有利于改善川西南的投资环境，促进两地旅游业的快速发展。

长虹发起彩电“价格大战”

1996年3月26日，长虹集团率先发起彩电降价，引发了对中国家电行业影响深远的第一次“价格大战”。1999年4月，长虹彩电在全国范围内再次实行全面降价，引起业内强烈震动，厦华电子、创维集团、TCL等彩电巨头纷纷宣布全面降价，迎接挑战。彩电行业的“价格大战”刺激了行业竞争，促使国内彩电企业进一步扩大规模、提高质量、降低成本。

电子束脱硫工程项目建设

1996年3月26日，当时世界上最大的电子束脱硫工程项目在成都热电厂开工。1997年5月，该工程全部建成；7月18日，全系统通过72小时连续运行检测；9月10日，项目竣工仪式正式举行。1998年5月28日，项目通过国家竣工验收鉴定，各项指标达到或超过设计要求。该电子束脱硫装置项目由中日合作建设，运行五年后，由日本荏原公司无偿转让给中国电力部门。

成都电子束脱硫工程项目是国内最早通过验收的几个引进的烟气脱硫工业示范项目之一，为中国较早较快地应用世界先进的电子束烟气脱硫技术和实现技术产业化提供了条件。

四川省工业工作会议召开

1996年3月27—29日，中共四川省委、四川省人民政府召开改革开放以来第一次由市、地、州，省直各部门主要领导，82户重点企业经理（厂长）参加的四川省工业工作会议。会议提出，以“抓农业的劲头抓工业”，坚定不移坚持“开明促开放，开放促开发”的方针。省委书记谢世杰作《以抓农业的劲头抓工业》的主题报告。会议讨论通过了《四川省加快工业发展的意见》。

4月

四川在全国新闻摄影作品评奖中获得佳绩

1996年4月1日，第15届中国优秀新闻摄影作品奖在辽宁省盘锦市揭晓，四川省获奖总数居全国之冠。省内有6位作者的作品获得铜牌，另有25幅（组）作品获优秀奖。这是四川省在历届全国新闻摄影作品评奖中获奖最多的一届。

重庆天文台大厦建设

1996 年 4 月 6 日，重庆天文台大厦奠基。该天文台是在中国科学院南京紫金山天文台的大力支持下，由重庆民营科技企业——重庆博达科技实业公司投资兴建的，是全国唯一一家由民营企业投资建设的天文台。天文台大厦位于重庆市江北区，主楼 25 层，总建筑面积 33665 平方米，第 24、25 层设天文台、天象馆、天文展厅。1998 年，天文台基本建成；1999 年 9 月 2 日，天文台开馆。

CAD 应用培训网络中心成立

1996 年 4 月 11 日，中国计算机辅助设计（CAD）应用培训网络成都中心，在西南交通大学通过国家级验收。该中心主管和负责西南地区、铁路系统、电子行业等的培训网络建设和人才培训工作，已建成 17 个省市级培训中心、43 个重点应用单位，培养了近万名技术应用人才。

国际山地丘陵农发会议在攀枝花举行

1996 年 4 月 18 日，为期 4 天的国际山地丘陵农业发展讨论会在攀枝花市顺利结束。本次会议，来自中、美、日及东南亚、西欧、北美等国家和地区的专家学者讨论了挖掘丘陵山地农业发展潜力，综合开发、治理和保护农业自然资源，全面振兴丘陵山区农村经济这一世界性农业发展问题。会议组织考察了攀枝花市米易县立体农业综合开发情况，该县立体农业综合开发从 1984 年试点，摸索出了一条科学技术与自然资源优势相结合、适应市场需要、有内陆山地特色的优质、高产、高效持续发展农业的路子。

四川多所高校通过“211 工程”预审

1996 年 4 月 19 日起，重庆大学、四川联合大学、电子科技大学、四川农业大学等省内高校通过了由国家教委和四川省人民政府共同组织的“211 工程”部门预审。“211 工程”旨在面向 21 世纪，重点建设 100 所左右的高等学校和一批重点学科，它是中华人民共和国成立以来在高等教育领域所进行的规模最大、最系统的一次重点建设与改革工程，体现了党和国家实施科教兴国，建设一批一流大学的战略目标。1993 年 7 月 30 日，“211 工程”入选高校的遴选和预审工作全面铺开。

5 月

李瑞环到丰都、奉节等地视察

1996 年 5 月 11—14 日，中共中央政治局常委、全国政协主席李瑞环，在重庆、丰都、奉节等地视察。视察期间，李瑞环强调指出，四川在全国具有重要地位，一定要抓住发展机遇，做好三峡这篇大文章，特别是要搞好三峡库区移民安置工作，确保库区经济发展与人民生活质量的提高。

巴中率先完成广电微波联网工程

1996年5月16日，巴中微波系统工程完成全面测试验收，巴中地区广播电视微波联网工程圆满完成。6月26日，巴中地区广播电视微波联网工程率先在全省开通。

首期数字移动电话工程开通投产

1996年5月17日，四川省全球通数字移动电话（GSM）首期工程正式开通投产，一举实现了移动电话从模拟信号到数字信号的历史性突破，网络覆盖的全省21个市地州同时举行了开通仪式。新开通的数字系统放号5.45万户，网络覆盖21个市地州及成渝高速沿线、绵乐公路沿线、长江航道沿岸44个县的城区。全球通数字移动电话首期工程引进美国摩托罗拉公司、德国西门子公司、瑞典爱立信公司设备，建成成都、重庆、自贡3个交换局、637个截频、5096个信道，可容纳用户10万户。数字移动通信技术在信息量、保密性、通话质量、覆盖率等方面都优于模拟系统，用户机型也由“粗大”变得小巧，促进了移动电话用户数量的增长。

成渝铁路首次成功提速

1996年5月18日，成渝铁路进行首次提速，运行取得圆满成功，成都至重庆的客运列车由之前最快的9个小时缩短为6个半小时。针对此次提速，成都铁路局组成提速试验组，在505公里的成渝铁路线上进行了多次试验，采集的各类数据初步显示，成渝铁路平均速度可达80公里。90年代中期，西南山区铁路线平均速度只有52公里，本次成功提速，不但方便了旅客出行，更对推动铁路建设和管理产生了积极影响。

新加坡—四川“贸投会”成立

1996年5月22日，由四川省和新加坡共同组建的新加坡—四川贸易与投资委员会在成都成立；25日，新加坡-四川贸易与投资委员会第一次会议在成都举行，双方决定在基础设施、制造业、旅游、贸易与服务四大领域构筑合作框架。四川将对新加坡投资者实行“一站式服务”，创造更好、更快捷优质的投资环境。四川和新加坡的经济贸易合作关系由此被赋予了更为丰富的内涵和生机，双边合作迈上了快速发展的新高度。

第六届“文华奖”颁奖仪式在川举行

1996年5月24日，文化部、四川省人民政府、成都市人民政府联合主办的第六届“文华奖”颁奖仪式在成都锦城艺术宫举行。本次文华奖共评出文华大奖4个，成都市川剧院一、二联合团的川剧《山杠爷》获得大奖；四川省人民艺术剧院的话剧《辛亥潮》、成都市木偶皮影艺术剧院的儿童剧《哪吒》获得新剧目奖。文华奖设立于1991年，是国家文化部主办的专业舞台艺术政府最高奖。

泸天化（集团）有限责任公司成立

1996年5月29日，四川泸天化（集团）有限责任公司成功组建。该公司由国有特大型企业泸州天然气化学工业公司和国有大型企业四川天然气化工厂强强联合组建，成为国内最大的化肥集团。泸天化两企业联合后，合成氨年产能力达80万吨，尿素年产能力达124万吨，总体经济实力居西南地区化工行业之首。

四川省法律援助中心成立

1996 年 5 月 31 日，四川省法律援助中心在成都成立。这是由省司法厅建立的国内第一家省级法律援助机构。该中心主要职责是：审定法律申请人的申请，担负法律援助任务，主要负责全省法律援助工作的管理、监督、业务指导和协调。其援助对象是：四川省行政区域内具有中华人民共和国国籍并取得常住证的、生活收入水平在当地人民政府确定的贫困线以下的公民个人和刑事犯罪案件中的未成年人和有严重生理缺陷的人。该中心的成立，带动了全省法律援助工作的跨越发展。到 1999 年，全省已建立地市级法律援助机构 18 家，部分经济较发达的地市在所辖区县建立了法律援助机构。

6 月

中国首家职业网球俱乐部成立

1996 年 6 月 2 日，中国第一家职业网球俱乐部——四川省汇通网球俱乐部在成都成立。该俱乐部由成都汇通城市合作银行和四川省运动技术学院共同组建，总注册资金为 200 万元，其中汇通城市合作银行投入 120 万元，运动技术学院投入 80 万元。

“小巨人”计划开始实施

1996 年 6 月 10 日，四川省人民政府发出通知，对在全省实施“小巨人”计划作出部署。“小巨人”计划以实施开发家电、信息通讯、计算机、有色金属、化工、机械、医药及医疗器材、建材、纺织服装等重点产品为主，全省每年精心筛选出 100 余户符合条件的中小企业，纳入计划名单，从政策和资金上予以扶持。“小巨人”计划推动众多中小企业在产业、产品结构调整，技术及装备水平提升、发展与环境的协调等方面有了长足进步，不少经过培育的“小巨人”企业已成长为行业龙头和区域经济发展的骨干，一批企业跨入大企业大集团行列，有效地发挥了示范和带动作用，促进了全省中小企业和区域经济的快速发展。

广安发电厂建设

1996 年 6 月 11 日，国家“九五”能源建设重点项目——广安发电厂在广安县代市镇破土动工。广安发电厂是四川最大的火力发电厂，规划发电装机容量为 240 万千瓦，电厂建设分三期实施：一期工程实施 60 万千瓦，投资 40 亿元，计划年发电量达 36 亿千瓦时；二、三期工程分别实施 60 万千瓦和 120 万千瓦。1999 年 10 月 28 日，广安一期2×30万千瓦发电工程 1 号机组圆满完成 168 小时试运行，移交试生产；2000 年 5 月 18 日，2 号机组投产发电，一期工程全面竣工。2003 年 4 月 2 日，二期 2×30 万千瓦机组扩建工程开工，工程总投资 23 亿元，两台机组分别于 2004 年 8 月和 12 月建成投产。2004 年 10 月 9 日，广安电厂三期 2×60 万千瓦机组扩建工程奠基，工程总投资 45.6 亿元。广安电厂建设投产，对于调节全省水火电比例，改善电网电源结构，缓解电力季度性短缺，实施西电东送具有重要战略意义。

乔石考察三峡工程

1996 年 6 月 14 日，由中共中央政治局常委、全国人大常委会委员长乔石与 6 名副委员长、各专门委员会负责人组成的三峡工程考察团，到三峡库区考察三峡工程和库区移民工作。这是全国人大常委会历史上最高规格的一次考察活动。至 16 日，乔石一行先后考察了万县市和云阳、奉节、巫山三县，走访了迁建点、重点文物淹没点及新建移民新村等。

高校联合培养高级中医人才

1996 年 6 月 17 日，经国家教委正式批准，成都中医药大学、四川联合大学决定合作探索培养高级中医人才的新模式。两校规划联合开办七年制中医学专业，培养达到硕士学位水平的高层次、复合型医学人才。

成都市树德实验中学挂牌

1996 年 6 月 21 日，成都市教委公布成都市树德中学与成都市第一中学联合举办“成都市树德实验中学”，进行办学体制改革试点。8 月 29 日，成都市树德实验中学挂牌，成为四川省第一所“公办民助”办学体制改革实验学校。

成都女孩获手风琴比赛国际金奖

1996 年 6 月 23 日，在巴黎举行的国际少儿手风琴比赛中，成都金桥高级艺术小学的 7 岁女学生范超表现优异，获得儿童组金奖。

7 月

“亚太 1A”成功发射升空

1996 年 7 月 3 日，西昌卫星发射中心用“长征三号”运载火箭将亚太通信卫星有限公司经营的“亚太 1A”通信卫星送入太空。这次发射，是长城工业总公司与亚太通信卫星有限公司的第三次合作。

四川部署推进“8+5”工程

1996 年 7 月 4 日，四川省“8+5”工程工作会议在广汉召开。会议决定把“8+5”工程按实施进程分为三个层次，梯次推进，滚动发展。居于第一层次的有长虹机器厂等 17 个重点企业，必须确保 1996 年在建项目建成投产；居于第二层次的有红光电子管厂等 26 个企业的在建项目；第三层次有 31 个企业进入储备项目序列。

国内最大光缆生产基地建成投产

1996 年 7 月 8 日，中、德合作的成都西门子光缆有限公司在成都高新区正式投产，至此，当时中国最大的光缆生产基地在成都高新技术开发区建成。1994 年 10 月，国内最大的通信电缆生产企业——成都电缆股份有限公司与德国西门子公司在北京签订协定，共同投资 3000 万美元组建制造、销售光缆的大型现代化高新技术企业；1995 年 4 月 12 日，项目在成都高新技术开发区奠基。

川剧培养首位“洋”毕业生

1996 年 7 月 8 日，美国青年马可从四川省川剧学校校长手中接过编号为“001”的毕业证。他是第一个自费到中国学川剧的外国人，也是第一个获得中国最权威的川剧学府毕业证的外国学生。

部分城市电话升位

1996 年 7 月 13 日零时，经邮电部批准，四川省广元市、绵阳市、自贡市、达川地区的电话号码由 6 位升至 7 位。撤销各县（市）原长途电话区号，绵阳市统一长途电话区号“0816”，广元市长途电话区号为“0839”，自贡市长途电话区号为“0813”，达川地区长途电话区号为“0818”。

中国诗歌学会成立

1996 年 7 月 15—21 日，中国诗歌学会在大邑县举行的西岭雪山诗会上正式成立。中国诗歌学会是由中国作协申报，经中宣部批准，民政部正式登记注册的学术性组织。学会第一届理事会由全国 180 位著名诗人、诗评家组成，大会选举臧克家担任中国诗歌学会首任会长。

四川省精神文明建设委员会成立

1996 年 7 月 18 日，中共四川省委决定成立省精神文明建设委员会，省委书记谢世杰任主任，秦玉琴、席义方、张中伟、徐世群任副主任，委员会办公室从省政府划归省委宣传部。31 日，四川省精神文明建设委员会正式成立并召开第一次全体会议，讨论修改了《四川省社会主义精神文明建设“九五”规划纲要》。会议指出，全省精神文明建设取得了多方面的重大进展，但也面临着许多新情况、新问题；各级领导干部要讲学习、讲政治，进一步增强搞好精神文明建设的自觉性；进一步加大精神文明建设力度，为中共十四届六中全会的召开创造良好氛围，推动四川改革开放顺利进行。10 月，《四川省社会主义精神文明建设“九五”规划纲要》在中共四川省委六届七次全委扩大会议上审议通过，全省群众性精神文明创建活动全面开展。

1986 年 11 月，中共四川省委作出《关于当前加强社会主义精神文明建设的工作部署》；1987 年 4 月，省委同意将成立于 1983 年 9 月的“五讲四美三热爱”指导委员会改名为“四川省精神文明协调委员会”，列入省政府序列。

微细加工光学技术实验室在成都通过验收

1996 年 7 月 19 日，中国第一个“微细加工光学技术”国家重点实验室在成都通过验收，该实验室由中国科学院光电技术研究所承担建设。该实验室于 1991 年 11 月由国家计委批准建设成立，1993 年12 月经中国科学院批准对外开放。实验室在纳米光学、微光学技术、光刻技术、微细加工装备研制等方面都取得了一大批具有代表性的研究成果，为我国微细加工光学技术研究领域的发展与壮大做出了贡献。

重庆发生特大暴雨灾害

1996 年 7 月 20 日 20 时至 21 日 15 时许，重庆出现暴雨天气。20 小时内，重庆市渝中区、沙坪坝、九龙坡、大渡口、南岸、江北、渝北、北碚、璧山、荣昌、铜梁、永川、合川、长寿等 14 个县（区）降雨 100 毫米以上，降雨中心带雨量高达 200 毫米以上。大雨使重庆 6 个区县 100 多个乡镇受重灾，死亡 12 人，失踪 63 人，受伤 10 人；损坏房屋 14861 间，农作物受灾 59.55 万亩，成灾 10.2 万亩；水利工程、公路、桥涵、电力、通讯、供水等基础设施受到严重破坏，造成部分地区通讯、交通、供电、供水中断；受灾企业 965 个，直接经济损失 2.9 亿元。

四川省纺织总会成立

1996 年 7 月 23 日，根据四川省党政机构改革方案，四川省撤销省纺织工业厅，成立四川省纺织总会。四川省纺织总会属省政府直属事业单位，其职能由过去的系统内行政管理转向全行业的宏观管理和协调，并为全行业服务，沟通政府与企业关系。同日，省纺织集团公司宣告成立。

合资培育奶牛项目签字

1996 年 7 月 25 日，四川省华蓥市与美国赛福维国际股份有限公司合作发展项目签字仪式在成都举行。该项目主要运用胚胎移植技术对华蓥的奶牛进行杂交，培育出适合四川乃至中国国情的良种奶牛，项目总投资 9800 万元人民币，华蓥市畜牧局和美国赛福维公司分别出资 40%和 60%。

彭州试点城乡最低生活保障制度

1996 年 7 月，彭州市作为四川省和成都市建立社会保障制度的试点，在全省率先建立和实施农村最低生活保障制度。彭州市根据本地的经济发展水平，确定农村特困户 844 户 2069 人，按年人均收入 600 元标准实施最低生活保障，一年共需保障资金 31.3 万元，由市财政、乡镇财政和民政事业费共同承担补贴。1997 年 7 月，该市又建立了城镇居民最低生活保障制度，对本市城镇居民特困户 422 户 889 人，按人均月收入 110 元标准实施最低生活保障，一年共需保障资金 48.4 万元，全部由市财政负担。此外，该市为特困户在就业、个体经营、就医等方面都制定了优先照顾的政策，逐渐建立起一套较为完善的最低生活保障制度。彭州成为全省第一个全面实施城乡最低生活保障制度的县级市，被民政部列为西部地区建立社会保障制度的试点市。

8 月

刘宝珺获“斯潘迪亚罗夫奖”

1996 年 8 月 4—14 日，在北京召开的第三十届国际地质大会上，中国科学院院士、中国地质科学院成都地质矿产研究所所长刘宝珺教授荣获“斯潘迪亚罗夫奖”，他是中国首位获此殊荣的地质学家。

刘宝珺是国际全球沉积地质计划的倡导者之一，1956 年到成都地质学院任教。他把我国的沉积学研究推到了世界前沿，其研究成果对我国沉积学发展的各阶段都有所贡献。由他提出的“沉积期后分异作用与成矿作用”和“从成岩作用过程深入认识隐蔽油气储藏性质及层控矿床的富集过程”等新理论，在指导找矿方面取得了丰硕成果。

中国四川电视周在美举行

1996年8月5日，1996年中国四川电视周在美国洛杉矶开幕。本次电视周由中国四川电视台和美国熊猫电视台共同举办，这种在国外举办电视周的做法在四川尚属首次。根据双方约定，设在洛杉矶的美国熊猫电视台从当地时间8月6日开始，连续六天每天播出四川电视台制作的电视节目约2小时。四川电视周在美国举行，有助于增进两国人民之间的互相了解和友谊，对让世界了解四川、认识四川产生了积极影响。

“110”报警服务覆盖全省

1996年8月8日，四川省公安厅在部分地区组建“110”电话报警服务台的基础上，全面部署“110”报警服务台工作，要求全省地级以上城市于年底前全面开通“110”报警台服务。省公安厅总结绵阳巡警支队快速反应的经验，要求各地做到接警快、出警快、处置快，同时制订对付各种突发事件和重大案件的预案，保证一旦发生案件即可按就近、属地原则迅速赶赴现场处置。“110”的全面部署，为提高警务工作效率，充分保障人民生命财产安全，有效维护稳定产生了巨大的社会综合效应。

四川聚酯工程项目获重大进展

1996年8月10日，当时西南最大的化纤工业基地——四川聚酯股份有限公司年产6.6万吨聚酯切片装置一次投料试车成功，这项技术填补了西南地区聚酯生产的空白，标志着四川聚酯工程发展取得重大成果。四川聚酯工程是国家“八五”计划项目、四川省重点建设工程之一；1993年3月，依托四川聚酯工程，四川聚酯股份有限公司在自贡成立，是由四川省投资集团公司、自贡市投资公司和四川省纺织集团有限责任公司发起组建的大型股份制企业。9月17日，由美国康泰斯工程公司负责设计、安装、建设的四川聚酯工程主体项目——四川聚酯厂正式验收并投入生产。

四川省投资集团成立

1996年8月16日，四川省投资集团有限责任公司成立。该公司是以省政府为主要投资主体和出资人代表的国有独资大型企业，具有独立法人地位；主要职能是集中省里的资金，多方筹集、引导资金对四川省基础产业和支柱产业投资，并对投资项目行使国有资产经营管理权，确保其保值增值。

“2233”工程启动

1996年8月16日，中共四川省委、四川省人民政府决定在全省组织实施“2233”工程。省委、省政府拟在“九五”计划实施初期，在1996、1997两年筛选100个建设项目，作为全省着重抓好的重点工程。这100个项目，要求在两年内竣工投产20个、加快在建工程20个、争取新开工30个、做好前期工作30个，简称为“2233”工程。该工程计划投资总规模约2300亿元。

四川省轻工总会成立

1996年8月22日，根据四川省机构改革方案，撤销四川省轻工业厅，成立省轻工总会。新成立的省轻工总会工作重点是：“搞好行业规划，实施行业政策，进行宏观指导和为企业提供服务”，弱化了行政管理职能，强化了对国有资产和关系国计民生、人民身心健康行业的监督管理；弱化了指令性计划和微观管理，强化了行业规划和行业政策的制定、市场调研等功能。

两系杂交水稻研究列入国家“863”计划

1996年8月22日，两系杂交水稻研究项目被列入“863”高科技发展计划，并入选四川省“八五”科技重点攻关项目。两系杂交水稻研究工作由四川农业大学水稻研究所承担，该项目主要研究具有配组自由、易于选配出增产潜力大、米质优良的强优势组合水稻。

剑南春集团有限责任公司挂牌

1996年8月28日，剑南春集团有限责任公司挂牌，并由绵竹县人民政府授权经营2.4亿元国有资产。1995年4月，剑南春股份有限公司被列为四川省80户建立现代企业制度试点企业之一，按照政企分开、产权明晰的原则，提出了构建剑南春集团有限责任公司的改组目标，并着手推进实施。该集团公司成立后，政府作为集团公司所属国有资产的投资主体，将四川省剑南春股份有限公司、剑南春大酒店等5个企业的国有资产授权集团公司进行经营，旗下各企业优势互补，进一步提升了企业的品牌效应。

“Ⅱ优746”杂交稻选育成功

1996年8月28日，四川省科委组织专家对重穗型超高产杂交稻新组合——“Ⅱ优746”在双流兴隆镇的示范片进行了现场考察，认定“Ⅱ优746”穗大粒多、高产，抗性和米质均优于国内大面积推广的组合“汕优63”，是优良的杂交稻新组合。“Ⅱ优746”由中科院成都生物所选育而成，是国家“八五”科技攻关课题，课题组以选育强秆重穗型组合作为实现杂交稻超高产育种突破“汕优63”水平的重要途径，于1993年初步育成新品，1994—1996年在四川省及南方11个省市实验示范。一般亩产600公斤左右，试验最高亩产达1050公斤，平均亩产比组合“汕优63”增产10%—35%。

该成果于1997年被省科技厅列为四川省“九五”科技成果重点推广项目；2002年，获四川省科技进步三等奖。

四川完成首次事业单位登记

1996年8月28日，四川首次事业单位登记工作全面完成。经各级有关部门的广泛宣传、精心组织和依法登记，全省79580个事业单位已办理登记70047个，占88%；暂缓登记9533个，占12%。省级和中央在川事业单位共登记1287个，法人事业单位1149个，占89.3%；非法人事业单位138个，占10.7%。

1995年2月，省政府发布《四川省事业单位登记管理办法》；7月，全省首次事业单位登记工作全面展开。

中保在成都实现分业经营

1996 年 8 月 30 日，中保财产保险有限公司四川省分公司和中保人寿保险有限公司四川省分公司在成都成立，财险、寿险实行分业经营。两家分公司均由原人保四川省分公司改建而成，均隶属中保集团，并分别承担原中保省公司的保险责任。此次中保公司组建财产、人寿险分业经营专业公司的决定，是按照《中华人民共和国保险法》要求、适应市场经济发展的一大举措，有利于增强竞争意识，促进企业健康发展壮大，对于细分目标市场、满足群众需求、规范企业管理、拓展市场份额具有里程碑意义。

9 月

清产核资工作结束

1996 年 9 月 9 日，历时三年的四川省清产核资工作基本结束。据统计，已完成清产核资的 11777 户国有企业，资产总额为 2404 亿元；在对 52000 多户各级行政事业单位开展财产登记中，核实出全省行政事业占用资产总额 386. 8 亿元。这次清产核资工作从 1993 年开始，共组织了将近 3000 人的专业队伍，对全省全部国有企业、单位的户数、资产、产权界定、土地估价、企业固定资产价值重估等进行清理，核实了国有资产的“家底”，为解决国有资产状况不清、管理混乱、资产闲置、浪费和被侵占流失等问题创造了重要条件，为促进企业加强基础管理、转换经营机制和深化改革打下了基础。

胡锦涛到凉山、重庆等地视察

1996 年 9 月 14—21 日，中共中央政治局常委、中央书记处书记胡锦涛视察四川凉山、成都、重庆、涪陵等地，重点视察了四川农业、农村经济、农村基层组织建设和扶贫等方面的情况。胡锦涛充分肯定四川改革开放以来取得的巨大成绩，要求抓住机遇，齐心协力，扎实工作，努力把四川的事情办得更好，坚持贯彻落实党中央关于讲政治的要求，为实现跨世纪宏伟目标提供强有力的政治保证；希望四川立足本省实际，积极推进两个根本性转变，促进四川经济又快又好发展。

五粮液投产全球最大白酒酿造车间

1996 年 9 月 19 日，宜宾五粮液酒厂 507 车间全面建成投产。该工程总投资 4 亿元，占地 20 万平方米，生产规模为年产 2 万吨，是当时全球规模最大的白酒酿造车间。1995 年以来，宜宾市确定了“以名酒为重点，发展食品工业”的战略，对酿酒工业作出全面规划和部署。五粮液酒厂 507 车间的顺利投产，不但使五粮液酒厂的生产经营规模实现了又一次飞跃，也为落实宜宾市委、市政府的战略发展方向奠定了坚实基础。

乔石到成都、乐山视察

1996 年 9 月 20—25 日，中共中央政治局常委、全国人大常委会委员长乔石视察四川，重点视察了成都、乐山两地。乔石听取了四川省委、省政府工作汇报，对四川省正在拟定的“丰收计划”和农村“小规划”表示肯定和满意；对四川提出的用抓农业的劲头抓好工业的思路和做法表示赞同，希望四川从本地实际出发，大胆吸收国内外好的东西，抓紧探索出适合中国国情的建立现代企业制度的路子来。考察中，针对四川旅游资源管理和高新技术产业问题，乔石指出对旅游区的自然资源和人文资源，要加强保护、科学管理；对高新技术的开发应用和产业化要切实抓紧，对科研成果的推广应用要走出一条新路，加快科技转化成现实生产力的步伐。

四川举行纪念红军长征胜利60周年大会

1996年9月28日，四川省暨阿坝州纪念红军长征胜利60周年大会在松潘县川主寺镇红军长征纪念碑碑园隆重举行。庆典仪式庄严隆重，省委书记谢世杰作了讲话，省、州文艺工作者进行了文艺表演。谢世杰指出，长征精神永远是我们党和全国人民宝贵的精神财富，要永远高举爱国主义的旗帜，牢固树立建设有中国特色社会主义的坚定信念，始终保持同人民群众的血肉联系，进一步加强和改善党的领导，充分发挥党组织的战斗堡垒作用和共产党员的先锋模范作用。

10月

川藏公路二郎山隧道开工建设

1996年10月1日，国家“九五”重点建设工程——川藏公路二郎山隧道正式开工。二郎山隧道工程位于二郎山山腰，项目总投资达4.4亿元，隧道东起雅安地区天全县龙胆溪，止于甘孜州泸定县别托村，全长8660米，其中主隧道长4176米，引道路基宽8.5米，隧道净宽9米、高5米，海拔高度2182米，是我国已贯通的公路隧道中最长和海拔最高的一条。1998年12月25日，二郎山隧道全线贯通。1999年12月7日，二郎山隧道建成试通车；2002年1月1日，隧道完工营运。

二郎山位于天全和泸定两县间，陡峭险峻、气候恶劣，是千里川藏线上的第一道咽喉险关；二郎山隧道建成后，原川藏公路二郎山段缩短里程25公里，缩短行车时间3小时，并避开了山顶事故、灾害频发路段，保证了道路畅通和行车安全，提高了汽车通过能力。

四川省第八届运动会举行

1996年10月5—13日，四川省第八届运动会在南充市举行，共有28个行业体协的代表团近3000名运动员、教练员参加本次运动会11个项目的角逐。运动会上，共有132人次打破40项省运动会纪录，有10个代表团、25个运动队和222人获体育道德风尚奖，交通、铁路、轻工三个代表团最终夺得本届运动会的前三名。

宜宾撤地设市

1996年10月5日，国务院发出《关于同意四川省撤销宜宾地区设立宜宾市的批复》，批准撤销宜宾地区，设立省辖地级宜宾市；撤销县级宜宾市，设立县级翠屏区。1997年2月15日，翠屏区正式成立，辖原县级宜宾市所辖区域；1997年2月24日，宜宾市正式挂牌，辖原宜宾地区各县和新设立的翠屏区。

唐伟荣获“拿波利特诺”奖

1996 年 10 月 7 日，第 47 届国际宇航联大会和各国空间局局长论坛会议在北京开幕，来自世界 50 个国家和地区的 1200 名代表参加了本次大会。会议期间，来自四川绵阳中国空气动力研究与发展中心计算所的青年工程师唐伟的论文《高超声速再入飞行器气动布局优化》引起轰动，他因此获得该届大会为 30 岁以下的青年科技工作者设立的唯一一个“拿波利特诺奖”（Napolitano）。

中美内陆经济发展研讨会举办

1996 年 10 月 14—15 日，四川省人民政府外事办公室和美国驻成都总领事馆联合举办的中美内陆经济发展研讨会在成都举办。来自美国 30 多家企业的代表、企业驻华代表和四川省有关厅局、企业及地市州部分代表共 150 多人参加会议，与会者就四川省省情、投资环境，利用外资的法律、法规等进行了研讨。

四川省小城镇建设试点工作会议召开

1996 年 10 月 17—18 日，四川省小城镇建设试点工作会在成都召开。会议回顾了近三年来全省小城镇试点工作，总结了取得的初步经验。会议指出，小城镇建设要注意四个问题：领导重视，分批建设；超前规划，滚动开发；培养支柱，完善功能；深化改革，搞活搞好。

李鹏视察三峡工程

1996 年 10 月 17—20 日，中共中央政治局常委、国务院总理李鹏在四川重庆、涪陵、万县及湖北秭归、宜昌和三峡工程工地进行视察，实地了解几年来三峡库区移民工作进展情况和三峡工程进展情况。视察期间，李鹏多次召开座谈会，就有关问题进行认真研究，并听取了四川省和重庆市的工作汇报。

乐山—菲尼克斯公司建设

1996 年 10 月 18 日，乐山—菲尼克斯公司开业。乐山—菲尼克斯半导体有限公司成立于 1995 年 3 月 1 日，是四川省最大的外商投资企业，也是全省最大的出口创汇企业之一。该公司由安森美半导体、乐山无线电股份有限公司和摩托罗拉公司合资兴办，是摩托罗拉、安森美半导体在中国的第一家合资企业，总投资 5330 万美元，摩托罗拉拥有 70%的股份。乐山—菲尼克斯以建设“中国卓越的半导体制造中心”，打造世界上产量最大、生产成本最低的 SOT23 生产商为目标，分三期进行扩建工程，共投资 2. 78 亿美元。第一、二期工程开通 10 条 SOT23 生产线，第三期建设工程于 1999 年 11 月投入生产，在 2003 年满负荷生产。2002 年 8 月 8 日，乐山—菲尼克斯芯片厂开工，投资 2. 31 亿美元，这是国际跨国公司在中国西部投资兴建的第一个 6 英寸芯片生产基地，也是乐山—菲尼克斯合作项目增资扩产的第四期工程。主要投资方美国安森美半导体公司占有 51%的股份。

朱镕基到凉山、攀枝花等地视察

1996 年 10 月 25—31 日，中共中央政治局常委、国务院副总理朱镕基先后到四川凉山彝族自治州、攀枝花市、德阳市、绵阳市的部分农村、城市和二滩水电站、东方电机厂等地方和企业视察，访问农牧民、工人，看望党政机关干部。视察期间，朱镕基在成都听取了四川省委、省政府的工作汇报，充分肯定了四川取得的工作成绩。

西南地区首家高尔夫俱乐部成立

1996年10月26日，四川国际高尔夫俱乐部成立。这是中国西南地区第一家高尔夫球俱乐部。四川国际高尔夫俱乐部坐落于双流县牧马山开发区，先后成功举办一系列国际、国内大型比赛，并逐渐建成为西南、西北地区的标准18洞高尔夫球场之一。

《四川省农村小康建设规划》出台

1996年10月27日，《四川省农村小康建设规划》在省委六届七次全委扩大会议上审议通过。按照规划，到2000年，全省80%以上的县（市、区），85%以上的村、户，基本达到小康标准。

成都29家“老字号”获得认证

1996年10月，成都市首批涉及饮食、酿酒、洗染、理发行业的29家“老字号”获得认证。全兴酒厂、文君酒厂、蜀风园餐厅、龙抄手、陈麻婆豆腐、赖汤圆、夫妻肺片、小吕宋洗染店、美琪美发厅等，正式挂上由国内贸易部授予的“中华老字号”牌匾。“中华老字号”是指历史悠久，拥有世代传承的产品、技艺或服务，具有鲜明的中华民族传统文化背景和深厚的文化底蕴，取得社会广泛认同，形成良好信誉的品牌。本次认证对抢救和保护传统品牌，实施品牌发展战略，推动老字号企业更好地适应现代市场经济的潮流做大做强产生了积极影响。

巴中扶贫攻坚产生全国影响

1996年10月，人民日报社、新华社及四川日报社等20多家中央、省、市新闻单位记者，深入地处大巴山区的巴中地区采访。四川扶贫攻坚的“巴中经验”和“巴中精神”迅速在全国激起巨大反响。1999年2月4日，省委书记谢世杰等向中央报送了《赴广元、巴中的情况报告》，指出巴中地区建立5年来的主要经验是：坚持要致富，先修路；坚持典型引路，推动农村发展迈上新台阶；坚持抓好基层，增强基层组织带动群众脱贫致富的号召力和战斗力。中共中央政治局委员、国务院副总理温家宝批示：“四川巴中地区攻坚的成就说明，只要找准路子，真抓实干，就能改变面貌。巴中经验和他们在实践中形成的‘艰苦奋斗，苦干兴区，实干改变面貌，大干促进发展’的巴中精神，对全国扶贫工作具有普遍意义。”巴中成为全国扶贫攻坚的一面旗帜。

巴中地处大巴山南麓，是川陕革命根据地的腹地，曾经是全国有名的“老少边穷”地区、四川最贫困的地区之一。1993年经国务院批准成立巴中地区时，320万人中有119万是贫困人口。为摘掉贫困帽子，巴中地委和行政公署提出了“狠抓基础，快上工业，发展商贸，开发旅游”的发展思路，“三年打基础，五年上台阶，十年迈大步”的目标，解放思想，克服“山民意识”的束缚，从基础建设上找到扶贫的突破口，打响“交通大会战”，几大工业支柱形成规模，旅游环线热线开通，全区提前摆脱了贫困，开始大步迈向小康目标。

宝珠寺水力发电站建设

1996 年 10 月，四川省电力公司宝珠寺水力发电厂成立。电厂位于白龙江下游、四川省广元市境内，拥有四川唯一的一座具有调峰、调频能力的大型水电站，以发电为主，兼有灌溉、防洪、旅游和养殖等综合利用效益，属国家重点工程。电站总装机容量 70 万千瓦，设计年发电量 23.5 亿千瓦时，大坝坝顶全长 524.48 米，最大坝高 132 米，水库总库容 25.5 亿立方米，调节库容 13.4 亿立方米。1996 年底，首台机组建成投产；1997 年 6 月 27 日，第二台 17.5 万千瓦机组并网发电；1998 年 6 月 23 日，第四台机组并网发电，电站全部建成投产发电。2001 年底建成国家电力公司一流水电厂。

11 月

航空发动机维修培训中心在广汉落成

1996 年 11 月 1 日，中国第一家航空发动机维修培训中心在广汉中国民航飞行学院落成，该中心由美国通用电气公司飞机发动机集团、中国民航总局和法国国际发动机公司合作建立。这是在美国和法国之外建立的第一家具有世界先进水平的航空发动机维修培训中心。

科学探测卫星成功在川回收

1996 年 11 月 4 日 10 时 59 分，一颗科学探测与技术试验卫星在川成功回收。该卫星于 10 月 20 日在酒泉卫星发射中心发射升空，圆满完成了各项探测和试验任务后，在四川省中部预定地点胜利返回。这是中国第 16 次取得卫星回收成功。

侯光炯逝世

1996 年 11 月 4 日，中国科学院院士、著名土壤学家、教育家侯光炯逝世。侯光炯于 1905 年5 月 7 日出生在江苏省金山县，生前为西南农业大学一级教授、博士生导师、名誉校长，曾获省政府重奖。他长期从事土壤地理、土壤分类和土壤肥力的研究及教学工作，20 世纪 60 年代末提出“土壤肥力的生理性”的观点，应用于“水田自然免耕”技术获得成功，在全国 10 多个省市推广，增产效果显著，为发展中国土壤科学做出了开拓性的贡献。

成都完成普及九年义务教育任务

1996 年 11 月 17 日，四川省人民政府召开成都市“普九”检查验收总结大会，宣布成都市 19 个县（市、区）经过 10 年的努力，全部普及九年义务教育，成为全省第一个基本普及九年义务教育的地区。从 1987 年起，成都市为实施“普九”，财政每年安排 200 万元用于各校初中建设。从 1993 年起，成都市每年都将其列为市委、市政府为民所办十件实事之一。“普九”后的成都市，7—12 周岁学龄儿童入学率为 99.3%，13—15 周岁学龄人口入学率为 95.1%，15 周岁人口文盲率为 0.6%。

攀枝花海关和商检局成立

1996 年 11 月 18 日，中华人民共和国攀枝花海关和攀枝花商检局正式成立。

四川 14 处文物遗址入选全国重点文物保护单位

1996 年 11 月 20 日，国务院发布通知，公布第四批全国重点文物保护单位名单。在全国 250 处入选的文物单位中，四川有 14 处，分别是：巫山县龙骨坡遗址、成都明蜀王陵、三台县郪江崖墓群、泸县龙脑桥、梓潼县七曲山大庙、平武县报恩寺、宜宾市真武山古建筑群、阆中市张桓侯祠、德格县德格印经院、江安县夕佳山民居、新都县杨升庵祠及桂湖、大邑县刘氏庄园、泸州市泸州大曲老窖池、大足县南山—石篆山摩崖造像及多宝塔、大足县石门山摩崖造像。

彭州发生特大瓦斯爆炸事故

1996 年 11 月 25 日，彭州市白鹿乡水观村二矿发生瓦斯爆炸特大安全事故。事故造成 20 人死亡，2 人重伤，8 人轻伤。

中国县（市）经济改革与发展经验交流会召开

1996 年 11 月 28—30 日，中国县（市）经济改革与发展经验交流会在广汉召开，来自全国 80 多个体改试点县的 400 多位代表参加会议，中共中央政治局委员、国务委员、国家体改委主任李铁映出席会议并讲话。会议期间，李铁映听取了四川省委、省政府的工作汇报，指出四川的改革与发展对全国举足轻重，他肯定四川的改革工作取得了显著成绩，要求四川按照中央经济工作会议要求，加快两个根本性转变，争取农业丰收，搞活国有企业。

蒲郸名戒烟新法获国际影响

1996 年 11 月，在比利时首都布鲁塞尔召开的第四十五届世界发明博览会上，健身香烟发明者、四川南部人蒲郸名荣获“骑士勋章”“官方骑士勋章”和世界发明博览会 45 年来唯一特设的一枚奖章——“最高官方司令勋章”。会上，世界发明家协会还授予蒲郸名“国际发明家”称号，并增补他为该会评委会委员。

“健身香烟”为实现科学戒烟提供了新方法和新思路，新华社、人民日报社及其他数十家国内外媒体相继对此进行了全方位报道。

12 月

“峨眉山—乐山大佛”列入世界自然和文化“双遗产”

1996 年 12 月 6 日，联合国教科文组织世界遗产委员会在墨西哥举行第 20 届全委会，全票通过中国政府提名的关于“峨眉山—乐山大佛”列入世界自然和文化遗产名录的申请。这是世界遗产委员会批准的第十八个“双遗产”，也是中国继泰山、黄山之后的第三个，四川第一个世界自然和文化“双遗产”。

峨眉山有 4000 多年的人类文明史、近 2000 年的佛教文化史，是中国著名的佛教四大名山之一，拥有世界上最典型、保存最完好的植被类型，仅在风景区 154 平方公里的范围内，就生长着高等植物 3200 多种；景区内有动物 2300 多种，被国家列入保护范围的就有 29 种。乐山大佛坐落于岷江、大渡河、青衣江三江汇流处的凌云山，大佛通高 71 米，座身高 59.96 米，建于公元八世纪至九世纪，为世界最高的弥勒石刻大佛坐像。

成（都）雅（安）高速公路开工建设

1996 年 12 月 6 日，成雅高速公路在蒲江建设工地举行开工典礼。成雅高速公路途经成都、双流、新津、彭山、眉山、邛崃、名山、雅安等 9 市县，全长 145 公里，工程概算总投资 35.3 亿元，核定建设工期 4 年。1999 年 12 月 28 日，成雅高速建成通车。成雅高速公路是通往云南、西藏的主要通道，也是西部大开发的交通主干线之一。

吴邦国到重庆等地考察

1996 年 12 月 14—22 日，国务院副总理吴邦国率国务院 19 个部委负责人，在重庆市和三峡库区工厂搬迁、移民的重点地区进行了为期 9 天的调查研究。考察期间，吴邦国指出：老工业基地在国民经济中具有举足轻重的作用，改造与振兴老工业基地对于我国的现代化建设有着十分重要的意义，其根本出路在于实现经济体制和经济增长方式两个根本性转变。他强调：一要进一步理清经济发展的思路；二要加大经济结构调整的力度；三要进一步加大技术改造的力度；四要切实加强企业管理；五要坚持两个文明一起抓，努力保持社会稳定。

西南首个国家大型商品粮基地建设在内江市启动

1996 年 12 月 20 日，内江市国家大型商品粮基地建设正式启动。该基地位于内江市东兴区，是“九五”以来全国部署的 20 个大型商品粮生产基地中西南地区的唯一一个，对稳定四川粮食生产具有战略性意义。该建设项目总投资 1 亿元，历时 5 年，分年度计划建设，主要包括完善配套现有中小型水利基础设施、建设良种繁育基地、改造中低产田地、强化农技和植保服务体系、强化农机及其配套设施等方面。2002 年，基地建设项目通过了省计委、农业厅等部门组成的联合验收组的验收，标志着国家大型商品粮生产基地在内江建成。项目共修建渠道 220.53 公里，完成电灌站装机 51 台，改造中低产田土 1643.1 公顷，建设良种繁育基地 4190 公顷、良种示范推广面积 471806 公顷。项目的建成使内江农业生产条件得到极大改善，全市新增灌溉面积 10684.6 公顷、植保面积 52998 公顷，年新增粮食生产能力 23 万吨，新增商品粮能力 16 万吨。

朱德诞辰 110 周年纪念活动在仪陇县举行

1996 年 12 月 21 日，朱德诞辰 110 周年纪念会在仪陇县举行，朱德汉白玉像、江泽民总书记为朱德纪念园题写的园名揭幕式同步举行。

白玉、巴塘发生地震

1996 年 12 月 21 日 16 时 39 分，甘孜藏族自治州白玉、巴塘两县之间发生 5.5 级地震，震中位于北纬 30.7 度、东经 99.6 度，宏观震中位于白玉县的沙马乡至巴塘县的茶洛乡之间的高山无人区，震中烈度达Ⅶ度。这次地震造成 2 人死亡（其中 1 人系抗震救灾中牺牲），重伤 13 人，轻伤 47 人，震区内建筑物破坏严重，地面破坏现象较为普遍，电站和工矿企业也遭受损失。地震造成总经济损失4198.5万元。

达（达川）渝（重庆）高速公路建设

1996年12月27日，达渝高速公路动工。达渝高速是四川省重点建设项目，起于达川市罗江镇，止于重庆市，公路全长220公里，工程概算投资43亿元。2004年6月20日，达渝高速公路全线贯通，标志着北通陕西、南达广西北海的出海大通道正式形成。达渝高速公路是我国西部地区一条重要的国家干线公路，为双向4车道，全封闭、全立交，设计行车时速100公里。它的建成，对完善川东地区综合运输网络、改善地区投资环境、发展沿线区域经济具有十分重要的作用。

川、藏两省（区）行政区域界线正式勘定

1996年12月28日，四川和西藏双方代表在川藏联合勘定的行政区域界线协议书上签字，川、藏两省（区）行政区域界线正式勘定，有了明确界线。川、藏两省（区）以金沙江主流中心为界，北起川、青、藏三省（区）边界交会点，南止川、滇、藏三省（区）边界交会点，全长535公里，两省（区）接边县有西藏昌都地区的江达、贡觉、芒康3县和四川省甘孜州的石渠、德格、白玉、巴塘4县。本次勘界工作始于1995年3月，经过反复查勘磋商，两省（区）就川藏边界线的走向以及两省（区）有关地、州、县跨界、利用资源等问题取得共识并达成协议。

广汉率先实现电话“村村通”

1996年12月，广汉市23个乡264个行政村全部开通程控电话，成为四川省第一个实现村村通电话的县级市。

白水河自然保护区设立

1996年12月，白水河自然保护区经彭州市人民政府批准设立；1999年1月，由省政府批准晋升省级自然保护区；2002年7月，白水河自然保护区被国务院批准为国家级自然保护区。白水河自然保护区位于四川盆地西北边缘的彭州市大宝镇和小渔洞乡境内，总面积300多平方公里，是以保护大熊猫等珍稀野生动植物及其生态环境为主的自然保护区，保护区内生态系统和森林植被保存完整，珍稀野生动植物资源丰富。

四川师范大学影视艺术学院成立

1996年，四川师范大学电影电视艺术学院开始招生，在全国率先进行了公立大学下设民办二级学院的改革探索，为中国高等教育办学体制改革提供了新思路，成为此后全国独立学院办学的前身。

1997 年

1 月

中国旅游年活动开幕

1997 年 1 月 1 日，1997 年中国旅游年（四川）活动开幕式在成都举行。省长宋宝瑞、省政协主席聂荣贵、省委副书记秦玉琴等领导及外国客人数百人参加开幕式。1997 年中国旅游年是经国务院批准，为全面介绍中国丰富的旅游资源，进一步树立中国对外开放形象，促进旅游业登上新的发展台阶而举办的一项重大活动，由国家旅游局、中国民航总局共同举办。本届旅游年活动推出了一批适应国内外不同层次需要的旅游拳头产品，四川的九寨黄龙榜上有名。

刑事审判方式改革

1997 年 1 月 1 日起，按最高人民法院通知精神，四川省各级人民法院在审理人民检察院提起公诉的刑事案件时，一律使用修正后的刑事诉讼法，沿袭数十年的“审问式”刑事审判方式改为“控辩式”的新刑事审判方式。全省各级法院为新审判方式的顺利实施开展了大量的准备工作，成立了以刑事审判方式改革为重点的刑事审判方式改革领导小组，组织刑事审判法官分别参加全国、省、市法院培训；部分法院参照修正后的刑事诉讼法，在公安、检察、司法行政机关的配合下，选择典型案件进行了“控辩式”的审判练兵。

财政性大额度资金使用审批权限制度建立

1997 年 1 月 4 日，根据中央纪委六次全会精神，中共四川省委、四川省人民政府建立了财政性大额度资金使用审批权限制度。该制度规定，除年初预算外，大额度财政性资金一次性安排必须由省人大常委会、省政府常务会议讨论决定其数额，对于在财政性资金管理中违法乱纪的行为要进行严肃处理。

成都等 10 市（县）被评为国家级双拥模范城

1997 年 1 月 14 日，成都市、泸州市、什邡市、西昌市、隆昌县、峨眉山市、马尔康县、铜梁县、丰都县、梁平县 10 市（县）被评为国家级双拥模范城。“双拥模范城”是指“拥政爱民，拥军优属”双拥工作方面成绩突出的模范城市，分国家级和地方级两级荣誉。

国家天然药物工程技术研究中心在成都成立

1997 年 1 月 16 日，国内唯一的国家天然药物工程技术研究中心，在中科院成都生物研究所地奥制药公司正式成立。国家天然药物工程技术研究中心由国家科学技术部批准组建，是以中科院成都生物研究所和中科院成都地奥制药公司为依托，专业从事天然药物工程技术研究的国家级科研开发实体。中心按照“小中心、大网络”的模式进行建设，采取科研、中试、生产一体化的运行机制和企业化管理，通过成熟的提取分离技术，对天然药物中主要有效成分类别进行系统化、配套工程化的研究开发，实现天然药物（一或二类）的工业化生产。该中心的建立，为中药现代化、产业化提供了示范。

成都青龙场立交桥竣工

1997 年 1 月 18 日，成都最大的公路立交桥——青龙场公路立交桥竣工；8 月 6 日，立交桥全面开通。成都青龙场立交桥是西南地区规模最大的特大型城市立交桥，担负着成都市北大门 8 条主要进出口通道 33%的车流量，并跨越成都枢纽编组站咽喉区，投资 2 亿元人民币。

绵阳南郊机场建设

1997 年 1 月 18 日，绵阳南郊机场总平面设计规划在北京通过评审。该规划由成都军区空军后勤部勘察设计院承担设计，机场建在位置较高的山梁上，飞行净空环境良好，而且绵阳城市发展不受此限制。南郊机场建设项目于 1994 年立项，1997 年 1 月 3 日破土动工，2001 年 4 月正式通航。机场跑道长 2400 米，可起降 300 座以下的大型客机，规划终端容量达年吞吐 500 万人次的规模。

第七届哲学社会科学成果颁奖

1997 年 1 月 21 日，四川省人民政府在成都举行第七届哲学社会科学优秀科研成果颁奖大会。评选出优秀科研成果 198 项，其中一等奖 5 项、二等奖 26 项、三等奖 167 项。

成都国际邮件局成立

1997 年 1 月 28 日，经邮电部、海关总署批准，成都正式设立国际邮件互换局和成都海关驻邮局办事处，这是中国西部地区唯一的国际邮件交换中心。自此，成都以及四川国际邮件经第三地报关经转的历史结束。成都国际邮件局、成都国际邮件交换站同时成立。

2 月

《黑竹沟区域资源综合考察及开发战略研究》通过评审

1997 年 2 月 16 日，四川省重要软科学项目《黑竹沟区域资源综合考查及开发战略研究》通过省级评审，该项目被联合国教科文组织列入“生态教学项目组”。

黑竹沟位于峨边彝族自治县，曾被称为“死亡谷”。1994 年以来，由峨边彝族自治县、四川大学、成都理工学院组成的专家课题调查组，先后 13 批次 200 余人深入黑竹沟腹地调查，完成了 9 项重要成果。调查显示：黑竹沟区域内有一、二级保护动物 29 种，占全川保护动物品种总量的 20%；有珍稀濒危保护植物约 30 种；有古冰川地貌和丰富的有色金属矿及矿泉水、温泉等。

邓小平逝世

1997 年 2 月 19 日 21 时 08 分，伟大的马克思主义者，无产阶级革命家、政治家、军事家、外交家，久经考验的共产主义战士，中国社会主义改革开放和现代化建设的总设计师，建设有中国特色社会主义理论的创立者邓小平因病在北京逝世，享年 93 岁。

四川开始举行公务员公招考试

1997 年 2 月 24 日，成都市举行全省首次公务员考试。3 月 1 日，四川省省直部门首次在成都举行公开招收国家公务员考试，70 个省直工作部门贯彻“公开、平等、竞争、择优”的原则，面向社会公开招考 385 个职位，报考者达 6300 多人。公开招考公务员，打破了单位、地域与身份的界限，公开选拔、量才录用，是干部人事制度改革的重大进步。

3 月

重庆再度成为中央直辖市

1997 年 3 月 14 日，第八届全国人民代表大会第五次会议通过关于批准设立重庆直辖市的决定，原四川省的万县市、涪陵市、黔江地区所辖行政区域归入新设立的重庆直辖市。重庆再度直辖，成为继北京、上海、天津之后的第四个中央直辖市。直辖后，重庆市辖 43 个区市县，东西长 470 公里，南北宽 450 公里，与湖北、湖南、贵州、四川、陕西五省接壤，总面积 8.2 万平方公里，总人口 3002 万人。4 月 5 日，四川省、重庆市工作交接座谈会在成都举行。6 月 18 日，重庆直辖市正式挂牌。设立重庆直辖市是国家为加快中西部地区经济和社会发展所采取的一项重要举措，有利于充分发挥重庆市作为特大经济中心城市的作用、四川省经济和社会发展以及三峡工程的建设和库区移民的统一规划、安排、管理。

重庆是西南地区和长江上游最大的经济中心城市和重要的交通枢纽。1949 年 12 月，重庆市人民政府成立，属中央直辖市；1954 年 7 月，重庆市改为四川省辖市。1996 年 7 月 3 日，谢世杰、蒲海清召集重庆市、万县市、涪陵市和黔江地区主要负责人会议，传达党中央、国务院关于设立重庆直辖市的决定，研究实施重庆直辖市未正式设立前代管万县、涪陵、黔江的有关事宜。前期筹组工作的顺利开展，为重庆直辖创造了良好条件。本次重庆直辖市设立后，四川省面积由原来的 56.7 万平方公里减少为 48.6 万平方公里，仍居全国第五，四川仍是中国的人口大省，资源大省，经济大省，科技、人才、劳动力资源大省，西部最大的市场和物资集散中心。

甘薯新品系 8810-1 育成

1997 年 3 月 14 日，四川省农科院作物所用杂交法，育成了甘薯新品系 8810-1。这一新品系的育成，标志着四川省甘薯新品种选育有了重大突破。四川省科委将新品系 8810-1 列入省重点科技攻关项目，并进行初步示范。

成都人民南路广场改扩建开始实施

1997 年 3 月 16 日，成都市人民南路中心广场改造扩建工程开始实施。广场规划总用地 196 亩，北起蜀都大道，南抵东、西御街，东至宾隆街，西到西北中学，东西两侧新占地近100亩。工程分近、中、远三期分步实施。近期重点实施广场及附属设施建设，建成东西两侧宽25米的道路，形成广场外轮廓。远期计划在广场建设地下商场、娱乐设施、停车场、地铁车站等。新广场强调绿化效果，中心地带以大片草坪形成开阔的空间，改建后的人南广场是一个具有政治、文化特色，兼具环境、商业、交通等功能的综合性广场。1999年，人民南路广场更名为天府广场。

四川省林业系统获综合开发援助

1997年3月18日，中德合作四川省嘉陵江上游防护林工程项目在成都签署合作备忘录，该项目由德国政府无偿援助1200万马克，用于改善嘉陵江上游的生态环境、水土流失治理及扶持农民开展山区林业的综合开发。这是中华人民共和国成立以来四川省林业系统得到的最大一笔无偿援助。

全省扩张型企业工作会议召开

1997年3月24—26日，中共四川省委、四川省人民政府在绵阳市召开全省扩张型企业工作会议。会议确定，把长虹、东电、泸天化、川化、蓝剑、新希望、五粮液、成都卷烟厂、成都人民商场等37户企业和企业集团公司列为1997年四川扩张型企业，集中力量培育和扶持，实现和提高规模经济效益，带动四川经济发展。

攀钢二期工程竣工投产

1997年3月31日，攀钢二期扩建工程全面竣工投产。该工程是中国第一个由企业自筹资金进行建设的国家重点工程，它的竣工投产使国内钢铁工业布局得到改善，企业的规模、产品、技术装备跃上了新的台阶，为加快攀西地区的综合开发奠定了基础。通过扩建改造，攀钢生产能力大大提高，薄板、厚板、型钢、轧梁配套产品远销国外。

攀钢二期建设自1986年开工，历时11年，工程投资95亿元，建有1350立方米高炉1座、130平方米烧结机2台、50孔6米高焦炉2座、1350毫米板坯连铸机1台、1450毫米板坯连铸机1台、1450毫米热轧板厂1座、1220毫米冷轧板厂1座、30万千瓦自备电厂1座、五氧化二钒车间1个，并对炼钢系统进行了改造。

东方电机60万千瓦汽轮发电机试验圆满成功

1997年3月，东方电机股份有限公司与日本日立公司合作设计并全由东电公司制造的首台60万千瓦汽轮发电机实验圆满成功，标志着中国大型发电机技术和生产能力进入了世界先进领域。该电机于11月投入运行。根据日本日立公司和东方电机股份有限公司签订的合作生产发电机及有关技术转让合同，双方合作生产60万千瓦汽轮发电机四台，本次生产的电机为第二台。东方电机股份有限公司主要从事各型水轮机、水轮发电机、汽轮发电机、交直流电（动）机以及相关控制设备的设计、制造和销售，是全国研制大型发电设备的三大基地之一，资产总值达人民币96.4亿元。

4 月

引进西南地区首家彩管生产线

1997 年 4 月 2 日，成都红光实业股份有限公司、中国电子进出口总公司、中技国际招标公司同日本株式会社日方制作所、伊藤忠商事株式会社、西日本贸易株式会社在北京签订合同，引进彩色显像管生产线技术及成套设备，标志着西南地区有彩管玻壳和彩色电视机生产却无彩管生产线的状况得以彻底改变。该项目使用日本政府向发展中国家提供的“资金协力贷款”进行对外支付，预算总投资 23.39 亿元人民币，建设期二年，设计生产能力为年产 54 厘米（21 英寸）HS 彩管 110 万只、64 厘米（25 英寸）HS-2 彩管 23 万只、74 厘米（29 英寸）S-HS 彩管 45 万只，并具备生产 71 厘米（28 英寸）16∶9 宽屏幕彩管的能力。前两者是日立公司 80 年代后期产品；后者为超平面型，是该公司 90 年代初期产品。

西南首家 SOS 儿童村开村

1997 年 4 月 12 日，由成都市人民政府与国际 SOS 儿童村组织合作建立的一种新型的社会福利机构——中国成都 SOS 儿童村正式开村，这是中国西南地区唯一的一家 SOS 儿童村。SOS 儿童村是一个国际性的民间慈善组织，其办村宗旨是以家庭方式抚养、教育孤儿，并用 SOS 这个国际通用的求救信号，呼吁全社会都来关心和帮助灾难中幸存的孩子。

四川接受美国机构首次面向中国的特别捐助

1997 年 4 月 14 日上午，美国联邦快递 DC-10 货机抵达成都双流国际机场，随机运抵 36 吨逾 600 万美元的医疗物资。这是美国心连心国际机构组织首次无偿面向中国的特别捐助活动，本次援助的药品一部分送给四川省人民医院，其余药品分别送达 7 个贫困地区。

西南地区首次开行直达香港专列

1997 年 4 月 16 日上午 11 时，成都铁路局成都至香港首趟集装箱直达专列驶离成都东站，5 天后到达香港。这是西南地区首次开行的连接香港的直达专列。在铁道部和香港九龙铁路公司支持下，本趟专列转运货物 1300 吨，享受进出口物资的综合快捷服务。

四川实施“大轻工”战略

1997 年 4 月 17 日，四川省人民政府下发《关于发展“大轻工”的通知》，决定在轻工、纺织、电子、食品饮料、建材等行业通过自身做大、同省外合作、从国外引进等办法，做大做强发展前景好、市场需求大、经济效益好的 190 个生活消费品。6 月 9 日，中共四川省委、四川省人民政府在成都召开民营经济工作座谈会，提出加快“大轻工”发展的重要举措。年内，省政府作出从自身重点发展，引进东部和境外知名品牌、知名企业嫁接改造三个途径加快四川“大轻工”发展的决策。

新加坡华侨银行成都分行开行

1997 年 4 月 30 日，新加坡华侨银行成都分行举行开行庆典。这是经国家批准在四川乃至西南地区设立分行的首家外资银行，也是华侨银行继厦门、上海、天津之后在中国设立的第四家分行。新加坡华侨银行于 1932 年成立，是新加坡最大的银行之一，其分行遍及澳洲、日本、美国、英国及东南亚；3 月 10 日，新加坡华侨银行成都分行开始试营业。

5 月

成都开通互联网

1997 年 5 月 6 日，成都互联网（公用经济信息网）正式开通，标志着成都市信息化建设步入了新的发展阶段，开辟了成都走向世界、世界了解成都的新渠道。成都互联网的网络节点，是国家信息资源网的重要组成部分。该经济信息系统是在国家统筹规划下，经成都市人民政府批准立项，由市计委负责、市经济信息中心组织建设，涉及 40 个部门、19 个区（市）县、14 个大型商（市）场，采用先进的 WWW 技术，同时兼有基于 DOS 应用的 PX 网络平台，是一个具有丰富信息资源的增值服务网。该系统可为市和各区（市）县政府的主要综合经济部门进行经济分析、预测监测、经济决策提供服务，为企业生产经营导向和社会公众提供信息和信息技术服务。

电子科技大学首批进入“211 工程”

1997 年 5 月 7 日，国家教委举行电子科技大学“211 工程”可行性研究报告论证会，经专家组现场考察、论证和审核，一致通过《电子科技大学“211 工程”建设项目可行性研究报告》。电子科技大学成为进入全国首批“211 工程”建设的 27 所重点大学之一，也是西南地区正式进入“211 工程”建设的第一所高校。

四川开展公路巡警工作试点

1997 年 5 月 12 日，四川省首批 5 支公路巡逻民警队出现在大邑县、双流县、郫县、广汉市、峨眉山市的公路沿线，处理交通违章、治安案件和刑事案件。这是建立公路巡警队工作的首批试点，试点选取省内 5 个县（市）首先开展，取得经验后在全省各地推广。公路巡警队是针对公路沿线不断发生的违法犯罪情况，在公安部统一部署下，由四川省公安厅决定组建的，主要执行维护交通秩序、处理交通事故、维护公路治安秩序、接受公民报警及救助遇险人员等任务。

“东方红三号”成功发射

1997 年 5 月 12 日零时 17 分，中国自行研制的新一代通信卫星“东方红三号”，由新型的“长征三号甲”运载火箭在西昌卫星发射中心发射升空；5 月 20 日 15 时 01 分，卫星成功定点于东经 125°的赤道上空，各个系统均工作正常，通信系统的各项主要技术性能达到或优于设计指标。东方红三号卫星的研制、发射和定点成功，标志着中国通信卫星技术跨上了一个新台阶，对于促进中国卫星通信事业的发展、提高中国在国际航天领域的威望和地位具有重要意义。

四川首家 IC 卡电话开通

1997 年 5 月 17 日，成都电信局开通全省首家 IC 卡公用付费电话，全市范围内逐渐建立起覆盖面较为广泛、使用便捷的 IC 技术公用电话亭，满足了迅速发展的大众通信需求。IC 卡电话是继磁卡电话和有人值守公用电话后的另一种面向公众提供的公用电话服务，市民凭借 IC 卡即可在任何 IC 话机上拨打本地和外地电话。在移动通信技术尚未取得高速发展与通信成本相对较高的时代，IC 卡电话提供的公众化便捷通信服务方式，推动了成都公众通信服务网络的早期建设进程。

国家火炬计划软件基地落户西部软件园

1997 年 5 月 23 日，国家科委在北京正式向四川托普集团授牌，在其投资兴建的中国西部软件园组建国家火炬计划软件基地。中国西部软件园占地 140 亩，位于成都金牛区土桥工业区及郫县红光镇科技工业园区，规划建成国民经济信息化重点行业应用软件的产业化开发基地，争取建立统一的行业软件标准、重点行业用户技术人员的培训基地和境外软件企业的产品加工生产基地。托普公司创建于 1992 年 7 月，是以计算机软硬件、应用电子、通信等产品的研制、开发、生产、销售及其系统集成为主要经营范围的股份制高科技企业。

眉山地区成立

1997 年 5 月 30 日，国务院批复同意设立眉山地区，管辖从原乐山市划出的眉山、洪雅、丹棱、彭山、仁寿、青神 6 个县，地区行政公署驻眉山县东坡镇。8 月 26 日，眉山地区成立大会在眉山宾馆举行，省领导分别向眉山地委、地区人大工委、行政公署、地区政协工委和地区纪委授印授牌。设立眉山地区，充分体现了党中央、国务院对四川省经济和社会发展的关怀和支持，是省委、省政府从实际出发，加快乐山和眉山发展所采取的一项重大举措。

6 月

国内首个受控核聚变重点实验室建成

1997 年 6 月 5 日，中国第一个受控核聚变研究重点实验室——核工业环流器实验技术实验室，在核工业西南物理研究院通过由中国核工业总公司组织的验收。核工业西南物理研究院自 1984 年建成中国环流器一号、1995 年建成中国环流器新一号以来，开展了大量研究工作，取得了一大批科研成果，确保了该实验室得以顺利建成并通过国家级验收。

1997 年中国新技术、新产品交易博览会在成都举行

1997 年 6 月 6 日，1997 年中国新技术、新产品（成都）交易博览会在成都举行。新技术、新产品交易博览会是四川省于 1994 年与国家科委联合举办的经贸活动，博览会按年度定时举办，会址定在成都市，旨在培育、发展技术市场，推动科技成果转化，吸引投资贸易，加快经济发展。

首颗“风云二号”卫星发射成功

1997 年 6 月 10 日，中国第二代气象应用卫星“风云二号”在西昌卫星发射中心由“长征三号”运载火箭发射升空，成功进入预定轨道。“风云二号”是中国第一颗静止轨道气象卫星，各项技术指标均达到20世纪90年代国际先进水平，它开拓了中国在赤道上空地球同步轨道上进行气象观测的新领域，提高了中国气象预报和防灾减灾决策的即时性和准确性，使中国空间技术跨上了新台阶。

李鹏到凉山、攀枝花等地视察

1997年6月10—14日，中共中央政治局常委、国务院总理李鹏率国务院有关部门负责人视察四川凉山、攀枝花、成都等地。李鹏亲临“风云二号”发射现场，观摩了发射全过程，会见了参加“风云二号”卫星发射工作的有关人员，听取了西昌卫星发射基地负责人的汇报；走访了彝族聚居区的困难农牧民家庭；实地考察了正在兴建的二滩水电站、攀钢冷轧机厂、成都府南河整治工程；听取了四川省委、省政府工作汇报。李鹏肯定了四川省“九五”开局和1997年各项工作成绩，指出四川在人口、土地、资源、经济、科技人才等诸多方面都是全国大省，要两手抓、两手都要硬，实现物质文明建设与精神文明建设同步发展。

全省集中公开宣判毒品犯罪案件

1997年6月19日，成都、泸州、绵阳、凉山等12个地、市、州人民法院及成都铁路运输中级法院，分别对68件毒品案的141名毒品犯罪分子进行了公开宣判。当日全省各地召开公判大会16场次，参加旁听的群众达14万余人，焚烧毒品1.5万余克。

省内首家农村专业技术协会成立

1997年6月20日，泸州市江阳区况场劳保制品专业技术协会在泸州成立，这是泸州市规模最大的股份制专合组织，也是全省第一家加工股份制农村专业技术协会。况场镇是川南最大的劳保手套生产基地，当地为促进行业经济的健康发展，在自愿合作的基础上组织成立了况场劳保制品股份合作制专业技术协会。2000年、2003年，该协会两度被评为全省农村专业技术“百强协会”；2005年8月，该协会被中共四川省委、四川省人民政府评为“四川省先进农村专业合作经济组织”。

省委召开“互助基金”清理工作专项会议

1997年6月26日，省委召开“互助基金”清理工作专项会议，研究进一步依法处理好“四川省直属机关工会工作互助基金”非法集资案的有关工作问题。会议传达了国务院调查组对“互助基金”清理工作调查后提出的主要看法和意见，并根据李鹏总理、朱镕基副总理的指示及国务院调查组的意见，研究部署了“互助基金”清理兑付工作。

万县长江大桥建成

1997年6月28日，万县长江大桥建成，这是当时世界上单孔跨径最大的钢管混凝土劲性骨架箱型拱桥。大桥位于万县市万州区，是上海至成都高速公路跨越长江天险的特大型拱桥。大桥单孔跨江，无水下基础，全长856.12米，主跨420米，桥面宽24米，距江面高140米，为双向四车道，总投资1亿多元。大桥于1994年5月1日正式动工，主拱圈采用钢管与劲性骨架组合的钢筋混凝土箱形截面，采用缆索吊装和悬臂扣挂的方法施工，设计施工技术的研究成果获国家科技进步奖一等奖。该桥的建成，使中国的拱桥建筑水平跃居世界领先地位。

“天府热线”成功实现全国联网

1997 年 6 月，“天府热线”顺利完成北京、上海、广州、浙江、湖南、黑龙江、成都七省市“中国公众多媒体通信网”联网工程，使之成为邮电部“169 中国公众多媒体通信网”全国八大中心节点之一。“天府热线”不仅为用户提供基本的 Internet 接入服务，还提供包括电子函件、文件传输等多项功能服务，同时提供以中文为主的多媒体信息服务。“天府热线”成功实现联网，标志着四川信息产业开始步入成熟与快速发展时期。

侯宏澜获第四届国际芭蕾舞大赛金奖

1997 年 6 月，在卢森堡举行的第四届国际芭蕾舞大赛上，来自中国中央歌舞剧院芭蕾舞团的川籍演员侯宏澜技压群英，获得青年女子组金奖。当年，她以“宏澜风格”为名在北京举办中国芭蕾史上第一个个人芭蕾专场，主演了《黑天鹅双人舞》《巴赫塔》《天鹅之死》《十面埋伏》等芭蕾精品，其后应邀赴法国莱茵芭蕾舞团，成为该团首席客座明星，被法国媒介称为“来自中国的芭蕾公主”。

侯宏澜 1976 年 10 月 19 日生于四川成都市，是中国著名芭蕾表演艺术家、国家一级演员。

7 月

《四川省“九五”产业政策实施要点》公布

1997 年 7 月 11 日，《四川省“九五”产业政策实施要点》由四川省人民政府正式公布，明确了“九五”期间全省重点支持发展、限制发展、禁止发展的项目和产品。强调在产业发展方向上，坚持市场导向，突出产业与资源优势，大力扶持基础产业和基础设施、支柱产业和高新技术产业；防止不合理重复建设和地区间产业结构趋同；鼓励区际专业化协作和适度规模生产；在企业组织结构上，防止大而全、小而全，鼓励组建大型企业集团和规模经营；在产品开发上，重市场、讲效益，提高科技含量，促进产品上档次、上质量、上批量。

《关于进一步加快民营经济发展若干政策的意见》出台

1997 年 7 月 16 日，中共四川省委、四川省人民政府发出《关于进一步加快民营经济发展若干政策的意见》，明确提出“大力倡导，积极扶持，突出重点，加快发展，使民营经济在整个经济结构中的比重显著提高”的方针。

四川国家商品粮基地扩大

1997 年 7 月 22 日，四川新增 9 县（市）进入国家商品粮基地行列，它们是：绵竹、合江、通江、金堂、营山、蓬安、邛崃、冕宁、中江。

姜春云到川考察

1997 年 7 月 23—27 日，国务院副总理姜春云考察四川凉山、雅安、乐山、成都等地。姜春云指出：四川是一个农业大省，这些年来，四川省委、省政府一直把农业放在各项工作的首位，坚持按照“绝不放松粮食生产，积极发展多种经营，大力发展乡镇企业”的方针和“稳粮调结构，增收奔小康”的发展思路，在农村改革和发展方面积极探索，取得了宝贵经验；农业要持续发展，上新水平，必须注重研究新情况，解决新问题，总结推广新经验；当前要积极推进两个根本性转变，在确保农业增产的前提下，调整优化农村产业和产品结构，拓宽流通渠道，千方百计增加农民收入。

8 月

国内首个再就业援助工程在成都启动

1997 年 8 月 12 日，成都市再就业援助工程启动。首批 380 名下岗青工开始由同创电脑公司、美琪美容美发集团和飞龙驾校分别免费或半价进行电脑、美容美发及驾驶等技能培训，此举在国内尚属首例。本次再就业援助工程是对成都市再就业工程的重要补充，由成都团市委与成都商报社发起，旨在动员组织社会力量为下岗青工提供技能培训和就业推荐。

1994 年起，成都市实施再就业工程；1996 年以来，全市加快劳动力市场建设步伐。自实施再就业工程以来，成都市劳动部门已对 5000 余名下岗职工实施了转岗训练，同时通过企业安置、社会调剂和自谋职业等方式，共指导帮助近 10 万名企业下岗职工实现了分流安置。

省内首座调峰电站竣工投产

1997 年 8 月 26 日，四川省首家调峰电站——爱依斯凯华燃机金堂电厂成功发电，并向成都地区商业供电。成都爱依斯凯华燃机发电有限公司成立于 1995 年 12 月，是为缓解成都地区用电紧张局面和满足电网调峰及事故备用的需要，经省计委批准建设的省内第一家中美合作高科技环保型电力企业；公司由爱依斯（中国）发电有限公司、中国航空工业燃机动力集团公司、成都华西电力股份（集团）公司、成都华川石油天然气勘探开发总公司四家股东共同投资兴建，企业资产总计 2. 26 亿元。电站安装了一套美国普惠公司生产的燃气轮机发电机组，装机容量为 5 万千瓦，是四川第一家引进外资的燃机调峰电厂。1996 年 11 月 8 日，爱依斯凯华首期 5 万千瓦燃机调峰电站在金堂县奠基开工；1997 年 7 月 5 日，建成并投入商业运行。调峰电站的建成运营，为四川电网的调峰及安全运行作出了贡献，为建设和经营环保型电厂作出了示范，推动了当地经济发展。

大英卓筒井停产

1997 年 8 月，世界上最后一口以最古老采盐技术进行生产的盐井——大英卓筒井停产。该井位于遂宁市大英县卓筒井镇，是一种向地下吸取盐卤的小口盐井，是唯一还保留着宋代“凿地植竹”古老采盐方法的“活化石”。随着采卤、产盐技术的发展和现代工业技术的出现，这种以汲筒取卤、平锅煮盐的技术逐步退出历史舞台。

卓筒井的全套工艺是世界钻井技术的一次伟大创造，它促进了四川井盐开采的发展，更使中国成为世界上最早开采石油和天然气，并拥有油井和气井的国家。

9月

四川七部作品获“五个一工程”奖

1997年9月4日，在中宣部召开的精神文明建设“五个一工程”第六届表彰会上，四川七部作品获奖，分别是电影《鸦片战争》、电视剧《血战万源》、舞剧《远山的花朵》、广播剧《星期四，真好》、歌曲《熊猫的摇篮》、图书《现代企业制度论》、理论文章《长虹公司企业集约化经营的实践与探索》。

“五个一”指一部好的戏剧作品、一部好的电视剧（或电影）作品、一部好的图书（限社会科学方面）、一部好的理论著作（限社会科学方面）、一首好歌。“五个一工程”评选活动由中共中央宣传部组织，自1992年起每年评选一次。

住房公积金制度出台

1997年9月16—17日，全省房改工作会议召开。会议提出全面建立住房公积金制度，明确了全省住房分配改革制度的基本方向。住房公积金是单位及其在职职工缴存的长期住房储金，是住房分配货币化、社会化和法制化的主要形式，是国家法律规定的重要的住房社会保障制度，单位和职工个人必须依法履行缴存住房公积金的义务。职工个人缴存的住房公积金以及单位为其缴存的住房公积金，实行专户存储，归职工个人所有。

1997年国际熊猫节开幕

1997年9月24日，中国四川成都1997年国际熊猫节开幕，20多个国家的53个团队和来自中国澳门、台湾地区的50多个团队参与盛会。国际熊猫节自1993年开始举办，本届熊猫节是由成都市人民政府与中央有关部门和四川省人民政府联合举办的第二届国际熊猫节，主题是“生命—环境—发展”，历时5天。

龙溪—虹口自然保护区启动

1997年9月26日，都江堰市龙溪—虹口森林和野生动物自然保护区正式启动。该区位于四川省都江堰市西北部25公里的龙池地区，属岷江上游水源防护带，是经国务院审定发布的森林和野生动物类型自然保护区，以保护大熊猫、金丝猴、羚牛等珍稀野生动物和森林生态系统为主要任务。全区地跨都江堰市的虹口、龙溪、白沙乡，总面积3.1万公顷，是西南地区距大城市最近、外部条件最好的国家级自然保护区之一。

龙溪—虹口国家级自然保护区独特的地理位置和气候的垂直分布，形成了完整的7个植被垂直带谱（从常绿阔叶林带至高山流石滩稀疏植被带），保存了许多白垩纪、第三纪孑遗物种，以桐、水青树、连香树为代表的国家一级、二级保护植物。1994年，该区被中国科学院列为全国生物多样性“五大基地”之一。

“温（江）郫（县）都（江堰）”生态示范区挂牌

1997 年 9 月 26 日，经国务院批准，成都市温江、郫县、都江堰生态示范区正式授牌。“温郫都”生态示范区属全国第一批国家级生态示范区，也是全国唯一连片建设的生态示范区。该生态示范区建设推动了四川省生态县建设进程。

全省农业标准体系建成

1997 年 9 月，四川省人民政府召开了第一次全省农业标准化工作会议；17 日，四川省发布 191 项农业、畜牧、林业、农机等行业的省级地方标准，连同 900 余项农业国家标准和 1500 余项农业行业标准，初步建立起以主要农副产品等级标准为重点的农业标准体系，四川系统推进农业标准化工作开始起步。2002 年 9 月，省政府成立四川省农业标准化工作领导小组（2005 年省政府调整议事机构，将领导小组改为联席会议），负责统一组织、协调和开展全省农业标准化工作；2003 年 3 月，省政府召开第二次全省农业标准化工作会议，下发《四川省人民政府关于进一步加强农业标准化工作的通知》，制定了《四川省农业标准化体系建设 2003—2005 年发展纲要》。农业标准化是推进农业和农村经济结构战略性调整，实现传统农业向现代农业转变的基础。

10 月

四川运动员在“八运会”创造佳绩

1997 年 10 月 12—24 日，中华人民共和国第八届运动会在上海举行。四川代表团获八运会团体总分第七，奖牌总数居全国第 12 位。在本次全国运动会上，四川运动员熊其英获女子跳远金牌并以 7. 03 米打破亚洲纪录；“亚洲第一女飞人”李雪梅打破女子百米亚洲纪录；四川长安女排获沙滩排球赛冠军。

“亚太二号 R”卫星发射成功

1997 年 10 月 17 日 3 时 13 分，“长征三号乙”火箭在西昌卫星发射中心顺利升空，将香港亚太通信卫星公司的“亚太二号 R”卫星准确地送入预定轨道。这是长征系列火箭的第 48 次发射，也是香港回归后，中国航天首次为香港特别行政区的公司发射卫星。

第九届“西交会”在绵阳举行

1997 年 10 月 18—22 日，第九届中国西部商品交易会在绵阳举行，共有陕甘川宁毗邻地区十六方经济区代表团以及海内外客商近两万人参会，成交总额 61. 3 亿元。进场招工单位 524 家，达成双向选择就业人数 1. 04 万人。“西交会”是陕甘川宁毗邻地区经济联合会，由宝鸡、汉中、绵阳、巴中、南充等 12 个市和兰州、西安、成都 3 个铁路局于 1989 年共同创建的一个大跨度、开放型、综合性商品交易会，每届规模均在万人以上，已成为沟通东西部的一座经贸桥梁。

第五届中国艺术节在成都举行

1997 年 10 月 25 日至 11 月 5 日，第五届中国艺术节在成都举行，中共中央政治局常委、全国政协主席李瑞环，中共中央政治局委员、国务委员李铁映等出席本次国家级艺术盛会。艺术节以“欢庆十五大、迎接新世纪”为主题，上演的 52 台节目多为国内或国际比赛以及“文华奖”的获奖剧目，在 17 个场馆共演出 107 场，观众达 15 万人次以上。本届艺术节突出“艺术的盛会，人民的节日”氛围，先后组织近 30 个团体赴工厂、农村、大专院校、部队等基层单位慰问演出，直接观众达 10 万人次以上；首次将大规模的群众文艺活动和文化经贸活动与专业艺术展示有机结合，期间还举办了各类文物、美术、书法、摄影、民间工艺等 13 个展览，以及 1997 全国音像制品展销会、文物拍卖会等多项经贸活动。青神竹编《百子图花瓶》在第五届中国艺术节四川省首届民间工艺博览会上获银奖，青神竹编巨龙获得竹编艺术中的唯一金奖。

移动电话网覆盖全省

1997 年 10 月 28 日，四川省甘孜州康定 A 网模拟移动电话系统开通并投入试运行。至此，四川移动电话网已覆盖全省所有市、地、州所在地城市。

1997 年四川电视节举行

1997 年 10 月 28—31 日，1997 年四川电视节在成都举行。本届电视节吸引了来自 20 个国家和地区的代表，达成意向性协议送审的海外电视剧 1334 部（集）、动画片等其他节目近 100 部；国内影视机构销售节目 4767 部（集），成交金额 1.5 亿元。本届以后，四川电视节的设备展览会扩展到网络设备方面。

1990 年 4 月，原国家广播电影电视部决定设上海电视节和四川电视节，各隔年一次举办，以“和平、友好、交流、合作”为宗旨，电视节设有“金熊猫”奖、最佳长纪录片奖、评委特别奖等 14 个奖项。作为综合性的博览会，四川电视节逐渐形成了节目交易和设备交易两大规模市场。

达万铁路建设

1997 年 10 月 31 日，达万铁路在万县市大桥村正式开工，中共中央政治局常委、国务院总理李鹏，国务院副总理邹家华及国家有关部委、四川省、重庆市领导为工程奠基。该项目由铁道部、重庆市和四川分别按照 70%、16.65%、13.35%的出资比例合资建设经营，总投资达 28.76 亿元；铁路西起襄渝铁路达县站之襄樊端，东至万县，全长 158 公里，为国家一级单线铁路。2002 年 10 月23 日，达万铁路通过初验投入临管运营，到 2003 年底已办理货物运输 72.6 万吨。

达万铁路地处四川盆地东北边缘的高山丘陵地带，建成后，与达成铁路和长江航运一起，构成四川和重庆水陆联运的综合运输网络，成为国家“十五”规划中铁路通道的重要组成部分，有利于加速西南铁路通道建设，完善全国路网；也有利于改变贫困地区面貌，加快三峡库区建设，促进四川、重庆的改革开放和经济发展，推动西部大开发战略顺利实施。

11 月

李岚清到绵阳、广安等地视察

1997 年 11 月 1—5 日，中共中央政治局常委、国务院副总理李岚清先后到绵阳、广安、成都等地的学校、工厂、农村视察教育改革、经济发展和国有企业情况。其间，李岚清视察绵阳科学城、长虹电子集团公司，听取了绵阳市委、市政府的工作汇报，对绵阳的改革、社会经济发展和城市建设给予了高度评价。李岚清指出：当前最主要的任务是学习贯彻党的“十五大”精神，从初级阶段这一基本国情出发，立足实际，抓住机遇，发挥优势，推进西部地区的经济和社会发展。

第七届“文华奖”颁奖

1997 年 11 月 5 日，在成都举行的第五届中国艺术节闭幕式上，中共中央政治局常委、国务院副总理李岚清，中共中央政治局委员、国务委员李铁映及文化部有关领导等，向获得第七届“文华奖”大奖等奖项的代表颁奖。“文华奖”是文化部设立的专业艺术最高奖，每年评选一次；本届“文华奖”共评出大奖 5 个、新剧目奖 34 个、新节目奖 23 个、单项奖 99 个、组织奖 7 个，四川省获奖数量名列前茅。四川歌舞剧院和成都市经济电视台创作演出的儿童题材舞剧《远山的花朵》、四川省青年川剧团创作演出的川剧《死水微澜》获第七届文华奖大奖，话剧《船过三峡》和小品《洪霞》获新剧目奖。

川东北农业综合开发项目启动

1997 年 11 月 10 日，川东北农业综合开发项目开工典礼在南部县三清乡举行。该项目以扶贫开发为目标，是涉及农林牧水等多个子项目的大型农业开发项目。项目由联合国国际农发基金会提供优惠贷款，世界粮食计划署提供无偿粮食援助，在中国第一次以联合投资的形式援助川东北农业综合开发，涉及四川省南部县、阆中市、仪陇县等县市，以粮援为引导，通过“以工代赈”和“以粮代训”活动改善项目区基础设施，提高农民的科技文化素质和生产技能，并通过农发基金信贷投入生产开发活动，增强项目区综合生产能力，提高粮食产量和增加农民收入。

夹金山公路竣工

1997 年 11 月 11 日，夹金山公路通车庆典举行。公路由小金、宝兴两县共同修建，于 1995 年开工，按四级泥结石路双车道标准建设，起自雅安地区宝兴县硗碛藏族乡夹金山大桥，翻越夹金山山顶海拔 4114 米的王母寨垭口，止于阿坝州小金县达维乡，全长 80.37 公里。夹金山气候恶劣，地势险峻，夹金山公路通车，有效改变了当地交通闭塞，与外界缺乏联系的状况。

高性能计算中心落户成都

1997 年 11 月 11 日，中国成都高性能计算中心建成挂牌仪式在西南交通大学举行，这是国内第三个、西部地区第一个国家高性能计算中心。该计算中心采用一台“曙光 1000”作为主计算服务器，含 32 个主计算结点（CPU），整机浮点运算速度达每秒 26 亿次，内存总容量 1000 兆字节，是中国第一个国产大规模并行计算机系列，也是国家“863”计划的重大成果，达到 90 年代国际先进水平。

伊藤洋华堂在成都开业

1997 年 11 月 21 日，世界著名百货零售企业——日本株式会社伊藤洋华堂在成都开张营业。这是它在中国开设的第一家连锁店，集服装、家居用品、食品为一体，经营商品包括生鲜食品在内达 4 万余种。成都伊藤洋华堂公司由日本株式会社伊藤洋华堂、中国糖业酒类集团公司、日本国伊藤忠商事株式会社、中国伊藤忠集团有限公司及邱永汉集团中国永利都房屋开发公司等 5 家公司组成，注册资金 1250 万美元。伊藤洋华堂拥有高素质的管理服务及“顾客至上”的经营理念，其第一站选在成都，体现了成都作为西南国际大都市的巨大商业潜质，也带动了成都百货连锁市场洗牌和革新的高潮。

“好又多”超市进军成都

1997 年 11 月，经 3 个月的试营业后，“好又多”亚太店在成都正式开业，成为进驻成都的台资大型仓储式平价超市。“好又多”除了具有一般超市开架自选的特点外，还推行一种独具创意的销售策略——会员制，并将“会员制仓储式量贩店”的新概念带进了成都。开业当天，“好又多”创下营业额 56.67 万元的惊人数字；至 2001 年，“好又多”在成都已开设 5 家分店，拥有数十万名会员。

12 月

吴邦国到成都、绵阳视察

1997 年 12 月 15—18 日，中共中央政治局常委、全国人大常委会委员长吴邦国到成都、绵阳等地视察长虹集团、中国核动力研究设计院、核工业西南物理研究院、成都飞机制造公司等单位。在长虹视察时，他要求长虹公司掌握最新先进技术，跟上世界步伐，占领国际国内两个市场，进行跨地区低成本扩张，努力实现资本运营。

“天府第一路”建设

1997 年 12 月 26 日，被誉为“天府第一路”的成都双流国际机场高速公路动工兴建。该公路起于成都市人民南路立交桥，止于双流国际机场，全长 11.98 公里，其中高架桥 6.9 公里，互通式立交桥 2 座；4 车道沥青混凝土路面，高架桥路基宽度 26 米，设计行车时速 100 公里；全路段设置了现代化的交通工程设施和交通安全系统；实行全封闭、全立交，昼夜可通行汽车 3 万辆。1999 年 7 月 9 日，公路全线建成通车。

大英建县

1997 年 12 月 28 日，经国务院批准，四川省调整蓬溪县行政区划，设立大英县，隶属遂宁市，县政府驻蓬莱镇。大英县辖原蓬溪县管辖的通仙、金元、智水3个乡和玉峰、象山、卓筒井、天保、蓬莱、河边、隆盛、回马8个镇以及原红江镇的文武、永和、夏家沟3个村。

省内传呼行业兴衰

1997年底，“大西南”“汇通”等5家传呼台联合成立了全国第一家股份制寻呼台——联合电讯，拉开了成都市传呼台大规模联合兼并的序幕。1993年，原国家邮电部正式批准向社会开放寻呼行业，成都的社会寻呼台开始出现，至1995年鼎盛时期曾达60余家。1996年后，许多寻呼台陷入困境，陆续倒闭或被兼并；1998年4月24日中午11时，成都市总机号码为6616988的锦江寻呼台正式结束为传呼机用户传递信息的历史，投到126台麾下，省内传呼台行业整合进度进一步加快；各寻呼台用户大量流失，寻呼业逐渐淡出历史舞台。

1998 年

1 月

中共四川省第七次代表大会召开

1998 年 1 月 5—9 日，中共四川省第七次代表大会在成都召开。大会紧密结合四川实际，提出了今后五年的奋斗目标和基本任务：初步建立社会主义市场经济体制，努力使国内生产总值年增长率高于全国平均水平，城乡人民生活实现小康，全面完成“九五”计划，用新的实绩为实现 2010 年的远景目标奠定坚实基础。10 日，省委七届一次全会选举出了新一届省委、省纪委，谢世杰为省委书记，宋宝瑞、秦玉琴（女）、杨崇汇、张中伟、黄寅逵为副书记，席义方、沈国俊、王景荣、陈文光、陶武先、冯崇泰、刘绍先、甘道明为常委，沈国俊为省纪委书记。通过了关于第六届省委报告和省纪委工作报告的决议。大会号召全省党员和各族人民在党中央和省委的领导下，进一步解放思想，抓住机遇，团结拼搏，扎实工作，加快四川经济发展，推动社会全面进步。

政协四川省八届一次会议召开

1998 年 1 月 11—17 日，中国人民政治协商会议四川省第八届委员会第一次会议在成都举行。会议听取并审议了常委会工作报告、提案工作报告，协商讨论了《政府工作报告（征求意见稿）》等。会议选举聂荣贵为第八届省政协主席，孙同川、郝振贤、史志义、曾平江、章玉钧、陈官权、杨光华、吴正德、阿称、陈昌智、苟建丽、唐运张为副主席，丁燕等 145 人为常委。会议确定了第八届政协的任务：在中共四川省委领导下，高举邓小平理论伟大旗帜，深入贯彻中共十五大精神，突出民主、团结的主题，围绕中心，服务大局，切实履行政治协商、民主监督、参政议政的职能，为促进四川省改革开放和社会主义现代化建设事业的发展，为巩固和壮大爱国统一战线的大团结、大联合，为开创人民政协工作的新局面继续发挥作用。

四川省九届人大一次会议召开

1998 年 1 月 13—22 日，四川省九届人大一次会议在成都举行。会议听取并审议通过了《政府工作报告》、省人大常委会工作报告、省高级法院工作报告、省检察院工作报告等，并作出相应的决议。会议选举产生了四川省第九届人民代表大会常务委员会，谢世杰为主任，孟俊修、牟绪珩、孙自强、刘子寿、李永寿、张宗源、刘永顺、张国辉、钮小明、卢铁城为副主任。选举宋宝瑞为省长，张中伟、徐世群、欧泽高、邹广严、敬正书、王金祥、李进、王恒丰等为副省长。大会提出了今后五年要抓好的十件大事，即：认真贯彻十五大精神，进一步解放思想；认真组织实施《四川省国民经济跨世纪发展战略》；加强农业基础，加快农业产业化步伐；深化国有企业改革，推动城市经济发展；全方位推进对外开放；走资源开发之路，加快民族地区和贫困山区经济发展；坚定不移地实施“科教兴国”战略；进一步加强精神文明建设，推动社会事业全面发展；健全民主制度，加强法制建设，全力维护社会稳定；加强政府机关建设，坚持全心全意为人民服务的宗旨。会议还明确了1998年要抓好的几项主要工作：坚持把农业和农村工作放在经济工作的首位，确保农村经济发展，农民收入增加；打好国有企业改革攻坚战，努力提高工业经济效益；调整投资结构，抓好重点建设，增强经济发展后劲；努力做好财税、金融和商贸工作，支持经济持续、健康、快速发展；努力提高对外开放水平，增强对外开放实效；坚持“两手抓，两手都要硬”的方针，为经济、社会发展创造良好的环境。

长钢集团兼并重组

1998年1月19日，中国远望（集团）总公司整体兼并长钢签字仪式举行。长城特殊钢（集团）有限责任公司被中国远望（集团）总公司以资产划转方式整体兼并，这是四川省优化资本结构、盘活国有资产存量的又一重大举动，显示了四川省人民政府下大力气搞活国企的决心。被兼并后的长钢作为远望集团的全资子公司，更名为中国远望长城特殊钢（集团）有限责任公司，其原有的全部债权债务由远望集团承担，全部职工由远望集团负责安置，全部有形资产和无形资产也归远望集团所有。长钢公司保留独立法人资格，独立对外从事生产经营活动。

始建于“一五”期间的长城特殊钢（集团）公司是我国重要的特殊钢生产企业，曾是我国特殊钢行业的龙头企业。但近年来生产经营困难，1997年亏损4.9亿元。由远望集团实施兼并后，企业大幅度减亏，出现良好发展势头。1998年6月14日，四川省投资集团有限责任公司接替中国远望总公司，成为长城特殊钢（集团）有限责任公司的兼并主体；6月18日，长城特殊钢（集团）有限责任公司正式更名为“四川川投长城特殊钢（集团）有限责任公司”。

“石碑珙县龙”通过专家评审

1998年1月19日，四川省地矿厅向外界发布重大科研成果：川南宜宾市珙县石碑乡新发现的原始蜥脚类恐龙化石群，数量丰富，保存良好，经省和国家地矿部门评审后，被命名为“石碑珙县龙”。中科院院士、省科协主席刘宝珺主持召开评审会，30多名地矿专家、古生物学家参与测定评审，确定“石碑珙县龙”出现于侏罗纪早期，距今有1.99亿年，是继自贡大山铺恐龙化石群遗址后的一次重大发现，比大山铺恐龙动物群还早2600多万年。“石碑珙县龙”的发现，填补了云南禄丰恐龙与自贡大山铺恐龙之间的空白，使四川省侏罗纪恐龙化石遗产形成了完整的系统，即石碑侏罗纪早期化石、自贡大山铺中期化石、宜宾马门溪晚期恐龙化石。“石碑珙县龙”是侏罗纪中最早的一代，在世界早侏罗纪恐龙动物发现和研究史上都占有极为重要的地位；迄今为止，在国外相同地层中尚未发现这样丰富和保存完好的恐龙化石，其中的原始蜥脚类恐龙更属世界罕见。

航空航天工业部624所获国家科技进步特等奖

1998年1月19日，1997年度国家科技奖揭晓，位于四川省江油市的航空航天工业部624所的中国第一座大型“连续气源航空发动机高空模拟试车台”荣获国家科学技术进步特等奖。该项目的建成，填补了国内航空试验领域的一项空白，使中国成为继美、苏、英、法之后，世界上第五个、亚洲第一个拥有这种大型试验设施装置的国家。

“航空发动机高空模拟试车台”是独立自主发展航空工业不可缺少的关键设备，它是在地面模拟整个飞行范围内各种飞行状态和环境条件，对全台航空发动机进行试验的设备，是一项技术复杂、难度很高、规模巨大的国家重点工程项目。中国高空台经国家批准立项，于 1995 年通过国家验收并正式投入使用，其试验技术和数据精度达到了国际同类设备先进水平。

《四川日报》上网

1998 年 1 月 22 日，《四川日报》正式接通信息高速公路，此后全球任何一个国家或地区的读者都可从网上阅读《四川日报》。这对于扩大四川省对外开放，宣传四川省丰富资源、经济文化建设成就，广泛吸引海外的资金、技术、项目和人才具有积极意义。《四川日报》是全国继《北京日报》《解放日报》《大众日报》之后上网的省级党报。

攀西红古堡酿酒葡萄基地项目签字仪式在北京举行

1998 年 1 月 24 日，四川省人民政府在北京人民大会堂举行中法合作攀西红古堡酿酒葡萄基地项目签字仪式。四川攀西绿色产业基地有限公司与法国红古堡投资有限公司合作投资 3 亿元人民币，充分利用攀西地区的气候、土地、物种等巨大的综合开发优势，在 3 至 5 年内发展建立 5 万亩高品质酿酒葡萄基地。

岳池、乐至两县入选全国农村技术市场试点单位

1998 年 1 月 24 日，国家科委确定第二批全国农村技术市场试点单位 18 个，四川省岳池县、乐至县列在其中。

四川省首例试管婴儿妊娠成功

1998 年 1 月，一位因双侧输卵管阻塞而致继发不孕 11 年、在华西医大附二院接受了助孕技术治疗的妇女，经 B 超检查显示，她孕育的试管婴儿为宫内活胎，且为一对双胞胎，胚胎发育正常，母亲状况良好，全省首例试管婴儿妊娠成功。此项工作由华西医大附二院生殖研究室主持进行。

2 月

攀钢投产国家重点攻关项目

1998 年 2 月 9 日，由攀钢承担的国家重点攻关项目——“大秦线 75Kg/m 全长热处理钢轨研制”，通过冶金部组织的冶金、铁道两部有关专家进行的联合鉴定并投产，从而使中国成为世界上第二个最重型高强度热处理钢轨的生产国，其性能指标达到国际先进水平，使用寿命比普通钢轨提高一倍以上，极大地提高了攀钢在国际市场上的竞争能力。

宜宾核燃料元件厂项目获殊荣

1998 年 2 月 11 日，由宜宾核燃料元件厂等 11 个单位共同完成的“秦山 30 万千瓦核电设计与建造”项目工程获国家科技进步奖特等奖，居该奖项 3 项科技成果之首。它的建成投产，结束了中国不能自行设计和制造核电元件的历史，标志着中国核电产品又一重大进步，为核电元件国产化和中国核电事业的发展做出了巨大贡献。

核电燃料组件是核电站反应堆的核心部件，属国际公认的高科技产品。宜宾核燃料元件厂的秦山 30 万千瓦核电元件工程于 1975 年 5 月在原有生产线的基础上动工改扩建，1986 年底基本建成，1988 年底向秦山核电站提供首炉燃料组件。1990 年 5 月，工程以“总体质量优良”通过国家级验收；1991 年 3 月，首炉燃料组件和相关组件在秦山核电站通过国家级最终验收。

中亚客商包机赴川采购

1998 年 2 月 17 日，一架从乌兹别克斯坦首都塔什干起飞的包机，载着 40 余名俄罗斯及中亚五国客商抵达成都。本次活动主要由成都海外旅游公司组织实施，中亚客商在成都逗留 4 天，前往西南皮革城、成都荷花池市场观光购物，每位客商允许购物 5 万美元，四川制造的价廉物美的皮革制品和服装大受中亚客商的青睐。这种有计划、民间组织的定期、不定期包机采购模式，成为全省对外贸易的新形式。

成都市中级人民法院知识产权庭设立

1998 年 2 月 19 日，成都市中级人民法院率先在西部地区成立了知识产权庭，此举标志着成都市在依法保护知识产权所有人的合法权益方面迈出了重要一步。针对知识产权案件专业性和技术性强的特点，为保证审判公正，成都市中级人民法院同步采取了聘请法律咨询顾问、指定技术鉴定机构、邀请 15 名专业人员参加陪审等举措。知识产权庭的设立，有效改变了知识产权民事案件审理中存在的同类案件分庭分级审理、执法各异且专业审判人员缺乏的状况，结束了知识产权民事审判处于“边缘业务”的历史，成都地区知识产权审判有了专业机构，全面走上了专业审判的道路。8 月6 日，四川省高级人民法院知识产权审判庭也宣告成立。

省篮球运动管理中心成立

1998 年 2 月 25 日，四川省篮协成立了篮球运动管理中心，这是国内第一家省级篮球运动管理中心。篮球运动管理中心是在四川男女篮成绩明显滑坡的困境之中成立的，四川省篮球协会 1996 年成为独立实体，为了在工作上和国家体育总局篮球运动管理中心接轨，重振四川篮球运动，省体委党组研究决定正式成立四川省篮球运动管理中心。新成立的篮管中心明确了开展基础篮球训练工作、围绕篮球开展全民健身活动、进行篮球运动的科研和宣传工作等职能。

资阳地区成立

1998 年 2 月 26 日，国务院发出《关于同意四川省调整内江市行政区划设立资阳地区的批复》，同意调整内江市行政区划，设立资阳地区，将内江市管辖的安岳、乐至 2 个县和代管的资阳、简阳 2 个市（县级）划归资阳地区管辖。地区行政公署驻资阳市雁江镇。4 月 29 日，资阳地区正式成立，总面积 7960 平方公里，总人口 486. 5 万人，有 160 个乡、镇。

3 月

奥地利副总理访川

1998 年 3 月 5 日，奥地利共和国副总理兼联邦外交部部长沃尔夫冈 · 许塞尔先生乘机抵达成都，对四川进行友好访问。副省长徐世群于当天下午代表省长宋宝瑞会见了许塞尔先生一行，向客人介绍了四川省经济和社会发展的情况，认为此次访问必将促进四川与奥地利在经济、文化、教育等领域的交流与合作。许塞尔参观了都江堰水利工程和四川与奥地利的合资企业川西塑胶厂等，对四川在经济建设方面的成就表示赞赏。

沃尔夫冈 · 许塞尔先生应国务院副总理兼外交部部长钱其琛邀请访华，这也是许塞尔先生第六次访问中国。奥地利与四川有着良好的交往，奥地利的灵茨市同成都市已结成友好城市，双方开展了卓有成效的贸易合作。

开江天然气泄漏事件

1998 年 3 月 23 日凌晨 5 时许，川东钻探工程公司川钻 5 队在开江县境内钻探温泉 4 号井至 1869 米左右时，发生溢流显示，由于地质结构复杂，突然发生井下天然气大面积泄漏，酿成特大安全事故。事故造成在该地区附近 14 个小煤厂井下作业的工人中毒死亡 11 人，重伤 6 人，轻伤 8 人。

事故发生后，省委、省政府极为关注，达川地委、行政公署和开江县委、县政府领导当日赶到现场组织指挥抢险救灾工作，3000 多党政军领导、公安干警、武警官兵及群众参加了抢险。经过 3 昼夜的奋战，重伤者脱离危险，附近的群众安全转移，事故现场基本得到控制。

“绵阳经验” 总结推广

1998 年 3 月 26—28 日，四川省学习推广绵阳市优化资本结构、加速“两个转变”（在经济体制上，实现由传统的计划经济体制向社会主义市场经济体制的转变；在经济增长方式上，实现由粗放型经营向集约型经营的转变）现场会在绵阳市召开。会议总结交流了主要体现为党政领导高度重视，勇于解放思想、转变观念，始终抓住改革的重点，在国有企业资产、劳动力和经营者等方面实现机制转换，坚持改革、发展和稳定三者相结合的“绵阳经验”，指出绵阳的经验为全省树立了典型范例，试点取得突破性进展，符合中共十五大精神和四川实际，对全省具有重大指导意义。省委、省政府决定将“两个转变”试点扩大到成都、德阳、内江、南充、自贡、乐山、宜宾、眉山等地市，要求试点城市党政领导将此项工作作为一号工程，带动全省经济发展。

1997 年 2 月，省委、省政府决定在绵阳进行加速实现“两个转变”、与国际经济惯例接轨的综合改革试点，促进绵阳尽快成为四川和西部新的经济中心城市。在实践中形成的“绵阳经验”成为四川在改革开放以来创造的与“宜宾经验”并列的典型之一。

四川推行乡镇党政干部公推公选

1998 年 3 月，中共四川省委在巴中召开现场会，总结推广直选村干部经验，提出全省农村党组织负责人特别是党支部书记选举要普遍实行公推公选、公推直选，并要求把“群众参与、民主推荐、竞争上岗、承诺就职”等公推公选村干部的做法扩大到选拔乡镇领导上来，在全国率先将公推公选工作推进到乡镇层面。6月，省委在成都召开会议，对改革乡镇领导干部选任制度进行部署。9月，省委《四川省乡镇党政领导干部选拔任用工作暂行办法》明确规定，“推荐乡镇的某些领导职位人选时，还可以采取组织推荐、群众推荐、个人自荐与考试考核相结合的方法”，全省公选乡镇领导干部工作全面推开，先后在达川、南充、巴中、遂宁、眉山等地的部分乡镇进行了公选乡镇党委书记的试点。2001年底，省委结合乡镇换届选举，在全省1/3以上的乡镇公推公选乡镇领导干部；全省有1792个乡镇实行了公推公选、占总数的44.6%，共公选产生乡镇领导干部5447名、占总数的17.5%，其中乡镇党委书记787名、占总数的17.5%。泸州、雅安、巴中等市的所有乡镇领导干部全部由公推公选产生。2004年后，全省乡镇党委书记公推直选试点进一步扩大至成都、德阳、遂宁、宜宾、绵阳、广元、达州、攀枝花、凉山等10个市州的30个县（市、区），直接选举产生乡镇党委书记45名。2005年8月，全省公推直选乡（镇）党委书记的试点工作在全省18个市（州）和30个县（市、区）全面推开。四川基层民主建设工作走在全国前列。

4月

省政府向重点民营企业授牌

1998年4月1日，省政府举行授牌仪式，向希望、蓝光等31户民营企业隆重授予重点民营企业标牌。获得授牌的31户民营企业是四川省非公有制经济的排头兵，在全省改革与发展中发挥着重要作用。省政府强调，重点民营企业不搞终身制，实行优胜劣汰制。授牌仪式后，31户重点民营企业和银行界举行了座谈会。四川省民营企业资产集中度高、优势企业总体贡献率大，向重点企业授牌体现出四川省重视和推动全省民营经济进一步发展的战略思路。

尉健行到川视察

1998年4月1—9日，中共中央政治局常委、中纪委书记、全国总工会主席尉健行视察成都、绵阳、德阳等地。尉健行强调，各级领导干部要从讲政治的高度，认真落实党中央、国务院关于制止奢侈浪费八条规定，以良好的党风、政风带动社会风气的好转。他强调：要依法严惩腐败分子，纯洁组织；要端正党风政风，带动社会风气好转；要坚持标本兼治的方针，不断铲除滋生腐败的土壤。在川期间，尉健行听取了四川省委、省政府及省纪委、省监察厅、四川省总工会的工作汇报，充分肯定了四川省在加强党风廉政建设和反腐工作、制止奢侈浪费方面取得的成绩。

四川禁止各地成立民营企业管理机构

1998年4月4日，省机构编制委员会发出《关于禁止成立民营企业管理机构的紧急通知》，禁止省内一些地方沿袭计划经济体制下的思路酝酿或成立“民营企业管理局”之类机构的做法，明确要求重视发挥工商联及民间商会的重要作用。该项举措是对工商联界的委员们在政协四川省八届一次会议上联名提出的《关于制止乱设管理机构，不要对民营经济的发展形成管卡的建议》提案的积极回应。禁令的下发，为全省民营企业提供了一个宽松的发展环境，有利于促进全省非公有制经济的健康发展。

四川纺织系统压锭解困

1998 年 4 月 4 日，在成都无缝钢管厂炼钢三厂，成都市纺织业在全省首先拉开压锭序幕。上午 10 时，成都市人民政府市长王荣轩宣布压锭开始，现场堆放的以川棉一厂为主体组建的企业集团——成都九星纺织集团公司的 1 万落后棉纺锭，拆卸后被丢入料场。这是继上海、济南、昆明、天津等地砸锭大锤相继举起之后，四川敲响的纺织压锭第一锤，它标志着四川省纺织业脱困攻坚战正式打响。此后，南充、遂宁、达川在二、三季度相继敲响压锭大锤。

压锭、重组、减人、增效是纺织工业改革解困的必经之路，而压锭是国有纺织工业改革、调整、扭亏的切入点，是解决总量过剩矛盾、实现工业结构转换和产业升级的重要举措。1998 年 3 月 20 日，四川省成立了纺织压锭及结构调整领导小组，副省长王金祥任组长，计划 3 年压锭 18 万，当年实现压锭 11 万。

四川省设立科技杰出贡献奖

1998 年 4 月 15 日，为全面实施科教兴川战略，充分调动科技人员积极性，促进科技与经济结合，加快四川经济和社会发展，中共四川省委、四川省人民政府公布《四川省科技杰出贡献奖评选办法（试行）》，决定设立一次性奖金为 40 万元的“四川省科技杰出贡献奖”，每两年评选一次，每次获奖人数不超过 5 人。四川省科技杰出贡献奖是四川设立的最高荣誉的科技奖励。为确保该奖的公平、公正，四川省政府专门成立了由省领导、中科院、中国工程院院士、有关部门负责人和科研院所、大专院校的专家 33 人组成的评审委员会。1999 年 8 月，首届四川科技杰出贡献奖揭晓。

四川重奖贡献突出的企业经营者

1998 年 4 月 19 日，四川省人民政府对在企业改革和发展中做出突出贡献的 31 名企业经营者进行表彰和重奖，获奖的 31 名企业经营者还获得“优秀企业经营者”荣誉称号。长虹集团董事长、总经理倪润峰及党委书记余光银获得特等奖奖金 20 万元；一等奖得主为五粮液酒厂厂长王国春，泸州老窖股份公司董事长郭来虎、总经理叶宗岚，奖金各 8 万元；剑南春酒厂、什邡卷烟厂、成都卷烟厂经营者分获二等奖，奖金各 6 万元；全兴酒厂等 14 户企业的经营者获三等奖，奖金各 3 万元。省政府设立此奖的目的，在于充分调动企业经营者的积极性、创造性，推动企业提高整体管理水平和经济效益。

省委部署规范农村“两金”工作

1998 年 4 月 22 日，中共四川省委召开部分地区农村金融稳定工作会议，听取关于当前农村合作基金、供销合作社股金“两金”管理工作中面临的问题、对策与建议的汇报，部署规范“两金”确保农村金融稳定的工作。5 月 8 日，省委、省政府发出《关于防范风险，规范管理农村合作基金和供销社社员股金的实施意见》，指出“两金”问题潜伏着较大的风险，给社会带来了不稳定因素，要求本着“谁审批，谁主管，谁负责；谁举债，谁偿还；谁担保，谁负连带责任”的原则，采取坚决降息、降红、控制规模、调整结构、催收借款、充实备付金等措施逐步解决“两金”问题，制定防范方案，及时处置“挤兑”事件。

倍特电动自行车生产线投产

1998 年 4 月 30 日，年产 12 万辆、国内规模最大的倍特电动自行车生产线在成都高新区正式投产。成都倍特电动自行车有限公司作为研究、开发、生产、销售电动自行车的中美合资企业，是国内外专业生产电动自行车规模最大的企业之一；此次推出的电动自行车是利用美国本斯公司的专利技术生产的新型绿色交通工具，整车自重 25 公斤，最高时速 20 公里，采用全密封免维护铅酸电池作动力，通过智能控制系统控制电机和传动机构实现驱动，一次充电可持续行驶约 60 公里，已取得 8 项国家技术专利。5 月起，《人民日报》《光明日报》《文汇报》《科技日报》及各地各大媒体纷纷刊登报道或评论文章，对这一新生事物表示了极大关注。

电动交通工具是符合环保要求、又能规模化生产的代步工具，在电动汽车和电动摩托车还不具备普及推广条件的前提下，电动自行车为群众出行提供了便利。

5 月

兰成、广昆成干线光缆工程（四川段）竣工

1998 年 5 月 2 日，兰州—成都、成都—昆明—广州两条干线光缆在四川境内的线路工程全线竣工。兰成、广昆成两条光缆通信是国家“九五”重点建设项目之一，也是国家“八纵八横”光缆骨干网的重要组成部分。2000 年，兰成、广昆成通信两条光缆干线相继通过验收。兰州至成都通信光缆全长 1333 公里，穿越甘肃、四川两省的 15 个县市区，是继兰西拉光缆工程之后横贯西北西南的第二条信息高速公路。广昆成光缆干线的竣工投产，标志着“八横八纵”光缆干线网全部竣工投产。

“八横八纵”光缆网，由 48 条光缆干线组成，始于 1986 年的宁—汉光缆工程，终于 2000 年 10 月建成的广昆成光缆工程，历时 15 年，累计投资约 170 亿元人民币，覆盖全国所有省会城市和七成以上县市。“八横八纵”光缆网工程，是 20 世纪 90 年代初为根本改变国内长途通信落后面貌而建设的，是中国通信建设史上取得的一项重大成就。

大风暴雨袭击川东北

1998 年 5 月 7 日零时至 1 时，四川邻水县遭受大风暴雨袭击，全县 12 个乡镇、23100 户、83140 人受灾；因灾死亡 3 人，受伤 20 人，死亡大牲畜 42 头。当天 2 时至 18 时 30 分，大竹县、开江县、宣汉县、渠县和达川市遭受大风暴雨袭击，最大雨量达 124 毫米。达川全地区 153 个乡镇、132 万人受灾，14 个场镇进水，水位最高 2.01 米；因灾死亡 5 人，伤 27 人；死亡牲畜 483 头。

《四川百科全书》问世

1998 年 5 月 22 日，《四川百科全书》编纂出版总结暨书评座谈会召开，四川省第一部大型地方百科全书正式问世。该书编纂委员会主任、省委副书记秦玉琴，副省长徐世群，以及省政协副主席章玉钧，著名经济学家辛文，史学家隗瀛涛教授，物理学家郑仁蓉教授及该书编委会成员参加会议。

《四川百科全书》是当时国内已出版的地方百科全书中规模最大的一部，分四川省概述、正文和附录三个部分，全书总计320万字。四川省概述分地理位置、自然环境和资源等21个部分，综述四川历史沿革与现状，重在现状；正文包括29个分篇、8000余条目，“附录”13个部分。《四川百科全书》编纂工作始于1995年初，是四川省一项宏大的文化工程，它既是了解四川历史与现状的大型工具书，又是介绍、宣传四川的综合性资料书，兼有存史、查检、释疑等多种功能，被誉为“巴蜀第一书”。

000号金库顺利搬迁

1998年5月25日，中国四大金库之一的“储币库”——中国人民银行第000号金库结束其历史使命，在武装保护下，撤出四川什邡。000号金库建成于中华人民共和国成立初期，位于地势奇特、人烟稀少的什邡市境内，作为国家计划经济时代的产物，已难以适应市场经济发展，加之对自然条件的恶劣和金库安危的考虑，中国人民银行决定将金库搬出大山。金库里有成千上万吨货币，搬迁工程浩繁复杂，此次大规模搬迁，在中国历史上十分罕见。

东方锅炉（集团）股份有限公司成功制造硼注射器

1998年5月25日，国内容量最大的广东岭澳百万千瓦级核电站核岛主设备——硼注射器在东方锅炉（集团）股份有限公司制造成功并吊装发运，标志着百万千瓦级核电设备制造国产化取得重大突破。东方锅炉（集团）股份有限公司为广东岭澳核电工程1000兆瓦级核电设备国产化而生产的硼注射器属于核安全2级、核质保1级设备，在安全壳系统中属应急堆芯冷却部分。该设备于1997年4月开工建造，1998年6月8日在岭澳交货，较交货期提前近2个月。

东方锅炉（集团）股份有限公司于1996年7月15日与法国法马通公司签订了广东岭澳核电站核岛重型机械设备的分包合同，其中包括核二级设备硼注射器1台，从而成为百万千瓦级核电核岛主设备的供应商和免技术使用费的技术转让受益单位。

“中卫-1号”通信卫星发射成功

1998年5月30日，中国研制的“长征三号乙”大推力捆绑式运载火箭，在西昌卫星发射中心成功地将“中卫-1号”通信卫星送入预定轨道。“中卫-1号”卫星是由美国洛克西德马丁公司基于A2100A型商业通信卫星平台研制的通信卫星，装载等效的36兆赫带宽的C频段和Ku频段转发器各24个，由中国东方通信卫星有限责任公司经营，为国内及周边国家提供通信、广播电视及专用网卫星通信业务。

攀西经济商业圈初具规模

1998年5月，四川攀西农业项目洽谈会在成都召开，首批签订了13个投资合作项目，投资者来自国内各地和法国、加拿大、日本等国家，攀西经济商业圈开始初具形态。该商业圈包括攀枝花市和凉山州，土地面积6.74万平方公里、占全省13.8%，人口479.7万人、占全省5.8%，是西南重要的钢铁基地、全国重要的水能基地。1996年，该商业圈的社会消费品零售总额为54.9亿元，占全省的5%；在社会消费品零售总额中，国有经济20亿元、集体经济6.2亿元，多种所有制经济的流通格局初步形成。

1997 年，省政府确定了攀西生物资源开发和农业产业化的若干重要工程；世界银行批准贷款 1 亿多美元帮助开发该地区的农业资源。经过多年发展，攀西商业圈逐渐成长为四川省重要的经济开发区域之一。

6 月

《关于加快旅游业发展的决定》出台

1998 年 6 月 1 日，中共四川省委、四川省人民政府发出《关于加快旅游业发展的决定》，指出要大力发展和培育旅游业，把旅游业确定为四川省 21 世纪培育壮大的六大支柱产业之一，并提出建设中国旅游经济大省的战略构想和发展目标。省委、省政府在随后召开的全省旅游工作会议上指出，要从战略和全局高度充分认识旅游业在全省经济和社会发展中的重要地位，加快把四川建成旅游大省、经济强省。1999 年 3 月，《四川省旅游发展总体规划》出台，提出到 2010 年旅游业在全省国内总产值中的比例达到 8%；此后，四川省又相继出台了《关于加快培育支柱产业，建设经济强省的决定》《关于加快四川旅游产业发展的实施意见》等重要文件，对《四川省旅游发展总体规划》内容进行了补充完善。

四川旅游资源富集，自然风光优美、历史文化积淀深厚、民俗风情多姿多彩。《关于加快旅游业发展的决定》等文件的出台，明确了四川旅游业的地位和作用，为规范和促进四川旅游业做大做强指明了战略重心和发展方向，全省旅游产业进入了快速发展的黄金增长时期。

推动国企下岗职工基本生活保障和再就业工作

1998 年 6 月 2—3 日，全省国有企业下岗职工基本生活保障和再就业工作会议在成都召开，会议要求组织落实、政策落实、资金落实、工作落实，坚持把解决职工再就业与促进经济发展结合起来，认真负责，尽力而为，突出重点，加强调控，用 3—5 年的时间，基本解决这一问题，确保下岗职工再就业率不低于 50%。6 月 8 日，省委、省政府发出《关于做好四川省国有企业下岗职工基本生活保障和再就业的通知》，要求切实加强对国有企业下岗职工基本生活保障及再就业工作的组织领导。切实做好基本生活保障和再就业资金的筹集；调控总量，有计划地实施下岗；企业确定职工下岗要符合程序，做到公正、公开、公平；非全停产企业的职工有下列情形之一的不得安排下岗，已下岗的应优先帮助实现再就业：夫妻已有一方下岗的、获省部级劳动模范称号的、现役军人配偶。实行“下岗证”管理制度，规范下岗职工的管理，建立企业空岗报告和招用人员审批制度，加强劳动力市场建设，强化再就业服务，做好下岗职工的建档工作，完善社会保险，解除下岗职工的后顾之忧。国务院确定的“优化资本结构”试点城市的企业或纺织行业，下岗职工分流、安置和再就业工作仍按国务院和省委、省政府的有关规定执行。

倪润峰获第三届“日经亚洲大奖”

1998 年 6 月 3 日，四川长虹电子集团公司董事长兼总经理倪润峰获第三届“日经亚洲大奖”。倪润峰出席了颁奖大会，成为亚洲企业界摘取日经亚洲大奖的第一人。大会评审委员会认为：倪润峰出任长虹公司总经理的十多年间，长虹建成中国最大彩电基地，不仅为社会创造了财富，而且直接和间接为社会提供了数十万人的就业机会；作为中国国有企业改革的楷模，他荣获“日经亚洲大奖”当之无愧。1998 年长虹彩电产量为 930 万台，占国内总产量的 45%，居世界第四位。

“日经亚洲大奖”由日本经济新闻社创立，此奖项颁发给在经济发展、技术开发和文化教育三个领域内有杰出贡献的个人和团体，旨在使世界了解亚洲对人类所做出的杰出贡献，具有很高的代表性和权威性，其影响遍及全球。

西南地区首例女变男变性手术获得成功

1998 年 6 月 4 日，西南地区首例女变男变性手术在华西医科大学附属第一医院医学美容中心获得成功。24 岁的当事人于 1998 年 2 月从东北辗转至华西医科大学医学美容中心，提出开展女变男的变性手术要求。华西医大医学美容中心经鉴定确认当事人患有严重异性癖后，通过实施改变面部轮廓、女性性器官切除等一系列手术，成功帮助患者完成了变性手术。自 1995 年四川成功进行首次变性手术以来，该医学美容中心已顺利完成了 4 例变性手术，但本次女变男性手术尚属西南地区首例。

粮食流通体制改革工作稳步推进

1998 年 6 月 4—5 日，四川省粮食流通体制改革工作会议在成都召开。会议贯彻国务院粮食改革工作会议精神，部署四川粮食流通体制改革工作。会议强调，必须坚持“敞开收购、顺价销售、资金封闭运行”的方针，坚定不移地推进粮食流通体制改革。6 月 19 日，省政府发出《进一步深化粮食流通体制改革的通知》，要求政企分开，切实转换粮食企业经营机制；合理划分省和地方粮食责权，全面落实粮食省长负责制；完善储备粮食管理制度，实行储备和经营分开；建立和完善政府调控下市场形成粮食价格的机制；加强粮食市场管理，促进粮食有序流通；妥善解决粮食财务挂账，完善资金管理办法；统一认识，加强领导，确保粮食流通体制改革顺利进行。1999 年 4 月 28 日，全省粮食流通体制改革工作现场会在遂宁市结束，总结了四川一年来粮食流通体制改革的成绩，要求进一步坚定信心，继续推动粮食改革工作。7 月 7 日，省粮食流通体制改革工作会议在成都召开，研究贯彻落实《国务院关于进一步完善粮食流通体制改革政策措施的通知》的相关政策措施，强调按市场需求加速调整四川省粮食生产结构。7 月 14 日，省政府发出《关于进一步完善粮食流通体制改革政策措施的通知》，从完善粮食保护价收购政策，推动粮食种植结构的调整，完善粮食补贴办法、促进顺价销售，继续加强市场管理、处理陈化变质粮食，探索工农商结合等提出了具体政策。

内（江）昆（明）铁路建设

1998 年 6 月 12 日，中国铁路工程总公司内昆铁路工程指挥部在宜宾市成立，西南最快捷的出海通道——内（内江）昆（昆明）铁路北段在宜宾县横江镇油房坝开工；6 月 26 日，内昆铁路新建中段工程开工。内昆铁路横跨四川、云南、贵州三省，全长 872 公里，其中北段内江至安边段 1959 年建成通车，南段梅花山至昆明段 1965 年建成，中段因故于 1962 年停工。这次新修建内昆铁路属国家“九五”重点建设项目，为一级电气干线铁路，起于水富，终于梅花山站，途经四川、云南、贵州三省，全长 358 公里，其中四川境内 26.5 公里、云南省境内 210.1 公里、贵州省境内 121 公里；桥梁和隧道总长

190 公里，约占该段铁路总长的 54%。工程概算总投资约 120 亿元，设计工期 4 年。2001 年 9 月 19 日，内昆铁路在云南省昭通火车站全线铺通。2002 年 5 月 12 日，内昆铁路全线开通投入营运。

内昆铁路工程浩大，是中国 20 世纪铁路建设中地质最复杂、地形最艰险、技术难度最大的铁路干线之一。内昆铁路的建成，对完善西南路网布局，实施西部大开发战略，促进西南地区和国民经济的发展，加快沿线人民脱贫致富，增强民族团结具有重要意义。

茂县建成国内最大红豆杉人工培植基地

1998 年 6 月 18 日，国内最大规模红豆杉人工培植基地在茂县建成。该基地由中科院成都生物制品研究所栽培，占地 1000 亩，成活 3000 万株。

《关于进一步深化国有企业改革的意见》出台

1998 年 6 月 25 日，中共四川省委、四川省人民政府发出《关于进一步深化国有企业改革的意见》，对国有企业改革涉及的各方面问题提出了纲领性意见。本次《关于进一步深化国有企业改革的意见》主要包括四个方面的内容。一是实施资产大重组，推进企业产权重组，实现投资主体多元化，鼓励职工参与购买企业产权，企业产权转让收益归产权所有者。对长期亏损、难以扭亏，又不具备破产条件的大中型企业，可以从企业分离出不同的经营主体，进行资产重组。二是推进结构大调整，坚定不移地加快工业化步伐，使工业在国民经济中的比重由 40%提高到 50%。调整工业所有制结构，引导国有企业逐步从部分竞争行业中转移出来，加强重要行业和关键领域，减小国有资产的分散度，实施企业组织结构的调整，支持优势企业扩张。三是促进机制大转换，企业进行公司制改组必须按照《中华人民共和国公司法》建立股东会、董事会和监事会，依法行使权力，规范出资者所有权，保障企业法人财产权。逐步实行经营管理者选聘市场化和任制职业化，改革企业用工制度，实行竞争上岗、合同用工新机制，进行经营管理者年薪制试点。企业按照“按劳取酬，工效挂钩，薪随岗动”的原则，自主决定分配方式。四是完善社会保障制度，建立统一的社会保障机制，全面推行养老、失业、医疗、工伤和生育保险，建立下岗职工基本生活保障、失业救济和城市最低生活保障等社会保障体系。

成飞成功交付首架波音飞机垂直尾翼

1998 年 6 月 25 日，成都飞机工业公司按时向美国波音公司交付了转包生产的首架波音 757-200 垂直尾翼，这是中美民用航空制造领域携手合作的又一成绩。成都飞机工业公司在 1995 年由中国航空进出口总公司与美国诺斯洛普・格鲁门公司签署合同后，接手转包生产 176 架波音 757 飞机机身尾段，其中包括垂直尾翼、水平尾翼等，合同总金额 1.4 亿美元，是当时中国航空工业承接的最大一个转包生产合同。根据合同要求，成飞公司实现了波音 757-200 飞机垂尾、飞机平尾的交付，并进行了批量生产。公司由此跨入国际民机转包生产优秀转包商行列，在竞争激烈的国际市场中占据了一席之地。

成都铁路局公开招标行包快运专列经营权

1998 年 6 月，成都铁路局面向社会公开招标行包快运专列经营权，国有、私营企业各一家中标，此举意味着铁路系统在资产管理和经营分离试点上取得突破，也标志着西南铁路独家经营的格局被打破。本次实行公开招标的行包专列以企业承包的形式组织货源，铁路与承包者订立运输合同，确定运行时间、线路、列车车次、发到站、费用和交货方式，各负其责。行包快运专列实行一次办理、一次付款、一票到站、门对门的“一条龙”服务。

继本次经营权放开后，成都铁路局对条件成熟的餐车、行李车、管内慢车和季节性旅游车也逐步放开，允许铁路内外单位或个人参与租赁、承包经营，铁路经营管理一步步被推向市场。

7月

“南江黄羊”培育成功

1998年7月1日，“南江黄羊”命名仪式在成都举行，这标志着“南江黄羊”培育工作顺利完成。“南江黄羊”是由四川省南江县畜牧局等7个单位采用多品种杂交方法，经35年努力培育而成的肉用型山羊新品种。南江黄羊体格高大、结构匀称、生长发育快、产肉性能好，其主要生产性能指标均居国内领先水平，它丰富了国内畜禽品种资源，填补了国内无肉用山羊品种的空白，是中国历史上唯一经人工培育的优良肉用山羊新品种。2002年10月，“南江黄羊新品种（系）选育研究”课题被列入国家“863计划”。“南江黄羊”的培育成功，推动了全省畜牧科研事业的发展，有利于促进农村养殖业的丰富性和多样性，帮助农民脱贫致富。

“南江黄羊”于1995年10月13日经过南江黄羊新品种审定委员会审定，1996年11月14日通过国家畜禽遗传资源管理委员会羊品种审定委员会实地复审；1998年4月17日被农业部批准正式命名为肉用山羊品种并加以推广。至1998年，南江县已累计向国内18个省（市、自治区）的170多个县（市）提供种羊10余万只。

古玩艺术品市场建设

1998年7月5日，四川省古玩艺术品市场在成都开业，该市场由成都市花鸟公司主办。1999年4月18日，占地30多亩的成都大型古玩艺术品市场开业。

四川省工会第十次代表大会举行

1998年7月13—17日，四川省工会第十次代表大会在成都召开，大会正式代表800人，特邀代表108人。会议总结了过去五年来全省工会工作取得的成绩和经验，提出后五年全省工会工作的目标和主要任务。会议选举产生了四川省出席中国工会第十三次代表大会的代表以及第十届经费审查委员会，选举产生了四川省工会第十届委员会，甘道明当选为第十届委员会主席。会议还表彰了一批工会活动先进集体和个人。

全省住房改革暨建设工作会议召开

1998年7月15日，四川省人民政府在成都召开全省住房改革暨建设工作会议，要求各级政府及各有关部门紧紧围绕把住宅产业培育成为新的经济增长点这一中心，停止住房实物分配，逐步实行住房分配货币化。会议明确指出：企业住房制度改革要在坚持住房商品化、社会化的统一政策目标指导下进行；实行住房分配货币化后，新建住房原则上只售不租或先租后售；要尽快地建立起多层次的新的住房供应体系，实行最低收入家庭租住廉租住房，中低收入家庭购买经济适用房，高收入家庭购买、租赁市场商品住房的政策，职工购房费用主要依靠职工的工资、住房公积金和个人住房抵押贷款等；各地要把住房金融从过去支持单位建房为主，逐步转为支持个人住房消费为主。这一政策的出台，给省内方兴未艾的房地产业提供了新的发展契机。

“鑫诺1号”卫星发射成功

1998年7月18日，“长征三号B”运载火箭在西晶卫星发射中心顺利升空，将法国阿尔卡特空间公司承制的“鑫诺1号”卫星准确送入运行轨道。这是中国长征系列运载火箭首次成功发射欧洲制造的通信卫星。

四川省废止限制用电的各项规定

1998年7月21日，四川省人民政府决定废止限制用电的各项规定，并采取加快电网建设、减轻用户负担、降低部分电费、改善售电服务等措施，鼓励城乡居民和企业多用电。

贯彻军警政法单位不再从事经商活动指示

1998年7月28日，中共四川省委、四川省人民政府召开全省军队、武警部队、政法机关不再从事经商活动工作会议。会议贯彻落实党中央国务院指示，传达中央关于全国军队、武警部队、政法机关不再从事经商活动的精神，讨论研究了全省的实施细则，对企业的撤销和移交工作进行部署。8月4日，四川省公安厅发布公安机关禁止经商的特别警令；11月12日，省委办公厅、省政府办公厅印发《四川省政法机关不再从事经商活动的实施细则》；到12月3日，在川军队和武警部队正式向省政府移交企业43家，其中军队企业35家、武警部队企业8家，成都军区经中央军委批准，将应该移交云、贵、川、渝四省市地方政府管理的123家军办企业全部移交完毕。

广安市成立

1998年7月31日，国务院发布《关于同意四川省撤销广安地区设立地级广安市的批复》，同意撤销广安地区和广安县，设立地级广安市。市人民政府驻新设立的广安区广福镇。广安市设立广安区，以原广安县的行政区域为广安区的行政区域。区人民政府驻浓洄镇。广安市辖原广安地区的岳池县、武胜县、邻水县和新设立的广安区。原广安地区的华蓥市由省直辖。1999年1月22日，广安市人民政府挂牌。

二滩—自贡500千伏输电线路建成

1998年7月，四川省内第一条500千伏线路——二滩—自贡500千伏输电线路竣工投运，这是当时世界上第一条高海拔、特重冰区的500千伏输电线路，为四川水能资源大规模开发和利用创造了条件。

8 月

成都实行垃圾袋装化管理

1998 年 8 月 1 日，成都市开始实行生活垃圾袋装化收运管理。本次袋装化管理区域主要针对全市五城区一环路以内街道辖区，并包括高新区的肖家河、芳草街辖区以及机场、车站、公园名胜旅游景点等区域。8 月 20 日，《成都市城市生活垃圾袋装管理办法》公布实施，这是成都的第一部关于城市生活垃圾袋装化管理的地方性行政规章，标志着成都市垃圾袋装化管理进入法制化的轨道。生活垃圾袋装化收运管理是成都市环卫管理领域的一项革新举措，对净化城市环境、推进城市管理的规范化有重要意义。

省政府印发《关于加快发展我省高新技术产业的通知》

1998 年 8 月 12 日，四川省人民政府印发《关于加快发展我省高新技术产业的通知》。通知指出，加快发展高新技术产业，是实施“科教兴川”战略的重要内容；要坚持“发展高科技、实现产业化”的指导思想，坚决把发展高新技术产业摆在国民经济发展的优先位置；要切实推进高新技术新兴产业发展，培育四川省经济新的增长点。

四川率先实施天然林保护工程

1998 年 8 月 21 日，四川省人民政府发布《关于实施天然林资源保护工程的决定》，从 9 月 1 日起，阿坝州、甘孜州、凉山州、攀枝花市、乐山市、雅安地区全部停止天然林采伐，同时关闭工程区内木材交易市场；加强森林资源管护和生态公益林建设；发展多种经营，分流富余人员；确保养老金和下岗职工基本生活费的发放；加强资源林政管理，严格依法治林；加强领导，落实责任，确保天然林资源保护工程顺利实施。9 月 29 日，省政府办公厅发出紧急通知，决定从 10 月 1 日起全省范围内所有天然林资源一律停止采伐；严禁任何单位和个人乱砍滥伐、毁坏天然林。四川在全国率先实施了天然林资源保护工程，全省约有 10 万伐木工人因此放下斧头，此举对维护长江流域生态平衡、保护森林资源、改善生态环境具有重要意义。1999 年 1 月 29 日，《四川省天然林保护条例》在省九届人大七次会议上通过，这是在全国率先通过的第一部关于保护天然林的地方法规。四川实施天然林保护工程，产生了巨大的经济生态效益和社会价值，有着广泛的社会影响。

中国女子漂流队完成长江源漂流

1998 年 8 月 21 日，中国首支女子长江源科考漂流探险队 11 名女队员从成都出发，在青藏高原无人区徒步挺进，到达长江源头海拔 5400 米的姜古迪如冰川。科考队从源头下水，乘两艘橡皮艇漂流 13 天，最后到达沱沱河大桥。此次漂流活动历时 45 天，完成了长江源漂流，再次对长江源区生态环境的变迁进行了科学考察和记录，成为长江科考漂流探险史上的又一壮举。

国有重点煤矿下放四川

1998 年 8 月 21 日，四川省与国家经贸委、国家煤炭工业局举行国有重点煤矿下放交接签字仪式。根据月初国务院关于改革国有重点煤矿管理体制的通知，11个中央在川单位下放四川，四川共接收煤矿职工12万余人，划转资产总额49.3亿元。30日，四川省改革国有企业重点煤矿管理体制工作会议在成都召开，会议要求，进一步提高认识，统一思想，制定措施，各方配合，理顺四川省煤炭工业管理体制，搞好煤炭经济结构调整，深化煤炭企业改革，促进四川省煤炭工业健康发展。

省委、省政府表彰全面实现绿化单位

1998年8月26日，中共四川省委、四川省人民政府通报命名并奖励全省31个全面实现绿化的市、县（市、区）：成都市、德阳市、双流县、邛崃市、大邑县、蒲江县、崇州市、新都县、金堂县、温江县、成都市武侯区、广汉市、中江县、绵竹市、彭山县、乐山市五通桥区、自贡市大安区、阆中市、南部县、巴中市、名山县、盐亭县、乐至县、简阳市、大竹县、泸州市江阳区、泸州市龙马潭区、泸县、泸州市纳溪区、大英县。

四川数字移动电话第六期扩容工程签约

1998年8月31日，省邮电数字移动电话（GSM）第六期扩容工程合同签字仪式在成都举行，工程总投资2亿多美元。GSM（Global System of Mobile communication）即全球移动通信系统，是当时应用最为广泛的移动电话标准，也是我国主流的数字移动通信网络制式。GSM于1990年首次在新的900兆赫的频带上应用，其信令和语音信道都是数字式的，被视为第二代（2G）移动电话系统。

发掘成都水井街酒坊遗址

1998年8月，成都全兴酒厂在水井街生产车间改建厂房时，发现地下埋藏的古代酿酒遗迹。1999年3—4月，成都市文物考古研究所、四川省文物考古研究所、四川省博物馆联合对水井街的古代酿酒遗迹（全兴烧坊）开展了全面考古发掘工作，揭露出十余处不同时代的晾堂、酒窖、炉灶、路基等现象，并出土数百件陶瓷酒具等遗物；地层叠压堆积和器物的类型学排序研究显示，该遗址延续五六百年未曾间断生产。该遗址为“前店后坊”的布局形式，已发现面积约1700平方米，发掘面积近280平方米，这是国内第一次发现完整的古代白酒酿造作坊遗址，基本揭示了明清时代酿酒工艺的全过程，为研究中国传统酒文化提供了极其珍贵的实物资料，被誉为“中国白酒第一坊”。

9月

邹玉麟环球徒步采风

1998年9月4日，在中国人民对外友好协会的支持和五粮液集团赞助下，成都人邹玉麟从深圳出发，开始其“跨世纪中国人环球徒步采风行”。本次徒步周游列国计划途经中国香港、韩国、加拿大、美国、英国、荷兰、比利时、卢森堡、德国、法国、瑞士、奥地利、意大利、梵蒂冈、埃及、澳大利亚、新加坡等17个国家和地区，行程4.2万多公里，其中徒步3.2万公里。2000年2月，邹玉麟途经瑞士洛桑国际奥委会总部时，以个人身份向国际奥委会递交了支持北京申奥的信，这是奥委会收到的第一封来自中国民间的申奥信；2000 年 6 月，邹玉麟回到北京。邹玉麟此行填补了中国和亚洲徒步环球行走的空白，传递了中国人民的友谊和自信，受到所经国家和地区的热情欢迎和帮助。

《中国公主图兰朵》赴京演出成功

1998 年 9 月 2—6 日，川剧《中国公主图兰朵》赴京演出，全剧运用川剧独特的唱腔、融于剧情的吐火绝技、诙谐幽默的表演和极富美感的唱词倾倒了首都观众，取得五场演出场场爆满的优异成绩。演出期间，国务院副总理钱其琛、全国人大常委会副委员长王光英、全国政协副主席杨汝岱观看了该剧，对演出成功给予高度评价。《人民日报》、中央电视台等中央和首都新闻媒体均以大量的图像、图片和文字报道了演出盛况。

《中国公主图兰朵》由四川著名戏剧家魏明伦根据西洋歌剧《图兰朵》改编而成，重新树立了现代川剧演员形象美、剧目形式美、音乐节奏美、故事情节美的“四美”新形象，开创了川剧“新、奇、美”的新篇章，标志着创新、时尚“新川剧”时代的来临。

首届“四川省名中医”评选揭晓

1998 年 9 月 8 日，经四川省有关部门和专家评选，省人事厅、卫生厅、中医药管理局联合授予郁文骏等 107 名中医临床专家首届“四川省名中医”称号。四川素有中医之乡美誉，中医事业发展较快，骨科、妇科、儿科、脑科等在国内外具有相当地位，在全国形成了自己的学术和技术优势。这次评选出的全省首届名中医，都是长期工作在临床第一线，有着丰富的中医药理论和实践经验，在省内外有较高声望的在职专家，是中医药事业发展的骨干力量，代表了四川中医专业技术队伍的水平和声誉。“四川省名中医”评选活动对于促进中医药人才资源向人才资本转变，不断提高中医药学术水平，加强中医药专业技术队伍建设，起到了较好的引导示范和促进作用。

朱镕基到川视察

1998 年 9 月 11—12 日，中共中央政治局常委、国务院总理朱镕基在四川视察，听取了四川省委书记谢世杰代表省委、省政府所作的工作汇报。朱镕基充分肯定四川抗洪抢险，积极开展生产自救所取得的巨大成绩；充分肯定四川在加快基础设施建设、强化农业基础、确保增产增收、国有企业改革、粮食流通体制改革、对外开放等方面取得的成绩。朱镕基强调，要认真贯彻落实江泽民总书记关于抗洪救灾、重建家园、发展经济的重要讲话精神，抓紧灾后重建；要按照中央的部署和要求，认真落实扩大内需、增加投资、加快基础设施建设的各项措施；要不折不扣地执行国家粮食流通体制改革的政策和措施；认真做好国有企业下岗职工基本生活保障和再就业工作。朱镕基指出：四川今年遭受罕见的春旱和洪涝灾害，损失巨大，当前要把工作重点转到灾后重建上来，中央有关部门要尽力帮助四川解决灾后重建等问题。朱镕基对四川实施天然林保护工程工作给予高度评价。他强调：实施天然林保护工程，保护好长江上游生态环境，是一代人义不容辞的责任。要求四川认真细致地做好森工队伍的“停、造、转、保”工作，把这项关系四川经济社会发展，功在当代、惠及子孙的工程切实搞好。

杨尚昆逝世

1998年9月15日，原中央政治局委员、中华人民共和国主席、中央军委第一副主席杨尚昆逝世，享年92岁。

四川首次开展科技项目招标

1998年9月23日，四川省首次科技项目招标在成都开标。本次面向社会招标的分别是“行政办公自动化信息管理系统”“城郊秸秆综合利用技术”和“城市生活垃圾无害化、资源化最优处理技术”3个项目，都是四川省工业、农业和社会发展迫切需要的技术项目。33家企事业单位分别对3个科技项目进行了公开竞标，通过招标确定承担单位后，有关项目被纳入本年度四川省重大科技攻关计划。本次科技项目公开招标是四川适应市场经济，改进科技计划管理方式的一次积极尝试。在随后开启的数年科技项目招标实践，四川成功地探索出一条深化科技计划管理改革，有效促进科技和经济结合的新路子。

成都市“五路一桥”工程建设

1998年9月28日，成都市“五路一桥”工程指挥部获工行贷款21.5亿元，这是中华人民共和国成立以来成都在基础设施领域获得的最大的一笔贷款。“五路一桥”工程是成都市三环路、天府大道（人民南路南延线）、成洛大道、成龙大道、驿都大道（老成渝路）和火车南站立交桥工程的总称，它是1998年成都市委、市政府抓住机遇，为实施跨世纪发展战略，拉动经济增长而上马建设的省、市重点建设工程，项目总投资104亿元，全长116.57公里，1998年下半年开始陆续动工，2002年底全面竣工。

“五路一桥”工程建设同步解决了成都市发展基础设施不足和水、电、气管网配套不足的问题。项目的建成，有利于引导成都市向东向南发展，有利于改善城市投资环境，促进城市经济持续、健康、快速发展。

川企研发成功“中国C网”

1998年9月30日，四川中城网络发展股份有限公司研制出具有中国特色、符合中国国情并具有自主产权的互联网络应用技术——“中国C网”，其网络核心技术完全独立开发。“中国C网”除具备因特网的一切功能以外，还采用非在线查询方式，有效解决了网络占线及拥堵问题，降低了网络的投资费用，破解了计算机互联网络中“信息资源开发的社会化”“信息资源传播的有序化”“信息资源利用的有效化”等应用技术难题。

10月

成都市三环路建设

1998年10月1日，成都市三环路建设工程开工。工程跨越成都市锦江区、成华区、青羊区、金牛区、武侯区、高新区、龙泉驿区7个区，全长51.1公里，概算投资66亿元。全路设大型互通式立交桥6座、半通式立交桥8座、铁路交叉下穿地道桥和上跨高架桥14座、跨河桥32座、涵洞

198 座，设计路面宽 80 米、8 条主车道、时速 80 公里，同步配套建设水、电、气、灯等管线基础设施 15 条。工程于 2001 年初步形成通车能力，2002 年 10 月 28 日竣工通车。三环路是成都市城建历史上投资规模最大、通车里程最长、设计标准最高、建设速度最快的一条城市快速通道，与成都市 13 条主要放射性道路一起构成城市交通骨架网，对成都市向东向南发展起着重要作用。

西南书城开业

1998 年 10 月 1 日，中国西部最大的图书展销中心——西南书城在成都开门营业。西南书城位于成都市中心春熙路与东大街交会处的友谊广场，展销面积达 6300 余平方米；书城图书品种近 8 万个，实行全开架、自选与导购相结合的超市型经营和进、销、存、信息处理的微机现代化管理。西南书城的开业，结束了四川长期以来没有大型现代书城的历史，提升了成都的城市形象，对于满足全社会的文化需求，促使四川出版业和图书业在更高更广阔的层面上与全国图书市场甚至海外图书市场接轨产生了积极影响。

四川省第九次妇女代表大会召开

1998 年 10 月 21—23 日，四川省第九次妇女代表大会在成都召开。出席大会的正式代表 600 人，特邀代表 28 人，列席代表 4 人。会议审议通过了省妇联八届执委工作报告，进一步明确了跨世纪四川妇女运动的发展目标和任务；选举产生了省妇联新一届领导机构，罗彤任主席，曾清华、钟志芳、伍精荣（彝族）、翟文蓉、斯朗旺姆（藏族）任副主席。闭幕式上，28 名“巾帼之友”，100 个首届四川省“五好文明家庭”，161 名（个）全省农村妇女“双学双赛”活动先进女能手、先进工作者、先进协调单位和组织，185 名（个）全省城镇妇女“巾帼建功”活动先进个人、单位、协调单位，69 个全省维护妇女权益工作先进集体受到表彰。

首届成都国际电脑节举行

1998 年 10 月 31 日至 11 月 2 日，首届成都国际电脑节在成都市武侯区科技一条街成功举行。本届电脑节提出“飞凌云之志壮民族根基”口号，吸引近 30 万人次参与，销售电脑 8000 余台，包括软件在内总销售额达 6000 万元以上，联想、曙光等品牌电脑全部脱销。电脑节期间，举行的“合家欢万人千机学电脑”活动创吉尼斯世界纪录；英特尔公司总裁贝瑞特博士亲临开幕式作《信息技术与中国未来》的演讲，全程参观了电脑节活动，1500 余名成都大学生与其直接对话。

中国成都国际电脑节由成都市人民政府主办，成都市武侯区人民政府、成都市科技局、成都市科协、成都市信息办等相关部门承办，是继“北京中关村电脑节”之后的全国第二大 IT 盛典。电脑节每两年举办一次，逐渐发展成为成都对外交流信息的桥梁和缔结友谊的纽带，展示成都电子信息产业发展、招商引资的重要平台。

11 月

四川丰田汽车有限公司成立

1998 年 11 月 10 日，四川丰田汽车有限公司在成都成立，这是丰田汽车公司在中国成立的第一个汽车整车合资公司。公司由原四川旅行车制造厂和日本丰田汽车公司、丰田通商株式会社共同投资建立，合资期限 30 年，总投资 9909 万美元，注册资本 6700 万美元，其中四川旅行车制造厂占股 50%。2005 年 6 月，公司成为一汽集团直接持股 50%的合资企业；7 月，公司名称变更为四川一汽丰田汽车有限公司。该公司引进丰田的产品和技术生产柯斯达中型客车，于 2000 年 12 月正式批量生产，设计年产量为 1 万辆整车；2002 年 12 月，实现全年销售 3001 台。2003 年 5 月，公司建成普拉多越野车生产线；9 月，普拉多正式下线并开始量产。2005 年，公司年产量将近 1 万辆。

首届中国四川名酒文化节在宜宾举行

1998 年 11 月 15—17 日，四川省人民政府主办的首届中国四川名酒文化节在“名酒之都”宜宾市举行。本届名酒文化节以“隆重、热烈、节俭、务实、促销”为指导思想，“文化搭台、经贸唱戏，文经结合、以经为主”为原则，成功展示了以五粮液、泸州老窖、剑南春、全兴、郎酒、沱牌“六朵金花”为代表的川酒整体形象。参会的国内外来宾 2000 余人、客商上万人。其间举办了四川名酒、名优特新产品和旅游资源展示展销，参展厂家 110 家，商品种类 430 多个，参观人数 15 万人次，中国名酒、部省优名酒等白酒类成交量 20. 24 万吨、成交额 47. 61 亿元，其中五粮液系列酒成交量 14. 5 万吨、成交额 38 亿元；招商引资签约项目 8 个，协议总投资额 2561 万美元，其中协议引进外资 2439 万美元。

张中伟获中华人口奖

1998 年 11 月 16 日，第三届中华人口奖在北京举行颁奖仪式，10 人获此殊荣。中共四川省委副书记、副省长张中伟荣获“工作奖”。张中伟将 2 万元奖金转交四川省计生委，供设立四川人口奖使用。

中华人口奖（原邓颖超人口奖）由中宣部、国家人口计生委、科技部、人事部、中国计生协会和中国人口福利基金会于 1993 年联合设立并主办，是我国人口领域的最高奖项，每三年一届。该奖为常设的个人终身荣誉奖，分设“工作奖”“科学技术奖”和“荣誉奖”三个奖项，授予在人口与计划生育事业及相关社会科学和自然科学领域内做出杰出贡献的人士。

盐源发生地震灾害

1998 年 11 月 19 日，凉山州盐源县和云南省宁蒗县交界处相继发生了 5. 1 级和 6. 2 级地震，盐源县盐塘、黄草、桃子、长柏、博大等 5 个乡镇遭灾，直接经济损失 5600 多万元。灾情发生后，中共四川省委办公厅、四川省人民政府办公厅于 20 日向凉山州发出慰问电，凉山州委、州政府领导奔赴灾区视察灾情，慰问灾民。为切实解决灾民越冬困难，州委、州政府向灾区送去 20 万元的救灾款和价值 10 多万元的救灾物资，州直各单位也纷纷捐款捐物。24 日，凉山州委、州政府向盐源地震灾区捐赠的第一批赈灾物资运抵盐源并送到灾民手中。灾区生产自救、重建家园工作随即展开。

四川烟草业兼并重组

1998 年 11 月 24 日，成都卷烟厂顺利完成对四川卷烟厂的整体兼并，原四川卷烟厂厂名、法人资格取消，人、财、物、产、供、销等均由成都烟厂统一集中管理。两厂优势资源互补，成都卷烟厂资产总额由此达到 23.6 亿元，产量规模达 50 万箱，成为四川省最大的卷烟工业企业。此次整体兼并以后，四川烟草工业资源整合战略拉开大幕。2002 年 3 月，成都卷烟厂先后兼并资阳卷烟厂，并购蓬安卷烟厂；2003 年，并购宜宾卷烟厂和泸州卷烟厂；2004 年 5 月，重组绵阳卷烟厂；2004 年 7 月，重组西昌卷烟厂，四川烟草业的资源整合基本完成。成都卷烟厂创建于 1952 年，是国家大型卷烟工业企业、四川省最佳综合经济效益领先企业，工厂单箱利税指标和全员劳动生产率指标居全国烟草行业前列；重组后的成都卷烟厂产量规模达到 90 万箱，进入全国烟草工业前 10 强，为进一步做大做强企业品牌、增强竞争实力奠定了坚实基础。

资阳内燃机车厂成功生产高速重载机车

1998 年 11 月 30 日，资阳内燃机车厂隆重举行东风 8B 型机车出厂庆典，从而跻身于铁路运输“高速重载”机车生产行列。东风 8B 型电传动货运内燃机车功率 3680 千瓦，成功研制出该型机车，为资阳内燃机车厂赢得了良好的发展机遇；此后，该厂共生产东风 8B 型机车 32 台，形成了批量生产能力。

部属资阳内燃机车厂是中国西南地区大功率干线内燃机车和调车机车的专业制造厂，始建于 1966 年，1973 年投产，80 年代中期又进行了大规模技术改造。该厂具有雄厚的整机制造和配件生产能力，其产品遍布全国 28 个省、市、自治区的铁路、冶金、石化、电力、矿山、港口等行业部门，并出口东南亚国家。

邹家华到川考察

1998 年 11 月 30 日至 12 月 5 日，全国人大常委会副委员长邹家华先后在攀枝花市、乐山市、成都市考察，对四川依法治理环境，率先在全国实施天然林保护工程，促进环境、资源与经济建设协调发展的举措予以充分肯定，指出要依法保护环境，坚持可持续发展战略，加大污染防治和污水治理力度，强化环境管理，认真实施《中华人民共和国环境保护法》等法律法规。考察期间，邹家华考察了攀钢集团，肯定了攀枝花市 30 年来取得的成就；12 月 3—4 日，邹家华在乐山市考察，对保护自然文化遗产、旅游管理工作和环保工作提出了要求；5 日，邹家华参观了成都污水处理厂和府南河综合整治工程。

12 月

成都绕城高速公路建设

1998 年 12 月 7 日，成都绕城高速公路建设正式开工；2001 年 12 月 16 日，全线建成通车。该路全长 85 公里，总投资 43 亿元，设有 11 座互通式立交桥与成都各高速公路相通，双向 6 车道，全封闭、全立交，设计时速 100 公里。该路由四川省交通厅公路规划勘察设计院设计，是国内绕城环线中最长的一条高速公路，项目连接成渝、成绵、成乐、成灌和成南等高速公路，在成都形成了一个完整的环状加放射形的高速公路网；它的建成通车，为有效缓解城市交通拥堵，发挥成都西南交通枢纽地位，改善成都的投资环境，推动成都和全省的经济社会发展发挥了重大作用。

四川公布“小康县（市、区）”

1998年12月11日，中共四川省委、四川省人民政府公布16个县（市、区）为“小康县（市、区）”。它们是：双流县、郫县、都江堰市、彭州市、大邑县、崇州市、新津县、成都市龙泉驿区、绵阳市涪城区、德阳市旌阳区、绵竹市、峨眉山市、乐山市市中区、眉山县、彭山县和达川市。

人民银行成都分行成立

1998年12月12日，人民银行成都分行举行揭牌仪式。新组建的成都分行是中国人民银行总行的派出机构，接受中国人民银行总行的直接领导，作为中国人民银行的九大分行之一，负责监管四川、贵州、云南、西藏四省区金融机构的业务活动，下辖1个营业管理部、3个监管办事处、53个中心支行和269个县支行。1999年1月1日开始，中国人民银行成都分行开始在辖区内履行中央银行有关职能。

李雪梅获亚运会金牌

1998年12月15日，在泰国曼谷举行的第十三届亚运会上，川籍运动员李雪梅以11″05的成绩，在女子100米跑中为中国队赢得了一枚金牌；在4×100米接力赛中再次获得一枚金牌。18日，李雪梅获得女子200米亚军。30日，李雪梅被新华社评为中国十佳运动员。李雪梅是四川省广汉市人，出生于1977年1月5日，作为我国著名的田径短跑运动员，曾获得1997年八运会女子100米冠军、200米冠军。

四川大学并校改革

1998年12月21日，经教育部批准，四川联合大学正式恢复校名四川大学。本次恢复四川大学校名，是对原四川大学和成都科技大学并校改革成果的巩固和深化，为这所重点高校进一步办出水平和特色创造了条件。

1994年4月8日，经国家教委（即现教育部）和四川省人民政府批准，原四川大学和成都科技大学合并，新成立的学校改名为“四川联合大学（四川大学、成都科技大学）”，两校历史渊源同一、校址毗邻、学科互补，且办学层次高，规模大，影响重。两校在全国率先实现“强强合并”，在高教界和社会上引起了很大反响，对推动全国高校管理体制改革起了重要作用。2000年9月29日，经国务院批准，恢复校名后的四川大学和华西医科大学合并，实现了第二次“强强联合”并建立新的四川大学。新四川大学有教职工1.2万余人，其中教授900余人、两院院士10人、博士生导师328人，在校学生4.2万余人，有国家级重点学科7个、本科专业102个。

四川省邮电管理体制改革

1998年12月30日，四川邮电分营暨省邮政局成立大会在成都召开，省邮政局正式挂牌运营。至此，四川省邮电分营改革工作全面完成。新成立的省邮政局在国家邮政局统一指挥调度下，负责全省邮政网的规划、建设、运行管理与经营服务工作，同时根据国家邮政局和省政府的授权行使地区邮政行政管理职能。邮政和电信分属劳动密集型、技术资金密集型行业，邮电分营顺应了全省邮政、电信两大现代通信网雏形形成和发展的趋势，符合两大行业的自身特点和建立现代企业制度的要求。2000 年 7 月 28 日，中国电信集团四川省电信公司挂牌成立并开始公司化运作，这标志着历时两年多的以邮电分营、电信重组、政企分开为主的邮电管理体制改革在四川省基本完成。

遂宁市步云乡直选乡长

1998 年 12 月 31 日，遂宁市市中区步云乡以乡民直接投票的方式选举谭晓秋为乡长，这是中华人民共和国成立以来的首次尝试。此次乡长直选，全区共有 15 人报名参选，最终产生正式候选人 3 名；从 20 日到 28 日，3 名正式候选人采取演讲、辩论和直接回答选民提问的方式，在该乡 11 个投票站和场镇巡回进行了 13 场演讲答辩。全乡直接参选群众 6236 人，参选率达 54. 95%，收回选票 6212 张，选举有效。3 位正式候选人中，谭晓秋获得选票 3130 张，占发出选票的 50. 19%，最终当选。1999 年 1 月 4 日，步云乡第十二届人大第一次会议召开，会议通过决议，确认步云乡选民直接选举乡人民政府乡长的过程合法有效。随后，谭晓秋正式宣誓就任乡长。步云乡直选乡长，引起了社会各界极大关注，也引发一大批国内外媒体对此进行广泛报道和评论。

1999 年

1 月

成都率先进行数字电视开通实验

1999 年 1 月 1 日，成都市有线数字电视在全国率先完成了 DVB—C 的实验性开通，开通试验在成都有线电视台进行，其清晰度达到了 DVD 水平，现场播出的数字电视节目大约有 1 个小时，节目主要来自卫星电视的数字信号及其他数字电视节目源。此次开通试验，虽然后因技术和标准问题暂时停止，但却是我国电视技术的又一次革新。此次用于试播的有线数字电视接收机（机顶盒）由四川新泰克数字设备有限公司研制生产，拥有自主知识产权。2002 年 5 月 31 日，四川省在全国率先开通运营数字电视。

成都实行住房货币化分配政策

1999 年 1 月 1 日起，成都市逐步开始实行住房分配货币化政策。这是继 1998 年 12 月 31 日城镇停止住房实物分配后又一重要举措，对党政机关和全额拨款事业单位，计划部门不再审批新建住房立项计划，国土部门不再审批新征土地自建住房，财政部门不再拨款新建、新购住房。单位不再向职工分房，职工住房主要依靠个人工资、住房公积金、个人住房贷款和有条件的单位向职工发放住房补贴等途径直接向市场购买经济适用房或商品住房。成都市还细化了具体房贴执行标准、经济适用房指导价格、职工家庭年收入等细则。与住房分配货币化政策配套，继续推进公房出售和租金改革；职工已购部分产权住房原则上在 2000 年底全部转换为完全产权。3 月 31 日，成都市房改货币化方案正式出台。

西南航空宽体客机机队初步形成

1999 年 1 月 2 日，中国西南航空公司引进的第三架空中客车 A340 超远程宽体客机由法国图卢兹起飞，经过 10 个小时的飞行，顺利降落在成都航空港，计划投入重庆至北京、广州的航线运营。这标志着西南航空 A340 宽体客机机队的初步形成。西南航空公司密切配合区域经济的增长，不断更新机型，在半年内投巨资连续引进了 3 架 A340 宽体客机并初步形成机队，这一举措开国内先河。A340 宽体客机由欧洲空客公司生产，是世界上最先进的机型之一，飞机的安全系数和舒适度大为提高。此前西南航引进的两架 A340 宽体客机运营良好，5 个月来已在拉萨、北京、广州等航线上安全运送旅客 13 万人。

四川三城市被评为“中国优秀旅游城市”

1999 年 1 月 7 日，在广西桂林召开的全国旅游工作会议暨创建中国优秀旅游城市工作会议上，四川省的成都市、峨眉山市、都江堰市进入首批“中国优秀旅游城市”行列，其中，峨眉山市、都江堰市以优异的得分名列全国县级优秀旅游城市的第一名和第二名。

1995 年以来，国家旅游局在全国范围内组织开展了创建“中国优秀旅游城市”的活动，首批诞生“中国优秀旅游城市”共 54 个。

四川研究医改操作措施

1999 年 1 月 8 日，四川省医改领导小组会同省、地、市、州有关部门在金牛宾馆召开座谈会，研究细化医改操作措施，确保全省城镇职工享受基本医疗保险基金制度。四川省决定在 1997 年绵阳、泸州“统账结合”试点的基础上，依据国务院医改精神，结合四川实际，研究细化医改操作措施，将基本医疗保险基金制度普遍推广，在 1999 年底让 99. 9%的城镇职工享受基本医疗保险基金制度，达到“低水平、广覆盖”的要求。

现行职工医疗保障制度建立于 20 世纪 50 年代初，在市场经济体制已经确立和国有企业改革深入推进的形势下，日益暴露出自身局限性。

成都开通个人电子汇款业务

1999 年 1 月 11 日起，建设银行成都市分行开通电子汇款业务，成都市居民异地汇款只能通过邮局的方法成为历史。个人电子汇款业务是在过去对工商业汇兑业务的基础上开发的一个金融创新品种，它依靠建设银行先进的城市综合业务网络和资金汇划系统的联结，将汇款快速汇往异地收款人指定活期储蓄账户或储蓄卡。汇款人可利用账户在市建行任一联网储蓄网点办理汇款手续，收款人也可以在全国建行 138 个城市任一联网储蓄网点支取汇款，从而实现汇款 24 小时到位、收款人就近取款的目的。

中国环流器二号 A 装置工程建设

1999 年 1 月 16 日，中国新一代受控核聚变研究装置——中国环流器二号 A（HL-2A）在成都市正式开工建设；该装置是核工业西南物理研究院与德国马克斯等离子体物理研究所科技合作，利用德方无偿赠予的托卡马克装置 ASDEX 装置主机三大部件配套建设的，是国内第一个偏滤器磁性约束核聚变试验装置。2002 年 12 月 2 日，中国环流器二号 A 顺利建成，正式开始历史性的运行。该工程研制及项目荣获“2004 年度国防科学技术一等奖”。

“硒镓银单晶体的研制”成果通过鉴定

1999 年 1 月 28 日，四川大学“硒镓银单晶体的研制”重要科研成果在成都通过了四川省科委主持的技术鉴定。四川大学材料科学系相关课题组历经 8 年攻关，在国际上首创熔体温度振荡合成法和坩埚旋转下降法以及相应的单晶生长装置，生长出高品质硒镓银（AgGaSe2）大单晶体，晶体性能国内领先，达到国际先进水平。

硒镓银晶体是一种新型的性能优异的中远红外非线性光学材料和室温 α 射线探测器材料，该晶体可在激光通讯、激光制导、激光化学和环境科学等领域广泛应用。这一高技术产品及其研制方法，一直在国际上受到高度重视并为各国竞相研制开发。

四川新闻网开通

1999 年 1 月，四川新闻网开通，这是全国各省、市、自治区中最早成立的新闻网站，由中共四川省委宣传部主管主办，被国务院新闻办列为全国六大地方重点新闻网站之一，是全省媒体集中上网的平台，与《四川日报》、四川人民广播电台、四川电视台并列为省级四家主要媒体。2000 年4 月 11 日，四川新闻网拥有了中国首批网络记者；2001 年 9 月 12 日，组建了全国第一家跨省的网络媒体——中国西部网，逐渐成长为四川省最大的综合性门户网站和重点新闻门户网站、全国上网媒体最多的一家地方新闻网站。四川新闻网的创办和成功运作，得到来自中央和其他省市宣传主管机关的高度评价和充分肯定，其运转模式被许多省市仿效。

黎朗获国际摄影大奖

1999 年 1 月，1998 年美国旧金山琼斯母亲报道摄影国际基金摄影竞赛结果揭晓，西南航空广告公司的黎朗先后 8 次深入大凉山的彝家乡寨，拍摄创作的《凉山彝人》获得该年度的最高荣誉奖——琼斯母亲卓越表现奖章。琼斯母亲国际报道基金是专为奖励西方媒体鲜为报道的有关本土文化的摄影题材而设立的，黎朗成为该奖项设立以来亚洲唯一获此殊荣的摄影家。

2 月

磁光盘用合金溅射靶材研制成功

1999 年 2 月 23 日，西南交通大学材料工程系研制的“磁光盘用合金溅射靶材研制”项目，通过四川省科委鉴定，其制造技术达到国际先进水平。磁光盘记录介质全世界仅有为数不多的几个国家从事研究和制造，该项目的研制成功，填补了我国光盘记录介质用合金溅射靶材领域的空白，使我国成为世界上仅有的几个少数具有 Tb-Fe-Co 稀土合金溅射靶材制造技术的国家之一，为实现磁光靶材国产化创造了条件，具有重要的社会效益和经济效益。

西南航空公司飞机失事

1999 年 2 月 24 日 16 时 29 分，西南航空公司一架 B2622 号图-154 型飞机在距温州机场 20 多公里处失事，机上人员全部遇难，其中旅客 50 人、机组人员 11 人。该机在执行成都—温州 SZ4509 航班任务时，于 14 时 35 分从成都起飞，约在 16 时 30 分与地面失去联系。飞机失事地点位于温州瑞安市阁巷镇柏树村东北方向农田。

事故发生后，民航总局事故处理小组当晚抵达现场，四川省人民政府副省长王金祥受省委书记、省人大常委会主任谢世杰，省长宋宝瑞委托，带领有关部门负责人赶往事发地了解事故情况，协助处理善后事宜。2 月 25 日，国家经贸委会同民航总局、公安部、监察部、全国总工会和浙江省、四川省组成了事故调查处理领导小组，对事故进行了科学调查和善后处理。经查，该事故为重大责任事故。

越共总书记黎可漂访问四川

1999 年 2 月 27 日，越南共产党中央委员会总书记黎可漂乘机抵达成都，对四川省进行友好访问。黎可漂一行 73 人参观访问了都江堰市，省委、省政府领导谢世杰、秦玉琴、张中伟、陶武先、冯崇泰在金牛宾馆会见并宴请黎可漂一行，谢世杰向客人介绍了四川的经济发展情况。28 日，黎可漂一行离开成都，乘专机前往广东珠海。

中国工商银行四川省分行营业部组建

1999 年 2 月 28 日，中国工商银行四川省分行与成都市分行的合并工作宣告完成，四川省分行营业部正式挂牌成立。这是我国最大的商业银行在机构及管理体制改革上迈出的重要一步。该营业部在原工商银行成都市分行的基础上，合并了四川省分行原 4 个直属机构，新成立的分行营业部负责中国工商银行在成都地区全部分支机构和所有业务的经营管理，有利于发挥整体优势，提高中心城市的金融服务水平。

3 月

绵阳铁路口岸正式对外开放

1999 年 3 月 2 日，绵阳市举行隆重仪式，庆祝绵阳铁路口岸正式对外开放。绵阳铁路口岸的对外开放，标志着绵阳以及川西北地区从此具备了就地、就近办理铁路进出口物检和运输等业务的条件，具有了同世界各国及中国港、澳、台地区接轨的口岸能力。

四川全面整顿农村合作基金会

1999 年 3 月 17 日至 4 月 17 日，四川省对农村合作基金会进行全面清产核资。四川省农村合作基金会是在 20 世纪 80 年代中期逐步建立和发展起来的，至 20 世纪末已完成其历史任务。4 月12 日，省委、省政府在成都召开清理整顿农村合作基金会会议，明确了清理整顿农村合作基金会的主要内容包括清产核资、分类处置、清收借款、分期还本付息。全省各地清产核资工作基本结束后，从4 月 17 日起，进入分类处置阶段，办得好的农村合作基金会，经批准整体并入农村信用社，原借款和股金转为信用社的贷款和存款；不具备整体并入条件的，将农户的有效借款转为信用社的贷款，由农村信用社划拨并退还社员；不能按期回收借款和退还社员股金的，由县、乡政府承诺，在 3—5 年内分年度退还个人本金和利息。5 月 28 日，清理整顿农村合作基金会电话会在成都召开，要求各地在搞好分类处置工作的基础上，做好并入划转和首期兑付工作，稳妥处理好农村合作基金会的问题。6 月1 日，全省各地的农村合作基金会陆续进入首期兑付阶段，整个兑付工作井然有序，人心安定。8 月 3 日，四川省在成都召开专项工作会议，宣布全省集中清理整顿阶段的清产核资、分类处置和首期兑付工作初战告捷，要求继续加强领导、组织加强清收欠款和资产变现工作，继续加大筹集资金力度兑现承诺，妥善安置农村合作基金会的从业人员，依法管理农民负担维护农村稳定。9 月 6 日，省政府办公厅发出《关于农村合作基金会资产变现有关税费处理的通知》，清理整顿农村合作基金会工作取得重要的阶段性成效。

龙泉驿区 10 万吨自来水引水工程竣工

1999 年 3 月 19 日，龙泉驿区 10 万吨自来水引水工程竣工并投入试运行。该工程是龙泉驿区基础配套设施建设重要工程之一，于 1994 年动工，总投资 8500 万元，管道长 19 公里，从成都市区塔子山加压站处直接引进自来水。该工程能保证 40 余万人的生活和生产用水，结束了长期制约龙泉驿区经济和社会发展的缺水历史，对成都市向东发展战略的顺利实施具有积极作用。

《四川省旅游发展总体规划》出台

1999 年 3 月 22 日，四川省人民政府举行新闻发布会，发布《四川省旅游发展总体规划》。该规划是由四川省人民政府委托世界旅游组织编制的全国第一个区域性旅游发展总体规划，历时近 1 年半，耗资 500 万元。该规划将四川定位为中国自然生态旅游和文化旅游的目的地，将大熊猫作为品牌形象加以推广，确定优先开发成都口岸旅游区、川西自然生态旅游区、乐山—峨眉旅游区、自贡—竹海旅游区 4 个世界级旅游区，以及从成都出发分别往北、往南、往西的 3 条旅游环线。该规划确定全省旅游业发展目标为：1999—2005 年，外汇收入年均增长 15%，到 2005 年达到 2. 45 亿美元，国内旅游收入达到 265 亿元人民币；2006—2010 年，国际旅游和国内旅游收入年均增长 18. 6% 和 13. 6%，分别达到 5. 66 亿美元和 593 亿元人民币，旅游总收入相当于全省 GDP 的 8%；2011 年到 2015 年是巩固、充实、完善阶段，旅游总收入将达到全省 GDP 的 8. 2%。该规划的出台，体现了四川省把旅游业作为支柱产业进行培育的战略决策，对规范和做大四川旅游产业具有纲领性的指导意义。

国家开发银行成都分行成立

1999 年 3 月 28 日，国家开发银行成都分行挂牌成立，作为直属国家开发银行总行领导和管理的一级分行，承担国家开发银行在四川省的政策性银行职能，负责开发银行在川信贷项目的管理，成为支持四川经济发展的生力军。成立于 1994 年的国家开发银行是我国最大的政策性银行，主要为基础设施、基础产业或支柱产业提供信贷支持，四川为该行信贷投放最多的省份，贷款项目有 203 个，贷款余额超过 400 亿元，支持了二滩水电站、攀钢、成昆铁路电气化改造、成都“五路一桥”等一大批重点企业和重点项目的建设。

企业经营管理者任职资格制度试行

1999 年 3 月，企业经营管理者任职资格制度试点工作率先在绵阳启动，年内进入试点的城市还包括改革和经济基础较好的成都、乐山、宜宾三市。自 1998 年底省委、省政府转发省委组织部《关于实行国有企业经营管理者任职资格制度的意见及试行办法》以来，四川省企业经营管理者“两化”（职业化、市场化）改革进入了实质性运行阶段。8 月 27 日，全省企业经营管理者任职资格评审委员会成立；9 月 8 日，倪润峰等 20 名优秀国有大中型企业经营管理者获得高、中级任职资格证书。2000 年，试点向攀枝花、德阳、泸州、广元、遂宁、达州 6 个市和省属川投集团等 8 户企业扩展；

2001 年，国有企业经营管理者任职资格制度在全省范围内全面推开。

实施企业经营管理者任职资格制度，是省委、省政府确定的坚持党管干部原则，推进经营管理者“两化”、完善企业法人治理结构，构建适应现代企业制度需要的企业领导人员管理体制，建设高素质企业经营管理者队伍的重大举措。企业经营管理者包括国有独资、控股企业的正副董事长、董事、监事会主席、正副总经理（厂长）、三总师等领导人员，根据新的任职资格制度要求，选任企业领导人员将面向市场，从具备企业经营管理者任职条件并持有任职资格证书的人员中择优聘用；现职企业领导必须在规定期限内取得任职资格证书，否则期满后不能再担任企业领导职务；实行优胜劣汰制，任职资格证书 6 年有效，期满后必须复审，复审不合格或 6 年中未从事企业经营管理工作者都将被注销任职资格。

4 月

四川省第八次哲学社会科学优秀成果颁奖大会召开

1999 年 4 月 2 日，四川省第八次哲学社会科学优秀成果颁奖大会在成都召开。四川省哲学社会科学优秀科研成果评奖，是党和政府“尊重知识、尊重人才”的一项重要措施。本次会议要求全省广大哲学社会科学工作者“团结一致，求实创新，潜心钻研，开拓进取，努力多出成果，出好成果，为繁荣发展全省社会科学事业做出贡献”。本次评奖共收到申报成果 6040 项，终评出 197 项优秀科研成果，其中一等奖 7 项、二等奖 32 项、三等奖 158 项；另确定荣誉奖 2 项，省社科界优秀成果奖 104 项。

四川省启动普通高校招生录取改革试点

1999 年 4 月 2 日，全省 1999 年普通高校、普通中专招生工作会宣布，进行普通高校招生计算机网上录取试点改革和按新的管理模式、运行机制举办高等职业技术教育（新高职）的招生试点，并对部分招生政策和办法作出适当调整。1999 年全省网上录取主要以局域网现场录取和广域网（中国教育科研网）远程异地录取两种方式进行，清华、北大、中科大、人大、上海交大、浙大等 12 所院校通过广域网进行远程异地录取试验，全省普通高考报名时间提前到 4 月 28—30 日。进行新高职招生试点，招收对象主要是参加全国普通高考的考生，少量招收中等职业学校的应届毕业生。新高职的招生计划单独公布，考生单独填报志愿，录取工作在同批并轨、定向招生计划录取后随即进行。全省普通高校招生的部分政策进行了相应调整，分别涉及保送预备生成绩测评、体尖生加分调整等方面。

四川省第十四次扶贫开发工作会议召开

1999 年 4 月 5—7 日，四川省第十四次扶贫开发工作会议在巴中市召开。会议分两个阶段进行：5—6 日，省领导、省直有关部门负责人、各市地州和贫困县的书记，深入巴中地区的巴中市、南江县、通江县和平昌县的文明新村，实地参观考察；7 日召开大会。会议强调，要在全省范围内学习巴中精神，推广巴中经验，一手抓解决温饱，一手抓巩固提高，如期实现扶贫攻坚目标任务。会议对渠县等 24 个县进行了表彰。本次会议深刻揭示了巴中精神的本质，全面阐述了巴中经验的内涵，是对全省扶贫攻坚的进一步动员和全面部署。

川陕两省完成核界工作

1999 年 4 月 4 日，四川、陕西两省核定接壤的 5 个市（地）各县（市、区）的位置，分别在联合勘定的行政区域界线工作图上签字，实现了川陕线一次性核界，全线贯通。川陕两省边界线总长 579 公里，双方接壤的县（市、区）是：青川县—宁强县、广元市朝天区—宁强县、旺苍县—宁强县、旺苍县—南郑县、南江县—南郑县、通江县—南郑县、通江县—西乡县、通江县—镇巴县、万源市—镇巴县、万源市—紫阳县。

中国民航飞行学院高教机放单飞训练

1999 年 4 月 7 日，位于广汉的中国民航飞行学院养成训练飞行学生在夏延-ⅢA、运七-100 高性能教练机上首次放单飞圆满成功。这不仅是国内民航飞行教育领域的一项重大突破，也创造了国际飞行教学史上的崭新纪录。采用高教机放单飞是国际公认的飞行教学训练高难度项目，在这种速度、重量的高性能教练机上放单飞是中国民航飞行学院成立 43 年来的第一次，在世界上也无先例，对提高飞行学院高教机训练的组织指挥能力和全面管理水平意义重大。

第六届中国（成都）国际通信贸易博览会举行

1999 年 4 月 15—18 日，第六届中国（成都）国际通信贸易博览会在国际会展中心举行。中国国际通信贸易博览会是我国西部最具规模和影响的国际通信展，本次博览会以“提供中国西部跨世纪通信的全面解决方案”为主题，展出面积 12000 平方米，近 200 家海内外知名通信厂商参展，有3 万多人次的专业观众参加。博览会集中展示了传输系统及网络电话、光纤卫星通信设备、电信网络网管及监控系统、计费系统、接入设备等国际最先进的通信产品和技术。

省农作物抗性鉴定基地建成

1999 年 4 月 16 日，四川省主要农作物抗性鉴定基地在成都建成并通过验收。该基地通过对农作物病虫害产生发展过程环境、条件的研究，最后达到防治、消灭病虫害的目的。四川省研究这项工作始于 20 世纪 50 年代，获得了一大批高水平的科研成果，在抗鉴领域居国内领先水平；1997 年，省里拨出专款 130 万元开始修建四川省农作物抗性鉴定基地。该基地是国内规模最大、功能齐全、设备较先进的农作物抗性鉴定基地。

江泽民到宜宾、凉山等地视察

1999 年 4 月 17—23 日，中共中央总书记、国家主席、中央军委主席江泽民在四川视察。江泽民先后到宜宾、凉山、攀枝花、成都、绵阳等地，深入企业、农村、科研单位和部队调查了解情况，着重对国有企业的改革与发展进行视察，先后到五粮液集团、攀枝花钢铁公司、二滩水电站、成都飞机工业公司和长虹集团了解国有企业改革和发展情况。在视察中，江泽民对四川国有企业在改革和发展中取得的成绩和经验给予肯定；他强调，要面向市场，深化改革，坚定信心，不懈努力，开创国有企业改革和发展新局面；要巩固农业基础，保持农业稳定发展和农村稳定，进一步把农业、农村和农民的工作做好。视察期间，江泽民看望和慰问了驻川解放军指战员和公安武警官兵。

四川实现基本扫除青壮年文盲目标

1999 年 4 月 20—27 日，教育部“扫盲”检查评估组对四川省“扫盲”工作进行了为期 8 天的检查评估。检查评估组认为，四川省政府对全省 157 个县（市、区）“扫盲”验收的结论是符合实际的，四川省青壮年人口中非文盲率达 95%以上，在全省 98%人口居住区实现了现阶段国家规定的基本扫除青壮年文盲目标。

西南四省市国企改革和发展座谈会在成都召开

1999 年 4 月 22 日，中共中央总书记、国家主席、中央军委主席江泽民，在成都主持召开四川、云南、贵州、重庆四省市国有企业改革和发展座谈会。江泽民说，全面推进国有企业的改革和发展，不仅关系到国有企业改革的成败，也关系到整个经济体制改革的成败。他指出，搞好国有企业的改革和发展是 1999 年经济工作的重中之重，1999 年是完成十五大和十五届一中全会确定的国有企业改革和脱困三年目标的第二年，也是关键的一年，必须抓住机遇、下大决心、用大气力切实解决国有企业面临的深层次矛盾和问题，进一步增强国有企业的活力；必须坚持建立社会主义市场经济体制的改革目标，正确认识和把握形势，坚定信心，坚定不移地贯彻执行党的群众路线，努力打开国有企业改革和发展的新局面。座谈会上，云南、贵州、四川、重庆市分别介绍了国有企业改革和发展的情况，就打好国有企业改革和发展攻坚战发表了看法；昆明制药、长安汽车、水城钢铁、四川长虹等重点国企也在会上作出发言。

四川表彰“有突出贡献的优秀专家”

1999 年 4 月 22 日，中共四川省委、四川省人民政府决定授予李帮发等 178 人“四川省有突出贡献的优秀专家”称号，获得该荣誉的专家从 1999 年 1 月起至 2004 年 12 月由省政府发给每人每月 50 元津贴。这次表彰，是省政府为了弘扬“尊重知识、尊重人才”的社会风气，激励广大专业技术人员为实施“科教兴川”战略服务，促进四川经济社会持续快速健康发展而采取的一项重要举措。

四川省人民医院率先实行医药分家

1999 年 4 月，药品吞吐量在省级医疗单位中位居“龙头”的四川省人民医院，在全省率先实行医药分家制度。根据新制度的要求，医院对医疗和药品收支全面实行医药“分开管理、分别核算”，以降低药品收入在医院总收入中的比重，该制度推行之后，药品收入被控制在省医院总收入的 45%以内。与执行“医药分家”的制度相配套，医院使用了新的计算机网络进行管理，对患者每天所用的各种药品的名称、单价、数量、金额、日期进行微机化管理，形成清单，于患者出院时交付。

5 月

全军首个力学博士后流动站在四川成立

1999 年 5 月 21 日，全军第一个力学博士后流动站在四川空气动力研究基地挂牌，标志着中国军队已经拥有高素质的力学专业人才队伍。四川空气动力研究基地为首个博士后流动站储备了大量的人才资源，基地拥有亚洲最大的风洞群，经过数十年攻关，在空气动力学、流体力学、实验力学和计算力学研究中取得了突破性成就，曾获国家、部委级科技成果千余项。博士后流动站的建立，也为基地建设提供了强大的智力和信息支持，有助于为我国航天飞行器的研制以及我军武器装备发展做出更大贡献。

四川公费医疗制度改革方案出台

1999 年 5 月 25 日，四川省公费医疗制度改革方案出台。方案规定，在 1999 年底前，全省基本建立起社会医疗保险制度。基本医疗保险基金，由统筹基金和个人账户两部分构成，其中统筹基金由单位缴费部分构成，主要支付职工住院医疗费用；个人账户由个人缴费和部分单位所缴费用构成，用于职工门诊医疗费用。基本医疗保险基金由用人单位和职工共同缴纳，职工缴费率为本人工资收入的 2%，由所在单位代扣代缴；用人单位缴费率控制在职工工资总额的 6%左右。国有企业下岗职工的基本医疗保险费，包括个人缴费和单位缴费，均由再就业服务中心按照统筹地区上年度职工平均工资的 65%为基数缴纳。此次医改方案具有强制性，其覆盖范围内的所有城镇用人单位和职工都必须依法参加医疗保险。

成都运兴公交公司成立

1999 年 5 月，成都市公共交通总公司与香港梅迪派勒广告有限公司共同出资 2. 4 亿元，合作组建成都运兴公交有限公司，港资首次进入了成都城市公交系统。新的合作公司陆续引进高档次新型公交车，原二、三、六公司经营线路不变，并逐步将一、四、五公司营运主业全部纳入了合作范围。

6 月

张中伟任四川省人民政府代省长

1999 年 6 月 1 日，省第九届人民代表大会常务委员会第九次会议通过决定，接受宋宝瑞辞去四川省人民政府省长职务，选举张中伟为四川省人民政府代省长。2000 年 1 月，张中伟任中共四川省委副书记、四川省人民政府省长。

四川参办“长江源”纪念碑设立活动

1999 年 6 月 5 日，长江源环保纪念碑在万里长江的源头——海拔 4555 米的沱沱河岸边揭碑，纪念碑高 2. 5 米，重 14 吨，位于北纬 34 度 13 分 37 秒，东经 92 度 26 分 25 秒。碑名由国家主席江泽民题写，来自北京、香港和其他省区的各界人士及当地数百名各族群众参加了揭碑仪式。本次活动由国家环保总局、中国科学院、青海省人民政府、四川省人民政府、国家测绘局共同主办，旨在警示并唤醒世人对长江流域生态环境恶化的警觉，参与长江的生态建设和环境保护。

四川中学生获国际奥赛大奖

1999 年 6 月 6—10 日，第七届国际环境科研项目奥林匹克竞赛（IEPO）在土耳其伊斯坦布尔举行，来自 23 个国家的 61 名选手、36 个科研项目参赛，共决出 4 枚金牌、7 枚银牌、11 枚铜牌。由四川省 3 名中学生组成的中国代表队携带两个科研项目参赛，德阳中学高一学生尚嫒夺得金牌；成都七中高二学生叶欣、江舒舟获得铜牌。7 月 6 日，四川省召开第七届国际环境科研项目奥林匹克竞赛获奖学生表彰会，对获奖学生予以表彰和奖励。

IEPO 是在对生态环境有兴趣的中学生之间进行的竞赛，中国自第三届起参加，竞赛的目的是激发学生对生态环境的关注，促使各国学生的交流，并能创造性地以科学技术活动的形式解决某些环境污染、生态保护问题。

成都成立国内首家“名人精子库”

1999 年 6 月 9 日，成都市计划生育技术指导所推出中国第一家“名人精子库”，在社会上引发强烈争议。该所自 1986 年开始建立人类冷冻精子库，但名人精子库与一般精子库捐精主体多是大学生不同，它规定捐精人身份属于“知识型”（拥有副高以上职称、硕士以上学历、知名作家、名记者、名编辑）、“明星型”（包括运动明星、文艺明星及艺术家）、“企业型”（主要是企业高级管理人才和金融家）等名人之列，并要求这些名人年龄在 60 岁以下，有健康的生育史，家庭没有遗传性疾病史。至 2003 年，全国各地有 200 多人踊跃报名，入选成功率 6%左右，仅有 10 余人通过层层筛选。

松潘县发生特大泥石流灾害

1999 年 6 月 16 日 11 时，因连日暴雨，阿坝州松潘县岷江乡龙潭堡村遭受严重滑坡和泥石流灾害袭击，6 户民房完全被覆没，10 余户民房严重受损，数百亩农田被毁，因灾死亡 3 人，失踪20 人，重伤 10 人，直接经济损失 243. 5 万元。滑坡和泥石流进入岷江主河道后，致使河道断流 20 分钟，淹没 213 线公路 400 余米，约千余名进出九寨沟的游客被阻。17 日，省委办公厅、省政府办公厅向阿坝州和松潘县发出慰问电；18 日，副省长欧泽高率省直有关部门奔赴灾区，查看灾情，妥善安置受灾群众，慰问受阻游客，现场制定抢险救灾措施。经过昼夜奋战，18 日 3 时，213 线恢复正常通车，岷江主河道初步恢复过水流量。

达州市成立

1999 年 6 月 20 日，国务院印发《关于同意四川省撤销达川地区设立地级达州市的批复》，同意撤销达川地区和县级达川市，设立地级达州市，市人民政府驻新设立的通川区荷叶街。达州市设立通川区，以原达川市的行政区域为通川区的行政区域，将达县的双龙乡划归通川区管辖。区人民政府驻西外镇。达州市辖原达川地区的达县、宣汉县、开江县、渠县、大竹县和新设立的通川区。原达川地区管辖的万源市由省直辖。

四川设立“创新人才奖”

1999 年 6 月 29 日，中共四川省委、四川省人民政府批转《四川创新人才奖评选办法（试行）》，规定“四川创新人才奖”每两年评选一次，每次奖励人数在 10 人以内，获奖人员由省委、省政府颁发“四川创新人才奖”奖励证书，给予获奖者一次性奖励人民币5 万—10 万元。首届“四川创新人才奖”评选出刘盛纲等 7 名候选人，并于 2001 年 3 月 26 日被省委、省政府正式授予创新人才奖。

“四川创新人才奖”是四川省唯一，也是省委、省政府设立的最高人才奖项，旨在宣传表彰在全省经济建设和社会发展中勇于创新、开拓进取，做出突出贡献的杰出人才，大力弘扬创新精神，加快人才资源向人才资本转变。自第三届评选活动开始，“四川创新人才奖”更名为“四川杰出创新人才奖”。

国家中药现代化科技产业（四川）基地启动

1999 年 6 月 29 日，科技部、卫生部、国家中医药管理局、国家药品监督管理局、中国科学院和四川省人民政府在成都就共建中药现代化科技产业（四川）基地召开了第一次协调小组会议，并举行签字授牌仪式。这标志着全国第一个部省共建的国家中药现代化科技产业基地正式启动。

医药产业是四川省国民经济跨世纪发展战略的六大支柱产业之一，建立国家中药现代化科技产业（四川）基地，是国家中药现代化科技产业行动计划中一个重要组成部分，也是使四川省中医药资源优势转化为新的经济增长点的重大举措。占地 2000 亩的中药现代化科技产业园，纳入成都高新区，享受国家有关优惠政策，基地主抓中药现代化科技产业园及研究开发、药材生产、中药制剂、配套服务四大体系的建设，规划建设无公害药材生产区及 13 个科研生产示范点；预计到 2020 年产值达 500 亿元，利税 100 亿元以上。

7 月

中国证监会成都证管办成立

1999 年 7 月 1 日，《中华人民共和国证券法》正式实施当日，中国证监会成都证管办正式挂牌成立。成都证管办作为中国证监会的派出机构，下辖贵阳、昆明、拉萨 3 个证券监管特派员办事处。

全省建立城市居民最低生活保障制度

1999 年 7 月 1 日，四川省 180 个县（市、区）全面建立城市居民最低生活保障制度，提前 5 个月完成国务院《关于在全国建立城市居民最低生活保障制度的通知》下达的任务。到年底，四川省的平均标准提高到 132 元，全省已对 19 万城市贫困居民实行了最低生活保障制度。

四川城市低保制度工作开始于 1997 年。1997 年 7 月，成都市人民政府批准在 5 个城区与高新技术开发区实施城市低保制度；年中，内江市也开始首先在城区实施这项制度。根据国务院文件精神，四川省人民政府先后出台了《关于在全省建立城市居民最低生活保障制度的通知》《四川省城市居民最低生活保障实施办法》和《关于进一步做好城市居民最低生活保障工作的通知》。1998 年、1999 年，省委、省政府连续两年将建立城市居民最低生活保障制度列为当年要办的十件实事之一。2002 年 8 月，四川省投入的低保资金达 3.03 亿元，至年底低保对象增加到 143 万人，占全省非农业人口的 8.6%，基本上达到了“应保尽保”的目标，四川省城市居民最低生活保障制度工作重点转入制度本身的规范与完善阶段。2003 年，对低保对象进行“分类救助”的工作逐步开展，城市居民最低生活保障制度的建设日趋完善。

全省质量技术监管实行垂直管理

1999 年 7 月 1 日，四川省人民政府决定，改革现行质量技术监督管理体制，撤销原四川省技术监督局，成立四川省质量技术监督局，在全国率先实行省质量技术监督局对各市（地、州）、县（市、区）质量技术监督系统进行垂直管理的新模式，以加大质量技术监督和行政执法力度。

此次质量技术监督管理体制改革，是按照国务院关于对质量技术监督管理体制实施重大改革的精神，理顺和完善质量技术监督管理体制、建立健全质量技术监督体系的重要举措，它强化了质量技术监督的执法监督管理职能，除保留原有基本职能，明确将原由有关部门承担的质量管理职能，环境保护标准审批职能，食品卫生标准审批、发布职能，锅炉、压力容器、电梯、防爆电器等特种设备安全监察监督管理职能，化学危险品质量监督管理职能，用于贸易结算的电能表、电话计费器等计量器具强制检定的行政监督管理职能，农药质量工作宏观指导和农药质量的监督职能，统一交由质量技术监督部门承担。

四川省药品监督管理局成立

1999 年 7 月 2 日，为推进全省医药事业发展，进一步加强药品监督管理，四川省药品监督管理局正式成立。四川是医药大省，1997 年、1998 年中成药工业总产值居全国首位。新成立的省药品监督管理局将作为省政府管理全省医药工业的职能部门，对分散在化工、商业、卫生、供销等部门的中西药品、中药材、医疗器械、化学试制、制药机械的生产经营和科研教育进行集中统一管理，从过去侧重行业经济管理，转为对药品科研、生产、流通、使用全过程的监督管理，集中行使药政、药检职能，确保人民群众用药安全。

绵阳研发成功重大节能环保技术

1999 年 7 月 5 日，绵阳市科府机电有限公司研制生产的“RSR 全自动应力消除专家系统”被科技部公布为“国家环境保护重点实用技术”；经省科委组织专家鉴定，其技术指标达到世界先进水平。该项目为自动消除应力新型设备，是对传统工艺方法的重大革新；系统瞄准国际先进技术“振动时效”（又称 VSR 方法）开展科技攻关，具有高效节能、无二次污染、省工省时、操作简便等特点，而价格只相当于国外产品的 1/3。它的研制成功，不但填补了国内空白，而且其技术指标达到了国际先进水平。

成都市城市总体规划获批

1999 年 7 月 7 日，四川省人民政府、成都市人民政府联合发布新闻，《成都市城市总体规划（1995—2020 年）》已于 6 月 22 日获国务院批复。根据国务院批准的城市发展规划蓝图，成都城市性质由省会城市向西南地区重要中心城市转变，城市布局由单中心圈向多中心组团式转变，城市结构由单一的特大城市向城乡一体化的都市转变。《成都市城市总体规划（1995—2020 年）》自 1995 年起开始设计，将成都原有的一个中心变成三个中心，实施向东向南发展，在分散城市功能中心的同时，充分发挥中心城区辐射带动作用，使成都城市布局逐步由密集“圈层式”发展为疏密结合的“扇叶式”布局。

四川开展省级领导班子和领导干部“三讲”教育

1999年7月9日至9月17日，四川省省级领导班子、领导干部开展以“讲学习、讲政治、讲正气”为主要内容的党性党风教育。中共中央1998年12月5日召开电视电话会议，对在县处级以上党政领导班子、领导干部中深入开展以“讲学习、讲政治、讲正气”为主要内容的党性党风教育，进行动员部署。1999年7月1日，省委发出《关于学习贯彻江总书记在纪念中国共产党成立78周年座谈会上重要讲话的通知》，明确了“三讲”教育对加强党的思想政治建设、推进改革开放和现代化建设的各项工作的指导作用，全面部署全省的“三讲”教育工作。9日，省委召开有省级领导班子和领导干部参加的“讲学习、讲政治、讲正气”教育动员大会，从即日起，省委、省人大、省政府、省政协四套班子和领导干部积极参加以“讲学习、讲政治、讲正气”为主要内容的党性党风教育；8月5日，省委、省政府提出省级领导班子和领导干部在“三讲”过程中边整边改的十条措施；9月17日，省委召开第七届五次全委（扩大）会议对省级领导班子和领导干部“三讲”教育进行总结，并对第一批地厅级领导班子和领导干部的“三讲”教育进行部署。本次四川领导班子和领导干部“三讲”教育分“思想发动、学习提高”“自我剖析、听取意见”“交流思想、开展批评”“认真整改、巩固成果”四个阶段；通过“三讲”教育，每个同志在思想上都有较大的收获和提高，达到了预期目的。

成阿公路发生特大交通事故

1999年7月13日，在汶川境内成阿公路89公里处，一辆成都驶往红原县的客车坠入河中，造成33人失踪、1人重伤、3人轻伤的特大交通事故。

新的空军第二飞行学院在四川夹江成立

1999年7月26日，新的空军第二飞行学院在四川省夹江县成立。新成立的空军第二飞行学院由原空军第二飞行学院和空军第十六飞行学院合并组成，是空军规模最大、专业最多、合成程度较高的培养空地兼容人才的院校，主要担负为空军部队培养输送多种机型的高素质新型飞行人才的任务。

四川省工商管理学院成立

1999年7月28日，由四川大学、四川省人民政府、四川省部分知名企业共同出资组建的西部第一所股份制大学——四川省工商管理学院成立。

成都博瑞传播借壳上市

1999年7月28日，成都博瑞投资有限公司正式受让成都市国有资产管理局持有的上市公司——“四川电器”的2000万股，约占公司总股份27.65%，成为“四川电器”第一大股东。原第一大股东成都市国有资产管理局在转让后持有“四川电器”1014万股，占公司总股份14.03%，成为第二大股东。博瑞传播实现借壳上市，股份代码为600880，成为中国报业上市第一股。8月31日，“四川电器”收购成都商报发行投递有限公司93%的股权，公司经营范围扩大到信息传播服务、报刊发行投递及商品流通领域。2000年1月21日经成都市工商行政管理局批准，“四川电器股份有限公司”更名为“成都博瑞传播股份有限公司”。

博瑞传播投资有限公司由《成都商报》牵头联合四川汇通企业集团、成都博瑞广告传播公司三家共同出资成立，《成都商报》在博瑞投资所占股份处于绝对控股的地位。四川电器股份有限公司由四川电器厂改组并向社会企事业单位和个人定向募集部分公众股成立，并于 1995 年 11 月 15 日由中国证监会批准，在上交所正式挂牌上市。

省内部分地区遭受大风冰雹袭击

1999 年 7 月 28 日，全省出现一次较大范围的大风天气过程，涉及广安、内江、南充、资阳、遂宁、自贡、宜宾、泸州、乐山、眉山、雅安、成都、德阳、绵阳、巴中、达川等市地，风力普遍在 7 级以上，最大达 9 级，部分地方大风夹着冰雹，个别地方还降了大到暴雨。这次天气过程造成 14 个市地、50 个县（市、区）、764 个乡（镇）、430 万人不同程度受灾，因灾死亡 18 人，伤 477 人，死大牲畜 1550 头，损坏房屋 19. 83 万间，倒塌房屋 1. 26 万间，农作物受灾 332 万亩，绝收 14. 1 万亩，直接经济损失 3. 39 亿元。对此次大风冰雹天气过程，省气象部门在 28 日早晨 6 时即发布重要天气消息进行了预报；成都、德阳、雅安、宜宾、资阳等市地采取预防措施减少了冰雹造成的损失。

花旗银行进驻成都

1999 年 7 月 30 日，花旗银行在成都设立代表处，这是美资银行在川设立的第一个机构，也是外资及港资银行在川设立的第八个代表处。2005 年 6 月 30 日，花旗银行获准在成都开设一家新的分行。2005 年 12 月 26 日，花旗银行在中国西部地区开设的第一家分行在成都正式营业，至此，在成都正式营业的外资及港资银行达到五家，包括新加坡华侨银行、香港东亚银行、汇丰银行和渣打银行，成都作为西南地区金融中心的作用日益显现。

8 月

四川首例大熊猫人工授精幼仔出生

1999 年 8 月 8 日，成都大熊猫繁育研究基地的大熊猫冰冰，在怀孕 145 天后顺利产下一只重约 170 克的幼仔。当日立秋，成都大熊猫繁育研究基地为这只新生的大熊猫暂取名为“秋秋”。这是成都市为 7 只大熊猫进行人工授精后所出生的第一只幼仔。

四川出入境检验检疫局成立

1999 年 8 月 10 日，根据国务院机构改革总体部署，四川出入境检验检疫局正式挂牌成立。该局由原四川商检局、成都动植物检疫局、成都卫生检疫局合并组建而成，主要负责全川进出口商品检验、进出境动植物及其产品的检验检疫、出入境交通工具及人员的卫生检疫等工作。

成都自来水六厂扩建

1999 年 8 月 11 日，成都市人民政府与成都通用水务——丸红供水有限公司（项目公司）正式签署特许权协议，成都市自来水六厂新厂扩建工程启动。成都市自来水六厂老厂于 1990—1996 年分三期建成，本次扩建新厂是按BOT方式新建的日均供水40万立方米的新厂，是全国城市供水基础设施建设中第一个采用BOT方式的试点项目，也是成都市改革开放引进外资的重点工程，总投资额1.065亿美元。按照协议，该项目由投资方建设营运，特许期为18年，其中，建设期两年半，营运期15年半；期满后，将移交给成都市。该项目于1997年1月经国家计委批准立项，经两年半的紧张施工，于2002年2月11日按期完工投入运营，日产水46万立方米，约占全市供水量的1/3。该项目为我国按BOT方式建设供水设施积累了宝贵经验。

四川客家研究中心成立

1999年8月12日，四川客家研究中心成立庆典暨首届四川客家学术研讨会在成都举行，来自香港、北京、重庆、广东、陕西和省内代表共200余名专家学者和来宾出席会议。四川客家研究中心由四川省社科院主管，是为发掘利用客家文化资源而发起成立的学术机构，有利于科学、系统地研究和宣传四川客家文化。

20世纪80年代以来，客家文化研究热潮在东南亚及我国海峡两岸及香港特别行政区兴起。四川约有250万客家人居住在成都龙泉驿区等46个县（市、区），是中国大陆客家人数居闽、粤、赣、桂之后的第五大省。客家人主要来自清朝前期“湖广填四川”中闽粤赣的客家移民及抗日战争时期迁徙入川的闽、粤、桂、赣、台客家移民。

首届四川科技杰出贡献奖颁奖

1999年8月17日，中共四川省委、四川省人民政府在成都金牛宾馆召开科技奖励大会，对获得首届“四川省科技杰出贡献奖”的科技人员进行表彰。四川农业大学周开达、成都地奥集团李伯刚、西南化工研究设计院冯孝庭3人以其科研上的突出成就和对四川省社会、经济创造的巨大效益获此殊荣，每位获得40万元重奖。会上，省政府还对191项获1998年度四川省科技进步奖项目给予奖励；同时对成都市、攀枝花市等在科教兴川“千亿工程”中成效显著和完成任务的市、地、州给予表彰。

九寨黄龙机场建设获批复

1999年8月18日，国务院正式批复四川省《关于九寨黄龙民用机场建设立项的请示》，同意立项新建九寨黄龙民用机场。九寨黄龙机场为国内旅游支线机场，位于阿坝州松潘县川主寺镇东北12公里处，距九寨沟88公里，距黄龙54公里，海拔3442米。工程按满足2010年旅客吞吐量80万人设计，总投资8.52亿元。2001年1月，机场试验段工程开工，2002年3月全面开工建设，2003年9月28日完成全部建设工程并正式启用投入营运。经民航总局批准，担当九黄航线营运的国航西南公司和川航，分别以波音757-200、波音737-600型和空客A320型飞机执行航班任务。

9月

四川省委党校开通远程教学网

1999年9月1日，四川省委党校作为全国党校卫星远程教学网首批入网试点单位之一，举行了入网开通仪式。中共中央政治局常委、国家副主席、中央党校校长胡锦涛在北京通过全国党校卫星远程教学网，与在四川省委党校出席开通仪式的谢世杰进行了交谈。该网络是由中央党校牵头的覆盖全国党校的卫星远程教学网，网络开通以后，可在全国党校范围内进行面对面的研讨式教学、开展远距离课程点播、召开高质量的电视会议等，对提高党校教育现代化水平，加快党校教育事业的发展，提高党校教学科研水平具有积极意义。

禾嘉集团进入通用航空领域

1999 年 9 月 3 日，四川禾嘉实业集团与东方航空公司就合作组建东方华龙通用航空公司事宜签署意向书，正式进入通用航空领域。禾嘉集团作为私营企业，在国内第一个进入航空领域；东航利用国有航空公司的实力、人才和技术优势，以所属东方通用航空公司邯郸公司的全部人员及部分资产折资入股，禾嘉发挥私营企业特有的机制、市场及资金优势，以现金入股；组建的新公司主要提供航空摄影、科学实验、空中巡查、城市消防等服务，由禾嘉集团控股。

田纪云到川考察

1999 年 9 月 5—9 日，中共中央政治局委员、全国人大常委会副委员长田纪云在川视察。在川期间，田纪云听取了四川省人大常委会工作汇报和四川经济发展情况汇报，考察了刚刚维修竣工的锦江大礼堂。视察期间，他充分肯定了四川经济工作、人大工作和民主法制建设所取得的成绩，并就坚持党的领导，进一步做好人大工作作了讲话，强调各级人大必须坚持党的领导，认真贯彻落实中共十五大精神。

朱镕基到阿坝、绵阳视察

1999 年 9 月 6—12 日，中共中央政治局常委、国务院总理朱镕基在四川省视察。朱镕基先后视察了阿坝藏族羌族自治州的卧龙自然保护区、茂县干旱河谷造林工程、茂县大沟小流域综合治理项目、弓杠岭天然林保护工程和平武县的森林资源保护等，检查了天然林保护工程实施情况。朱镕基指出，实施天然林保护工程、加强生态环境建设是贯彻执行可持续发展战略的重大部署，要下决心在长江、黄河上游地区恢复植被，绿化荒山，保持水土，保护生态，力争五年初见成效，十年大见成效。他指出，保护天然林资源，加强生态环境建设是刻不容缓的任务，也是长期艰巨的事业，必须全面规划、综合治理；大力采用先进技术，提倡科学造林、育林；大力调整经济结构、转变经济增长方式，摆脱“木头财政”的地区经济模式。朱镕基在茂县专门听取了阿坝藏族羌族自治州、甘孜藏族自治州和凉山彝族自治州木里藏族自治县负责人的工作汇报，并于 11 日视察了位于绵阳市的中国工程物理研究院。

四川川大电气股份公司成立

1999 年 9 月 8 日，四川广林电器集团公司、川大科技产业发展中心和犍为电力集团公司三方法人代表在成都签订协议，四川第一家产、学、研携手，高科技引路的股份制企业——四川川大电气股份有限公司正式建立。该公司主营研制、生产、销售、安装电气自动化设备及相关产业，发起股份总额为 1 亿股，广林集团占 40%，犍为电力占 35%，四川大学以“川大”品牌和所属电气信息学院科技成果、科研设备入股占 20%，其余为自然人股。

四川命名首批园林城市

1999 年 9 月 9 日，四川省人民政府发出《关于首批四川省园林城市的命名通知》，绵阳市、乐山市、峨眉山市获首批园林城市称号。

四川基本解决民办教师问题

1999 年 9 月 10 日，四川提前完成党中央、国务院确定的 2000 年解决民办教师问题的目标。四川省一直是民办教师数量最多的省份之一，自此，存在于中国几十年的“民办教师”一词，在四川省成为历史。

民办教师是中国在特定历史条件下形成的中小学教师队伍中的重要组成部分，为发展农村教育事业作出了重大的历史性贡献。四川省从 1981 年以来开始进行民办教师整顿工作，全面贯彻“关、转、招、辞、退”的方针，坚持每年都落实和安排“民转公”指标，逐年稳定和扩大中等师范学校定向招收民办教师的规模，加快合格民办教师转为公办教师的进度，到 1998 年底，全省民办教师人数从 34 万人减少为 1.2 万余人。全省共使用普教系统自然减员指标和“民转公”专项指标，将 9 万余名民办教师转为公办教师；中等师范学校民师班招收并分配有 3.1 万余名民办教师，按政策将 5.1 万余名不能胜任教学工作的民办教师逐步调整出教学岗位；9000 余名年老、病残的民办教师办理了离岗退养，基本生活得到保障，民办教师问题基本得到解决。

首届中国川剧节在成都举行

1999 年 9 月 11 日，首届中国川剧节在成都锦城艺术宫拉开序幕，开幕式“川梅竞芳菲”有 300 人参演，展现了 1982 年振兴川剧以来，全省川剧界取得的丰硕成果。川剧节为期 8 天，全面展示了川剧在作品、技术、创新等领域所继承和取得的突出成就。川剧节期间，共上演 22 台精彩剧目，其中包括《攀枝花传奇》《刘氏四娘》等获奖川剧片断；翎子、褶子功、滚灯、变脸、吐火等川剧绝技进行了系统展示；陈智林、陈巧茹等的“川剧新唱”和全体演员“举阵出征”，展示出了古老戏曲的新发展成就。

成都海峡两岸科技产业园授牌

1999 年 9 月 11 日，成都海峡两岸科技产业园授牌仪式在温江县举行。该园创办于 1992 年，前身是成都台商投资区，1998 年经国台办和科技部批准为成都海峡两岸科技产业开发园，享受国家级高新技术产业开发区的各项优惠政策。该园是全国四家国家级海峡两岸科技产业开发园之一，四川省、成都市重要的现代轻工业基地和台商投资聚集区，成都市重要的高端制造业基地和生产性服务业基地。园区规划控制面积 45 平方公里，规划有核心产业区、科教产业区、中央商务区、总部办公区、配套产业区、柳河信息产业园、天府高新技术孵化园、金马西湖旅游休闲区等功能区域。

四川省首次表彰各族妇女团结进步模范

1999 年 9 月 14 日，省妇联、省民委组织召开四川省首届各族妇女团结进步表彰大会，43 名少数民族妇女代表和21个民族地区基层妇女组织受到表彰。此次表彰活动，旨在贯彻全国少数民族工作会议精神，表彰近年来在加强民族团结、维护祖国统一、促进经济发展、保持社会稳定等方面作出突出贡献的少数民族妇女代表，激励各族妇女提高自身素质，加强团结互助，积极投身社会主义现代化建设。

成都千名老人骑游创世界纪录

1999年9月15日，由成都市老龄委、《天府早报》等联合主办，成都1491名老人用3小时50分的时间，集体创造了一项新的吉尼斯世界纪录。上午9时，千名老人从成都市体育中心出发，沿人民南路到人南立交桥，然后分东西两路绕二环路一圈后再回到体育中心，行程约30公里。11时30分，第一队146人首先骑满全程；12时50分，1491位老人全部顺利骑完全程；13时，上海吉尼斯总部负责人颁发吉尼斯世界纪录认证证书。

四川省一批作品获第七届“五个一工程”奖

1999年9月15日，中央宣传部在北京召开“五个一工程”工作暨表彰会议，第七届精神文明建设“五个一工程”入选作品正式揭晓，共372部作品荣获第七届“五个一工程”入选作品奖。在八个项目的评选中，四川省有9部作品入选，省委宣传部再次荣获“组织工作奖”。入选项目有电影《遥望查里拉》、电视剧《啊，雀儿山》、戏剧《变脸》、歌曲《旗鼓阵》、广播剧《情系大地》、图书《爱心与教育》、理论电视片《西部彩虹》、理论文章《建设生态城市，实施可持续发展——成都市综合整治府南河的实践与思考》和《二滩经验：我国大型投资项目建设的新路子》。

成都热电厂技改工程合同引进美方投资

1999年9月16日，四川省电力公司与世界最大的天然气和电力公司之一——美国安然公司在成都正式签订合作经营成都热电厂技改工程合同，美国安然公司成为此项技改工程的最大投资方。成都热电厂2×14.2万千瓦机组技改工程是全省重点建设工程，也是安然公司在中国投资最大的项目，总投资达23亿元。工程由四川嘉陵电力有限公司具体负责，安然公司持股51%，中方股东四川电力公司持股49%。

德阳重工业园区挂牌成立

1999年9月24日，德阳重工业园区挂牌成立，中国二重集团公司整体剥离社会职能顺利实现，标志着二重现代企业制度的基本框架初步形成。新成立的德阳重工业园区定位为二重集团公司所处区域内自办社会、自我服务的机构，主要行使招商引资、开发资源、发展经济、服务社会等职能。

二重是国有特大型企业，自1999年开始，二重开始筹备组建德阳重工业园区，将担负社会、政府职能的14家单位以改革或改制的形式，从企业整体中分离，再以重工业园区形式集中，按照“整体剥离、统一管理、协调运作、独立核算”原则运行。

1999年世界旅游日主会场活动在成都举行

1999年9月27日，1999年世界旅游日主会场活动在成都举行，来自新加坡、美国、法国、英国等国家和中国香港地区的旅游总代理、媒体代表团等130余名来宾参加本次活动。本次旅游日主题为“为了新世纪，保护世界遗产”，吉祥物为大熊猫“东东”，庆典活动由四川省与国家旅游局共同举办，由成都市承办，并举行了川味浓重的文艺演出。四川在此次盛大的庆祝活动过程中，开展了一系列大规模的旅游宣传活动，举办了中外专家参加的高水平研讨会，积极向海内外游客推介包括九寨—黄龙、峨眉山—乐山等在内的多条精品旅游线路。

中国自1983年10月正式加入世界旅游组织以来，每逢“9·27”世界旅游日都要围绕当年世界旅游组织确定的旅游活动主题内容，开展宣传庆祝活动。

隆（昌）泸（州）高速公路通车

1999年9月29日，隆泸高速公路正式通车。隆泸高速公路是四川省“九五”重点建设项目，属国道321线的一段，是四川省南下出海主通道的重要路段，它北接成渝高速公路，南连长江黄金水道和大纳高等级公路，可直达广西北海。公路于1997年1月动工兴建，总投资12亿元，为全立交全封闭沥青混凝土高速公路，全长57公里，路基宽26.5米，设计时速100公里，验收质量优良。

10月

全省隆重庆祝中华人民共和国成立50周年

1999年10月1日，成都市举行隆重的升国旗活动。当晚，四川省暨成都市“国庆之夜”大联欢在成都市天府广场隆重举行，四川省、成都市党政军领导，各界人士代表和5万群众汇聚一堂，以群众表演和大型联欢，共同庆祝共和国50周年华诞。

9月30日，四川省党政军各界举行了庆祝中华人民共和国成立50周年大会，参与大会3300多人。下午，在成都市人民公园、文化公园、望江公园、南郊公园、新华公园同时分别举行四川省暨成都市庆祝中华人民共和国成立50周年大型游园活动，省、市党政领导与广大群众一起欢度佳节。晚上，四川省暨成都市庆祝中华人民共和国成立50周年大型文艺晚会“锦绣天府”在省体育馆隆重举行，近5000人观看了演出，晚会唱响了祖国颂、社会主义颂、改革开放颂，充分体现了时代精神和四川特色。

成飞歼7系列飞机参与国庆阅兵庆典

1999年10月1日，成都飞机工业公司生产的歼7E型、歼7EB型、歼7D型飞机参加了中华人民共和国50周年庆典阅兵式，接受党和国家领导人以及全国各族人民的检阅；歼7EB型八机编队飞行表演机，在首都国庆大典上协同大型轰炸机进行飞行表演，赢得千万观众喝彩。

成飞（集团）公司是中国设计、研制和成批生产歼击机的重要基地，具有研制新一代战斗机的能力。由其改造研制的歼7E型飞机是中国自行研制的轻型歼击机，曾荣获国家科技进步二等奖；歼7EB型飞机是在歼7E型飞机的基础上改进的，并于1995年5月6日成为“八一”飞行表演大队专用飞行表演机；歼7D型飞机则是一种新型高空高速全天候歼击机，装有先进的航电设备。

李鹏到乐山、绵阳等地视察

1999 年 10 月 5—8 日，中共中央政治局常委、全国人大常委会委员长李鹏到成都、乐山、绵阳等地视察。李鹏在四川就全国人大常委会关于人大监督与支持司法公正的有关法律草案开展立法调研，并视察了四川的国有企业。视察期间，李鹏还听取了四川省的工作汇报，对四川省近年来各方面工作取得的成绩予以充分肯定，对四川的工作提出了四点要求：继续抓好“讲学习、讲政治、讲正气”的教育；努力搞好国有企业改革；下大力气减轻农民负担，增加农民收入，搞好小城镇建设，开拓农村市场；充分利用四川丰富旅游资源，发展多层次的旅游业。

1999 年四川工业产品博览会在南宁举行

1999 年 10 月 9—13 日，四川省人民政府主办的 1999 年四川工业产品博览会在广西南宁市隆重举行。博览会集中了四川省内企业的一批名品、精品、特色产品、最新成果及高新技术，全省各市（地、州）组成的 19 个展团分 10 余个行业布展，集中展示了中华人民共和国成立 50 年来四川工业企业的实力和发展水平，充分体现出四川工业的整体形象。参加博览会的有电子、轻工、纺织、服装、冶金、机械、化工、建材、食品、医药、烟草等行业近 300 余家企业、5000 余个品种，共设置展位 260 个。博览会期间，还举行了一系列投资洽谈和项目交流活动，并邀请广西大型商贸集团及公司召开四川广西工商企业座谈会，邀请越南客户洽谈购物。在国家加快中西部地区发展的大背景下，世纪之交举办的南宁川博会，旨在进一步加强四川与广西壮族自治区和周边国家之间的经济贸易合作与交流，繁荣国内市场，扩大外贸出口，推动两省区国民经济和边境贸易的快速发展。

四川经济管理学院挂牌

1999 年 10 月 15 日，四川省经济管理干部学院更名为四川经济管理学院。经国家和省教育行政部门批准，该院于 1999 年起，从应届高中毕业生中招收大专层次的新高职学员，面向社会培养应用型人才。

原四川省经济管理干部学院建立于 1982 年，在国内较早引进西方管理理论和市场经济课程，为国家培养了近 5 万名中高级经营管理人才。该院的培训对象已从国有企业在职干部扩大为以国有企业为主，面向不同所有制企业的经营管理者；学历教育也从在职成人招生扩展为招收应届毕业生及从业人员。

攀钢兼并成都无缝钢管公司

1999 年 10 月 16 日，攀枝花钢铁（集团）公司兼并成都无缝钢管公司签字仪式在成都举行。攀钢是西部最重要的钢铁基地，世界上第三大产钒企业，至 1998 年底，攀钢累计产铁 5500 多万吨，产钢 4400 多万吨，产钢材 3000 多万吨，累计向国家上缴利税 93 亿多元。成都无缝钢管公司由于诸多原因，连续三年出现亏损。攀钢对钢管公司的兼并是当年全国最大的国有企业兼并项目之一，也是全国冶金行业最大的资产重组项目。

四川公选副地厅级领导干部

1999 年 10 月 18 日，四川省召开公开选拔部分副地厅级领导干部新闻发布会，宣布从 10 月中旬开始，采取组织推荐、群众推荐、个人自荐和考试与考察相结合的方式，面向全省（含中央驻川单位）各级党政机关、企事业单位、大中专院校，公开选拔部分副地厅级领导干部。四川省委为此专门成立“公选”工作领导小组，负责全面领导本次公选工作。本次公选，共有383人报名。11月29日至12月2日，对参与报名人员进行了资格审查，通知了笔试；12月22日，面试工作在省委组织部举行，51人参加面试，20人被确定为最终考察对象。本次公选，坚持了同一程序、平等竞争、全程公开，接受广大干部群众的监督，产生了良好的社会影响。

公开选拔部分副地厅级领导干部，是省委“三讲”教育的重要整改措施之一，是干部人事制度的一项重大改革，也是进一步扩大选人用人视野的一项探索性工作。

王一莉获世界杰出职业妇女奖

1999年10月18日，在美国华盛顿举行的首届世界职业妇女大会上，代表中国企业家的王一莉被授予“世界杰出职业妇女奖”。本次世界妇女高峰会议有来自98个国家的1700多名代表，仅有18名代表获得大会颁发的“世界杰出职业妇女奖”，王一莉成为获此殊荣的唯一华人妇女。美国华人社会对此反响强烈，华盛顿新闻、美华商报等许多报纸和电视媒体对王一莉进行了广泛报道。11月16日，中华全国妇女联合会、中国人口促进会在北京人民大会堂为王一莉女士载誉归来举行庆贺大会。

王一莉出生于成都市，是亚太经合组织中国企业联席会议人力资源分会主席、中国人口文化促进会副秘书长，1991年创建企业，经营业务延伸到文化、教育、房地产开发、高科技、传媒等领域。她积极参与社会公益事业，选拔资助了大量青年学子到国外留学。

四川启动退耕还林试点

1999年10月19—20日，四川省在成都召开退耕还林试点工作会议，落实党中央、国务院关于退耕还林在四川先行启动的战略部署，布置了1999—2000年退耕还林20万公顷的任务。会议要求，各级相关部门要按照国务院和省政府提出的“退耕还林、封山绿化、以粮代赈、个体承包、验收发证、落实兑现”的措施和要求，打好退耕还林、封山绿化总体战，圆满完成目标任务。根据部署，全省21个市地州的120个县，按照“以粮代赈、个体承包”的政策措施，全面启动首批300万亩退耕还林任务，转为植树造林。到2003年，全省累计完成退耕还林面积1163万亩，占全省耕地面积的19.1%，给四川乃至长江中下游地区带来了初步的生态效益，也给四川带来了初步的经济效益。全省坚持政策引导与广大农民意愿相结合，退耕还林与扶贫攻坚和产业结构调整相结合，生态建设与发展地方经济、增加农民收入相结合，初步探索出了一条适合四川省情的生态改善、经济发展和农民增收的“三赢”之路，有力地推动了退耕还林工程的顺利实施。

国家在总结3年试点工作经验的基础上，于2002年全面启动退耕还林工程。

长虹集团实施第二次创业

1999年10月21日，长虹电子集团举行建业40周年庆典会，董事长倪润锋提出树“百年长虹”的口号，这标志着长虹进入第二次创业的战略发展期。在21世纪初进入世界工业企业500强，成为长虹第二个冲击的目标。

长虹作为国内彩电制造龙头企业，在经过连续多年的高速发展后，1998 年进入了一个调整期。二次创业战略启动后，长虹全面启动跨世纪的“东方红 1 号”工程，斥巨资投入数字网络、通讯及有源液晶显示器的开发，推进产业的全面升级。

华蓥山隧道全线贯通

1999 年 10 月 28 日，华蓥山隧道左洞 10 米厚的岩层被贯通，至此，当时中国最长的公路隧道——华蓥山隧道全线贯通。华蓥山隧道是广邻高速路建设的重点“咽喉”控制工程，地处广安市境内，横穿华蓥山山脉中段，属双洞单向行车类型，两洞全长 9389.95 米、其中左洞 4705.95 米，右洞 4684 米。该隧道工程自 1997 年 4 月 1 日开工，承建单位战胜地质条件复杂导致的地下暗河、涌泥、涌水、瓦斯、岩爆等困难，于 1999 年 9 月 18 日完成右洞贯通工程，10 月 28 日实现了双向全面贯通。

1999 年四川国际电视节举行

1999 年 10 月 28 日—11 月 1 日，1999 年四川国际电视节在成都举行。本届电视节严格按市场经济规律运作，举办了多项活动。国际电视节目交易会吸引了 20 余个国家和地区的 1376 家中外影视机构的 4000 多名代表参加；国际广播电视设备展览共有 214 家制造厂商带来了具有世界先进水平的广播电视、网络设备和音响影视产品，8 万人参加洽谈，达成意向性签约引进的各类海外电视节目 3100 多集，成交额 865 万美元；向海外输出各类电视节目 1595 集，成交额 112 万美元。

四川国际电视节源于 1990 年 2 月在成都举办的中国四川国际友好电视周，它是我国广播电视对外合作窗口、中国影视机构电视节目和广电设备进出口主要渠道之一。

青神县荣膺“中国椪柑之乡”称号

1999 年 10 月，农业部特产专业委员会授予青神县“中国椪柑之乡”称号。四川省将青神县列为优质椪柑生产基地县，椪柑生产逐渐成为青神特色农业经济的“龙头”。由于特有的自然环境条件，青神椪柑形成了皮薄汁多、核少脆甜、营养价值高等独特品质，现有 10 个品种，种植面积 8 万亩，具有广阔的市场前景，其种植面积已占全县耕地面积的 50%、全省椪柑种植面积的 71%。1999 年，青神椪柑产量达 6 万吨，占全省椪柑产量的 75%，产值 1 亿元以上。

11 月

工业硅生产基地在乐山动工

1999 年 11 月 1 日，中国规模最大、单台电炉容量最大、工艺技术和设备最先进的工业硅生产基地建设工程在乐山市金口河区破土动工。本次建设一期工程安装单台容量为 1 万千伏安的电炉 4 台，计划 2000 年 4 月建成投产，年产金属硅 2 万吨，产值 1.8 亿元。本次工业硅生产基地建设，是乐山市全力打造全国硅材料产业化基地的又一重要举措。

工业硅是发展电子信息产业重要的基础材料，乐山于 1964 年建成中国第一家半导体材料科研机构，是全国唯一持续近 40 年不断从事半导体硅材料研发、试制生产的地区，是推动中国硅材料技术创新和产业化发展的引领先锋和主要力量，在国内具有技术、产业、资源、人才、配套等多方面的比较优势。

《四川省消防条例》施行

1999 年 11 月 9 日，《四川省消防条例》正式施行，标志着全省消防工作开始进入法制化管理轨道。新颁布的《四川省消防条例》突出了以防为主、群防群治、从严管理的原则，规定了消防工作要坚持“预防为主，防消结合”的工作方针，动员全社会的力量来关心支持参与消防工作，从严管理，防患未然。该条例于 10 月 14 日经省九届人大常委会第十一次会议审议通过，其中“火灾预防”是整个条例中条文最多、分量最重的内容。

四川投资贸易洽谈名牌推介会在香港地区举行

1999 年 11 月 9—11 日，1999 年四川投资贸易洽谈名牌推介交流会在香港展览中心举行。四川省组成了项目、名品、科技、旅游、医药、环保、贸易、民营分团和各市地州分团赴港参展招商，在港共签署投资、贸易协议（合同）49 项，其中协议引进外资和贸易成交金额 36. 3 亿多元，签署投资项目协议（合同）41 项，总投资 50. 5 亿多元。本次推介会的召开，有助于进一步加强川港合作，实现共同发展。

锦江宾馆获“五星钻石奖”

1999 年 11 月 15 日，锦江宾馆获得 1999 年度“五星钻石奖”，意味着锦江宾馆得到了国际水准的承认和嘉奖。锦江宾馆是西南地区首家、中国内地第六家获此殊荣的饭店，开创了由中国人自己管理的饭店达到国际水准的先河，在国际舞台上为四川旅游业争得了荣誉。同时，宾馆还分别荣获总经理五星钻石成就奖、五星钻石餐厅奖、五星钻石厨艺奖。

“五星钻石奖”诞生于 1989 年，由美国优质服务业协会每年根据严格的行业标准，评选并颁发给服务业中最卓越的企业及个人，全球只有不到 100 家饭店、1200 家餐厅、5 家航空公司获得这项荣誉。

“成都造”参与“神舟”工程

1999 年 11 月 20 日清晨 6 时 30 分，由四川科研单位参与制造的中国第一艘太空试验飞船“神舟”号在酒泉卫星发射中心用新型运载火箭发射升空，中国成为继美、俄后世界上第三个掌握太空飞船技术的国家。此次“神舟”飞船的部分设备，跟踪、测量、控制飞船及火箭上的主要“神经系统”——海陆地基测控网，由成都某科研机构研制；而飞船的上天和返回，也主要由该机构进行遥测和控制。该机构从 20 世纪 80 年代起就参与了可载人宇宙飞船系统的前期跟踪论证工作；20 世纪 90 年代初，他们与国防科工委及航天工业总公司等单位正式签订合同，牵头开展飞船“神经系统”的研制、装备和运行工作，并配合完成了“神舟”号主动段的跟踪测控任务。

成都参与中国电信“2000 年问题”在线测试

1999 年 11 月 27 日 22 时至 28 日 1 时，中国电信进行了“2000 年问题”在线测试。西南大区测试指挥中心设于成都电信局，此次在线测试的范围覆盖全网，包括电话网、传输网、数据通信网和业务经营系统，中国电信一级干线和省内通信网的部分设备都参与测试。经测试证实，电信网络“2000 年问题”基本得到解决。本次测试是在正常运行的网上实际调整时钟，从而真实地模拟世纪过渡的环境以检查网络的可靠性，由于电信行业具有 24 小时不中断业务的特点，全网设备同时调整时钟进行在线测试在中国电信发展史上尚属首次，其他国家也尚无先例。

12 月

阿尔巴尼亚总统访问四川

1999 年 12 月 15—17 日，阿尔巴尼亚总统雷杰普·迈达尼对四川进行考察访问。在川期间，迈达尼总统参观了已有 2200 余年历史的世界上最古老的水利工程都江堰、成都大熊猫繁殖研究基地、中国最大的彩电生产基地——四川长虹电子集团公司以及自 20 世纪 70 年代起就与阿尔巴尼亚有业务合作的德阳市东方电机股份有限公司。考察期间，四川省人民政府代省长张中伟会见了迈达尼总统一行，并向客人介绍了四川省情和近年来经济建设成就；迈达尼总统表示希望进一步加强与四川省在各个领域的来往与合作。

四川日报报业集团组建

1999 年 12 月 16 日，国家新闻出版署发出《关于同意组建四川日报报业集团的批复》，指出四川日报社在传媒实力、经济实力、人才实力及发行实力等方面基本具备组建报业集团的条件，同意组建四川日报报业集团。这是经国家批准的我国西部由省级党报组建的首家报业集团。2000 年 9 月 12 日，四川日报报业集团正式挂牌。

1952 年 9 月 1 日，中共四川省委机关报《四川日报》在成都正式创刊。20 世纪 70—80 年代，川报先后创办了《四川农村日报》《文摘周报》《新闻界》杂志，并于 90 年代创办了《华西都市报》《天府早报》等报刊，具有了报业集团的雏形，并逐渐发展为以中共四川省委机关报《四川日报》为核心，以办报为主要特征，以报业及报业延伸的实业为主体，兼营其他实业的现代传媒集团。

四川庆祝澳门回归

1999 年 12 月 16 日晚，以四川自贡灯会为主体的“庆祝澳门特别行政区成立华灯大汇”亮灯仪式在澳门南湾湖畔隆重举行，庆祝澳门回归祖国大型庆祝活动拉开帷幕。这次自贡灯会赴澳门展出是在四川省委宣传部、省政府新闻办的领导和支持下进行的，是四川人民向回归之际的澳门同胞献上的一份厚礼；此后，全省各界纷纷以各种方式热烈庆祝澳门回归。17 日，四川在成都举行各界人士喜迎澳门回归祖国文艺演出；19 日晚，省委、省政府在成都召开庆祝澳门回归祖国座谈会，充分表达了 8500 万四川人民同全国人民一样，热烈庆祝澳门回归祖国的喜悦心情。

内（江）宜（宾）高速公路通车

1999 年 12 月 17 日，内宜高速公路通车。该高速公路北起内江苏家桥，南至宜宾凉水井，全长

107 公里，设计行车速度为每小时 100 公里，总投资 24 亿元；路基宽 25.5 米，为全封闭、全立交、双向四车道、沥青混凝土路面。内宜高速公路是交通部规划的国道主干线北京至昆明的一段，也是全省公路建设的主骨架线，公路全线贯通后，北与成渝高速公路连接，南经宜宾到云南并通往东南亚边贸口岸，从成都至宜宾乘车只需 3 个多小时，成为四川省主要交通枢纽和南方出川的主要通道，有助于改善川南地区交通运输状况，带动宜宾乃至川南经济发展和旅游资源开发。

麦当劳在成都开业

1999 年 12 月 25 日，国际快餐巨无霸麦当劳公司在成都王府井商城开业，创下万人就餐的国内连锁店日就餐人数的最高纪录。截至当晚 11 时 30 分，该餐厅共使用面包 2 万只、鸡翅 2.7 万个，售出饮料 1.4 万杯，当日发出收银条 1.5 万张。落户成都的麦当劳，可容纳 400 多位客人同时进餐，是西南地区首家麦当劳餐厅。

麦当劳公司是当时世界上最大的餐饮集团，该公司 1990 年进入中国，已在全国 43 个城市开设了 245 个分店。“麦当劳”落户四川与四川既有的肯德基等西式快餐形成竞争态势，其经营理念、方式也给传统的四川餐饮业带来了较大影响。

四川首次表彰台资企业

1999 年 12 月 27 日，在成都召开的四川省暨成都市两岸企业家“携手迈向新世纪”联谊会上，省外经贸委和省台办联合表彰“1999 年度四川省优秀台资企业”，这是四川省首次表彰台资企业。获殊荣的合资企业有成都统一食品、蓝天电脑、旺旺食品、太平洋百货、四川鼎天、好又多、乐山统一饲料、升达林产等 14 家。本次表彰是四川切实支持台资企业的发展，坚决依法保护台商和台资企业的合法权益，努力推进川台合作与交流的重要举措。

碧峰峡野生动物园建成开园

1999 年 12 月 28 日，四川省第一家生态型野生动物园——碧峰峡野生动物园在雅安市碧峰峡风景区内建成开园，接待客人。该园规划占地 667 公顷，已建成的第一期工程投资近 2 亿元，占地 200 公顷，由猛兽车行观光区和温驯动物步行观光区组成。园内共放养各类野生动物 400 多种、1 万多头，其中国家一级保护动物 30 多种、二级保护动物 50 多种、极品珍稀动物 4 种。

碧峰峡位于雅安市北 8 公里处，面积 20 平方公里。1998 年 1 月 8 日，雅安市人民政府与成都万贯集团签订由万贯独家开发碧峰峡风景区协议，万贯集团获得碧峰峡风景区 50 年独家经营权；由成都万贯集团、雅安市旅游局、成都铁路分局经济开发总公司共同投资的“四川雅安万贯碧峰峡有限公司”负责碧峰峡风景区的开发建设，创下了一个由政府统一规划、授权一家企业独家经营一个风景区的“碧峰峡模式”。碧峰峡野生动物园以野生动物园+风景区为卖点，至 2000 年 10 月，碧峰峡风景区接待游客 86 万人次，实现收入 6000 余万元、利润 2580 万元。

宝成复线建设（四川段）开通

1999 年 12 月 30 日，国家“九五”重点工程——宝成复线建设（四川段）正线正式开通。宝成复线是中国第一条在单线电气化铁路上增建的电气化二线，在四川境内北起广元站，南至青白江站，共 293 公里，新建隧道 29 座、大中桥梁 87 座、牵引变电所 6 处。工程自 1992 年 12 月 29 日开工，累计完成投资 50.23 亿元，工程运能由原来的单线电气化客车 10 对/日、年货运 1200 万吨提高到 27 对/日、5000 万吨，不仅缓解了四川省乃至西南地区北上道路运输紧张的状况，而且改善了路网格局，对地方经济发展具有积极推动作用。

四川高校扩大招生规模

1999 年，四川省普通高校在 1998 年招生计划 54750 人的基础上，增加至 69058 人，比 1998 年增长 26%，录取比达 1∶2.24；成人高校在原招生计划的基础上增加 1.55 万人，比 1998 年增长 46%，录取比达 1∶2.5。

2000 年

1 月

全省电力市场启动

2000 年 1 月 1 日，四川省电网市场化经营的关键一步——电网电力市场正式启动。四川省内已经并入国家主电网运行的江油电厂、槽渔滩电厂、广安电厂等 32 家均价电厂，以及四川电力公司全资电厂全部实行竞价上网，引入市场竞争机制，建立电力市场，停止“均价电”的行政干预，促进优势电力企业成长，逐步淘汰成本高污染重的电厂。

随着四川全省电力总装机容量和年供电能力稳步增长，“用电难”变成“卖电难”，为此，四川省出台了一系列鼓励居民用电政策，并投入资金进行城乡电网改造，全省的电力消费稳定增长。

中国西部开发研究院成立

2000 年 1 月 3 日，中国第一所西部开发研究院——四川大学中国西部大开发研究院成立。该院由四川省人民政府、成都市人民政府和四川大学三方共建，挂靠四川大学。省委副书记、代省长张中伟出任名誉院长，省人大常委会副主任、四川大学党委书记、校长卢铁城教授任院长。四川大学中国西部开发研究院立足四川，面向西南，采取官、产、学一体化，跨机构合作、多学科综合等形式，进行一系列关于西部开发问题的应用课题研究，为贯彻落实“西部大开发”战略提供对策和思路，提高决策的科学性。

中国首条年产百吨多晶硅工业试验示范线投产

2000 年 1 月 9 日，峨眉半导体材料厂承担的国家重大科技创新项目——中国首条年产百吨多晶硅工业试验示范线，通过国家计委、国家有色工业局主持的鉴定，在峨眉山市正式投产。示范线于 1999 年由峨嵋半导体厂与原北京有色设计研究总院在俄罗斯“改良西门子法”的基础上共同开发形成，作为国内自行开发的工艺技术，与过去采用的传统技术相比，无论从规模、还是消耗指标上，都有很大进步。省委、省政府决定，通令嘉奖承担本项目的峨眉半导体材料厂，并对项目实施中辛勤工作、贡献突出的有功人员奖励 100 万元。这是中国在电子信息产业领域具有突破意义的重大技术创新成果，拥有自主知识产权，标志着曾严重影响中国信息产业发展的多晶硅技术打破国外垄断，一举跨入国际先进行列。

大渡河大桥通车

2000 年 1 月 15 日，大渡河大桥在泸定县境内建成通车。大桥由中共中央总书记、国家主席、中央军委主席江泽民题写桥名。大桥净跨度160米，为中承式提篮拱桥，桥面宽14.1米，外加两边人行道各宽1.5米。

蓝剑集团收购文君酒厂

2000年1月16日，蓝剑集团全资收购四川省文君酒厂协议签字仪式在邛崃市举行。这是四川扩张型企业对大型国企实行资产重组的重大举措，也是全省2000年第一个大规模的国企资产成功转让，转让总金额1.2亿元。蓝剑集团于1998年收购原成都啤酒集团，正式进军成都食品工业，同年底又收购原邛崃莱德啤酒集团。本次收购完成后，蓝剑集团在成都的投资总额接近7亿元。蓝剑集团通过本次收购首次进入白酒行业，国内知名啤酒企业未涉足白酒产业的历史由此宣告结束。

四川省九届人大三次会议召开

2000年1月22—27日，省九届人大三次会议在成都举行。会议通过了张中伟代表省政府作的《政府工作报告》；通过了关于四川省1999年国民经济和社会发展计划执行情况及2000年计划的决议；通过了关于四川省1999年财政预算执行情况和2000年财政预算的决议；通过了关于四川省人民代表大会常务委员会工作报告的决议；通过了关于四川省高级人民法院工作报告的决议；通过了关于四川省人民检察院工作报告的决议，圆满完成各项议程。会议补选张中伟为四川省人民政府省长，选举汪兴高等4名四川省第九届人民代表大会常务委员会委员。

"中星22号"通信卫星在西昌成功发射

2000年1月26日零时45分，西昌卫星发射中心用"长征三号甲"运载火箭准确地将中国自行研制的"中星22号"通信卫星送入预定轨道。火箭升空30分钟后，卫星顺利进入近地点210公里、远地点41974公里的预定地球同步转移轨道，实现了新千年国家航天发射、人类探索太空及利用空间活动的"开门红"。"中星22号"为实用型地球同步通信卫星，是"东方红3号"卫星的后续星，重2.3吨，使用寿命8年。此次发射是"长征三号"运载火箭自1984年首飞以来的第四次、长征系列运载火箭的第60次飞行，也是自1996年10月以来连续第18次成功发射。

首批中青年干部赴美国培训结束

2000年1月31日，四川省第一期中青年干部赴美国中长期培训汇报会在成都召开，本期赴美培训完成。

中青年干部赴外中长期培训是省委作出的实施西部大开发战略和建设高素质干部队伍的重要举措，得到美方培训学校的大力支持和配合。第一期培训班在美国芝加哥依利诺依州立大学举办，为期3个月，全省共有18名县处级以上中青年干部参加。

2月

成都经济技术开发区被列为国家级经济技术开发区

2000年2月13日，经国务院办公厅批复同意，成都经济技术开发区被列为国家级经济技术开发区，成为四川省第一个国家级经济技术开发区。3 月 18 日，国家级成都经济技术开发区挂牌庆典在龙泉驿区隆重举行。

成都经济技术开发区创办于 1990 年 7 月，总体规划面积 26 平方公里，控制性规划面积 9.94 平方公里。开发区位于成都市龙泉驿区，距市中心 13.6 公里，处于国务院批准的成都市总体规划成都市城市向东发展的重点区域，是四川省、成都市对外开放、城市和工业经济建设重点，成都市科技创新、工业结构调整、产业产品升级的新兴机械、电子工业基地，未来的城市新区。1999 年 9 月 3 日，四川省人民政府向国务院上报《关于请求批准成都经济技术开发区为国家级经济技术开发区的请示》。

四川省广播电视网络有限责任公司成立

2000 年 2 月 17 日，四川省广播电视网络有限责任公司在成都签约成立。该公司是专门经营、开发、管理四川省有线广播电视网络的合资公司，由四川省广播电视厅所属四川省广播电视网络中心与北京天桥北大青鸟科技股份有限公司、重庆东银实业（集团）有限公司分别按 51%、25%、24% 的股份合资组建。

胡锦涛到德阳、绵阳等地视察

2000 年 2 月 19—26 日，中共中央政治局常委、中央书记处书记、国家副主席、中央军委副主席胡锦涛深入到德阳市、绵阳市和成都市的城乡基层视察，同干部群众共商改革发展大计，并对四川抓好“三讲”教育，实施西部大开发战略，推进改革、发展、稳定和党的建设作出重要指示。视察结束时，胡锦涛在听取四川省委、省政府的工作汇报后发表讲话，充分肯定四川省这些年取得的成绩和进步，要求继续高举邓小平理论伟大旗帜，认真贯彻以江泽民同志为核心的党中央的一系列重大部署，抓住实施西部大开发战略的机遇，坚定信心，开拓进取，团结奋斗，进一步开创四川改革开放和现代化建设的新局面。视察期间，胡锦涛看望了驻成都部队和武警部队的师以上领导干部。

国家中药安全性评价中心在成都成立

2000 年 2 月，经科技部立项批准，国家中药安全性评价中心在成都成立。该中心由四川大学华西医院、成都地奥制药集团、四川香港远大企业（集团）公司、成都倍特药业有限公司和成都利康实业有限责任公司共同投资 4800 万元建成，是专业从事毒理学与药效学研究的国家级新药临床前试验研究基地。国家中药安全性评价中心位于成都高新技术开发区，是当时国内唯一一所国家级从事中药安全性评价的研究机构，也是国内在设施设计上与国际接轨，建设规模最大、运行能耗最低、综合条件最好的安全性评价中心。作为中国“中药现代化研究及产业化开发”“创新药物与中药现代化”等国家重大科技攻关计划中的重点建设项目，该中心是国家中药现代化科技产业（四川）基地建设七大中药研究开发中心之一，横跨国家“九五”“十五”科技攻关计划。

3 月

四川省人民政府和中科院签订合作协议

2000 年 3 月 9 日，四川省人民政府与中国科学院在北京签订科技合作协议，四川省人民政府省长张中伟和中国科学院院长路甬祥分别代表四川省人民政府和中科院在合作协议上签字。协议双方在以生态环境保护建设、电子信息、软件开发、中药产业化为重点的高新技术研究与转化等 8 个方面开展合作，致力于为实施西部大开发战略、加快四川经济社会持续发展、把四川建成西部经济强省和长江上游生态屏障作贡献。

2000 年中国西部大开发 · 四川投资恳谈会在上海举行

2000 年 3 月 9 日，四川省人民政府在上海举行 2000 年中国西部大开发 · 四川投资恳谈会，向全世界推出 320 个招商引资项目，投资总额超过 100 亿美元。恳谈会全面介绍了四川的资源优势和投资环境，日本、芬兰、新加坡等国驻沪领事馆领事，菲利浦、波音、花旗银行、兴业银行等知名企业在沪机构负责人以及上海大企业的代表出席本次恳谈会。这是四川实施西部大开发战略的重大举措，四川成为中央发出西部大开发号令以来，西部地区首个在上海大规模招商引资的省份。

川航购买 5 架新舟 60 客机

2000 年 3 月 12 日，中国航空工业第一集团公司首架新舟 60 飞机汇报飞行仪式暨四川航空公司—西安飞机公司合同签订仪式在北京南苑机场举行。四川航空公司是新舟 60 客机的最早用户，此次共购买 5 架新舟 60 飞机，用以保证全省支线机场得到充分利用，有效改善对内对外开放的条件。参与汇报飞行的新舟 60 飞机被四川航空公司命名为“中国西部一号”，并投入到成都至西昌、达县、泸州等省内航线运营。

新舟 60 飞机是中国首次严格按照与国际标准接轨的中国民航适航条例进行设计、生产和试飞验收的飞机，许多方面达到或接近当代世界同类支线客机的水平。该机客舱座位 60 个，满座航程可达 1600 公里，价格仅为国外同类飞机的 2/3，使用成本比国外同类飞机低 10%—20%。

成都举办首届桃花节

2000 年 3 月 18 日，成都市人民政府主办的大型经贸、文化盛会——中国 · 成都首届桃花节，在成都市龙泉驿区拉开帷幕。首届桃花节以庆祝成都经济技术开发区被国务院批准为国家级经济技术开发区为主题，以成都经济技术开发区授牌庆典、成都经济技术开发区成立 10 周年庆、招商引资洽谈会以及大型而丰富的文体活动为主线，展示成都经济技术开发区和城市向东发展所取得的成就，宣传优良的投资环境和广阔前景。

桃花节源于 1987 年开办的一年一度的成都龙泉驿桃花会；1999 年，龙泉驿区将“桃花会”更名为“桃花节”；2001 年 8 月，国家旅游局批准将成都桃花节命名为“中国 · 成都国际桃花节”。

成都农产品中心批发市场试营业

2000 年 3 月 22 日，国家国内贸易局和成都市人民政府主办的成都农产品中心批发市场投入试营业。市场位于成都高新产业技术开发区，占地 20 多万平方米，主要经营蔬菜、肉类、花卉、水产品、水果、粮油、干杂副食品等。该市场是经国家计委立项批准，由中国糖业酒类集团公司和成都商业投资经营有限公司共同投资兴建，面向全国的国家级农产品中心批发市场，是全国新一轮“菜篮子”工程项目中 5 个国家级农产品中心批发市场之一。

“长虹电池工业园”落成

2000 年 3 月 23 日，当时中国最大环保电池基地——“长虹电池工业园”在绵阳长虹公司落成，长虹正式涉足电源化学产业，成为中国唯一生产无汞环保电池的大型企业。长虹电池工业园一期投资 3 亿多元，年产值 6 亿多元，生产规模居国内第一，跻身世界前列。长虹的电池技术跨越了几代电池的发展，直接定位于环保高能，处于国内领先水平。

四川新华书店集团有限责任公司成立

2000 年 3 月 29 日，经四川省人民政府批准，西部首家图书发行集团——四川新华书店集团有限责任公司在成都正式挂牌成立，标志着四川图书发行体制改革进入了一个新的发展阶段。四川新华书店集团有限责任公司是四川省新华书店、四川省外文书店和四川省出版对外贸易公司进行资产重组组建的大型国有独资企业，集团成立后，成为中央宣传部和新闻出版总署确定的三个发行集团试点单位之一。

4 月

四川省人民政府与国家开发银行达成金融合作协议

2000 年 4 月 2 日，四川省人民政府与国家开发银行在成都达成金融合作协议，四川省人民政府省长张中伟与国家开发银行行长陈元代表双方在协议上签字。根据协议，国家开发银行承诺向四川省提供 236 亿元的建设贷款，支持一批重大的基础设施建设项目，涉及项目包括大竹—重庆高速公路、广元—元坝—巴中高等级公路、南充—广安高速公路、九寨黄龙机场、成都地铁、紫坪铺水利枢纽、岷江姜射坝水电站、乐山城建项目等。

长江上游珍稀鱼类国家级自然保护区获批

2000 年 4 月 4 日，国务院批准建立长江上游合江至雷波段珍稀鱼类国家级自然保护区。这是四川省获批建立的第一个国家级水生野生动物自然保护区。该自然保护区位于长江上游上段和金沙江下段，包括雷波县、屏山县、宜宾县、宜宾市翠屏区、南溪县、江安县、泸州市纳溪区、泸州市龙马潭区和江阳区、合江县等县（区），总面积达 1.11 万公顷，全长约 320 公里，保护区内有珍稀鱼类和特种鱼类 130 余种。

2005 年 4 月，国务院对保护区范围作出调整，并将保护区更名为“长江上游珍稀、特有鱼类国家级自然保护区”。该自然保护区的成立，旨在维护长江上游鱼类种群多样性和长江上游自然生态环境，合理持续利用渔业资源，补救因水电工程建设和经济建设等人为因素对自然生态系统造成的影响，及时拯救长江上游濒危鱼类。

四川参加中国东西部合作与投资贸易洽谈会

2000 年 4 月 5—9 日，由国家 4 个部委局和 19 个省（区、市）人民政府共同主办，以“面向 21 世纪，加强东西部合作，推动西部大开发，促进区域经济协调发展”为主题的 2000 年中国东西部合作与投资贸易洽谈会在西安市举行。四川组团参加，共签署项目投资、商品贸易协议（合同）248项，项目总投资125亿元人民币，协议（合同）引进资金59.3亿元，贸易协议（合同）金额6.4亿元，在参会代表团中名列前茅。

新华人寿保险公司四川分公司开业

2000年4月12日，新华人寿保险公司四川分公司开业。新华人寿是1996年8月成立的全国性股份制寿险公司，公司总资产达30.6亿元，是国内寿险公司中第一家客户服务体系获ISO 9002国际标准质量体系认证的企业。

省内首例第二代试管婴儿降生

2000年4月20日，四川省首例采用显微注射培养的第二代试管婴儿在资中县顺利降生，四川在培育试管婴儿领域迈入国际先进行列。此次降生的婴儿为女性，是成都市计划生育技术指导所于1999年5月30日开发第二代试管婴儿技术的首例临床实际应用。

川大新校区落户双流

2000年4月22日，四川大学新校区——江安校区落户双流西南航空港开发区签字仪式举行。新校区位于双流县江安河畔，占地3400亩，规划入住学生3.5万人，总建筑面积近140万平方米，投资概算26亿元，规划建成国内一流“环境生态化、景观园林化、校园信息化”的校园。2002年5月23日，新校区开工。2003年9月16日，四川大学江安校区启用。建成后的川大新校区，成为继剑桥大学、牛津大学之后世界上第三所拥有校内河的知名大学。

第九届“四川十大杰出青年”评选揭晓

2000年4月25日，由省委组织部、省委宣传部、团省委、省人事厅、《四川日报》等9家单位开展的第九届“四川十大杰出青年”评选揭晓。本届十大杰出青年是：石钧、张可、胡维光、罗勇、缪天明、罗清红、赵君科、袁秀平、雷文勇、胡君民。

中澳小麦合作项目在川启动

2000年4月26日，中澳小麦合作项目“应用先进育种技术改进四川优质小麦育种及生产”在川启动。该项目是1999年由中澳双方在京签署的国际合作项目，项目为期5年，由澳方提供130万澳元经费支持，四川省农科院作物所是项目唯一中方单位。项目引进澳方优质资源和生物育种等新方法，致力于把四川建成我国南方优质小麦基地。

川化集团三聚氰胺装置投产

2000年4月30日，川化集团1.38万吨三聚氰胺装置经过12个月的建设、调试后打通全部流程，生产出99.98%的优质产品。至此，川化集团新老两套三聚氰胺生产系统的年生产能力达2.58万吨，成为全国最大的三聚氰胺生产基地。

5 月

大熊猫保护技术获重大突破

2000 年 5 月 7 日，成都大熊猫繁育研究基地宣布，国家建设部重点科技攻关项目——大熊猫 DNA 指纹探针研制及 DNA 提取方法的建立获重大突破。该基地首次在世界上建立了大熊猫种群生态，这标志着中国在大熊猫种群生态学和保护遗传学方面走在了世界前列。

成都市大熊猫繁育研究基地课题组，在 1994 年找到了从大熊猫粪便、福尔马林与酒精保存标本及剥制标本提取全基因组 NDA 的方法，同时确立了利用 DNA 指纹技术进行大熊猫物种遗传多样性分析和“亲子鉴定”的实验方案和技术路线，并发明了获得国家发明专利的大熊猫 DNA 指纹探针。该探针是目前世界上唯一能检测纯合等位基因的探针，其性能居国内外同类探针领先水平，该研究成果获得国家 1999 年技术发明二等奖。

中国首套 100 万千瓦级核岛主设备完工发运

2000 年 5 月 10 日，东方锅炉（集团）股份有限公司制造的 8 台 100 万千瓦级核岛主设备按期从德阳发往安装工地。东方电气集团东方锅炉（集团）股份有限公司在国内首家从事 100 万千瓦级压水堆核电站核岛重型设备国产化制造，本次承制的 8 台 100 万千瓦级核岛主设备顺利完工并如期发运，标志着中国已初步掌握生产制造 100 万千瓦级核岛重型设备的先进技术。

首届成都国际通信节举办

2000 年 5 月 12—17 日，成都市人民政府主办的首届成都国际通信节在成都举行。通信节以展示先进通信产品为主要内容，突出成都在信息产业中西部中心枢纽的战略地位。通信节期间，举办了电信业高层论坛会、信息通信产业西部开发招商引资会、西部信息通信领域人才交流会，开展了各种电信产品展示、演示及促销类活动。

动物基因工程疫苗研究获重大突破

2000 年 5 月 12 日，国家“九五”重点科技攻关项目——猪伪狂犬病基因缺失疫苗株的研究，在中国动物基因工程疫苗研究领域取得突破性进展，并在国内首次实现了猪伪狂犬病基因缺乏疫苗的应用。该项目由四川农业大学承担，课题组运用基因缺失技术成功研制出中国第一株猪伪狂犬病的基因缺失疫苗 SA215，并运用到生产。该疫苗保护率达到 100%，可使仔猪成活率提高 30%，可完全取代进口的同类疫苗，项目技术指标国内领先，达国际先进水平。

泸州市江阳区发生特大交通事故

2000 年 5 月 14 日 13 时 40 分左右，泸州市江阳区境内华石公路“0 公里+350 米”处，一辆车牌号为“川 E08398”的中巴客车，从桥上冲下 5 米多高的陡坎，坠入小溪，造成死亡 19 人、伤 25 人的特大交通事故。该中巴准载 19 人，实载 40 多人，严重超载。事故引起泸州市、江阳区和省政府高度重视，各方迅速组织救援，调查事故原因，慰问伤员和死者家属。事故得到妥善处置。

四川省科技奖励大会召开

2000 年 5 月 23 日，省科技奖励大会在成都召开，大会颁发了 1999 年度四川省科技进步奖。此次共奖励科技进步项目 212 项，奖励科技人员 1183 人次。峨嵋半导体材料厂、峨嵋半导体材料研究所荣获省委、省政府特别科技奖。雅安地区农业科学研究所的“中国西南山区高产优质玉米杂交种雅玉 2 号选育研究”，省畜牧科学研究院的“肉兔新专门化母系培育及配套利用”，华西医科大学药学院的“抗癌药物和抗乙肝病毒药物肝靶向给药系统”等 16 个科研成果获一等奖；省农业厅植物检疫站、西南农大植保系等 8 个单位的“四川省美洲斑潜蝇检疫及防治技术研究”，省原子核应用技术研究所等 3 个单位的“杂交水稻Ⅱ优 838 的选育和利用”，绵阳经济技术高等专科学校等 2 个单位的“杂交水稻恢复系绵恢 501 的选育及应用”等 44 项获二等奖；省农科院作物研究所的“丰抗兼备再生力强的杂交稻新组合‘汕优 149’”等 152 项获三等奖。

首届“西博会”在成都举行

2000 年 5 月 25—28 日，第一届中国西部国际博览会（简称“西博会”）在成都举行。大会由中国贸促会和四川省人民政府等共同举办，正式名称为“中国沿海企业产品博览会暨投资洽谈会”。该会是具体实施西部大开发战略的国家级博览会，至 2002 年，被正式命名为“中国西部国际博览会”，每年举办一届。首届西博会吸引了国内各地政府和企业界及境外投资贸易商的广泛关注，参会参展的有来自 17 个国家和地区的境外客商 138 人，国内 16 个省市和省内 21 个地市州的政府和企业代表 5000 余人。大会设国际标准展位 1200 个，展出总面积 30000 平方米。四川 21 个市地州与国（境）内外客商签订投资合作项目协议 98 个，总金额达 137.6 亿元。

省委七届七次全会召开

2000 年 5 月 25—29 日，省委七届七次全会在成都召开。会议的主要任务是：认真学习江泽民总书记关于“三个代表”的重要讲话，贯彻中央关于实施西部大开发的战略决策，研究全省加快发展的目标、部署和措施，统一思想，提高认识，明确任务，坚定信心，为实现四川新的跨越而努力奋斗。会议审议通过《中共四川省委 四川省人民政府关于抓住西部大开发机遇，加快发展的意见》，通过《中国共产党四川省第七届委员会第七次全体会议关于认真贯彻江泽民同志关于“三个代表”的要求，抓住西部大开发机遇，加快四川发展的决议》。

6 月

鼎天科技产业园建成投产

2000 年 6 月 5 日，中国西部最大的高科技 IT 产业化基地——鼎天科技产业园在德阳建成投产，带动区域产业结构由传统的电子和机械工业向现代化的高科技 IT 行业转化，成为“成都—德阳—绵阳”高科技产业带的重要支撑。

鼎天科技产业园由鼎天集团、鼎天科技海外风险基金共同投资，总投资 2 亿元，占地 200 亩，按国际化高科技产业基地标准规划、设计和建设。一期工程建有全自动化的 IT 终端产品总装线及其他生产线共 6 条，年生产整机能力 100 万台；引进光机电生产线全套技术建成生产线 7 条，年生产 DVD 机芯及 DVD-ROM 驱动器能力达 400 万套。

眉山市成立

2000 年 6 月 10 日，国务院印发《关于同意四川省撤销眉山地区设立地级眉山市的批复》，同意撤销眉山地区和眉山县，设立地级眉山市。市人民政府驻新设立的东坡区。眉山市设立东坡区，以原眉山县的行政区域为东坡区的行政区域；区人民政府驻东坡镇。眉山市辖原眉山地区的仁寿县、彭山县、洪雅县、丹棱县、青神县和新设立的东坡区。12 月 19 日，中共眉山市委、市人大常委会、市政府、市政协挂牌，眉山市正式成立。眉山建区设市，是四川省委、省政府推进区域发展的战略部署，有利于推动眉山经济社会发展。

嘉陵江发生特大水上交通事故

2000 年 6 月 13 日 10 时许，南充市境内嘉陵江段发生一起特大翻船事故，一艘载有 80 多名乘客的客船从南充市嘉陵区李渡镇码头出发驶往河西肖家坝，当船行至嘉陵江李渡段羊口滩时，因船严重超载，吃水较深，船尾部触礁将其螺旋桨打坏，临危处置不当导致翻船，船上人员全部落水，造成 19 名乘客死亡。2001 年 3 月 1 日，此次特大水上交通事故责任人肖胜美被南充市嘉陵区人民法院以交通肇事罪依法判处有期徒刑 7 年。

资阳市成立

2000 年 6 月 14 日，国务院印发《关于同意四川省撤销资阳地区设立地级资阳市的批复》，同意撤销资阳地区和县级资阳市，设立地级资阳市。市人民政府驻新设立的雁江区。资阳市设立雁江区，以原县级资阳市的行政区域为雁江区的行政区域；区人民政府驻雁江镇。资阳市辖原资阳地区的安岳县、乐至县和新设立的雁江区。原资阳地区的县级简阳市由省直辖。12 月 29 日，资阳举行撤地设市暨授牌授印大会，资阳市正式挂牌成立。

乐山大件码头工程竣工

2000 年 6 月 13 日，省政府“2233”重点工程建设项目之一——乐山大件码头工程竣工。大件码头的建成，结束了四川省大件产品运输出川难的历史，使四川有了一条超重、超宽、超长、超高设备通江达海的通道。

乐山大件码头工程项目 1995 年 11 月动工，总投资 4690 万元，是根据全省产业结构调整需要、服务三峡工程建设而修建的大型超限设备调运码头。工程占地 29.8 亩，码头岸线长 115 米，设计 750 吨泊位一个，能满足 750 吨专用大件驳船靠离，其单件装卸起吊能力在全国内河港口中居第一位，可有效保证单件重量在 550 吨、外径 10.3 米、高 5.86 米范围内三峡工程所需的大件超限设备正常装卸。

博茨瓦纳共和国总统费斯图斯·莫哈埃访问四川

2000 年 6 月 14—15 日，博茨瓦纳共和国总统费斯图斯·莫哈埃访问四川。四川省委副书记、四川省人民政府副省长杨崇汇在成都会见莫哈埃总统一行，希望能够进一步加强四川省与博茨瓦纳在各个领域的合作；莫哈埃总统介绍了博茨瓦纳的发展情况，表示希望能够加强与四川农业等领域的合作。在川访问期间，莫哈埃总统参观了府南河工程、都江堰水利工程、托普集团、南洋学校和大熊猫基地；随同莫哈埃总统访问的博茨瓦纳企业家代表团与四川有关企业进行了商贸洽谈。

泸州市合江县发生特大翻船事故

2000 年 6 月 22 日，泸州市“榕建”号短途客船按规定航线沿长江由李子坝北岸上行驶往榕山镇；6 时 30 分左右，船行至距榕山镇 1 公里处，突遇浓雾，触礁倾翻，造成 130 人死亡。该船核载 101 人，实际载客 221 人，严重超载。

事故发生后，省委、省政府及泸州市、合江县全力施救，做好救护、抚慰、安置和社会稳定工作。23—24 日，省委副书记、省长张中伟到合江县榕山镇；24 日零时 30 分，国务院事故调查组也到达榕山镇。26 日，在“6·22”特大水上交通事故中负有重大责任的主要犯罪嫌疑人周守金、梁如兵、石萍被公安机关逮捕。7 月，经过调查取证，四川省给予省、市、县各级党政部门的 26 名有关责任人党纪政纪处分。

第二颗“风云二号”气象卫星在西昌发射升空

2000 年 6 月 25 日 19 时 50 分，西昌卫星发射基地用“长征三号”运载火箭成功地将中国第二颗“风云二号”气象卫星送入太空，火箭升空 24 分钟后，星箭分离，卫星进入近地点 204 公里、远地点 36035 公里的地球同步转移轨道。这是西昌卫星发射中心成功组织的第 29 次发射，也是“长征”系列运载火箭第 61 次飞行。“风云二号”卫星的成功发射，标志着中国已成为继美国、苏联之后，第三个能同时研制、生产和发射太阳同步轨道与地球静止轨道气象卫星的国家。

“风云二号”气象卫星由中国自主研制，对以中国为中心的约 1 亿平方公里的地球表面进行全天候的气象监测，卫星设计寿命 3 年，对加速中国气象现代化进程，尤其是对西部大开发的生态环境监测，减灾灭灾，造福人类，具有十分重要的作用。

攀枝花民用机场开工建设

2000 年 6 月 28 日，国家西部大开发重点建设项目——攀枝花民用机场主体工程开工建设。攀枝花民用机场的初设概算总投资 8.12 亿元，机场位于海拔 1976 米的山坡上，最大回填深度达 123 米，土石方挖填达 5800 万立方米，其中石方达 4000 万立方米，居国内机场第一。机场飞行区等级为 4C，跑道长度为 2800 米，可起降波音 737、空客 A320 等机型。2003 年 12 月 6 日，攀枝花民用机场正式建成通航。

四川（成都）星火西进对口洽谈会举行

2000 年 6 月 28 日，国家科技部主办、四川省科技厅承办的四川（成都）星火西进对口洽谈会在成都举行。上海、广东、福建等东部7省市的200余家企事业单位、科研院所，近200个高科技项目，与四川省10余个市地、6个科研院所的180余个项目进行了对口洽谈，共签订意向性协议48项，成交金额9.5亿元。签订的项目主要集中在建筑、建材、机电、化工、环保、农业等领域。星火西进于1997年实施，是西部大开发科技行动计划中的重要组成部分，也是科技部“十五”星火计划的工作重点，在政策、管理、技术和投资上形成了有利于东西合作的良好环境。

杂谷脑河流域水电资源开发全面启动

2000年6月29日，四川杂谷脑水电开发有限责任公司在成都成立。公司由国家电力公司、四川岷江电力集团公司、四川省电力公司等6家单位投资共同组建，标志着岷江杂谷脑河流域水电资源开发全面启动。杂谷脑河位于四川省阿坝州境内，水能蕴藏量为85.6万千瓦，沿河流域水电开发设计开发方案为“一库七级”，总装机容量54.35万千瓦，是中央支持地方、国家扶持四川西部藏区、国家电力公司实施西部大开发的启动工程，对于保护长江上游生态平衡，逐步优化四川电力结构，促进阿坝州经济发展、民族团结和社会稳定，具有重要作用。

7月

四川取消部分交通收费项目

2000年7月1日，为治理公路和水上交通“三乱”现象，扩大汽车消费，四川省从7月起取消公路建设附加费、入城证费、船舶购置附加费等部分交通和车辆收费项目。

四川接受无偿国际援助项目

2000年7月6日，英国政府援助四川省国有企业改革、改组项目协议正式签署，英方援助资金达950万英镑。这是四川省当时接受的最大国际无偿援助项目。四川省选择成都、绵阳、乐山三市作为试点城市，通过采纳英国先进的管理模式，促进四川企业转变经营观念，转换经营机制，与国际模式接轨。9月1日，英国政府援助四川国企重组及企业发展项目在成都举行授权签字仪式，四川省首批6家项目试点企业全部进入实施阶段。

这个由西方发达国家与中国合作改造国有企业的最大技术援助合作项目，是根据1999年12月10日中英两国政府签署的《中英国有企业重组与企业发展项目备忘录》确定的，根据项目设计，在1999年10月起的3年间，英国政府给予四川、辽宁两省总额达1900万英镑的技术合作与经济援助，项目从2000年1月1日正式启动。

成都市农村信用合作社联合社成立

2000年7月8日，成都市农村信用合作社联合社成立。这是四川省第一家地市级农村信用联社。该联合社由成都市内各区（市）县农村信用联社共同出资成立，对全市农村信用社进行行业管理、指导、协调和服务，强化管理、规范经营。2003年，根据国务院下发的深化农村信用社改革的系列文件，成都市农村信用社进一步开展以市为单位统一法人的股份制改革探索和实践。

国电大渡河流域开发有限公司投资协议书签字仪式在成都举行

2000 年 7 月 13 日，投资协议书签字仪式在成都举行。国电电力发展股份有限公司、四川省投资集团有限责任公司、四川省电力公司的代表在协议书上签字，三方的投资比例分别为 51%、10%、39%。本次协议的签署，标志着四川省列入西部大开发战略五大基础产业之首的水电产业的开发进入实质性阶段，四川电力体制改革、水电资源开发由此进入一个新的历史时期。11 月，国电大渡河流域水电开发有限公司正式成立。

大渡河流域河道全长 1062 千米，水能蕴藏量 1172 万千瓦，规划建设 17 座梯级电站。新成立的公司按照梯级、滚动、综合开发的方针，于 2004 年 3 月 30 日首期启动瀑布沟水电站建设工程。该电站在国内仅次于三峡电站，是国家“十五”重点工程和西部大开发标志性工程。

首届中国西部书市举办

2000 年 7 月 20—30 日，首届中国西部书市在成都举办，近 400 家出版社、1200 多家新华书店、数百家报刊、近千家民营书店以及部分港台和国外出版单位参加。本届书市由四川、重庆、云南、贵州、西藏、陕西、甘肃、宁夏、青海、新疆西部 10 省（区、市）共同发起，由四川省委宣传部、四川省新闻出版局主办，是西部出版文化产业界在西部大开发背景下举行的首次联合行动，全方位展示了西部地区出版资源与市场优势以及西部出版界的整体实力。书市的展订、展销成果共计达 9189 万元，展订、展销面积达 32000 平方米，创下历届四川书市以及历届地区性书市展订、展销面积规模最大、门类最全的新高。

国内首个信息安全成果产业化基地奠基

2000 年 7 月 21 日，国内第一个国家高技术研究发展计划信息安全成果产业化基地在成都高新技术产业开发区正式奠基。基地由成都高新技术产业开发区、信息产业部电子第三十研究所、成都卫士通信息产业股份有限公司联合倡议组建，为国内提供通用基础信息安全产品，为国民经济信息化建设提供技术支撑和服务，为国家培养合格信息安全产业人才，短期目标是重点建立完整的“通用基础信息安全产品”的产业化体系，在中国西部形成信息安全的产业群，成为国家信息安全产业的重要支撑。

8 月

成都、德阳、绵阳高新技术产业带启动

2000 年 8 月 1 日，四川省人民政府正式决定建立成都、德阳、绵阳高新技术产业带，成立产业带工作协调小组，发布《构建成都、德阳、绵阳高新技术产业带实施方案》，标志着成都、德阳、绵阳三市区域经济、科技和生产力协调发展战略性工程正式启动。建立高技术产业带旨在充分发挥成都、德阳、绵阳三市区域经济、科技和生产力布局优势，逐步建成具有持续创新能力和较强竞争能力的高新技术现代化产业基地，促进经济的跨越式发展，搞好西部大开发。

四川名优特新产品博览会在乌鲁木齐市举行

2000 年 8 月 3—7 日，四川省人民政府主办的 2000 年四川名优特新产品博览会在乌鲁木齐市举行。四川省各市地州组成 21 个展团参展，共设展位 500 余个，有参展企业近千家、产品上万个，总成交金额 147.92 亿元，其中项目投资金额 81.47 亿元，商品成交金额 66.45 亿元，创历届川博会之最。博览会期间还举行了一系列投资洽谈和商贸交流活动，召开了投资说明会。此次川博会创出四川工业产品出省展销行程最远、阵容最齐、规模最大、项目最多、产品最精等 5 个之最，集中展示了中华人民共和国成立以来四川工业企业的实力和发展水平，增进了川疆两省区交流和联系，对振兴双方经济，促进西部大开发具有重要意义。

四川—台湾经济科技合作洽谈会召开

2000 年 8 月 8—11 日，四川—台湾经济科技合作洽谈会在成都召开。洽谈会由四川省台办、四川省科技厅主办，旨在推动四川与台湾之间的交流与合作，并促进西部大开发的实施。洽谈会采取流动式招商方式，与会客商先后赴成都、德阳、绵阳三地考察、参观，进行对口洽谈。来自中国台湾、香港地区以及马来西亚、新加坡等国家的近 300 名客商参与本次洽谈会，共签订协议 26 个，协议引资总金额 23 亿元。

甘孜藏族自治州隆重庆祝建州 50 周年

2000 年 8 月 18 日，甘孜藏族自治州在康定隆重举行建州 50 周年庆典。全国人大常委会、国务院发来贺电；国家民委副主任李晋有率国务院有关部委祝贺团到会祝贺并讲话；省委副书记、省长张中伟出席大会。

甘孜藏族自治州成立于 1950 年 11 月 24 日，是中华人民共和国成立后建立的第一个专区级少数民族自治州，是四川省藏民族的主要聚居地，为全国第二大藏区。在中国共产党正确领导下，经过 50 年的努力，甘孜藏族自治州发生了翻天覆地的变化，经济加快发展，民生持续改善，社会和谐稳定。

国内最大钻石加工中心开工

2000 年 8 月 26 日，国内最大钻石加工中心在都江堰市奠基。中心由西安达尔曼实业股份有限公司兴建，投资 1.88 亿元，年产钻石 2.4 万克拉，是同期亚洲在建最大规模的钻石加工中心。该项目由国家计委批准，集钻石加工、生产、销售和旅游观光为一体，规划占地 40 余亩，建筑面积 2.2 万平方米，采用同时期最先进的设备和技术，形成开放式车间与观光通道相契合的厂区格局，建设无污染公园式工厂。

9 月

李岚清到绵阳、成都视察

2000 年 9 月 3—7 日，中共中央政治局常委、国务院副总理李岚清在绵阳、成都等地视察。在绵阳，李岚清主持召开了有省市党政负责人和有关科研机构、高校、企业负责人参加的座谈会，专题研究绵阳市依托科研院所和大型企业进一步发展高新技术产业，促进地方经济更快发展问题；在成都，李岚清视察了高新技术开发区及部分高技术企业，与高校负责人进行了座谈，还听取了省委、省政府的工作汇报。视察期间，李岚清充分肯定了四川省近年来在改革开放和现代化建设方面取得的成就，强调四川发展要抓住当前的有利时机，运用创新的思路，着眼跨越式发展，深化改革，扩大开放，充分释放科学技术能量，努力提高国民经济素质。

第六届大学生运动会成功举办

2000 年 9 月 3—11 日，第六届大学生运动会在成都市举办。本届大运会是世纪之交举办的规模最大的一次全国大学生体育盛会，也是首次在西南举办的大学生运动会。本届大运会共设田径、游泳、篮球、排球、足球、乒乓球、健美操、武术 8 个比赛项目和射击表演项目，包括香港、澳门特别行政区代表团在内的 33 个代表团近 3000 名运动员参赛，创造出一大批国家水平的优异成绩，仅在设有纪录的田径赛，就有 35 人次打破 19 项大运会纪录，2 人次刷新 1 项全国纪录。东道主四川体育代表团团体总分名列第四，实现了运动成绩大的跨越。为办好本届大运会，成都地区 13 所高校新建体育馆 10 座，改建体育馆 3 座，总建筑面积 77028 平方米；新建运动场 4 个，改建运动场 3 个，占地 79180 平方米。

绵阳科技城建设

2000 年 9 月 4 日，党中央、国务院作出建设绵阳科技城的战略决策。国务院随即成立由 13 个部委组成的绵阳科技城建设部际协调小组，四川省成立了四川省建设绵阳科技城领导小组，全力推动科技城建设。绵阳科技城是全国唯一的科技城，它的建设实践，成为全国创新驱动发展“试验田”、军民深度融合“排头兵”。

国内首条光盘生产线在成都投产

2000 年 9 月 26 日，国内首条光盘生产线在成都高新区新加坡工业园投产，填补了国内空白，与世界同行相比处于领先位置。生产线每 2. 5—3 秒可生产一张光盘，年产值达 1 亿美元。

越南总理潘文凯访问四川

2000 年 9 月 27—28 日，越南总理潘文凯率 61 人的越南政府代表团访问四川。其间，四川省委副书记、四川省人民政府省长张中伟分别会见了越南总理潘文凯一行，介绍了四川省情和经济社会发展情况及正在实施的西部大开发战略；潘文凯一行参观了都江堰水利工程及民营企业新希望集团等。

越南总理潘文凯是应国务院总理朱镕基的邀请于 9 月 25 日开始访问中国，此次访川，是其为期 4 天的工作访问中的重要行程和最后一站。

广元机场正式通航

2000 年 9 月 28 日，广元机场正式通航。机场开通了广元至北京、广元至广州、广元至温州航线。广元机场建设历时8年，总投资3.8亿元，是实施西部大开发战略以来，新（扩）建的20个机场项目中第一个建成通航的机场。广元机场跑道长2500米，厚32厘米，可满足波音737、波音757、A320、TV-154等机型的起降。

成都信息工程学院挂牌

2000年9月28日，西南地区首家独立设置的信息工程学院——成都信息工程学院挂牌。该学院前身为1951年1月创建、1978年4月扩建的由中国气象局管理的成都气象学院。2000年2月，学院实行中央与地方共建、以地方管理为主的管理体制，经四川省人民政府报请教育部批准，2000年7月，成都气象学院更名为成都信息工程学院。

成都信息工程学院突出信息技术特色，有通信工程、电子信息工程、计算机科学与技术、信息与计算科学、电子科学与技术、电子商务等信息工程类专业，信息工程类专业的学生占在校学生总数的80%以上。

成昆铁路电气化改造完成

2000年9月30日，国家“九五”重点建设项目、西部大开发的重点工程——成昆铁路电气化改造胜利完成，成昆铁路运输能力提高一倍，相当于新建了一条成昆线。该工程自1993年开工，历时8年，总投资达40亿元；1998年12月20日，成都至燕岗段开通；1999年12月30日，成都至攀枝花段762.49公里的成昆电气化建设开通。全线新建车站6个、桥梁7座、隧道2座，改建车站116个、桥梁13座、隧道269座。改建后的成昆线成为国家I级电气化铁路干线，在地形复杂的山区时速可达85公里，重载可达4000吨，基本能满足沿线社会运输的需求。

成昆铁路于1960年4月开工修建，1970年7月1日通车，全长1100公里，代表了当时中国铁路建设的最高水平，沿线资源十分丰富，客货量逐年递增，铁路运能已趋饱和，长期处于超负荷运转状态。成昆铁路的电气化改造工程，对于推动西南地区民族经济文化的进步、巩固国防、发展对外经济，都具有重要作用。

10月

李瑞环到乐山、阿坝等地视察

2000年10月1日，中共中央政治局常委、全国政协主席李瑞环抵达四川视察。在川期间，李瑞环视察了乐山、成都、阿坝等地，考察人民生活，并先后视察了成都安彩集团、四川制药股份公司、乐山—菲尼克斯半导体有限公司等企业，问候坚守岗位的一线职工。

李鹏到高县等地视察

2000年10月3—7日，中共中央政治局常委、全国人大常委会委员长李鹏在宜宾视察，看望家乡人民。在川期间，李鹏出席了宜宾庆祝新中国成立51周年文艺晚会，视察了高县、五粮液集团、宜宾师范高等专科学校、拟建的向家坝水电站等地，要求抓住西部大开发机遇，按照江泽民总书记提出的“走改革之路，建美好宜宾”的要求，把宜宾建设得更加美好。

21 世纪城市建设与环境国际大会在成都举行

2000 年 10 月 16—18 日，21 世纪城市建设与环境国际大会在成都会议中心举行。此次会议由联合国人居中心、中华人民共和国建设部、成都市人民政府联合主办，成都市人民政府承办，被列入联合国 2000 年会议目录，是一次全球性的国际会议，来自 26 个国家的 340 多名代表参加会议。大会安排了 3 项主要议程，即城市可持续发展战略，改进城市管理，住房、土地及住房资金的获取；通过了《成都宣言》，阐述了搞好城市建设和环境保护的发展思路，倡议为城市建设与发展、城市可持续发展做出贡献。

川籍奥运健儿凯旋

2000 年 10 月 17 日，中共四川省委、四川省人民政府隆重举行川籍奥运健儿凯旋庆功会。第 27 届奥运会上，全省有 6 名运动员、6 名教练员参赛，在垒球、曲棍球、排球、花样游泳、飞碟射击、田径女子 4×100 米接力赛等项目上取得较好成绩，唐琳夺得女子柔道 78 公斤级金牌。省政府授予唐琳省劳动模范称号并记一等功，并授予她运动员青年五四奖章和运动员三八红旗手称号；为邓小玲等 15 名运动员和教练员记三等功。奖励获奥运金牌的运动员、教练员人民币各 20 万元，获第 4—6 名的运动员、教练员各 5 万元，获第 7—8 名的运动员、教练员各 3 万元；奖励金牌运动员输送地内江市 20 万元。

乐山师范学院挂牌

2000 年 10 月 18 日，乐山师范学院挂牌成立。乐山师范学院于 2000 年 3 月 21 日经教育部批准，由乐山师范高等专科学校与乐山教育学院合并组建而成。新学院占地 434. 6 亩，校舍面积 16 万平方米，开办有 14 个系和成人教育学院，12 个师范专业和 7 个非师范专业，有在校学生近 5000 名。

首届中国西部论坛在成都举行

2000 年 10 月 20—22 日，首届中国西部论坛在成都举行。此届论坛由国务院西部开发办公室、对外经济贸易部、国务院新闻办公室，中共四川省委、四川省人民政府主办，论坛的主题是“西部大开发——政府与市场”，西部地区 12 个省（区、市）共同参与，江泽民总书记为大会题名。本届论坛共召开 4 个全会、4 个圆桌会、8 个专题会、2 个午餐会、2 个论坛新闻发布会、1 个经贸洽谈会。论坛期间，四川省为经贸洽谈会推出了 150 个重点建设项目，重点突出交通、农业等基础产业和电子信息、医药化工、旅游、饮料食品、水电、机械冶金等支柱产业，签单 23 笔，投资总额 125 亿元。论坛宣传了党中央、国务院关于实施西部大开发的战略和方针政策，就有步骤、有重点地推进西部大开发、西部地区产业结构调整、吸引外商投资、培育资本市场、区域经济合作等问题进行了研讨，为西部大开发提供了广泛的智力支持。

内江师范学院成立

2000 年 10 月 27 日，内江师范学院成立。内江师范学院是经教育部批准建立的高等院校，由原内江师范高等专科学校与内江教育学院合并而成，实行省市共建、以省为主的管理。学院有教职工1000余人、13个教学系及一个成人教育学院，开设本专科专业30余个。

冷竹关电站并网发电

2000年10月29日，甘孜藏族自治州建州50年来投资规模最大的项目——冷竹关电站第一台机组正式并网发电。该电站是国家援助四川省民族地区的重点建设项目，也是瓦斯河流域的最末一个梯级电站，总投资12.6亿元，总装机容量18万千瓦，年发电量9.95亿千瓦时。该电站在国内最早实现自动化远程控制，由设在成都的梯级控制调度中心计算机监控系统对冷竹关水电站进行远方实时控制、安全监视及调度管理。工程于1998年7月正式开工，2001年5月全部建成投入运行。

第四届全国农民运动会在绵阳举行

2000年10月30日至11月4日，农业部、国家体育总局、中国农民体育协会主办，四川省人民政府承办的第四届全国农民运动会在绵阳市举行。本届运动会以“参与、健身、团结、和谐”为主题，包括台湾地区在内的32个省（区、市）的参赛运动队、观摩团共3300名运动员参加，设正式比赛15个大项、180多个小项，是历届农运会参加人数最多、规模最大、内容最丰富的一次农民体育盛会。四川代表团以14枚金牌和35枚奖牌荣居第一名。全国农民运动会创办于1988年，每4年举办一次，是五大国家级综合性体育赛事之一。

北斗导航定位卫星成功发射

2000年10月31日零时2分，“长征三号甲”运载火箭在西昌卫星发射中心将中国自行研制的第一颗导航定位卫星——“北斗导航试验卫星”成功送入太空。“北斗导航试验卫星”由中国航天科技集团空间技术研究院研制，它的成功发射，使中国在建立自己的第一代卫星导航定位系统——“北斗导航系统”上迈出了重要的第一步，标志着中国成为世界上为数不多的能自主研制并成功发射导航定位卫星的国家之一。12月21日零时20分，中国第二颗北斗导航试验卫星发射成功，两颗试验卫星一起构成“北斗导航系统”，标志着中国开始拥有自主研制的第一代卫星导航定位系统。

11月

《尘埃落定》获第五届茅盾文学奖

2000年11月11日，第五届茅盾文学奖在茅盾先生故里浙江桐乡乌镇举行了颁奖典礼。四川藏族作家阿来创作的长篇小说《尘埃落定》与其他三位作家的作品获得此项殊荣。茅盾文学奖是以中国著名作家茅盾先生的名字设立的长篇小说文学奖，是国内最高荣誉的文学奖之一；该奖项1982年设立，每四年评选一次。

《关于加快培育旅游支柱产业，建设旅游经济强省的决定》出台

2000年11月13日，中共四川省委、四川省人民政府发布《关于加快培育旅游支柱产业，建设旅游经济强省的决定》。该决定确定了四川加快旅游发展的总体目标，即2005年把四川建成中国自然生态和历史文化旅游的重要地区，把旅游业培育成四川国民经济的支柱产业，实现从旅游资源大省向旅游经济大省的跨越；到2010年，旅游业实力进一步巩固、壮大，实现从旅游经济大省向旅游经济强省的历史性跨越。

四川新编地方志成果展在成都举行

2000年11月16—21日，四川省新编地方志成果展在省美术馆举行。展览汇集全省各市、州及省直部门近20年编纂的方志成果，展览的市（州）、县（区）志300余册（卷），其他地情书籍近万册，逾十亿字，全面展示了各市（州）、部门、行业的历史和现实情况。这是四川历史上最丰富、最系统、最完整、最重要的一次地方志及地情资料成果展。

四川省新编地方志工作，是一项系统浩大的文化建设工程，规划的《四川省志》80部（册）分（专）志编修全部完成，约3500万字，弥补了自清嘉庆二十一年（1816年）以来四川无省志刊印的空白，系统反映和总结了一个多世纪以来四川区域性自然与社会、历史及现状的情况。

《关于加快电子信息产业发展的决定》出台

2000年11月17日，中共四川省委、四川省人民政府印发《关于加快电子信息产业发展的决定》，提出要抓好六大基地和一个中心、一个市场的建设。即建成西部软件产业化研发、生产基地，西部光通信产品研发、生产基地，西部集成电路设计、生产基地，国家级信息安全产品产业化基地，西部电子信息产品生产基地，西部电子信息人才培养、教育基地；西部网络交换和信息服务中心；西部电子信息产品交易市场。同日，省委办公厅、省政府办公厅印发《关于四川省加快电子信息产业发展的若干政策意见》，提出在税收、投融资以及人才培养、吸引与鼓励等方面的优惠政策措施。

省内民族地区首条高速公路建成通车

2000年11月21日，国道108线泸沽至西宁段高速公路建成通车，由此，跨越省内少数民族地区的第一条高速公路——泸沽至黄联关段高速公路全线贯通。泸沽至黄联关段高速公路是北京至昆明高速公路在四川省凉山州境内的一小段，起于泸沽，止于黄联关，路线全长74.4公里，设计车速80公里/小时，路基按近期宽度19米、远期加宽改造为25米的高速公路标准设计建设，穿越全国最大彝族聚居区——四川省凉山彝族自治州。公路于1996年破土动工，工程总投资12.6亿元，建设工期4年；1999年9月26日，西宁—黄联关段建成通车，全长31公里。

四川化工控股集团公司成立

2000年11月21日，四川化工行业最具实力的两家大公司——川化集团和泸天化集团（含泸天化控股的天华公司）实现强强联合，成立四川化工控股集团公司。集团公司同川化、泸天化形成资产纽带关系，实行母子公司体制。公司注册资金20亿元，是全国最大的化肥、油脂化学品、三聚氰胺等产品的生产企业。

隆（昌）纳（溪）高速公路建成通车

2000年11月28日，“九五”国家公路建设项目——隆昌至纳溪高速公路全线建成通车。隆纳高速公路是国家规划的“两纵两横三条公路”中国道主干线的一段，概算总投资 22.75 亿元，全长 88 公里，于 1996 年 11 月动工兴建，整个工程分两期建设，其中一期工程隆昌至泸州段于 1999 年 9 月 29 日建成通车，二期工程胡市至纳溪段于 2000 年 11 月 28 日建成通车。隆纳高速公路全立交、全封闭、双向 4 车道，路基宽度 26.5 米，设计行车时速 100 公里。

都江堰—青城山被列为世界遗产

2000 年 11 月 29—30 日，世界遗产委员会在澳大利亚召开第 24 届年会，决定将中国的 4 个项目列为新的世界遗产，其中四川都江堰市的青城山和都江堰双双入选。都江堰作为全世界迄今为止年代最久、唯一留存、以无坝引水为特征的宏大水利工程，是世界文明造福人类的伟大杰作；青城山因作为中国道教发源地，属道教名山，历史悠久。两处文物的申报请求获得大会一致通过，这是继九寨沟、峨眉山—乐山大佛之后，四川又一著名景区被列入世界文化遗产目录。

“四川在线”上线运行

2000 年 11 月，“四川在线”正式上线运行，该网站以其影响力被誉为“四川第一门户”，打造有“问政四川”“民生直通车”“天府社区”“天府评论”等品牌栏目，是全国首批省级重点新闻网站之一。

12 月

全国农村“三个代表”重要思想学习教育工作会在成都召开

2000 年 12 月 3—5 日，全国农村“三个代表”重要思想学习教育工作会在成都召开。会议主要任务是：认真学习和贯彻中央决策，统一思想，提高认识，对学习教育活动作出部署。中共中央政治局常委、中央书记处书记、国家副主席、中央军委副主席、中央党校校长胡锦涛，中央政治局委员、中央书记处书记、国务院副总理温家宝出席会议并作重要讲话。大会强调，要深刻认识在全国农村开展“三个代表”重要思想学习教育活动的重要性和紧迫性，立足于提高农村基层干部的整体素质，推动农村突出问题的解决；要求各级党委加强领导，狠抓落实，确保学习教育活动收到实效。

中国成都留学人员创业园揭牌

2000 年 12 月 6 日，留学人员创业园在成都高新区举行揭牌仪式。这是由国家人事部与地方政府共同创建的全国第一个留学人员创业园，其前身是创建于 1998 年 8 月的成都留学人员创业园。至 2000 年末，在园留学人员 70 余人，进园企业 53 家。该创业园的揭牌对成都市充分开发和利用留学人才资源，实现高层次人才的聚集整合，实现高新技术转化、技术成果孵化的大步跨越，具有重要意义。

2000 年文学艺术创作杰出贡献表彰会召开

2000 年 12 月 7 日，2000 年四川省文学艺术创作杰出贡献表彰会在成都召开，阿来、魏明伦作为四川省近年来涌现的优秀作家、艺术家代表，受到省委宣传部表彰。阿来的长篇小说《尘埃落定》获第五届茅盾文学奖；魏明伦新时期以来的川剧创作实践，为振兴川剧作出了突出贡献，其川剧《变脸》继获得文化部第八届文华大奖、入选中宣部第七届“五个一工程”作品后，在第六届中国艺术节上又获中国艺术节大奖。

《四川省民族地区教育发展十年行动计划》出台

2000 年 12 月 10 日，《四川省民族地区教育发展十年行动计划》由省教育厅和省民委联合发布，标志着四川民族地区教育跨越发展的序幕正式拉开。该计划分析了四川民族地区教育的基本状况，明确了民族地区教育发展的指导思想和目标任务，确定了加快民族地区教育发展的保障措施，提出通过 10 年的艰苦努力，从根本上改变民族地区教育的落后状况，使全省教育发展跨上一个新台阶。这一计划实施后，民族地区教育的硬件和软件建设普遍得到加强，教育发展水平不断迈上新台阶。

省委七届八次全会召开

2000 年 12 月 16—18 日，省委七届八次全会在成都召开。会议由省委常委会主持。出席会议的省委委员 58 人，省委候补委员 8 人。全会审议并通过了《中共四川省委关于制定四川省国民经济和社会发展第十个五年计划的建议》，讨论了《中共四川省委 2001 年工作要点》，总结了 2000 年经济工作，安排部署了 2001 年经济工作。全会还通过了《关于撤销刘中山省委委员的决定》，通过了《关于递补李锡炎同志为中共四川省第七届委员会委员的决议》。全会高度评价了改革开放以来特别是“九五”计划以来四川省经济建设和社会发展所取得的巨大成就，强调 21 世纪开始的 5—10 年是四川省经济和社会发展的重要时期，会议通过的《建议》确定了新世纪前 5 年全省发展的奋斗目标、指导方针、重要任务和政策措施。

西南科技大学成立

2000 年 12 月 21 日，西南科技大学成立庆典在绵阳市举行。该校由西南工学院和绵阳经济技术高等专科学校合并组建而成，为省属多科性本科院校，国家和省支持该校与四川长虹电子集团公司、中国工程物理研究院和中国空气动力研究与发展中心等合作办学。学院拥有教职工 1700 余人，设有工学、理学、经济学、法学、文学、农学和管理学等 7 个学科 30 余个专业，有 8 个硕士学位授权点，在校学生 1.4 万余人。

四川省电信实业集团有限责任公司成立

2000 年 12 月 22 日，四川省电信实业集团有限责任公司在成都成立，这是中国电信集团实施内部改革的重大举措。该公司是由中国电信集团公司和四川省电信公司共同投资组建的大型通信有限责任公司，资产近 30 亿元，控股企业 32 家，形成了“天府热线”“新华物业”等一批知名度较高的品牌。

省内最大的债转股项目全面完成

2000 年 12 月 24 日，由攀钢集团公司、国家开发银行、中国信达资产管理公司共同出资组建的攀枝花钢铁有限责任公司在成都成立，标志着四川省最大的债转股项目——攀钢债转股全面完成，攀钢在实施投资主体多元化、建立现代企业制度方面迈出了实质性步伐。攀钢是中国西部最大的钢铁生产基地，为解决攀钢二期工程建设带来的债务压力，2000 年 7 月，攀钢债转股协议正式签订，额度为 46.73 亿元。债转股后，攀钢资产负债率由 1999 年底的 69%下降至 2000 年底的 39%。

广（安）邻（水）高速公路建成通车

2000 年 12 月 26 日，广邻高速通车，标志全省高速公路通车里程达到 1000 公里，居全国前列，西部第一。广邻高速公路是交通部规划的沪蓉高速公路的一段，全长 44.56 公里，概算投资 14.9 亿元，路基宽 25 米，双向 4 车道，设计行车速度为每小时 80—100 公里。该路在建设过程中创造了中国高速公路的五个最，即单位工程量最大，桥隧比最大，华蓥山隧道为国内最长公路隧道，高边坡及滑坡最为集中，黄麻渡箱型肋拱大桥在同类桥中跨度最长。

世界首辆高温超导磁悬浮车研制成功

2000 年 12 月 31 日，世界首辆载人高温超导磁悬浮实验车“世纪号”在西南交通大学研制成功。高温超导磁悬浮实验车项目是国家“863”计划项目，由西南交通大学应用物理系超导技术研究所主持，北京有色金属研究总院、中国科学院电工技术研究所、西北有色金属研究院参加研制。2001 年 2 月 11 日，专家组对“高温超导悬浮实验车”项目进行验收，认为该项目的成功标志着中国已在高温超导磁悬浮应用基础研究和相关技术研究方面取得重大突破，居于世界同类研究的前列。该项目获 2001 年度四川省科技进步奖特等奖。

四川水稻生物技术育种成果通过验收

2000 年 12 月，四川省著名水稻专家周开达院士主持的国家“九五”重点科技攻关项目“高产、抗逆、抗病、优质水稻生物技术育种专题”在北京通过科技部组织的专家验收。“九五”期间，该专题利用细胞工程技术共育成 19 个通过省级以上审定的水稻新品种，累计推广面积 6040 余万亩，增产稻谷 25 亿公斤，四川在细胞工程育种领域已跻身世界先进行列。

川农大水稻所及省农科院生物技术核技术研究所 1996 年承担专题研究任务后，通过科技攻关分别育成了多用途恢复系蜀恢 162 和川恢 802，组配出亚种间重穗型杂交稻超高产新组合Ⅱ优 162、中籼早熟组合 D 优 162 及Ⅱ优 802、辐优 802。其中Ⅱ优 162 获得四川省第二届“稻香杯”一级优质米称号。

四川省“普九”任务基本完成

2000 年 12 月，经四川省人民政府检查验收，全省有占人口总数 93.9%的 134 个县（市、区）基本普及九年义务教育，四川省完成基本普及九年义务教育的历史任务。

2001 年

1 月

四川年产 1 万吨化学级工业硅项目开工建设

2001 年 1 月 8 日，四川华都高科集团泸定县化学硅有限公司年产 1 万吨化学级工业硅基地项目在甘孜州泸定县加郡沟奠基。工业硅被广泛应用于冶金、化工、电子等行业，尤其是化学级工业硅是现代高科技多晶硅、单晶硅的原料，广泛应用于电子信息产业。

四川 9 家旅游区获国家 4A 级旅游区证书

2001 年 1 月 11 日，国家旅游局公布首批 187 家国 4A 级旅游景点名单。四川有峨眉山风景名胜区、都江堰景区、青城山景区、乐山大佛景区、九寨沟风景名胜区、黄龙风景名胜区、广汉三星堆博物馆、宜宾蜀南竹海风景名胜区、泸定海螺沟冰川森林公园 9 家旅游区入围。

四川省九届人大常委会第二十一次会议召开

2001 年 1 月 12 日，四川省九届人大常委会第二十一次会议表决通过任命陈文光为四川省人民政府副省长，接受副省长徐世群、欧泽高和省人大常委会副主任李永寿的辞职。

烟气脱硫除尘成套技术及装置通过验收

2001 年 1 月 18 日，四川省首批获得国家创新基金的项目之一烟气脱硫除尘成套技术及装置在成都通过专家组验收。它标志着四川省 1999 年度获得的国家首批创新基金开始显现出良好效果。该成果可满足工业锅炉烟气脱硫改造的要求，对环保有重要意义。

绵阳市获批为全国技术创新试点城市

2001 年 1 月 19 日，国家经贸委批准绵阳市为全国技术创新试点城市。这是中国继青岛、合肥、柳州之后批准的第四个国家技术创新试点城市，也是西部地区唯一的国家技术创新试点城市。

国腾 6 英寸 0.5 微米模拟集成电路芯片生产线奠基

2001 年 1 月 20 日，西部第一条集成电路生产线——国腾 6 英寸 0.5 微米模拟集成电路芯片生产线在成都高新区新规划区奠基。这是当时中国唯一的一条 6 英寸 0.5 微米模拟集成电路芯片生产线，也是四川把电子信息产业作为“一号工程”以来，实施的第一个重大项目，该项目总投资 11.95 亿元。

2月

成都金沙遗址被发现

2001年2月8日，成都金沙遗址被发现。金沙遗址位于成都市西北部苏坡乡金沙村，是公元前12世纪至公元前7世纪古代蜀国都城的废墟，分布约4平方千米，是成都地区发现的规模最大的商周时期文化遗址。金沙遗址是21世纪中国第一个重大考古发现，也是四川省继广汉三星堆之后重大考古发现之一，它把成都建城史由距今2300年推进至3000年以前，对研究古蜀国历史和成都城市发展史具有极为重要的意义，被评为“2001年全国十大考古新发现”。2002年底，成都市委、市政府划定了金沙遗址保护范围和建设控制地带；2003年，开始进行遗址保护总体规划和可行性研究报告。2005年8月16日，金沙遗址出土的金饰图案“太阳神鸟”被国家文物局确定为中国文化遗产标志。

四川省21项重大科技成果荣获2000年度国家级科技奖励

2001年2月19日，国家科学技术奖励大会颁布的2000年度国家科学技术奖励获奖人选和项目中，四川省共有21项重大科技成果获奖，获奖项目总数居全国各省（市、自治区）的第三位。其中，四川农业大学颜济等完成的“小麦族种质资源研究”项目获国家自然科学奖二等奖；四川大学朱世富等完成的“硒镓银单晶体的制备方法”项目获国家技术发明奖二等奖；铁道部第二勘测设计院、西南交通大学等单位完成的“复杂地质艰险山区修建大能力南昆铁路干线成套技术”项目、省交通厅公路规划勘察设计研究院等单位完成的“万县长江大桥特大跨（420米）钢筋混凝土拱桥设计施工技术研究”项目、西南交通大学等单位参加完成的“中国铁路客票发售和预订系统”项目以及省寄生虫病防治研究所等单位参加完成的“中国阻断淋巴丝虫病传播的策略和技术措施的研究”项目等5个项目获国家科技进步奖一等奖；“玉米品种郑单14号选育”“大穗型高配合力水稻优良不育系冈46A的选育及应用推广”“五倍子单宁深加工技术”“油气藏数值模拟技术的应用与推广”“无铬少铬鞣法生产高档山羊服装革”等14个项目获国家科技进步奖二等奖。

《关于实施我省农业和农村经济结构战略性调整的意见》发布

2001年2月21日，省委、省政府发布《关于实施我省农业和农村经济结构战略性调整的意见》。意见明确提出，加大农业产业化经营扶持力度，保证农业和农村经济结构调整顺利进行，实施科教兴农战略，为农业和农村经济结构战略性调整提供有力的技术和智力支撑，并对实现全省农业和农村经济跨越式发展作出了总体部署。

西部教育计划访问团到四川访问

2001年2月21—22日，由李嘉诚基金会主席、长江实业、和记黄埔集团主席李嘉诚先生率领的西部教育计划访问团一行到川考察。访问团先后考察了四川大学、电子科技大学。22日，李嘉诚访问四川大学并捐资2000万元，用于修建四川大学研究生教学大楼。

中宣部部长丁关根在广安市考察

2001 年 2 月 22 日，中共中央政治局委员、书记处书记、中央宣传部部长丁关根在广安市考察。他强调，要始终坚持“两手抓两手都要硬”，大力推进物质文明和精神文明协调发展，努力把邓小平同志的家乡建设成为人民富裕、精神文明建设成就突出的有中国特色社会主义的教育基地。

“香港博览会·成都”举行

2001 年 2 月 22—25 日，“香港博览会·成都”在成都国际会议展览中心举行。这是自 1997 香港回归以来在北京、重庆、上海、武汉举行博览会后，第五次在内地举办大型博览会。此次香港博览会共设置 130 个展台，介绍中国香港特区的最新社会和经济发展情况，68 家香港公司展示和推介包括纺织、服装、食品、轻工、家电、通讯、机械、建材等优质品牌产品。

《四川省国民经济和社会发展第十个五年计划纲要》公布

2001 年 2 月 25 日，《四川省国民经济和社会发展第十个五年计划纲要》公布。纲要以“跨越式发展”为主题，从推进经济结构战略性调整、加快基础设施建设步伐、优先发展科学教育事业、加大改革开放力度、实施可持续发展战略、着力改善人民生活、重视精神文明和民主法制建设、加强和改进党的领导等方面进行全面科学规划。纲要提出，20 世纪前 10 年，四川省加快发展的总目标是：建成西部经济强省和长江上游生态屏障，经济社会协调发展，努力实现新的跨越。“十五”期间，要为实现这个总体目标创造良好条件，经济社会发展的预期目标是全省地区生产总值年均增长速度 8%以上，到 2005 年，按 2000 年价格计算的地区生产总值达到 5890 亿元以上；人均地区生产总值 2005 年超过 2000 年全国人均水平，经济质量和效益明显提高，为到 2010 年全省人均地区生产总值力争赶上当年全国人均水平奠定基础。经过 5 年奋斗，至 2005 年，四川省地区生产总值达到 7385.1 亿元，比 2000 年增长 69.8%，年均增长 11.2%。

四川省农村工作会议召开

2001 年 2 月 27—28 日，四川省农村工作会议在成都召开。会议的主要任务是：贯彻中央农村工作会议、全国市、县、乡机构改革工作会议和全国农村税费改革试点工作会议精神，部署 2001 年全省农业和农村工作、市县乡机构改革工作和农村税费改革试点工作。会议表彰了 1999 年县级经济综合评价“十强县”及 2000 年度农业产业化龙头企业 31 家。

中美合资国内最大高纯砷项目在峨眉山市奠基

2001 年 2 月，中美合资国内最大高纯砷项目在峨眉山市奠基。这家由峨眉半导体材料研究所与美国晶体技术公司合资组建的嘉美高纯材料有限公司，计划投资 2880 万元，中方占股份 75%，美方占股份 25%。

3 月

铁道通信信息有限责任公司四川分公司挂牌

2001 年 3 月 9 日，铁道通信信息有限责任公司四川分公司在成都挂牌营业。铁通四川分公司是由铁道部与成都铁路局共同出资组建的国有大中型电信运营企业。公司总资产 11.8 亿元，拥有成都铁路局管内覆盖四川、贵州、重庆 4000 多公里铁路沿线的通信网络资源，长途通信线路 6000 公里。其中干线光缆 2500 公里，卫星地球站覆盖川黔两省，卫星数据网覆盖川黔渝二省一市，拥有长话与市话合一的程控交换机总容量 8 万线，50 个程控电话交换局，传真、电报通信网覆盖 4000 多公里铁路沿线，基本实现与中国电信互联互通。2004 年 8 月 20 日，公司更名中国铁通集团有限公司四川分公司。

温家宝考察四川春耕生产

2001 年 3 月 16—20 日，中央政治局委员、中央书记处书记、国务院副总理温家宝，到广元、巴中、南充等地检查春耕生产。温家宝到田间地头察看小春作物长势和大春作物备耕情况，到农户家中了解群众的生活，同基层干部和农民群众座谈，研究调整农业结构，发展农村经济，增加农民收入的措施。

四川省九届人大常委会第二十二次会议召开

2001 年 3 月 26—30 日，四川省九届人大常委会第二十二次会议在成都举行。会议通过了《四川省人民代表大会常务委员会关于政府规章备案审查的规定》《四川省促进科技成果转化条例》《四川省人民代表大会常务委员会关于废止〈四川省人民代表大会常务委员会关于四川省可以延长刑事案件办案期限的交通十分不便的边远县的决定〉》《四川省人民代表大会常务委员会关于进一步实施〈中华人民共和国村民委员会组织法（试行）〉的决议》《四川省人民代表大会常务委员会关于坚决打击经济领域中严重犯罪活动的决议》《四川省人民代表大会常务委员会关于修改〈四川省人民代表大会常务委员会议事规则〉》《四川省医疗机构管理条例》《四川省中医条例》《四川省预防控制性病艾滋病条例》《四川省〈中华人民共和国母婴保健法〉实施办法》的决定。会议通过了关于批准《成都市人民代表大会及其常委会制定地方性法规程序规定》《成都市个体工商户和私营企业权益保护条例》的决定；通过关于批准成都市人大常委会关于修改《成都市矿产资源管理条例》的决定；批准了成都市人大常委会关于废止《成都市保护老年人合法权益的暂行规定》《成都市未成年人保护暂行规定》《成都市国家气象台站探测环境保护办法的决定》的决定。会议还通过了省九届人大常委会代表资格审查委员会关于代表资格审查报告，通过了有关人事任免事项。

省委、省政府奖励创新人才

2001 年 3 月 26 日，省委、省政府决定，授予电子科技大学教授、中国科学院院士刘盛纲，四川生殖卫生学院教授李顺强，中科院成都计算机应用研究所研究员、中国科学院院士张景中，西南财经大学教授赵国良，四川农业大学教授荣廷昭，四川省地质矿产勘查开发局高级工程师骆耀南，甘孜藏族自治州编译局译审根秋登子等“四川创新人才奖”。这是四川省首次开展“四川创新人才奖”表彰工作。

四川省地税系统农村税费改革工作会议召开

2001 年 3 月 28 日，四川省地税系统农村税费改革工作会议在成都召开，标志着农村税费改革在四川省正式启动。此次农村税费改革的主要措施是：取消村提留、乡统筹、屠宰税以及农村教育集资等专门面向农民收取的行政事业性收费和政府性基金、集资，逐步取消劳动积累工和义务工，调整农业税、农业特产税政策，改农业税或农业特产税附加为“乡管村用”资金，村内集体重大公益事业采取村民大会“一事一议”的办法解决。改革后农民只承担农业税、农业特产税及其附加和部分农户所交社会公益金，以及按“谁受益，谁负担”原则收取的生产性、服务性收费，其他 50 余个收费项目将一概取消。

紫坪铺水利枢纽工程开工建设

2001 年 3 月 29 日，紫坪铺水利枢纽工程开工。紫坪铺水利枢纽工程是 2000 年经国务院批准的国家实施西部大开发的十大标志性工程，被列入四川省“一号工程”。该工程位于成都市区西北 60 公里的岷江上游，坝址距都江堰市区 9 公里，距都江堰渠首工程 6 公里，是以灌溉、供水为主，结合发电、防洪、旅游等的大型综合利用水利工程。水库正常蓄水位 877 米，死水位 817 米，设计洪水位 871.1 米，核定洪水位 883.1 米，最大坝高 156 米。在校核洪水位下，总库容 11.12 亿立方米，其中正常蓄水以下库容 9.98 亿立方米，正常蓄水位至汛期限制水位之间库容 4.25 亿立方米，死库容 2.24 亿立方米。电站装机容量 76 万千瓦，保证出力 16.8 万千瓦，年发电量 34.18 亿千瓦时，年平均利用 4496 小时。紫坪铺水库可调节增加枯水期洪水 7.75 亿立方米，设计枯水年宝瓶口现状多进水量 6.86 亿立方米，能基本满足灌溉、城市工业、生活环境用水要求。

该工程总投资 69.76 亿元，工期为 6 年，2002 年 11 月 23 日，工程截流成功。2005 年 11 月 13 日，首批机组投产发电。

4 月

省委、省政府发布《关于加快机械冶金支柱产业发展的意见》

2001 年 4 月 2 日，省委、省政府发布《关于加快机械冶金支柱产业发展的意见》。《意见》确定了四川推进机械冶金支柱产业发展的指导思想、目标和重点。《意见》提出，通过深化改革、扩大开放、以结构调整为主线，用高新技术和先进实用技术改造提升全省机械冶金产业，实现跨越发展。

四川省发布第五次全国人口普查主要数据公报

2001 年 4 月 6 日，四川省第五次全国人口普查主要数据公报（第一号）发布。全省 2000 年 11 月1 日 0 时普查登记人口为 83290935 人（包括外来人口，不包括外出人口）。根据第五次全国人口普查手工快速汇总资料计算，四川省 2000 年末人口总量为 8602 万人（即包括到省外的外出人口，不包括外省来川人口）。

数据显示，四川省人口出现了六大新变化。家庭户人口规模缩小，在全省登记人口中，有家庭户 24043795 户，家庭户人口为 79755773 人，占登记人口的 95.76%；平均家庭户规模为 3.32 人，比 1990 年第四次全国人口普查（以下简称“四普”）的 3.67 人下降 0.35 人。性别构成变化不大，全省登记人口中，男性为 43049340 人，占 51.69%；女性 40241595 人，占 48.31%。性别比为 106.98：100，与“四普”时的 107.25：100 略有变化。人口老龄化进程加快，全省登记人口中，

0—14 岁的人口为 18865397 人，占 22.65%，比“四普”时下降 0.52 个百分点，这表明四川省近 10 年来控制人口工作取得了显著成效；15—64 岁的人口为 58220363 人，占 69.90%；65 岁以上的人口为 6205175 人，占 7.45%，比“四普”时上升了 1.74 个百分点。少数民族人口增幅较大，全省登记人口中，汉族人口为 79142643 人，占 95.02%；少数民族人口为 4148292 人，占 4.98%。同“四普”相比，汉族人口比重减少了 0.64 个百分点，少数民族人口比重增加了 0.64 个百分点。人口素质明显提高，在全省登记人口中，接受大学（指大专以上）教育的 2057647 人，接受高中（含中专）教育的 6319366 人，接受初中教育的 24452863 人，接受小学教育的 35781483 人。同“四普”相比，每 10 万人中具有大学程度的由 925 人上升为 2470 人，具有高中程度的由 5071 人上升为 7587 人，具有初中程度的由 21243 人上升为 29358 人，具有小学程度的由 43439 人下降为 42960 人。此外，文盲人口（15 岁及 15 岁以上不识字或识字很少的人）为 6361298 人，同“四普”相比，文盲率由 16.32%下降为 7.64%。城镇化水平发展较快，在全省登记人口中，居住在城镇的人口为 22230351 人，占 26.69%；居住在乡村的人口为 61060584 人，占 73.31%，同“四普”相比，城镇人口占登记人口的比重上升了 6.51 个百分点。

自贡恐龙国家地质公园和龙门山国家地质公园入选全国首批国家地质公园

2001 年 4 月 9 日，四川自贡恐龙国家地质公园和龙门山国家地质公园入选全国首批国家地质公园。至 2018 年底，四川有国家地质公园 16 个，数量位居全国第一。

美国凯胜律师事务所在成都设立办事处

2001 年 4 月 12 日，美国凯胜律师事务所在成都设立办事处。这是该所在中国的第一个办事处，也是西部地区的首家外国律师事务所办事处。

省委、省政府发布《关于加快医药化工支柱产业发展的意见》

2001 年 4 月 16 日，省委、省政府发布《关于加快医药化工支柱产业发展的意见》。《意见》确定了四川发展医药化工支柱产业的指导思想、发展目标和发展重点。《意见》提出，积极推进四川从医药化工资源大省向医药化工经济大省、医药化工经济强省的跨越。

成都—汉城航线正式开通

2001 年 4 月 17 日，中国西南航空公司的成都至汉城（2005 年 1 月，其中文译名改为首尔）的空中航线正式开通。这是继 2000 年 7 月开通重庆至汉城的航线后，中国西南航空公司开通的第二条从中国西南地区至韩国汉城的航线。

5 月

四川选手在法国国际手风琴比赛中获得三项奖项

2001 年 5 月 4—27 日，在法国巴黎举行的第 34 届法国国际手风琴比赛中，四川师范大学艺术学院 27 岁的青年女教师李亚梅，荣获世界手风琴比赛最高奖——成人组金奖，这是中国选手首次获得此奖项。川籍青年黄翔荣获该赛青年组第一名，新都 9 岁陈瑜玲荣获儿童组第一名。法国国际手风琴比赛在世界手风琴界有“体育·奥林匹克”和“电影·奥斯卡”之称。此届比赛共有德国、荷兰、奥地利、比利时、俄罗斯、葡萄牙等数十个国家 150 多名选手参赛。

四川省九届人大常委会第二十三次会议召开

2001 年 5 月 21—25 日，四川省九届人大常委会第二十三次会议在成都召开。会议通过了《四川省鼓励外商投资勘查开采矿产资源条例》《四川省人大常委会关于设立四川省绵阳市高新技术产业开发区人民法院的决定》等决定。会议还通过了人事任免事项。

中国第一条蛹蛋白粘胶长丝生产线建成投产

2001 年 5 月 23 日，中国第一条蛹蛋白粘胶长丝生产线在宜宾丝丽雅集团建成投产。该生产线总投资 10 亿元，具有年产 1 万吨粘胶长丝的生产能力。宜宾丝丽雅集团是全球最大的粘胶纤维生产基地。蛹蛋白粘胶长丝生产线采用高新技术将含有 18 种氨基酸的蛹蛋白与纯棉纤维有机合成为一种全新的高档亲肤原料，属世界独创、中国唯一，企业拥有完全自主知识产权。该项目是国家“八五”高科技产业化示范重点工程和四川十大重点工程。

盐源县发生 5.8 级地震

2001 年 5 月 24 日凌晨 5 时 10 分，凉山州盐源县发生 5.8 级地震。震中位于盐源县泸沽湖镇舍夸村（东经 100°54′，北纬 27°36′）。地震造成盐源县泸沽湖镇和 5 个重灾乡 4637 户、38698 人受灾，1 人死亡、5 人重伤、35 人轻伤；房屋倒塌 928 间；32 所中、小学，5 所医院房屋受损；盐（源）左（所）公路桃子至泸沽湖 63 公里路段受损。

中国西部经贸洽谈会暨香港优势博览会在成都举行

2001 年 5 月 25—28 日，中国西部经贸洽谈会暨香港优势博览会在成都举行。此次博览会由中国国际贸易促进委员会、四川省人民政府和香港贸易发展局共同主办，共有 26 个国家和地区的1300 名客商及来自中国各地的企业界人士 5000 多人到会参展，累计签署投资合作和内外贸易合同（协议）118 项，金额 127.87 亿元。

委内瑞拉总统访问四川

2001 年 5 月 26 日，委内瑞拉总统乌戈·查韦斯到四川访问。四川省委副书记、四川省人民政府省长张中伟，国家计委主任曾培炎在成都会见并宴请查韦斯一行。乌戈·查韦斯此行，是应国家主席江泽民邀请，于 26—28 日对中国进行国事访问。这也是他第二次访问中国。

泸州国际集装箱码头开港

2001 年 5 月 28 日，泸州国际集装箱码头开港。泸州港是全国第一座大水位差直立式集装箱多用途码头、四川在长江黄金水道上的第一个集装箱出海港口。2011 年 11 月 18 日，泸州港铁水联运首趟列车开行，成为全国内河第一个铁路直通堆场的集装箱港口。

四川省国有企业改革和发展工作会议召开

2001 年 5 月 28 日至 6 月 2 日，省委、省政府举行四川省国有企业改革和发展工作会议。会议围绕进一步贯彻落实中共十五大和十五届四中、五中全会精神，总结交流全省国有企业改革和发展的典型经验，分析国企改革和发展的现状、特别是存在的困难和问题，研究深化改革、加快发展的目标、任务和措施，大力推进四川省工业经济跨越式发展。与会人员对成都、德阳、乐山、自贡、宜宾等地国企改革与发展的情况进行了考察。

6 月

四川福堂水电站开工建设

2001 年 6 月 6 日，四川福堂水电站开工建设。福堂水电站位于阿坝州汶川县境内，岷江干流上游，是岷江上的第二大水利水电重点建设工程。该电站采用引水式发电，由首部枢纽、引水系统和厂区枢纽三大部分组成，总投资 19.5 亿元，总装机容量为 36 万千瓦，建成后年平均发电量达 22.7 亿千瓦时。福堂水电站导流隧洞 2000 年 7 月开始施工，其他主体工程在 2000 年 8 月起陆续开工，2001 年 11 月 1 日河床截流，2004 年 1 月 28 日首台 9 万千瓦机组正式发电并投入商业运行。该工程荣获四川省 2005 年优质工程“天府杯”（优质工程）金奖。

《关于加快水电支柱产业发展的意见》发布

2001 年 6 月 7 日，省委、省政府发布《关于加快水电支柱产业发展的意见》。《意见》确定了加快四川水电支柱产业发展的指导思想、发展目标、总体思路、重点项目、政策措施。为促进水电产业加快发展，加大对外开放，积极招商引资，四川省委、省政府明确提出，鼓励国内各种所有制企业和外商到川投资建设水电站。按照社会平均成本定价的原则，兼顾发电企业、电网企业和用电户三方利益，制定电价政策，既鼓励消费，又保护投资者利益。鼓励综合利用水电工程，实行投资分摊和利益分享。

《意见》提出实行以下税收优惠政策：1. 水电企业在一定期限内，按 15%的税率征收企业所得税。少数民族地区的企业经省政府批准，可定期减征或免征企业所得税。新办的电力企业所得税，实行 2 年免征，3 年减半征收。2. 对水电项目在投资总额内进口自用先进技术设备，除国家规定不予免税的商品外，免征关税和进口环节增值税。3. 对水电技改项目购买国产设备的，可按其购买国产设备投资额的 40%，抵扣企业本年比上年新增的企业所得税额。4. 对水电工程中的国道、省道建设用地免征耕地占用税，其他公路建设用地经省政府批准，免征收耕地占用税。对水电工程中其他建设用地缴纳的耕地占用税，经当地政府批准，可在财政预算内安排列支，专项用于水电站建设。5. 对水电工程自采自用施工区内和水库淹没线以下的沙石免征矿产资源税。

国产新一代汽油发动机下线

2001 年 6 月 8 日，中国第一批采用双顶置凸轮轴、4 气门等多项先进技术，排量在 2.7—3.0 升的 JM495QF 汽油发动机在绵阳新华内燃机公司下线，其整机性能和排放指标均达到国际先进水平，填补了国内不能生产高排量发动机的空白。

朱镕基到雅安、甘孜等地视察

2001 年 6 月 8—12 日，中共中央政治局常委、国务院总理朱镕基率国家机关有关部门负责人到雅安、甘孜、成都考察，重点就生态环境建设和加快民族地区发展进行了深入调研。在考察途中，朱镕基作出一系列重要讲话，对四川省近年来各项工作尤其是天然林保护和退耕还林试点工作取得的成绩给予充分肯定，对全省经济和社会发展提出了具体明确的要求。在甘孜州考察时，朱镕基强调，当前，加快四川民族地区发展，应当突出抓好以下几个方面：一要扩大退耕还林规模，这是帮助农牧民增加收入、拓宽生产门路的有效措施。二要加快民族地区基础设施建设，特别是要发展交通，"安康"必先通康，一定要使州、县之间公路畅通。要充分运用西部大开发优惠政策，主要使用国债资金、专项基金和银行贷款，加快公路、铁路等交通运输建设，加快农村电网改造步伐。只有加强交通、通信等建设，才能为发展经济和改善生活创造条件。三要充分发挥优势，扬长避短，以市场为导向，大力发展各具特色的民族地区经济，特别要重视发展旅游业和与旅游配套的服务业。新上工业项目务必十分慎重，绝不能搞污染严重和破坏生态环境的"五小"工业项目。四要进一步加大对民族地区扶贫攻坚力度，尽快解决尚未脱贫群众的生活困难。五要积极支持民族地区教育事业发展，大力培养少数民族各类人才。

四川大学科技成果转化中心挂牌

2001 年 6 月 14 日，由四川大学、四川省工商管理学院和四川迪康集团公司共同组建的四川大学科技成果转化中心挂牌，这是中国首家高校与民营企业共同组建的经济实体。该中心总投资 5000 万元，旨在使高校的科技成果得到有效和规范转化，保障国家和社会对科研的投入能获得更大收益，并使高校科研人员的成果得到社会认可。

2001 年中国国内旅游交易会在成都举行

2001 年 6 月 21—24 日，2001 年中国国内旅游交易会在成都举行。来自全国各省、市、自治区、澳门特别行政区和大型旅游企业的 39 个代表团 3 万余人参加交易会。此届旅交会共签订意向性合同 3.15 万份，组团人数 225 万人次。

西昌市荣获"中国洋葱之乡"称号

2001 年 6 月，年种植洋葱近 5 万亩、产值高达 6000 余万元的西昌市，经中国特产之乡评审委员会审核认定为"中国洋葱之乡"。

7 月

绵阳科技城建设正式启动

2001 年 7 月 3 日，国务院批复《绵阳科技城发展纲要》，绵阳科技城建设正式启动。

1999 年 4 月，中共中央总书记、国家主席、中央军委主席江泽民视察绵阳时，指示要充分发挥绵阳的科技优势，将科技潜能加速转化为现实生产力。2000 年 9 月，中共中央政治局常委、国务院副总理李岚清专程到绵阳，代表党中央、国务院宣布了建设科技城的重大决策。国务院随即成立了由科技部为组长，国家发改委、国防科工委、财政部等 13 个部委组成的绵阳科技城建设部际协调小组。四川省成立了以省长为组长的四川省建设绵阳科技城领导小组。

2001 年，绵阳科技城共落实到位各项建设资金 3.92 亿元。绵阳市先后被列为“国家技术创新试点城市”“国家信息化试点城市”和“国家电子商务试点城市”，西南科技大学科技园被列为“国家级大学科技园（筹）”，九洲集团技术中心被列为“国家级企业技术中心”。

2002 年，绵阳科技城建成集成电路与电子信息、生物工程、新材料等专业孵化器，孵化场地总面积达到 8 万平方米，科技孵化企业达到 400 余家。建成 50 套高级人才住宅别墅，引进人才 7647 人，其中博士及博士后 60 人。实现国内生产总值 190.2 亿元，增长 16%，人均 GDP3.48 万元（约 4100 美元）；完成工业总产值 232 亿元，增长 50.8%；实现工业增加值 59 亿元，增长 40.6%；协议引进内资 58 亿元，到位 17.5 亿元；外贸出口 7.9 亿美元，增长 480%。

2003 年，绵阳推动制造业信息化、农业信息化和电子政务建设，以信息化促进绵阳科技城工业化进程。年内共争取国家、省、市三级财政科技投入 6230 万元，组织实施百余项国家级重大科技专项，初步形成计算机软件、生物医药、数控和新材料四大新兴产业。

2004 年，国防科工委和国家科技部共同挂牌建立了绵阳“军转民科技园”，以计算机及微电子技术为重点，导入 22 个项目，落实资金 3.7 亿元。

2005 年 10 月 6 日，国务院正式批复《绵阳科技城 2005—2010 年发展规划》。规划提出“十一五”期间绵阳科技城产业发展的重点是：集中力量重点建设电子信息产品研发制造、汽车发动机及配套零部件制造、军工制造三大工业基地为主导的高新技术产业。在电子信息产品研发制造方面，依托长虹、九洲等集团公司的产业优势，中物院等科研院所的军工电子技术优势，重点发展数字家电、通信网络、数字电视设备等技术和产品，新一代数字多媒体信息终端、PDP 平板显示器、集成电路设计中心、汽车电子电器等项目的开发生产，通过发展高端产品调整结构，在规模和效益方面保持国内领先地位；在军工产品制造方面，依托九洲、中物院、58 所、624 所等与军工技术研发及装备制造紧密相关的军工企业、科研院所，大力开发信息安全、数字安放、新型电子元器件、新型连接器和军事高技术电子技术及产品，积极吸引著名高校民技军用项目落户科技城，培育和发展科技城具有一定基础的军工产业，打造九洲军工航母，建成中国重要的军工产品制造基地和国家民技军用示范基地。

首届中国西部国际高新技术与成果展示洽谈会在成都举行

2001 年 7 月 3—6 日，首届中国西部国际高新技术与成果展示洽谈会在成都国际会展中心召开。大会总成交额达 6 亿元人民币。此届西部高交会充分展示了电子信息、生物制药、高科技环保、工业自动化、高新农业五大领域的技术与产品，参与洽谈的高科技项目有 2000 余个，参观人数达 4.1 万人次。

成都国家软件产业基地授揭牌

2001 年 7 月 12 日，国家发展计划委员会与信息产业部在北京召开国家软件产业基地命名授牌大会。中共中央政治局委员、国务院副总理吴邦国向 10 个国家软件产业基地代表授牌。这十个产业基地分别位于：北京、上海、大连、成都、西安、济南、杭州、广州、长沙、南京。

中国四川（三星堆）国际特飞节举行

2001 年 7 月 13—16 日，西部首次大规模特技飞行表演——中国四川（三星堆）国际特飞节在广汉民航飞行学院举行。此次飞行表演为期 4 天，来自国际航联的 7 名顶尖特飞高手和一批国内特飞人员进行了表演。

四川省九届人大常委会第二十四次会议召开

2001 年 7 月 16—21 日，四川省九届人大常委会第二十四次会议在成都举行。会议通过了《四川省〈中华人民共和国村民委员会组织法〉实施办法》《四川省失业保险条例》等，并通过了有关人事任免事项。

德阳文庙成为全国重点文物保护单位

2001 年 7 月 20 日，德阳文庙“全国重点文物保护单位”揭碑。四川德阳文庙是中国西部地区保存完整、规模宏大、具有浓郁地方特色的文庙，素有“德阳文庙甲四川”之称，2001 年 6 月被国务院公布为全国重点文物保护单位。

德阳文庙始建于南宋宁宗开禧二年（1206 年），当时在城东，后因年久失修塌毁。现存建筑为清道光二十八年（1848 年）所建，占地面积为 20800 平方米。

四川名优特新产品博览会在哈尔滨举行

2001 年 7 月 25—29 日，四川省人民政府主办的“2001 四川名优特新产品博览会”在哈尔滨市国际博览中心举行，签约总额高达 73.12 亿元，其中贸易成交额 54.58 亿元。此次川博会是四川省与黑龙江省开展经济技术合作及经贸交流的一项重要活动。展会期间，四川省上千家企业展出了轻工、化工、烟草、机械、电子、食品等行业的万余种产品。

成都古蜀船棺合葬墓入选 2000 年度“全国十大考古新发现”

2001 年 7 月 26 日，在国家文物局揭晓的 2000 年度“全国十大考古新发现”评选活动中，成都古蜀船棺合葬墓入选，这是 2000 年四川省唯一入选的文物单位。成都古蜀船棺合葬墓位于商业街 58 号，墓葬长 30 米、宽 20 余米，面积 600 平方米，现存船棺、独木棺 17 具，其中大型的有 4 具，长约 18 米，直径达 1.7 米，均用整木凿成，具有明显的蜀文化特征，是开明王朝上层统治者的王族墓地。该墓为研究古蜀国历史、文化及丧葬制度提供了极其重要的实物资料。

8 月

四川（成都）—台湾电子信息产业合作与发展论坛在成都举行

2001 年 8 月 18—19 日，四川（成都）—台湾电子信息产业合作与发展论坛在成都举行。双方

IT 界人士从四川的投资环境、人才资源、政策措施、市场等方面入手，对两地间的互动发展进行了深入探讨分析。论坛共签订光盘和软件、无线 DIY 彩色影音传输系统研发、生产等合作项目 4 项，投资金额近 10 亿元人民币。参加论坛的专家和企业家围绕 PC 未来趋势与两岸机会，对两岸（四川—台湾）光电、IT 合作的期望等问题进行探讨，交流了经验。

省政府表彰成都七中学生童一

2001 年 8 月 24 日，四川省人民政府在成都召开庆功表彰会，对在第十二届国际生物学奥林匹克竞赛中夺得金牌的成都七中学生童一进行表彰，颁发 1 万元奖学金。四川省生物竞赛委员会、成都七中及童一的指导老师文宗也分别获得了 1 万、1.5 万和 5000 元的奖励。

攀枝花市遭遇特大暴雨袭击

2001 年 8 月 31 日凌晨 3 时至中午 12 时，攀枝花市平均降雨量 70 毫米，部分地区达 100 多毫米。因灾死亡 6 人，4 人失踪，重伤 9 人，200 间民房受损，公路、桥梁多处损毁。攀煤（集团）公司受灾最为严重，公司沿江矿井口被泥石流掩埋，发电厂被淹停止运转，厂区道路严重损毁，煤炭地下气化设施严重受损。

9 月

四川建筑职业技术学院挂牌

2001 年 9 月 10 日，四川建筑职业技术学院在德阳市挂牌，填补了四川省无专门建筑类大专院校的空白。该院是 2001 年 4 月 16 日经省政府批准，由原四川省建筑工程学校、四川省城市建设学校和四川省建筑职工大学合并组建而成的专科层次的全日制普通高等学校，隶属省建设厅管理，实施全日制高等职业技术教育，设有土木工程、城市建设、机电工程、经济管理和基础科学 5 个系、26 个专业。

中国西部网正式开通

2001 年 9 月 12 日，中国西部网正式开通。中国西部网由西部 12 个省（市、区）政府新闻办和西部各重点新闻网站共同发起，主管单位是四川省委宣传部。中国西部网汇集了西部各省（市、区）的省报、晚报、都市报上百家，主页上设有新闻中心、财经、文娱等 19 个频道，每日更新新闻 1500 条，其中西部新闻用英、德、法、日四种外语发布。中国西部网的内容将由五洲传播中心负责传向中国设在美、欧、日、澳等国家和地区的海外镜像点。新华社在通稿中称其为“全国第一家跨省际的‘航母’式网络媒体”。

西南石油学院新都校区开工建设

2001 年 9 月 16 日，西南石油学院成都新校区建设在新都县启动。该院 1958 年始建于南充，是新中国创建的第二所石油高等院校。2000 年 3 月，西南石油学院由中国石油天然气集团公司划转到四川省，成为中央与四川省共建、以四川省管理为主的高等院校。随后，学院将校址迁至新都。2002 年 11 月 1 日，成都校区启用。2003 年经教育部批准，学院升格为大学，2005 年 12 月正式更名为西南石油大学。

成都理工大学成立

2001 年 9 月 21 日，经教育部、四川省人民政府批准，由成都理工学院、四川商业高等专科学校、成都有色地质职工大学合并组建的成都理工大学正式挂牌成立。中共中央政治局常委、全国人大常委会委员长李鹏，中共中央政治局常委、国务院副总理李岚清，中共中央政治局委员、全国人大常委会副委员长姜春云分别为成都理工大学题词和发来贺信。成都理工学院始建于 1956 年，原名成都地质学院，1993 年更名为成都理工学院，2001 年经教育部批准组建成都理工大学。成都理工大学由国土资源部和四川省共建，设有 9 个学科门类，62 个本科专业。

四川省九届人大常委会第二十五次会议召开

2001 年 9 月 21—22 日，四川省九届人大常委会第二十五次会议在成都举行。会议通过了《四川省法律援助条例》《四川省行政执法监督条例》等条例。

交通部与四川省联合召开三州通县公路建设会议

2001 年 9 月 22 日，为落实党中央、国务院关于“稳藏必先安康，安康必先通康”“西部地区交通建设是西部开发第一要务”的重要指示精神，交通部与四川省人民政府联合召开四川省三州通县公路建设现场办公会议。按照交通部统一规划，在未来 3 年内，国家及四川省将投资 39 亿元，对 4505 公里三州通县公路进行油路改造，使三州交通建设上个台阶。为此，省政府发出《关于促进我省三州地区交通建设快速发展的通知》，出台一系列优惠政策和措施，推动甘孜、阿坝、凉山州公路建设。

宜宾学院建院

2001 年 9 月 23 日，宜宾学院建院暨宜宾李硕勋教育基金会成立大会在宜宾市举行。中共中央政治局常委、全国人大常委会委员长李鹏为宜宾学院题写校名。2001 年 5 月 11 日经教育部、四川省人民政府批准，由原宜宾师范高等专科学校、四川教育学院宜宾分院合并组建成立宜宾学院。

四川省医药集团成立

2001 年 9 月 27 日，四川省医药集团有限责任公司挂牌成立。这是四川省改革医药流通体制，按现代企业制度运作，适应市场竞争成立的大型医药集团。省医药集团公司是经省国资委批准的国有独资企业，注册资金 6574 万元，以授权经营的资产产权为纽带与所属 7 个省级医药企业建立规范化的母子公司体制。经营范围为中药材、中成药、中药饮片、化学药制剂、抗生素、生物制品、生化药品和医疗器械，并承担省级急救药品的储备和调运任务。

教育部与四川省签订重点共建大学协议

2001 年 9 月 29 日，教育部和四川省重点共建四川大学、电子科技大学协议签字仪式在成都举行。根据协议，除对学校经常性的教育事业费和科学事业费拨款外，在2001—2003年的3年内，教育部向四川大学投入4亿元，向电子科技大学投入2亿元；四川省和成都市向四川大学投入3.2亿元，向电子科技大学投入1.6亿元。2003年后，根据两校改革和发展情况，将继续给予支持。在两校作为教育部直属高校的同时，四川省把两校的改革和发展纳入经济建设和社会发展的总体规划之中，给予相应政策支持。

四川首创棉花核不育新材料

2001年9月，四川省农科院经济作物育种栽培研究所在棉花杂种优势材料和利用方法上获得突破性成绩，在世界首创棉花核不育保持系MB和完全不育系MA，为棉花杂种优势利用的新途径奠定了材料基础。选育和应用棉花杂交种，是将棉花生产、优质、抗病、抗虫集于一体最有效的方法。四川省首创的这两个材料，突破了作物核不育不能完成保持的传统认识。

10月

钱其琛到川考察

2001年10月1—7日，中共中央政治局委员、国务院副总理钱其琛考察了广汉三星堆、绵阳市、九寨沟、海螺沟、碧峰峡、九寨沟机场建设工地。钱其琛在考察中强调，西部地区要抓住大开发的机遇，深入学习贯彻江泽民总书记“七一”重要讲话和中共十五届六中全会精神，认真实践“三个代表”重要思想，加快旅游等新兴产业发展，保护生态，扶贫富民，推动开放，带动经济发展和维护社会稳定。

四川省政府政务服务中心运行

2001年10月9日，四川省政府政务服务中心正式运行，这是全国首家省级政务服务中心。

管理科学论坛——中国西部开发会议在成都举行

2001年10月9日，管理科学论坛——中国西部开发会议在四川大学召开。全国人大常委会副委员长、国家自然科学基金委员会管理科学部主任成思危任大会主席，并作出题为《西部大开发中的几个战略问题》的主题报告。此次会议由国家自然科学基金委员会管理科学部、省政府西部开发办公室和四川大学联合主办，汇集了来自北京、天津、西安和香港等地的近200名专家、学者、政府部门负责人和企业家。

西南六省区市七方经济协调会第十七次会议在成都召开

2001年10月10—11日，首届西南六省区市七方经济协调会第十七次会议在成都举行。大会一致通过了向党中央、国务院的有关请示报告，六省区市七方经济协调会若干原则和会议纪要。大会通过的向党中央、国务院的4个专题请示为：《关于进一步加强西南地区交通通信基础设施建设》《关于联合搞好生态环境保护和建设，构筑长江、珠江中上游生态屏障》《关于联合开发大西南旅游业》《关于大力开发西南地区电力资源，联合推进西电东送》。

四川省第一条干法水泥生产线开工建设

2001 年 10 月 18 日，金顶（集团）股份有限公司年产 70 万吨水泥熟料技改工程开工。该项目是西部大开发战略实施以来国家在四川省批准建设的第一条干法水泥生产线，被列入国债贴息的国家重点技改项目。2002 年 12 月 26 日该项目顺利投产。该工程的竣工投产使金顶集团水泥年生产能力达到 250 万吨，跃居西南地区首位。这条生产线总投资 3.5 亿元，实际建设工期 14 个月，具有 20 世纪 90 年代国际先进水平。工程全面使用高效收尘设备，具有显著的环保效益。

3 万吨高纯氢氧化钾工程项目奠基

2001 年 10 月 18 日，由新希望集团、成都化工有限公司、世界银行国际金融公司共同投资 2900 万美元的华融化工 3 万吨高纯氢氧化钾工程项目在彭州市九尺镇奠基。此项目是当时中国最大钾化工基地并具有世界一流水平。

大熊猫研究中心成立

2001 年 10 月 23 日，中国林业科学研究院大熊猫研究中心在卧龙大熊猫自然保护区正式成立。卧龙大熊猫自然保护区是全国最早建立和最大的大熊猫保护区。从 20 世纪 80 年代以来，该保护区积极开展大熊猫科学研究活动，取得了一批重要的科研成果。截至中心成立，累计进行人工繁育大熊猫 34 胎 54 仔，存活 41 只。

李岚清到德阳、雅安等地视察

2001 年 10 月 25—29 日，中共中央政治局常委、国务院副总理李岚清到绵阳、德阳、雅安、成都等地视察，听取了省委、省政府的工作汇报。李岚清对四川省在改革开放和现代化建设中取得的成绩给予充分肯定。李岚清还就医疗机构体制改革、医药分开、医院门诊药房改为药品零售企业的试点进行了调研。

四川省中医院挂牌

2001 年 10 月 27 日，四川省中医院在成都中医药大学附属医院的基础上正式挂牌。四川省药品（中药）不良反应监测中心也同时成立。始建于 1957 年的成都中医药大学（当时为成都中医学院）附属医院，逐渐发展成为全省中医医疗、教学、科研中心和三级甲等医院、全国示范中医院。

11 月

广安至南充高速公路开工建设

2001 年 11 月 1 日，广安至南充高速公路动工兴建。广南高速公路是交通部规划中的国道主干线沪（上海）蓉（成都）高速公路支线的一段，起于广安红土地，止于南充高坪区兰家沟，两端分别与广邻高速公路和成（都）南（充）高速公路相连，成为四川省东大门重要的出口通道。广南高速公路双向4车道全封闭，路基宽24.5米，全长69.76公里，概算总投资20.46亿元。2004年6月20日，正式建成通车。

四川第一家中外合资风险投资管理公司挂牌

2001年11月3日，四川第一家中外合资风险投资管理公司——泓轩投资管理（成都）有限公司在成都挂牌。该公司通过管理海内外投资基金支持四川和中国西部的高科技产业的发展。

中共四川省委七届九次全委会议在成都召开

2001年11月7—9日，中共四川省委七届九次全委会议在成都召开。全会的主要任务是：坚持以邓小平理论和十五大精神为指导，按照“三个代表”的要求，认真学习贯彻中共十五届六中全会精神，着重研究四川加强和改进新时期党的作风建设。全会审议通过了《中共四川省委贯彻落实〈中共中央关于加强和改进党的作风建设的决定〉的意见》；审议通过了《关于召开中国共产党四川省第八次代表大会的决议》，决定在2002年二季度召开省第八次党代会；审议通过了《四川省社会主义精神文明建设“十五”规划纲要》。

四川省九届人大常委会第二十六次会议召开

2001年11月20—23日，四川省九届人大常委会第二十六次会议在成都召开。会议通过了《四川省会计管理条例》《四川省烟草专卖管理条例》《四川省消毒管理条例》等各项条例和决定。

四川省肿瘤医疗集团成立

2001年11月22日，四川省首家大型医疗集团、全国第一家肿瘤专科性医疗集团——四川省肿瘤医疗集团正式成立并挂牌。四川省肿瘤医疗集团是由四川省肿瘤医院、自贡第一人民医院、宜宾第二人民医院、广元人民医院和攀钢（集团）职工总医院等5家国有医疗机构按照自愿联合、资源共享、优势互补、平等互利的原则共同发起组建的跨地区、跨行业的全省性大型医疗集团。

嘉陵江航道渠化工程建设全面启动

2001年11月25日，国家计委“十五”综合交通体系发展重点工程、交通部西部大开发内河航运发展规划重点工程——嘉陵江航道渠化工程在四川省全面启动。该工程是四川省建设水陆衔接、通江达海的水陆交通运输网络的重点项目，投资规模为254亿元，计划在嘉陵江广元至重庆段规划建设相互衔接的16级梯级航电枢纽。

经全江渠化后，原来滩多水急的嘉陵江将变成一条通航拖载量大、安全系数高、运输成本低的高等级航道，全江682.8公里达到三、四级航道，1000吨级船队从广元可直达上海。广元到重庆的航道里程比原来缩短56.2公里，上水缩短航行时间40小时，下水缩短8小时。

2002年2月28日，嘉陵江金银台航电枢纽工程在阆中市开工。这是嘉陵江渠化建设16个航电梯级中的第5级，工程总投资达9亿元，总装机容量12万千瓦，年发电量5.8亿千瓦时。设四级船闸一座，渠化航道23公里，年通航能力240万吨。2005年5月13日，首台发电机组正式发电；

2005 年 10 月 26 日，2 号机组并网发电。

2002 年 12 月 23 日，红岩子电航工程竣工并通过验收。该工程位于南部县城北郊，是嘉陵江渠化开发的第 4 座中型水电站，总投资达 7.2 亿元。工程于 1997 年 10 月正式动工建设，2001 年 12 月总装机容量 9 万千瓦的 3 台机组全部投产发电。

2002 年 12 月 24 日，嘉陵江新政航电枢纽工程开工。这是嘉陵江渠化开发 16 级规划的第 7 级，位于仪陇县新政镇境内，总投资 10.69 亿元，装机 10.8 万千瓦，年发电量 5.08 亿千瓦时；建四级船闸一座，年通航能力 375 万吨；渠化航道 37 公里，建交通桥一座。

2003 年 10 月 24 日，嘉陵江 16 级渠化开发中的两个枢纽——第 8 级的金溪航电工程和第 11 级的小龙门航电工程正式开工。金溪航电枢纽位于南充市蓬安县境内，距河口 361 公里，计划建设四级船闸 1 座，渠化航道 41 公里，装机 15 万千瓦，投资 11.6 亿元。2004 年 12 月大江截流，2005 年底首台机组发电。小龙门航电枢纽工程位于南充市区城市规划区内，距河口 281 公里，计划建设四级船闸 1 座，渠化航道 20 公里，装机 5.2 万千瓦，投资 8.42 亿元，2004 年 11 月完成大江截流。

2005 年 12 月 23 日，沙溪和凤仪两大航电枢纽工程同时开工。沙溪航电枢纽工程是嘉陵江渠化开发规划中的第 4 梯级，位于阆中市沙溪境内，上与拟建的苍溪梯级、下与在建的金银台梯级衔接。该枢纽工程设计四级船闸一座，渠化航道 21 公里，年通航能力 319 万吨；电站设计装机容量 8.7 万千瓦，年均发电量 3.9 亿千瓦时，正常蓄水位 364 米，额定水头 10 米。项目总投资 11.15 亿元，建设总工期为 35 个月，第一台机组发电建设期为 27 个月。凤仪航电枢纽工程是嘉陵江渠化开发规划中的第 10 梯级，位于南充市顺庆区、高坪区境内，该工程设计四级船闸一座，渠化航道 24 公里，年通航能力 297 万吨；电站正常蓄水位 280 米，额定水头 9.16 米，设计装机容量 8.4 万千瓦，年均发电量 3.87 亿千瓦时。项目总投资 11.17 亿元，建设总工期 45 个月，第一台机组发电建设期为 27 个月。

12 月

西南公路出海通道全线建成

2001 年 12 月 4 日，西南公路出海通道建成通车。西南公路出海通道是国家规划的国道主干线“两纵两横三条重要路段”的组成部分，起于四川成都，经泸州、大方、贵阳、南丹、柳州、南宁等，止于北海，全长 1709 公里，由高速公路、一级和二级公路组成。整个工程概算总投资 254.24 亿元。其中，四川境段总长 451.8 公里，由 289.8 公里高速公路和 162 公里二级公路组成，工程总投资 46.83 亿元。该通道于 1987 年 12 月开工建设。

四川省与荷兰弗里斯兰省结成友好省

2001 年 12 月 4 日，四川省与荷兰弗里斯兰省结成友好省关系的协议签字仪式在该省省会雷瓦登市举行。四川省委副书记秦玉琴以四川省人民政府高级顾问名义代表省政府签署协议。弗里斯兰省省长莱博斯代表弗省签署协议。四川省与弗里斯兰省的交往始于 1996 年。

四川首个濒危动物繁殖与保护遗传重点实验室成立

2001 年 12 月 8 日，经四川省人民政府批准，濒危动物繁殖与保护遗传四川省重点实验室在成都大熊猫繁育研究基地正式挂牌成立。该实验室的研究方向重点是濒危动物繁殖生物学、保护遗传学和行为生态学。这个重点实验室是由成都大熊猫繁育研究基地与四川大学联合向四川省人民政府申报的首个濒危动物保护研究实验室，其前身是 1997 年建立的“成都濒危动物繁殖与遗传开放实验室”。

四川省新增一位中科院院士和两位中国工程院院士

2001 年 12 月 9 日，中科院院士增选工作在北京举行，中科院成都生物研究所 71 岁的研究员赵尔宓成为四川省唯一在此次增选中荣获中科院院士称号的科学家。

2001 年 12 月 12 日，中国工程院院士增选工作在北京举行，四川省两位科学家当选。这两位新院士均来自中国工程物理研究院，分别是 71 岁的核武器工程设计专家徐志磊和 72 岁的核化学专家傅依备。至此，四川省共有中国工程院院士 26 名。

西部建设与可持续发展国际研讨会在成都举行

2001 年 12 月 17—19 日，由国务院西部开发办、国家外国专家局和美国美南中国专家协会共同主办的西部建设与可持续发展国际研讨会在成都召开。来自政府部门、西部地区科研院所、企业的领导专家和来自美国、荷兰的著名专家、学者，以及近年来学有所成的旅美华人专家 130 余人参加会议。与会中外专家代表围绕政策体制创新、生态环境保护、能源开发利用和高新技术应用几个方面，针对西部大开发进程中技术进步与政策体制创新的实际问题，进行了充分的交流和讨论，形成了建议书。

攀枝花“国家新材料成果转化及产业化基地”获批

2001 年 12 月 18 日，科技部批准攀枝花市建立“国家新材料成果转化及产业化基地”。该基地涵盖三区两县，面积为 7325 平方公里，人口 113 万人，主要定位为钒钛新材料的开发。东区有攀枝花钢铁集团公司、华山工业园区、高粱坪工业园区和流沙坡高新技术开发区，主要围绕钒钛磁铁矿资源的开发和综合利用研究。在新材料上发展具有自主知识产权的特色技术和特色产品，重点形成五个领域的新材料产业，即钒材料、钛材料、钒钛合金与其他金属新材料、粉体新材料、无机非金属与有机高分子新材料。2004 年新材料产值 47 亿元，攀枝花新材料基地规模以上企业有 23 家，年工业总产值在区域高新技术产业总产值比例超过 85%。

省政府发布《关于进一步深化我省粮食流通体制改革的意见》

2001 年 12 月 24 日，四川省人民政府发布《关于进一步深化我省粮食流通体制改革的意见》。意见的主要内容有：1. 深化粮食流通体制改革的总体目标和重点；2. 搞好粮食市场化改革试点，分类指导粮食生产和流通；3. 调整粮食收购保护价范围；4. 完善地方各级粮食储备体系，确保粮食安全；5. 完善粮食风险基金包干办法，落实粮食省长负责制下的市、州长责任制；6. 合理确定粮食收购保护价格，实行优质优价；7. 搞好粮食收购的资金供应；8. 加快国有粮食购销企业的改革步伐；

9. 培育粮食市场体系，加强粮食市场管理；10. 调整农业和粮食生产结构，努力增加农民收入。

省委印发系列思想政治工作条例和制度

2001 年 12 月 25 日，中共四川省委印发《四川省农村思想政治工作条例（试行）》《四川省企业思想政治工作条例（试行）》《四川省党政机关思想政治工作条例（试行）》《四川省社区思想政治工作条例（试行）》《四川省学校思想政治工作条例（试行）》《四川省思想政治工作领导责任制度（试行）》。省委要求，全省各级党组织和广大党员干部要进一步增强政治意识和责任意识，采取具体有效措施，认真贯彻好《条例》和《制度》，确保思想政治工作的各项任务落实到基层。

四川博物馆新馆建设奠基

2001 年 12 月 25 日，四川博物馆新馆奠基仪式在成都举行。新馆投资 3. 3 亿元，主馆建筑面积 32000 平方米，主体高 24 米。

“带状光缆”实用新型技术获得中国第七届专利金奖

2001 年 12 月 27 日，第七届中国专利金奖项目名单公布，四川汇源信息集团有限公司研制的“带状光缆”实用新型专利获得金奖。“带状光缆”专利创世界之首，设计出光纤带进入松套管的新绞合方式——SZ 绞式。

国道 318 线二郎山至康定公路改建工程动工

2001 年 12 月 30 日，国道 318 线二郎山至康定公路改建工程正式动工。该工程起于二郎山隧道西洞口，经泸定、鸳鸯坝、瓦斯沟，止于康定城东，全长 74. 63 公里。全线采用山重二级公路标准设计，路基宽 8. 5 米，水泥混凝土路面，建设工期 36 个月，总投资 6 亿元。2004 年 9 月 17 日，部分工程进行了交工验收。

四川红层供水示范井完成 90%

2001 年，中国地质调查局、四川省政府在四川最缺水的南充市、资阳市部署 3000 余眼红层供水示范井，成井率达 90%以上，为找水打井积累了经验。至 2010 年底，完成 105 个县（市、区）的地下水调查工作，打井 213. 5 万口，解决了近 800 万人的饮水困难。

2002 年

1 月

人事部批准在川建立 6 家博士后工作站

2002 年 1 月 9 日，人事部批准在川建立 6 家博士后科研工作站。至此，四川省企业博士后科研工作站共有 17 个，居西部省（市、区）之首。此次被批准新设立博士后科研工作站的 6 家单位分别是：中国人民解放军总参谋部第 57 研究所、川化集团有限责任公司、自贡硬质合金有限责任公司、绵阳高新技术产业开发区、四川九洲电器集团有限责任公司、宜宾天原集团有限责任公司。四川省博士后工作开始于 1986 年，至此共建有 46 个博士后科研流动站，覆盖经济学、文学、历史学、理学、工学、农学、医学、管理学八大学科门类的 35 个一级学科；17 个博士后科研工作站，涉及电子信息、机械冶金、医药化工、饲料食品等支柱产业和高新技术产业；累计招收培养博士后 461 名，在站博士后 209 人。

四川省评选首批“特产之乡”

2002 年 1 月 9 日，四川省特产协会正式向社会公布会理县等 13 个县（市、区）、乡（镇）被命名为四川省首批“特产之乡”。此次评选的“特产之乡”共分 5 类。水果类：会理县为石榴之乡，乐山市中区为脆红李之乡，成都市龙泉驿区为早熟梨之乡。蔬菜类：德昌县为早蒜薹之乡，金阳县、雷波县为白魔芋之乡，彭州市利安乡为花菜之乡，彭州市三界镇为莴笋之乡，威远县新店镇为七星椒之乡。茶叶类：荣县为花茶之乡，万源市为富硒名茶之乡，泸州市纳溪区为特早名茶之乡。粮油类：德昌县为昌米之乡。药材类：彭州市敖平镇为川芎之乡。授权首批“特产之乡”使用统一认证标识，其商标专用权受《中华人民共和国商标法》保护，有效期 3 年。

成都高新区取得 ISO 14001 英国皇家 UKAS 国际证书和中国证书

2002 年 1 月 11 日，成都高新区取得 ISO 14001 英国皇家 UKAS 国际证书的中国证书，成为全国通过该认证面积最大（47 平方公里）的区域。这也是西部第一张 ISO 14001 环境管理体系认证证书。

ISO 14000 标准是一项旨在规范各类组织的环境行为，促进组织节约资源、能源，减少和预防污染，提高环境管理水平，改善环境质量，促进经济持续健康发展的系列综合管理型国际标准。ISO 14001标准是 ISO 14000 系列标准中最核心的一个标准，是关于环境管理体系建立的具体标准。成都高新区于 2000 年底在西部高新区中率先提出了创建 ISO 14000 国家示范区的工作目标，于 2001 年初全面展开创建工作，形成了 500 余册、200 余万字的体系运行文字材料。

四川省九届人大常委会第二十七次会议召开

2002年1月14—18日，四川省九届人大常委会第二十七次会议在成都召开。会议表决通过了《四川省公民旁听省人民代表大会常务委员会会议规定》《四川省人才市场管理条例》《四川省世界遗产保护条例》等条例。

武都引水一期工程竣工

2002年1月20日，武都引水一期工程竣工总结表彰大会在绵阳市举行。投资18亿元、历时13年的武都引水一期工程全线竣工，通过国家验收。被邓小平誉为“第二个都江堰”的武都引水工程，是四川省“西水东调”总体规划中的一项引、蓄、提结合，以农业灌溉为主兼防洪、发电、航运、城乡供水、水产养殖、旅游以及土地资源综合开发利用等功能的大型骨干水利工程。

工程从江油市武都镇以北3公里的涪江干流拦河引水，控灌绵阳、广元、南充、遂宁四市八县（市、区）耕地400余万亩，直接灌溉农田228万亩，润土6206平方公里。武引工程主要由武都水库、取水枢纽、总干渠以及配套的各级渠系、渠系电站、提灌站和灌区的大中型囤蓄水库组成。全灌区规划六级渠道共98条总长1700余公里。工程总投资60亿元，分两期进行。

一期工程总投资17.98亿元，1988年复工，共建成取水枢纽和总干渠长37公里、涪梓干渠63公里及蓄水9800多万立方米的水库，数座引水渡槽、隧洞、倒虹管、电力提灌站等崛起于山地之间，还建成配套分干渠、支渠、分支渠、斗渠等1000多公里。1997年10月26日工程总干渠竣工启闸放水，1999年5月18日一期工程大型项目全线开闸放水。一期工程年引水总量达到3亿多立方米，工业、生活年供水量达到8400多万立方米，可控灌农田127万亩。

2005年11月1日，武都水库大坝工程开工。总投资19亿元的武都水库工程，是当时四川在建的最大水利枢纽工程。新开工的大坝是武都水库项目的主体工程，预计工期3年。大坝为碾压砼重力坝，最大坝高120米，坝顶长720多米，设计总库容为5.7亿立方米，库区水面12平方公里。

中国首条千吨级聚苯硫醚生产线开工建设

2002年1月23日，中国首条千吨级聚苯硫醚生产线在德阳动工兴建，标志着中国聚苯硫醚生产迈入产业化运作阶段。该工程由四川华拓科技有限公司负责承建，为国家高技术产业化示范工程，并纳入“863”计划。2003年8月19日，项目在德阳市通过专家组验收，标志着中国成为全球继美国、日本、德国后第四个能生产该产品的国家。

都江堰人民渠石垭隧洞工程建设开工

2002年1月25日，都江堰人民渠主干渠石垭隧洞工程开工。该工程位于中江县境内，是都江堰人民渠主干渠病害最严重的隆兴—合兴段20公里渠道的改线工程，全长6.1公里，2004年12月29日完工通水。

人民渠七期工程20世纪70年代初开建，是省属重点水利工程。由于整段渠道修建在地质条件十分复杂的中江断层附近，隧洞、暗渠垮塌，渠道滑坡经常发生。1981年的磨子湾大滑坡，2000米长的渠道遭到毁灭性破坏，干渠停水达一年半，农民损失惨重。即使正常年景，渠道安全过水量也仅为设计流量的一半，严重制约了下游灌区农业发展。

都江堰市获“中国人居环境奖”和“中国人居环境范例奖”

2002年1月，都江堰市获得建设部设立的“中国人居环境奖”和“中国人居环境范例奖”，并且成为全国第二个通过ISO 14001环境管理体系认证的政府组织。建设部设立的“中国人居环境奖”和“中国人居环境范例奖”，是为了表彰在改善城乡环境质量，提高城镇总体功能，创造良好的人居环境方面作出突出成绩并取得显著效果的城市、村镇和单位。

2月

四川省14项科技成果获国家技术发明奖和科技进步奖

2002年2月1日，四川省有14项科技成果获得2001年度国家技术发明奖和国家科技进步奖，其中由省农科院水稻研究所郑家奎等研究完成的“水稻雄性不育K型新质源的创制、研究与应用”获得国家技术发明二等奖。获得国家科技进步奖的有13项，其中省皮肤病性病防治研究所参与完成的“全国控制和基本消灭麻风病的策略、防治技术和措施研究”获得一等奖，其余12项获得二等奖。

都江堰拉法基水泥项目建设开始点火生产

2002年2月3日，四川从欧洲引进的最大投资项目——140万吨的都江堰拉法基水泥厂开始点火生产。拉法基水泥厂项目是都江堰政府招商引资取得的重大产业项目。项目总投资13.18亿元，其中法国拉法基占75%，并全面负责公司的经营管理。该项目于2000年5月正式动工，是当时中国西部地区最大的干法旋窑水泥生产线，项目包括一条日产3500吨熟料的生产线、一座石灰石矿山和一座页岩矿山以及一条长2.2公里的铁路专线。这是欧美国家在中国投资的第一个水泥项目。项目投产后，年产值可达4.2亿元、实现税收3500万元。

四川省建设监察总队成立

2002年2月4日，经中共四川省委、四川省人民政府批准，四川省建设监察总队在成都成立并开始办公，这是全国首家承担城市规划、建设和管理的行政执法队伍。其主要职能是：宣传贯彻城市规划、建设、管理工作的各项法律法规和方针政策，制定建设监察规章制度、目标、程序并监督执行；承担城市规划、建设和管理等领域及其相关企业、事业单位业务资质的行政监察业务指导和监督，并对其中重大和特殊的违法违规行为进行调查取证，提出处理意见，送达和执行行政机关的处罚决定；指导市、州建设行政执法工作及执法人员执法资格的审核工作；制定建设行政执法人员的考核标准并实施；拟定建设行政执法人员的培训计划，协同有关部门做好建设监察岗位培训工作。

四川非典型性肺炎防治

2002年2月9日，广元发生1例输入性非典型性肺炎病例，这是四川省首例“非典”病例。省委、省政府成立防治工作领导小组，派督查组赴各市（州）督导防治工作。至6月6日，四川省报告“非典”病例或疑似病例均为输入性病例，其中临床诊断20例，治愈18例。6月24日，世界卫生组织将中国从“非典”疫区名单中排除。

成都高新区孵化园项目开工建设

2002 年 2 月 19 日，全国最大的孵化园——成都高新区孵化园在成都天府大道动工。该园区总投资 5 亿元，占地 500 亩，总建筑面积 18 万平方米。孵化园位于成都高新区起步区，孵化面积 3.7 万平方米，在孵企业 203 家，属综合类孵化器。进驻项目范围：电子信息、生物医药、光机电一体化、新材料、新能源、生态技术、环保技术、其他高新技术。2003 年 10 月，成都高新区孵化园启用，创新中心总部迁入高新区孵化园。2004 年 4 月，高新区孵化园设立成都数字娱乐软件园。2004 年 7 月国家软件产业基地（成都）、国家信息安全成果产业化（四川）基地迁入高新区孵化园。

大渡河金口大峡谷、安县海绵礁古生物——砾岩岩溶地质公园挂牌为国家级地质公园

2002 年 2 月 28 日，大渡河金口大峡谷、安县海绵礁古生物——砾岩岩溶地质公司正式挂牌国家级地质公园。金口大峡谷，西起汉源县乌斯河，东至乐山市金口河，长 26 公里。地质公园地处青藏高原和横断山东侧，是中国地貌上从最高一级地貌单元青藏高原向第二级地貌单元四川盆地的过渡地带，经查明有 7 类地质遗迹。2001 年 12 月被正式批准为“大渡河峡谷国家地质公园”。2005 年 10 月23 日，金口大峡谷被美国《国家地理》杂志评为中国最美的十大峡谷之一。安县海绵生物礁古生物遗址在中国是唯一的砾岩岩溶国家地质公园，这种地质公园世界上只有两处，另一处在欧洲的阿尔卑斯山中。安县睢水镇的海绵生物礁沿龙门山方向分布，长约 25 公里，宽约 7 公里。

3 月

南充发生“3·1”特大火灾

2002 年 3 月 1 日凌晨 3 时许，南充市顺庆区府街 125 号达亨副食品有限公司批发市场发生一起特大火灾事故，造成 19 人死亡，轻重伤 24 人，烧毁建筑面积近 5000 平方米，直接经济损失 191 万元。起火原因是卸货时违章使用蜡烛照明引燃库房内包装纸箱等可燃物。经审理，南充市顺庆区人民法院对此次特大火灾事故责任人作出获刑 3—7 年不等的一审判决。

四川大学国家大学科技园技术产权交易中心成立

2002 年 3 月 12 日，四川大学国家大学科技园技术产权交易中心正式成立，当天进行了首届项目推介会达成了 900 万元的投资协议。这是全国第三所、西部第一所高校技术产权交易中心。该交易中心主要经营项目有：高新技术和技术交易信息的汇集和发布、技术产权和企业产权交易的代理和中介、知识产权服务、技术项目可行性评估论证、项目投资策划、商业计划书制作与咨询服务、融资贷款服务、资本经营策划和人才培训。

国家体育总局体育社会科学重点研究基地在成都挂牌

2002 年 3 月 21 日，国家体育总局体育社会科学重点研究基地在成都体育学院正式挂牌。这是全国首批6个体育社会科学重点研究基地之一。6个基地分别是：上海体育学院、武汉体育学院、成都体育学院、天津体育学院、广州体育学院、清华大学。

南充高坪机场项目开工建设

2002年3月21日，南充高坪机场开工建设。机场位于高坪区青松乡，距南充市中心10公里，距广安70公里、距阆中古城120公里。南充高坪机场是原南充火花机场迁建项目，1993年9月国家计委批准可行性研究报告。机场按4D级规划，4C级标准建设，2004年5月建成，5月15日首航。

印度尼西亚共和国总统梅加瓦蒂访川

2002年3月26—27日，印度尼西亚共和国总统梅加瓦蒂·苏加诺访问四川。四川省人民政府省长张中伟会见梅加瓦蒂总统，向梅加瓦蒂介绍了目前四川的经济、人口、农业、旅游等方面基本情况，以及四川省实施西部大开发战略两年来的举措和取得的成效，希望进一步加强四川与印尼之间的合作与交流，共同推动两地的经贸往来。梅加瓦蒂说，此次访川的主要目的是为了增进两地间的长期友谊和经贸往来，她对四川在西部大开发中取得的巨大成就表示钦佩。

广元橄榄油加工项目立项

2002年3月31日，广元蜀北橄榄油开发有限责任公司橄榄油加工项目被国家计委批复立项，总投资9180万元。项目建成后可年加工橄榄果3.3万吨，年产食用橄榄油3000吨、工业用油2940吨，成为全国最大的橄榄油加工基地。

4月

《四川省世界遗产保护条例》施行

2002年4月1日，《四川省世界遗产保护条例》施行，四川在全国率先制定世界遗产保护的地方性法规。

中国首家全数字规模化测绘生产基地建成

2002年4月5日，由四川省遥感信息测绘院、适普软件有限公司共建的国内最大的数字规模化测绘生产基地在成都建成投产。该基地拥有国内技术领先和众多全数字摄影测量系统的测量生产机构，能容纳150多名工程技术人员进行生产作业。不仅承担国家许多重要的基础测绘工作，还承担日本、美国、非洲等国家和地区的测绘任务。

成都电子信息产业化基地建立

2002年4月9日，国家火炬计划成都电子信息产业化基地在成都高新西区正式建立。该基地2002年1月经国家科技部批准，由成都金牛高科技产业园和青羊双新科技创业园组成，是成都高新西区的延伸和补充。2001年基地实现工业总产值39亿元、销售收入35亿元、利税11亿元。

绵阳市安县县城迁址花荄镇

2002 年 4 月 16 日，安县县城迁址花荄镇。安县于 1997 年底提出将县城迁址花荄镇的构想，国务院 2000 年 5 月批准了该方案。安县新县城所在的花荄镇历史上曾为县城，位于安昌江下游的平坝区，地势平坦便于规划和建设。花荄镇距绵阳城区约 15 公里，距成都 100 公里。

攀枝花市发生“4·24”特大瓦斯爆炸事故

2002 年 4 月 24 日 19 时 40 分左右，攀枝花煤业（集团）有限责任公司花山煤矿三采区二队 4239 采煤工作面超前上山掘进工作面发生瓦斯爆炸事故，死亡 23 人，12 人获救，其中 4 人受伤。事故发生后，国家和省委、省政府领导极为重视。国务院总理朱镕基、副总理吴邦国作出批示，要求对事故进行认真调查，做好善后工作，确保稳定。

四川省科学技术奖励大会召开

2002 年 4 月 27 日，中共四川省委、四川省人民政府在成都召开四川省科学技术奖励大会。全省共有 196 项重大科技成果获 2001 年度科技进步奖，其中“高温超导磁悬浮实验车”被授予四川省科技进步特等奖。省委、省政府向荣获第二届四川省科技杰出贡献奖的沈志云院士、荣廷昭教授各颁发奖金 40 万元。荣获 2001 年度四川省科技进步奖的科技工作者也受到了表彰和奖励。

5 月

中共四川省第八次代表大会举行

2002 年 5 月 10—14 日，中共四川省第八次代表大会在成都举行。省委书记代表中共四川省第七届委员会向大会作题为《认真实践“三个代表”重要思想，奋力推进四川发展新跨越》的报告。沈国俊代表中共四川省纪律检查委员会作题为《与时俱进，开拓创新，不断取得党风廉政建设和反腐败斗争新成效》的报告。大会通过了关于省委工作报告的决议和关于省纪委工作报告的决议。中共四川省八届一次全委会选举产生了新一届四川省委书记、常委。

摩托罗拉成都软件研发中心建设

2002 年 5 月 18 日，美国摩托罗拉集团在中国设立的最高规格标准的软件研发中心在成都高新西区正式奠基动工。中心占地 2 万平方米，建筑面积 8000 平方米，是摩托罗拉公司在中国建立的第 3 家也是最大的软件基地，这是该公司在全球设立的最高规格标准的软件中心。2003 年 1 月 11 日，摩托罗拉成都软件中心顺利通过国际权威机构美国卡内基梅隆大学软件工程研究院授权进行的 SEICMM5 级认证。

江泽民到雅安、阿坝等地视察

2002 年 5 月 18—21 日，中共中央总书记、国家主席、中央军委主席江泽民先后在成都市、雅安市、阿坝藏族羌族自治州视察科研院所、高等院校、企业、农村、生态环境保护和建设。

中国卧龙大熊猫博物馆落成开馆

2002年5月22日，全国第一个单物种博物馆—“中国卧龙大熊猫博物馆”落成开馆。该馆始建于1999年，投资2000万元，坐落在卧龙自然保护区，占地4074平方米，分为2个展厅、4个展区，分别展示了大熊猫及其栖息地的历史演变和资源分布现状，并用大量生动、具体的事实，展示了中国保护、拯救、繁育大熊猫等珍稀濒危野生动植物所作的努力和取得的成绩。馆内共藏有近500件各类动植物标本。

第二届全国体育大会在绵阳市举行

2002年5月25日至6月3日，第二届全国体育大会在绵阳市举行。此次体育大会新增攀岩、跳伞、龙舟、轮滑、野外定向、舞龙舞狮6个项目，删减台球、摩托艇两个项目，总共22个项目，有各省、市、自治区和解放军、行业体协的41个代表队参与。大会共决出227枚金牌，3人4次创4项世界纪录，1人1次创1项世界青少年纪录；9人1队11次创9项全国纪录。37个代表团、11个代表队获得奖牌；28个代表团、9个代表队获得金牌；16支运动队获得体育道德风尚奖。四川代表团参加了16个项目的比赛，取得13金、19银、13铜的成绩。

川电东送工程合闸运行

2002年5月27日10时，川电东送工程合闸运行。川电东送工程是中国西电东送战略的重要组成部分，工程的实施不仅有利于发挥川渝、华东电网水火电互济的优势，促进华东长江三角洲地区的经济发展，对于送出四川特别是二滩电站的富余电能，实现更大范围内的资源优化配置有着十分重大的意义。

2000年10月10日，三峡至重庆万州500千伏输电线路工程开工，川电东送输电通道建设进入最后攻坚阶段。2001年12月25日，《四川电力外送规划研究报告》通过国家电力公司组织的评审。在国家计委的协调下，确定当年丰水期川电东送华东60万千瓦负荷，15亿千瓦时电量，四川成为全国西电东送的重要基地之一。

川电东送通道创下了中国500千伏超高压输电系统的多项纪录：一是输电距离最长，从四川的500千伏交流输电通道直达华中电网，再由500千伏直流输电线路送至华东地区，总长度达2525公里；二是全国最大的安全稳定控制系统，四川省电力公司建成了国内当时规模最大的安全稳定控制系统，由7个500千伏厂、站和近30个220千伏厂、站组成，面积覆盖整个川渝电网的重要电源支撑点；三是最复杂的一项系统工程，川电东送工程途经四川、重庆、华中、华东电网，工程涉及配合协调的单位之多、地域跨度之广，在国内电网工程中罕见。

金川电子有限公司在宜宾成立

2002年5月28日，由中国华融资产管理公司和宜宾市国有资产经营管理公司组建的金川电子有限公司在宜宾市成立。这是当时中国西部当时最大的高档新型磁性材料公司。川电子有限公司拥有总资产2.1亿元，可年产铁氧体永磁料粉1万吨、磁体2400吨，生产技术居国内领先水平。

四川省九届人大常委会第二十九次会议召开

2002年5月28—30日，四川省九届人大常委会第二十九次会议在成都召开。会议表决通过了省人大常委会关于加强省级预算审查监督的决定、关于进一步加强禁毒工作的决定、关于修改《四川省消防条例》的决定、关于修改《四川省〈中华人民共和国食品卫生法〉实施办法》的决定，表决通过了有关人事任免事项。

四川省科协第六次代表大会召开

2002 年 5 月 29—31 日，四川省科协第六次代表大会在成都召开。会议选举产生了新一届省科协领导班子，四川大学校长卢铁城当选为省科协主席，刘宝珺任名誉主席。大会向荣获四川省第六届青年科技奖的尹立雪等 30 人颁发了奖杯和奖状；向成都市温江区、富顺县、泸县等荣获四川省科普示范县的 23 个县（市、区）授牌，向荣获省科协先进工作者、省科协学会工作先进集体和省企业科协建设先进单位颁奖。大会还通过了“我为小平故里植棵树”的倡议。

6 月

四川白獭兔选育获成功

2002 年 6 月 9 日，通过四川省畜禽品种审定委员会审定，四川省畜牧食品局正式公告，将白色獭兔 R 新品系命名为“四川白獭兔”。四川白獭兔是由四川省草原研究所承担的省“九五”重大科技攻关“白色獭兔 R 新品系选育”项目，经过五个世代的选育而培育出的，填补了中国獭兔新品系培育的空白。

2001 年 11 月 7 日，四川白獭兔获得四川省首届獭兔比赛（中国首次獭兔比赛）特等奖，被养兔专家誉为“中国最优秀的獭兔种群”。

四川省劳动保障监察总队成立

2002 年 6 月 11 日，四川省劳动保障监察总队在成都成立。省劳动保障监察总队是根据《中华人民共和国劳动法》《社会保险费征缴暂行条例》等法律、法规组建的，目的在于加强四川劳动保障的执法工作，处理全省范围的重大、疑难劳动案件，受理违反劳动和社会保障法律、法规行为的检举和投诉，对用人单位和就业中介服务机构的情况进行监督检查，查处和纠正违法、违规行为，更好地维护广大劳动者的合法权益。

金沙江溪洛渡和向家坝水电站项目建设启动

2002 年 6 月 16—18 日，金沙江溪洛渡和向家坝水电站立项在北京通过专家组论证，论证会由国家计委主持召开。会议听取了两电站设计单位介绍，并由 9 位中国科学院和中国工程院院士组成的专家组对工程立项进行了论证。

向家坝水电站位于云南省水富县（右岸）和四川省宜宾县（左岸）境内金沙江下游，是金沙江下游梯级电站开发中的最末一个电站，左右岸分别安装 4 台 80 万千瓦机组，电站装机容量 640 万千瓦，装机规模仅次于三峡、溪洛渡水电站，当时为中国第三大水电站。水电站以发电为主，兼有改善通航条件、防洪、灌溉、拦沙、对溪洛渡水电站进行反调节等综合效益。2002 年 10 月，水电站经国务院正式批准立项，国家计委明确提出，“力争溪洛渡和向家坝水电站‘十五’期间能开工建设”。

溪洛渡水电站位于青藏高原、云贵高原向四川盆地的过渡带，地处四川省雷波县与云南永善县接壤的溪洛渡峡谷段，是金沙江下游四个巨型水电站中最大的一个，总装机容量为1260万千瓦，与世界第二大水电站——伊泰普相当，年发电量位居世界第三，为571.2亿千瓦时，相当于三个半葛洲坝，是当时中国第二大水电站。该电站是金沙江下游河段开发规划中的第3个梯级电站，工程以发电为主，兼有防洪、拦沙和改善下游航运条件等综合效益，并可为下游电站进行梯级补偿。电站主要供电华东、华中地区，兼顾川、滇两省用电需要，是金沙江“西电东送”距离最近的骨干电源之一，也是金沙江上最大的一座水电站。枢纽工程的混凝土双曲拱坝坝高278米，正常蓄水位600米，总库容115.7亿立方米，调节库容64.6亿立方米，工程静态投资459.28亿元，总投资792.34亿元。工程可行性设计2001年12月完成，2003年底工程开始筹建，2005年底正式开工。

四川省高级人民法院执行局成立

2002年6月18日，四川省高级人民法院执行局挂牌成立。全省22个中级人民法院有14个成立了执行局，1/3的基层人民法院成立了执行局。新成立的执行局实行与原来的执行庭庭局合一、合署办公的方式。

成温邛高速公路开工建设

2002年6月21日，成温邛高速公路开工建设。该公路全线在成都市境内，其前身成温邛公路是318国道的一段。公路全长65.1公里，起于成都绕城高速公路文家立交桥，经成都市青羊区、温江区、崇州市、大邑县，止于原成温邛公路邛崃收费站，估算总投资13.28亿元。2004年10月，成温邛高速公路建成通车。

7月

攀枝花市黄磷厂发生重大污染事故

2002年7月2日凌晨3时，攀枝花市川投电冶有限公司黄磷厂发生垮塌，泥磷遇火燃烧发生火灾，约90立方米用来密封泥磷的水流入旁边的雅砻江，小部分泥磷也进入江中。燃烧产生的五氧化二磷等氧化物和烟尘污染了近30平方公里的河谷两岸。到2日早上6时55分，事故现场得到有效控制。

王兆国考察甘孜藏族自治州

2002年7月10—12日，全国政协副主席、中央统战部部长王兆国一行考察甘孜藏族自治州的经济社会发展和藏族人民的生产生活情况。他强调，四川藏区的稳定和发展具有十分重要的意义，各级党委要高度重视，扎实工作，始终坚持以经济建设为中心，以团结稳定为重点，以改革开放为动力，以提高各民族人民生活水平为根本出发点，充分发挥藏区的优势，加快发展，深入开展寺庙爱国主义教育和法制教育，加强对宗教界爱国人士的培训，建立健全制度，实现各民族的平等、团结、进步和共同繁荣，确保藏区团结和稳定。

成都七中学生傅宏宇获第十三届国际生物奥赛金牌

2002 年 7 月 13 日，成都七中学生傅宏宇与来自福建师大附中的陈栩、湖南长沙一中的凌晨、陕西师大附中的孙路 4 人代表中国国家队在拉脱维亚首都里加参加第十三届国际生物奥林匹克竞赛，傅宏宇以优异成绩夺得金牌。这是该校生物学科获得的第二枚国际金牌。傅宏宇随后被北京大学生命科学学院提前录取。8 月 28 日，四川省人民政府举行隆重表彰仪式，给予傅宏宇“省长基金”奖励，傅宏宇获得 10000 元奖金及奖杯，四川省中学生生物竞赛委员会、成都七中分别获得 10000 元奖金，傅宏宇的指导老师文宗获得 5000 元奖金。2001 年 8 月，傅宏宇代表四川省参加第十届全国中学生生物学竞赛（全国共有 10 万中学生参加），以绝对优势获得一等奖，入选国家队。

四川省九届人大常委会第三十次会议召开

2002 年 7 月 16—20 日，四川省九届人大常委会第三十次会议在成都召开。会议表决通过了《四川省司法鉴定管理条例》《四川省著名商标认定和保护条例》等法规，决定废止《四川省人民代表大会常务委员会地区工作委员会工作条例》和《四川省外商投资财产鉴定条例》，作出了关于加强预防职务犯罪工作的决议，批准了四川省 2001 年省级财政决算。

首届中国四川国际美食节在成都举行

2002 年 7 月 22—28 日，首届中国四川国际美食节主会场活动在成都举行。此届美食节由中国饭店协会、四川省旅游局、四川省外事办公室、四川省流通行业办公室、四川省工商联、四川省餐饮娱乐协会和《华西都市报》等联合主办。美食节以四川餐饮与国际接轨为主旨，以“把川菜名片撒向全球”为主题，集中展示四川饭店业、餐饮业在大开放中求得大发展的最新姿态和成果。

美食节期间，国内 63 家知名火锅企业的 74 个品种被评为“中国名火锅”；有 64 家知名餐饮企业的 208 个菜品被评为“中国名菜”“中国名点”。

中国开发银行承诺向四川贷款 777 亿元

2002 年 7 月 26 日，四川省人民政府与国家开发银行在成都签订金融合作协议，国家开发银行承诺 777 亿元贷款支持四川建设。四川省人民政府省长张中伟，国家开发银行行长陈元代表双方签署了协议。主要内容有：国家开发银行意向性承诺，在“十五”期间向四川提供 777 亿元人民币贷款；国家开发银行帮助地方政府和大行业、大客户设计财务结构和融资方案；国家开发银行牵头为项目组织银团贷款，发挥其在贷款期限匹配上的优势共同加强信用建设。四川省帮助国家开发银行加强贷款本息回收支持和帮助化解不良贷款。这是双方签订的第 3 个金融合作协议。

此次开发银行对四川承诺的贷款数额，超过了该行此前对四川的累计贷款数量。国家开发银行 1994 年成立以来，累计向四川发放贷款 728 亿元，支持了四川 268 个项目。到 2002 年 6 月底，该行在四川的贷款项目有 100 多个，贷款余额为 545 亿元。

8月

四川省生态地球化学调查项目协议书签订

2002年8月1日，国土资源部中国地质调查局与四川省人民政府合作开展的四川省生态地球化学调查项目在成都举行项目协议书签字仪式。此次实施的生态地球化学调查，主要对成都经济区内将近6万平方公里范围、54种元素和指标等进行生态地球化学评价，为这一地区规划和发展提供决策依据。通过开展成都经济区生态地球化学调查，为改善和保障长江上游乃至整个长江流域的生态环境，推动四川农业结构调整，发展绿色农业、特色农业和效益农业，加强农业产业竞争力等，提供科学依据和技术服务。

合江县发生“8·2”特大沉船事故

2002年8月2日中午12时20分，合江县白米乡境内横渡客船发生沉船事故，落水40人，抢救生还15人，打捞起3具遇难者遗体，失踪22人。事故发生后，省、市、县、乡四级政府部门联合行动指挥搜救行动展开打捞工作，看望获救人员、了解事故原因及指导善后处理工作。

四川省第九届运动会举行

2002年8月3—11日，四川省第九届运动会在成都举行。此次省运会把原来的省运会和省青运会合并，比赛项目分成年与青少年两大类。成年组设11个比赛项目，青少年组设23个项目。运动会共决出486枚金牌，3人1队4次打破4项全国青少年记录，25人5队46次打破37项青少年记录。

宜宾市出现暴雨灾害

2002年8月7日晚，宜宾市出现强对流天气，12小时全市普降大雨，其中南溪县、高县、珙县、长宁县、兴文县雨量达到暴雨，宜宾县、高县、珙县、兴文县出现瞬间风速大于17米/秒的大风，部分山区出现冰雹天气。全市10个区、县遭受洪涝灾害袭击，筠连县、高县遭遇20年一遇的特大洪水。此次灾害造成150万人受灾，农作物受灾面积120万亩，损失粮食2850万公斤；倒塌房屋1850间，桥梁冲垮11座，冲走牲畜、家禽近万头（只）；公路多处塌方，部分交通中断，水利工程毁坏严重，山体滑坡，5人死亡，经济损失达1.5亿元。

8月8日20时至9日20时，宜宾市筠连县20个乡镇普降100毫米以上的大暴雨，部分乡镇遭受特大暴雨袭击。全县20个乡镇、231个村受灾。

成都东软信息技术学院开工建设

2002年8月12日，总投资5亿元的成都东软信息技术学院正式奠基。学院是四川省人民政府批准的信息类普通高等学校，首批国家示范性软件职业技术学院，国家紧缺型（信息类）人才培养基地，国家火炬计划成都数字娱乐产业人才培训基地，国家数字媒体技术产业化人才培训基地。学院由东软集团联合大连软件园投资创办，教育层次为高中起点的三年制和两年制大专。纳入国家普通高等学校招生计划。

学院占地 1500 亩，是当时中国西部地区投资规模最大的 IT 专门学院。学院于 2003 年 9 月开学，首期招生 1500 人。

川农大“D 优多系一号”超级再生稻在福建示范成功

2002 年 8 月 21 日，四川农业大学水稻研究所选育的“D 优多系一号”超级再生稻在福建省宣告示范成功。100 亩头季稻平均亩产 874. 12 公斤，创超级再生稻单产全国新纪录，这是中国在超级再生稻研究和生产方面获得的重大突破，提前达到农业部提出的到 2005 年百亩再生稻亩产 800 公斤的超级稻产量指标，表明四川再生稻研究迈上了一个新的台阶。该项目于 2000 年 7 月通过四川省农作物品种审定委员会审定。

四川航空集团公司暨四川航空股份有限公司成立

2002 年 8 月 28 日，四川航空集团公司暨四川航空股份有限公司在成都成立。四川航空股份有限公司由四川航空公司、南方航空股份有限公司、上海航空股份有限公司、山东航空股份有限公司、成都银杏餐饮有限公司发起成立，总股本 3. 5 亿元人民币，每股面值 1 元。川航持有 1. 4 亿股，占总股本的 40%；南航持有 1. 365 亿股，占 39%；上航、山航各持有 3500 万股，各占 10%；成都银杏餐饮有限公司持有 350 万股，占 1%。股份公司成立后继续使用川航的航徽、代码、服务标识和航线经营权。

9 月

中国科协 2002 年学术年会在成都举行

2002 年 9 月 5—8 日，中国科协 2002 年学术年会在成都举行，由中国科协主办，具有大规模、高层次、综合性和开放性的特点，是中国科技界最高规格的学术盛会。2002 年是中国加入世界贸易组织（WTO）后的第一年，学术年会以“加入 WTO 和中国科技发展与可持续发展——挑战与机遇、责任与对策”为主题，通过跨学科、跨部门、跨地区、开放性的学术交流活动，展示一年来自然科学各学科领域最新进展情况和科研成果，围绕科技进步与经济发展和西部大开发等重大课题，结合各学科领域的重点、热点和难点问题进行学术交流活动，集思广益，献计献策。

此次学术年会是历届学术年会中规模最大、层次最高、参会人数最多的一届。与会代表 6000 多人，其中两院院士 138 人，收到论文摘要 3035 篇，有 1800 名代表在主、分会场作出学术报告。

绵阳建成“国家卫生城市”

2002 年 9 月 14 日，全国爱卫办国家卫生城市考核鉴定组宣布绵阳创建水平达到《国家卫生城市标准》，并报全国爱卫会命名为“国家卫生城市”。国家卫生城市是由全国爱卫办考核组验收鉴定而评选出的卫生优秀城市。

四川龙门山国家地质公园揭碑

2002 年 9 月 26 日，四川龙门山国家地质公园揭碑。龙门山国家地质公园位于彭州市、什邡市、绵竹市境内，占地面积 1900 平方公里，主要地质遗迹类型为推覆构造（飞来峰）或“冰川漂砾”、地层剖面，是驰名中外的龙门山推覆构造带的缩影，其地层发育丰富，分布众多的飞来峰与欧洲阿尔卑斯山飞来峰齐名，具有典型地质学意义。公园内还分布有古冰川遗迹、典型地层剖面等地质遗迹，被地质科学家称为“地质科学迷宫”。

凉山彝族自治州建州 50 周年

2002 年 9 月 26 日，凉山彝族自治州在西昌市举行建州 50 周年庆祝活动。2001 年，凉山州国内生产总值 160 多亿元，比 1952 年建州时增长 37.8 倍，人均国内生产总值 3969 元。过去没有一寸公路，现在全州公路通车里程近 1.5 万公里，所辖 17 个县、市都对外国人全境开放。农民年人均纯收入达 1500 元左右，较 1978 年增长 11 倍。建各级各类学校 2597 所，在校学生 57 万人左右，少数民族学生占 44%。全州少数民族干部 2.2 万人，占干部总数的三成。

成都日报报业集团成立

2002 年 9 月 26 日，经中央宣传部同意，国家新闻出版总署批准，成都日报报业集团成立。成都日报报业集团以中共成都市委机关报《成都日报》为核心，首批成员单位有《成都日报》《先锋》杂志、《成都商报》《成都晚报》、成都时代出版社、《工厂管理》杂志。《成都日报》创刊于 1956 年 5 月 1 日，1961 年更名为《成都晚报》，2001 年 7 月 1 日经国家新闻出版总署批准再次更名为《成都日报》并以新型城市党报形象重新亮相。该集团是以办报及书刊出版为主要特征，以报业为主。

10 月

武警四川省森林总队成立

2002 年 10 月 10 日，经国务院、中央军委批准，武警四川省森林总队正式组建。国家林业局副局长马福和武警总部副司令员朱成友为四川省森林总队揭牌、授牌。

首届四川·中国西部农业博览会在成都举行

2002 年 10 月 11—14 日，首届四川·中国西部农业博览会在成都举行。此次会议的内容是：经贸洽谈、新技术成果宣传和推广、产品展示展销、举办现代农业研讨会。展览的范围有：农产品、果品、粮食加工产品、农业高新技术、农业开发项目、化肥、农药、种子、花卉、大型农业、林业机械等。

此次农博会共有 17 个省（市、区）的政府、企业组团参展。美国、加拿大、以色列等国代表团和企业，中国香港特别行政区和台湾的企业参会、参展，海峡两岸商务协调会会长张平沼率考察团和台湾工业总会代表团近 200 名台湾客商参会，浙江大学、四川农业大学等全国知名院校在会上展示先进的农业科研成果。全省共签约项目 650 个，总投资 134.55 亿元，引进资金 72.99 亿元，贸易成交额 29.77 亿元。

四川省同南非普马兰加缔结友好省关系

2002 年 10 月 16 日，两省正式建立友好省关系协议签字仪式在成都举行，四川省人民政府省长张中伟、普马兰加省省长马兰古出席并签字。两省友好合作协议的主要内容是：双方根据平等互利原则，在经济、贸易、科技、文化、教育、体育、卫生、人才等方面开展多种形式的交流与合作，促进共同繁荣发展。双方领导人和有关部门保持经常联系，以便就双方交流与合作事宜及共同关心的问题进行协商。

特变电工德阳电缆股份有限公司工业园投产

2002 年 10 月 16 日，新疆特变电工德阳电缆股份有限公司工业园落成投产。1998 年，德阳市通过招商引资，引进了中国输变电制造行业的优势企业新疆特变电工股份有限公司，控股设立了特变电工德阳电缆股份有限公司。为适应国家电力发展的需要和特变电工整体战略的实施，2001 年 12 月，该企业在德阳市天元高新技术开发区征地进行整体搬迁和技术改造。新落成投产的工业园占地 500 亩，投资 2 亿元。

川主寺至九寨沟公路示范工程开工建设

2002 年 10 月 22 日，川主寺至九寨沟公路示范工程动工。该公路位于阿坝州境内，起于松潘县川主寺，止于九寨沟口，连接四川省两大世界自然文化遗产九寨沟和黄龙。

2002 年 7 月，四川省委做出改建川九公路的重要决策。交通部要求将川主寺至九寨沟公路建成精品工程和环保示范工程，2003 年 2 月正式列为全国四项示范工程之一。公路改建于 2003 年 9 月完工，总长 83 公里、设计时速 40 公里、投资 3 亿元，是国内第一条环保示范公路。整个公路建设与生态保护有机结合，公路两旁种植乔木、灌木和高山花卉，达到了自然景观和人文景观的高度统一。

“四川与东南亚——挑战 21 世纪”研讨会召开

2002 年 10 月 23 日，四川省外事办公室主办的“四川与东南亚——挑战 21 世纪”研讨会在成都举行。四川省委副书记、四川省人民政府省长张中伟，外交部亚洲司副司长管木，马来西亚驻中国大使达图·阿卜杜勒·马吉德先生，印度尼西亚共和国驻中国大使阿·库斯蒂亚先生，泰王国驻昆明总领事乐滇·素旺纳昆先生，缅甸联邦驻昆明领事吴代温先生等出席研讨会。4 国外交官分别作出国情和投资贸易政策介绍。四川省有关部门、企事业单位共 200 多人参加会议。

这次研讨会以企业为主体，旨在向川企介绍东南亚部分国家当前政治经济发展状况、投资贸易政策，为四川企业开拓东南亚市场、促进双方经贸往来搭建平台。

李岚清到川视察

2002 年 10 月 26—28 日，中共中央政治局常委、国务院副总理李岚清考察绵阳科技城和成都高新技术园区、科研院所、高等院校、企业，出席了绵阳科技城部际协调小组第四次会议，听取省委、省政府的工作汇报。李岚清对四川省在实施西部大开发战略中各个方面取得的显著成绩给予充分肯定。李岚清在视察时强调，西部地区要按照“三个代表”重要思想的要求，进一步解放思想，扩大开放，认真贯彻实施科教兴国战略，推动科技进步和体制创新，发展先进生产力，加快西部地区经济和社会发展。

第五届“金橙杯”残疾人运动会举行

2002 年 10 月 26—31 日，第五届“金橙杯”残疾人运动会在成都举行。运动会由四川省残联、省体育局、省民政厅主办，成都市人民政府承办。来自全省 21 个（市、州）的 245 名残疾人运动员，参加了田径、游泳、乒乓球、羽毛球、举重、射击等 6 个大项 119 个小项的比赛。比赛共决出金牌 119 枚，银牌 84 枚，铜牌 79 枚；138 人 166 次打破 103 项省残运会纪录。

中国西部贫困地区教师远程培训 UNDP403 项目启动

2002 年 10 月，总投资为 640 万美元的联合国发展计划署对华援助项目——中国西部贫困地区教师远程培训 UNDP403 项目在四川启动。平武县、叙永县和马边县 3 个县为该项目的实施县。该项目旨在通过现代远程教育方式和 ICT 技术手段，为广大小学教师提供一种更经济、更方便的职后培训模式。该项目在四川省的实施，对提高边远贫困地区教育现代化水平、教育信息化应用水平，以及四川省在远程教育运用方面的管理能力有着重要作用。

11 月

中医药现代化国际科技大会在成都举行

2002 年 11 月 3—5 日，2002 中医药现代化国际科技大会在成都举行。大会由科技部、卫生部、国家药品监督管理局、国家中医药局、中国科学院和四川省人民政府联合主办。会议围绕“中医药与人类健康”的主题，就政府对传统医药的管理、监督、促进和发展，中医药资源的可持续利用、中医药疗效与机理的探讨、中药现代化的创新与知识产权保护、中药的优质化、标准化、世界传统医药与人类健康、中药产业发展战略等领域众多问题进行了广泛交流与讨论。会议共收到论文近 600 篇，在大会和分会发言的代表有 200 余名，其中国外及中国港澳台地区的 300 余名代表中有 50 余位介绍了自己的研究成果或对传统医药发展的见解。

此次大会是中国举办的第一次国际性中医药大会。来自美国、印度、埃及等 24 个国家和地区的官员、专家、教授、学者和企业界人士 2400 多人参加大会。

筠连煤田开工

2002 年 11 月 7 日，四川省计委批准筠连煤田鲁班山北矿开工；11 月 14 日鲁班山北矿开工建设，共投资 2.3 亿元。这是四川省 20 年来建设的第一对大中型矿井。矿井生产能力为年产煤 45 万吨，服务年限为 112.7 年。2004 年 11 月 25 日，国家发改委初步同意把筠连矿区开发规模由 870 万吨调整为 1800 万吨。

筠连煤田是四川省最大煤田，是中国 13 个大煤田之一，也是四川省当时尚未开发且最具开发条件的大型煤田，探明煤炭储量 28 亿吨，约占全省煤炭保有储量的 1/4。鲁班山北矿开工，标志着筠连煤田开发迈出实质性步伐，对于加快川南无烟煤基地建设，缓解四川省电煤供应紧张的状况，具有十分重要的意义。

“兰州—成都—重庆”成品油管道投产

2002 年 11 月 10 日，中国石油天然气股份有限公司在成都举行“兰州—成都—重庆”成品油管道竣工投产仪式。兰成渝输油管道是中国第一条长距离成品油输送管道，是实施西部大开发战略十大重点工程之一。工程于 1998 年 12 月 18 日开工，2002 年 6 月 30 日建成，9 月 29 日投产。工程总投资 40 亿元，管道全长近 1250 公里，途经甘肃、陕西、四川、重庆等 4 个省市的 40 个县市区，沿途设分输泵 3 座，分输站 10 座，独立清管站 1 座，全线共有 18 个油库，总库容量为 79.2 万立方米。兰成渝输油管道是一条大口径、长距离、高压力、大落差、自动化程度高、多介质顺序密闭输送的成品油管道，年输油能力达 500 万吨。

四川省九届人大常委会第三十二次会议召开

2002 年 11 月 27—30 日，四川省九届人大常委会第三十二次会议在成都召开。会议表决通过了《四川省人民代表大会常务委员会关于进一步促进个体、私营经济发展的决定》《四川省人民代表大会常务委员会关于召开四川省第十届人民代表大会第一次会议的决定》等决定。

成都二期农村电网改造工程竣工

2002 年 11 月 30 日，总投资 4.39 亿元的成都二期农网改造全面竣工。农村户表率 95%，受益率 98%，农村居民生活到户电价由改造前的每千瓦时 0.80 元降到 0.65 元甚至以下，实现了城乡用电同网同价的目标。农网改造后，每年可减轻农民电费负担 1.3 亿元。

成都一期和二期农网改造共新建 110 千伏变电站 3 座，扩建 110 千伏变电站 5 座，新建 35 千伏变电站 25 座，改造 35 千伏变电站 1 座，新建、改造 10 千伏线路 4608 公里，新建、改造低压主干线路 28884 公里，新建、改造配电台区 5953 个，农村户表改造累计完成 180 多万户。

中国网通四川省通信股份有限公司成立

2002 年 11 月 30 日，中国网通四川省通信股份有限公司在成都成立。

新成立的四川通信是网通集团为拓展南方市场而在四川成立的分支机构，初期注册资本 3 亿元人民币（不包括约 15 亿元的固定资产），具有除移动电话以外的全部基础电信业务经营权。

12 月

林凤集团收购美国安然在川资产

2002 年 12 月 3 日，四川民营企业林凤集团现金收购美国安然集团在中国的最大投资项目之一——四川嘉陵电力有限公司 51%的股权。此举开创了中国民营企业并购世界 500 强在华资产之先河，也是四川民营企业首次涉足电力行业。四川嘉陵电力有限公司注册资本9.2亿元，投资总额30亿元，由四川省电力公司（原四川省电力局）和安然国际成都电力有限公司共同出资组建。

西南交通大学新校区开工建设

2002年12月8日，西南交通大学新校区建设工程正式开工。新校区地处成都高新西区腹地，占地3000亩，总投资约19亿元。2004年，新校区建成并投入使用。至此，西南交通大学共有九里、犀浦、峨眉3个校区，犀浦校区为主校区。西南交通大学创建于1896年，前身是山海关北洋铁路官学堂。1952年，更名为唐山铁道学院。1964年9月，根据中央建设“大三线”部署迁至四川峨眉。1972年，更名为西南交通大学；1989年，总校迁至成都。

宜宾职业技术学院成立

2002年12月9日，宜宾职业技术学院挂牌成立。该学院是一所全日制普通高等学校，由原宜宾农业学校、宜宾工业学校、宜宾成人中等专业学校合并组建，占地428亩，建筑面积11.4万平方米。学校拥有教职工438名，大中专学生5300多名。学院设11个教学部系，开设16个教学专业。办学层次包括三年制大专、五年制大专、中专及成人教育和短期培训等。

西攀高速公路开工建设

2002年12月16日，西昌至攀枝花高速公路开工建设。该路全长160.7公里，投资87.8亿元，计划工期五年。西攀高速公路是国家高速公路京昆高速公路在四川境内的一段，起于西昌市黄连关，接泸黄高速公路，经德昌、甸沙关、米易、盐边，止于攀枝花，与攀田高速公路（攀枝花至田房川滇界）相接，全线按双向四车道高速公路标准修建。2003年4月24日，西攀高速在菲律宾马尼拉签署了利用亚行贷款3亿美元的贷款协议。

泸州泰安长江大桥开工建设

2002年12月18日，国家重点建设项目、泸州市第四座长江大桥——泰安长江大桥在龙马潭区开工建设。该桥全长1573米，主跨270米，主桥为预应力混凝土独塔双索面斜拉桥。泰安长江大桥是泸州绕城公路的重要交通枢纽，是西南公路出海大通道泸州段的配套工程，总投资2亿多元。

四川省开展“党代会常任制试点”

2002年12月20—21日，雅安市雨城区和荥经县举行了被列为“党代会常任制试点”后的首次选举，在全国引起巨大反响。

1988—1989年，中央组织部先后选择了浙江省台州市椒江区等12个市县，进行第一轮党代会常任制的试点。十六大报告提出扩大在市、县进行党的代表大会常任制的试点后，第二轮党代会常任制试点在一半以上的省份开展起来。2003年2月，四川开始正式启动常任制，其范围包括市、县和乡镇一级，其广度和深度上成为第二轮试点的亮点。2003年3月，四川省委组织部专门出台《关于市、县（市、区）党代表大会“常任制”的试点意见》，指导眉山市及洪雅县和青神县所属的乡镇、宜宾市的高县和长宁县、自贡市大安区、遂宁市大英县等17个市县区进行三级联动试点，确保党代会代表在5年的任期内可充分行使选举权、审议权、评议权、监督权和建议权，并希望探索多种切实可行的模式。四川各地试点第一次大规模地在程序规范层面探索建立党内民主的保障机制，标志着党的执政能力在基层的提升。

四川省医学科学院与四川省人民医院合并

2002年12月22日，四川省医学科学院与四川省人民医院合并。合并后的四川省医学科学院·四川省人民医院是集医学科学研究、临床医疗于一体的公益性事业单位，是全省医学科学研究和临床医疗技术指导中心。

成南高速公路通车

2002年12月23日，成都至南充高速公路建成通车。成南高速公路属于G42沪蓉高速公路（上海至成都）在四川境内的一段，全长215公里，里程仅次于成渝高速公路，居四川省第二。该路是国家规划的“五纵七横”国道主干线的一段，也是连接川中、川东地区的重要通道和省内外物资交流的干线公路。公路穿越四川盆地的西半部，是四川省进出成都的5大高速公路之一，连接着南渝高速公路、南广高速公路，为东进四川的交通要道。

成南高速公路于1999年11月1日开工建设，总造价63.48亿元。项目建成后，成都至南充的行车时间由以前的6小时缩短为2小时，受本项目直接影响的有成都、德阳、遂宁、南充四个市及所辖的36个区县，人口约2500万人，极大改善了川中、川东地区的公路运输条件，缩短了与中西部地区和东部沿海地区的时空差距。

四川省设立四川金顶奖

2002年12月26日，省政府决定，从2003年起，以省政府名义设立四川金顶奖，表彰为四川省经济建设和社会发展作出突出贡献的外国专家。四川金顶奖每年评选一次，授奖人数一般控制在每年5人以内，证书由省长签署，证书和奖牌由省长或省长委托省有关领导授予。2003年2月28日，省政府正式设立四川金顶奖，由省财政列支。

绵广高速公路通车

2002年12月28日，绵广高速公路通车。绵广路的通车，标志着北上经广元出川的快速大通道全线贯通，从成都至川陕交界处的车程缩短至3.5小时。绵广高速全长135.5公里，设计时速80公里，双向4车道，路基宽度24.5米，工程总投资为44.2亿元。绵广高速公路起于绵阳市，止于广元市，并与已建成的成绵高速公路和广南高速公路连通，是四川北大门主要进出通道。

1999年3月绵广高速公路开工建设，是交通部当时规划的国道主干线二连浩特至河口公路四川境内的一段，后经修改编入国家高速公路规划网首都放射线京昆高速公路（北京至昆明）在四川境内的一段。

2003 年

1 月

罗家寨气田储量初步探明

2003 年 1 月 2 日，经国家矿产资源储量委员会专家组审定，罗家寨气田储量达 581 亿立方米，位列四川盆地已发现的 100 个气田之首。

罗家寨气田位于盆地东北部，2000 年 5 月完成钻井工程的罗家寨 1 井测试日产量高达 40 万立方米，同年 6 月完成的罗家寨 2 井日产量高达 60 多万立方米，之后，中国石油西南油气田分公司相继在罗家寨气田钻探了 4 口井。科研人员利用实钻资料和地质调查资料，计算出气田的探明储量为 581 亿立方米。专家认为，其资源采收率可达到 75%，具有较高勘探开发价值。

政协四川省九届一次会议召开

2003 年 1 月 11—17 日，政协四川省九届一次会议在成都召开。大会听取并审议了政协第八届四川省委员会常务委员会工作报告、政协第八届四川省委员会提案委员会关于五年提案工作情况的报告；听取并讨论了政府工作报告和计划、财政、法院、检察院的报告。大会通过《政协第九届四川省委员会第一次会议选举办法》《总监票员、监票员、总计票员名单》，通过政协第九届四川省委员会第一次会议政治决议。

大会通过了政协第九届四川省委员会第一次会议关于政协第八届四川省委员会常务委员会工作报告的决议，通过了政协第八届四川省委员会常务委员会提案工作情况报告的决议，通过了政协第九届四川省委员会第一次会议提案审查委员会关于九届一次会议提案审查情况的报告。选举秦玉琴为政协第九届四川省委员会主席。

四川省十届人大一次会议召开

2003 年 1 月 13—20 日，四川省十届人大一次会议在成都召开。会议选举了省十届人大常委会秘书长、委员；通过了省十届人大各专门委员会主任委员、副主任委员、委员名单；通过了关于政府工作报告的决议；通过了关于四川省 2002 年国民经济和社会发展计划执行情况及 2003 年国民经济和社会发展计划的决议；通过了关于四川省 2002 年财政预算执行情况和 2003 年财政预算的决议；通过了关于四川省人民代表大会常务委员会工作报告的决议；通过了关于四川省高级人民法院工作报告的决议；通过了关于四川省人民检察院工作报告的决议。

大会选举产生了新一届省人大常委会、省人民政府、省高级人民法院、省检察院领导。省十届人大常委会主任：张学忠；副主任：黄寅逵、席义方、牟绪珩、徐世群、刘子寿、张宗源、刘永顺、钮小明、马开明、敬中春、陶晞晦、陈德玉。省人民政府省长：张中伟；副省长：蒋巨峰、陈文光、柯尊平、黄小祥、王怀臣、杨志文、张作哈、刘晓峰。省高级人民法院院长：李少平。省人民检察院检察长：陈文清。

四川省最大的外向型农业产业化项目奠基

2003 年 1 月 21 日，四川省最大的外向型农业产业化项目、总投资 1.8 亿元人民币的四川澳士达牧业发展有限公司产业化基地主厂区在简阳市石盘镇川中农业科技园奠基兴建。项目于 2004 年 3 月 9 日竣工。四川澳士达牧业发展有限公司是澳士达海外控股有限公司的全资子公司。该公司成立于 2002 年 10 月，注册资金 500 万美元，以研究、开发、生产和销售高档优质保鲜羊肉、冷冻羊肉及其他羊产品产业化为主营业务。

上海贝尔阿尔卡特股份有限公司与四川签订合作协议

2003 年 1 月 28 日，上海贝尔阿尔卡特股份有限公司与四川省全面合作协议在成都签订。该公司在四川建立全国最大的光通讯研发中心和生产制造基地。

2000 年 9 月，上海贝尔阿尔卡特在成都成立光通信研发中心，成都光通信研发基地是阿尔卡特全球五大研发基地中第一个致力于研究全系列光通信技术产品的研发中心，该中心的成立是阿尔卡特向中国西部转移的标志。2005 年 8 月 18 日，上海贝尔阿尔卡特在成都成立一个全新的研究开发中心。

四川省科学技术奖励大会召开

2003 年 1 月 29 日，中共四川省委、四川省人民政府在成都召开四川省科学技术奖励大会，对荣获 2002 年度四川省科技进步奖的单位和个人进行表彰和奖励。大会对 2002 年度的 204 项重大科技成果授予“四川科技进步奖”。其中，四川农业大学的“高配合力优良杂交水稻恢复系蜀恢 162 选育与应用”等 19 项成果被授予省科技进步一等奖；四川省气象局推荐的“四川省农业主要灾害性气候的预测技术研究”等 45 项成果被授予省科技进步二等奖；四川省农业厅推荐的“四川省智能化农业专家系统开发与应用”等 140 项成果被授予省科技进步三等奖。获奖项目中，应用技术成果 177 项，基础理论成果 16 项，软科学成果 11 项。此次获奖成果研究水平高，17 项达国际领先水平，71 项达国际先进水平，90 项居国内领先水平；高新技术成果多，有 135 项成果属于高新技术领域。

2 月

东电集团、眉山车辆厂向巴基斯坦出口 1300 辆铁路货车

2003 年 2 月 11 日，由中国东方电气集团公司和中国南车集团眉山车辆厂共同承揽、向巴基斯坦出口 1300 辆铁路货车的合同在北京正式签约。这是中国铁路货车出口国际市场数量最多、金额最大、复杂程度最高的一笔贸易。2004 年 3 月，首批集装箱平车从中国南车集团眉山车辆厂发运出厂。

2005 年 10 月 10 日，最后一批 75 辆铁路货车交货。

中国首套轻汽油醚化装置建成

2003 年 2 月 12 日，中国石油西南油气田分公司南充炼油化工总厂轻汽油醚化装置试运行一次成功，为中国提高车用汽油产品质量提供了一套新的技术方案。醚化技术是当时国际上最先进的轻汽油改制技术。南充炼油化工总厂醚化装置是世界上第一套具有制氢、汽油加氢、醚化、异构化功能的联合装置。

2002 年 12 月 20 日，南充炼油化工总厂轻汽油醚化装置开工建设。2004 年 9 月 29 日，“轻汽油醚化技术工业应用研究”项目通过由四川省科技厅组织的科技成果鉴定。

李鹏到川视察

2003 年 2 月 15—21 日，全国人大常委会委员长李鹏在四川视察社区、企业、景区建设，听取城市规划汇报。李鹏先后视察了成都高新技术产业开发区西区、科技创业服务中心、成都府河音乐花园小区、都江堰水利工程、广汉三星堆博物馆。他还听取了成都市发展规划的介绍，考察了活水公园，并来到春熙路步行街、琴台路商业街，实地了解城市建设和经济发展情况，对四川省和成都市加快市政建设，发展服务行业，完善城市功能，改善人居环境，提高生活质量等各方面取得的成就表示满意。李鹏还为被列为世界文化遗产的都江堰题词：都江古堰，巧夺天工，水利丰碑，天府之源。他充分肯定了四川近年来在经济发展和社会进步方面取得的成绩。

华蓥市煤矿发生特大瓦斯爆炸事故

2003 年 2 月 17 日 15 时 25 分，华蓥市双河镇丁家坪煤矿发生特大瓦斯爆炸事故，井下遇险 15 人，救出 2 人，死亡 12 人，1 人下落不明。事故发生后，广安市委、市政府和华蓥市委、市政府领导，四川煤矿安全监察局领导及有关人员立即前往事故现场组织抢救。

遂渝铁路开工建设

2003 年 2 月 25 日，遂（宁）渝（重庆）铁路开工仪式在重庆市合川市举行。遂渝铁路总投资 48.18 亿元，始于达成铁路的遂宁车站，两跨涪江，经潼南县和合川市后，两跨嘉陵江，抵达重庆北碚车站与襄渝铁路连接。该线路设计运营总里程 165 公里，其中新建线路 127.8 公里，增建二线 17.4 公里。该线桥隧众多，占全线 1/3 以上，重点控制工程有遂宁市的明月大桥、两跨涪江的特大桥、两跨嘉陵江的大桥及 4228 米的荆竹岭隧道、2930 米的西山坪隧道。2005 年 4 月 23 日，遂渝铁路全线贯通。

中国第一台新一代全断面岩石掘进机制造成功

2003 年 2 月 26 日，中国第一台新一代全断面岩石掘进机（TBM）在德阳中国二重集团公司制造成功并进行现场演示。这是中国重装备制造业的一项重大成果，标志着四川省重大技术装备基地建设取得了突破性进展。

此次研制成功的直径 3.65 米双护盾掘进机是二重与美国著名掘进机制造商合作，为昆明掌鸠河引水工程生产的。二重除负责零部件制造、整机装配外，还承担了部分设计任务，通过合作，制造、设计能力得到很大提升。

3 月

四川东方电气集团与日本三菱重工共同中标重型燃机项目

2003 年 3 月 6 日，国家“十五”第一批重点燃机电站项目的设备采购和燃机技术转让合同签字仪式在北京举行。四川东方电气集团引进日本三菱重工的燃机技术转让合同，以及与三菱合作投标的燃机电站设备供货合同，在此一并签署。本次燃气轮机电站建设项目设备采购包括 9 个电站 21 台机组，装机总容量超过 800 万千瓦，合同采购金额近 15 亿美元。此次进行设备招标的燃机电站，是“西气东输”和广东外购澳大利亚天然气项目的配套工程，由国家计委统一组织 23 台重型燃气机组的招标采购。作为参加投标的 4 个联合体之一，东方电气与三菱重工携手拿下了其中 10 台机组的合同，每台单机容量 27 万千瓦。这标志着四川省在重型燃气机这一装备工业的高技术领域迈出了实质性步伐。

300 吨巯基乙醇项目在遂宁投产

2003 年 3 月 13 日，3000 吨巯基乙醇工程在遂宁市竣工投产。此工程是当时亚洲规模最大的巯基乙醇生产工程，为四川省有效处理利用天然气净化所产生酸气探出了一条新路。四川天然气蕴藏丰富，如何利用天然气净化后产生的硫化氢等气体，一直是备受关注的问题。巯基乙醇是一种化工基础原料，成品多用于高分子材料的调聚剂、合成橡胶、照相、医药、油漆、纺织、金属钝化剂等行业，其主要生产原料是硫化氢。与以前将硫化氢加工成硫黄相比，巯基乙醇科技含量和经济附加值更高。

雅江县发生特大交通事故

2003 年 3 月 22 日，甘孜藏族自治州雅江县境内发生一起特大交通事故，造成 14 人死亡，9 人重伤，1 人轻伤。发生事故的车辆是成都汽车运输总公司的一辆中型客车。

中国华电四川公司成立

2003 年 3 月 23 日，中国华电集团公司四川公司在成都成立。这是电力体制改革后，新成立的发电集团在川设立的首家分公司。中国华电集团公司是国务院批准新组建的 5 家全国性发电集团之一，作为华电九大分公司之一的四川公司，当时有 14 家电厂和 1 家供电公司，可控装机容量 329. 8 万千瓦，其中火电 256. 05 万千瓦、水电 73. 75 万千瓦，占四川电网总装机容量的 18. 4%。

四川省十届人大常委会第二次会议召开

2003 年 3 月 24—27 日，四川省十届人大常委会第二次会议在成都召开。会议表决通过了《四川省旅游服务质量管理条例》《四川省专业技术人员继续教育条例》《四川省人民代表大会常务委员会关于批准〈成都市城市社区建设管理规定〉的决定》《四川省人民代表大会常务委员会关于批准〈木里藏族自治县实施《四川省〈中华人民共和国野生动物保护法〉实施办法》的补充规定〉的决定》《四川省人民代表大会常务委员会关于成都市人民代表大会代表名额的决定》和有关人事任免事项。

首届中国国际软件研讨会暨软件合作洽谈会举行

2003 年 3 月 26—28 日，首届中国国际软件研讨会暨软件合作洽谈会在成都举行，这是中国首个国际化水平的软件行业盛会。至 2017 年，“软洽会”共举办 15 届，逐渐发展成为国内规格最高、行业影响力最大的软件行业盛会之一。

四川省与浙江省、上海市、江苏省经贸合作项目签约

2003 年 3 月 30 日，四川省与浙江省、上海市、江苏省经贸合作项目签约仪式在浙江省举行。现场共签约项目 164 个，其中：工业类 87 个，农业类 5 个，旅游类 5 个，商贸类 17 个，房地产类 5 个，基础设施类 19 个，其他项目 26 个。四川企业到沿海投资项目 5 个，南充市、广安市与浙、沪、苏的企业签订 5100 人的劳务输出合同 4 项。

4 月

广安发电厂二期工程扩建项目建设开工

2003 年 4 月 2 日，广安电厂二期 2×30 万千瓦机组扩建工程开工，该工程总投资 23 亿元。两台 60 万千瓦的机组分别于 2004 年和 2005 年投产发电。二期工程的建设，对于调节四川水火电比例，改善电网电源结构，缓解四川电力季节性短缺，实施西电东送，有着重要战略意义。

四川长城特殊钢（集团）有限责任公司成立

2003 年 4 月 6 日，长城钢厂债转股新公司四川长城特殊钢（集团）有限责任公司挂牌成立，标志着四川省大型国有骨干企业长钢集团成功实施债转股。

长城钢厂，始建厂 1965 年，1972 年建成投产，是中国重点特殊钢科研、生产基地和四川省大型骨干企业。其控股子公司长城特殊钢股份有限公司于 1994 年在深圳上市。1998 年 6 月，长钢被四川省投资集团公司整体兼并，更名为“四川川投长城特殊钢（集团）有限责任公司”。2003 年 11 月 18 日，攀钢与长钢签订托管协议，2003 年 11 月 20 日，攀钢正式对长钢实施经营性托管。

吴官正到成都、德阳等地视察

2003 年 4 月 6—12 日，中共中央政治局常委、中央纪委书记吴官正在四川视察。吴官正先后到成都、德阳、绵阳，视察了农村、企业、科研院所、建设工地，听取了省委、省政府、省纪委的工作汇报，充分肯定四川在加快经济社会发展和推进反腐倡廉等方面取得的显著成绩。吴官正强调，反腐倡廉要坚持标本兼治、综合治理，既要坚决查处违纪违法案件，严惩腐败分子，又要切实纠正损害群众利益的不正之风，切实加强制度建设和体制创新，加强对权力运作的制约和监督。

西部花木交易中心开工建设

2003年4月11日，中国西部最大的花卉苗木交易市场——西部花木交易中心在成都市温江区踏水镇动工。交易中心规划占地1200亩，总投资9000多万元，第一期工程占地200亩。9月，一期工程建成；10月1—7日，举行了成都西部花木交易中心一期工程落成暨花木交易会。

中国四川·世界遗产摄影展在东京举行

2003年4月16—22日，由四川省人民政府新闻办公室、四川省外事办公室、四川省旅游局、四川日报报业集团、四川省摄影家学会举办的以九寨沟、大熊猫和三星堆为主题的“中国四川·世界遗产摄影展”，在日本东京举行，展场设于东京最繁华的闹市。中国驻日本大使馆、日本朝日新闻社、日本摄影家协会、中国国家观光局驻日本办事处等参加开幕式。日本游客是四川旅游的第一大境外客源。此次摄影展引起了日本社会各界关注，日均人流量达20多万人次。

绵阳市游仙区成为西南地区第一个绿色产业示范区

2003年4月22日，联合国工业发展组织中国投资促进处绿色产业专家委员会宣布，绵阳市游仙区作为该组织在西南地区第一个绿色产业示范区，通过验收。

联合国工业发展组织于2000年与游仙区签订共建“绿色产业示范区”协议。经两年努力，游仙区环境质量达到A级，农药、化肥使用控制在较低水平，符合绿色标准。

玛依河水利工程开工

2003年4月26日，四川省“十五”规划的中型水利项目、当时甘孜州历史上最大的水利工程——乡城县玛依河水利工程正式开工。整个工程由取水枢纽、总干渠、跌水电站、河东干渠及支渠组成，总投资4.05亿元，是一个以灌溉、城镇供水、人畜饮水为主，兼顾发电和生态环境建设的跨流域引水工程。电站正式运行后，每年可有效减少薪炭林砍伐，可保护耕地、退耕还林、天然林及其他林地面积34.7万亩，可减少、控制玛依河、硕曲河流域两岸的水土流失面积17万亩。

5月

泸州煤层气开采正式开钻

2003年5月5日，泸州古叙矿区石屏矿井煤层气开采正式开钻，标志着四川省丰富的煤层气资源拉开大开发的帷幕。省煤田地质局选择煤层气资源最丰富、最集中和开发条件最好的古叙矿区石屏矿井作为第一口试验井进行钻探，设计井深628米。9月，试验井产出煤层气。

胡锦涛到宜宾、自贡等地视察

2003年5月11—14日，中共中央总书记、国家主席胡锦涛，在中共中央政治局候补委员、中央书记处书记王刚陪同下，先后到宜宾、自贡、成都，就做好非典型肺炎防治工作和促进经济发展进行视察。

胡锦涛十分关心基层特别是农村非典型肺炎防治工作开展情况。他视察了市、县、镇三级医疗单位和交通检疫站、长途汽车客运站，并走村入户，了解防治非典型肺炎措施的落实情况。视察期间，胡锦涛听取了四川省委、省政府的工作汇报并作出重要讲话，对四川省的各项工作特别是当前“非典”防治工作给予了肯定。

15日，省委、省政府在成都召开全省农村“非典”防治和经济发展电视电话会议，传达胡锦涛到川视察时的重要讲话精神，对全省农村“非典”防治和经济发展作出安排部署。会议要求，各地各部门认真学习领会贯彻胡锦涛到川视察重要讲话，万众一心抗“非典”，迎难而上促发展。16日，省委书记张学忠在成都主持召开省委常委扩大会议，结合四川实际，研究贯彻落实意见。会议要求，全省各级党组织和干部群众要认真学习贯彻胡锦涛总书记讲话精神，坚持一手抓防治非典型肺炎，一手抓经济建设，努力夺取防治“非典”和促进经济发展的双胜利。

攀枝花市白马30万千瓦循环流化床示范电站开工建设

2003年5月15日，白马30万千瓦循环流化床示范电站动工。该工程是国家“十五”重点工程，电站采用技贸结合方式引进技术，锅炉为法国产品，是世界单机容量最大、技术水平最先进的循环流化床机组。白马30万千瓦循环流化床示范电站由国家电网公司（现国网新源公司）控股，四川省电力公司、四川巴蜀电力开发公司共同投资组建，工程总投资16.5亿元。该电站完全按现代企业制度规范运作，运作目标为循环流化床示范，从管理、人才、技术、效益全方位、全过程示范。

工程通过招标确认了主体工程设计单位为西南电力设计院，监理单位为河北电力建设监理公司，土建工程单位为四川电力建设二公司，安装工程单位为四川电力建设三公司。2005年12月30日机组首次并网成功。

省委、省政府发布《关于进一步加快民营经济发展的决定》

2003年5月19日，中共四川省委、四川省人民政府发布《关于进一步加快民营经济发展的决定》。决定的主要内容是：坚持与时俱进，不断加快发展；扩大市场准入，实行平等待遇；加强产业引导，实施重点支持；转变政府职能，健全服务体系；优化法制环境，保障合法权益；建立担保体系，优化融资环境；激发内在动力，提高发展质量；加强组织领导，统筹协调发展。

四川停止征收农业特产税

2003年5月19日，省政府办公厅印发《关于停止征收农业特产税的通知》，四川在全国率先停征农业特产税。2004年，四川省农业税税率再降低3个百分点，同时免征57个民族县（含民族待遇县）的农牧业税及其附加。2005年2月4日，省委、省政府决定从当年1月1日起，在全省范围内停止征收农业税及其附加，比全国提前一年实现农业税零赋税。

《华西都市报》记者刘建登顶珠峰

2003年5月22日14时37分，四川日报报业集团所属《华西都市报》记者刘建成功登上珠峰

8848.13 米峰顶。他是人类 50 年的珠峰攀登史上，第一个站在世界最高峰发回报道的中国记者。

第三颗北斗一号卫星成功发射

2003 年 5 月 25 日零时 34 分，“长征三号甲”运载火箭在西昌卫星发射中心成功将第三颗北斗一号导航定位卫星送上太空，火箭升空 20 分钟后，星箭分离，卫星准确进入预定轨道。此次北斗一号卫星的发射成功，标志中国北斗卫星导航定位系统建成。北斗卫星导航定位系统是中国自主建立的全天候、全天时提供卫星导航信息的区域导航系统，它由两颗工作卫星和一颗备份卫星组成。“北斗一号”是利用地球同步卫星为用户提供导航定位、简短数字报文通信和授时服务的一种全天候、区域性的卫星定位系统。“北斗一号”具有卫星数量少、投资小、用户设备简单价廉、能实现一定区域的导航定位、通讯等多用途。

四川省十届人大常委会第三次会议召开

2003 年 5 月 26—28 日，四川省十届人大常委会第三次会议召开。会议表决通过了《四川省人民代表大会常务委员会关于批准〈凉山彝族自治州实施《四川省〈中华人民共和国动物防疫法〉实施办法》的补充规定〉的决定》《四川省人民代表大会常务委员会关于批准〈凉山彝族自治州实施《四川省人口与计划生育条例》的补充规定〉的决定》，表决通过了《四川省第十届人民代表大会常务委员会代表资格审查委员会组成人员名单》，通过了有关人事任免事项。

地奥集团成为世界最大胸腺肽生产企业

2003 年 5 月 29 日，成都地奥集团利用国产自制设备生产的首批胸腺肽 α1 产品经检验合格，这项在胡锦涛总书记亲自过问下的科技攻关项目，正式宣告成功。这标志着，地奥集团可月产 150 万支迈普新（胸腺肽 α1）、200 万支替波定（胸腺五肽），成为世界上最大的高纯度胸腺肽生产企业。地奥集团于 2002 年 10 月研究成功高纯度胸腺肽 α1 和胸腺五肽，并引进美国生产线，于当年 11 月投放市场。

吴邦国到川视察

2003 年 5 月 31 日至 6 月 3 日，中共中央政治局常委、全国人大常委会委员长吴邦国和中共中央政治局委员、全国人大常委会副委员长王兆国，全国人大常委会副委员长兼秘书长盛华仁，视察了中国电子科技集团公司第十研究所、中国核动力研究设计院、成都高新技术产业开发区西区科技创业服务中心、迈普通信技术有限公司，察看了紫坪铺水利枢纽工程建设工地、拉法基水泥厂等。吴邦国一行还深入郫县友爱镇，走村入户，了解村民的生产生活情况。吴邦国对四川省经济社会发展和“非典”防治工作取得的成绩予以充分肯定。

成都建设出口加工区西区

2003 年 5 月，国务院批准建立成都出口加工区西区。该区位于成都高新技术开发区西区，9 月 30 日工程如期完工并通过了成都市政府和成都海关的预验收；11 月 21 日通过国家验收，封关运行，形成入驻条件。规划面积 1.5 平方公里，是海关监管的特殊区域，实行全封闭管理，区内按照

ISO 14001环境管理体系运作，区内的企业可享受出口加工区特有的优惠政策。该出口加工区重点鼓励发展IT和生物制药产业。

6月

田湾河流域梯级水电站建设

2003年6月6日，省重点建设项目田湾河流域梯级水电站的主体工程合同在成都签字，田湾河流域梯级开发正式启动。这是四川省投资集团公司继二滩、紫坪铺之后投资建设的又一大型水电项目。田湾河是大渡河中游右岸的一级支流，发源于贡嘎山西侧康定县境内，河口多年平均流量42.3立方米/秒。整个开发规划自上而下依次为装机24万千瓦的仁宗海水库电站、装机28万千瓦的金窝电站和装机24万千瓦的大发电站。电站总装机容量76万千瓦，全部建成后平均年发电量为36亿千瓦时，设计总投资38亿元。

四川省新型农村合作医疗制度试点工作启动

2003年6月12日，省政府办公厅转发卫生厅等部门《关于四川省新型农村合作医疗制度试点工作意见的通知》，四川省新型农村合作医疗制度试点工作启动。首批选择眉山市彭山县、广安市武胜县、泸州市叙永县、凉山州金阳县和成都市都江堰市等地开展新型农村合作医疗制度试点工作，以大病统筹为主，兼顾基本医疗，探索新型农村合作医疗制度的管理、筹资、补偿、监督等机制。2004年7月27日，省政府办公厅转发卫生厅等部门《关于进一步做好新型农村合作医疗试点工作指导意见的通知》。

政协四川省九届二次常委会召开

2003年6月17—19日，政协四川省九届二次常委会召开。会议认真学习了胡锦涛总书记到川视察时的重要讲话，传达了中共四川省委常委扩大会议精神，听取了副省长蒋巨峰、刘晓峰分别作的关于全省农村税费改革和防治“非典”工作的情况通报。审议并通过了《我省农村税费改革中出现的新情况、新问题及其对策意见和建议》《关于我省实行税费改革后农村义务教育情况的调研报告》《加快我省农村科技服务体系建设的发展思路和对策建议》《中国人民政治协商会议四川省委员会专门委员会通则》《关于充分发挥省政协委员作用的意见》《四川省公民旁听政协四川省委员会常委会议规定（试行）》以及人事任免事项。

四川省乐山高新技术产业开发区核技术产业园挂牌

2003年6月18日，四川省乐山高新技术产业开发区核技术产业园在中国核动力研究设计院基地挂牌。核技术产业园占地3000余亩，园区业主中国核动力院始建于1965年。38年来，该院成功研制完成了亚洲最大的高通量工程试验堆、脉冲堆和秦山二期60万千瓦电站核动力工程等任务，获得900多项有价值的科技成果。

四川省文化体制改革开启

2003 年 6 月 27—28 日，全国文化体制改革试点工作会议召开，四川新华发行集团被确立为全国文化体制改革试点企业集团。中共四川省委、四川省人民政府下发通知，将四川省新华书店国有资产授权集团公司经营管理。2003 年 10 月，省委宣传部制定《关于西部文化强省建设的五年规划》，提出加快文化产业发展、推进西部文化强省建设的具体思路。2003 年 10—12 月，四川日报实施综合配套改革，以全员竞聘上岗为突破口，率先在全省宣传文化系统全面推进劳动、人事、分配“三项制度”改革。2003 年底，四川广播电视集团、四川出版集团相继成立。

四川被确定为全国文化体制综合改革“不是试点的综合改革试点省份”。2004 年 6 月，中共四川省委、四川省人民政府出台《关于加快文化体制改革和文化产业发展的意见》。2004 年底，四川新闻出版、广播影视和文化演艺三个领域文化总资产 484 亿元，总收入 279 亿元，产业规模在西部地区位居第一。

2005 年 1 月，四川文化体制改革和文化产业发展大会召开。2005 年 5 月，四川新华发行集团和四川日报报业集团、四川出版集团、四川少年儿童出版社、辽宁出版集团和民营企业成都市华盛（集团）实业有限公司，成立四川新华文轩连锁股份有限公司，进行跨地域、跨行业的资本联合，总资产 35 亿元，净资产 11 亿元。2005 年 11 月，四川省文化体制改革和文化产业发展领导小组办公室牵头制定了《四川社会资本投资文化产业的指导目录》，向社会公布 29 个行业的准入信息，积极引导社会资本投资文化产业。四川省文化体制改革和文化产业发展领导小组、省委宣传部举办了“文化产业发展（四川·成都）论坛暨首届四川文化项目推荐会”。推荐会共有 43 个文化项目达成合作协议，合同金额 40.4 亿元人民币。

画稿溪成为国家级自然保护区

2003 年 6 月，位于叙永县水尾镇的画稿溪被批准为国家级自然保护区。该保护区总面积 238.27 平方公里，是以保护亚热带原始常绿阔叶林生态系统和第三纪残遗物种——桫椤群落及其伴生的珍稀野生动植物为主的自然保护区。画稿溪自然保护区保存着以亚热带常绿阔叶林为代表的原始自然生态系统。区内动植物具有典型性、多样性、稀有性和原始性等特点，有国家一级保护植物水杉、秃杉、金花茶和桫椤，其中桫椤数量在 9 万株以上，在国内桫椤已知分布区域中少见；有二级保护植物 10 种、三级 10 种；还有列入国家重点保护的动物 17 种。

北川羌族自治县设立

2003 年 7 月 6 日，国务院批准同意撤销北川县，设立北川羌族自治县。北川羌族自治县辖 3 个镇 17 个乡，面积 2800 多平方千米；总人口 16 万人，其中羌族人口 9.2 万人，占全国羌族人口的 1/3。这是中国唯一的羌族自治县。10 月 25 日，北川羌族自治县举行成立庆典。2008 年“5·12”汶川特大地震中，北川羌族自治县县城所在地曲山镇受灾严重，县城整体异地搬迁的至新建的永昌镇。2010 年 1 月 31 日，北川羌族自治县新县城所在地永昌镇举行成立大会，永昌镇党委和政府正式挂牌办公。

7月

西部首例脐血移植治疗重症地中海贫血病成功

2003年7月8日，患严重β-地中海贫血病的4岁半儿童经四川大学华西医院精心治疗病愈出院，标志着西部首例用脐血移植治疗重症地中海贫血病患者取得成功。

攀钢集团环境影响评价通过审批

2003年7月8日，《攀钢“十五”规划环境影响报告书》通过国家审批。这是国家环境保护总局为配合《中华人民共和国环境影响评价法》实施而安排的试点项目之一，也是中国冶金行业和四川省第一个规划环评。

江安长江公路大桥开工建设

2003年7月13日，江安长江公路大桥正式动工。该桥全长1104米，桥面净宽15米，双向人行道3.5米，车行道12米，为双向4车道。道路负荷汽车为20吨，挂车120吨，设计车速为40公里/小时。大桥为预应力混凝土连续钢构桥，共有23个桥墩，其主跨长度为252米。在同类桥梁中，其主跨为四川第一跨、中国第三跨，与泸州长江二桥齐名。项目总投资概算为1.23亿元，建设工期3年。该桥与省道S307、S308、S309、国道G321相连，使江安县南北两岸19个乡镇连成一片，形成从成都、重庆方向到蜀南竹海、兴文石林、夕佳山古民居等国家级旅游胜地便捷的旅游通道和川南旅游环线。

全省全面清理整顿各类开发区

2003年7月18日，国务院办公厅印发《关于暂停审批各类开发区的紧急通知》。四川省立即停止新设开发区和扩大规模的审批，全面清理整顿各类开发区，对各类非法占地、违规供地、闲置土地、土地非法入市和侵害农民利益等问题进行认真清理和分类处置。19日，省政府印发《关于保障工业用地促 进经济发展的若干意见》，就加快全省新型工业化进程、加强规划调控、办好工业园区、提高工业用地的集约化程度、工业项目用地耕地开垦费、建立工业用地地价成本补贴机制、严格土地用途管理、实行土地整理指标折抵和基本农田易地代保等提出具体要求。31日，全国进一步治理整顿土地市场秩序电视电话会后，省政府立即召开电视电话会，部署落实意见。会议强调，国务院暂停审批各类开发区的要求，四川要坚决贯彻，令行禁止；经营性用地，一律实行招标拍卖挂牌出让，任何人不得批条子、打招呼；被征地农民的安置补偿费，务必依法及时足额到位，特别要解决好无地无业农民的生活来源问题。2004年2月26日，四川省经营土地工作会议召开。会议提出，至2003年底，按照国家清理整顿开发区的具体标准和政策界限，全省148个开发区撤销54个，其中成都市撤销和整合归并28个。经清理整顿，初步抑制了开发区过多过滥的势头；清理非法圈占土地4170亩、非法入市的划拨土地和集体土地2800亩、闲置土地3.9万亩。

自贡市荣县煤矿发生瓦斯爆炸

2003 年 7 月 19 日凌晨 3 时，荣县度新煤矿发生重大安全事故，煤矿井下正 100 米水平东翼 201 上山掘进碛头发生瓦斯爆炸事故，造成的塌方将 6 名矿工埋在深井下。经矿山救护队艰难搜寻，至 19 日 17 时，6 名矿工被确认全部遇难。

事故发生后，四川省安监局和煤矿安全监察局当日下午到达现场，开始对事故原因展开调查。当地政府组织专门人员对遇难矿工家属进行了妥善安抚。度新煤矿在事故责任调查清楚后，按相关条例对死者家属进行赔偿。

万县长江大桥、华蓥山隧道获全国第十届优秀工程设计奖

2003 年 7 月 21 日，在建设部发布的《关于公布 2002 年度国家级优秀工程勘察设计评选结果的公告》中，四川省交通厅公路设计研究院主持设计的万县长江大桥和广安华蓥山隧道分别荣获 2002 年度第十届国家级优秀工程设计金奖和银奖。万县长江大桥位于 318 国道主干线上海至成都路段内的重庆市万州区，1997 年建成通车，全长 856. 12 米，主跨达 420 米，是当时世界上最大跨径的钢筋混凝土拱桥。华蓥山隧道位于省内的广邻高速华蓥境内，2000 年 12 月建成通车，全长 4706 米，是当时国内最长的公路隧道。

四川省十届人大常委会第四次会议召开

2003 年 7 月 22—24 日，四川省十届人大常委会第四次会议在成都召开。会议表决通过了《四川省地方志工作条例》《四川省人民代表大会常务委员会关于进一步加强企业破产案件审理工作的决议》《四川省人民代表大会常务委员会关于废止〈四川省收容遣送条例〉的决定》《四川省人民代表大会常务委员会关于罢免鄢良钟第十届全国人民代表大会代表职务的决议》《四川省人民代表大会常务委员会天于修改〈四川省旅游管理条例〉的决定》《四川省第十届人民代表大会常务委员会关于批准四川省 2002 年省级财政决算的决议》《四川省第十届人民代表大会常务委员会代表资格审查委员会关于代表资格的审查报告》。会议还通过了人事任免事项。

四川省丝绸商会成立

2003 年 7 月 23 日，四川省第一个外向型商会组织——四川省丝绸商会正式成立。此次成立的四川省丝绸商会，是全省性的行业社团中介组织，其成员涵盖内外贸易、工业加工、种桑养蚕、科研教学等各个领域。

《四川省地方志工作条例》发布实施

2003 年 7 月 24 日，《四川省地方志工作条例》由四川省第十届人民代表大会常务委员会第四次会议审议通过，自 2003 年 10 月 1 日起施行。该条例是中国第一部规范地方志工作的地方性法规，它的颁布实施，标志着地方志工作步入法制化轨道，为“依法行政”“依法修志”提供了法律依据。

8月

歌曲《雅鲁藏布大峡谷》获得亚洲“大金杯奖”

2003年8月4日，由四川著名词曲作家何训有谱写、歌手徐洋演唱的歌曲《雅鲁藏布大峡谷》在哈萨克斯坦阿拉木图举行的第十四届“亚洲之声”国际歌手大奖赛中获得最高奖——“大金杯奖”。这是中国歌手在该项赛事中获得的最高奖项，也是中国歌手首次在该大赛中抱回金杯。

《雅鲁藏布大峡谷》是第二次参加国际歌唱比赛，创作于1999年，首唱者是川籍歌手谭维维。2000年，谭维维参加亚洲音乐节，凭借《雅鲁藏布大峡谷》获得一等奖。

四川开通突发公共卫生事件医疗远程网络

2003年8月5日11时，以四川省人民医院为中心连接北京、上海和省内14个市（州）医院的全省突发公共卫生事件医疗远程网络正式开通。该网络可与全国50多个远程中心、400多家医院、3000位医学专家共享医学资源，并可在1个小时内完成一次突发公共卫生事件的紧急会诊。这个远程医学网络是由电话拨号、宽带接入升级的具有卫星网络接入技术的双向卫星远程医学网络系统，具备远程会诊、远程医学教育、远程急救网络等功能，通过亚洲四号卫星覆盖全国。它的开通为四川省应对、处理突发公共卫生事件提供了现代手段及可靠保障。该网络中心是继北京、上海后整个远程医学网络的3个基础骨干中心站之一，通过网络实现了各级医疗机构专家资源的共享，实现了对医疗资源的合理调配和优化使用。该网络可同时接受全国任何9家入网医院专家的远程会诊，这在全国尚属首次。

甘孜州藏族护士巴桑邓珠获南丁格尔奖章

2003年8月5日，来自甘孜藏族自治州人民医院的护士巴桑邓珠在北京人民大会堂从中共中央总书记、国家主席胡锦涛手中接过国际红十字会颁发的第三十九届南丁格尔奖章，成为中国藏族第一个南丁格尔奖章获得者、也是中国唯一获此荣誉的男性。1971年，19岁的巴桑考入甘孜州卫生学校。卫校毕业后，巴桑邓珠被分配到甘孜藏族自治州人民医院手术室，成为当地第一代藏族男护士。

攀钢120万吨球团项目开工

2003年8月17日，攀钢集团钢城企业总公司120万吨酸性氧化球团项目开工。项目总投资1.7亿元，年设计酸性氧化球团生产能力120万吨，产值4亿元。该项目采用国内先进成熟的生产工艺，以周边钒钛磁铁精矿和高品位普通矿为主要原料。酸性氧化球团项目是攀钢主要生产线的重要组成部分，项目的建成使攀钢高炉炉料结构和高炉生产指标进一步优化。

中国首台整体机座式600兆瓦汽轮发电机启运

2003年8月22日，东方电机股份有限公司自主研发、自主制造的中国首台最大、具有世界先进水平的整体机座式600兆瓦汽轮发电机启运浙江嘉兴电厂。该汽轮发电机的研制成功，标志着东方电机股份有限公司成为中国唯一能够制造内外定子整体式机座和内外定子分体式机座 600 兆瓦汽轮发电机的厂家。

“枭龙”战机原型机首飞成功

2003 年 8 月 25 日，成都飞机工业（集团）有限责任公司制造的 01 架 FC-1/“枭龙”战机原型机首飞成功。FC-1/“枭龙”战机是中国自行研制、具有自主知识产权的先进多用途轻型战斗机，由中国和巴基斯坦共同投资，中国航空工业第一集团公司组织所属的成都飞机工业（集团）有限责任公司、成都飞机设计研究所、中国航空技术进出口总公司等单位研制，巴基斯坦空军参与开发。该机从 2001 年 2 月制造出全尺寸金属模型到首飞成功，成飞仅用了两年半时间。2004 年 6 月 15 日，中国和巴基斯坦政府签订 FC-1/JF-17 战斗机在巴基斯坦合作生产主合同和技术改造生产线合同。7 月，战机正式命名，中方称之为 FC-1/“枭龙”战斗机，巴方称之为 JF-17/“雷电”战斗机。

首届四川旅游发展大会在乐山举行

2003 年 8 月 25—26 日，首届四川旅游发展大会在乐山市举行。省委书记张学忠作主题报告，他指出：加快四川旅游经济发展，关键是要坚持政府主导、企业主体、市场化运作的原则，深化改革，扩大开放，走可持续发展之路，发展大旅游；要围绕自然生态与历史文化两条主线，加强基础服务设施建设，打造世界级和国家级旅游精品，发展综合型旅游和特色旅游，实现国内游与入境游并重和旅游增长方式的规模化、集约化，努力把四川建设成为旅游经济强省。

英特尔在成都投建芯片封装测试厂

2003 年 8 月 27 日，全球最大芯片制造企业英特尔公司首席执行官克瑞格·贝瑞特在成都宣布，英特尔投资 3.75 亿美元，在成都高新区建芯片封装测试厂。这是四川省当年最大的外商投资项目，预计首期投资 2 亿美元。2004 年 4 月 8 日，成都高新区芯片封装测试厂正式开工，2005 年 12 月建成投产。

四川发生暴雨灾害

受高空切变和地面冷空气的共同影响，从 2003 年 8 月 28 日开始，成都、乐山、雅安、绵阳、广元、遂宁、自贡、内江、南充、巴中、达州等地出现了入汛以来范围最大的一次暴雨天气过程。暴雨引发的山洪和泥石流灾害使全省 152 万人受灾，16 人死亡，7 人失踪。此次暴雨天气过程，24 小时降雨量达 50 毫米以上的有 48 县（市），过程降雨量在 100 毫米以上的有 35 个气象监测站和 67 个农村雨量哨。雅安、北川、安县三地 8 月累计降雨量均超过当地历史上月降水总量的极大值。受降雨影响，岷江、青衣江、涪江出现了超警戒水位洪水。

9 月

南充 500 千伏输变电工程合闸

2003 年 9 月 1 日，四川第一条 500 千伏环网工程——南充 500 千伏输变电工程正式投入系统运行。作为国家重点工程项目，南充500千伏输变电工程由一站二线组成，即新建南充500千伏变电站一座，线路总长度476千米的南充至自贡、南充至成都500千伏输电线路两条，工程投资10.9亿元。工程的建成在川内形成连接南充、成都、自贡的三角环网，进一步增强四川500千伏电网的可靠性，调节川东和川西、川南的水火电结构，较好地满足川东北地区日益增长的电能消费需求。同时，该工程还将是川电外送的重要通道，在实现川渝电网与华中、华东电网联网后，四川电网在丰水期可向华东、华中电网送电100万千瓦。

四川首所民工子弟学校开学

2003年9月3日，由成都市成华区人民政府斥资300万元新建成的成华区民工子弟学校，在外来务工人员集中的青龙乡红花堰社区开学。成华区常住流动人口约20万左右，在城北红花堰、双水、青龙场地区，有约8000名适龄儿童需解决读书问题，这一区域内的公办学校接收外来民工子女入学人数达到5000人，但就学矛盾仍十分突出。这是四川首家由政府主办，专门招收外来民工子弟的学校，极大地缓解了当地外来务工人员子女入学难的矛盾。

西南民族学院更名西南民族大学

2003年9月19日，西南民族学院更名为西南民族大学，并增列为博士授予单位。

阿坝藏族羌族自治州举办庆祝建州50周年大会

2003年9月26日，阿坝藏族羌族自治州建州50周年庆祝大会在马尔康举行。2001年起，阿坝州委、州政府先后筹措5000多万元对广大农牧区基础设施进行全面改造和建设，投入农网改造资金达1710多万元，新修乡村公路640多公里，兴建了大规模人畜饮水工程，使全州115个贫困村实现了通路，120个村实现了通电，120个村的2800多户农牧民用上了自来水，解决了8万多人和68万头牲畜的饮水困难，1200多户农牧民搬进了草原新居。2002年全州国内生产总值45亿多元，是建州之初的18倍，尤其是全州农牧区交通、电力、饮水、住房等基础设施建设突飞猛进，极大地改善了广大农牧民的生活状况。

四川省首届花卉博览会在成都举办

2003年9月29日，四川省首届花卉博览会在“中国花木之乡”——成都市锦江区三圣乡开幕。此次由成都市人民政府、四川省花卉协会主办，锦江区人民政府承办的花博会，是四川多年来规模最大、档次最高、影响最广的一次花卉盛会。

10月

刘盛纲院士获得国际K. J. BUTTON奖

2003年10月4日，在日本召开的2003年第28届红外线毫米波国际会议上，电子科技大学教授刘盛纲院士获得国际K. J. BUTTON奖。刘盛纲院士是中国第一位获得此奖项的科学家。国际

K. J. BUTTON 奖为毫米波—红外线领域的国际最高奖，由英国皇家科学研究院物理研究所组织评审与颁发，每年表彰一位在毫米波—红外线领域做出杰出贡献的科学家。

银监会四川监管局正式挂牌

2003 年 10 月 16 日，中国银行业监督管理委员会四川监管局（简称四川银监局）挂牌成立。该局作为中国银监会在四川的省级派出机构，根据中国银监会的授权对四川省内政策性银行、国有独资商业银行、股份制商业银行、城市商业银行、外资金融机构（含代表处）、金融资产管理公司、信托投资公司、财务公司、金融租赁公司、邮政储蓄机构、城市信用社、农村信用社等银行业金融机构进行监督管理。

中海沥青有限公司重交沥青项目开工建设

2003 年 10 月 18 日，西部化工城最大的招商引资项目——由中海油气开发利用公司与四川公路桥梁建设集团有限公司、成都市路桥工程公司共同建立的专业沥青生产企业中海沥青（四川）有限公司重交沥青项目，在泸州市龙马潭区高坝化工园区正式开工建设。该项目总投资人民币约 3 亿元，可年产超过 30 万吨的“中海 36—1”重交沥青和 5 万吨“中海 36—1”改性沥青，产品部分指标甚至高于进口沥青，被定位于顶替进口产品的民族品牌。2004 年 7 月项目竣工试生产，8 月 7 日正式投产。

四川省评出首批农产品知名品牌

2003 年 10 月 18 日，经省农产品知名品牌评审委员会审定，“草王”“豪吉”“光友”“安岳柠檬”等 22 个品牌被评为首批“四川农产品知名品牌”。

评选省农产品知名品牌，旨在提升四川省农产品的市场竞争力，促进现代农业发展。评委会由 15 家省级涉农部门负责人及农业专家组成，对参评企业的年销售收入、利润、税收、在同类产品中的市场占有率等情况，以及企业综合素质等指标进行评分，按企业得分排名。

峨眉山市成为中国西部首个“国家园林城市”

2003 年 10 月 22 日，在建设部召开的 2002 年最佳人居环境暨国家园林城市颁奖大会上，峨眉山市荣获国家园林城市称号。这是中国西部地区首个获得这一称号的城市。峨眉山市在几年时间里加大城市环境生态建设力度，绿化面积从 1996 年的 149 万平方米增至 288 万平方米，城市绿化覆盖率、城市绿地率和人均公用绿地达到 43.5%、7.5%和 8.87 平方米。

攀钢集团成都钢铁公司 340 连扎管机组项目开工建设

2003 年 10 月 29 日，攀钢集团成都钢铁公司 340 连扎管机组项目开工建设。340 连扎管机组为全省冶金行业唯一列入国家第三批重点技改“双高一优”导向计划的项目，是攀成钢迁建技改的核心工程，将建成国内最大口径、技术最先进的连扎管机组。其关键技术和设备均从国外引进，计划投资 14.96 亿元，是四川几年来年单项投资额较大的技改项目。同日，攀成钢一期迁建工程竣工。

11 月

四川省市（州）长会议召开

2003 年 11 月 4 日，四川省市（州）长会议在成都召开。会议按照国务院部署和省委要求，研究部署了农业和粮食工作。省长张中伟强调，要认真贯彻落实中共十六届三中全会精神，采取综合措施，保护和提高粮食生产能力，务必做到“一个保护、三个提高”，即严格保护耕地，提高粮食质量，提高粮食单产，提高粮食效益。抓好粮食工作，要围绕增加农民收入这个中心任务，与深化农村改革、促进农业结构调整相结合，注意保护粮食主产区和种粮农民的积极性。

绵阳市建成国家环保模范城市

2003 年 11 月 4 日，绵阳市通过国家环保模范城市考核验收，这是中国西部地区第一个通过国家环保模范城市验收的城市。绵阳市先后被命名为“全国造林绿化十佳城市”“全国园林绿化先进城市”“全国文明城市”“全国卫生先进城市”“联合国改善人居环境最佳范例城市”和“国家卫生城市”。2004 年绵阳市被正式命名为国家环保模范城市。

美国前总统克林顿访川

2003 年 11 月 9 日，美国前总统克林顿以私人身份访问四川，四川省人民政府省长张中伟会见了克林顿一行。克林顿此行是应剑南春酒厂邀请，到川进行商务活动。克林顿参观了剑南春酒史博物馆，发表个人演讲。

四川航天工业总公司 692 厂获全国五一劳动奖状

2003 年 11 月 10 日，中华全国总工会授予中国航天科技集团公司四川航天工业总公司 692 厂等 9 个先进集体全国五一劳动奖状，表彰他们在中国首次载人航天飞行圆满成功中作出的突出贡献。自 1999 年中国“神舟”一号飞船飞行试验取得圆满成功以来，全国总工会表彰在“神舟”号飞船飞行试验中作出突出贡献的先进集体 21 个、先进个人 25 人，并分别授予全国五一劳动奖状和全国五一劳动奖章。

“四川—香港合作发展周”活动在香港举行

2003 年 11 月 15—19 日，“四川—香港合作发展周”活动在香港举行。省委书记张学忠、省长张中伟率党政代表团 300 余人赴港，这是 1993 年以来四川在港举办的规模最大、规格最高的大型活动。活动期间签订投资合同 104 个，引进资金 143. 83 亿元。签约项目涉及交通、能源、城建、环保、旅游、文化、中医药产业化和加工制造等领域。成都市温江区举办的“成都国家海峡两岸科技产业开发园”招商投资说明会，当场签订 6 个项目，投资总额达 28. 99 亿元，其中有 5 个项目投资上亿元。香港中华电力集团公司投资 2. 4 亿美元在甘孜九龙河进行水电开发。

第十六届亚洲国际邮票展在绵阳举办

2003 年 11 月 20—24 日，第十六届亚洲国际邮票展在绵阳市举行，这是在中国首都北京以外地区举行的第一次国际邮展。邮展共评出大金奖、金奖、大镀金、镀金奖 146 枚，大银奖、银奖、镀银奖 163 枚，铜奖 30 枚，其中中国所获奖项占 50%以上。参加本届亚邮展的有亚洲、大洋洲 23 个国家和地区以及国内各省集邮公司、邮商 200 余家，达 4600 多人。参展邮集 275 部，集邮文献 100 部，展框 1500 个。本届亚邮展总销售额近亿元，邮品精品拍卖额 121. 30 万元，参观邮展活动的人数达 16 万之众。

五粮液集团再次荣获“全国质量管理奖”

2003 年 11 月 21 日，四川宜宾五粮液股份有限公司再次获得“全国质量管理奖”。这是该公司继 1990 年在全国首批获得此奖后再次获得此项殊荣，也是中国酒类行业唯一两度获得国家级质量管理奖的企业。

省委、省政府举行庆贺巴金百岁华诞系列活动

2003 年 11 月 21 日，省委、省政府在成都举行庆贺成都籍中国文学巨匠巴金先生百岁华诞座谈会。同日，极具川西民居风格的巴金文学院新馆在成都市龙泉驿区落成，中央、省、市有关部门领导和巴老亲属、四川省文艺界代表、省内外专家学者 200 多人出席落成仪式。

2003 年 11 月 25 日，是巴金先生百岁华诞。中共中央政治局常委李长春到上海华东医院，代表胡锦涛总书记和党中央，看望了巴金先生。李长春还出席了国务院授予巴金先生“人民作家”荣誉称号的颁证仪式，向巴金颁发了荣誉证书。巴金文学院举办了《走近巴金》大型图片展览，数百幅珍贵图片在巴老百岁华诞之日，与广大市民见面。同时，“巴金百年华诞成都书画峰会”在成都中日会馆隆重举行；位于成都市百花潭公园里的慧园则展示了为巴金精心设计的礼物——“东方美神”。

四川大学魏于全教授当选中科院院士

2003 年 11 月 24 日，两年一次的中国科学院院士增选揭晓，共有 58 名科技工作者成为新的院士。四川大学魏于全成为四川省唯一新增院士。至此，四川大学共有两院院士 7 人。

四川省十届人大常委会第六次会议召开

2003 年 11 月 24—28 日，四川省十届人大常委会第六次会议在成都召开。会议表决通过了《四川省人民代表大会常务委员会关于召开四川省第十届人民代表大会第二次会议的决定》《四川省村民委员会选举条例》《四川省人民代表大会常务委员会关于修改〈四川省都江堰水利工程管理条例〉的决定》《四川省人民代表大会常务委员会关于废止〈四川省鼓励外商投资条例〉的决定》《四川省人民代表大会常务委员会关于批准〈峨边彝族自治县人民代表大会关于修改《峨边彝族自治县自治条例》的决定〉的决定》。

自贡鸿鹤化工建成 3 万吨甲醇法甲烷氯化物工程

2003 年 11 月 30 日，自贡鸿鹤化工股份有限公司投资 35574 万元，利用西班牙政府低息贷款

1700 万美元，采取当时世界上最先进的工艺技术，建成年产 3 万吨甲醇法甲烷氯化物工程装置，使该公司甲烷氯化物装置能力达到年产 10 万吨，成为中国最大的甲烷氯化物生产企业。该公司生产的鹤牌纯碱于 2003 年 9 月 1 日获中国名牌产品称号。

猪伪狂犬病疫苗研制成功

2003 年 11 月，四川农业大学郭万柱教授主持研制的“猪伪狂犬病（基因缺失）活疫苗（SAZ 巧株）”获得国家新兽药证书，从而成为中国第一株动物病毒基因工程疫苗，开创了国内动物病毒基因工程疫苗实用化的先河。

12 月

雅砻江锦屏一级水电站立项

2003 年 12 月 5 日，经国务院批准，雅砻江锦屏一级水电站正式立项。至此，这一装机 360 万千瓦的龙头电站完全具备开工条件，雅砻江流域梯级开发全面展开。2003 年 9 月 8 日，锦屏一级水电站正式通过国家发改委核准。这是自审批制变核准制后，中国第一个通过国家核准的水电建设项目。2005 年 11 月 12 日，雅砻江锦屏一级水电站正式开工。

锦屏一级水电站位于四川省凉山彝族自治州木里县和盐源县交界处的雅砻江大河湾干流河段上，是雅砻江下游从卡拉至河口河段水电规划梯级开发的龙头水库，距河口 358 公里，距西昌市直线距离约 75 公里。锦屏一级水电站大坝设计坝高 305 米，为当时世界上已建、在建和设计中最高的双曲薄拱坝，其施工难度为世界罕见。水库正常蓄水位 1880 米，死水位 1800 米，正常蓄水位以下库容 77.65 亿立方米，调节库容 49.1 亿立方米，属年调节水库。电站装机 6 台，单机容量 60 万千瓦，年均发电可达 166.2 亿千瓦时。主要由混凝土双曲拱坝（包括水垫塘和二道坝）、右岸泄洪洞、右岸引水发电系统及开关站等组成。工程等级为 I 等工程，主要水工建筑物为 1 级。

锦屏一级水电站以发电为主，兼有防洪、拦沙等作用。工程总投资约 246 亿元。

五粮液和长虹进入 2003 年度中国最有价值品牌前十名

2003 年 12 月 5 日，2003 年度中国最有价值品牌排行榜公布最新排名，四川五粮液和长虹进入前十，而五粮液则从多年的第四位跃居第三位。

西华大学正式挂牌

2003 年 12 月 6 日，西华大学正式挂牌。西华大学是教育部在全国高等学校布局调整中组建的一所多科性大学，由原四川工业学院和原成都师范高等专科学校合并组建。学校设有 15 个学院和 1 个直属系，学科涉及工、管、文（含艺术）、理、经五大学科门类 49 个本科专业，具有招收外国留学生资格。

成都市新都区木兰镇党员公推直选镇党委书记

2003 年 12 月 7 日，成都新都区木兰镇公推直选出镇党委书记，这在全国开了先例，以此为标志的基层民主政治建设拉开序幕。2003 年 9 月，由于工作调动，新都区木兰镇党委书记职务出现空缺。新都区委决定进行镇党委书记直选，并对参选的条件、办法及程序进行了详细规定。截至 12 月1 日，全区共有 20 人报名参加公推直选。经资格审查，11 人符合竞选条件。接着，11 名参选人员被安排到木兰镇进行为期两天的实地调研。12 月 1—7 日，领导小组在媒体上对 11 名候选人进行了公示。刘刚毅以 480 票，领先第二名 322 票的绝对优势当选中共木兰镇党委书记。与以往凡公示或多或少要收到举报不同的是，此次公示 7 天里，新都区纪委、区委组织部没收到一封检举信和一个举报电话。

成都香格里拉大酒店开工

2003 年 12 月 8 日，由香港嘉里集团投资建设的成都香格里拉大酒店动工。该酒店占地 50 亩，设计高度 155 米，总投资约 12 亿元，是当时西部地区标准最高、规模最大、功能最完善的五星级酒店。

古蔺肝苏受原产地域产品保护

2003 年 12 月 10 日，国家质检总局和四川省让你政府在北京人民大会堂召开的新闻发布会上宣布，古蔺肝苏被国家质监总局正式列为受原产地域产品保护品种。这是中国受原产地域产品保护的首个中成药。原产地域产品，是指利用产自特定地域的原材料，按照传统工艺在特定地域内所生产的产品，其质量、特色或声誉在本质上取决于其原产地域地理特征。

成都理工大学教授王成善获李四光地质科学奖

2003 年 12 月 10 日，成都理工大学王成善教授成为继刘宝珺院士后四川省荣获李四光地质科学奖地质科技研究者奖的又一人。王成善教授主研方向为沉积学与大地构造学，重点研究地域为我国青藏高原。李四光地质科学奖是为了纪念世界著名的中国地质科学家李四光，于 1989 年李四光 100 周年诞辰之际由地质行业各部门共同发起、经中央批准设立的。该奖项分为野外地质工作者奖、地质科技研究者奖、地质教师奖和荣誉奖四类，每两年评选一次，获奖者一生只能授予一次，作为终身荣誉。

曾庆红到川视察

2003 年 12 月 11—16 日，中共中央政治局常委、国家副主席曾庆红围绕在进一步加快发展中加强党的建设问题，先后到成都、南充、广安和乐山等地视察。

蜀南竹海通过世界“绿色环球 21”认证

2003 年 12 月 15 日，蜀南竹海风景区管理局通过“绿色环球 21”认证。蜀南竹海从而成为世界唯一通过认证的竹类生态旅游保护区。“绿色环球 21”是世界旅游旅行行业达标与认证的唯一国际标准体系，也是世界旅游组织推崇的全球旅游业的核心规范体系。

遂宁市设立船山区和安居区

2003 年 12 月 18 日，国务院对遂宁市部分行政区划进行调整：撤销遂宁市市中区，以原市中区的行政区域设立遂宁市船山区和安居区。船山区辖原市中区的唐家、北固、西宁、保升、老池5个乡和桂花、新桥、南强、复桥、仁里、永兴、河沙7个镇以及高升、南津、凯旋、镇江寺、介福、育才、富源路、广德、嘉禾9个街道。安居区辖安居、横山、会龙、东禅、分水、石洞、三家、玉丰、西眉、磨溪、拦江、保石、白马、中兴14个镇，聚贤、常理、大安、马家、莲花、观音、步云7个乡。

泸天化集团天华公司受让杜邦公司技术

2003年12月18日，杜邦公司转让的1，4-丁二醇项目在西部化工城泸州市奠基。泸天化集团天华公司历经三年谈判，最终与美国杜邦公司签订了1，4-丁二醇技术转让合同，成为中国首家受让杜邦公司该项技术的企业。1，4-丁二醇是重要的有机化工和精细化工原料，是一种极具发展潜力的产品。

蜀学研究中心成立

2003年12月18日，由西华大学与四川省文史研究馆共同创建的蜀学研究中心在西华大学成立。该中心是四川省首家专门研究蜀学的机构。

攀钢集团白马铁矿开工

2003年12月19日，四川省实施西部大开发的重点建设项目——攀钢集团白马铁矿动工兴建。白马铁矿一期建设规模为年产原矿650万吨、铁精矿234万吨，最终规模为年产原矿1500万吨、铁精矿508万吨。白马矿区由北向南由夏家坪、及及坪、田家村、青杠坪、马槟榔等五个矿段组成，探明储量14.97亿吨，其中经详细勘测的及及坪、田家村储量11亿吨。及及坪和田家村矿段面积为4.35平方公里，已探明钒钛磁铁矿地质储量8.7亿吨，可采储量6.1亿吨，且有钒高、铁低、粒度细、杂质少、易磨易选等优点，按设计年产1500万吨原矿规模计算，可开采50年以上，是中国当时待建矿山中储量最大、规模最大的矿山。

中国首架ARJ21新型涡扇支线飞机开工制造

2003年12月20日，第一次拥有完全自主知识产权、第一次国内四大飞机制造企业协作、第一次100%全数字化设计的中国首架ARJ21新型涡扇支线飞机分别在成都、沈阳、西安和上海四家工厂同时开工进行零件制造。此举被评价为“中国民航史上的里程碑”。成飞集团的数控机床开始铣造该机的第一批零件。

ARJ21民用客机是70—90座级的中、短航程涡扇发动机新支线飞机，拥有基本型、加长型、货机和公务机等四种容量不同的机型。ARJ21民用飞机采用“异地设计、异地制造”的全新运作机制和管理模式，机体各部分分别在国内四家飞机制造厂生产。ARJ21项目研制采取广泛国际合作的模式。采用了大量国际成熟先进技术和机载系统，发动机、航电、电源等系统全部通过竞标在全球范围内采购，其中有许多系统零部件、产品在中国生产制造。

四川省科技奖励大会在成都召开

2003年12月22日，省委、省政府在成都召开四川省科技奖励大会，对荣获第三届省科技杰出贡献奖的徐僖院士、郑家奎研究员和黄润秋教授，以及荣获 2003 年度省科技进步奖的科技人员和科技部表彰的实施火炬计划 15 周年的先进单位和个人进行表彰奖励。省委书记张学忠为荣获第三届省科技杰出贡献奖的三位专家颁发了奖状和奖金。大会授予“本体法聚氯乙烯新工艺”等 22 项成果省科技进步一等奖，“三轴转动滚切式双边剪”等 53 项成果省科技进步二等奖，“高产抗病耐贮藏甘薯新品种南薯 99 的选育与应用”等 158 项成果省科技进步三等奖。

四川省颁布实施《选拔任用党政领导干部民主推荐试行办法》《选拔任用党政领导干部考察工作试行办法》

2003 年 12 月 23 日，四川省《选拔任用党政领导干部民主推荐试行办法》《选拔任用党政领导干部考察工作试行办法》颁布实施，干部选拔任用工作进一步规范。

四川省新添 12 个博士后工作站

2003 年 12 月 26 日，四川省有 12 家企事业单位获人事部批准设立博士后科研工作站。这 12 家单位是：东方锅炉（集团）股份公司、东方汽轮机厂、成都大熊猫繁育研究基地、四川科伦实业集团有限公司、四川海蓉药业有限公司、泸州老窖集团有限责任公司、公安部四川消防研究所、四川东材企业集团公司、中国石油天然气集团有限公司四川石油局、中国石油化工股份有限公司西南分公司、国家电力公司成都勘测设计院、二滩水电开发有限责任公司。至此，四川省博士后科研工作站达到 40 个，居全国前列。

遂渝高速公路开工

2003 年 12 月 26 日，四川省和重庆之间的又一条快速通道——遂宁至重庆高速公路四川段开工建设。全长 36.64 公里的遂渝高速公路（四川境段）是国家高速公路规划网的樟宁支线的一段，与国道主干线沪蓉支线 GZ55-1 成都至遂宁段连接。该公路为双向四车道全封闭、全立交高速公路，设计时速每小时 80 公里，总投资 10.45 亿元。遂渝高速通车后，将与成南高速公路相连，成为成都至重庆最短的一条高速公路，总长度约为 295 公里，比成渝高速公路缩短了 50 公里。

华蓥山发电厂扩建工程开工

2003 年 12 月 26 日，中国国电集团华蓥山发电厂 2×30 万千瓦扩建工程项目动工。2×30 万千瓦机组扩建项目在 2003 年初获国家经贸委批准立项，省政府将其纳入 2003 年四川电源开工项目。该项目投产后，华蓥山发电厂年发电量将达到 40 亿千瓦时，年创税 1.2 亿元以上。

四川广播电视集团成立

2003 年 12 月 26 日，四川广播电视集团成立大会暨授牌仪式在成都举行。2004 年 4 月，四川广播电视集团与省广播电影电视局在职能、职责、业务及人、财、物上实现彻底分开，实现政事分开和管办分离。2005 年 2 月 21 日，省委、省政府研究决定，省机构编制委员会批复同意：四川广播电视集团是省委宣传部领导、省广播电影电视局实行行业管理的国有大型传媒集团，属事业性质，实行企业化管理。

成都新国际会展中心“世纪城”开工建设

2003 年 12 月 28 日，成都市人民南路南延线侧，面积约为现成都国际会展中心 10 倍的新国际会展中心——“世纪城”动工。该项目占地 20 万平方米，被誉为中国西部规模最大、功能最齐全的会议展览中心。世纪城·新会展总投资约 50 亿元人民币，是一座以会展为主题，集高档酒店、娱乐休闲、观光旅游为一体的城中之城。2004 年 12 月 28 主体展馆竣工。

2004 年

1 月

四川省新增 4 名中国工程院院士

2004 年 1 月 5 日，中国工程院公布 2003 年新当选的 58 名院士名单，其中有 4 名在川工作的专家：成都飞机设计研究所宋文骢，中国工程物理研究院化工材料研究所董海山，中国工程物理研究院流体物理研究所孙承纬，四川农业大学荣延昭。至此，在川工作的中国工程院院士达到 25 名。

省委省政府印发《关于做好失地无业农民安置工作的通知》

2004 年 1 月 5 日，省委省政府印发《关于做好失地无业农民安置工作的通知》，确定从 2004 年 1 月 1 日开始，对符合条件的因国家征地转为城镇居民的农民，都要实行城镇居民最低生活保障制度和失业保险、养老、医疗等社会保险制度。

四川六企业获中国名牌产品称号

2004 年 1 月 7 日，省政府在成都召开中国名牌产品暨四川名牌产品表彰授牌大会，对荣获中国名牌产品称号的四川省 6 个企业和荣获第六届四川名牌产品称号的 378 家企业进行表彰授牌。

此次四川省荣获“中国名牌产品”称号的 6 家企业是：四川长虹电器股份有限公司、成都前锋电子电器股份有限公司、成都希望食品有限公司、成都彩虹电器集团股份有限公司、自贡鸿鹤化工（集团）股份有限公司以及四川保宁醋有限公司。与此同时，经省名牌战略领导小组综合评审，新确认了四川 80 个名牌产品，加上往届复查通过的 298 个产品，四川省共确认 378 个产品为第六届四川名牌产品。对 34 个质量管理工作松懈、产品质量不稳定以及出现国家监督抽查不合格、市场萎缩严重的往届名牌产品不再确认名牌称号。

长虹中央空调一期工程开工

2004 年 1 月 8 日，四川长虹集团公司在绵阳举行中央空调一期工程竣工庆典，标志着长虹正式进军中央空调领域，其中央空调 110 工程全面启动。长虹集团公司投入 1 亿元，用于中央空调一期生产基地的建设。

四川省电信有限公司揭牌

2004 年 1 月 12 日，四川省电信有限公司举行揭牌仪式，宣告公司在香港和纽约上市成功。中国电信2003年12月31日正式完成对包括四川省电信有限公司在内的6省网络资产的收购。四川电信承担着经营固定电信网络与数据通信等电信业务，是四川事实上唯一承担普遍电信服务义务、党政专用通信、应急通信等重要任务的公众通信企业。

成都恢复大庙会

2004年1月18日晚，中断了45年的成都大庙会重新举办。此次庙会由六大类活动构成：专业文艺演出和民间技艺表演、民间工艺展示、名特小吃品尝、民俗风情体验、旅游产品交易、川西民俗灯会。大庙会有3个区域进行专业文艺演出，演出规模宏大，来自专业团体的名家名角、演员们在庙会期间进行了18台专业文艺精品演出，分别有川剧京剧联唱、川剧绝技、四川清音、金钱板、儿童剧、杂技等。除文艺演出外，其他区域进行的民间技艺表演有蜀绣、蜀锦、皮影、木偶、糖画、竹编、泥塑等。市民还可在逛庙会时体验坐花轿、推鸡公车等民俗风情节目。

攀枝花市当选西部最佳新兴城市

2004年1月26日，央视西部频道举办的“我最喜爱的西部名城”评选活动结束，攀枝花市以“裂谷盛开攀枝花、万里长江第一漂和铁树（攀枝花苏铁）年都开花”三大理由取得“西部最佳新兴城市”称号。此次入围“西部最佳新兴城市”候选名单的有新疆五家渠、贵州六盘水、四川攀枝花3座城市。

宜宾电石渣水泥项目投产

2004年1月31日，年产34万吨的电石渣水泥项目在宜宾天原公司正式投产。工程采用全国最成熟的干法回转窑生产装置，吸取并改进了国内外电石渣新工艺，比用石灰石制水泥节能30%，成本降低50%，质量比普通水泥高一至二个等级。

2月

川渝签署合作框架协议

2004年2月3日，四川—重庆经济社会发展情况交流座谈会在成都召开。四川省人民政府省长张中伟和重庆市人民政府市长王鸿举签署《关于加强川渝经济社会领域合作，共谋长江上游经济区发展的框架协议》以及涉及交通能源、基础设施、旅游、农业、广电、文化、警务联勤等方面的6个专题合作协议（“1+6”协议）。

张中伟和王鸿举分别介绍了两地经济社会发展情况，与会者达成几点重要共识。一是大势所趋。科学发展观和“五个统筹”全面深入贯彻落实，为新一轮区域经济合作发展创造了新机遇和新条件。川渝地域相邻、经济相融、人缘相亲、文化相通，经济合作互补性极强。淡化行政界限、打破地域封锁，共同构建大平台、营造大环境、培育大市场、谋求大发展，这是两地发展的大势。二是潜力巨大。四川作为资源和人口大省，在旅游开发、电子信息、饮料食品、航空航天等领域有一定优势，市场潜力巨大；重庆的机械制造业、商贸流通、经营城市等成果丰硕。两地在产业发展、市场协作、基础设施建设、旅游开发、文化交流、社会发展等方面的合作空间和前景可观。三是构建平台。按照“优势互补、相互开放、相互支持、共谋发展”的原则，一方面加强党政交往，探索建立领导层定期联系和行业、部门对口合作制度；一方面在体制、政策、环境上下功夫，为两地资金、人才、技术、信息等要素的自由流动和优化配置，积极创造制度性条件。

2005年2月，四川党政及经贸代表团回访重庆市，双方就落实“1+6协议”达成共识。

沱江流域遭严重污染

2004年2月6日，川化集团控股子公司四川化工股份有限公司违法排污，导致沱江流域严重污染。2月26日，省委书记张学忠、省长张中伟率省直部门有关负责人到成都、眉山开展岷江、沱江水污染治理专题调研。2月28日开始，沱江简阳段出现水污染导致零星死鱼现象，到3月2日，共有2000吨纯氨氮被排入沱江，导致沱江简阳至资中段的水污染，20万公斤鱼死亡，直接经济损失160余万元。这次污染事故的主要污染物是氨氮和亚硝酸盐，污染带沿沱江约62公里。受污染影响，沿江两岸的简阳、资中、内江3地群众正常生活和人畜饮水出现困难，3地的自来水厂停止取水和供水。省环保局接到事故报告后，立即组成3个调查组赴现场调查处理。引起这次沱江水质特大污染事故的主要原因是川化集团公司第二化肥厂在实施技改调试过程中，设备出现异常故障，导致氨氮严重超标排放。加之当年沱江枯水期水流量严重减少，地表水自净能力差所致。

事故发生后，省委、省政府和各地党委、政府积极行动，从3月9日起，都江堰和沱江资阳、内江段的6个电站全部开闸放水，气象部门实施了3次人工降雨。为保证沿线群众饮用水正常，省上共调集了106台送水车全天24小时不间断向三地供应生活用水，确保当地群众生产生活用水和社会稳定。事件发生后，川化集团总裁引咎辞职，其他5名相关责任人移交司法机关处理。至3月27日，事件得到妥善解决。

成都互联力量中心正式启动

2004年2月10日，成都互联力量中心（I-FORCE解决方案实验室）在成都高新区孵化园落成。该中心是成都市人民政府与世界500强、美国上市公司Sun Microsystems合作共建的网络应用解决方案中心，是国家软件产业基地（成都）高新区软件孵化器公共技术支撑平台的重要组成部分，也是中国西部首家I-Force中心。它的建成为西部软件企业、软件研究机构、学院提供了一个开放式的系统软件测试、系统安全测评平台，并提供应用解决方案展示以及技术咨询等相关服务。

成都市统筹城乡改革推进

2004年2月10日，中共成都市委、成都市人民政府出台《关于统筹城乡经济社会发展、推进城乡一体化的意见》。这份文件提出了城乡6个“一体化”：推进城乡规划建设管理一体化、城乡产业布局一体化、城乡就业和社会保障制度一体化、城乡基础设施建设一体化、城乡社会事业发展一体化、城乡政策措施一体化。要求逐步达到城乡具有同等的生产生活条件和政策待遇，城乡居民共享改革发展的实惠和文明，实现城乡同发展、共繁荣，构建和谐城乡社会。成都立足于大城市带大农村的区域实际，启动了全面深入的统筹城乡“自费改革”，破解长期以来形成的城乡二元体制矛盾和“三农”问题顽症，推动发展方式根本转变，推进城乡全面现代化。成都市委、市政府确定了以规划为龙头的统筹城乡发展，推进城乡一体化战略。同年，成都市双流县创造性地提出并大力实施“三个集中”，即工业向园区集中，农民向城镇集中，土地向业主集中，标志着成都城乡统筹工作的开端。

2003年3月，成都市要求龙泉驿区、都江堰市、双流县、郫县、大邑县5个区（市）县开展“统筹城乡经济社会发展，综合运用各种政策，加快城市化进程，全面建设小康社会”试点，拉开了成都统筹城乡发展、推进城乡一体化实践的序幕。8月，市第十次党代会对加快城市化进程，推进跨越式发展作出全面部署，有组织地推进城乡经济社会发展，加快城市化进程，加快农村居民转变为城镇居民的步伐，明确要求加快城市化要处理好规划、产业发展、政策配套、身份转变4个关键问题，决定增加锦江区、青羊区、金牛区、武侯区、成华区五城区作为加快推进城市化进程的试点。10月22日，市委、市政府在双流召开全市推进城乡一体化工作现场会，认为贯彻落实中共十六届三中全会提出的以人为本、“五个统筹”“五个坚持”的科学发展观精神，要把加快城市化、工业化和农村发展结合起来，决定在全市推广双流等地推进城乡一体化试点的经验，大力实施工业向园区集中、土地向业主集中、农民向城镇集中“三个集中”，强调规划是龙头和基础、产业发展是支撑，建立和完善以市场配置资源为基础的发展机制是关键，制定并实施相关配套政策是保证，把农民身份转变作为推进工作的着眼点和落脚点。

2004年2月，市委、市政府成立成都市推进城乡一体化工作领导小组，全面推进城乡一体化工作战略部署。在全市农村工作会议上，市委、市政府提出农村工作要以增加农民收入为核心，坚持以科学发展观指导“三农”工作的基本方针，认真落实推进城乡一体化工作的战略部署，突出抓好“农业产业化经营、农村发展环境建设、农村扶贫开发”三大重点工程，强化党对农村工作的领导这个根本保证。4月，在全市领导干部“树立和落实科学发展观”研讨班上，提出推进城乡一体化要抓好6项重点工作：以县城和有条件的区域中心镇为重点，要有一个科学的规划，要突出抓好产业发展，要下大力气建立市场化配置资源的机制，要加快制定和完善相关配套政策，要把农民身份转变建立在生产、生活、居住方式的转变上。全市推进城乡一体化逐步形成了以“六句话”为指导，以中心城区、县城以及有条件的区域中心镇推进“三个集中”，暂不具备条件的地区配套抓好“三大重点工程”的比较完整的工作思路、工作重点和措施办法。以红砂村为代表的五朵金花成为成都城乡一体化战略成果的亮点。

四川省国资委成立

2004年2月13日，中共四川省委、四川省人民政府公布了关于省政府国有资产监督管理委员会领导班子的任命决定，标志着省国资委正式组建。

省委常委甘道明兼任省国资委党委书记，副省长杨志文兼任省国资委党委副书记，陈光志任省国资委党委副书记、主任。国资委是省政府直属的特设机构，代表省政府对省属国有企业行使出资人权利，管资产、管人、管事相结合。原来分散在各部门的国企资产、人事和一些事务管理等权限统一归口。主要包括：原省委企业工委承担的管理省属国企负责人和领导企业党建工作的职能，原省经贸委承担的指导省属国企改革和管理的职能，省财政厅管理经营性国有资产的职能，省劳动保障厅拟定国企经营者收入分配政策和审核省属企业工资总额的职能。

2004年8月18日，省国资委正式成立。

四川省商务厅成立

2004 年 2 月 16 日，四川省商务厅成立。省商务厅主管全省国内外贸易和国际合作。原省发展计划委员会承担的组织实施重要农产品进出口计划的职能，原省经贸委承担的国内贸易管理、对外经济协调和组织实施重要工业品、原材料的进出口计划职能，原省外贸厅和省经贸委流通行业办承担的职能都将划入该厅。采取完全市场化的运作模式，工作制度将由传统的“报批制”改为“备案制”，为进出口贸易提供高效能服务。

四川省计生委更名

2004 年 2 月 17 日，四川省计划生育委员会正式更名为四川省人口和计划生育委员会。更名后的四川省人口和计划生育委员会，被赋予了新的职能，在原有计划生育管理职能上有所扩展，更重要的是在稳定低生育水平的同时，加强人口发展战略研究，围绕全面建设小康社会和社会生活的重大问题，进行人口总量、素质、结构的变动趋势以及对经济、社会、资源、环境的影响的研究，把握规律性，提高预见性，增强主动性，为政府综合决策提供科学依据。

四川企业中标印尼中爪哇火电站项目生产发电设备

2004 年 2 月 18 日，四川企业对印尼中爪哇两台大型机组供货合同在成都正式签字，由东方锅炉集团、东方汽轮机厂和东方电机股份有限公司联合为印尼中爪哇火电站项目生产发电设备。合同金额 5.1 亿美元，创下四川省外经合作项目之最，也标志着中国大型发电机组首次打入由美、日等国长期垄断的东南亚市场。西南电力设计院承担该项目的设计及技术服务工作，项目最核心的三大机组——锅炉、汽轮机及发电机分别由三大东方集团制造，项目 80%以上的设备采用国内自行设计生产的发电机组及辅助设备。该项目从设计到制造、施工的全过程均由四川企业承担。

金沙遗址获赠美国大使基金

2004 年 2 月 19 日，美国驻华大使雷德先生亲临成都金沙遗址发掘现场，将金沙遗址出土文物保护款项 4.5 万美元捐赠给成都博物院，专项用于遗址出土象牙和骨角质文物的保护工作。美国大使基金建立于 2001 年，金沙遗址是该基金建立以来四川省内第一处受赠者。

四川省食品药品监督管理局成立

2004 年 2 月 21 日，四川省食品药品监督管理局成立。省食品药品监督管理局作为省政府直属机构，行使药品监管职能，负责食品、保健品、化妆品安全管理的综合监督、组织协调和依法组织开展对重大事故的查处。省卫生厅原承担的制定食品、化妆品质量管理规范并负责认证工作的行政管理职能，划入省食品药品监督管理局。

唐汉华被追授为“全国模范法官”“优秀共产党员”

2004 年 2 月 23 日，最高人民法院和中共四川省委在成都隆重召开大会，追授唐汉华为“全国模范法官”“优秀共产党员”，号召全国法官和全省党员、干部向唐汉华学习。

唐汉华，1950 年 1 月生，四川省仪陇县人，中共党员，1982 年从部队转业到攀枝花市东区人民法院工作，历任书记员、信访接待员、司法警察、助理审判员、审判员。他具有坚强的党性和很强的组织观念，坚持以组织的需要为需要。多年来，经他办理的900余件各类案件，无一错案和人情案，累计加班近500个工作日。他办理的案件，多数在一周内审结。仅在病重住院前的1个月时间里，他就受理民事案件13起，办结10起。1991年他被确诊患有乙型肝炎。2003年7月17日，他在工作岗位上发病住院，因肝硬化引起并发症，医治无效，于7月23日去世。

四川省54个开发区摘牌

2004年2月26日，四川省经营土地工作会议召开。按照国家制定的清理整顿开发区的具体标准和政策界限，四川省148个开发区（园区）撤销54个，其中成都市撤销和整合归并28个，初步抑制了开发区过多过滥的势头。

四川省人民政府政务服务中心、成都市人民政府政务服务中心同址办公启动

2004年2月27日，四川省人民政府政务服务中心、成都市人民政府政务服务中心同址办公揭牌仪式在成都举行。四川省人民政府政务服务中心于2001年10月9日正式成立，成都市人民政府政务服务中心于2004年2月23日投入试运行，同在草市街2号新大楼对外办公，进入中心对外服务的省级窗口部门32个，市级窗口部门44个。

3月

四川省中小企业局挂牌

2004年3月2日，四川省中小企业局挂牌。

新成立的中小企业局将逐步建立和完善中小企业服务体系，推进中小企业融资担保体系，促进中小企业结构调整。

全国生态家园富民计划高层专家论坛在苍溪举行

2004年3月17—19日，由九三学社中央主办的全国生态家园富民计划高层专家论坛在广元市苍溪县举行。全国人大常委会副委员长、九三学社中央主席韩启德院士出席开幕式并讲话。与会代表总结、交流生态家园富民计划实施情况，并就国家农业科技发展规划、发展能源农业、开发生物质能源等展开了研讨。

此计划由农业部于2000年推出，被列入农业七大体系建设之一。计划从农民最关心的家园建设入手，以沼气建设为纽带，结合农户改圈、改厕、改厨，引导农民改变落后的生产生活方式，大力发展生态农业。该计划可使生活用能效率提高30%以上，优质能源占50%左右。

“2003四川十大财经风云人物”颁奖典礼举行

2004年3月22日，“2003四川十大财经风云人物”颁奖典礼在成都举行。刘永言、孙康敏、安治富、花欣、杨钢、陈伟锭、王春鸣、郭晓进、薛永新、郭一民获此殊荣；成都迈普产业集团有限公司董事长花欣同时获得“2003年四川年度财经人物”大奖；曾海明、矶贝匡志、王兵等13名企业家分获6个单项奖。

万国邮联实施“北京邮政战略”国际会议在成都举行

2004年3月24—26日，万国邮联实施“北京邮政战略”国际会议在成都举行，来自36个国家的会议代表70余人参会。万国邮联国际局总局长托马斯·利维，四川省和国家邮局主要领导出席了开幕式。此次会议，是第22届万国邮联大会之后召开的又一次国际邮政界高级别会议。

省委授予雍宗满“优秀共产党员”称号

2004年3月25日，中共四川省委授予雍宗满“优秀共产党员”称号大会在成都市隆重举行。省委书记、省人大常委会主任张学忠出席会议并作重要讲话。省委副书记、省长张中伟主持大会。

1997年底，经过“公推直选”，雍宗满当上南部县寒坡乡四房嘴村党支部书记。当时的四房嘴，以“花子村”“赌博村”“告状村”闻名。短短几年时间里，雍宗满在村里树起了文明新风，带领村民发展致富，全村人均年纯收入从620元增加到3320元，新建了农民新街、农贸市场，水、电、路、电话、闭路电视“五通”，成为远近闻名的富裕文明新村。

中国最大聚碳酸酯项目落户绵阳

2004年3月28日，由绵阳晨光发达实业有限公司投建的，占地1000亩投资规模超过20亿元的中国最大聚碳酸酯项目在绵阳开工。该项目全部完成后将形成10万吨生产能力，30多亿元的产值。

四川省机场集团有限公司挂牌

2004年3月29日，成都双流国际机场，西昌青山、南充火花和达州河市等民航机场正式移交四川省人民政府管理。同时，在上述四机场和九黄机场基础上组建的四川省机场集团有限公司挂牌成立。至此，四川民航机场属地化工作顺利完成。

新成立的省机场集团有限公司是直属省政府的国有大型航空运输服务企业，下辖成都双流、西昌青山、南充火花、达州河市和九寨黄龙五个机场，飞行区等级分别为4E、4D、4C、3C和4C。其中，双流国际机场是中国西部重要的航空枢纽和国际口岸机场，2003年旅客吞吐量突破800万人次，在全国机场中位居第六。公司将形成以双流机场为枢纽，西昌、南充、达州、九寨黄龙机场为支线的机场管理新体系。

瀑布沟水电站开工建设

2004年3月31日，瀑布沟水电站建设正式开工。2003年3月10日，瀑布沟水电站由国家计委批准立项。该电站位于汉源县和甘洛县交界的大渡河干流上，以发电为主，兼有防洪拦沙等综合效益，是国家“十五”重点建设项目、西部大开发标志性工程、四川当时在建最大的水电站，预计总投资199.43亿元人民币，装机容量330万千瓦，年均发电量145.8亿千瓦时，具有季调节能力。电站坝高186米，水库正常蓄水位850米，总库容51.77亿立方米，调节库容38.8亿立方米。2005年11月22日，工程截流成功。

4月

四川干部任免实现票决制

2004年4月2日，中共四川省委常委会讨论通过《省委常委会投票表决干部任免的暂行办法》和《省委全委会表决市厅级党政正职拟任人选和推荐人选的试行办法》，决定把票决干部的范围进一步扩大，层次进一步提高。这两个办法规定，省委常委会今后讨论决定省委管理的干部任免一律采取投票表决方式；市（州）党委、政府和省级机关厅局领导班子正职的拟任人选和推荐人选，由省委常委会讨论同意后提交省委全委会审议，进行无记名投票表决。

这两个办法的出台和实施，标志着票决制成为省委讨论决定干部任免的基本制度，使党委常委会票决干部任免和全委会表决重要干部任免的干部决策机制在四川省、市、县三级全面推行，形成制度，走向规范。

吴邦国、王兆国到广安视察

2004年4月9日，中共中央政治局常委、全国人大常委会委员长吴邦国，中共中央政治局委员、全国人大常委会副委员长王兆国到广安市视察。其间，吴邦国、王兆国考察了邓小平故居纪念馆，听取了邓小平故居陈列室设计情况汇报，并在小平故居挥锹植树。

全国纠风工作会议在成都召开

2004年4月9—10日，全国纠风工作会议在成都召开，国务委员、国务院秘书长华建敏出席会议并讲话。华建敏要求，要以邓小平理论和“三个代表”重要思想为指导，坚持立党为公、执政为民，紧紧围绕解决损害群众利益的突出问题，坚韧不拔地做好纠正部门和行业不正之风工作，让广大人民群众真正感受到纠风工作带来的实效。

中央纪委副书记、监察部部长、国务院纠风办主任李至伦作工作报告。李至伦总结了2003年全国纠风工作，对2004年纠正损害群众利益的不正之风，加强政风行风建设作出全面部署。中共四川省委副书记、省长张中伟介绍了四川省反腐倡廉和纠风工作情况。

各省、自治区、直辖市纠风办主任和中央国家机关有关部门及纠风办负责人出席会议。省内各市州纪委、省直有关部门和派驻纪检组负责人列席会议。

李长春到川视察

2004年4月9—14日，中共中央政治局常委李长春在四川视察。李长春先后到绵阳、德阳、广安、乐山、成都等地，深入企业、农村和城区调查研究，详细了解社区精神文明建设和新华发行集团等文化体制改革试点单位的工作情况，视察了中国工程物理研究院、长虹集团、成都飞机公司等科研及企业单位，听取了省委、省政府工作汇报，对四川省改革开放和现代化建设取得的成就给予充分肯定。

李长春强调，用“三个代表”重要思想武装全党、教育人民是一项长期的战略任务，既要抓紧抓好，又要持之以恒。要认真贯彻十六大和十六届三中全会精神，紧密结合全面建设小康社会和推进西部大开发的实践，紧紧抓住发展这个执政兴国的第一要务，牢固树立和全面落实科学发展观，大力弘扬求真务实精神、大兴求真务实之风，把学习贯彻“三个代表”重要思想引向深入，不断取得新的成效。考察期间，李长春还就继续抓好治理党政部门报刊散滥和利用职权摊派发行工作提出要求。

达氏鲟内塘怀卵成功

2004年4月13日，位于长宁县富兴乡的水生珍稀动物保护研究中心首创的达氏鲟内塘怀卵技术在长宁第一次实施获得成功，育苗7万多尾，打破了达氏鲟必须进入东海育肥才能怀卵的模式。达氏鲟有“水中大熊猫”的称号，又称长江鲟，是国家一类保护动物，主要分布于长江中上游，多年来，由于受葛洲坝等拦江筑坝、水域污染等影响，数量急剧减少，被世界野生动物基金会列为十大濒临灭绝物种水生动物之一。

四川省十届人大常委会第八次会议召开

2004年4月13—16日，四川省十届人大常委会第八次会议在成都召开。会议表决通过了《四川省公共消防设施条例》《四川省人民代表大会常务委员会关于废止（四川省工业企业劳动卫生管理条例）的决定》《四川省人民代表大会常务委员会关于批准〈成都市人民代表大会常务委员会关于修改“成都市建筑施工现场监督管理规定”的决定〉的决定》等决定。

攀钢18万吨高钛渣项目开工

2004年4月15日，攀钢18万吨高钛渣项目开工仪式举行，这是攀钢钒钛产业战略中的关键项目。该项目由国家发改委立项，总投资3.37亿元。该项目是国内首座大型钛渣冶炼电炉，同时具备生产用于氯化法钛白的氯化渣和用于硫酸法钛白的酸溶渣两种产品的能力。

工程分两期建设：一期建设一座2.5万千伏安高钛渣电炉，形成年产钛渣6万吨的综合能力；二期在引进、消化的基础上，形成具有攀钢知识产权的钛渣生产技术，通过攻关和新建，建成能连续加料冶炼的大型密闭电炉，最终形成年产18万吨钛渣的规模。

乐山市入围首批全国绿化模范城市

2004年4月15日，全国绿化委员会授予乐山市全国绿化模范城市荣誉证书和奖牌，乐山成为首批9个全国绿化模范城市之一，也是四川省唯一获此称号的城市。

四川理工学院挂牌

2004年4月16日，由四川轻化工学院、自贡师范高等专科学校、自贡高等专科学校、自贡教育学院4所高校合并组建的四川理工学院在自贡市挂牌成立。该院的成立，填补了四川省南部六地市没有一所理工为主的多科性本科院校的空白。新组建的四川理工学院校园面积90万平方米，设有工学、理学、管理学、文学、经济学、法学、教育学和历史学等8个学科门类的60个专业。

鹰联航空有限公司成立

2004年4月17日，鹰联航空有限公司成立，这是中国第一家获得国家民航局批准成立的民营航空运输企业，后经中国商用飞机有限责任公司、四川航空集团有限责任公司、成都交通投资集团有限公司重组为成都航空有限公司。

“试验卫星一号”和“纳星一号”发射成功

2004年4月18日23时59分，西昌卫星发射中心用“长征二号丙”运载火箭成功地将“试验卫星一号”和搭载的“纳星一号”科学实验小卫星送入预定轨道，标志着中国小卫星研制技术取得重要突破。

“试验卫星一号”是中国第一颗传输型立体测绘小卫星，质量204公斤，主要用于国土资源摄影测量、地理环境监测和测图科学试验。“纳星一号”是一颗用于高新技术探索试验的纳型卫星，质量小于25公斤。

中国（成都）民办教育峰会召开

2004年4月19日，中国（成都）民办教育峰会在成都召开。来自全国的知名民办教育专家和民办学校校长及部分家长，围绕民办教育的成长历程及贡献与前景，共同研究探讨《民办教育促进法实施条例》给民办教育带来的发展机遇。峰会作出6场专题报告，举行了两场座谈会，发布了中国第一份民办教育的“成都宣言”。

捷克总统克劳斯访问四川

2004年4月20—22日，捷克共和国总统瓦茨拉夫·克劳斯访问四川。省委书记、省人大常委会主任张学忠，省委副书记、省长张中伟在成都会见了总统一行。

中国成功研制华夏网芯

2004年4月21日，中国第一颗具有完全自主知识产权的高性能路由交换核心芯片——华夏网芯TS2410在成都市高新区研制成功，结束了高性能路由器、交换机没有“中国芯”的历史。

中医药国际科技博览会在成都召开

2004年4月24—27日，2004年中医药国际科技博览会在成都召开。来自全球400余家制药巨头、医疗机构、著名大学、金融机构的代表交流和展示国际中医药产业发展的最新成果，寻求商机。高新科技和产业化是本次博览会的亮点，参展的有3000多个中医药新产品、500个中药保护品种、100项中药专利、80个国家“863”计划项目、60项国家“973”计划项目，20个销售额超过5亿元的产品。

中国绵阳科技城科技博览会在绵阳举行

2004年4月26—29日，科技部、国防科工委和四川省人民政府共同主办，绵阳市人民政府承办的中国绵阳科技城科技博览会暨军转民高科技成果交易会在绵阳举行。交易会共签署117个协议，总金额达 54. 77 亿元人民币。

郑国英获国家工程勘察设计大师称号

2004 年 4 月 28 日，中国第四批勘察设计大师名单公布。中国建筑西南设计研究院资深总设计师郑国英获国家工程勘察设计大师称号。至此，四川省建筑设计领域有 4 人获此殊荣。

凉山州甘洛县拍卖出四川历史上单宗探矿、采矿权最高价

2004 年 4 月 28 日，在西昌市拍卖的凉山彝族自治州甘洛县一块标号为新 915－Ⅱ铅锌矿探矿、采矿权，以 8950 万元价格出让给四川宏达集团有限公司，竞拍价高出起拍价 800 万元 11 倍，创下四川历史上单宗矿权拍卖的最高价。

攀钢建成中国首条热镀锌铝生产线

2004 年 4 月 30 日，攀钢隆重举行 2 号热镀锌铝生产线投产典礼，标志着中国第一条镀锌铝生产线在攀钢建成投产。该生产线投资 5. 3 亿元，年产量达 30 万吨，产值达 18 亿元，是攀钢三期建设的重要标志性项目。

攀钢热镀锌铝生产线采用全数字交流传动装置，生产线的关键技术和设备由法国、德国和美国公司提供，其工艺、技术、设备均为世界一流水平。

5 月

沱江流域资中段被污染

2004 年 5 月 3 日，沱江资中段发生严重污染事故，污染源为违规排污的东方红纸业公司。此次污染造成直接经济损失 89. 7 万元。21 日，省政府在岷江、沱江流域污染治理工作会上通报了对仁寿县东方红纸业公司污染事故的处理情况。

四川省农村专业合作经济组织经验交流会在绵阳召开

2004 年 5 月 8—9 日，四川省农村专业合作经济组织经验交流会在绵阳市召开。截至 2003 年底，四川省发展农村专业合作经济组织 10053 个，成员 118 万人（户），分别比上年增长 18. 3% 和 31. 1%；带动农户 320 万户，占农户总数的 16. 3%。

五粮液集团重组四川橡胶集团

2004 年 5 月 12 日，资阳市人民政府与五粮液集团签订国有资产划转协议，五粮液集团对四川橡胶集团有限公司实行资产重组。经省国资委批准，四川橡胶集团有限公司国有净资产 8728 万元划转给五粮液集团公司，五粮液集团公司接受川橡集团全部债权债务和在册员工。五粮液集团公司董事长王国春在签字仪式上表示，五粮液重组川橡是五粮液集团迈出的跨区域资产重组的第一步，要通过实施名牌战略，在五年内把川橡集团带入行业前三名，十年内使川橡集团成为行业第一。

“巨星α号”超级计算机通过技术鉴定

2004年5月14日，“巨星α号”超级计算机在绵阳通过技术鉴定，标志着中国超级计算技术开始走上新兴的第六代超级计算机发展道路。

绵阳建成全国唯一的科普示范城市

2004年5月15日，四川科技活动周开幕式上宣布，绵阳市被确定为全国科普示范城市试点，成为中国唯一的科普示范城。

在国务院确定建设绵阳科技城以来，全市创建科普文明乡（镇）83个、科普文明村345个。围绕调整农业产业结构，全市先后建成科普示范基地73个，培训科技示范户1.5万余户，示范推广新技术、新成果近300项。

贺国强到川调研

2004年5月15—18日，中共中央政治局委员、书记处书记、中央组织部部长贺国强在四川调研。贺国强先后到成都、广安考察，在成都主持召开了西南五省区市“树组工干部形象”集中学习教育活动座谈会。

省委召开工业工作会议

2004年5月18—22日，省委在成都召开工业工作会议。会议提出坚持走新型工业化道路、奋力推进四川工业跨越式发展的目标、思路、措施，通过了省委、省政府《关于加快推进新型工业化的意见》。会议开幕前，代表们听取了国务院国资委主任李荣融关于国企改革和国有经济问题的专题报告。会议期间，代表们参观了德阳、成都、资阳、内江、泸州的29户企业，并分别听取了5市工作汇报。会议表彰了有杰出贡献的企业家及企业优秀经营团队。

国务院调研组到川考察

2004年5月24—26日，中共中央政治局委员、国务院副总理曾培炎率国务院调研组到四川，考察环境保护、中央宏观调控政策及西部大开发工作会议精神的贯彻落实等情况。曾培炎主持召开了沱江水污染治理现场会。

四川开展红层找水工程

2004年5月28日，国土资源部和四川省人民政府在成都举行“合作开展四川省红层丘陵区地下水调查与开发利用”项目签字仪式。国土资源部副部长寿嘉华，四川省委副书记、四川省人民政府副省长蒋巨峰出席签字仪式。

四川省东部17市、104县近12万平方公里，普遍分布白垩系和侏罗系的红色砂、泥岩，处于红层丘陵地带，导致该地带非降雨季节有近2000万人饮水困难，其中400万人用水极度困难，严重影响农业生产。2004年元月，中共中央总书记胡锦涛对此作出重要批示“要切实帮助老区人民解决生产、生活中面临的实际困难”。四川省人民政府将红层找水项目列为省政府2004—2005年为民办实事的十件大事之一，并作为国土资源部和四川省人民政府部、省合作开展的一个项目，要求在

2005年12月底前分三期完成。该项目涉及盆地内17个市105个县（市、区）12.8万平方公里，计划打井100万余眼，惠及严重缺水区400万农民，是一项德政工程、民心工程。

根据红层地区降水量相对丰富、地表风化裂隙较为发育、浅层风化裂隙水水量虽小但容易得到补充的特点，结合农户居住分散、单户日用水量较小的具体情况，国土资源部在四川省创造性地探索出了科学、经济、实用的“庭院微型自来水”供水新模式。按照这一模式，在农户宅院附近寻找富水地段，投资数百元就能建成配套齐全的小口径供水井。“一户一井或几户一井”，可有效解决农户的生活饮水，条件较好时还能提供部分生产用水。

截至2005年9月15日，四川省第一期、第二期红层找水打井工程进展顺利，完成示范井、规划井32万余口，解决了约126万人饮水困难，成效显著。

中国进出口银行在成都设分行

2004年5月28日，中国进出口银行成都分行成立。这是该行在西部地区成立的首家分行，经营服务范围为川、渝两省市。中国进出口银行成立于1994年，是直属国务院的国家出口信用机构。该行的主要职责是贯彻执行国家产业政策、外经贸政策和金融政策，为扩大中国机电产品和高新技术产品出口，推动有比较优势的企业“走出去”，促进对外经济技术合作与交流提供政策性金融支持。

成都技术产权交易所更名

2004年5月31日，成都技术产权交易所变更为成都联合产权交易所，成为四川首家联合产权交易所。更名后的成都联合产权交易所，业务范围由原来的技术产权交易扩大为综合产权交易，该所除继续开展为科技企业和中小企业提供以投融资服务为重点的技术产权交易服务外，还为国有产权（含国有企业的整体和部分产权、公司制企业中的国有产权）、行政事业性资产、特许经营权、民营企业产权等产权转让进入市场公开交易提供服务。

四川省十届人大常委会第九次会议召开

2004年5月31日至6月3日，四川省十届人大常委会第九次会议在成都召开。会议表决通过了《四川省人民代表大会常务委员会关于提高地方立法质量有关事项的决定》《四川省人民代表大会常务委员会关于修改〈四川省体育条例〉的决定》《四川省人民代表大会常务委员会关于批准〈成都市人民代表大会常务委员会关于废止“成都市社会力量办学管理条例”的决定〉的决定》等决定。

四川学者建立植物新科

2004年5月，四川植物学家新近建立植物新科——芒苞草科，这项发现结束了100多年来没有中国科学家建立植物新科的历史，并为大陆漂移假说和板块学说提供了佐证。芒苞草科仅有芒苞草1种，分布于四川西部和西藏东南部的横断山区，为中国特有科植物。芒苞草科已被写入国际最高水平的《世界维管植物科属》一书。

6 月

四川省与智利第八大区签订友好交流与合作协议

2004 年 6 月 2 日，经过两天的工作会谈和实地考察，四川省委书记、省人大常委会主任张学忠与智利第八大区（比奥比奥大区）区长托阿·冈萨雷斯在该区首府康塞普西翁市签订了开展友好交流与合作的协议。智利总统顾问委员会负责人、智利议会代表以及当地政府、工商和新闻等各界人士出席签字仪式和新闻发布会。

3 日，阿根廷副总统兼国会参议长肖利在阿根廷国会大厦会见中共四川省委书记、省人大常委会主任张学忠。

宣汉县遭受严重风、雹灾害

2004 年 6 月 7 日，宣汉县境内出现严重风、雹灾害性天气，风力最大时达 7 级，冰雹直径 8—15 毫米，其密度之大、持续时间之长，在宣汉有气象资料记载以来罕见。该县东乡、清溪、峰城、老君等 20 多个乡镇的 187 个村、1496 个社受灾，1 人受伤。灾害使全县 4. 91 万亩农作物严重受损，绝收面积 1. 53 万亩；378 间房屋及牲畜圈舍垮塌或受损；部分乡镇通讯中断。灾害造成直接经济损失 2130 余万元。

贾庆林到川视察

2004 年 6 月 9—16 日，中共中央政治局常委、全国政协主席贾庆林先后到阿坝、绵阳、德阳、南充、广安、乐山、成都等地，深入农村乡镇、工厂企业和科研院校，就树立和落实科学发展观，进一步做好统战、政协工作开展调研。调研期间，贾庆林会见了四川省统战部门、政协机关工作人员和各民主党派负责人，听取了省委、省政府工作汇报，对四川省近年来经济社会发展取得的成绩给予充分肯定。

“四川—澳门合作发展周”在澳门举行

2004 年 6 月 15—17 日，“四川—澳门合作发展周”在澳门举行。澳门特别行政区行政长官何厚铧，全国政协副主席马万祺，四川省委副书记、四川省人民政府省长张中伟，中央政府驻澳门联络办公室主任白志健等出席开幕式。合作周期间，共签订合作项目 115 个，其中投资类项目 100 个，总投资 10. 26 亿美元；贸易类项目 15 个，总金额 1. 17 亿美元。澳门贸易投资促进局和四川省商务厅签署了《澳门与四川合作备忘录》，构建起双方长期开展经济合作、资讯交换、服务支持等方面的框架。

四川大学正式成立研究生院

2004 年 6 月 17 日，经教育部批准，四川大学在新落成的研究生大楼举行研究生院成立大会。四川大学党委书记卢铁城教授、校长谢和平院士为研究生院揭牌。四川大学于 2000 年 6 月率先在西南地区试办研究生院。

四川省艺术院竣工

2004 年 6 月 18 日，四川省艺术院竣工。省艺术院坐落于成都市龙泉驿区驿马河畔，是巴金文学院的姊妹工程。项目占地 4537 平方米，工程分为学术交流中心、学员公寓、食堂、门廊 4 个子项目，集交流、培训、演出功能于一体，是四川省艺术家的重要活动场所。

广州助学基金在四川助学

2004 年 6 月 23 日，省教育厅、教育基金会在成都举行广州助学基金 2003—2004 年度受助贫困大学生资助金颁发仪式，980 名四川省民族地区就读普通高校家庭经济困难的全日制大学生每人获得资助金 2000 元。该助学基金是根据广东省委、省政府的部署，由广州市捐资 1 亿元设立的。该基金设立 3 年来，共资助四川民族地区贫困大学生 1980 名，发放资助金 396 万元。

5 米宽厚板轧机研制成功

2004 年 6 月 24 日，世界最现代化的轧机、号称“中国轧机之王”的 5 米宽厚板轧机在德阳二重研制成功。这对中国钢铁工业的产品结构调整，对国防工业和国民经济持续稳定发展具有重大意义。

由二重制造的宝钢 5 米宽厚板轧机，是当时中国最大最宽的厚板轧机，仅其机架单片重就达 390 吨，轧制力高达 10000 吨/毫米，整套装备可完成 400 多个动作，自动化水平显著高于世界同类轧机。轧制的钢材品种有管线钢板、造船钢板、耐大气腐蚀钢板及模具钢板等，最大钢板单重24 吨，年产量 140 万吨。

成都市发布突发地质性灾害紧急预案

2004 年 6 月 26 日，《成都市突发性地质灾害紧急预案》正式发布生效。地震、崩塌、滑坡、泥石流等自然灾害若突然发生，成都市人民政府将根据预案，开展应急救援行动。

根据预案，在突发地质灾害发生前，气象、水利等预报部门要及时发出预警。发生灾情后，气象、水利、国土、建委、交通、卫生、公安、财政、民政、旅游、电信等部门将实行联动，以保证灾区尽快脱离险情恢复正常秩序。指挥部指挥长将借助机载雷达、遥感卫星等对灾区实施全面监控，即时掌握抢险动态，适时调整抢险战略。

四川省最大煤矿资源延伸勘探开工

2004 年 6 月 26 日，四川省最大的煤炭生产基地——攀枝花市宝鼎矿区煤炭资源延深勘探正式开工。此次深部勘探投资为 5925 万元，勘查面积约为 70 平方公里，预计 2006 年 8 月底前完工，预期可获得煤炭资源储量达 31304 万吨，潜在的经济价值达 279 亿元。

成都取消（调整）38 项行政审批项目

2004 年 6 月 29 日，《成都市人民政府关于取消（调整）第六批行政审批项目的决定》正式公布执行，包括“CNG 加气站审批”等在内的 38 项行政审批项目被取消（调整）。

自2000年9月《成都市人民政府关于做好清理行政审批事项工作的通知》正式出台，第一批取消（调整）343项行政审批项目以来，成都市先后6次共取消（调整）696项行政审批项目。此次取消（调整）行政审批项目涉及市计委、市教育局、市公安局、市民政局、市建委、市交通局等15个部门。

攀钢集团重组四川长城特殊钢有限责任公司

2004年6月30日，攀钢集团四川长城特殊钢有限责任公司在成都举行授牌仪式，四川省委书记、省人大常委会主任张学忠，四川省委副书记、省人民政府省长张中伟为新公司授牌。攀钢集团正式成为新公司第一大股东，由此顺利进入特殊钢铁行业。

经中介机构评估并经重组各方确认，长钢的股权从24.98亿元调整为11亿元，加上攀钢集团下属的攀钢有限责任公司将5.2亿元债权转为股权，重组后，长钢的总股本为16.2亿元，通过收购中国银行四川省分行股份，以及由省国资委将四川省投资集团公司持有的股份无偿划转给攀钢集团，攀钢共占总股本的48.97%，实现对长钢的相对控股。工商银行、华融资产公司等4家金融股东持股51.03%。

四川存有世界新物种矮岩羊

2004年6月30日，国际狩猎家当·考克斯在美国证实，20世纪70年代在甘孜州巴塘县竹巴龙乡发现的动物新亚种——矮岩羊，是新发现的、全世界独一无二的动物物种。矮岩羊属偶蹄目牛科，生活在海拔2700—4000米的灌木丛、草甸、裸露岩石地带，成年羊体重约50—70公斤，体毛为灰棕褐色，背腹交界处及四肢有明显黑纹。矮岩羊分布在巴塘县竹巴龙乡一带近2000公顷的土地上，其种群数量仅800只左右，比“国宝”大熊猫的存世数量还少，是一种濒临灭绝的珍稀野生动物。

7月

四川司法警官职业学院正式成立

2004年7月6日，四川司法警官职业学院成立。该院主要培养为四川省监狱、劳教系统的最高学府，将成为四川培养高素质监狱、劳教系统专业人才，有利于推进四川省监狱、劳教事业的科学化、法制化和社会化建设。

四川省第二条“川电外送”大通道开通

2004年7月8日15时，强大的电流通过四川南充500千伏变电站经重庆万州至三峡到达上海，成为四川第二条“川电外送”大通道。这条500千伏超高压输电线路合闸瞬间，最高负荷达24.1万千瓦。

王翩翩获“中国武警十大忠诚卫士”称号

2004年7月12日，第七届“中国武警十大忠诚卫士”颁奖大会上，武警成都指挥学院射击教员王翩翩获“中国十大忠诚卫士”称号。她是全国武警部队 27 所初级指挥院校中首次荣获“中国武警十大忠诚卫士”殊荣的教员，也是四川省武警部队中继雷敏、罗斌之后的第三位忠诚卫士。

资阳机车出口非洲

2004 年 7 月 14 日，中国南车集团资阳机车厂自行研制的 4 台 CKD8C 型内燃机车正式装车出口。这是中国首次向纳米比亚批量出口内燃机车。此次出口的 4 台机车是该厂根据纳米比亚铁路实际情况，自行研制的窄轨内燃机车。机车采用微机控制系统等多项先进技术，装车功率 1620 千瓦，最大速度 120 千米/小时。

中芯国际在成都签署投资协议

2004 年 7 月 15 日，中芯国际集成电路制造有限公司与成都市人民政府就中芯国际成都投资项目正式签署协议。中芯国际将投资 1.75 亿美元，在成都高新西区建设集成电路封装测试厂。成都作为全球芯片制造业重要基地的地位再次得到巩固。

成都七中学生杨露菡获国际生物学奥赛金牌

2004 年 7 月 17 日，成都七中高 2004 级 9 班学生杨露菡在澳大利亚布里斯班结束的第十五届国际中学生生物学奥林匹克竞赛中获得金牌，成为该校继童一、傅宏宇之后第三位获得国际中学生生物学奥林匹克竞赛金牌的学生。

南部县被列为“国家级生态示范县”

2004 年 7 月 21 日，国家环保总局发文，将南充市南部县列为“国家级生态示范县”。南部县把生态环境保护和建设纳入县“十五”规划，成立了生态示范县建设领导小组，在全县广泛开展生态小区和环境优美乡镇创建活动。

四川省专用通信局成立

2004 年 7 月 22 日，四川省专用通信局在成都挂牌成立。专用通信网是直接为党中央、国务院和各省（市、区）及计划单列市党政领导机关服务的通信网络。随着通信体制改革的深入，党中央、国务院决定将专用通信从电信企业中剥离出来，集中统一管理。省专用通信局受省委办公厅、省通信管理局和国内专用通信局领导。

海峡两岸大气科学研讨会在都江堰市举行

2004 年 7 月 26 日，由中国科学院主办、成都信息工程学院承办的第八届中国科学院研究生暨两岸青年大气科学学术研讨会在都江堰市举行。有大气科学专家和青年学者 200 多人参加会议。此次会议提交的 120 多篇学术论文，涵盖了大气科学的各研究领域。

四川省十届人大常委会第十次会议召开

2004 年 7 月 27—30 日，四川省十届人大常委会第十次会议在成都召开。会议表决通过了《四川省阆中古城保护条例》《四川省人民代表大会常务委员会关于停止执行四川省地方性法规中部分行政许可事项的决定》《四川省人民代表大会常务委员会关于加强全省检察机关人民监督员试点工作的决议》《四川省人民代表大会常务委员会关于批准（凉山彝族自治州泸沽湖风景名胜区条例）的决定》《四川省人民代表大会常务委员会代表资格审查委员会关于补选四川省第十届人民代表大会的代表资格的审查报告》《四川省人民代表大会常务委员会关于批准四川省2003年省级财政决算的决议》。会议还表决通过了人事任免事项。

成都—北京—巴黎航班正式开通

2004年7月28日8时30分，中国航空西南公司成都—北京—巴黎航班正式开通。

8月

阿坝州第一口油气勘探井开钻

2004年8月3日，阿坝州“红参一号”井开钻。“红参一号”井位处海拔3900米的若尔盖县唐克镇境内，是阿坝州第一口油气勘探井。2000年以来，中国石化南方公司在松潘—阿坝地区开展大量勘探工作，证明该地区是一个具有油气前景的新地区。该项目2004年被列为国土资源部全国油气资源战略重点项目。该井设计井深6000米，第一期工程投资6000万元，预计钻井深度7000米。

温家宝到广安、绵阳等地视察

2004年8月5—8日，中共中央政治局常委、国务院总理温家宝先后到广安、绵阳、德阳、成都视察。7日，温家宝在成都主持召开广西、重庆、四川、贵州、云南五省区市负责人座谈会。视察期间，温家宝前往广安瞻仰了邓小平故居。

友尼森投资2.1亿美元在成都建封装测试厂

2004年8月12日，马来西亚第二大芯片封装测试厂友尼森与成都高新区签订协议，在5年内投资2.1亿美元，在成都建设半导体封装测试厂。该项目将分两期进行，一期投资1.1亿美元，二期投资1亿美元。项目建成后，员工总数将达到5000人左右。2004年12月16日，一期工程在成都高新区出口加工区正式动工。

邓小平铜像揭幕仪式举行

2004年8月13日，邓小平铜像揭幕仪式在广安市举行，中共中央总书记、国家主席胡锦涛出席仪式，并为铜像揭幕。胡锦涛表示，邓小平同志为中国革命、建设、改革事业建立的伟大功勋将永载史册，他留下的宝贵精神财富将永远激励我们前进。同日，邓小平故居陈列馆正式开馆。邓小平故居陈列馆位于广安区协兴镇牌坊村邓小平故居旁，是当时中国唯一一家以纪念小平为专题的博物馆。陈列馆共收集了有关小平的408幅图片、170件文物、200多件档案文献资料。

8月16日，中共四川省委、四川省人民政府在广安集会，纪念邓小平诞辰100周年。

胡锦涛到川视察

2004年8月13—15日，中共中央总书记、国家主席胡锦涛深入四川省东北部山区视察。胡锦涛此次视察的重点内容之一是如何有效促进农民增收。胡锦涛和随行的中共中央政治局候补委员、中央书记处书记王刚，来到田间地头、乡村农户、企业车间，就落实科学发展观、推动经济社会发展和加强党的建设进行调查研究。

德阳引进投资额最大外企

2004年8月18日，维达国际控股有限公司落户德阳经济技术开发区，这是德阳建市以来引进投资额最大的外商独资企业。维达国际控股有限公司是一家集研究、开发、生产、销售为一体的现代化生活卫生用纸企业，也是唯一荣获中国驰名商标称号的生活用纸企业。公司在未来3年投入3亿元人民币在德阳经济技术开发区兴建年产3万吨生活用纸生产厂。2005年完成首期投资1.5亿元人民币，年产生活用纸1万吨。

美国芯源在成都签订投资合作协议

2004年8月19日，美国芯源系统股份有限公司（MPS）与成都高新区正式签订投资合作协议。MPS投资1200万美元，在高新区西部园区内的出口加工区设立基地，主要从事集成电路的研发、设计和封装测试。MPS成都项目是该公司在海外投资的第一个生产项目。

乐至中学学生刘博文获全国青少年科技创新大赛四项大奖

2004年8月20—24日，第19届全国青少年科技创新大赛在成都举行。资阳市乐至中学学生刘博文参赛项目“终极上网提速”，夺得大赛一等奖、中国科协主席奖、英特尔英才奖、中国电信未来信息工程师奖。

德昌县遭受洪水泥石流袭击

2004年8月23—24日，凉山彝族自治州德昌县发生暴雨天气，引发严重的泥石流、山体滑坡、洪水灾害，造成10人死亡、7人失踪、4人受伤，8个乡镇受灾。

成都军医学院整体移交四川

2004年8月25日，第三军医大学成都军医学院整体移交给四川省交接仪式在成都举行，军地双方签署了《第三军医大学成都军医学院移交四川省交接纪要》。成都军医学院正式离开军队序列，更名为成都医学院，成为独立设置的本科院校并移交四川省管理。

东电与日立、伊藤忠商事签署火电合作项目

2004年8月28日，东方电气集团与日本日立制作所、伊滕忠商事共建山东邹县电厂四期2×1000兆瓦超超临界火电机组项目合作合同在成都签署。邹县电厂工程是国家引进技术国产化的依托工程，为国内首批百万千瓦等级发电机组，也是国内单机容量最大、运行参数最高的燃煤发电机组。东方电气集团于2004年6月与业主华电国际电源开发公司签订了20亿元的锅炉和汽轮发电机供货合同，日立制作所与伊藤忠商事将作为技术支持方转让相关的技术和硬件采购。这标志着东电与这两家日本公司15年的合作进入了全新的技术合作领域。签字仪式上，双方还签署了东方日立（成都）电控设备有限公司合资合同，日立在川的第一家合资公司宣告成立，该公司以生产高压变频器驱动设备为主，注册资本5098万元，日立方面持股49%。

9月

四川企业签下中国在南美投资最大项目

2004年9月3日，泸天化公司、成达工程公司与玻利维亚伊沙—东霸公司尿素工厂合作协议在成都签署，该项目投资总额为1.6亿美元，是当时中国在南美的最大投资项目。该项目由泸天化提供生产技术，成达公司负责工程建设，年生产能力为18万吨合成氨、30万吨尿素。项目的实施在设备、原料和生产工艺上带动一批四川企业走向南美市场。

四川遭遇特大洪灾

2004年9月3—5日，位于四川盆地东北部及西部的南充、巴中、达州、广安、广元、雅安、凉山等市州普降大到暴雨。达州市最大降雨量297毫米，巴中市最大降雨量343.3毫米，南充市最大降雨量236.2毫米，致使江河水位陡涨，渠江三汇站水位达262.63米，超保证水位1.49米，流量22300立方米/秒；达州城区水位288米，超保证水位5米，超过1982年大洪水水位，洪水频率200年一遇以上。洪涝引发多处泥石流、山体滑坡，给受灾地区造成重大损失。此次降雨过程有10个市州、44个县、595.29万人受灾。因灾死亡55人，失踪47人，受伤8948人；损坏房屋14.3万间，倒塌6.74万间；农作物受灾281.42万亩，成灾106.47万亩，绝收52.45万亩，粮食减产17.42万吨；冲毁桥梁400余座、涵洞163个、道路720公里；大量农业生产资料被冲走，工农业基础设施被冲毁，部分工业企业停产；直接经济损失约13.05亿元。

四川省表彰川籍奥运运动员

2004年9月4日，四川省举行庆功大会，表彰在第28届雅典奥运会上取得优异成绩的川籍体育运动员和教练员。大会授予陈静四川省劳动模范荣誉称号和对殷剑等人记功。在第28届雅典奥运会上，四川省20名运动员、7名教练员入选中国代表团，四川运动员在所参加的排球、帆板、赛艇等14个项目比赛中共夺得1枚金牌、1枚银牌，还有14名运动员在8个项目上进入前八名。

中国四川国际旅游节和四川旅游发展大会开幕

2004年9月8日，由国家旅游局和四川省人民政府共同主办的2004年中国四川国际旅游节在九寨沟开幕。中共中央政治局委员、国务院副总理吴仪发来贺电，全国人大常委会副委员长蒋正华出席开幕式。

10日，第二届四川旅游发展大会在九寨沟召开。省委书记、省人大常委会主任张学忠作主题报告。会议强调，坚持以科学发展观为指导，加快建设旅游经济强省步伐，促进旅游经济全面协调可持续发展。

厦洽会四川引资41亿元

2004年9月8—11日，第八届中国投资贸易洽谈会在厦门市召开。本届厦洽会期间，四川省共成功引进29个内外资项目，项目投资总额41亿元。29个引进项目中包括外资项目16个、投资总额29亿元。厦洽会期间举行了四川福建劳务开发合作洽谈，现场签订了1.5万人次的输闽劳务合同和3210人次的海外劳务合同。

西南科技大学获亚太地区大学生机器人大赛亚军

2004年9月11日，西南科技大学队首次代表中国大学生参加在韩国汉城举行的第三届亚太地区大学生机器人大赛。西南科技大学机器人竞赛小组在18个国家和地区20个代表队的紧张角逐中赢得亚军，并被授予最佳技术奖，这是评委会颁发的单项奖中的最高奖项。

"四川—北京经贸合作发展周"在北京举行

2004年9月14—16日，"四川—北京经贸合作发展周"在北京举行。合作周期间，两地主要党政领导对话"北京市四川省经济合作交流座谈会"，签署了《北京—四川经贸合作框架协议》以及四个专项协议，签订的经贸合作合同、协议总金额突破500亿元。

四川省首个民族学博士点挂牌

2004年9月15日，西南民族大学、中国藏学研究中心民族学博士点挂牌，并举行了首期博士新生入学典礼。这是四川省第一个民族学博士点，采取"双导师制"，培养藏学、彝学和民族理论与政策等方面的博士人才。

西部最大血透中心启用

2004年9月16日，西部地区规模最大、设备最先进的血液净化中心在四川省人民医院草堂分院正式启用。该血液透析中心拥有50台德国费森尤斯血液透析机和世界先进的双反渗水处理系统，每天可为百人提供血液透析，使透析水质达到世界最高标准，保证长期透析质量，减少远期透析并发症。

三江美亚电站并网发电

2004年9月16日，当时四川省水电项目中外资投资额最大、建设速度最快、建设质量和自动化水平率先达到国际标准的绵阳三江美亚水电站并网发电，正式投入运营。三江美亚水电站由绵阳市三江工程总公司和世界著名的跨国能源集团公司美国美亚电力有限公司共同出资建设，总投资3.01亿元人民币，外资折合2.4亿元人民币，装机容量4.5万千瓦，正式投入运行后将大大缓解绵阳枯水期工业用电的压力。

杂交水稻"宜香1577"通过验收

2004年9月16日，由宜宾市农科所承担的国家"863"计划项目——优质超级三系杂交水稻新组合“宜香1577”选育，在汉源县通过专家现场测产验收，156亩连片“宜香1577”水稻，干谷平均亩产875.9公斤，最高亩产949.0公斤，达到“863”计划要求。验收组认为，“宜香1577”达到超高产产量水平，具有广阔的应用前景。

西南交大成都犀浦校区启用

2004年9月18日，西南交通大学举行了新校区揭牌仪式暨2004级新生开学典礼。该校新校区位于郫县犀浦镇，规划接收3万名在校生，本次入住学生9000余人。

四川汇维仕一期工程竣工

2004年9月21日，中韩合资四川汇维仕化纤有限公司年产22万吨涤纶短纤项目一期工程竣工投产。15.4万吨/年涤纶短纤一期工程的建成，使四川汇维仕涤纶直接纺织纤维生产规模跃至全国第二。全省化纤纺织工业的结构调整和产品升级由此提速。

最高人民法院与中共四川省委表彰宜宾中院

2004年9月23日，最高人民法院与四川省委在宜宾召开会议，表彰宜宾市中级人民法院荣立集体一等功。宜宾中院按照“政治治院、管理建院、素质强院”的工作思路，审判工作得到极大发展。2002年，宜宾中院审结案件3973件，审结率99.7%，办案数量、质量和效率均居全省法院系统前列。2004年7月，根据《人民法院奖励暂行规定》，最高人民法院决定，为宜宾中院记集体一等功。

四川省与俄罗斯卡尔梅克自治共和国签署双边经贸合作协议

2004年9月27日，俄罗斯卡尔梅克自治共和国总统伊柳姆日诺夫和四川省人民政府副省长柯尊平在成都共同签署《关于进一步促进双方经贸合作框架协议》。根据协议，四川省和俄罗斯卡尔梅克自治共和国根据经济贸易的发展情况，不定期组织企业代表团互访，开展商务考察、贸易洽谈、经济合作等活动；双方将共同努力，在农牧业生产、加工等重点领域加强合作，为工商界在对方拓展业务提供有关投资环境、政策法规等咨询及商贸配对方面的援助，并不定期向对方提供各自经济贸易方面的资讯；双方互为对方企业举办的经贸拓展活动尽力提供协助；卡尔梅克自治共和国对四川企业在卡方建立生产加工企业给予政策方面的支持；双方明确工作部门具体负责日常联络并协调处理双方合作过程中的一切事宜。

蓬安县发生特大沉船事故

2004年9月27日7时，南充市蓬安县“蓬安客29号”客船载客135人（核载80人）从蓬安县万和乡史家坝村直驶金溪镇，当船行至距金溪镇码头约1000米处翻沉。事故造成66人死亡。

遂渝铁路建中国首条无砟轨道试验段

2004年9月，铁道部决定在遂渝（遂宁—重庆）铁路上建设中国首条无砟轨道试验段。

10 月

黄菊到川视察

2004 年 10 月 6—11 日，中共中央政治局常委、国务院副总理黄菊到四川省攀枝花市、广安市、成都市、阿坝藏族羌族自治州、绵阳市和德阳市，看望中国工程物理研究院科技人员，考察二滩水电站和一批国有大企业以及一些民营科技型企业。每到一处，黄菊都与干部职工交谈，就学习贯彻十六届四中全会精神，以及国有企业改革和发展、西部大开发、就业和社会保障等进行深入调研。在广安市，黄菊一行还参观了邓小平故居。

法国总统希拉克访川

2004 年 10 月 8—9 日，应国家主席胡锦涛邀请，法兰西共和国总统希拉克开始对中国进行为期 5 天的国事访问。此次访问首站选在四川，日程为两天，这是希拉克他第一次访问中国西部。希拉克此次率领了一个由政府官员和企业家代表等组成的 300 余人的团队，其中包括 4 位部长和数十位文化、科技、企业界人士。10 月 9 日，在成都锦江宾馆举行了中国与法国经济交流会，法国总统希拉克、国家副主席曾庆红出席会议并讲话。

东方电气和阿尔斯通在成都签署合作协议

2004 年 10 月 9 日，东方电气集团公司和法国阿尔斯通公司在成都签署岭澳核电站二期合作框架协议和合作在川建立焊接转子生产基地协议。东方电气与阿尔斯通在中国岭澳核电站一期工程的 2×100万千瓦常规岛主设备国产化项目以及 30 万千瓦大型循环流化床机组项目的合作取得圆满成功。此次岭澳核电站二期工程的合作，是根据中国发展核电的战略部署，努力实现核电站主要设备国产化的重要步骤。

川企获“国家认定企业技术中心成就奖”

2004 年 10 月 12 日，国家发改委在深圳高交会上为 50 家企业颁发“国家认定企业技术中心成就奖”，长虹集团、华神集团、东方电气集团、攀钢集团 4 家四川企业入选，入选企业数仅次于上海和江苏。国家认定企业技术中心工作启动于 20 世纪 90 年代初，是国家为提高中国大型企业和企业集团创新能力而采取的重大措施。

成都三座污水处理厂建成

2004 年 10 月 13 日，随着第二、三、四污水处理厂的正式建成通水，成都告别了仅有一座污水处理厂的历史，污水处理率由 36%提高到 82%，在全国省会城市中跃居一流水平。

雅安市宝兴县发生矿山岩体垮塌事故

2004 年 10 月 18 日，雅安市宝兴县陇东镇宇通矿山发生特大岩体垮塌事故，造成 9 人死亡，5 人失踪，9 人受伤。

中国首颗业务型地球静止轨道气象卫星“风云二号”C 星发射成功

2004 年 10 月 19 日，中国首颗业务型地球静止轨道气象卫星“风云二号”C 星在西昌卫星发射中心发射成功。与 1997 年和 2000 年发射的试验卫星“风云二号”A 星和 B 星不同，此次发射的重 1.38 吨的 C 星，其整体性能全面提高，达到国际新一代同类气象卫星的水平。星上扫描辐射计通道由原来的 3 个增加到 5 个，卫星的定量观测能力进一步增强，星上的蓄电池容量增大，可覆盖以东经 105 度赤道上空为中心的地球表面三分之一区域。

凉山州破获建州以来最大贩毒案

2004 年 10 月 23 日上午，凉山州警方在凉山某公司家属区一举抓获 5 名涉毒犯罪嫌疑人，当场搜缴 15 公斤、案值高达 500 多万元的海洛因。这是凉山州自建州以来破获的最大一宗贩毒案。

11 月

四川省首批生态小区授牌

2004 年 11 月 1 日，四川省首批生态小区授牌仪式在成都市督院街省政府举行。邓小平纪念馆生态园小区、五粮液生态园小区等 38 个生态小区成为首批命名的生态小区。

第二届国际陶瓷节在夹江举行

2004 年 11 月 6—8 日，第二届国际陶瓷节在中国西部瓷都夹江县举行。夹江县共与国内外客商签订投资项目 7 个，投资总额 14.35 亿元；签订陶瓷及相关产品贸易合同 368 个，合同总额 25.53 亿元。

华电四川发电有限公司揭牌

2004 年 11 月 8 日，华电四川发电有限公司在成都揭牌。作为华电集团的全资子公司，华电四川发电有限公司的 6 个新成员全部是华电在川内部核算电厂，分别是宝珠寺水力发电厂、内江发电总厂、宜宾发电总厂、四川华电攀枝花发电公司、磨房沟发电厂、五通桥发电厂。公司可控运行装机容量 173.75 万千瓦，其中水电占 43%、火电占 57%。

爱立信西部区在成都成立

2004 年 11 月 11 日，爱立信（中国）西部区在成都成立。这是继北方区、南方区、中区之后，爱立信在中国设立的第 4 个区域组织。爱立信（中国）西部区辖四川、重庆、云南、贵州和西藏 5 省市区的经营业务，下设 3 个办事处、2 个合资公司和 1 个研发公司，年均营业额超过 10 亿元。

“川气出川”工程忠武输气管道进气

2004 年 11 月 16 日，中国西气东输工程的重要组成部分——“川气出川”工程忠武输气管道开始进气。川渝油气区每年向忠武管道供气30亿立方米，可稳定供气20年以上。

“试验卫星二号”在西昌成功发射

2004年11月18日18时，中国在西昌卫星发射中心用“长征二号丙”运载火箭，成功地将“试验卫星二号”送入太空。“试验卫星二号”是一颗科学试验小卫星，具有高精度控制、快速测摆和偏航机动能力，卫星质量为300余公斤，设计寿命为2年，由中国航天科技集团公司所属的东方红卫星公司研制。

隆黄铁路纳叙段开工

2004年11月18日，隆黄铁路纳叙段在泸州市纳溪区破土动工。全长497.4公里的隆黄铁路以成渝铁路隆昌站为起点，经泸州—纳溪—叙永—古蔺—毕节—织金—普定—黄桶，抵广西百色。纳叙段全长77.60公里，国家于2003年12月正式批准立项。

中国首台60万千瓦超临界锅炉投入运行

2004年11月23日，由中国东方电气集团公司东方锅炉集团为华能沁北电厂提供的国产首台60万千瓦超临界锅炉，顺利通过168小时试运行并投入商业运行。该项目成功填补60万千瓦超临界锅炉国产化空白。这一国产化重大技术装备的研制成功，将大大降低60万千瓦超临界机组锅炉的采购成本，为全国范围内普及高效率、低煤耗、低污染排放的60万千瓦超临界机组创造了条件。

四川省第十届人大常委会第十二次会议召开

2004年11月25—30日，四川省第十届人大常委会第十二次会议在成都召开。会议表决通过了《四川省企业技术创新条例》《四川省人民代表大会常务委员会关于修正〈四川省公路路政管理条例〉的决定》《四川省人民代表大会常务委员会关于召开四川省第十届人民代表大会第三次会议的决定》等决定。

四川—英国莱斯特经贸日在成都举行

2004年11月26日，由英国莱斯特郡政府、四川省外事办公室共同主办的“四川—英国莱斯特经贸日”在成都举行。这是2003年12月两省郡签署关于促进双方经济贸易合作关系备忘录后的一次实质性经贸活动。2004年是四川和莱斯特郡缔结友好省郡关系16周年。两省郡经济贸易、文化教育合作与交流发展势头良好，为进一步加强两省郡友好交往，特设“经贸日”。当天，来自莱斯特郡的9家企业和四川20多家企业进行了对口洽谈。

12月

成都军区为肖昭灿追记一等功

2004年12月1日，成都军区司令员王建民、政委刘书田签署通令，为在川东北抗洪抢险中壮烈牺牲的宣汉县人武部政委肖昭灿追记一等功。2004 年 9 月，川东北遭遇洪灾，担任宣汉县民兵抗洪抢险指挥部指挥长的宣汉县委常委、县人武部政委肖昭灿，连续 12 个昼夜奋战在抗洪抢险第一线，带领和组织民兵冒着生命危险救出 900 多名被洪水围困的群众和价值上亿元的财物。9 月 14 日，肖昭灿在乘冲锋舟沿河警戒巡视和动员群众转移撤离时，不幸溺水身亡。肖昭灿先后两次荣立三等功、两次被达州军分区表彰为“优秀人武部主官”。2004 年“七一”，他又被四川省军区党委表彰为“优秀党务工作者”。肖昭灿牺牲后，四川省军区党委追认他为革命烈士。

德国驻成都总领事馆开馆

2004 年 12 月 5 日，德国驻成都总领事馆开馆。这是德国继设立北京、香港、上海、广州领事机构后在中国设立的第五个外交代表机构，也是欧盟国家目前在成都唯一的总领事馆。

成都首家港资银行开业

2004 年 12 月 10 日，成都第一家港资银行——东亚银行成都分行正式开业。东亚银行成立于 1918 年，为香港最大的独立本地银行，是在港注册的银行中唯一开展大陆和台、港贸易的金融机构。1999 年 1 月，东亚银行成都代表处经中国人民银行批准成立；2004 年 6 月，中国银监会批准将该代表处升格为成都分行，其运营资金 2 亿元人民币。从开业起，市民可到该行享受 13 种外汇业务服务，包括存贷款、票据承兑和贴现、外汇买卖、外币兑换、买卖国债、银行卡甚至保管箱等。

双流机场海关成立

2004 年 12 月 16 日，经国务院批准，双流机场海关正式成立，隶属于成都海关。至此，成都海关下设海关有 4 个。1994 年，成都海关经批准设立双流机场办事处，1995 年正式开展空运进出口监管工作。成都海关空港办事机构由当初单纯旅检型工作组发展为业务门类齐全、结构合理、在全国颇有影响的一类航空口岸。双流机场海关各项业务量在中西部地区名列前茅，监管国际航班由原来的每周 1 班次发展到每周 106 班次，监管出入境人员行李物品由原来的每年几千人次发展到几十万人次。2004 年 1—11 月，该海关共监管验放进出口货值 7 亿美元，征收税款 5.1 亿元，国内 10 多个大城市将其作为出口货物最终出境口岸，20 多个大城市将其作为进口货物第一入境口岸。

“美丰及图”商标被认定为中国驰名商标

2004 年 12 月 17 日，四川省工商行政管理局和遂宁市人民政府召开新闻发布会，宣布四川美丰化工股份有限公司“美丰及图”商标被认定为中国驰名商标。这是中国氮肥行业第一件驰名商标。2004 年四川共有 4 件商标获中国驰名商标称号，此前四川省只有 9 件商标获此称号。

吴官正到广安、南充视察

2004 年 12 月 17—18 日，中共中央政治局常委、中央纪委书记吴官正在广安、南充视察。他强调，各级党组织要坚持以邓小平理论和“三个代表”重要思想为指导，从巩固党的执政地位和落实科学发展观的战略高度，认真贯彻党要管党、从严治党的方针，坚决维护和执行党的纪律和国家法律，促进领导干部廉洁奉公，勤政为民。考察期间，吴官正参观了邓小平同志故居，并在铜像广场挥锹植树。

成都市精神卫生中心建设项目开工

2004 年 12 月 19 日，西南地区当时设备最先进、规模最大的精神卫生中心在成都市第四人民医院开工。总投资 3500 余万元的精神卫生中心，是国家立项的“十五”卫生重点建设项目，建筑面积 16089 平方米，将设置床位 400 张，年门诊服务能力将达 10 万余人次，住院达 6000 人次。

TCL 成都数码工业园开工

2004 年 12 月 19 日，总投资 1.5 亿元的 TCL 成都数码工业园在成都高新区破土动工。首期工程 2005 年 9 月投产，首个项目为彩电生产，以背投彩电、数字高清电视等高端彩电产品为主。预计总建筑面积为 18 万平方米，首期为 6 万平方米。开工建设后 3 年内，成都数码工业园彩电年产量将超过 150 万台，年产值和销售总额达 15 亿—20 亿元。

四川省科技奖励大会召开

2004 年 12 月 20 日，全省科技奖励大会在成都召开。会上宣读了《四川省人民政府关于授予 2004 年度四川省科学技术进步奖的决定》。2004 年全省共有 220 项科研成果获省科技进步奖，其中一等奖 20 项、二等项 46 项、三等奖 154 项，涉及农林牧、工业、医疗卫生、软科学、应用基础理论等领域。

《四川省行政区划图》面世

2004 年 12 月 21 日，具有法律效力的 1∶95 万《四川省行政区划图》面世，至此新中国成立以来四川省省、县两级行政区域法定界线不明的历史结束。《四川省行政区划图》长 1640 毫米，宽 1184 毫米，采用全数字计算机制图新工艺编制，由省民政厅和省测绘局联合编制、发布，成都地图出版社公开出版发行。这张地图详细标明了全省 21 个市（州）的行政区域、境界、居民地、水系、地貌、交通等情况，标示了全省 181 个县（市、区）级以上行政区域界线的标准画法和乡级以上标准地名。

四川省畜产品获“无公害畜产品认证证书”

2004 年 12 月 21 日，四川省一批畜产品获得中国“无公害畜产品认证证书”。至此，四川获“无公害畜产品认证证书”的畜产品共 211 个，占全国总数的 15.3%，是国内获得证书最多的省份。

成都天府隧道正式通车

2004 年 12 月 24 日，成都天府隧道正式通车。预算总投资 1.6 亿元的天府隧道，双向四车道，西起蜀都大道西沟头巷，东至西华门街口，全长 1417 米，其中隧道内长 1098 米，于 3 月 15 日动工建设，因其地处城市心脏，工程浩大，被誉为“西南第一城市隧道”，也是当时成都市竣工的最长隧道。

华蓥山构造岩溶地质公园开园

2004 年 12 月 25 日，四川省第一个省级地质公园——华蓥山构造岩溶地质公园揭碑开园。

四川省级行政事业单位进行国有资产管理改革

2004 年 12 月 27 日，省委、省政府印发《关于加强省级机关国有资产管理的意见》，作出深化省级机关国有资产管理体制改革、实行省级机关国有资产统一管理的重大决定。2005 年 12 月 22 日，省政府办公厅印发《四川省省级机关国有资产管理暂行办法》。四川是全国第一家对省级行政事业单位国有资产实行集中统一管理改革的省份，《人民日报》、新华社等权威媒体对四川省级行政事业单位国有资产管理改革予以报道。

中国首支 100 米长尺钢轨投产

2004 年 12 月 29 日，攀钢第三期工程重要项目万能轧制生产线热负荷试车成功，标志着攀钢成为国内第一家、世界第三家能按照国际上最严格的质量标准，生产出高强度、高平直度、高表面光洁度的 100 米长尺钢轨生产企业。该系统设计能力为年生产 100 万吨高品质钢材，其中钢轨 55 万吨。它的建成投产，可充分满足时速 300 公里以上高速铁路的需要，较好地满足中国铁路向高速化和重载化方向发展的需要。

四川省博物馆新馆建设

2004 年 12 月 30 日，四川省博物馆新馆建设破土动工。该博物馆是西南地区最大的综合性博物馆。2009 年 3 月，更名为四川博物院；5 月，四川博物院建成并正式对外开放。

成都电力监管办公室成立

2004 年 12 月 31 日，经国家有关部门批准，国家电力监督委员会华中监管局成都监管办公室（简称“成都电监办”）挂牌成立。成都电监办是国家电监委派驻四川的垂直管理机构，其主要职责是：依据授权监督电力市场运行，规范电力市场行为，维护公平竞争；监管区域内电力企业和电力调度交易机构；负责区域内电力行政执法、行政处罚和行政诉讼等法律事务；负责辖区内电力市场统计和信息发布；管理辖区内电力业务许可证；依法查处辖区内电力企业违法违规行为。

攀钢成都镀锌工程项目开工

2004 年 12 月 31 日，投资 9.5 亿元的攀钢成都镀锌工程项目在成都市青白江区开工。这一工程是攀钢打造西部最大优质钢生产基地的重大举措。工程设计生产能力为 45 万吨，2006 年投产。工程投产后，攀钢在成都地区的产品覆盖钢管、线棒材、冷轧热镀锌钢卷及电工钢等三大领域。

2005 年

1 月

四川省免征农业税

2005 年 1 月 1 日，中共四川省委、四川省人民政府决定全省范围内停止征收农业税及其附加，比全国提前一年实现农业税零赋税。2003 年四川在全国率先停征农业特产税；2004 年，四川农业税率降低 3 个百分点，同时免征 57 个民族县（含民族待遇县）农牧业税及其附加，兑现到户粮食直补资金 5.2 亿元。2004 年 12 月 15 日，成都市新都区、青羊区、金牛区、武侯区 4 个区率先取消农业税。从率先取消农业特产税降低农业税税率，再到全部免征农牧业税，四川农村税费改革试点三年迈出了三大步。

中国第一根长度 100 米的长尺钢轨轧制成功

2005 年 1 月 6 日，中国第一根长度 100 米的长尺钢轨在攀钢万能生产线热负荷试车中轧制成功。项目建成投产，能充分满足时速 300 公里以上高速铁路的需要，充分满足中国铁路向高速化和重载化方向发展的需要。

国际旅游与管理学院项目在峨眉山市签约

2005 年 1 月 6 日，四川省重点招商引资项目——国际旅游与管理学院项目在峨眉山市正式签约。

该项目合作方包括乐山市人民政府、西南交通大学、联合国工业发展组织、美仑投资公司。其中，联合国工业发展组织提供技术支持和专业咨询；美仑公司作为投资方，将累计投资 10 亿元人民币，建一家五星级大酒店和一所国际酒店管理学院；西南交大在师资上予以支持。

四川民营企业家王德彬获中华孝亲敬老楷模称号

2005 年 1 月 8 日，四川省民营企业家王德彬在由全国老龄委办公室、中央宣传部、教育部、共青团中央和全国妇联联合主办的全国敬老爱老助老主题教育活动表彰大会上，荣获中华孝亲敬老十大楷模称号。

四川长虹和中国电信结成战略合作伙伴

2005 年 1 月 10 日，四川长虹集团公司和中国电信集团公司在北京签署战略合作备忘录，双方在终端设备和渠道领域结成战略合作伙伴，业务涉及网络电视、可视电话及互联星空等多媒体增值服务。标志着中国3C（计算机、通信、消费类电子产品）融合从概念形成到产业推进，迈出实质性的一步。

泸天化三大项目竣工投产

2005年1月18日，泸天化三大项目竣工投产庆典大会召开。大化肥技改项目总投资3.5亿元，于2004年12月2日竣工投产，创造了国内同类装置同规模技改时间最短的纪录。该项目完成后，泸天化新系统大化肥装置的合成氨日产量达1500吨，尿素日产量达2000吨，能耗下降6%，保持国内化肥行业龙头地位。化工园区供热项目总投资1.7亿元，2003年11月25日开工，仅一年时间就完成了工程建设，并于2004年11月28日进入试生产，开始发挥效益。110千伏变电站改造项目总投资约5000万元，仅用了7个月时间，就建成西南地区最先进的110千伏厂用变电站。

四川航天技术研究院成立

2005年1月25日，中国航天科技集团四川航天技术研究院成立，标志着四川航天由生产制造型向科研生产经营型的彻底转变。此前，1986年，成立于1965年的三线建设062、064基地合并，对外名称为“四川航天工业总公司”；2002年，该公司迁至成都市龙泉驿区。该公司为中国的航空航天事业作出了显著贡献，2003年11月10日，中华全国总工会授予四川航天工业总公司692厂等9个先进集体全国五一劳动奖状，表彰他们在中国首次载人航天飞行成功中作出的突出贡献。

四川十大杰出青年评选揭晓

2005年1月25日，由省委组织部、省委宣传部、团省委、省青联、四川日报报业集团、四川广电集团联合主办的第十二届四川十大杰出青年评选活动在成都揭晓。荣获本届四川十大杰出青年称号的是：中国网通集团公司四川省分公司党组书记、总经理牟俊，中国石油西南油气田分公司总经理、党委副书记李鹭光，攀枝花新钢钒股份有限公司提钒炼钢厂方坯车间浇钢大班长侯武，南充市徐家镇党委副书记、方广村党支部书记范琼花，成都信息工程学院院长周定文，凉山州公安局禁毒支队支队长武森，成都军区政治部战旗报社编辑王毅，泸州医学院附属医院院长廖斌，中航一集团成都飞机设计研究所副所长、副总设计师聂海涛，省国土资源厅信息中心主任朱明仓。

九寨天堂国际会议度假中心通过“绿色环球21”认证

2005年1月27日接到“绿色环球21”组织通知，自2005年1月起，该组织确认九寨天堂国际会议度假中心通过“绿色环球21”认证。至此，中国共有6家景区、博物馆和宾馆通过“绿色环球21”认证，四川就有4家，它们分别是：四川九寨沟黄龙国家级自然保护区、四川三星堆遗址博物馆、四川蜀南竹海国家级风景区、九寨天堂国际会议度假中心。

2月

内江城市引水濛溪河应急工程通水

2005年2月4日，内江城市引水濛溪河应急工程通水。该工程有效解决了内江市民饮水安全问题。

兴文地质公园通过世界地质公园专家评审

2005 年 2 月 11 日，兴文地质公园通过专家评审，成为第二批世界地质公园和四川省第一个世界地质公园。兴文国家地质公园内保存着距今约 4. 9 亿—2. 5 亿年间各年代的碳酸盐或含碳酸盐地层，各类地质遗迹极为丰富。园区位于四川省宜宾市兴文县境内，总面积 156 平方千米，是研究西南喀斯特地貌的典型地区之一。

成都成为国家环境保护模范城市

2005 年 2 月 18 日，国家环保总局授予成都市“国家环境保护模范城市”称号，这是四川省继绵阳市后第二个获此称号的城市。从 2001 年底以来，成都市开始了历时 3 年的创模历程，于 2005 年 1 月11 日通过国家环保总局国家创模考核验收组验收，并按规定进行了公示。

韩国驻成都总领馆开馆

2005 年 2 月 26 日，韩国驻成都总领馆开馆，其领事范围包括四川、贵州、云南和重庆。

重庆 · 四川经济社会发展情况交流座谈会在重庆举行

2005 年 2 月 27 日，重庆 · 四川经济社会发展情况交流座谈会在重庆召开，双方就如何进一步落实好“1+6”合作协议，推动两地合作向纵深发展展开热烈讨论。会议形成了四点共识，圈定了四个领域的重点合作项目。共识一：加快健全协调机制，共同营造两地深化合作、扩大交流的良好政策环境和政务环境。共识二：加大项目实施力度，扎实抓好“1+6”合作协议的落实。共识三：坚决打破市场壁垒，推进川渝市场的大融合大融通。共识四：积极探索新途径，进一步拓展合作空间。

攀钢与南骏汽车签订战略合作协议

2005 年 2 月 27 日，攀钢（集团）公司与资阳南骏汽车有限责任公司签订战略合作协议。根据协议，双方除进行互相采购外，更在技术、市场等方面展开全面合作。

3 月

四川广播电视塔试运行

2005 年 3 月 1 日，有西部第一高塔之称的四川广播电视塔投入使用，数套调频广播节目开始试播。

四川广播电视塔高 339 米，为世界第七、中国第四高，是成都市乃至四川省的标志性建筑之一。该塔可发射 8 套电视和 6 套调频立体声广播节目，并以该塔为龙头和枢纽向全省传输节目，实现全省节目讯号总调度，在很大程度上提高了四川省的广播电视覆盖率，同时提高节目的收视质量。该塔还集环保、气象、消防、通信等城市综合服务于一体。从当日起，中央人民广播电台、四川人民广播电台音乐频率、交通频率和成都人民广播电台文化休闲广播节目改在四川广播电视塔上播出。

西部首个成人胰岛细胞移植实验室成立

2005年3月2日，西部首个成人胰岛细胞移植实验研究室在四川省人民医院成立。该实验室由四川省人民医院与美国宾州大学医学院胰岛细胞移植中心主任邓绍平教授合作，从而为I型糖尿病人不再每日注射相关药物找到一种新的治疗途径。

攀枝花市庆祝建市40周年

2005年3月4日，攀枝花建市40周年庆祝大会在攀枝花市体育馆隆重举行。经过40年开发建设，攀枝花取得辉煌成就。40年来，攀枝花累计为国家提供铁8100万吨、钢6800万吨、成品钢材4000万吨、原煤2.1亿吨、焦炭7000万吨、水泥2000万吨、钒钛产品400万吨、发电量1400亿千瓦时。

四川省人民政府与中国农业科学院签订科技合作协议

2005年3月8日，四川省人民政府与中国农业科学院在北京签订科技合作协议。根据协议，中国农科院积极推动，并依托四川省农科院等科研院所，在成都市拟建“中国农业科技创新中心西南分中心”。

欧盟—四川中小企业合作洽谈会在成都举行

2005年3月10日，“2005年欧盟—四川中小企业合作洽谈会”在成都举行。洽谈会由四川省贸促会、英国HALTON工商企业联合会、法国DOUBS工商会和西班牙瓦伦西亚自治区对外贸易局共同主办，共有34家欧洲企业出席。由四川省贸促会组织挑选的90多家四川企业，与欧盟企业展开“一对一”洽谈。这是四川和欧盟历史上首次大规模的中小企业经贸合作洽谈会，也是欧盟首次为中国中小企业提供最直接的方式，进行一对一的配对洽谈。四川省贸促会确定了3个四川最具优势也最具潜力行业的企业作为配对的重点。这3个行业分别是食品、建筑材料和汽车零部件。这次洽谈会，旨在帮助欧盟企业在四川寻求与其对口的潜在合作伙伴，包括投资项目与对象、战略收购、OEM生产商、外包供应商、进出口商、合资伙伴和先进技术转让的合作对象等。

西南设计院获建筑大奖

2005年3月10日，西南设计院获得亚洲建筑协会颁发的2005年十大建筑设计公司奖，成为中国中西部地区唯一获此称号的设计单位。这是亚洲首次以建筑设计公司的商业成就为标准设置奖项。

四川红色旅游北京宣传月活动在京开幕

2005年3月15日，由中共四川省委、四川省人民政府、国家旅游局和共青团中央联合主办的“长征精神永放光芒”四川红色旅游北京宣传月活动，在人民大会堂金色大厅启幕。这次宣传月活动，以红军长征在四川的历史行程、革命遗迹和重大历史事件为主线，突出“长征丰碑、伟人故居、川陕苏区”三大主题。

英国在成都设立签证申请中心

2005年3月16日，英国签证申请中心在成都正式成立。至此，西南地区的中国公民在成都就能提出赴英签证申请。

中瑞（士）合作管理培训项目四川子项目启动

2005年3月17日，中瑞合作管理培训项目四川子项目在成都启动。中瑞合作管理培训项目是中国政府和瑞士政府之间的一个为中国培养高层次管理人才的合作项目。四川子项目在实施中把学习与工作结合起来，培训内容是：学习考察瑞士及欧洲其他国家公共管理、行政管理的理念和方法与研究解决西部地区经济与社会发展的重大课题结合起来。

二郎山隧道获詹天佑奖

2005年3月19日，第四届詹天佑土木工程科学技术奖揭晓，四川省川藏公路二郎山隧道工程获詹天佑奖。经科技部、建设部核准的詹天佑土木工程大奖，是中国土木工程界最高荣誉奖，由中国土木工程学会和詹天佑土木科技发展基金管委会颁发，每年评选一次。获奖工程被认为在设计、施工、科研等方面具有突出的创新性和很高的科技含量，在同类工程建设中具有国内领先水平，经济和社会效益显著。

四川省首批国债乡镇卫生院建设项目启动

2005年3月22日，四川省首批国债乡镇卫生院建设项目启动。为进一步解决农民“看病难”问题，2005年国家和四川共投入5.6亿余元，打造全省乡镇卫生院。

现代农业司法鉴定中心在成都成立

2005年3月27日，现代农业司法鉴定中心在成都成立。这是西部首个农业司法鉴定机构。该中心的成立有助于维护农民合法权益，促进“三农”问题的解决。

2005中国绵阳科技城投资合作洽谈会暨电子信息产业投资合作论坛在绵阳举行

2005年3月28日，中国绵阳科技城投资合作洽谈会暨电子信息产业投资合作论坛在绵阳举行。在论坛上共有176个项目成交，投资总额259.2亿元。其中，涉及第一产业3.14亿元，第二产业203.47亿元，第三产业52.58亿元。投资规模在3亿元以上的项目有10个。工业项目涉及的主要产业领域为电子信息、轻化纺织、建冶机械、能源环保、医药食品。

四川航空集团公司推出改制重组方案

2005年3月28日，四川省国资委、中外运空运发展股份有限公司（简称外运发展）、四川化工控股有限责任公司在成都签署《四川航空集团公司改制重组出资人合作意向协议书》。三方出资人一致同意，依照国家有关法律，以增资形式对川航集团进行整体改制。新公司的股本结构为：省国资委以川航集团经评估审计确认后的全部净资产作为出资，占注册资本的49%，外运发展和川化则以人民币现金作为出资，分别占注册资本的49%和2%。新公司募集的资金将主要用于扩大现有航空运输主业及相关产业。

四川省8项成果获国家科技奖

2005年3月28日，四川省8个科技成果获得2004年度国家科技奖。其中，四川大学牵头完成的“结构照明型三维成像仪器及关键技术研究”，获得代表原始创新能力的国家技术发明奖二等奖，攀钢集团参与完成的“低碳铁素体珠光体钢的超细晶强韧化与控制技术”，获国家科技进步奖一等奖。

4月

四川省首次聘用海外华人科学家为科技顾问

2005年4月1日，英国布鲁内尔大学副校长、英国皇家工程院首位华人院士宋永华被正式聘为四川省科学技术顾问团顾问。这是四川省委、四川省人民政府首次聘请海外华人科学家为四川科技顾问。宋永华，四川巴中人，毕业于成都科技大学，在中国电力研究院获得硕士和博士学位，2002年因对电气学科研究的突出贡献被英国布鲁内尔大学授予科学博士，2004年当选为英国皇家工程院院士。

四川省十届人大常委会第十四次会议召开

2005年4月4—6日，四川省十届人大常委会第十四次会议在成都召开。会议表决通过了《四川省〈中华人民共和国水法〉实施办法》《四川省〈中华人民共和国中小企业促进法〉实施办法》《四川省技术市场条例》《设立四川省人民代表大会常务委员会港澳台事务工作委员会的决定》《四川省人民代表大会常务委员会关于批准〈成都市志愿服务条例〉的决定》，表决通过了有关人事任免事项。

《四川省中医名医录》面世

2005年4月5日，由四川省人才办公室、省人事厅、省卫生厅和省中医药局共同编撰的四川首部《四川省中医名医录》面世。名医录共收录全省649位省级和市州级中医名家，介绍了名家的专业特长、擅治病种、应诊机构等信息。

中国钻机首次出口美国

2005年4月7日，川油广汉宏华有限公司（2006年9月更名为四川宏华石油设备有限公司）为美国市场生产的ZJ40DBST石油钻机正式交付美国钻井承包商GTS公司。这是中国第一台出口美国的钻机，也是中国为数不多的进入美国市场的大型重装设备之一。该钻机的电机、电传、固控等核心技术均由国内企业提供，总体技术达到国际先进水平。

四川多地遭受大风冰雹灾害

2005年4月8—11日，四川乐山、宜宾、达州、广元、内江、广安、绵阳、泸州等市的39个县

（市、区）发生严重大风冰雹灾害，造成14人死亡、1人失踪、36人重伤，直接经济损失达6.86亿元。

《英雄时代》获第六届茅盾文学奖

2005年4月11日，四川省作家协会主席团委员、巴金文学院创作员柳建伟创作的长篇小说《英雄时代》获第六届茅盾文学奖。这是四川文坛获得的第四个茅盾文学奖。

泰国驻成都领事办公室正式开馆

2005年4月12日，泰国驻成都领事办公室正式开馆。泰王国公主诗琳通出席了在成都凯宾斯基酒店举行的开馆仪式。

阿坝州境内发生特大交通事故

2005年4月12日10时，岷江运业公司一辆客车从小金县开往成都，在行驶到省道3032成映秀至小金段92公里77米处，与对向车道停放的3辆车会车时，冒险通过路面下沉破损路段，致使大客车发生侧滑驶出公路，翻于170多米高的山崖下，造成26人死亡、13人受伤。

中华医学会妇科肿瘤学分会华西中心成立

2005年4月16日，中华医学会妇科肿瘤学分会华西中心成立。该中心设在华西第二医院内，这是全国第一个成立的妇科肿瘤学术中心，负责西部地区妇科肿瘤医师的培训和资格认证。

国家开发银行与新希望集团签订30亿元合作协议

2005年4月17日，国家开发银行与四川新希望集团在成都签订农业产业化开发性金融合作协议，帮助新希望整合四川农业资源，开展相关项目建设。新希望旗下70余家涉农企业有1/3设在四川。此次协议的30亿元，计划在未来10年时间里，用于新希望实施的“打通、整合农牧业产业链”核心战略，并以此促进四川以玉米、红薯种植及养猪、养鸡、养鱼为代表的农牧业发展，带动500多万农民增收。

温家宝到巴中视察

2005年4月23—25日，中共中央政治局常委、国务院总理温家宝到四川省巴中市视察，了解当地经济发展和群众生活情况。温家宝先后到巴中市南江县、通江县农村，视察了寨坡乡黄羊高科技示范区、田坝村香菇培植基地，与当地农民亲切交谈，详细了解粮食生产、农村医疗、教育情况。

西南首家移植配型中心成立

2005年4月25日，西南首家移植配型中心在四川大学华西医院成立，填补了四川在该领域内高分辨配置技术空白。

自1979年华西医院在中国率先开展肾脏移植手术后，成功实施肾移植1000多例，肝移植在4年内也成功实施140例。中心的成立大大提高器官移植的成功率。中心还将对省内各医院从事移植技术的医师进行培训。

全国首家网游动漫产业发展基地建立

2005年4月26日，国家新闻出版总署副署长于永湛在成都数字娱乐软件园内，向四川省新闻出版局和成都市人民政府领导授予“国家网络旅游动漫产业发展基地”匾牌。这标志着中国首个国家网络游戏动漫产业发展基地正式落户成都。

四川省召开第五届劳模表彰大会

2005年4月27日，四川省第五届劳模表彰大会在成都金牛宾馆召开，600名劳动者获四川省劳动模范称号。

东方锅炉与华夏电力公司签订海水脱硫合同

2005年4月，东方锅炉与福建厦门华夏电力公司篙屿电厂在成都就4×30万千瓦海水脱硫工程总承包合同签约。此举标志着国外公司在中国30万千瓦及以上等级大型燃煤机组海水脱硫领域的技术垄断被打破，国内海水脱硫环保关键技术和设备国产化实现零的突破。

5月

首届“建设成都杰出贡献奖”揭晓

2005年5月8日，首届“建设成都杰出贡献奖”揭晓，10人获“建设成都杰出贡献奖”、9人获“建设成都贡献奖”；“统筹城乡经济发展，推进城乡一体化战略”等20件事被评为“建设成都杰出贡献奖”重大事件。此次活动面向社会公开征集候选事件和候选人物。评选活动评审委员会由人大代表、政协委员、专家学者、市民代表和有关部门负责人组成，市民参与到提名、考察、投票等各个环节。共有300多万人次参与公众投票。

四川省第十一次哲学社会科学优秀成果颁奖大会召开

2005年5月8日，四川省第十一次哲学社会科学优秀成果颁奖大会在成都召开。此次评奖共收到2002—2003年研究成果申报5274项，评选出省政府奖励的优秀成果202项，其中荣誉奖2项、一等奖6项、二等奖34项、三等奖160项。

国家863软件专业孵化器四川基地通过科技部验收

2005年5月9日，经科技部专家评审，国家863软件专业孵化器四川基地通过863项目验收。

中国首家“世界级”聚苯硫醚企业在德阳开建

2005年5月9日，中国首家世界级规模聚苯硫醚生产企业——年产5000吨聚苯硫醚（PPS）树脂生产线在德阳市开工兴建，这标志着中国高分子材料聚苯硫醚产业化全面提速升级。年产5000吨聚苯硫醚项目是国家“863”计划课题之一。该项目是在千吨级聚苯硫醚生产线的基础上再投资4.8亿元，由四川德阳科技股份有限公司兴建，使中国成为继美、日、德之后的第四个实现聚苯硫醚产业化的国家。

中华校园诗歌节在绵阳开幕

2005年5月12日，由人民文学出版社和绵阳市人民政府主办的中华校园诗歌节在绵阳市开幕，这是国内第一个以学生为对象、以诗歌为内容的全国性活动。

攀枝花市一煤矿发生瓦斯爆炸

2005年5月12日9时，攀枝花市一小煤矿发生瓦斯爆炸，当时井下有23人作业，11人死亡，7人被救出，另有5人下落不明。发生事故的煤矿是攀枝花市仁和区松杰有限责任公司金江畔海煤矿，属于年生产能力3万吨的小煤矿。

四川省农村经济信息网开通

2005年5月17日，四川移动通信公司与《四川农村日报》、四川在线联合兴办的农村经济信息网开通，广大农民足不出户就可掌握最新的农业生产信息。该网为农村基层干部、农民、涉农部门和企业、种养专业大户等即时提供了包括致富门路、良种良法、庄稼医院、动物医院、粮油副食、市场行情、劳动就业和政策法律在内的21类最新、最权威的信息。

四川省开展打击非法行医专项行动

2005年5月18日，四川省卫生厅、省人口和计划生育委员会等9部门联合在成都召开四川省打击非法行医专项行动动员部署电话会。会议要求，各地各部门要围绕《四川省打击非法行医专项行动实施方案》确立的重点，全面深入扎实地开展专项整治联合行动。

四川省草食家畜博士站成立

2005年5月18日，四川省第一家草食家畜博士工作站在双流县公兴镇成立。该站由四川农业大学动物科技学院与成都大业国际投资股份有限公司合作建立。

2005四川国际友城合作与发展周举行

2005年5月23—28日，2005年四川国际友城合作与发展周在成都开幕。至此，四川省有国际友好城市48对，数量居西部第一，覆盖五大洲。参加此次活动的有来自16个国家的18个代表团，与会外宾145人。这是四川首次举办如此大规模的友城交流活动。

四川省十届人大常委会第十五次会议召开

2005年5月24—26日，四川省十届人大常委会第十五次会议召开。会议表决通过了《四川省人民代表大会常务委员会关于修改〈四川省实施《中华人民共和国教师法》条例〉的决定》《四川省人民代表大会常务委员会关于修改〈四川省农药管理条例〉的决定》《四川省人民代表大会常务委员会关于批准〈凉山彝族自治州人民代表大会关于修改《凉山彝族自治州渔业管理条例》决定〉的决定》等决定，表决通过了有关人事任免事项。

四川与捷克共和国中捷克州签署友好合作协议

2005 年 5 月 25 日，四川与捷克共和国中捷克州在成都签署友好合作协议。根据协议，双方同意在平等互利基础上，在下列领域展开友好合作：支持双方企业开展双边投资和经贸合作、旅游、信息产业、文化交流、政府间的友好交流。

6 月

中国首台 F 级高国产化率重型燃气轮机在德阳点火试车成功

2005 年 6 月 2 日，中国首台 F 级高国产化率重型燃气轮机在德阳市点火试车成功。该设备由德阳东方汽轮机厂投入近 4 亿元人民币，经过一年的努力研制成功。

四川省与国家开发银行签署开发性金融合作协议

2005 年 6 月 2 日，《四川省人民政府和国家开发银行开发性金融合作协议》在成都签订。根据协议，四川的旅游、中小企业、“三农”以及电力、教育等领域的新项目是开发银行 2005 年信贷投向的重点，国家开发银行四川省分行全年计划向四川省的一些新建项目投放贷款 81 亿元。

四川长虹公司具有完全自主知识产权的平板电视生产线建成投产

2005 年 6 月 2 日，首条具有自主知识产权的国内最大平板电视生产线在四川长虹公司诞生，中国最大尺寸的 55 英寸液晶和 65 英寸等离子电视开始生产。

四川省安全生产法律援助中心在成都挂牌

2005 年 6 月 10 日，四川省安全生产法律援助中心在成都挂牌成立。这是四川省安全生产首家专业法律服务机构。

四川新华文轩连锁股份有限公司成立

2005 年 6 月 11 日，四川新华文轩连锁股份有限公司成立。这是首家按照上市公众公司标准组建的中国跨地域、跨行业资本联合的大型股份制出版发行企业。

国家生物医学材料工程技术研究中心在四川挂牌

2005 年 6 月 12 日，中国第一个开放性国家级生物医学材料工程技术研究开发中心，正式挂牌四川大学。该中心依托四川大学，按照市场经济规律的新机制运作，建立了股份制的独立法人实体。中心围绕生物医学材料、医用植入体、组织工程、控释系统及先进制造工艺技术等方面，展开了多方面、多领域的研究。该中心共申请专利技术 32 项，发表论文 300 篇，拥有国家科技进步二等奖

1 项，部省级一、二等奖 8 项。

攀成钢与日本合资组建钢管企业

2005 年 6 月 13 日，攀钢集团成都钢铁有限责任公司和日本伊藤忠丸红铁钢株式会社在成都组建合资企业，投资 6000 万美元，建设石油钢管加工项目。新组建的合资企业为攀成伊红石油钢管有限责任公司，拟建于成都市青白江区无缝钢管新区，建设两条设计能力年产 25 万吨的石油钢管生产线。

罗干到川视察

2005 年 6 月 16—21 日，中共中央政治局常委、中央政法委书记罗干在四川视察。罗干先后到绵阳、阿坝、南充、广安、成都等地，深入企业、社区、农村和基层政法单位，视察四川省的基层政法工作和经济社会发展情况，看望慰问政法干警和勇斗歹徒英勇牺牲民警何晓雨的亲属。

成都高新区与攀枝花钢铁公司签订投资合作协议

2005 年 6 月 20 日，成都高新区与攀枝花钢铁公司签订投资合作协议。根据协议，攀钢集团在成都投资 5 亿元组建攀钢技术中心，攀钢集团下属企业攀钢研究院、攀钢设计院、四川托日信息工程有限责任公司将整体搬迁至成都市高新区西部园区的创新组团。

洪雅一化工厂发生爆炸

2005 年 6 月 20 日，位于洪雅县洪川镇境内的洪雅青衣江化工有限公司采矿分厂雷管分装房发生爆炸。事故造成 7 人死亡、2 人失踪，多人受伤。爆炸发生时现场共存放有雷管 13000 多枚。事发后，省、市、县有关领导及公安、安监等部门工作人员赶赴现场组织抢救伤员，调查事故发生原因。

四川省银监局网络建成

2005 年 6 月 21 日，中国银行业监督管理委员会四川监管局与四川省电信有限公司举行网络电路开通暨交付仪式，这标志着四川省率先在全国建成省级银监局网络。此次建成开通的网络是中国银监会全国性网络的组成部分，工程涉及省银监局和省内 21 个市（州）分局，该电路于 5 月 19 日全面开通，经过近 1 个月的安全运行，由省电信公司正式交付省银监局。

四川省召开虚假违法广告专项整治工作动员大会

2005 年 6 月 23 日，四川省虚假违法广告专项整治工作动员大会召开。由省工商行政管理局牵头，省委宣传部、省公安厅、省监察厅、省纠风办、省通信管理局、省信息产业厅、省卫生厅、省广播电视局、省新闻出版局、省食品药品监管局、省中医药管理局 12 个部门联合行动，开展为期一年的整治虚假违法广告专项行动，惩治保健食品、药品、医疗、化妆品、美容服务广告中的虚假宣传行为和利用互联网发布虚假违法广告的行为。

四川省农村信用社联合社挂牌

2005 年 6 月 28 日，四川省农村信用社联合社在成都挂牌开业，承担对全省农村信用社的管理、指导、协调和服务职能，由四川省人民政府国有资产监督管理委员会代表省政府履行出资人职责。该社的挂牌，初步建立了“国家宏观调控，加强监管；省级政府依法管理，落实责任；信用社自我约束，自担风险”这一新的农村信用社监督管理机制。

青川县遭遇暴雨灾害

2005年6月29日22时至7月2日8时，广元市青川县普降暴雨，雨量280毫米；7月1日8时至2日8时降雨170毫米，是青川县有资料记载以来最大的强降雨过程。

长虹集团公司新建虹微公司落户成都

2005年6月30日，长虹集团公司新组建的四川虹微技术有限公司落户成都高新区，这是长虹第一次在成都投资项目、第一次涉足集成电路（IC）芯片设计。至此，长虹集团公司已形成以网络、通信、IT、信息家电为主的新的产业形态。

7月

四川多个市（州）遭受暴雨灾害

2005年7月1—2日，暴雨天气袭击四川盆地西北部地区，绵阳市、广元市降暴雨到大暴雨，致5人死亡、3人失踪。从2日傍晚至3日早晨8时，暴雨天气再次袭击了成都、眉山、乐山、德阳、阿坝等7市（州）的33个县，引发多处山洪、泥石流等灾害，造成6人死亡、8人失踪。

7日凌晨至8日，达州市遭受特大暴雨袭击，其中宣汉县降雨量达375.8毫米，万源市为317.5毫米。暴雨造成9人死亡、4人失踪。

16日8时至19日8时，乐山、绵阳、广元、德阳、宜宾、成都、攀枝花、内江、凉山、雅安等市（州）的大部分地区降大到暴雨，共造成14人死亡、6人失踪，直接经济损失达1.07亿元，其中农业经济损失4713万元。

外资参股南充市商业银行

2005年7月8日，德国投资与开发有限公司（DEG）、德国储蓄银行国际发展基金（SIDT）、德国储蓄银行国际合作基金（SBFIC）与南充市商业银行在北京人民大会堂四川厅签署战略合作协议。根据协议，DEG和SIDT分别以300万欧元、100万欧元（两者共折合人民币3948万元）入股南充市商业银行，分别占该行增资扩股后总股本的10%、3.3%。SBFIC对该行提供技术援助。南充市商业银行成为西南地区首家外资参股的银行。

“同心同德共建和谐社会·成都论坛”举行

2005年7月10日，中国社会科学院与中共成都市委共同主办，以构建和谐社会为主题的“同心同德共建和谐社会·成都论坛”在成都举行。论坛举行了《落实科学发展观，构建和谐社会》为主题的报告会。

东方电机重型装配厂房竣工

2005 年 7 月 10 日，有“中华第一跨”之称的东方电机重型装配厂房在德阳市竣工。厂房高度 33 米、跨度 36 米、总长度 400 米、最大起重能力 550 吨，为当时中国第一。厂房内安装了当时中国最先进、国际领先的“高、精、尖”重大技术装备机群：亚洲最大的卧式机床，中国最先进的重型五轴数控镗床，世界水轮机制造行业最大的五轴数控龙门铣床，世界加工直径最大、工作台承重最重、技术最先进的数控立式加工中心，中国最大的台车式热处理炉，中国机械行业最大、最先进的焊接制造中心。东方电机的水、火电设备生产技术和能力跨入了国际先进行列。

雅砻江水电开发联合研究基金设立

2005 年 7 月 10 日，国家自然科学基金委员会与二滩水电开发有限责任公司达成协议，共同出资 5000 万元设立雅砻江水电开发联合研究基金。按照双方商定，该基金由国家自然科学基金委员会出资 2000 万元、二滩公司出资 3000 万元。6 年内，拟资助高坝安全、高坝枢纽水力学和河道水环境、流域水能开发利用管理等五大领域中 17 个课题的研究。该基金将采取动态拨款方式，计划于2005 年 7 月和 2006 年 3 月两次公布项目指南，在项目指南规定的日期内，国家自然科学基金委员会将面向全国受理申请，并对申请书进行评审后择优给予资助。

攀钢与东风汽车达成战略合作关系

2005 年 7 月 11 日，攀钢与东风汽车签订战略合作伙伴关系协议。双方将建立高层互访机制，并在技术战略合作中建立人才培养、技术交流、联合技术研发、技术优先采用、联合技术推广及技术保密机制。在同等条件下，攀钢优先向东风汽车推荐自己的新产品、新技术，东风汽车优先采用攀钢最新产品和技术，双方合作开发的新产品、新材料由双方联合进行市场推广。“协议”称，为了共同规避和抵御市场风险，双方将建立双边战略采购的关联市场分析、钢材战略采购及汽车产品战略采购机制。在钢材贸易中，双方将相互实行最优惠待遇原则；在汽车贸易中，攀钢将积极参与东风汽车产品的销售网络建设，东风汽车将为攀钢提供最佳的“阳光服务”。

四川省开放工作会议在成都召开

2005 年 7 月 23 日，四川省开放工作会议在成都召开。会议提出，从 2005 年到“十一五”期末，四川省开放工作的总体思路是：以邓小平理论和“三个代表”重要思想为指导，用科学发展观统领开放工作全局，树立全球眼光和战略思维，继续贯彻“大开放促大发展”的方针，实行对内对外开放并举，坚持“引进来”与“走出去”相结合，大力发展开放型经济，积极构建全方位多层次宽领域的开放格局，加快建设“开放四川”步伐。

第二届泛珠三角区域合作与发展论坛在成都举行

2005 年 7 月 25—28 日，第二届泛珠三角区域合作与发展论坛在成都举行，由泛珠三角区域九省区政府和中国香港、澳门特别行政区政府共同主办，四川省人民政府承办。论坛签署了《泛珠三角区域合作发展规划纲要》。论坛探索了建立健全经贸合作的机制。在能源、交通、商贸、旅游、劳务开发等领域，开展了大量富有成效的合作，合作机制进一步健全和完善。共签订合作项目 4473 个，投资合同金额 4535 亿元人民币。

四川省十届人大常委会第十六次会议召开

2005 年 7 月 25—29 日，四川省十届人大常委会第十六次会议召开。会议表决通过《四川省人民代表大会常务委员会关于修改〈四川省《中华人民共和国防空法》实施办法〉的决定》《四川省人民代表大会常务委员会关于县乡两级人民代表大会选举时间的决定》《四川省第十届人民代表大会常务委员会代表资格审查委员会关于补选四川省第十届人民代表大会的代表资格的审查报告》等决定，还表决通过了有关人事任免事项。

四川发生人感染猪链球菌病疫情

截至 2005 年 7 月 31 日 12 时，四川省累计报告人感染猪链球菌病病例 181 例，其中实验室确诊 29 例，临床诊断 99 例，疑似 53 例。治愈出院 17 例，病危 31 例，死亡 34 例。病例分布在 9 个市的 26 个县（市、区）、102 个乡镇（街道）、170 个村（居委会）。6 月下旬开始，资阳市相继发生了以急性起病、高热、伴有头痛等全身中毒症状，重者出现中毒性休克、脑膜炎为主要临床表现的病例。

刘应明获国际模糊数学界杰出人物奖

2005 年 7 月，国际模糊系统协会（IFSA）授予中国科学院院士、四川大学教授刘应明“IFSA Fellow”称号，这是该协会授予在模糊系统及相关领域内作出杰出贡献学者的最高荣誉。刘应明是发展中国家被授予该称号的第一位学者。

四川进行干部选任方式改革创新

2005 年 7 月，省委组织部着手推动干部选任方式改革创新，研究确定在公开选拔副厅级领导干部时采取 8 种考试测试手段和 3 个环节的“8+3”公选工作新模式。四川“8+3”公选模式，作为全省干部选任制度改革的重大举措，探索了一条干部选拔与干部培训有机结合的新路子。

8 月

宜长路获科威特政府贷款

2005 年 8 月 1 日，宜宾至长宁竹海旅游公路项目获科威特 2731 万美元政府贷款。这是继九寨—黄龙机场、攀枝花机场项目之后，科威特政府在川贷款的第三个项目。宜长路作为四川省“十五规划”的重要基础设施项目，总投资 4. 14 亿元。建成后，宜宾市至蜀南竹海的车程由一个半小时缩短至半小时左右。

成都市高新区通过 ISO 14000 国家示范区验收

2005 年 8 月 2 日，成都市高新区通过国家环保总局和科技部组织的 ISO 14000 国家示范区验收，成为全国第 22 个、省内首个通过认证的区域。ISO 14000 系列标准是国际通用的环境管理标准。

2001 年，成都市高新区通过 ISO 14001 环境管理体系验证。

中国东方航空公司开通成都经上海至洛杉矶等 7 条国际航线

2005 年 8 月 3 日，中国东方航空公司开通成都经上海的 7 条国际航线，它们分别是：成都至洛杉矶、温哥华、伦敦、巴黎、悉尼、墨尔本、印度德里。

中国农业银行与攀钢集团签署战略合作协议

2005 年 8 月 17 日，中国农业银行与攀枝花钢铁（集团）公司在成都签署银企战略合作协议暨举行公开统一授信 60 亿元签字仪式。根据协议，攀钢集团确定农行为业务主办行之一，攀钢集团及其所辖 6 个分、子公司，与农行展开全面金融业务合作。

四川省、辽宁省签署《关于加强经济社会领域合作的协议》

2005 年 8 月 18 日，四川省委副书记、省长张中伟和辽宁省委副书记、省长张文岳代表两省签署《关于加强经济社会领域合作的协议》。根据协议，在西部大开发和东北振兴国家两大战略中分别处于重要地位的川辽两省从六处着力，共同加强经济社会领域的合作。

双方商定的合作内容主要包括：采取政府推动、企业为主的方式，鼓励和帮助有合作意向的企业到对方洽谈合作项目和投资发展，推动两省经济合作上新水平；加强两省在西部大开发、振兴东北地区等老工业基地过程中的合作，特别要鼓励和推动从事资源开发利用、老工业基地改造的企业开展技术交流；加强流通企业的交流与合作，推进连锁经营、现代物流、电子商务的联合与发展，加强外贸出口合作，扩大合作领域，建立长期稳定的合作关系，形成新的合作热点；加强两省旅游合作，加大旅游业开放力度，共同构建无障碍旅游区；加强两省科技合作；建立双边合作联系制度和政府高层领导定期联系制度。

四川省第 12 届少数民族体育运动会在马尔康举行

2005 年 8 月 19—24 日，四川省第 12 届少数民族体育运动会在阿坝藏族羌族自治州州府所在地马尔康县举行。此次运动会共有 12 个代表团、1137 名运动员和教练员参加 8 个竞赛项目、33 个表演项目，创下历届四川省少数民族体育运动会参赛人数、比赛项目之最。运动会共决出 76 枚金牌，其中，射弩 7 枚、蹴球 5 枚、珍珠球 2 枚、押加 6 枚、摔跤 29 枚、田径 14 枚、高脚竞速 6 枚，马上竞赛 7 枚。富于各地民族特色的 33 个表演项目也决出了集体一等奖 14 个、二等奖 10 个、三等奖 5 个、表演奖 2 个、特邀表演奖 2 个。

四川航空公司开通成都—拉萨航线

2005 年 8 月 20 日，川航成都—拉萨航线开通，由四川航空公司总经理蓝新国任机长的一架空客 A319 飞机降落在拉萨贡嘎机场。

《关于进一步促进非公有制经济发展的实施意见》印发

2005 年 8 月 28 日，四川省人民政府印发《关于进一步促进非公有制经济发展的实施意见》。

《意见》加大支持非公有制经济发展的力度，结合四川省经济发展实际，提出了“三大部分”“四十条”实施意见。

诺基亚成都研发中心成立

2005 年 8 月 28 日，诺基亚成都研发中心成立，四川电信—诺基亚增值业务应用中心同时揭牌，诺基亚与四川的战略合作迈出实质性步伐。作为诺基亚设立在中国的第六家研发机构，也是其第二家 3G 研发中心，诺基亚成都研发中心面向全球及中国市场，开发基于 3G 和 IP 多媒体子系统（IMS）平台的新型移动应用。四川电信——诺基亚增值业务应用中心是四川电信与诺基亚公司共同构建的信息应用中心。该中心借鉴国外运营商的增值业务经验，并结合四川实际情况，在应用试验环境、终端应用开发、用户体验渠道、国际先进技术和业务交流等方面展开合作。

四川省煤炭产业集团有限责任公司成立

2005 年 8 月 28 日，四川省煤炭产业集团有限责任公司成立，标志着全省煤炭产业步入整合发展和战略性结构调整的新里程。该集团为省属国有独资企业，采用母子公司管理模式，以攀枝花煤业、芙蓉集团、华蓥山广能、达竹煤电、广旺能源、川南煤业和威远煤矿等 7 户煤炭企业为核心，合并省煤炭工业供销总公司组建而成。

中国二重设备首次出口欧洲

2005 年 8 月，中国二重集团与奥地利钢联公司签订出口 2250 毫米热连轧全套设备合同。此项目的签约，不仅是二重集团首次向欧洲出口热轧全套设备，也是中国首次对外出口热连轧成套机械设备。

9 月

攀枝花至田房高速公路开工

2005 年 9 月 1 日，攀枝花至田房高速公路开工。该高速公路是四川省 12 条出川大通道之一，北接在建的西昌至攀枝花高速公路，南接云南省永仁至元谋高速公路，全长 59 公里，总投资 26.8 亿元人民币。

四川省人民政府与交通银行签署战略合作协议

2005 年 9 月 5 日，四川省人民政府与交通银行签署战略合作协议。根据协议，未来 3 年内，交行将投入 200 亿元信贷资金，支持四川高新技术产业、优势资源、装备制造、新型化工、外贸出口等优势产业和重点基础设施建设项目。

四川省首届博士后论坛在射洪县举办

2005 年 9 月 5 日，四川省首届博士后论坛在遂宁市射洪县举办。自 1985 年四川省设立第一个博士后科研流动站以来，博士后工作取得长足进步。至2005年四川共有博士后科研流动站58个、博士后科研工作站41个，20年累计招收博士后研究人员800余人，有在站博士后研究人员300多人。

四川省农村综合改革试点工作座谈会召开

2005年9月6—7日，四川省农村综合改革试点工作座谈会在成都召开。会议明确，农村综合改革试点工作重点是5个方面：积极稳妥推进乡镇机构改革，加快改革农村义务教育管理体制，进一步改革完善县乡财政管理体制，切实化解乡村债务，协调推进其他改革。

南充至武胜高速公路开工

2005年9月8日，国道212线南充至武胜（川渝界）高速公路开工建设。该公路起于南充市高坪区王家沟，与成都至南充高速公路相连接，经广安市岳池县、武胜县，止于川渝界街子，全长约65公里，沥青混凝土路面，同步建设南充连接线约2公里。全线四车道，计算行车速度为80公里/小时，路基宽度24.5米，共一个主线收费站，四个匝道收费站。建设工期约3年，工程总概算约22.66亿元，其中交通部专项资金3.25亿元，四川省自筹19.41亿元。

保定天威保变电气入股四川新光硅业

2005年9月9日，保定天威保变电气入股四川新光硅业增资扩股协议在成都签署。天威保变出资1.1亿元，成为新光硅业的第二大股东。

汇丰银行、花旗银行落户成都

2005年9月12日，汇丰银行成都分行正式开业。同日，花旗集团旗下的花旗银行获准在成都开设分行。

中国建设银行与二滩水电开发有限责任公司签署合作协议

2005年9月14日，中国建设银行与二滩水电开发有限责任公司在成都签署《雅砻江流域水电开发项目金融合作协议》。根据协议，建行将向二滩公司提供总额为300亿元的综合金融支持。

《四川省旅游市场综合治理方案》出台

为解决旅游市场存在的突出问题，有效规范旅游市场行为，维护旅游市场秩序，提高旅游服务质量，保护旅游经营者、从业人员和旅游消费者的合法权益，2005年9月14日，四川省人民政府办公厅印发《四川省旅游市场综合治理方案》。《方案》着眼立法建设、宏观调控、规范市场、协会自律、媒体监督5个层面，要求各环节杜绝违法违规行为，共同构建四川省旅游市场新秩序。

四川天主教神哲学院在郫县新址举行揭牌仪式

2005年9月18日，四川天主教神哲学院在郫县新址揭牌。该学院是经国务院批准，由四川、云南、贵州、重庆“三省一市”天主教“两会”于1984年在成都市平安桥天主堂创办的一所培养天主教神职人员的大区性宗教院校，之后迁到郫县郫筒镇继续办学。

四川8家企业产品获中国名牌产品称号

2005年9月19日，四川省人民政府祝贺8家企业的产品获中国名牌产品称号。这8家企业及产品分别是，四川长虹电器股份有限公司的“长虹”牌电池，成都前锋电子股份有限公司“前锋”牌燃气热水器，成都希望食品有限公司“美好”牌高温火腿肠，攀枝花钢铁集团公司“攀枝花”牌铁路用钢轨，自贡鸿鹤化工股份有限公司“鹤”牌烧碱、氯化铵，四川豪吉食品集团公司“豪吉”牌鸡精，四川升达林产集团公司“升达”牌强化木地板，四川宏达化工股份有限公司“云顶”牌磷酸一铵。

省委、省政府表彰灭火勇士

2005年9月20日，中共四川省委、四川省人民政府授予武警凉山彝族自治州森林支队“森林灭火尖刀支队”称号，追授舒鹏烈士“护林灭火英雄”荣誉称号。2005年以来，四川省川西林区连续发生多起森林火灾。武警四川森林总队官兵先后扑灭重大森林火灾4起，一般性森林火灾10多起。

四川省十届人大常委会第十七次会议召开

2005年9月20—23日，四川省十届人大常委会举行第十七次会议召开。会议对新制定的《四川省人民代表大会常务委员会关于规章及规范性文件备案审查的规定（草案）》《四川省气象灾害防御条例（草案）》的必要性和可行性进行表决。会议表决通过了《四川省〈中华人民共和国草原法〉实施办法》《四川省测绘管理条例》《四川省人民代表大会常务委员会关于〈成都市人民代表大会常务委员会关于废止《成都市外商投资企业劳动管理条例》的决定〉的决定》等各项决议，会议还表决通过了有关人事任免事项。

《四川省行政机关工作人员行政过错责任追究试行办法》颁布

2005年9月22日，四川省人民政府令第193号颁布《四川省行政机关工作人员行政过错责任追究试行办法》。该《办法》是四川省首个综合性行政过错责任追究办法，自2005年11月1日起施行。

第二届中医药现代化国际科技大会在成都举行

2005年9月25—27日，第二届中医药现代化国际科技大会在成都召开，大会的主题是：中医药发展与现代科学技术。来自43个国家和地区的3000位嘉宾应邀参会。

峨眉山风景名胜区被授予全球优秀生态旅游景区匾牌

2005年9月26日，在深圳闭幕的“2005全球人居环境论坛”上，峨眉山风景名胜区被授予全球优秀生态旅游景区奖牌，成为中国世界遗产景区中唯一一家获此称号的景区。

省委、省政府出台《关于加强自主创新走创新型发展道路的决定》

2005年9月26日，中共四川省委、四川省人民政府印发《关于加强自主创新走创新型发展道路的决定》，提出加强自主创新走创新型发展道路的指导思想、主要目标、主要任务和重点措施。《决定》规定，企业从事技术转让、技术开发业务和与之相关的技术咨询、技术服务取得的收入按照国家规定免征营业税。企事业单位进行技术转让及在技术转化过程中发生的与技术转让有关的技术咨询、技术服务、技术培训等所得，可按国家有关政策暂免征收所得税。

四川省与越南老街省签署经贸合作协议

2005年9月27日，四川省与越南老街省签署经贸合作协议。根据协议，双方政府为企业在工业、商贸、农业领域加强投资合作创造便利条件。工业方面的合作涉及矿产开采与加工、化肥生产、农林产品加工、机器生产、汽车安装、电器等。商贸流通以老街口岸经济区和老街商贸区的合作开发为中枢，发展、推动、扩大双方货物进出口贸易。双方将着手制定发展四川—老街—河内—广宁旅游线路的方案。农业方面，四川省将提供高质量的农林业种子、农业生产技术等给老街。

10月

广能龙滩矿井发生透水事故

2005年10月4日21时，四川省煤炭产业集团公司所属广能集团有限责任公司正在建设中的基建煤矿龙滩矿井发生一起特大透水事故。井下作业的28人中15人遇难，另有13人下落不明。

《四川省财政应急保障预案》出台

2005年10月12日，四川省财政厅出台《四川省财政应急保障预案》。该《预案》对组织体系、预警监测、应急响应、后期处置等方面作出具体规定，要求各级财政在接到拨款申请后一个工作日内办理完审核和拨款手续。这是四川省针对突发公共事件出台的首例财政应急预案。

省政府表彰十运会优秀运动员

2005年10月12—23日，全国第十届运动会在南京举行。四川代表团共有538名运动员参加了30个大项、223个小项的比赛。四川代表用夺得总分1326.25分，在全国46个参赛代表团中位居第七，有40人次在比赛中共夺金牌12枚、银牌17枚、铜牌19枚，奖牌总数48枚。金牌数位居全国第十四，奖牌总数位列第八，并获得体育道德风尚奖。

10月25日，省政府对参赛的135名运动员、教练员进行表彰记功，其中为曹逸飞等34名运动员和严毅等15名教练员记一等功1次，为杨静等27名运动员和邓蔚等10名教练员记二等功1次，为顾俊杰等36名运动员和李健等13名教练员记三等功1次。郑洁等29名女运动员和省女子垒球队分别荣获省“三八”红旗手、省“三八”红旗集体荣誉称号。

巴金逝世

2005年10月17日，文学巨匠、四川籍作家巴金在上海市逝世，享年101岁。

2005中国餐饮业博览会在成都举行

2005年10月18—20日，国家商务部和四川省人民政府主办，成都市人民政府、四川省商务厅、中国贸促会北京分会承办的2005中国餐饮业博览会在成都国际会展中心举行。此届餐饮业博览会有四大特色：活动内容丰富，行业代表性强；首次回顾改革开放以来各地餐饮业发展取得的成就；论坛层次高，内容聚焦热点；国际化程度较高，对外交流广泛。

“2005海峡两岸农业合作论坛”在成都举行

2005年10月19—20日，“2005海峡两岸农业合作论坛”在成都举行。此次论坛是为推动两岸农业交流与合作而举办的。论坛由海峡两岸农业交流协会、海峡经济科技合作中心主办，国务院台湾事务办公室、农业部、四川省人民政府支持，中国台湾地区农会协办，四川省台湾事务办公室、四川省农业厅承办，共有来自两岸农业界人士200余人参加。

四川煤炭产业集团与中国华电集团签署战略合作协议

2005年10月21日，四川煤炭产业集团与中国华电集团战略合作协议在成都举行签字仪式，双方将以全新的机制和体制共同开发建设川南矿区。

蒲江县被命名为国家级生态示范区

2005年10月25日，成都市蒲江县被国家环保总局命名为国家级生态示范区。

四川省人民政府和海关总署合作建设四川电子口岸平台

2005年10月25日，四川省人民政府和海关总署合作建设四川电子口岸平台备忘录签字仪式在北京举行，这标志着四川电子口岸平台的建设正式启动。

中国电子口岸系统作为海关总署等12个相关部委共建的公共管理服务系统，是贸易与投资便利化的重要标志。四川省决定依托中国电子口岸系统，与海关总署联建四川电子口岸平台。

四川—跨国公司（北京）座谈会召开

2005年10月26日，四川—跨国公司（北京）座谈会召开。波音、卡特彼勒、法国电信、日本航空等30余家尚未在四川投资的世界500强企业、跨国公司驻华机构代表和微软、爱立信、丸红等已入川的11家世界500强企业代表，还有美国、日本驻华大使馆以及日中经协、法国巴黎工商会、美国商业周刊、欧盟国际合作促进中心等机构代表参加座谈会。

中国首家支付结算研究中心成立

2005年10月27日，中国人民银行与西南财经大学共建的中国首家支付结算研究中心成立，填补了国内高校在支付结算研究、人才培养和培训上的空白。

国家油菜改良中心四川成都分中心通过验收

2005年10月28日，成都市第二农业科学研究所承担的“国家油菜改良中心四川成都分中心”通过验收。至此，成都成为全国4个国家级油菜改良中心之一，负责长江上、中、下游油菜新品种的研制和推广。改良中心育成的蓉油系列杂交油菜新品种在全国推广2798万亩，创社会经济效益

14 亿元。

三州移动通信扶贫工程竣工

2005 年 10 月 31 日，阿坝州、甘孜州、凉山州移动通信扶贫工程中最后一个基站的开通割接仪式在西昌市（主会场）与特布洛乡（分会场）同时举行，标志着四川省委、省政府2005 年为民办实事工程之一——三州移动通信扶贫工程全面竣工，实现了三州地区乡镇移动通信网络全覆盖。

四川企业信用网开通

2005 年 10 月 31 日，由四川省工商行政管理局牵头，省政府各相关部门参加建设的四川企业信用网挂网运行。挂网运行 8 部门（四川省工商行政管理局、四川省高级人民法院、四川省国家税务局、四川省地方税务局、四川省出入境检验检疫局、四川省商务厅、中国人民银行成都分行、成都海关)，企业信用信息资源无偿与民共享。该企业信用征信系统划分为四大子系统，一是企业基础信息系统；二企业业绩信息系统；三是企业提示信息系统；四是企业警示信息系统。这四大子系统构成一个有机整体，将客观、公正、准确、真实反映企业的身份信息和信用状况。

四川与多省（市）签订联动维护农民工权益协议

2005 年 10 月，四川与上海、江苏、广东、福建签订联动维护农民工权益协议，并逐步发展为全国省际工会联动维权机制中成员最多、建立最早、涉及面最广、涉及农民工最多的区域性工会维权组织，为全国工会异地联动维护农民工权益起到了示范引领作用。

11 月

四川省首个乳业示范养牛场诞生

2005 年 11 月 3 日，新希望乳业投资 4500 万元建设的四川省首个乳业示范养牛场在眉山市洪雅县阳坪山乳业科技园区建成投产。园区占地 150 亩，养殖规模 1500 头，具有国际先进水平的奶牛示范养殖场。

成都海关驻宜宾办事处揭牌

2005 年 11 月 3 日，成都海关驻宜宾办事处揭牌。

四川省首家劳动争议仲裁院成立

2005 年 11 月 7 日，四川省首家劳动争议仲裁院在广元市成立，标志着四川省劳动争议仲裁机构实体化建设进入全面推进阶段。

《今注本二十四史》在四川启动

2005 年 11 月 9 日，被喻为“中国文化三峡工程”的《今注本二十四史》出版工程在成都启动。

《今注本二十四史》出版工程由四川出版集团承担，这对四川文化事业和文化产业的发展将起到积极的推动作用。

四川大学教授李涛获“中国青年女科学家奖”

2005年11月9日，第二届“中国青年女科学家奖”揭晓，四川大学华西医院精神医学研究室教授李涛上榜，并获“西部特别贡献奖”。

四川大熊猫成为2008年北京奥运会吉祥物

2005年11月11日，北京2008奥运会吉祥物揭晓，四川大熊猫成为此届奥运会吉祥物之一。

锦屏一级水电站主体工程全面开工

2005年11月12日，西部大开发重点项目、西电东送中部通道重要电源点——锦屏一级水电站主体工程全面开工，标志着四川省最重要的水电能源基地雅砻江步入流域、梯级、滚动、综合开发的新阶段。

第十三届世界拳击锦标赛在绵阳市举行

2005年11月12—20日，第十三届世界拳击锦标赛在绵阳市举行，来自87个国家和地区的约4000名运动员参加12个级别角逐。世界拳击锦标赛是国际拳击运动最高水平、最高规格的赛事，2002年10月，中国绵阳市战胜了9个国家城市的竞争，取得第十三届世界拳击锦标赛的承办权，这是中国首次举行该项赛事。

拉法基集团收购双马集团

2005年11月15日，绵阳市国资委与世界最大水泥生产商法国拉法基集团在成都达成协议，由拉法基中国海外控股公司受让四川双马投资集团有限公司的所有国有股权。根据协议，绵阳市国资委将其持有的双马集团国有股权转让给拉法基，转让价约3800万美元（约合人民币3.05亿元）。此次交易为溢价收购。拉法基收购双马集团后，不改变双马集团及控股子（分）公司的注册地、税收解缴关系和统计口径，并对其职工和管理层有明确的安置方案。

四川长虹集团重组美菱

2005年11月15日，合肥市人民政府与四川长虹集团、美菱集团在合肥市签署战略合作协议，四川长虹集团成为美菱电器“新东家”。

成都国家医药出口基地获得商务部批准

2005年11月16日，成都国家医药出口基地获得商务部批准。这是四川省首个通过商务部认定的国家级出口基地。商务部建立国家医药出口基地，旨在更好地促进医药产品出口，优化产业布局、推动产业聚集、培育地区性的规模竞争优势，尽快形成以国家医药出口基地为龙头，辐射、示范并带动周边地区以及全国的医药产品出口。

攀成钢建成中国最强连轧管机组

2005 年 11 月 18 日，投资 15 亿元，建设近 2 年的国内口径最大、技术最先进的连轧管生产线——攀钢集团成都钢铁有限公司 340 连轧管机组竣工投产。攀成钢 340 连轧管机组是四川省冶金行业唯一列入国家“双高一优”导向计划的工程，设计年产 50 万吨以上，投产后可满足石油、石化、建筑等诸多领域对钢管产品的需求。该机组主要设备由德国引进，工艺、电气以及辅机技术都具有世界一流水平，是世界上规模优势最突出的连轧管生产线，当时同样水平的生产线全球只有三条。

四川省十届人大常委会第十八次会议召开

2005 年 11 月 21—25 日，四川省十届人大常委会第十八次会议在成都召开。会议根据乐山市人大常委会《关于接受陈德玉辞去四川省第十届人民代表大会代表职务请求决定》，依法终止陈德玉的省十届人民代表大会代表资格和省人大常委会副主任职务。会议对新制定的《四川省人民代表大会常务委员会讨论决定重大事项的规定（草案）》《四川省（中华人民共和国文物保护法）实施办法（草案）》的必要性和可行性进行表决，两条例（草案）将列入常委会会议继续审议。会议表决通过了《四川省（中华人民共和国道路交通安全法）实施办法》《四川省标准化监督管理条例（修订）》《四川省城市房屋拆迁管理条例（修订）》等决定。会议还表决通过了有关人事任免事项。

四川省新型农村合作医疗试点工作会召开

2005 年 11 月 24 日，四川省新型农村合作医疗试点工作会召开。会议确定：农村合作医疗基金必须封闭运行，从 2006 年起，全省在原有 21 个新型农村合作医疗试点县基础上，新增 51 个试点县。

文化产业发展（四川·成都）论坛暨首届四川文化项目推介会举行

2005 年 11 月 26 日，文化产业发展（四川·成都）论坛暨首届四川文化项目推介会在成都举行。推出的 43 个文化项目成功签订合作协议，涉及合同金额 40.4 亿元人民币。

四川省工业经济联合会挂牌

2005 年 11 月 26 日，以 30 余个协会和 70 余家企业及科研单位为会员的省工业经济联合会挂牌，代替曾挂靠于各厅局的省纺织协会等六大全省性工业行业协会。四川省工业经济联合会是在自愿的基础上，以全省性工业行业协会，省内各市工业经济协会（联合会）和行业企业为成员，同时吸收部分工业经济研究团体、科研设计单位、大专院校、国家有关部门工作人员以及工业经济界知名人士联合组成的非营利性社会组织。

中国首次整车异地生产成品面市

2005 年 11 月 28 日，沈阳金杯落户绵阳市生产的 7 款新型车正式下线面市。这是中国新的汽车产业政策发布后，全国第一例整车异地生产。

《四川省优势产业整合与发展规划》出台

2005 年 11 月 30 日，四川省产业经济政策信息新闻发布会召开，宣布《四川省优势产业整合与发展规划》出台。该规划由四川省委办公厅、四川省人民政府办公厅印发。根据规划，高新技术产业、优势资源产业、装备制造业、农产品加工业等四大优势产业成为“第一方阵”。规划明确了未来5年工业提速的思路：以优势产业的整合发展为突破口，通过实施一系列产业政策，加快工业园区（集中区）、产业集群的整合培育，推动优势产业（产品）链的整合发展，围绕自主创新能力的培育，大力实施循环经济，转变经济增长方式，提升四川工业的整体竞争力。

12 月

成都市洛带城市生活垃圾焚烧厂动工

2005年12月2日，成都市洛带城市生活垃圾焚烧厂动工。该项目总投资约5.2亿元，有2台1200千瓦的发电机，能消纳成都市中心城区约1/2的生活垃圾。该厂是当时西部地区规模最大、最先进的城市生活垃圾焚烧厂。

广巴高速公路全面开工

2005年12月3日，广元至巴中高速公路全面开工。广巴高速公路自广元市西南杨家湾至巴中市东南穆家坝，全长148.67公里，总投资71.25亿元，预计工期4年，是国家重点公路建设规划“十三纵十五横”中的杭州至兰州横向通道中的重要组成部分，是四川高速公路网中的主干线之一，是川北地区的公路主骨架。它是连接西部甘肃、陕西和川北等贫困地区与中部、东部发达地区的重要纽带。它的建成，对完善川北地区综合运输网络、改善地区投资环境、促进广元和巴中红色旅游资源开发、发展广元和巴中经济、贯通东西南北的快速通道具有十分重要的意义。

中共四川省委第八届六次全体会议召开

2005年12月5—7日，中共四川省委第八届六次全体会议在成都召开。会议期间，与会人员考察了成都城乡统筹发展路径；6日，省委书记张学忠向全会做工作报告，省委副书记、省长张中伟就《中共四川省委关于制定国民经济和社会发展第十一个五年规划的建议（讨论稿）》作说明；7日，省委书记张学忠作讲话，省委副书记、省长张中伟就2006年经济工作进行具体部署。

四川省21家纺织企业竞得首批输美配额

2005年12月7日，在输美纺织品配额首次招标中，四川省共有21家纺织品企业中标，其中包括10家流通企业和11家生产型企业。

中国盐文化研究中心揭牌

2005年12月8日，中国盐文化研究中心在自贡市揭牌。这是由高校、博物馆、企业联手共建的人文社会科学研究机构。中国盐文化研究中心，是以四川理工学院中国盐文化研究所为基础，由自贡市盐业历史博物馆、四川久大盐业（集团）公司共同建设的学术机构。

中国首套年产 40 万吨甲醇装置在四川开车成功

2005 年 12 月 11 日，中国首套年产 40 万吨甲醇装置在四川泸天化股份有限公司一次开车成功，生产出的甲醇纯度高达 99.9%以上。

该装置的建成投产，使四川泸天化股份有限公司精甲醇年生产能力达到 50 万吨，跃居中国第一。该项目总投资 10.7 亿元，占地 290 亩。自 2004 年 4 月项目开工以来，仅用 18 个月就完成了合同规定的建设和安装任务，比正常工期提前了半年，创国内同类项目建设的纪录。

攀钢轨梁万能轧机生产线竣工投产

2005 年 12 月 14 日，攀钢轨梁万能轧机生产线竣工投产，成为中国第一家、世界第三家能够按照国际上最为严格的技术标准生产百米长尺钢轨的企业，其生产的钢轨具有高强度、高平直度、高表面质量等特性，可满足时速 350 公里以上高速铁路建设需要。由十九冶承建的攀钢轨梁万能轧机生产线，总投资 8 亿元，主线工艺设备系引进德国 SMS（西马克公司）技术。该项目的建成投产，填补了中国百米长尺重载铁轨的空白。

四川省公布首批 25 项重大安全隐患

2005 年 12 月 15 日，四川省人民政府安全生产委员会办公室向社会公布了首批 25 项重大安全（环境）隐患。这是四川省首次在全省范围内对重大安全隐患向社会发布公告，标志着四川省安全隐患披露制度的建立。此次公布的首批重大安全（环境）隐患地点位于攀枝花、达州、乐山、成都、宜宾、遂宁、自贡、内江、广安、巴中、雅安、绵阳 12 个市，隐患类别涉及煤矿、非煤矿山、道路交通、危险化学品生产经营、烟花爆竹、消防以及建筑工程等领域，此次公告还将环境隐患纳入安全隐患范围。公告内容还涉及隐患可能影响的范围及危害程度、整改目标和时限以及相关责任人等。

四川省首届冬季旅游发展大会召开

2005 年 12 月 15—17 日，四川省首届冬季旅游发展大会在攀枝花市召开。会议对全省旅游工作特别是冬季旅游工作进行全面部署，提出要大力发展冬季旅游，加快建设旅游经济强省。

雅砻江流域水电开发项目签署银企合作协议

2005 年 12 月 16 日，雅砻江流域水电开发项目在成都签署银企合作协议。中国银行宣布，将为雅砻江流域水电开发业主单位——二滩水电开发有限责任公司提供总额 300 亿元人民币的授信和融资安排。

成都—法兰克福国际货运航线开通

2005 年 12 月 18 日，成都—北京—法兰克福定期国际货运航线正式开通，成都成为第一个拥有通往欧洲直达空中货运航线的西部城市。

四川慈善大会暨 2005 四川慈善发展高层论坛召开

2005 年 12 月 19 日，由四川省人民政府和中华慈善总会联合举办的四川慈善大会暨 2005 四川慈善发展高层论坛在成都召开。会上，一批慈善企业和个人被授予“十佳慈善企业”和“十佳慈善之星”称号。

四川省举行“十五”林业建设成就及“十一五”林业发展展望新闻发布会

2005年12月20日，四川省召开“十五”林业建设成就及“十一五”林业发展展望新闻发布会。全省森林覆盖率由2000年的24.23%上升到2005年的28.98%，省委、省政府提出的建设长江上游生态屏障五年初见成效的目标如期实现。

四川省自1998年在全国率先启动天然林保护工程之后，相继实施了退耕还林工程和野生动植物保护及自然保护区建设工程，林业实现由以木材生产为主向以生态建设为主的历史性转变。完成坡耕地退耕还林1318.4万亩，配套荒山造林1231万亩，天然林保护工程公益林及其他造林1303万亩；义务植树8.9亿株，绿色通道建设1.65万公里。“十五”期末，全省新增有林面积3443万亩，活立木总蓄积由14.65亿立方米增加到15.82亿立方米。森林面积居全国第四位，蓄积量居全国第二位。随着森林资源的不断增加，全省5万多平方公里水土流失面积得到有效控制，每年减少土壤侵蚀量2.53亿吨；森林资源在涵养水源、保育土壤、固定二氧化碳和供给氧气等方面的综合服务价值每年达1332.5亿元。

四川省最大棒材连轧生产线投产

2005年12月20日，四川省最大棒材连轧生产线在川威集团竣工投产。该项目是川威集团的重大技术改造工程，总投资1.8亿元，设计年生产能力90万吨，主体轧机及辅助设备属国内一流水平，系自行设计，与同类型、同规模生产线相比节省投资40%以上。

都汶高速公路隧道发生瓦斯爆炸

2005年12月22日，都汶高速公路隧道建设工地发生一起严重的瓦斯爆炸事故，造成44人死亡、11人受伤。

四川启动“金土地”工程

2005年12月24日，四川省“金土地”工程启动。工程投资150亿元，通过土地平整、增加肥力、沟渠配套、改善农田道路、引导农民向中心村集中等综合措施，对全省130个县1000万亩土地实行“田、水、路、林、村”综合整治。

省委、省政府重奖10位四川杰出创新人才

2005年12月28日，四川省在成都举行第三届“四川杰出创新人才奖”颁奖暨新年晚会。专业技术人才王运先、李言荣、周学东、贺建华，经营管理人才张正贵、张弭、李华、傅刚义，技能人才刘关洪，农村实用人才罗先锋10人当选本届杰出创新人才，每人获省委、省政府重奖10万元。

成都地铁1号线一期工程开工建设

2005年12月28日，成都地铁1号线一期工程在高新区天晖路正式开工。该工程位于成都市中

心城区南北主轴线和主要客运交通走廊内。工程北起于大沙河南侧的红花堰站，南止于人民南路南延线高新区孵化园，估算总投资69.87亿元，拟于2010年建成试运营。

中国诗歌文化中心落成

2005年12月28日，中国诗歌文化中心落成暨杜甫草堂博物馆建馆50周年庆典活动在成都浣花溪畔举行。中国诗歌文化中心由四大板块构成，即杜甫草堂、浣花溪公园、诗圣文化园和唐风街，是成都市建成的一个重点文化项目。

中国银联四川分公司成立

2005年12月29日，中国银联四川分公司成立，中国银联承接成都银行卡联网通用平台签字仪式同日在成都举行。四川分公司是中国银联按照人民银行关于规范和促进银行卡受理市场发展的指导意见，在原成都联网通用平台基础上设立的无银联地区第一家分支机构公司。

编后记

编纂《四川省志·大事纪述（1986—2005 年）》是四川方志界的一件大事。

2009 年底，受省地方志编纂委员会委托，四川年鉴社承接了编纂《四川省志·大事纪述（1986—2005 年）》的重任。受命以来，年鉴社齐心聚力，群策群智，虽无夙兴夜寐，却能殚精竭虑，历十年之功，始得洋洋数十万之作。今文稿初成，于编者纵有释然之心，亦难掩惴惴之惧，仅奉以飨读者，冀众口之相亲。

盛世修志，鉴往知来。记录改革开放大时代，讴歌百业俱兴新气象，乃《四川省志·大事纪述（1986—2005 年）》编纂之初衷。作为四川省第二轮志书编修的重要组成部分，本卷上承首轮四川省志大事纪述分卷，下启新世纪事业发展新篇，跨越历史长河，对话廿载春秋，以点滴之事，存岁月峥嵘，可谓功在当代、利在千秋。编者深感责任沉重、意义深远，于编纂期间，遍寻四方资料，广索各类线索，杂取报刊、网络信息，偶得拾遗补阙之片言只语，即有欣喜若狂之态。其取材杂、跨度远、范围广，故考究难，唯去伪存真、去粗存精，披沙拣金，费时颇巨；至于为证一事之实、一字之确、一数之真，而反复琐屑推敲论证以至曲折求诸涉事单位或部门，实为常事。2013 年底，全卷功成，其文初始凡 120 万言，俟装订为册，仅遗 40 余万字，其间甘苦，由此窥知。

发凡举例，提要勾玄。《四川省志·大事纪述（1986—2005 年）》的编纂以编年为经，以纪事本末为纬，纵列时序，横排门类，铺排条目，述而不作。笔墨所及，涉政治、经济、军事、文化、教育、体育、科技、卫生、自然、民生诸领域，各条既相对独立，又逻辑相关，形散神聚，终成一家之言。纵观全卷，含前言、正文、后记：夫前言，明确编纂思路，确立遴选标准，厘清编写凡例，提纲挈领，正本清源，概论 1986—2005 年间全省经济社会发展的脉络和主要特征、重大事项的历史背景；夫正文，跨越“七五”至“十五”期间省委、省政府的中心工作，围绕全省改革开放和现代化建设的重大举措、主要成就和经济社会生活的历史性变化轨迹，窥斑知豹，以点带面，镌刻四川人民在宏伟历史画卷中所走过的不平凡征程。

跬步千里，涓流成海。编纂《四川省志·大事纪述（1986—2005 年）》历时数载，驽马十驾，功在不舍。其间，经历四个阶段：2009 年 10 月至 2010 年 12 月，明确编纂流程，搭建机构机制，培训编写人员，启动编纂工作；2011 年 1—10 月，赴相关文献研究单位、图书馆、档案馆、部分单位收集、复印、抄录各类型资料，并完成资料的整合、排版与重组；2011年11月至2013年6月，完成长编120万字，并在此基础上不断完善，完成初稿、二稿，分别少量印刷成册送交领导及专家外审；2013年6—12月，根据外审评议，增删锤炼，剔枝去叶，最终形成送审稿。2014年3月，全卷通过初审。修改后提交四川省地方志工作办公室复审。同年10月，在《四川省志》第20次审查会上，通过终审。

微言大义，文约旨远。《四川省志·大事纪述（1986—2005年）》的编纂者们严格遵循地方志书的编纂风格，始终坚守传统史传笔法风骨，不讳饰，无曲笔，务存历史之真，留之后世长鉴。全卷由张光明统稿，陆建章编写1986—1990年文稿，刘志文编写1991—1995年文稿，李果编写1996—2000年文稿，张乃文编写2001—2005年文稿，牟晓露、张蓉华、张岚、许童春等人对文稿的编纂给予了大量的实际工作支持。全书既成，特别要感谢四川省地方志工作办公室的信任、指导和全力支持，陈建春、马小彬、罗亚夫、王孝平等领导对《四川省志·大事纪述（1986—2005年）》的编纂全程给予了大量的细致关怀和具体指导。在编纂过程中，雷喻义、程金华以及陈一农、赵志立等老领导和专家学者对《四川省志·大事纪述（1986—2005年）》文稿进行了审读、评阅，为全卷的顺利完成付出了大量心血，谨此一并致谢。

长路修远，上下求索。历史长流浩浩汤汤，躬逢盛世，留彼长卷，实为编者之幸。然《四川省志·大事纪述（1986—2005年）》存史浩繁，皇皇达数十万言，虽呕心沥血，亦难免疏漏缺失，凡所未尽之处，尚待多方指正。

谨言于此，斯为后记。

《四川省志·大事纪述（1986—2005）》编辑室

2019年7月